HISTOIRE

DE LA

RESTAURATION

III

Paris. — Typ. de P.-A. Bourdier et Cie, rue Mazarine, 30.

HISTOIRE

DE LA

RESTAURATION

PAR

M. ALFRED NETTEMENT

TOME TROISIÈME

RÈGNE DE LOUIS XVIII. — CHAMBRE DE 1815

PARIS

JACQUES LECOFFRE ET CIE, LIBRAIRES-ÉDITEURS

RUE DU VIEUX-COLOMBIER, 29

1863

HISTOIRE
DE LA
RESTAURATION

LIVRE PREMIER

RENTRÉE DU ROI A PARIS

I

NÉGOCIATIONS SECRÈTES PENDANT LA MARCHE DES COALISÉS.

Quand Napoléon, à bout d'espoir et de résistance, eut quitté Malmaison pour aller s'embarquer à Rochefort, il y eut un obstacle de moins dans la situation; mais le problème redoutable que les Cent-Jours avaient soulevé était encore loin d'être résolu. Il importe d'exposer quel était, le 29 juin 1815, jour de son départ, l'état de la partie engagée.

Deux armées ennemies, encouragées par une victoire décisive, et montant ensemble à environ 120,000 hommes, marchaient sur Paris : l'une sous le commandement du maréchal Blücher, c'était celle qui avait pris les devants; l'autre, qui la suivait de près, sous le commandement du duc de Wellington. L'armée prussienne, qui appuyait sa droite vers la Seine, était le 29 juin à la hauteur de Senlis. L'armée anglaise, un peu en arrière et plus sur la gauche, concertait ses mouvements avec les Prussiens. Derrière ces deux armées qui n'étaient qu'une avant-garde, s'avançaient toutes les forces de la Coalition, échelonnées à peu de distance les unes des autres, de sorte que l'armée commandée par le prince de Wrede n'était qu'à cinq jours de marche de l'arrière-garde du duc de Wellington. C'était, comme en 1814, un monde armé qui se ruait sur la France.

Devant la puissante avant-garde de l'invasion européenne, les débris de Waterloo, ralliés un moment à Laon et bientôt unis au corps de Grouchy, s'étaient repliés sur Paris sans avoir pu disputer sérieusement le chemin de la capitale. Le maréchal Grouchy, qui, on l'a vu[1], avait pris à Soissons, par l'ordre du gouvernement provisoire, le commandement, avait rapidement transféré son quartier général de Soissons à Dammartin ; de là, il avait fait en toute hâte filer la garde impériale vers Paris par Claye, tandis que les autres corps, qui avaient en vain essayé, à Pierrefitte et à la Patte-d'Oie, de retarder le mouvement des Prussiens, arrivaient également en vue de la capitale. Toute cette armée était réunie devant Paris le 29 juin 1815.

Il s'agissait maintenant de savoir ce qu'on allait faire de cette force imposante encore, quoique travaillée par des passions et des intrigues qui altéraient sa puissance de cohésion et nuisaient à son homogénéité. Au point de vue exclusivement militaire on pouvait tenter un grand coup sous les murs de Paris, mais à une condition : c'est qu'on aurait cette unité et cette énergie de résolution, cette volonté d'atteindre à tout risque et à tout prix un but déterminé, qui font vaincre quelquefois ceux qui sont décidés à mourir.

Telles ne pouvaient pas être, telles n'étaient pas les disposi-

---

1. Tome II, page 641.

tions du gouvernement provisoire et de la Chambre des représentants. Il y avait une nécessité impérieuse qui dominait tout, autant qu'en 1814, plus qu'en 1814 peut-être : la nécessité de la paix. C'était cette nécessité qui avait fait la force de la Chambre des représentants et celle de Fouché contre Napoléon. C'était à cette nécessité que l'empereur d'abord, l'Empire ensuite, avaient été sacrifiés. Personne n'avait le droit ni la puissance de se préférer à la paix puisqu'on lui avait sacrifié Napoléon. On avait donc au fond réuni les débris de nos forces sous les murs de Paris, pour négocier et non pour combattre. Ney, le plus intéressé à ce qu'on ne négociât pas, avait été le premier à signaler devant la Chambre des pairs la nécessité d'ouvrir les négociations. Les esprits les plus divers, le prince d'Eckmühl avec son stoïcisme militaire, le duc d'Otrante avec son sens politique, ouvrirent les yeux à la lumière de l'évidence. Le sentiment que chacun avait de cette situation excluait de tous les esprits les résolutions désespérées. Hors les soldats, qui, toujours peu préoccupés de l'avenir, auraient, pour la plupart, accepté volontiers l'occasion d'une bataille pour prendre leur revanche de Waterloo sans songer au résultat définitif d'une lutte dont l'issue devait être fatale au pays, tout le monde comprenait instinctivement qu'une seule question restait ouverte : de quelle manière, à quelle condition signerait-on la paix ?

Malheureusement, la Chambre des représentants et la majorité du gouvernement provisoire, qui avaient compris, avec la sagacité de l'égoïsme et la clairvoyance de la haine, que Napoléon faisait obstacle à cette paix nécessaire, se trouvèrent aveuglés par cette haine et cet égoïsme quand il fallut discerner les conditions auxquelles cette paix indispensable devait être obtenue.

Dès 1814, l'Europe, qui n'éprouvait ni enthousiasme ni vive sympathie pour la maison de Bourbon, avait compris que cette maison seule pouvait donner aux puissances étrangères de sérieuses garanties de paix, parce que seule elle pouvait donner à la France un gouvernement capable de vivre sans recourir bientôt à l'expédient de la guerre. Cette situation n'était pas changée. Le gouvernement de Napoléon renversé par la Chambre elle-même, il n'y avait qu'un gouvernement possible, celui de Louis XVIII. Puisqu'il était seul possible, il était nécessaire. La Chambre, qui avait vu que Napoléon était l'obstacle, ne vit pas que Louis XVIII était le moyen. Ses passions l'aveuglaient sur ce point, et il n'y a rien là dont on puisse être surpris. Son origine suffit pour expliquer son aveuglement. Elle sortait de trois sources : la passion bonapartiste et la passion constitutionnelle, se séparant de l'esprit monarchique, s'étaient unies à l'esprit révolutionnaire pour exclure les Bourbons. Napoléon une fois éliminé de la situation, les constitutionnels absolus et les révolutionnaires proprement dits espérèrent tout dominer; ils pensèrent que la Commission provisoire, formée, comme on l'a vu, de Fouché, Carnot, Caulaincourt, Grenier et Quinette, réussirait à obtenir une transaction qui, excluant Louis XVIII, les laisserait maîtres de fonder un gouvernement à leur gré et sous leur dépendance. Les bonapartistes, qui, presque tous, étaient plus ou moins révolutionnaires, se rallièrent naturellement à cette combinaison.

Cette Chambre, élue au milieu de l'indifférence générale par une minorité électorale infime, se méprenait étrangement sur sa puissance qui était courte, et méconnaissait la nécessité impérieuse de la situation qui allait l'emporter comme elle avait emporté Napoléon. De ce qu'elle avait été toute-puissante quand elle avait marché dans le sens des intérêts généraux, elle concluait qu'elle serait encore toute-puissante quand elle marcherait dans le sens de ses intérêts propres. Ce sophisme de l'égoïsme allait recevoir un démenti éclatant.

Ce rôle que la Chambre ne voulait pas remplir, il y avait

dans le gouvernement provisoire un de ces ouvriers des tâches nécessaires qui allait le prendre, c'était Fouché. Fouché, indifférent à tous les rôles pourvu qu'ils fussent fructueux, préférait à peu près toutes les combinaisons à celle des Bourbons, Napoléon II, le duc d'Orléans, le prince d'Orange ; mais il avait le sentiment de ce qui était possible et de ce qui ne l'était pas, et, à mesure qu'il devenait clair pour lui que Louis XVIII était seul possible, il se résignait au retour de Louis XVIII. Seulement il n'était pas pressé d'arriver au but, et il voulait faire la Restauration à son heure pour la faire à son profit.

La difficulté de son rôle était grande. Dans la commission provisoire, dont il était président, personne ne voulait de Louis XVIII ; dans la Chambre des représentants la grande majorité lui était hostile ; l'armée appréhendait les Bourbons à cause de sa défection dans les Cent-Jours, et puisait des préventions contre eux dans ses torts ; les commissaires chargés de traiter de l'armistice, et qui se trouvaient ainsi remplacer la commission diplomatique éconduite par les souverains, MM. Andréossy, Boissy-d'Anglas, Flaugergues, Valence, n'en voulaient pas, à l'exception du secrétaire qui leur avait été adjoint, la Besnardière, ce diplomate de l'école de M. de Talleyrand, qui accueillait avec une indifférence administrative tous les gouvernements. Repoussés par les intérêts particuliers de tout ce petit monde officiel, les Bourbons n'avaient pour eux que les intérêts généraux de la France. Il était assez difficile de traiter aux seules conditions qui pussent rendre la paix possible, quand on avait autour de soi, devant soi, derrière soi, tant de volontés hostiles et tant d'intérêts malveillants. Cependant le temps pendant lequel on aurait la faculté de traiter devait être court. En effet, le duc de Wellington et le prince Blücher ne cessaient de s'approcher de Paris ; leurs avant-postes touchaient presque les nôtres, et quatre jours ne pouvaient s'écouler sans qu'il y eût un traité ou un choc.

Fouché, qui avait l'œil ouvert sur cette situation, entra de bonne heure en communication avec le duc de Wellington[1], et lui fit connaître son intention de résoudre pacifiquement le problème posé entre la France et la coalition. C'était une partie compliquée et difficile à jouer. Il n'avait pas besoin d'aller chercher bien loin les représentants de l'élément bonapartiste et de l'élément républicain, le duc de Vicence et Carnot étaient ses collègues dans le gouvernement provisoire; il trouvait les représentants de la combinaison orléaniste dans la Chambre; pour avoir dans ses mains toutes les cartes de son jeu politique, il s'était hâté, dès l'abdication de l'empereur, de signer la mise en liberté de M. de Vitrolles, qui, depuis son arrestation à Toulouse, avait été enfermé dans le donjon de Vincennes, puis transféré à l'Abbaye, d'où les démarches les plus actives de sa famille et de ses amis justement alarmés n'avaient pu le faire sortir.

L'activité de M. de Vitrolles, son caractère hardi et aventureux, son esprit fertile en expédients, la faveur dont il jouissait auprès de Monsieur, ses relations avec les hommes les plus importants et les plus actifs du royalisme militant, en faisaient un intermédiaire précieux pour Fouché. Aussi dit-il à madame de Vitrolles, en lui remettant l'ordre d'élargissement : « Il faut absolument que je voie votre mari avant son départ pour Gand. Je l'attendrai demain à sept heures du matin. » Le 23 juin 1815, dès que le duc d'Otrante vit entrer le baron de Vitrolles dans son cabinet, il lui dit, après les premiers

---

[1]. Ce dernier a consigné ce fait dans une lettre écrite à son gouvernement à la date du 8 juillet 1815 : « Parmi les personnes avec qui j'ai eu des communications depuis la marche de l'armée à partir des Pays-Bas jusqu'à ce lieu, est le duc d'Otrante. » (*The Dispatches of the feld marshall duke of Wellington*, vol. II.)

compliments : « Vous allez trouver le Roi, vous lui direz que nous travaillons pour son service. Alors même que nous n'irions pas tout droit, nous finirons par arriver à lui. Dans ce moment, il nous faut traverser Napoléon II, probablement le duc d'Orléans, mais enfin nous irons à lui [1]. »

Quoique le baron de Vitrolles eût une trempe d'esprit à s'étonner de peu de chose, il ne put réprimer un geste de surprise. Fouché, qui savait que, pour obtenir le concours des hommes, il faut leur inspirer confiance, n'hésitait jamais à dire le vrai motif de sa conduite à ceux qu'il n'aurait pas trompés par un mensonge invraisemblable ; il se hâta donc de répondre à la pensée que trahissait ce geste involontaire : « Ce n'est pas ce que je veux, dit-il, mais je prévois que c'est ce qui arrivera. » Cette double déclaration mettait Fouché en règle avec M. de Vitrolles comme avec l'événement. Il l'avait averti qu'il n'était pas dévoué à Louis XVIII, ce qui lui permettait de tenter la combinaison de Napoléon II et celle du duc d'Orléans, si elles se présentaient avec quelques chances ; il lui avait déclaré que le retour de Louis XVIII lui paraissait la seule combinaison possible, ce qui l'autorisait à rejeter sur les nécessités de sa situation les obstacles dont sa route était semée, les exigences de son entourage politique, toutes les démarches tentées dans le sens des deux premières combinaisons. Enfin il lui avait donné confiance dans ses projets en alléguant comme motif de sa conduite, non un dévouement improbable, mais une résignation intelligente et intéressée à une solution inévitable.

Le baron de Vitrolles, avec la hardiesse de son caractère et l'activité de son esprit, aima mieux demeurer à Paris, où devait se faire le dénoûment, que de partir pour Gand où l'on ne

---

[1]. Ces détails et ceux qui suivent sont empruntés aux *Mémoires* inédits du baron de Vitrolles.

pouvait que l'attendre; en outre, il n'avait pas une confiance assez complète dans la résignation de Fouché au retour de Louis XVIII, pour ne pas désirer se trouver à portée de lui pousser, et, si l'occasion s'en présentait, de lui forcer la main. Il fit ses conditions en peu de mots : « Le duc d'Otrante lui assurerait sa tête; le recevrait au moins une fois par jour; il lui donnerait les moyens de communiquer avec le Roi par des courriers en lui remettant des passe-ports en blanc. » Cette idée sourit à Fouché, qui vit à l'instant quel parti il pourrait en tirer pour agir sur les royalistes de Paris, et prévenir une levée de boucliers intempestive, qui aurait pu rompre ses trames ou au moins déranger ses combinaisons. « Parbleu! dit-il dans cette langue cynique où l'on sentait toujours un arrière-goût du révolutionnaire de 93, c'est une idée. Ça enchantera ces petits royalistes de Paris. Nos deux têtes au même crochet, la mienne fort menacée par des cerveaux brûlés comme Excelmans et Flahaut. Je vais vous faire expédier cinquante passe-ports, et vous me verrez quand vous voudrez. »

L'espoir du baron de Vitrolles, en restant à Paris, était de faire proclamer le Roi avant l'arrivée des alliés; mais il avait affaire à forte partie. Les fins de non-recevoir ne manquaient pas à Fouché, parce que les obstacles affluaient dans la situation. Quand le baron de Vitrolles put se mettre en rapport avec les royalistes d'origines et de dates diverses qui s'occupaient à Paris des intérêts de Louis XVIII, M. Royer-Collard, le général Dessolle, le général Gouvion Saint-Cyr, le maréchal Oudinot, M. Pasquier, M. Dubouchage, il toucha du doigt ces obstacles, que le duc d'Otrante n'avait garde d'amoindrir. La Chambre des représentants était sous le coup de sa passion révolutionnaire, et, prenant au sérieux son rôle, elle travaillait à une constitution pour réglementer l'avenir, quand la journée lui appartenait à peine, et que le lendemain lui échappait.

Elle voulait tout excepté les Bourbons, c'est dire qu'elle voulait tout excepté le possible. Le gouvernement provisoire partageait les préventions, les antipathies et les passions de la Chambre, sauf deux de ses membres: Fouché, qui, sans avoir de passions, cherchait dans les passions des autres une issue pour échapper à la fatalité du retour des Bourbons, accepté en désespoir de cause, comme un pis-aller auquel il aurait préféré toute autre combinaison; et le duc de Vicence, qui, trop clairvoyant pour partager l'aveuglement des révolutionnaires, avait trop d'engagements avec la dynastie impériale pour ne pas chercher de l'œil la chance de Napoléon II, à la fortune duquel était attachée sa fortune. La garde nationale, réorganisée pendant les Cent-Jours, contenait cependant un grand nombre d'éléments royalistes; mais, si l'on excepte quelques compagnies, ils n'avaient point entre eux cette entente commune et ce concert qui permettent d'exercer une action décisive sur les événements. D'ailleurs, pour que cette garde urbaine eût une initiative hardie, éloignée de ses habitudes, il aurait fallu de deux choses l'une : ou qu'un de ses principaux chefs eût les opinions, l'influence et l'audace nécessaires pour se trouver en position de frapper un grand coup en faveur de la royauté, ou que les autorités civiles marchassent dans ce sens; or ni l'une ni l'autre de ces conditions ne se trouvaient réalisées. Les fédérés, sans constituer une force révolutionnaire bien considérable, suffisaient pour alarmer les honnêtes gens par leurs clameurs de mauvais souvenir et de mauvais augure. Le nombre des hommes d'action, toujours petit dans toutes les opinions, est encore plus restreint dans les classes aisées. Comme ceux qui proposaient de faire un mouvement dans Paris avec l'élément purement royaliste vantaient les forces dont ils disposaient, on imagina de passer une espèce de revue sur la place Bourbon. Ceux qui avaient donné parole de prendre part à un mouvement armé se présentèrent successivement à l'heure indiquée en faisant le signe de reconnaissance convenu. Le baron de Vitrolles, à qui l'on avait parlé de quinze mille hommes, resta convaincu qu'on aurait entre quatre à cinq mille hommes, et ne crut pas qu'il fût prudent d'engager l'action avec des forces qui lui paraissaient insuffisantes. Les plus grandes révolutions, il est vrai, ont commencé avec un personnel moins nombreux ; mais il calculait le mauvais vouloir des deux Chambres, l'influence hostile du gouvernement provisoire, l'appel qu'il pouvait faire à l'armée réunie sous les murs de Paris, le danger que la garde nationale, mettant avant tout le maintien de l'ordre matériel dans la cité, ne prît parti avec la troupe pour réprimer un mouvement qu'on signalerait comme une émeute ; l'avantage que pouvaient tirer les membres les plus révolutionnaires du gouvernement provisoire des fédérés qu'on montrerait comme prêts à prendre en main la cause de la révolution, si la garde nationale ne se chargeait pas de réprimer ce mouvement royaliste. Il se demandait s'il ne serait pas souverainement impolitique de risquer de rendre la rentrée du Roi, de certaine qu'elle était si l'on se contentait d'attendre les événements, plus douteuse et plus difficile en cherchant à la hâter par un coup de main qui pouvait échouer. Il faut ajouter, pour tout dire, que le duc d'Otrante, qui avait surtout consenti au séjour du baron de Vitrolles à Paris, pour exercer par son intermédiaire une action sur les royalistes, ne manquait pas de grossir les obstacles et d'exagérer les oppositions que rencontrerait la rentrée du Roi dans la capitale. Il lui communiquait, avec une confiance qui était un piége de plus, des rapports de police rédigés intentionnellement dans un sens alarmiste. Il était opposé à l'idée que suggéraient au Roi ses amis les plus dévoués, celle de se rapprocher de Paris. Fouché aurait mieux aimé que Louis XVIII restât à distance, pour laisser au jeu de sa politique à double et triple face l'espace et le temps ; les obstacles étaient grands, lui seul pouvait les lever, et il les lèverait, si on le laissait faire, c'était son thème de chaque jour. Il y avait entre ces deux fins joueurs, si différents d'origine et de précédents, comme une escrime de paroles, d'habiletés, de demi-ouvertures, d'insinuations, et le baron de Vitrolles n'a pas caché qu'il ne pouvait se défendre d'une curiosité voisine de l'intérêt en voyant se dérouler les trames de ce joueur des grandes parties travaillant à sa fortune sur tant de métiers différents. « Je proposais sans cesse à Fouché, dit-il, de proclamer l'autorité royale, sans attendre les étrangers. Celui-ci ne repoussait pas cette perspective, mais il disait : Je suis en minorité dans le conseil de gouvernement, je serai en minorité chez les représentants et aux pairs ; cependant je tiens pied à tout et nous verrons. ». Puis le baron de Vitrolles ajoute encore : « Je montrais à Fouché que les circonstances étaient pour nous, il cédait peu à peu, mais il penchait au fond pour le duc d'Orléans ou tout autre illégitime par qui ses intérêts eussent été mieux assurés. »

La situation est ici prise dans le vif. La force des choses entraînait vers Louis XVIII des auxiliaires involontaires, qui se défendaient le plus qu'ils pouvaient contre l'évidence de la nécessité de son retour. L'illégitime plaisait davantage à ces auxiliaires, parce qu'ils ne devaient point avoir à rougir devant l'illégitime, et que l'atmosphère de l'usurpation allait mieux à des hommes sur lesquels pesait le souvenir peu lointain des crimes de la première Révolution, ou le souvenir plus récent de la rébellion de la veille.

Le baron de Vitrolles, qui envoyait chaque jour des courriers à Louis XVIII, et qui cherchait à nouer des relations avec tous ceux qui pouvaient exercer une action sur la situation générale, se servit, pour pressentir le maréchal Grouchy, encore à la tête de l'armée, du général de Tromelin, que Fouché avait envoyé au duc de Wellington et à M. de Metternich pour savoir s'il n'y aurait pas moyen de faire accepter aux puissances un autre gouvernement que celui du roi. Grouchy fit répondre par le même émissaire au baron de Vitrolles qui lui demandait de faire proclamer le Roi par l'armée : « Je le voudrais, mais c'est impossible. Demain, si vous le voulez, le duc d'Orléans avec le drapeau tricolore. » Parole probablement sincère, et qui se trouve confirmée par la lettre écrite, peu de jours auparavant, par le maréchal Soult à l'Empereur lui-même, sur les intrigues orléanistes dont le camp de Laon était rempli. Napoléon ayant été éliminé du grand jeu de la politique, on reprenait la carte que les généraux Drouet d'Erlon et Lallemand se préparaient à jouer de concert avec Fouché, quand le retour de l'île d'Elbe, arrivant comme un coup de tonnerre dans cette situation troublée, avait déterminé un autre dénoûment.

Les courriers du baron de Vitrolles partant tous les deux jours de Paris, avec les passe-ports de Fouché, allaient porter à Louis XVIII des dépêches qui le tenaient au courant de cette situation, en traversant, non sans quelques périls, les avant-postes de l'armée française qui respectaient peu les passe-ports donnés par des autorités politiques dont elle se défiait. Cependant les émissaires ne manquaient pas ; ceux-ci se présentaient avec ce dévouement désintéressé qui brave tous les risques pour la bonne cause ; ceux-là prenaient date de leur fidélité à la royauté et à la Restauration dont ils voyaient la fortune se lever de nouveau à l'horizon. Du moment qu'on ne croyait pas pouvoir agir utilement à Paris par l'emploi d'une force en dehors du gouvernement, ces renseignements étaient à peu près le seul service qu'on pût rendre au Roi. Le reste se bornait à des pourparlers. Le baron de Vitrolles, qui en avait tous les jours avec Fouché, et qui avait essayé d'en avoir avec le maréchal Grouchy, n'hésita pas à en ouvrir avec le prince d'Eckmühl. Le prince d'Eckmühl était peu favorable à la Restauration : on a vu qu'il avait été au moment de se placer à la tête de la conspiration militaire tramée en France avant le retour de l'île d'Elbe, et les fonctions qu'il avait acceptées de l'Empereur, l'activité intelligente et zélée qu'il avait déployée en préparant les éléments de la guerre, témoignent assez que le sentiment de la nécessité pouvait seul le déterminer à coopérer au rétablissement du gouvernement royal. Mais c'était un esprit sensé et ferme, capable de voir la situation telle qu'elle était, un caractère résolu qui ne reculait pas devant les partis nécessaires quand l'évidence lui était apparue ; enfin un cœur patriotique qui pouvait beaucoup sacrifier à l'intérêt de la France. Le gouvernement provisoire lui avait donné le commandement de l'armée ramenée par Grouchy sous les murs de Paris, et, à tout événement, Davoust préparait la défense. Mais il rencontrait dans les auxiliaires mêmes qu'il voulait se donner une résistance qui lui aurait révélé l'extrémité de la situation, si son bon sens seul n'avait pas suffi pour la lui faire toucher du doigt. Il aurait voulu confier à un de ses camarades des grandes guerres, le maréchal Oudinot, un commandement dans son armée : « Je n'en veux pas, répondit brusquement celui-ci. — Je te l'ordonne, répliqua Davoust. — Je n'obéirai pas, reprit Oudinot. Pourquoi veux-tu défendre Paris contre le Roi ? » Le prince d'Eckmühl donna ses motifs tirés des préventions qu'il avait contre la Restauration et des abus qui devaient, selon lui, suivre son retour. « Quoi que tu en aies, elle reviendra, s'écria le maréchal Oudinot. Sers-la, c'est plus sûr. »

Ce fut par l'intermédiaire du maréchal Oudinot que le baron de Vitrolles aborda le ministre de la guerre. Les conditions du prince d'Eckmühl avaient un caractère d'honorable désintéressement. Il ne stipulait point pour lui, mais pour l'armée et pour des intérêts généraux. Il demandait une amnistie pleine et entière, le maintien des droits acquis, grades et pensions, la promesse de gouverner dans l'esprit de la nation, sans préférence pour le parti royaliste proprement dit; il ne parlait point du drapeau tricolore. Sur ces premières ouvertures, une correspondance s'engagea entre lui et le baron de Vitrolles. On argumenta ; mais il est rare qu'on parvienne à s'entendre par écrit, parce que chacun abonde dans ses idées : il fallut en venir à une entrevue. Le baron de Vitrolles se rendit à minuit, dans les derniers jours de juin, chez le ministre de la guerre. Fouché lui avait assuré que, s'il avait dans les mains une lettre du prince d'Eckmühl déclarant qu'on ne pouvait défendre Paris, il s'engageait à proposer aux Chambres la soumission au roi comme le parti le meilleur. Davoust, après cette entrevue, écrivit une première lettre que Fouché ne fut peut-être pas fâché de trouver insuffisante. Sur les instances du baron de Vitrolles, le prince d'Eckmühl en écrivit une seconde dans laquelle il disait que, surmontant ses préventions, il était obligé de reconnaître qu'il n'existait plus aucune voie de salut, si l'on ne concluait pas un armistice et si l'on ne proclamait pas Louis XVIII. Presque au moment où le maréchal écrivait cette lettre, il était obligé d'apposer sa signature au bas d'une adresse envoyée par l'armée à la Chambre des représentants, et portant la date du 30 juin 1815 à trois heures de l'après-midi : dans cette pièce les signataires, parmi lesquels se trouvaient les lieutenants généraux Vandamme, Pajol, Freyssinet, Roguet, Brunet, Lorcet, Ambert, juraient de défendre jusqu'au dernier soupir la cause de l'indépendance et de l'honneur national. « On voudrait nous imposer les Bourbons, continuaient les auteurs de l'adresse, et ces princes sont rejetés par l'immense majorité des Français. Si on pouvait souscrire à leur rentrée, rappelez-vous, représentants, qu'on aurait signé le testament de l'armée qui, pendant vingt ans, a été le palladium de l'honneur français [1]. »

C'était la fâcheuse condition de ceux qui avaient accepté un

---

[1]. *Les Cent-Jours*, par Fleury de Chaboulon, tome II, page 343. Le maréchal affirme dans ses *Mémoires* que la lettre à laquelle il avait donné sa signature n'était point celle qui fut envoyée à la Chambre, et qu'elle ne contenait pas un

rôle dans ce drame impossible des Cent-Jours, que d'être obligés d'accepter un langage à double face dont leur franchise avait à souffrir. Il fallait qu'ils donnassent des satisfactions de paroles aux passions émues qui cherchaient à les entraîner à des extrémités insensées, afin de conserver la direction des affaires qui leur permettait de sauvegarder les intérêts essentiels de la France menacés de si graves périls. Fouché, qui avait nonseulement le talent, mais le goût de la fourberie, allait audevant de ce rôle et l'exagérait même à plaisir avec une cynique forfanterie. Mais tous ceux qui eurent part aux affaires à cette époque et qui conservaient la rectitude de leur jugement tombèrent plus ou moins dans cet inévitable inconvénient. Le prince d'Eckmühl lui-même, on vient de le voir, ne put y échapper. Un petit nombre d'esprits tout d'une pièce, sous le coup de la passion politique comme le général Lafayette, ou sous le coup de la passion militaire comme quelques chefs secondaires, marchant à leur but un bandeau sur les yeux, sans voir les abîmes ouverts à leurs pieds, purent seuls conserver, au milieu de ces inextricables difficultés, la bonne foi de leur aveuglement et de leur ignorance.

Malgré la lettre du prince d'Eckmühl, Fouché ne se décidait pas, et, comme le baron de Vitrolles ne cessait d'insister pour l'amener à un acte décisif, il prit le parti de l'envoyer au quartier général des alliés, afin d'obtenir qu'ils arrêtassent leur

---

mot de politique. En conséquence, sachant ce qui s'était passé, il écrivit le jour même, par l'entremise de M. de Bondy et de M. Marchand, pour demander qu'on biffât sa signature. Sa lettre n'étant pas arrivée à temps, il écrivit une protestation dans laquelle il déclarait qu'il n'appartenait pas à l'armée de choisir le chef de l'État, et que, dans aucun cas, elle ne devait se séparer de la patrie. Mais il était possible qu'on fût à la veille d'une bataille, et le maréchal hésita à publier une protestation qui pouvait jeter une fâcheuse désunion dans l'armée.

En enregistrant cette explication du maréchal Davoust, je ferai remarquer qu'elle donne un nouveau poids à mes réflexions. Si on l'accepte, en effet, comme je l'accepte, le maréchal fut obligé de subir la responsabilité morale d'une adresse qu'il n'avait pas signée.

marche, sur la promesse qu'en échange de l'armistice le Roi serait reconnu à Paris. C'était peut-être un moyen de se débarrasser de M. de Vitrolles dont l'insistance commençait à devenir un embarras. Il fut convenu que les maréchaux Oudinot et Grouchy se rendraient d'abord avec lui au quartier général du maréchal Davoust dans la nuit du 28 au 29 juin, et lui remettraient une lettre de Fouché; le chef du gouvernement provisoire avait eu soin de laisser sa pensée cachée sous une obscurité équivoque qui lui permettrait de l'interpréter suivant les circonstances. Par une coïncidence étrange qui achève de peindre cette époque où toutes les actions se mêlaient, les deux maréchaux et le baron de Vitrolles arrivèrent au quartier général du prince d'Eckmühl alors à la Villette, au moment où les députations des deux Chambres venaient remercier l'armée de son adresse et l'exciter à persister dans sa résolution de vaincre ou de mourir. C'était comme une rencontre de l'action publique et de l'action secrète, qui, à force de se côtoyer dans ces journées difficiles, finissaient quelquefois par se heurter. Le prince d'Eckmühl ayant prononcé, sans y réfléchir, le nom du baron de Vitrolles, il y eut comme une émeute semi-parlementaire, semi-militaire dans son quartier général. Violemment interpellé par les officiers de l'état-major, entre autres par le général Freyssinet et le général Dejean, et par plusieurs représentants, en tête desquels se faisait remarquer M. de Laguette-Mornay, le baron de Vitrolles fit face aux assaillants avec cette audace de caractère et cette présence d'esprit qui ne l'abandonnaient jamais dans les circonstances difficiles.

A la suite de cette scène, Davoust le pressait d'aller rejoindre le Roi; mais le baron de Vitrolles voulut avant tout rendre compte au duc d'Otrante du résultat de sa mission. Il croyait le trouver mécontent et inquiet de cette rencontre qui trahissait ses relations, ses négociations secrètes et ses projets. Il n'en était rien. Fouché acceptait volontiers les événements, sauf à en tirer le meilleur parti possible. « Tout est pour le mieux, dit-il à son plénipotentiaire, vous avez rompu la glace. Vous là, seul, au milieu de ce quartier général, c'est comme si on y avait planté un drapeau blanc. » Puis, comme le baron de Vitrolles lui demandait de quelle manière il s'en était tiré avec les représentants qui revenaient du quartier général : « A merveille, répondit-il, et je vous assure que je n'ai pas grand mérite à cela : ils sont si bêtes ! »

Cependant il y eut quelques démonstrations menaçantes dans le sein du gouvernement provisoire, aux oreilles duquel des faits si publics ne pouvaient manquer de parvenir. Carnot accusa ouvertement son collègue de conspirer avec M. de Vitrolles en faveur des Bourbons, et dénonça la scène qui s'était passée au quartier général de la Villette. Fouché répondit à Carnot avec son impassibilité ordinaire : « Si vous vous en prenez au maréchal Davoust, allez l'attaquer dans son quartier général; si c'est à moi, attaquez-moi devant les Chambres, nous verrons qui l'emportera. » Quelques-uns, plus animés que les autres, parlèrent de poignarder Fouché, s'il trahissait la cause commune. C'étaient là de vaines paroles. Comme on éprouvait le besoin, dans le désastre général, de ne pas ajouter à la faiblesse déjà si grande de la commission exécutive en la montrant divisée, le débat n'alla pas plus loin, et l'on se borna à donner, séance tenante, au comte Réal, préfet de police, l'ordre d'arrêter M. de Vitrolles. Fouché n'y mit aucun obstacle, mais il avait fait avertir à temps ce dernier de l'ordre d'arrestation lancé contre lui; et celui-ci s'était réfugié dans un asile qu'il s'était ménagé d'avance rue des Bons-Enfants, et où il attendit la fin de la crise, sans cesser de recevoir ses amis, entre autres le baron Hyde de Neuville, venu de Gand avec la mission de former un gouvernement provisoire, si on le croyait opportun; sans cesser d'envoyer des courriers au

Roi, tant la police était vigilante et attentive à ne gêner en rien les manœuvres et les intelligences au dedans et au dehors!

Il est probable cependant que, sans le savoir et sans le vouloir, Carnot, en provoquant l'arrestation de M. de Vitrolles, avait rendu un service à Fouché. Le ministre avait tiré de l'aventureux royaliste à peu près tout le parti qu'il pouvait en attendre : c'était de faire prendre patience aux impatients de la droite, afin que quelque coup inopiné ne vînt pas rompre les trames du grand joueur, et d'accréditer de plus en plus le chef du gouvernement provisoire auprès des princes de la maison de Bourbon. Ces deux choses faites, et elles étaient faites, le baron de Vitrolles devenait pour Fouché un rouage inutile dans la situation, et un rouage inutile n'est pas loin de devenir un obstacle. Il était donc opportun de le mettre en dehors du jeu des intrigues croisées qui se multipliaient à mesure que le dénoûment approchait, et l'on arrivait à ce but en le condamnant à une retraite forcée qui l'éloignait de la scène de l'action et tendait à le ranger au nombre des spectateurs. Du reste, avant la fin de juin, Fouché n'hésitait plus sur le dénoûment. Sans cesse en relation avec le quartier général du duc de Wellington et avec le prince de Metternich, il n'avait pas tardé à entrevoir la vérité à travers ces paroles oiseuses qu'on jette dans toutes les négociations, pour ne pas se trouver irrévocablement engagé à un parti pris, dans le cas où l'imprévu, l'invraisemblable, l'impossible même, viendrait, par un enchaînement étrange de circonstances, prendre la place du prévu, du probable et du possible. La vérité, c'est que les gouvernements étrangers ne voyaient de dénoûment à la crise où se trouvaient la France et l'Europe que dans la restauration de la maison de Bourbon. Sans s'étonner que l'Europe ouvrît les yeux à l'évidence dont il était lui-même de plus en plus frappé, le duc d'Otrante s'y résignait; après avoir cherché un dénoûment plus à sa convenance, il ne cherchait plus qu'à se faire accepter comme un acteur indispensable de ce dénoûment nécessaire, et ni le duc de Wellington ni le prince de Metternich n'avaient de répugnance à l'agréer en cette qualité.

II

NÉGOCIATIONS PUBLIQUES.

Cette partie souterraine et cachée des négociations du temps contient le mouvement vrai de cette époque; c'est là qu'il faut chercher l'action du drame, le reste n'est qu'à la surface. Pendant que ces négociations clandestines se suivaient, d'autres négociations, dont Fouché s'était chargé de signaler d'avance l'inanité aux puissances étrangères, s'entamaient au quartier général du duc de Wellington. C'étaient, on l'a vu, le général Andréossy, MM. Boissy-d'Anglas, Flaugergues, de Valence, et enfin la Besnardière, qui étaient chargés de les suivre. Elles avaient pour objet la signature d'un armistice.

Le gouvernement provisoire avait à traverser deux phases pour arriver au dénoûment. La première question posée était celle-ci : Parviendrait-on à obtenir un armistice et à arrêter ainsi la marche des armées coalisées? Si on ne réussissait pas dans la négociation de l'armistice, une seconde question venait se poser après la question diplomatique, c'était la question militaire : Courrait-on les risques d'une bataille livrée sous les murailles de Paris, ou capitulerait-on?

Les pouvoirs donnés à la commission d'armistice, qui se trouvait ainsi substituée à la commission diplomatique envoyée peu de jours avant aux puissances, étaient datés du 27 juin; sa mission s'ouvrit donc deux jours avant le départ de l'Empereur pour Rochefort. Ses instructions, rédigées par M. Bignon, se réduisaient à trois points principaux : obtenir comme condition préalable de l'entrée en négociation que la marche des armées étrangères fût arrêtée pendant plusieurs jours, s'il était possible, et, faute de mieux, pendant quarante-huit heures; obtenir, s'il était possible, que la ligne de l'armistice fût la Somme, ce qui reporterait les étrangers à trente heures de Paris; si on ne pouvait obtenir la Somme, obtenir que la ligne tracée entre la Somme et l'Oise ne les laissât pas approcher de Paris à plus de vingt lieues. Enfin venaient les instructions qui allaient au fond de la question : « Quoique l'objet particulier de la mission de MM. les commissaires soit la conclusion d'un armistice, comme il est difficile que, dans leurs communications avec le duc de Wellington et le prince Blücher, ils n'aient point à entendre, de la part des généraux, ou des propositions, ou des insinuations ou même de simples conjectures sur les vues que pourraient admettre les souverains alliés, à l'égard de la forme du gouvernement de la France, MM. les commissaires ne manqueront pas, sans doute, de recueillir avec soin tout ce qui leur paraîtra pouvoir être de quelque influence sur le parti définitif à prendre par le gouvernement. » Puis, après leur avoir rappelé sur quelles bases les plénipotentiaires, chargés de se rendre quelques jours auparavant auprès des souverains alliés, avaient été autorisés à traiter, M. Bignon continuait ainsi : « Il est possible que le cours des événements force à élargir ces bases; mais les commissaires jugeront que, si une nécessité absolue oblige à donner les mains, de manière à ce que nous ne puissions sauver, dans toute sa plénitude, le principe de notre indépendance, c'est un devoir sacré de tâcher d'échapper à la plus grande partie des inconvénients attachés au malheur seul de sa modification. » Obtenir la suspension de la guerre, écouter les ouvertures qui seraient faites sur la forme à donner au gouvernement pour obtenir la paix : telle était donc la mission des nouveaux commissaires.

Ce fut avec le duc de Wellington qu'ils essayèrent d'entrer

en rapport, parce qu'ils le supposaient, avec raison, plus modéré et moins hostile que Blücher, animé d'une passion violente contre la France par un patriotisme exalté jusqu'à la fureur. Tant que l'on sut ou que l'on crut l'Empereur à Paris ou dans les environs de Paris, le duc de Wellington opposa aux commissaires de l'armistice la même fin de non-recevoir. On ne pouvait songer à traiter tant que Napoléon Bonaparte serait à Paris et en liberté[1]. Tout en répondant de cette manière, il continuait à marcher, et c'est ainsi qu'il arriva jusqu'à Gonesse. Le 29 juin, il eut enfin une entrevue avec eux à Etray-Saint-Denis, et il leur répéta qu'il ne pouvait considérer l'abdication que comme une ruse (a trick), et qu'il ne pouvait arrêter ses opérations devant un acte qui ne conduisait pas au résultat que les souverains coalisés avaient eu en vue en prenant les armes. Les commissaires répondirent qu'ils avaient des raisons de penser que Napoléon avait quitté Paris, et, dans le cas où il ne l'aurait pas quitté, ils proposèrent deux plans pour écarter cet obstacle de la situation[2]. L'un était de l'envoyer en Angleterre; l'autre était de le mener à son beau-père, l'empereur d'Autriche. Le duc de Wellington répondit qu'il n'était pas autorisé à se prononcer sur de pareils plans. Il était à peu près certain, ajouta-t-il, que, si l'on envoyait Bonaparte en Angleterre, le prince régent ne le recevrait que pour disposer de lui d'un commun accord avec les souverains ses alliés. Il ne doutait pas que l'empereur d'Autriche ne tînt la même conduite. S'ils avaient réellement l'intention de disposer de la

---

1. *Letters and dispatches*, etc. On y trouve plusieurs billets dans ce sens.
2. Le texte anglais de la lettre de Wellington dit plus énergiquement : *In order to get rid of him* (dans le but de se débarrasser de lui). Ces détails et ceux qui suivent sont empruntés à une lettre écrite par le duc de Wellington au comte de Bathurst, et datée de Gonesse le 2 juillet 1815. C'est donc un rapport officiel, dans lequel le chef de l'armée anglaise, quoi qu'en ait dit M. le baron Ernouf dans un écrit récent, doit rendre un compte exact à son gouvernement de ce qui s'est passé dans la conférence.

personne en question de cette manière, ils feraient mieux de l'envoyer à lui, Wellington, ou à Blücher. Les commissaires, toujours selon la dépêche du général anglais, répondirent que, selon toutes les probabilités, Napoléon était parti pour Rochefort, afin de s'embarquer pour l'Amérique; que si ce départ n'était pas encore un fait accompli, à coup sûr la nouvelle de la marche des armées coalisées et leur présence à la proximité de Paris le détermineraient avant que les commissaires eussent le temps de faire parvenir un message dans cette ville. Ils demandaient donc que le général anglais, admettant comme un fait l'éloignement de Napoléon Bonaparte, voulût bien dire si ce fait lui paraîtrait un motif suffisant pour arrêter ses opérations militaires. Le duc de Wellington répliqua qu'outre Napoléon il y avait ses adhérents, qui étaient les ennemis déclarés des coalisés. Avant qu'on pût arrêter les opérations militaires, il fallait qu'il y eût quelques pas faits pour rétablir en France un gouvernement qui présentât aux coalisés des chances et des garanties de paix.

On arrivait ainsi à la question prévue dans les instructions du gouvernement provisoire, et il était impossible qu'on n'y arrivât pas, car la question de paix se trouvait étroitement liée à celle du gouvernement, qui devait en être la garantie. Les commissaires montrèrent quelque hésitation à aborder la question. Ils l'abordèrent enfin, et demandèrent au duc de Wellington s'il pouvait indiquer ce qui, sur ce point, donnerait satisfaction aux coalisés. Le duc de Wellington répondit qu'il considérait comme la meilleure garantie de sécurité pour l'Europe la restauration du Roi. L'établissement de tout autre gouvernement conduirait nécessairement à de nouvelles et interminables guerres. Bonaparte et l'armée ayant renversé le gouvernement du Roi, la mesure la plus simple et la plus naturelle à prendre, à partir du moment où Bonaparte était soit prisonnier, soit mis hors de cause, et où la pression exercée par l'armée avait cessé, c'était de rappeler le Roi à l'exercice de son autorité. Ce qu'il y avait de plus digne à faire dans la circonstance, c'était de le rappeler sans condition et de se confier à l'énergie de la Constitution pour opérer les réformes nécessaires soit dans le gouvernement, soit dans la Constitution même. Il ajouta que, par-dessus tout, il leur conseillait de se hâter, afin qu'on ne pût pas croire que cette mesure leur était imposée par les puissances étrangères [1].

Ce conseil, quoique donné par un ennemi, était plein de sens. Les commissaires ne contestèrent pas la sagesse de l'avis. « Ils exprimèrent collectivement et individuellement, continue le duc de Wellington, leur vif désir que le Roi fût rétabli, de la manière que j'avais indiquée. Ils ajoutèrent même que tel était aussi le désir du gouvernement provisoire ; mais l'un d'eux exprima cependant l'opinion que les deux Chambres ne seraient jamais amenées à rappeler le Roi sans conditions, et il indiqua, comme les deux points sur lesquels on insisterait le plus et sur lesquels il était désirable que le Roi donnât satisfaction : d'abord la responsabilité effective du ministère, ensuite l'initiative des lois retirée au Roi et transférée aux Chambres. »

Le duc de Wellington répondit que, sur la première question, il avait toute raison de croire le Roi déterminé à former un ministère individuellement et collectivement responsable des actes du gouvernement. Sur la seconde question, il ne doutait pas que, si le vœu du peuple français était d'investir les Assemblées de l'initiative des lois, Sa Majesté ne fût disposée à se conformer à ce vœu. Il ajouta que, du reste, il ne se trouvait pas autorisé à accepter la conversation à ce sujet, et il les exhorta, s'ils désiraient réellement la restauration de leur Roi, à la faire immédiatement et sans condition. Peu à peu les

---

1. *Letters and dispatches of the duke of Wellington.*

commissaires arrivaient à des aveux que l'on trouve dans la dépêche du général anglais, qui n'avait aucun intérêt à les dissimuler et qui complètent la correspondance naturellement moins explicite des commissaires avec le gouvernement provisoire. La Chambre des représentants, dirent-ils, avait proclamé Napoléon II empereur, uniquement pour se concilier les officiers et les soldats qui étaient venus en si grand nombre à Paris après la bataille, qu'on aurait eu à appréhender la guerre civile dans la capitale si l'on n'avait pas adopté cette mesure[1].

Pendant que la conversation était ainsi engagée, le duc de Wellington reçut un courrier de sir Charles Stuart qui lui

---

[1]. Il est curieux de comparer les documents français avec les documents anglais, les dépêches des commissaires au gouvernement provisoire avec celles du duc de Wellington au comte de Bathurst. Ce que disent les dépêches des commissaires laisse souvent deviner ce qu'ils taisent et ce qu'on trouve dans la dépêche anglaise : « Chargés d'entendre ce qui pourra nous être dit et de vous en donner connaissance, nous devons vous informer que le duc de Wellington nous a répété à plusieurs reprises que, dès que nous aurons un chef de gouvernement, la paix sera promptement conclue. En parlant, dit-il, seulement comme individu, mais croyant cependant que son opinion pourra être prise en considération, il fait plus que des objections contre le gouvernement de Napoléon II, et il pense que, sous un tel règne, l'Europe ne pourrait jouir d'aucune sécurité et la France d'aucun calme. On dit qu'on ne prétend point s'opposer au choix d'aucun chef de gouvernement. L'on répète, à chaque occasion, que les puissances de l'Europe ne prétendent point intervenir dans ce choix ; mais on ajoute que, si le prince choisi était dans le cas, par la nature même de sa situation, d'alarmer la tranquillité de l'Europe, en mettant en problème celle de la France, il serait nécessaire aux puissances alliées d'avoir des garanties, et nous sommes fondés à croire que ces garanties seraient des cessions de territoire. Un seul, Louis XVIII, leur semble réunir toutes les conditions qui empêcheraient l'Europe de demander des garanties pour sa sécurité. Déjà, disent-ils, il réside à Cambray, le Quesnoy lui a ouvert ses portes. Ces places et d'autres villes sont en sa puissance, soit qu'elles se soient données, soit qu'elles lui aient été remises par les alliés. Le duc de Wellington reconnaît et énumère une partie considérable des fautes de Louis XVIII pendant son règne de quelques mois. Il lui semble qu'en faisant connaître les griefs sans faire de conditions, il pourrait être pris des engagements publics qui rassureraient pour l'avenir. Si l'on perd du temps, des généraux d'autres armées pourront se mêler des négociations.

« Nous joignons deux proclamations de Louis XVIII.

« Louvres, 1er juillet 1815 avant midi.

« *Signé :* Andréossy, comte Boissy d'Anglas, » etc.

envoyait la déclaration du Roi du 28 juin, contre-signée par le prince de Talleyrand. Il la communiqua aux commissaires, en leur faisant remarquer que le vœu qu'ils venaient d'exprimer sur la responsabilité ministérielle se trouvait réalisé, et que cela devait leur donner bon espoir pour les modifications constitutionnelles qu'ils souhaitaient et contre lesquelles le Roi n'avait probablement pas d'objections. Les commissaires signalèrent alors dans cette déclaration le paragraphe concernant l'éloignement de certains individus de la personne du Roi; celui qui énonçait l'intention de punir les instigateurs du complot qui avait ramené Bonaparte, et enfin un dernier paragraphe qui annonçait le rappel des anciennes Chambres. Sur le désir qu'ils en exprimèrent, le duc de Wellington en écrivit sur-le-champ au prince de Talleyrand et leur communiqua sa lettre. « Je leur dis ensuite, continue-t-il, que, jusqu'à ce que j'eusse vu le prince Blücher, je ne pouvais continuer la conversation sur l'armistice qu'ils réclamaient avec les instances les plus vives, afin, disaient-ils, d'avoir le temps de prendre leurs mesures pour le rappel du Roi. Avant de me quitter, les commissaires me demandèrent si la nomination d'une Régence chargée de gouverner au nom de Napoléon II serait une mesure de nature à me déterminer à arrêter mes opérations. Je leur répondis négativement. Ils me demandèrent alors ce qu'il en serait si tout autre prince de la maison royale était appelé au trône de France [1]. Je répliquai qu'il ne m'était pas possible de répondre à une conversation si décousue (so loose); que, comme individu, je leur avais exprimé mon opinion sur ce qu'ils avaient de mieux à faire. C'était à eux de savoir la conduite qu'ils voulaient tenir. »

Un des commissaires, ayant trouvé l'occasion d'échanger

---

1. « What would be the case if any other prince of royal House were call to the throne of France? »

quelques mots en particulier avec le duc de Wellington, lui témoigna le désir de voir le chef de l'armée anglaise faire une réponse plus catégorique à la dernière question posée par les commissaires. Wellington prit sur-le-champ la détermination de chercher une occasion de préciser sa pensée, avant que les commissaires pussent rendre compte à Paris de la conversation qu'ils venaient d'avoir avec lui. Il avait laissé les commissaires à Etray-Saint-Denis et s'était rendu à son quartier général, afin de donner des ordres pour le mouvement des troupes, dans la matinée. Il les rencontra de nouveau à Louvres, dans la nuit du 29 au 30 juin. Il leur dit à tous qu'il avait réfléchi à leur dernière question, et qu'il ne voyait pas d'inconvénient à leur exprimer sur ce point son opinion personnelle. Cette opinion était que l'Europe ne pouvait avoir l'espérance d'une paix solide, si toute autre personne que le Roi était appelée au trône de France. Toute autre personne ainsi appelée à régner au préjudice du Roi devrait être considérée comme usurpateur, quels que fussent son rang et sa qualité ; elle serait forcée d'agir en usurpateur et de travailler à faire oublier au pays le vice de son titre, en occupant son attention par les guerres et les conquêtes extérieures. En pareil cas, les puissances de l'Europe devraient prendre elles-mêmes leurs sûretés contre un si grand péril. Le duc de Wellington ajouta : « A moins d'ordres contraires de mon gouvernement, je me servirai de toute mon influence sur les souverains pour les déterminer à faire inscrire au traité les garanties positives auxquelles ils ont droit pour préserver la sécurité de la paix, si une combinaison pareille à celle qui a été mise en avant vient à être adoptée. » Les commissaires lui répondirent qu'ils comprenaient parfaitement bien la portée de cette réponse ; quelques-uns même ajoutèrent : « Vous avez raison [1]. »

---

1. Correspondance du duc de Wellington.

Dès la soirée du 29 juin, les positions se trouvaient donc nettement dessinées. Le duc de Wellington n'avait aucune hésitation sur le but de la guerre pour l'Europe : c'était de conquérir une paix durable et solide. Il n'hésitait pas plus sur la garantie la plus sûre de la paix générale, et sur le dénoûment nécessaire du problème politique posé : c'était la restauration de la maison de Bourbon dans la personne de son chef, le Roi Louis XVIII. N'éprouvant lui-même aucune hésitation sur ces deux points, il n'avait voulu laisser aux commissaires du gouvernement provisoire aucun doute, et il s'était expliqué de la manière la plus catégorique. Il ne s'agissait pas pour lui d'une préférence pour un gouvernement et d'une exclusion donnée à un autre; il constatait, au point de vue européen comme au point de vue français, l'évidence d'une nécessité politique. Il écartait la combinaison de Napoléon II avec une Régence, et celle de l'usurpation du duc d'Orléans, par la même fin de non-recevoir, l'impossibilité d'asseoir une paix durable entre la France et l'Europe sur une combinaison précaire et condamnée à se jeter dans les aventures pour échapper au vice originel de son titre politique. Enfin, il indiquait clairement aux commissaires que, si l'on voulait à tout prix éviter cette solution naturelle et nécessaire, les puissances seraient obligées de demander en sûretés matérielles, c'est-à-dire territoriales, ce qui manquerait en garanties morales à cette paix dont le monde avait besoin.

Les commissaires du gouvernement provisoire ne semblent pas avoir contesté sérieusement les principes posés par le duc de Wellington. S'ils demandaient du temps, c'était, disaient-ils, pour préparer le retour de Louis XVIII, et l'armistice qu'ils réclamaient n'avait pas d'autre but. Il fallait d'abord suspendre les opérations militaires, on s'entendrait ensuite. Ici on cessait d'être d'accord. Le duc de Wellington répondait qu'il n'arrêterait ses opérations militaires que lorsqu'on se serait entendu.

D'abord, tant que Napoléon serait à Paris ou dans les environs de Paris, il pouvait reparaître à la tête de l'armée française. Ensuite, quand bien même il se serait éloigné, les fauteurs du 20 mars et ses adhérents étaient en guerre ouverte avec l'Europe. Enfin, le duc de Wellington n'était pas seul à décider la question d'armistice. Ses opérations militaires étaient combinées avec celles de Blücher, il ne pouvait s'arrêter que si les Prussiens s'arrêtaient; sinon, il devait continuer son mouvement. Les opérations militaires marchaient donc parallèlement avec les négociations, et, si les commissaires qui semblaient avoir reconnu qu'il n'y avait plus qu'une chose à faire, ne faisaient pas comprendre au gouvernement provisoire, et celui-ci à la Chambre des représentants, que pour faire utilement cette chose il fallait la faire immédiatement, on pouvait compter le nombre d'heures qui, séparant encore les deux armées, rapprocheraient en s'écoulant le moment où il faudrait choisir entre une bataille sous les murs de Paris et une capitulation.

Dans le gouvernement provisoire, tous les membres admettaient, même avant le 29 juin, la nécessité de traiter; les instructions données aux commissaires envoyés au quartier général du duc de Wellington, et, comme on l'a vu, leur langage même, en font foi; un seul, Fouché, reconnaissait que l'unique moyen de traiter était de rappeler Louis XVIII; mais, comme il subordonnait tout à son intérêt personnel, il ne voulait arriver à cet acte qu'en obtenant des conditions avantageuses pour lui. Il acceptait donc sans beaucoup d'effort le contrôle et la surveillance soupçonneuse quelquefois jusqu'à l'injure de ses collègues; en croyant lui créer des obstacles, ils lui fournissaient des moyens de traîner les choses en longueur jusqu'à ce que ses intérêts fussent garantis, et des arguments pour échapper à l'insistance du duc de Wellington, qui lui demandait pourquoi, reconnaissant la nécessité de la

Restauration, il ne la proclamait pas. De même que les collègues de Fouché, plus éloignés que lui du secret des affaires, étaient plus intraitables et pesaient sur lui, la Chambre des représentants, qui voyait les choses de plus loin encore que les membres les moins bien informés du gouvernement provisoire, pesait sur eux avec ses passions, ses défiances, ses préventions révolutionnaires contre les Bourbons, et cette confiance que les Assemblées plus théoriques que pratiques ont jusqu'au dernier moment en elles-mêmes. Enfin l'armée, qui était réunie tout entière le 29 juin sous les murs de Paris, au nombre de soixante mille hommes environ, pesait à son tour sur les Chambres avec une passion plus ardente et plus noble, la passion militaire, le désir héroïque de prendre sous les murs de Paris une revanche de la partie funèbre de Waterloo, sans s'occuper de savoir si cette revanche, en cas même qu'on la gagnât, pouvait modifier l'issue inévitable de la guerre, ou si elle n'aboutirait qu'à aggraver la situation de la France après une inutile effusion de sang humain. L'armée avait échangé avec la Chambre des représentants des adresses belliqueuses, qui, en ajoutant à l'effervescence des âmes, liait les camps et l'assemblée par des paroles publiques. « Braves soldats, disait la Chambre le 30 juin, un grand revers a dû vous étonner et non vous abattre. La patrie a besoin de votre constance et de votre courage. Elle vous a confié le dépôt de la gloire nationale, et vous répondrez à son appel. Des plénipotentiaires ont été envoyés aux puissances alliées; le succès des négociations dépend de vous. Serrez-vous autour du drapeau tricolore consacré par la gloire et le vœu national. Vous nous verrez, s'il le faut, dans vos rangs, et nous prouverons au monde que vingt-cinq années de sacrifices et de gloire ne seront jamais effacés, et qu'un peuple qui veut être libre ne perd jamais sa liberté. » L'adresse de l'armée déclarait, de son côté, on l'a vu, que le retour des Bourbons était le testament de l'armée, et elle excluait ainsi la seule combinaison possible.

C'était au milieu de ces obstacles qu'il fallait arriver à une solution, et ces manifestations publiques entravaient toutes les négociations, en donnant aux deux forces avec lesquelles il fallait compter, la force légale résidant dans la Chambre, et la force matérielle placée dans l'armée, une surexcitation inopportune. Ceux qui, dans l'armée, voyaient les choses à la fois de près et de haut n'hésitaient pas sur la nécessité de traiter ; tous les maréchaux, à commencer par le maréchal Ney lui-même, avaient exprimé cette opinion. Le maréchal Grouchy faisait dire à M. de Vitrolles qu'il voudrait proclamer le Roi, mais qu'il ne le pouvait, à cause des dispositions de l'armée. Le maréchal Oudinot refusait un commandement, en disant au prince d'Eckmühl que le retour de Louis XVIII était inévitable, et qu'au lieu de combattre, le plus sûr moyen était de travailler à ce dénoûment nécessaire. Le maréchal Soult ne cessait de parler dans le même sens[1]. Enfin, le prince d'Eckmühl lui-même, qui, à cause des fonctions qu'il venait d'exercer pendant les Cent-Jours, devait avoir pour la Restauration, comme Ney, comme Grouchy, comme Soult, les répugnances de l'intérêt personnel menacé, écrivait au duc d'Otrante, dans

---

1. Dans un exposé écrit sous la dictée du maréchal Soult à Mendes dans la Lozère, le 11 juillet 1815, et signé de sa main, il disait que « depuis son retour à Paris, venant de l'armée, jusqu'au moment de son départ pour les départements du Midi, qui eut lieu le 3 juillet, il avait constamment représenté, soit à la commission du gouvernement provisoire, soit à la Chambre des pairs dans ses comités particuliers, soit à un conseil de guerre qui fut tenu au faubourg de la Villette, le 1er juillet à neuf heures du soir, auquel tous les maréchaux de France présents à Paris furent appelés, soit à différents membres de la Chambre des représentants, qu'après avoir forcé Napoléon à abdiquer, l'on aurait dû envoyer sur-le-champ une députation à S. M. Louis XVIII, pour lui porter des actes de soumission, au lieu de prolonger les maux de la France en entretenant la nation et l'armée dans des illusions chimériques. » (Voir cette pièce citée *in extenso* dans les *Derniers Jours de la grande armée*, par le capitaine Mauduit, tome II, page 530.)

la nuit du 29 juin, pour lui proposer d'envoyer offrir au Roi d'entrer à Paris sans garde étrangère [1]. « Nous devons, disait-il dans cette lettre, proclamer Louis XVIII ; nous devons le prier de faire son entrée dans la capitale sans les troupes étrangères, qui n'y doivent jamais mettre le pied. Louis XVIII doit régner avec l'appui de la nation. J'ai vaincu mes préjugés, la plus irrésistible nécessité et la plus entière conviction m'ont déterminé à croire qu'il n'y a pas d'autre moyen de sauver la patrie [2]. »

Ceux qui ont écrit sous l'influence des passions contemporaines ont essayé d'expliquer cet accord de toutes les grandes notabilités de l'armée, en alléguant que la vertu militaire avait péri dans les chefs les plus illustres, et qu'elle s'était réfugiée dans les soldats et les officiers des grades inférieurs. Cette explication, favorablement accueillie par les esprits prévenus, n'est point admissible pour les hommes qui jugent de sang-froid. Si l'on disait que quelques-uns de ces vaillants chefs avaient éprouvé une défaillance, on pourrait encore le croire. Mais que tous aient été du même avis ; que des hommes éprouvés par tant de périls, si différents de caractère, Ney, Grouchy, Soult, d'Eckmühl, tous engagés plus ou moins dans les Cent-Jours, aient reconnu en même temps qu'il ne fallait pas prolonger la guerre, c'est là un fait éclatant qui, pour tout homme de bon sens, atteste que la guerre n'était plus possible. Ce serait calomnier la nature humaine en général, et en particulier les hommes les plus illustres des armées impériales, que d'attribuer cette entente remarquable

---

[1]. Fleury de Chaboulon, les *Cent-Jours*, tome II, page 322.
[2]. *Mémoires* du maréchal Davoust. Le général Beker, dans la *Relation de sa mission*, publiée en 1841, raconte que le maréchal Davoust, qu'il vit au moment où celui-ci venait d'écrire cette lettre, lui en fit connaître la substance et ajouta que, si ses propositions étaient agréées, il monterait le lendemain à la tribune pour y exposer le tableau de la situation de la France et pour y demander la proclamation de Louis XVIII.

à la lâcheté et à l'incapacité, et d'y voir, comme on l'a dit, une nouvelle trahison.

Pour qui cherche la vérité sans parti pris et sans passion, tout s'explique : l'opinion intelligente des chefs de l'armée comme l'entraînement héroïque de l'armée elle-même. Placés plus haut, les maréchaux voyaient plus loin ; ils encouraient la responsabilité morale du parti qu'on allait prendre et en calculaient les suites pour le pays et pour l'armée. C'était pour l'armée une effusion de sang inutile, quand même elle aurait un avantage momentané et partiel, parce qu'avec la disproportion générale des forces, la situation de la France en grande partie envahie, les dispositions de la population, l'Ouest, le Midi fidèles à leur drapeau, elle ne pouvait avoir un avantage général et définitif ; pour la France, c'étaient des maux incalculables, Paris mis à feu et à sang immédiatement si les Prussiens avaient l'avantage, un peu plus tard et plus inévitablement encore s'ils étaient obligés de se replier sur leurs réserves avec lesquelles ils reviendraient bientôt, des conditions plus dures et plus intolérables imposées à la France. Les maréchaux, qui étaient la tête, voyaient le résultat ; la position respective de l'Europe et de la France, l'impossibilité d'une résistance prolongée, d'un succès définitif, la nécessité de la paix : voilà ce qui les détournait de toute idée d'engager la lutte. L'armée, qui était le bras et non la tête, et qui n'avait d'autre responsabilité que celle de son sang à verser, ne voyait que les Prussiens et Blücher à sa portée, et les épées s'allongeaient d'elles-mêmes pour frapper. Elle attendait avec une impatience fiévreuse le signal d'engager la lutte ; elle s'indignait qu'il ne vînt pas, et le mot de trahison, si souvent répété pendant cette douloureuse campagne, circulait dans les rangs. Dans cette situation fausse pour tout le monde, les chefs les plus illustres et les plus clairvoyants de l'armée usaient leur force à arrêter cette impétuosité aveugle, cet héroïsme irréfléchi et désespéré qui pouvaient compromettre les intérêts les plus chers de la patrie; et, d'un autre côté, l'impétuosité aveugle, l'héroïsme irréfléchi et désespéré des soldats entravaient tout ce que les chefs tentaient pour arriver à une transaction qui sauvegardât à la fois la dignité et les intérêts généraux de la France.

Cette double situation va se dessiner dans les faits. Lorsque le duc d'Otrante reçut dans la matinée du 30 juin la lettre du prince d'Eckmühl indiquant le rappel de Louis XVIII comme la seule solution possible, il arrête cette initiative au lieu d'en profiter, parce qu'il ne croit pas ses intérêts personnels suffisamment garantis. Il rédige donc un projet de lettre dans laquelle il dit au chef de l'armée de Paris : « Je suis persuadé comme vous, monsieur le maréchal, qu'il n'y a rien de mieux à faire que de traiter promptement d'un armistice, mais il faut savoir ce que veut l'ennemi; une conduite mal calculée produirait trois maux : 1° d'avoir reconnu Louis XVIII avant tout engagement de sa part; 2° de n'en être pas moins forcé de recevoir l'ennemi dans Paris; 3° de n'obtenir aucune condition de Louis XVIII. Je prends sur moi de vous autoriser à envoyer aux avant-postes de l'ennemi et de conclure un armistice en faisant tous les sacrifices qui seront compatibles avec nos devoirs et notre dignité. Il faudrait mieux céder des places fortes que de sacrifier Paris [1]. » Ce n'est pas tout; après avoir expédié cette lettre, Fouché en soumet la copie à ses collègues du gouvernement provisoire, qui trouvent « qu'elle juge implicitement la question du rappel de Louis XVIII et laisse trop de latitude au prince d'Eckmühl. » Ils exigent qu'il écrive immédiatement une lettre supplémentaire ainsi conçue : « Il est inutile de vous dire, monsieur le maréchal, que votre armistice doit être purement militaire, et qu'il ne doit conte-

---

1. Fleury de Chaboulon, les *Cent-Jours*, tome II, page 322.

nir aucune question politique. Il serait convenable que cette demande d'armistice fût portée par un général de ligne et un maréchal de camp de la garde nationale. »

Ainsi le peu de latitude laissée au prince d'Eckmühl se trouve diminué encore, et la démarche qu'il a proposé de faire est d'avance frappée d'impuissance, puisqu'il doit précisément demander au duc de Wellington ce que celui-ci a refusé aux commissaires envoyés à son quartier général, un armistice purement militaire, sans qu'aucune question politique soit résolue, ni même touchée. Voici sa lettre datée du 30 juin au soir : « Milord, vos mouvements hostiles continuent malgré les déclarations que les motifs de la guerre que nous font les souverains alliés n'existent plus, puisque l'empereur Napoléon a abdiqué. Au moment où le sang est sur le point de couler, je reçois la dépêche télégraphique de M. le duc d'Albuféra, dont je vous transmets copie. Milord, je garantis sur mon honneur cet armistice. Toutes les raisons que vous auriez de continuer les hostilités sont détruites, puisque vous ne pouvez pas avoir d'autres instructions de la part de votre gouvernement que celles que les généraux autrichiens tenaient du leur. Je fais à Votre Seigneurie la demande formelle de cesser immédiatement toute hostilité, et que l'on s'occupe d'un armistice en attendant les décisions du congrès. Je ne puis croire, milord, que ma demande restera sans effet. Vous prendrez sur vous une grande responsabilité aux yeux de vos nobles compatriotes. Au reste, nul autre motif que celui de faire cesser l'effusion du sang et l'intérêt de ma patrie ne m'a dicté cette lettre. Si je me présente sur le champ de bataille avec l'idée de vos talents, j'y porterai aussi la conviction d'y combattre pour la plus sainte des causes, celle de la défense de la patrie, et, quel qu'en soit le résultat, je mériterai, milord, votre estime. »

Le maréchal Davoust s'est renfermé dans les limites qui lui

ont été tracées; mais il en résulte que sa démarche n'aboutit pas. Le duc de Wellington, qui reçut sa lettre dans la matinée du 1ᵉʳ juillet, avant que les commissaires aient reçu la nouvelle du départ de l'Empereur et l'aient fait connaître au général anglais, repousse dans sa réponse au maréchal, datée du 1ᵉʳ juillet à 10 heures du matin, la demande d'un armistice, par les mêmes raisons qui ont motivé son refus aux commissaires. Le but qui a fait prendre les armes à l'Europe n'est pas atteint, aucune garantie n'est offerte; d'ailleurs, il ne peut rien faire sans l'assentiment du prince Blücher, avec lequel il doit combiner ses mouvements. Cet appel continuel à Blücher dont le duc de Wellington faisait invariablement intervenir le nom dans le refus d'armistice, suggéra la pensée de s'adresser à Blücher lui-même; on pensa que l'on obtiendrait une réponse plus nette de la fougue prussienne que de l'habileté anglaise, et le prince d'Eckmühl lui adressa une espèce de duplicata de la dépêche qu'il avait fait parvenir au duc de Wellington. La réponse de Blücher ne se fit point attendre : elle ne manquait point de netteté, mais elle portait la rude empreinte du caractère violent et dur du généralissime prussien, et elle aggravait la fin de non-recevoir du quartier général anglais. Blücher, après avoir refusé l'armistice à peu près en raison des mêmes motifs allégués par le duc de Wellington, finissait par ces paroles amères : « Nous poursuivrons notre victoire; Dieu nous en a donné les moyens et la volonté. Prenez garde à ce que vous allez faire : ne précipitez pas de nouveau une ville dans la misère et la désolation; car vous savez ce que le soldat irrité se permettrait si votre capitale était prise d'assaut. Voudriez-vous attirer sur votre tête les malédictions de Paris comme celles de Hambourg? Ce n'est qu'à Paris qu'on peut conclure un armistice avec sûreté. »

Le doute n'était plus permis. On n'arrêterait pas la marche des armées coalisées par la demande d'un armistice. Elles avançaient toujours, comme s'en plaignait le maréchal Davoust.

L'armée prussienne surtout, à laquelle Blücher avait communiqué sa fougue militaire, continuait son mouvement offensif. Le 30 juin, vers une heure du matin[1], Blücher a fait attaquer le village d'Aubervilliers, situé sur la rive droite du canal de Saint-Denis, à une demi-lieue de cette ville, au pied de la ligne de nos retranchements. Les Prussiens se sont emparés de ce village après un vif engagement; et, dans l'après-midi du même jour, vers cinq heures, le corps du général Thielmann, précédé d'une brigade de cavalerie, s'est dirigé par Argenteuil sur Saint-Germain, pour appuyer une colonne volante qui avait surpris le pont établi sur la Seine au Pecq. Le duc de Wellington, qui avait fait traverser l'Oise à son avant-garde le 29 juin, et dans la journée du 30 au gros de son armée, prit position le 1er juillet avec sa droite sur les hauteurs de Richebourg, et établit sa gauche vers la forêt de Bondy[2]. L'impétueux Blücher porta le même jour sa droite au Plessis-Piquet, sa gauche à Saint-Denis, et sa réserve à Versailles.

1. Gonesse, 2 juillet 1815, dépêche du duc de Wellington au comte de Bathurst.
2. M. de Vaulabelle place le combat d'Aubervilliers dans la journée du 29 juin, et il affirme que ce fut en entendant la canonnade qui retentissait dans cette direction que Napoléon envoya le général Becker au gouvernement provisoire. Il ajoute : « La destruction de l'armée prussienne en cas d'attaque immédiate était certaine. — Wellington, à plus de deux journées de marche de Paris, était dans l'impossibilité de lui porter le moindre secours. » Il y a là une grave erreur de date. Le duc de Wellington, dans sa lettre du 2 juillet au comte de Bathurst, après lui avoir parlé de la conférence qu'il eut avec les commissaires dans la journée du 29 juin, dit qu'il les revit dans la nuit du 29 au 30. Puis il ajoute aussitôt : « Je vis le maréchal Blücher, qui était sur le point d'attaquer le poste des Français des Vertus (Aubervilliers). J'écrivis, d'accord avec lui, une lettre aux commissaires français. » (Cette lettre, qui est dans la collection des dépêches de Wellington, est datée du 29 juin 11 heures et demie du soir, quartier général du prince Blücher.) Enfin, le duc de Wellington ajoute dans la même dépêche du 2 juillet à lord Bathurst : « L'officier que les commissaires envoyèrent ne put, à cause du combat que livrait Blücher, gagner Paris par Bondy que dans la soirée du 30 juin. » Il est donc évident que le combat d'Aubervilliers ne fut livré que dans la matinée du 30 juin, ce qui fait tomber toutes les hypothèses que l'historien a bâties sur la présence de Napoléon parti la veille à 4 heures de l'après midi, et sur l'éloignement du duc de Wellington.

III

NÉCESSITÉ DE LIVRER UNE BATAILLE OU DE CAPITULER.—MOYENS DE DÉFENSE DE PARIS. — CONSEILS DE GUERRE TENUS AUX TUILERIES ET A LA VILLETTE.

Les partisans d'une guerre qui n'avait plus ni but raisonnable, car la France était aussi peu intéressée que peu résolue à sacrifier son dernier homme et son dernier écu pour soutenir un gouvernement provisoire composé de trois régicides, et une Chambre des représentants qu'elle n'avait pas élue, ni chance de succès définitif, car les vaillants mais faibles débris de nos armées, réduits à soixante et quelques mille hommes, ne pouvaient balancer longtemps la fortune contre un million de soldats, venaient d'empêcher les partisans plus clairvoyants d'une paix nécessaire de la proposer dans les conditions où elle pouvait être acceptée, avec la restauration de la maison de Bourbon, qui seule donnait un gouvernement à la France, et la garantie d'une paix durable à l'Europe. Le prince d'Eckmühl n'avait été autorisé qu'à proposer un armistice militaire repoussé d'avance. Les commissaires chargés de l'armistice reçurent du gouvernement provisoire de nouvelles instructions datées du 1ᵉʳ juillet 1815, qui rendaient leur succès impossible [1].

---

[1] « La commission du gouvernement, y était-il dit, a eu sous les yeux tous les détails que vous avez transmis du langage que vous tient le duc de Wellington. Elle désire que vous vous attachiez à distinguer la question politique de la forme du gouvernement de la France de la question actuelle de la conclusion de l'armistice. Sans repousser aucune des ouvertures qui vous sont faites, il est facile de faire comprendre au duc de Wellington que si, dans l'état actuel des choses, la question politique du gouvernement de la France doit inévitablement devenir le sujet d'une sorte de transaction entre la France et les puissances alliées, l'intérêt général de la France et des puissances elles-mêmes est

La négociation de l'armistice ayant échoué comme elle devait échouer, et l'armée prussienne, suivie d'un peu loin par l'armée anglaise, continuant à manœuvrer de manière à rendre un choc inévitable, il allait arriver ce qui arrive toujours dans les situations complexes tiraillées entre deux influences contradictoires : c'est qu'on ne saurait pas plus faire la guerre que la paix. Pour bien faire la guerre, en effet, il faut la vouloir, sans arrière-pensée de transaction, et profiter de toutes les chances militaires qui se présentent en poussant l'ennemi à outrance. Comment les hommes qui regardaient la paix comme nécessaire, comme imminente, et qui étaient en négociation pour l'obtenir, ayant en même temps la conduite de la guerre, car ils siégeaient au gouvernement provisoire et tenaient le premier rang dans l'armée, n'auraient-ils pas fait tous leurs efforts pour éviter une action générale et prévenir une effusion de sang inutile, une collision dont les conséquences pouvaient être désastreuses pour Paris et pour la France? C'était la situation la plus fausse qu'on pût voir. Les passions des uns entravaient les négociations; la raison des autres allait paralyser les opérations militaires. La question politique, sans cesse mêlée à celle des armes, arrêtait l'épée du commandant en chef au moment de donner le signal, et les mouvements diplomatiques entravaient les mouvements de guerre. C'est ce qu'on a appelé les trahisons militaires de 1815, sans voir que ce qu'il y avait de radicalement faux dans la situation faussait toutes les conduites.

Les mouvements de Blücher, qui tenait la tête de l'armée d'invasion, se trouvaient déterminés par la manière fort inégale

de ne rien précipiter. Napoléon n'est plus à Paris, depuis près de huit jours sa carrière politique est finie. S'il existait en faveur des Bourbons une disposition nationale, cette disposition se serait manifestée avec éclat. Il est donc évident que ce n'est pas leur rappel que veut la nation française... Si elle veut tout autre système que le rétablissement des Bourbons, c'est qu'il n'en est point qui lui présente autant d'inconvénients et aussi peu d'avantages. »

dont Paris était fortifié. Sur la rive droite de la Seine, la ville était presque inattaquable : nous avons un témoignage incontesté et incontestable à l'appui de ce fait, celui du duc de Wellington. Il écrivait au comte de Bathurst, à la date du 2 juillet 1815 : « L'ennemi a fortifié d'une manière formidable les hauteurs de Montmartre et la ville de Saint-Denis, et, au moyen de deux petits cours d'eau, le Rouillon et la Vieille-Mer, il a inondé le terrain au nord de cette ville, et, l'eau ayant été introduite dans le canal de l'Ourcq, la rive, à l'aide des terres tirées du lit du canal, a été transformée en un parapet sur lequel on a établi des batteries. De ce côté de Paris, la position est très-forte. Les hauteurs de Belleville sont de même puissamment fortifiées. Mais je ne sache pas qu'aucun ouvrage définitif ait été construit sur la rive gauche de la Seine[1]. »

Ces détails donnés par le duc de Wellington étaient exacts; sur la rive gauche de la Seine, les travaux demeurés presque nuls se bornaient à trois ou quatre redoutes encore inachevées. Il était donc indiqué que, pour aborder Paris, il fallait passer sur la rive gauche de la Seine. Il fut convenu que Blücher transporterait toute son armée sur la rive gauche de ce fleuve, investirait Paris à l'ouest et au midi en s'établissant sur toutes les collines qui le dominent de ce côté, et l'inquiéterait pour ses approvisionnements, pendant que l'armée anglaise, remplaçant l'armée prussienne sur la rive droite, prendrait position devant les retranchements qui couvrent Paris au nord et à l'est. Dès la journée du 30 juin, on l'a vu, le corps de Thielmann occupait le pont du Pecq et Saint-Germain ; dans la soirée du même jour, le corps de Zieten, laissant ses avant-postes devant nos lignes pour dissimuler son mouvement, s'était emparé du village de Maisons, situé en aval de cette ville,

---

1. Dépêche du duc de Wellington datée de Gonesse, le 2 juillet, et adressée au comte de Bathurst.

et qui avait aussi un pont sur la Seine. Bulow, qui avait gardé sa position pour masquer le mouvement, s'ébranla le 1er juillet vers six heures du matin, et marcha sur Saint-Germain par Argenteuil, en faisant filer ses troupes à mesure que les premières divisions anglaises arrivaient pour occuper la position qu'il abandonnait. C'était donc un mouvement général des armées ennemies qui allaient prendre leurs positions d'investissement ou d'attaque.

Quand le mouvement des Prussiens fut connu, il y eut une surexcitation extraordinaire dans nos lignes. On aspirait ardemment, on demandait hautement à combattre, on espérait vaincre. Si en effet on avait été décidé à vider la question par les armes, c'était ce moment qu'il fallait choisir. L'armée prussienne tout entière en marche vers ses positions ne pouvait-elle pas être prise en flagrant délit? L'armée anglaise, qui avait également commencé son mouvement, ne pouvait-elle pas être attaquée en colonnes de marches? Blücher, malgré son ardeur militaire, qui dégénérait quelquefois en témérité, aurait peut-être hésité à tenter cette pointe hardie en prêtant le flanc aux Français, si les démarches du gouvernement provisoire et du prince d'Eckmühl pour obtenir un armistice, et le langage même des commissaires, ne lui avaient pas révélé d'une manière manifeste l'hésitation et l'incertitude qui régnaient dans les conseils des Français et lui permettaient de beaucoup oser. Encore moins le duc de Wellington, ce général si prudent et habitué à calculer toutes ses démarches, aurait-il hasardé ce mouvement devant une armée qu'il aurait cru décidée à prendre une offensive hardie. Voilà ce qu'ont dit, non sans apparence de raison, les hommes du métier. On a ajouté, car on a voulu tout expliquer par des trahisons, que Fouché avait donné officieusement avis aux deux généraux ennemis qu'ils ne seraient pas attaqués dans leurs mouvements. Le caractère de Fouché ne repousse point cette accusation, dont rien cependant ne démontre l'exactitude ; mais ces confidences n'étaient point nécessaires au quartier général ennemi. La connaissance que les deux généraux avaient de la situation suffisait pour les éclairer sur ce point.

Le prince d'Eckmühl, placé entre ses instincts militaires et sa raison politique, hésitait. Le 1er juillet, dans les premières heures de la matinée, il avait connu le mouvement des Prussiens. Il disposait de forces assez considérables pour frapper contre eux un coup hardi sans être téméraire. Les troupes réunies en corps après Waterloo se montaient à 57,626 hommes, ainsi répartis [1] : infanterie, 38,142 hommes ; cavalerie, un peu

---

1. Ces troupes se composaient :
1° Garde impériale, lieutenant général Drouot, quartier général à Villiers, près Neuilly : Infanterie, 5,766 hommes ; cavalerie, 3,392 hommes ; artillerie, génie, etc., 1,864 hommes ; total, 10,022 hommes.
2° Premier corps d'armée, lieutenant général Drouet-d'Erlon, quartier général à Belleville : Infanterie, 1re, 2e, 3e et 4e division, 4,309 hommes ; cavalerie, 1re division, 1,064 hommes ; artillerie, 133 hommes ; total, 5,506 hommes.
3° Deuxième corps d'armée, lieutenant général Reille, quartier général à la Chapelle : Infanterie, 5e, 6e, 7e, 9e division, 7,057 hommes ; cavalerie, 2e division, 1,248 hommes ; artillerie, 513 hommes ; total, 8,818 hommes.
4° Sixième corps d'armée, lieutenant général *** : Infanterie, 19e et 20e division, 2,790 hommes ; artillerie, le chiffre n'est pas porté sur la situation.
5° Premier corps de réserve, lieutenant général Pajol, quartier général à la Villette, 1,991 hommes. L'artillerie n'est pas portée sur la situation.
6° Troisième corps de réserve de cavalerie, lieutenant général Kellermann, quartier général à Neuilly : 1,641 hommes ; artillerie, 111 ; total, 1,752 hommes.
7° Quatrième corps de réserve de cavalerie, lieutenant général Milhaud, quartier général à Auteuil, 1,127 hommes. L'artillerie n'est pas portée sur la situation.
8° Troisième corps d'armée, lieutenant général Vandamme, quartier général au Petit-Montrouge : Infanterie, 8e, 10e, 11e, 21e division, 9,854 hommes. La cavalerie ni l'artillerie ne sont portées sur la situation.
9° Quatrième corps d'armée, lieutenant général Vichery sous les ordres de Vandamme, quartier général à Vaugirard : Infanterie, 12e, 13e, 14e division, 8,366 hommes ; cavalerie, 1,200 ; total, 8,566 hommes ; artillerie, le chiffre n'est pas porté sur la situation.
10° Deux corps de réserve de cavalerie, lieutenant général Excelmans, 2,000 hommes ; artillerie, le chiffre n'est pas porté sur la situation.
Il fallait ajouter à cet effectif les détachements provenant des dépôts de la

moins de 14,000; artillerie et génie, 5,200. Il fallait ajouter à ces troupes des détachements formant un peu plus de 13,000 hommes et provenant des dépôts de la garde et de la ligne et comprenant aussi des hommes revenus isolément de Waterloo. Les tirailleurs de la garde nationale ou fédérés formaient une force supplémentaire de 6,000 hommes. Le prince d'Eckmühl avait donc une armée de 70,000 hommes de troupes de ligne, 6,000 fédérés de Paris, et un millier de gardes nationaux des départements à opposer aux 120,000 Anglo-Prussiens qui investissaient la capitale. Il n'était pas impossible de distraire de cette armée une force offensive assez considérable pour attaquer les Prussiens avec avantage. Dans la matinée du 1er juillet, Davoust prit des dispositions qui semblaient le prélude d'une grande bataille. Il donna au général Vandamme, qui commandait en chef sur la rive gauche, l'ordre de lancer Excelmans sur Saint-Germain, par Versailles, et de le soutenir avec les 2e et 3e corps d'infanterie, et prescrivit au corps du comte d'Erlon et à la garde d'être prêts à marcher

---

garde et de la ligne et comprenant aussi des hommes revenus isolément de Waterloo. Ces détachements montaient à 12,114 hommes d'infanterie, 344 hommes de cavalerie, 627 d'artillerie et de génie, etc.; total, 13,175 hommes.

L'effectif des troupes de ligne réunies sous Paris, le 1er juillet 1815, était donc, en tenant compte des valeurs omises sur les états, de 70,800 hommes, officiers compris, dont 50,356 d'infanterie, 14,597 de cavalerie, 5,848 d'artillerie, de génie, etc. La situation à laquelle sont empruntés ces chiffres porte, en outre, 6,000 travailleurs armés de la garde nationale de Paris et 832 hommes de la garde nationale active de l'Indre et d'Indre-et-Loire. (Archives du dépôt de la guerre.)

On a porté l'armée française réunie sous les murs de Paris, le 1er juillet, tantôt à 90,000 soldats de ligne, plus 14,000 fédérés (Mauduit, *Derniers Jours de la Grande Armée*, tome II, page 546), tantôt à 94,000 hommes (Vaulabelle, tome III, page 250). Le même historien ajoute 12,000 au lieu de 6,000 portés sur la situation du dépôt de la guerre, et arrive ainsi à un effectif de 106,000 hommes, sur lesquels il compte 25,000 hommes de cavalerie, en se fondant sur la déposition du maréchal Davoust, dans le procès du maréchal Ney. Mais qui ne comprend que le maréchal, dans une intention honorable, a dû exagérer les forces dont il disposait, afin de se donner plus d'autorité pour réclamer, en faveur du maréchal Ney, les effets de la capitulation? M. de Vaulabelle appuie sur ces chiffres hypothétiques tout un plan de bataille, qui tombe avec eux.

au premier signal pour appuyer cette opération en passant la Seine au pont de Neuilly ; après avoir ainsi pourvu aux éventualités de la guerre, il partit vers dix heures pour Paris, où la politique l'appelait.

Fouché avait fixé pour cette heure la réunion d'une espèce de conseil de guerre où le prince d'Eckmühl était naturellement convoqué. Avant d'engager la bataille, il fallait savoir si l'on était résolu à la donner. Le conseil réuni par Fouché aux Tuileries était formé des membres du gouvernement provisoire, des ministres, des présidents, des vice-présidents et secrétaires des deux Chambres, des maréchaux Davoust, Soult, Masséna, Lefebvre, Grouchy, des généraux Gazan, Evain et Mouton-Duverney, et du colonel Decaux. Le duc d'Otrante ouvrit la délibération en en indiquant l'objet : il s'agissait de savoir si notre armée se porterait au-devant de l'ennemi et lui livrerait bataille[1]. Personne ne se pressant de prendre la parole, le duc d'Otrante, interpellant brusquement un des membres du bureau de la Chambre avec lequel il avait eu de fréquentes relations depuis la réunion de l'assemblée, l'invita à ouvrir la discussion. M. Clément, c'est son nom, un peu étonné de cette préférence, déclina l'invitation ; il répondit que, n'étant pas militaire, il ne pouvait avoir une opinion *à priori* sur une question de cette nature, et qu'il s'en formerait une quand il aurait entendu MM. les maréchaux qui faisaient partie du conseil. Il exprima surtout le désir de connaître l'opinion du prince d'Essling, l'illustre défenseur de Gênes. Le duc d'Otrante invita ce dernier à parler. Le maréchal Masséna, soit que ses idées ne fussent pas arrêtées, soit qu'il ne voulût prendre aucune initiative, se tint dans des généralités, et finit sans conclure. Après lui deux secrétaires de la Chambre des pairs, MM. de Forbin-Janson et Thibaudeau,

---

1. Nous suivons la relation inédite d'un témoin auriculaire de cette délibération, qui y assista comme membre du bureau de la Chambre des représentants, et qui, en l'écrivant en juin 1855, déclare n'avoir cédé qu'à l'amour de la vérité.

parlèrent avec une grande violence et exprimèrent l'avis qu'il fallait, coûte que coûte, livrer bataille, ne fût-ce que pour l'honneur du drapeau.

Dans le discours de Thibaudeau, quelques paroles indirectes avaient atteint le maréchal Davoust comme un écho injurieux des bruits offensants qui commençaient à courir contre lui dans l'armée. Celui-ci s'en émut, et, se levant immédiatement, demanda vivement la parole. Il dit qu'il n'ignorait pas qu'on répandait à Paris le bruit qu'il n'était pas disposé à se battre; que c'était une odieuse calomnie contre laquelle il protestait de toutes les forces de son âme. Il ajouta qu'il ne demandait, au contraire, qu'à se battre, et qu'il était prêt à livrer bataille si le gouvernement l'y autorisait. L'accent avec lequel le prince d'Eckmühl avait parlé, l'émotion de son âme qui éclatait dans sa voix et dans son geste, avaient produit une vive impression sur les auditeurs. Le duc d'Otrante sembla craindre que cette impression ne fût défavorable au parti pacifique qu'il voulait faire prévaloir, et, comme s'il espérait embarrasser le prince d'Eckmühl, il le somma en quelque sorte de dire si, en demandant avec tant d'assurance à livrer bataille, il croyait pouvoir répondre de la victoire. Le prince d'Eckmühl, sans se laisser déconcerter : « Oui, dit-il; j'ai une armée de 73,000 hommes pleins de courage et de patriotisme, je réponds de la victoire; je repousserai les deux armées anglaise et prussienne, si je ne suis pas tué dans les deux premières heures de l'action. »

Ces paroles prononcées avec fermeté firent une profonde impression sur les esprits, et peut-être allaient-elles entraîner le conseil, lorsque Carnot, revêtu de l'uniforme de la garde nationale et encore tout gris de poussière, prit la parole. Il descendait de cheval, dit-il[1], il venait d'inspecter pour la

---

1. « Celui qui écrit cette note, dit M. Clément, ancien secrétaire de la

seconde fois les travaux entrepris pour la défense de Paris. Certes, en exprimant l'opinion qu'il allait exprimer, il ne pouvait être suspect. Il avait voté la mort de Louis XVI, et ne pouvait attendre que des persécutions et l'exil de la part des Bourbons à la veille de rentrer dans la capitale avec l'appui des armées coalisées. Mais avant tout il était Français, et, à ce titre, il se croirait coupable s'il conseillait une résistance qui serait inutile et aboutirait, en définitive, au siége de Paris. Il représenta alors avec beaucoup d'énergie la responsabilité qui pèserait sur ceux qui auraient exposé aux horreurs d'un siége dont l'issue était certaine, une capitale renfermant une population aussi nombreuse et tant de monuments et de richesses de tout genre. Les travaux de campagne exécutés sur la rive droite, venant s'ajouter à la difficulté des lieux, étaient suffisants pour mettre Paris à l'abri de toute insulte de ce côté. Aussi n'était-ce pas par ce point que l'ennemi allait l'aborder. Mais, sur la rive gauche, tout était à découvert, et le champ restait libre aux entreprises de l'ennemi. Les Prussiens avaient réussi à porter la masse de leurs forces de ce côté, et paraissaient disposés à attaquer. Sans doute, il serait facile de les repousser, mais ils pourraient revenir à la charge après avoir fait leur jonction avec l'armée anglaise, ou se retrancher sur la ligne de hauteurs qui s'étend à gauche de Sèvres vers Meudon, à droite vers Saint-Cloud ; et, dans cette position, ils donneraient aux autres armées de la coalition le temps d'arriver, de compléter l'investissement de Paris, de le réduire par défaut de subsistances, de couper toute retraite à nos troupes et de les forcer à se rendre à discrétion. En cet état de choses, et tout en rendant justice au patriotisme et au courage du prince d'Eckmühl, Carnot déclara qu'en son âme et conscience il regarderait comme un crime

Chambre des représentants, auquel nous empruntons ces détails, se rappelle entièrement la substance de ce discours et même les propres paroles de Carnot dans cette circonstance. »

de contribuer à exposer Paris à un siége, attendu qu'il était sans défense.

Ces graves paroles tombées d'une telle bouche et prononcées avec cette conviction morne et désespérée qui les fait entrer d'autant plus profondément dans les âmes qu'on sent ce qu'elles coûtent à celui qui les laisse échapper, firent évanouir tout espoir. La réalité était apparue, l'évidence se faisait dans les esprits. Ce n'étaient pas seulement Blücher et Wellington que Paris avait devant ses murs; c'était l'Europe dont les armées prussienne et anglaise n'étaient que l'avant-garde. Une victoire serait stérile, une défaite désastreuse. Il faudrait toujours finir par traiter, et on traiterait plus difficilement, à des conditions plus dures, si l'on irritait par une effusion de sang inutile l'Europe avec laquelle on était déjà entré en négociation. Seul, le maréchal Lefebvre, brave soldat mais sans autorité militaire, objecta que les retranchements du nord permettaient de faire une longue résistance, et demanda combien il faudrait de temps pour en construire au midi, comme si les Prussiens n'avaient pas déjà pris position de ce côté. Cette question fut renvoyée à un comité purement militaire convoqué pour la soirée du même jour au quartier général du prince d'Eckmühl, c'est-à-dire à la Villette. Mais il était dès lors constant pour tous que la question se trouvait tranchée par les paroles de Carnot. Son autorité militaire incontestable et incontestée, jointe à ses antécédents régicides, à ses sentiments hostiles aux Bourbons et à sa situation personnelle, donnait à son opinion un poids décisif.

Le prince d'Eckmühl ne pouvait plus songer à donner la bataille qui lui apparaissait encore le matin comme une des éventualités de la situation. Il envoya donc un contre-ordre aux deux divisions d'infanterie de Vandamme qui devaient soutenir la cavalerie d'Excelmans, et ne fit pas parvenir au corps de Drouet-d'Erlon et à la garde l'ordre de mouvement qu'ils attendaient. La guerre se trouvait subordonnée à la politique, l'on ne pouvait tenter rien de considérable par les armes avant le conseil de guerre qui devait être tenu, le soir même, au quartier général : c'eût été préjuger la décision à prendre et engager une question réservée. Le mouvement du général Excelmans, cessant d'être soutenu, fut réduit, par cette détermination, à une brillante mais inutile échauffourée. Il avait conduit par Plessis-Piquet ses dragons (2000 hommes) et trois escadrons de hussards que Vandamme lui avait donnés, dans la direction de Versailles, où l'on signalait la présence des Prussiens. Il avait fait filer en même temps Piré par les bois de Meudon et de Ville-d'Avray avec huit escadrons de chasseurs et un bataillon du 44e de ligne, en leur prescrivant d'aller se placer en embuscade en arrière de Versailles à Rocquencourt, sur la route de Saint-Germain. Il rencontra lui-même la colonne prussienne de Sohr, forte de deux régiments, près de Vélizy, à une heure et demie en avant de Versailles, et, la chargeant de front et de flanc, la rejeta sur Versailles. Là, elle essaya de tenir, mais elle fut de nouveau culbutée; quelques gardes nationaux de la ville, qui s'étaient joints spontanément à la cavalerie française, l'aidèrent à débusquer les Prussiens. Vivement poursuivis par nos dragons et nos hussards, les Prussiens allèrent se jeter à toute bride dans l'embuscade de Rocquencourt, en se repliant à la hâte sur Saint-Germain, et y laissèrent beaucoup d'hommes et de chevaux sous le feu du 44e et d'un demi-bataillon de fédérés qui s'étaient spontanément joints au général Piré. Excelmans prolongea son mouvement jusqu'à Marly ; mais là il vint se heurter contre une division de Thielmann, et, n'étant pas soutenu par l'infanterie de Drouet-d'Erlon, qui n'avait pas reçu l'ordre attendu, il se replia sur Versailles, puis sur Montrouge où il n'arriva que dans la nuit. Tel fut ce combat de Versailles, dont on fit un grand bruit dans les Chambres, en attribuant à cette brillante mais stérile rencontre de cavalerie une importance exagérée. On avait besoin d'occuper l'attention des représentants pendant que les affaires se traitaient ailleurs. La Chambre vota des remercîments au corps du général Excelmans, qui avait déjà effectué sa retraite, et aux gardes nationales de Versailles et des environs, dont un bien petit nombre avaient pris part à l'action. L'exagération de la reconnaissance est ordinairement un symptôme de la gravité de la situation et de la rareté des services.

Toute la journée du 1er juillet s'était passée, dans les camps français qui environnaient Paris, en attente fiévreuse, en récriminations passionnées. Là, il n'y avait qu'un seul point de vue, le point de vue militaire. Les Prussiens offraient l'occasion d'une revanche : pourquoi ne pas la saisir? d'où venait cette oisiveté dans les rangs pendant que l'ennemi agissait? Les murmures croissaient de moment en moment avec les soupçons, et le mot de trahison circulait de bouche en bouche. Ce fut au bruit de ces murmures que le conseil de guerre se réunit le 1er juillet, à neuf heures du soir, à la Villette, au quartier général du prince d'Eckmühl. Tous les maréchaux présents à Paris y avaient été convoqués, ainsi que les généraux que le prince d'Eckmühl avait jugés capables d'éclairer la discussion. L'arrêté du gouvernement provisoire qui prescrivait cette convocation était ainsi conçu :

« 1er juillet 1815. La Commission du gouvernement arrête ce qui suit :

« Article 1er. Le maréchal prince d'Eckmühl réunira, ce soir, à la Villette, un conseil de guerre auquel il appellera les officiers généraux commandant les corps d'armée sous ses ordres qu'il croira susceptibles d'éclairer la délibération, ainsi que les officiers généraux commandant en chef l'artillerie et le génie.

« Art. 2. Tous les maréchaux présents à Paris et le lieutenant général Gazan sont invités à se rendre au conseil de guerre et à concourir à la délibération.

« Art. 3. L'objet de la délibération se composera des questions suivantes :

« Quel est l'état des retranchements et leur armement, tant sur la rive droite que sur la rive gauche ?

« L'armée peut-elle défendre toutes les approches de Paris, même sur la rive gauche de la Seine ?

« L'armée pourrait-elle mener le combat sur tous les points en même temps ?

« En cas de revers, le général en chef pourrait-il réserver ou recueillir assez de moyens pour s'opposer à l'entrée de vive force à Paris ?

« Existe-t-il des munitions suffisantes pour plusieurs combats ?

« Enfin, peut-on répondre du sort de la capitale, et pour combien de temps ? »

La discussion, malgré le programme qui lui traçait des limites, s'engagea bientôt sur le terrain de la politique. Les maréchaux furent unanimes à faire observer qu'il y avait un dénoûment inévitable que des succès partiels et momentanés ne pouvaient pas changer. Le retour des Bourbons était la solution nécessaire du problème. Quelques jours plus tôt, quelques jours plus tard, il faudrait accepter cette solution. Les jours qu'on pourrait gagner par une résistance désespérée, si le succès couronnait les efforts qu'on proposait de faire, valaient-ils l'immense effusion de sang et les risques désastreux qu'on ferait courir à Paris et à la France ? Le seul avantage qu'on aurait obtenu, si l'on repoussait l'ennemi, serait d'attendre l'empereur de Russie et l'empereur d'Autriche qui suivaient de près, à la tête de leurs armées, les Anglais de Wellington et les Prussiens de Blücher. Quand l'Europe entière serait en armes autour de Paris, on n'obtiendrait pas de meilleures conditions, puisqu'on serait plus faible et que l'ennemi serait plus fort. Pourquoi donc ce sang versé? Pourquoi ces risques courus? N'était-il pas plus sage, plus digne même de rappeler Louis XVIII? Son caractère devait inspirer la confiance, et avec les institutions qu'il avait données à la France et qu'il respecterait, le pays trouverait, à la fin, le repos dont il avait tant de besoin, avec la liberté politique et la prospérité. Le maréchal Soult parla longtemps dans ce sens; Davoust, Masséna, Grouchy et les chefs militaires les plus illustres l'appuyèrent.

Sur les cinquante personnes présentes à la conférence, trois ou quatre seulement parlèrent dans un sens opposé; mais elles parlèrent avec une grande véhémence. On ne pouvait se fier aux puissances étrangères sans condition, ni se livrer aux Bourbons sans garanties. Il fallait d'abord risquer une bataille, rejeter les Anglais et les Prussiens par une victoire au delà de l'Oise. Quand on les aurait vaincus, on ferait appel au patriotisme des départements, on les soulèverait contre les étrangers, et, par un déploiement énergique des forces nationales, on imposerait aux coalisés, qui seraient obligés d'accorder de meilleures conditions. Dans le cas même où l'on éprouverait une défaite improbable sinon impossible, on continuerait le combat dans Paris, et l'ennemi verrait si c'était une œuvre facile que d'entrer de vive force dans une ville de sept cent mille âmes décidée à résister. Ceux qui parlaient ainsi citaient à l'appui de leur opinion la Russie et Moscou, l'Espagne et Saragosse, toutes les villes enfin qui avaient illustré leur désespoir par une résistance héroïque.

Les partisans de la résistance à outrance oubliaient une chose : c'est que la France ne se trouvait pas dans les conditions où les populations qu'ils citaient avaient déployé cette énergie désespérée. Elle n'avait rien à craindre pour sa liberté politique que personne ne voulait lui ôter; rien à craindre pour ses lois civiles que personne ne voulait changer; rien pour sa nationalité que personne ne voulait détruire. Elle n'avait point un gouvernement national à défendre, elle n'avait aucune espèce de gouvernement, puisque la Chambre des représentants s'était chargée de détruire l'œuvre éphémère du 20 mars, et qu'une commission provisoire présidait à ses destinées. Au fond, la France avait laissé Napoléon s'en aller, comme elle l'avait laissé venir trois mois plus tôt, selon ses propres expressions. On ne pouvait attendre que la France et Paris fissent pour défendre une révolution militaire, résultat de l'ascendant de Napoléon sur ses soldats, que la France et Paris n'avaient ni faite ni souhaitée, et que la Chambre des Cent-Jours elle-même venait de condamner en exigeant l'abdication de l'Empereur, les efforts et les sacrifices des Espagnols à Saragosse et des Russes à Moscou. Quelques chefs compromis, ou dont l'âme militaire était exaspérée par le désastre de Waterloo, pouvaient se faire illusion et prêter à la capitale et au pays tout entier leur résolution de s'ensevelir sous les ruines de la capitale. Quelques révolutionnaires des Chambres enivrés de leur pouvoir d'un moment, ou qui haïssaient la maison de Bourbon avec le souvenir implacable de leurs torts envers elle, et le sentiment de ce qu'il y avait d'inconciliable entre le retour de ces princes et l'influence de leurs mortels ennemis, pouvaient les déclarer impossibles pour ne pas devenir impossibles eux-mêmes. Mais la France ne pouvait être entraînée dans les extrémités où on voulait la jeter, ni contrainte à jouer sa fortune sur une chance perdue, pour éviter la liberté politique que Louis XVIII lui avait apportée, et le retour d'une dynastie nationale qui avait pendant huit siècles présidé à ses destinées, dynastie qui, du moment que Napoléon disparaissait de la scène, devenait la seule base raisonnable de gouvernement à l'intérieur, en même temps qu'elle était la seule garantie raisonnable d'une paix nécessaire pour la France comme pour l'Europe.

C'était là le fond de la situation, et c'est ce qui rendait impossible le triomphe de l'opinion de ceux qui voulaient la guerre à outrance et à tout prix. Quand la discussion eut roulé pendant longtemps sur la question politique, on en vint aux questions militaires posées, et le prince d'Eckmühl envoya au président du gouvernement provisoire les réponses suivantes arrêtées presque à l'unanimité; deux voix seulement avaient maintenu l'avis contraire:

« 1° L'état des fortifications et leur armement sur la rive droite de la Seine, quoique incomplet, est en général assez satisfaisant; sur la rive gauche les retranchements peuvent être considérés comme nuls;

« 2° L'armée pourrait couvrir et défendre Paris, mais non pas indéfiniment. Elle ne doit pas s'exposer à manquer de vivres et de retraite;

« 3° Il est dificile que l'armée soit attaquée sur tous les points à la fois; mais, si cela arrivait, il y aurait peu d'espoir de résistance;

« 4° Aucun général ne peut répondre des suites d'une bataille;

« 5° Il existe des munitions pour plusieurs combats;

« 6° On ne peut répondre du sort de la capitale; il n'y a aucune garantie à cet égard. »

Cette pièce, datée de la Villette le 2 juillet à trois heures du matin, fut immédiatement envoyée au président du gouvernement provisoire. Après une courte délibération, tous les membres déclarèrent à l'unanimité qu'il fallait immédiatement traiter, en prenant pour bases de la capitulation la reddition de Paris et la retraite de l'armée sur la Loire. On envoya, séance tenante, au prince d'Eckmühl l'autorisation d'entrer en négociation.

Cette détermination dominait tout, et l'on comprend que plus que jamais l'action militaire allait se trouver paralysée. Tous les chefs de corps avaient assisté à la conférence de la nuit, et ils connaissaient le résultat de la délibération. Le prince d'Eckmühl, autorisé à entrer en négociation pour signer une capitulation, n'avait pas caché à ceux qui exerçaient sous lui les principaux commandements les instructions qu'il avait reçues. Pourquoi, dès lors, tenter des efforts sans motif? Pourquoi faire couler inutilement le sang français? Ce sentiment de l'inutilité des efforts militaires du moment où l'on était décidé à traiter, et de l'impossibilité d'éviter un dénoûment certain, énervait chez les chefs les plus vigoureusement trempés la résistance qui devenait à la fois un effet sans cause et un effort sans but. C'est l'explication de la mollesse avec laquelle les opérations furent conduites de notre côté dans la journée du 2 juillet. Les esprits prévenus y ont vu un nouveau symptôme de trahison, et, oubliant les résolutions prises la veille, après les avoir eux-mêmes racontées, des historiens ont demandé pourquoi le prince d'Eckmühl n'avait point profité, dans la journée du 2 juillet, des mouvements de l'armée prussienne pour chercher à la prendre en flagrant délit; pourquoi Vandamme avait attaqué sans vigueur et n'avait engagé qu'une partie de ses forces? Le 2 juillet, dans la matinée, le prince d'Eckmühl avait envoyé à Blücher, dont il fallait surtout arrêter les opérations, parce qu'il avait pris la tête du mouvement, le général Revest, chef d'état-major de Vandamme, en le chargeant de demander un armistice pour traiter de la reddition de Paris. Il n'était point facile, au milieu des mouvements hostiles de deux armées en présence, d'arriver jusqu'au quartier général de Blücher. Pendant que le général Revest cherchait à remplir sa mission, l'armée prussienne avait continué son mouvement pour venir se placer au sud de Paris. Après avoir fait réparer les ponts de Bezons et de Chatou, Blücher partagea son armée en deux colonnes : celle de gauche, conduite par Zieten, marcha par Ville-d'Avray, Sèvres, Meudon; celle de droite, sous les ordres de Thielmann, par Rocquencourt, Versailles et Vélizy. Bulow, formant la réserve, suivit cette dernière route. Le général Revest, en cherchant à parvenir jusqu'à Blücher, fut arrêté par l'avant-garde de Zieten et conduit devant ce général. Celui-ci, après avoir appris de sa bouche les propositions verbales dont il était chargé, lui fit rebrousser chemin vers Paris en lui remettant pour le prince d'Eckmühl une lettre où respirait la jactance dont les Prussiens étaient remplis depuis la bataille de Waterloo : dans cette lettre, il lui disait qu'il n'osait pas même annoncer au généralissime prussien la demande d'un armistice, et qu'une suspension d'armes serait acceptée seulement dans le cas où Paris et l'armée voudraient se rendre[1]. Cette réponse ne devait arriver au prince d'Eckmühl qu'assez tard dans la journée. Pendant ces pourparlers, les Prussiens étaient arrivés devant Sèvres, que Zieten fit attaquer et qu'il enleva au bout de deux heures de combat, après une vive résistance; les Molineaux et Meudon furent également emportés, et Vandamme, après avoir vainement tenté de reprendre la première de ces deux positions, se replia sur Issy. Zieten, malgré l'heure avancée de la journée,

---

[1]. Voici la lettre du général Zieten au prince d'Eckmühl; elle est datée du 2 juillet :

« Monsieur le général,

« Le général Revest m'a communiqué verbalement que vous demandiez un armistice pour traiter de la reddition de la ville de Paris. En conséquence, monsieur le général, je dois vous déclarer que je ne suis nullement autorisé d'accepter un armistice. Je n'ose point même annoncer cette demande à S. A. le prince Blücher ; mais, cependant, si les députés du Gouvernement déclarent à mon aide de camp, le comte Westphalen, qu'ils veulent rendre la ville et que l'armée française veut se rendre aussi, j'accepterai une suspension d'armes.

« J'en ferai alors part au prince Blücher, pour traiter sur les autres articles.

« Je demande que les trois députés du gouvernement restent aux avant-postes français, et prie d'attendre la réponse du maréchal Blücher.

« *Signé :* ZIETEN. »

fit attaquer Issy, et à minuit il en était maître. De notre côté on avait mollement combattu. L'inquiétude et la défiance agissaient sur le moral des soldats; les chefs, tous plus ou moins initiés au secret de la détermination prise et des négociations entamées, évitaient d'engager l'action à fond. Dans la soirée du 2 juillet, les bivacs de Zieten étaient établis à Issy, au moulin de Clamart, à Meudon, aux Molineaux ; ceux de Thielmann à Chatenay, à Vélisy, enfin dans une position intermédiaire, à mi-chemin de Chatenay et de Sceaux; ceux de Bulow à Versailles, à Meudon, à Rocquencourt. De son côté, le duc de Wellington, qui avait concentré ses troupes dans la plaine Saint-Denis, avait jeté un pont sur la Seine à Argenteuil, et dans l'après-midi il avait envoyé une division à Asnières, Courbevoie et Suresnes, de manière à observer le débouché du pont de Neuilly. De cette manière, les deux armées prussienne et anglaise évitaient le détour par Saint-Germain et diminuaient la distance qui les aurait séparées, si, pour communiquer, elles avaient été obligées de suivre les contours de la Seine.

Fouché, auquel le prince d'Eckmühl avait fait parvenir la réponse de Zieten, profita de la nuit pour envoyer deux émissaires : l'un à Blücher, c'était le général de Tromelin qui arriva dans la nuit du 2 au 3 juillet au quartier général prussien à Versailles; l'autre au duc de Wellington, c'était un ancien aide-de-camp de Murat nommé Macirone, qui fut retenu aux avant-postes de l'armée française et faillit être fusillé. La teneur de la note confidentielle que Fouché faisait passer aux deux généraux ennemis était la même : « L'armée est mécontente parce qu'elle est malheureuse; rassurez-la, elle deviendra fidèle et dévouée. Les Chambres sont indociles par la même raison; rassurez tout le monde, et tout le monde sera pour vous; qu'on éloigne l'armée, les Chambres y consentiront en promettant d'ajouter à la Charte les garanties spécifiées par le roi.

Pour se bien entendre, il est nécessaire de s'expliquer; n'entrez donc pas à Paris avant trois jours, dans cet intervalle tout sera d'accord. On gagnera les Chambres, elles se croiront indépendantes et sanctionneront tout. Ce n'est point la force qu'il faut employer auprès d'elles, c'est la persuasion. »

Avant que cette note parvînt à Blücher, une correspondance échangée entre lui et le duc de Wellington avait modifié ses dispositions. Blücher représentait, dans le camp des coalisés, l'ardeur qui court au but par le chemin le plus direct, et qui, coûte que coûte, veut l'atteindre vite; l'audace impétueuse à qui il plaît d'entrer par la brèche, et aussi la rancune et la haine qui, non contentes de vaincre, veulent faire sentir durement leur victoire. Wellington représentait la prudence qui mesure l'obstacle et cherche à le tourner, le bon sens qui sacrifie la forme au fond, le sang-froid qui calcule le prix de revient du succès, et aime mieux mettre plus de temps pour arriver au but, pourvu qu'il y arrive d'une manière plus certaine et à moins de frais. Dès la journée du 1er juillet, il avait dit aux commissaires de l'armistice en apprenant d'eux le départ de Napoléon, que « le plus grand obstacle à l'armistice était actuellement écarté, qu'il restait à en discuter les termes, que, selon lui, ils devaient se réduire à ceci : les coalisés se retireraient dans leurs positions, l'armée française se retirerait sur la Loire, la garde nationale veillerait à la sûreté de Paris, jusqu'à ce que le roi en eût autrement ordonné. S'ils acceptaient ces termes, il avertirait immédiatement Blücher et le prierait de s'arrêter et d'envoyer un officier pour régler les détails. » Les commissaires de l'armistice s'étant élevés contre l'éloignement de l'armée française, malgré ce qu'ils avaient dit, dans la conférence de la veille, sur l'influence gênante de cette armée à laquelle il avait fallu concéder la proclamation de Napoléon II, Wellington leur avait répondu que jamais il ne consentirait à la suspension d'armes tant qu'il y aurait un soldat à Paris, et il leur exposa sans détour le motif de sa résolution à cet égard. Si le gouvernement provisoire rétablissait le Roi, et si celui-ci retournait à Paris, les troupes y demeurant, il se trouverait entièrement à la merci de l'assemblée et de l'armée, que les puissances coalisées ne pouvaient considérer que comme les instruments et les créatures de Napoléon. Il était donc nécessaire d'écarter l'armée de Paris; quand elle n'y serait plus, on pouvait espérer que le Roi serait rappelé sans condition et qu'il pourrait établir son gouvernement sans l'assistance des puissances étrangères[1].

A la suite de ces dernières communications avec les commissaires de l'armistice, le duc de Wellington, qui s'était jusque-là servi de l'ardeur de Blücher pour décliner la demande d'une suspension d'armes et continuer son mouvement en alléguant qu'il ne pouvait prendre une détermination sans se concerter avec lui, songea sérieusement à entrer en négociation sur les bases qu'il avait posées. Il craignait que l'impétuosité de son collègue ne l'entraînât dans une attaque aventureuse qui pouvait compromettre un succès certain, et le 2 juillet 1815 il lui adressait de Gonesse la lettre suivante, curieux témoignage de son opinion sur la position des deux armées alliées devant Paris.

« J'ai prié hier le général Muffling d'écrire à V. A. sur la proposition faite par les commissaires pour une suspension d'armes, et je n'ai pas encore reçu une réponse positive de V. A. Il me semble qu'avec les forces que nous avons, vous et moi sous notre commandement, une attaque contre Paris serait une chose très-chanceuse[2]. Je suis convaincu qu'elle ne peut pas être faite de ce côté (du côté nord) avec quelque espoir de succès. L'armée sous mon commandement devrait donc traverser deux fois la Seine et entrer dans le bois de Boulogne,

1. Lettre du duc de Wellington au comte de Bathurst. Gonesse, 2 juillet 1815.
2. Matter of great risk.

avant que l'attaque pût être tentée, et, quand même nous réussirions, nous éprouverions de très-grosses pertes. Si cela était nécessaire, nous devrions accepter cette perte sans hésiter ; mais, dans la situation donnée, cela n'est pas nécessaire. Dans un délai de quelques jours, nous aurons ici l'armée commandée par le prince de Wrede avec les souverains alliés qui décideront les mesures qui devront être adoptées ; alors le succès sera certain, et la perte ne sera comparativement qu'une bagatelle. Si nous le préférons, nous pouvons, dès aujourd'hui, arranger toutes nos affaires, en accédant à l'armistice proposé.

« Les termes dans lesquels nous pouvons accepter cet armistice, et hors desquels, pour ma part, je ne les accepterai pas, sont ceux-ci :

« 1° Nous resterons dans nos positions ;

« 2° L'armée française se retirera derrière la Loire ;

« 3° Paris sera confié à la sollicitude de la garde nationale, jusqu'à ce que le roi en dispose autrement ;

« 4° On fixera un délai pour notifier la rupture de l'armistice.

« Il est vrai que nous n'aurons pas le stérile triomphe d'entrer dans Paris à la tête de nos troupes victorieuses. Mais je l'ai déjà exposé à V. A., je doute que nous ayons actuellement les moyens de diriger avec succès une attaque contre Paris, et, si nous devons attendre l'arrivée du maréchal de Wrede pour la tenter, j'espère que nous trouverons les souverains alliés disposés, comme l'an passé, à épargner la capitale de leur allié, et soit à ne pas y entrer, soit à n'y entrer comme l'an passé, qu'à la faveur d'un armistice comme celui qu'il est en notre pouvoir de signer aujourd'hui. Je prie instamment V. A. de prendre en considération les raisons que je lui ai soumises en cette occasion, et de me faire connaître sa décision, quelle qu'elle soit ; si elle consent à un armistice, elle voudra bien désigner une personne pour traiter en son nom avec les commissaires français. Dans le cas contraire, je réglerai ma conduite sur sa décision [1]. »

Ainsi, le 2 juillet, le duc de Wellington n'était point d'avis d'attaquer les lignes françaises. Il pensait qu'on pouvait échouer et même que les chances militaires, dans une pareille attaque, seraient contre les Anglais et les Prussiens. Le parti le plus prudent lui semblait être ou d'accepter l'armistice proposé en stipulant la retraite de l'armée française sur la Loire, Paris restant sous la sauvegarde de la garde nationale jusqu'à ce que le Roi en eût autrement ordonné ; ou de se maintenir dans les positions où l'on était le 2 juillet, et d'attendre l'arrivée de l'armée du prince de Wrede, qui rendrait toute résistance de la part de l'armée française impossible ou impuissante. Il est donc indiqué que, si à Paris le gouvernement provisoire, la Chambre, et l'armée avaient clairement vu ce qui était possible, et avaient été d'accord pour mettre les passions politiques de côté et ne songer qu'à la patrie, on pouvait, soit en traitant aux conditions indiquées par le duc de Wellington, éviter à la capitale de la France la douleur d'une occupation, soit en gardant ses lignes sans tenter une bataille, retarder la capitulation et attendre l'arrivée des souverains alliés. Mais ni l'un ni l'autre de ces partis n'était praticable avec l'aveuglement des intérêts, l'ardeur des passions et l'anarchie des volontés. Fouché, qui ne songeait qu'à son intérêt propre, s'engageait plus avant que ne le savait le gouvernement provisoire, qui aurait voulu imposer à Louis XVIII des conditions inacceptables. Le gouver-

---

1. Cette lettre est datée de Gonesse, le 2 juillet. Le même jour, le duc de Wellington écrivait au maréchal de Beresford : « Blücher est sur la gauche de la Seine, moi, avec ma droite, en face de Saint-Denis, et ma gauche vers le bois de Bondy. Ils ont fortifié d'une manière formidable (very strongly) Saint-Denis et Montmartre. Le canal de l'Ourcq est rempli d'eau. Ils ont construit un parapet sur la rive avec les terres du canal, et l'ont armé de batteries, de telle sorte que je ne crois pas que nous puissions attaquer cette ligne. Quoi qu'il en soit, je verrai. »

nement provisoire s'engageait plus loin que ne le voulait ou au moins que ne le savait la Chambre des représentants, opposée au retour des Bourbons et enivrée de l'espoir de créer à son usage une royauté subalterne qui lui laisserait le principal rôle, et de faire servir l'armée à ce dessein. L'armée, à son tour, hors d'état de juger le côté politique de la situation, était tout entière à sa passion militaire; engager l'action contre les Prussiens, prendre la revanche de Waterloo, et relever, s'il était possible, le drapeau de Napoléon II : tel était l'instinct du soldat. Les chefs, plus ou moins initiés à la politique et jugeant mieux la situation, ne suivaient pas cet entraînement de l'armée, et avaient accepté comme nécessaire l'idée d'une transaction, de sorte que l'anarchie et la défiance qui étaient partout se trouvaient aussi dans le camp. Dans cette situation difficile, ceux qui voulaient traiter comprenaient la nécessité de se hâter, dans la crainte qu'un incident n'amenât un choc, et que, dans cette situation toute chargée d'électricité, une étincelle venant à se dégager n'allumât un incendie dont personne ne pourrait plus se rendre maître. Fouché craignait le gouvernement provisoire; le gouvernement provisoire craignait la Chambre, l'armée et les fédérés; la Chambre craignait l'armée et les fédérés; l'armée et les fédérés se défiaient de Fouché, du gouvernement provisoire, de la Chambre et des généraux. Ces mutuelles défiances, cette impuissance de dominer les éléments de son propre parti, ce besoin de se hâter, livraient les négociateurs français au bon vouloir des généraux étrangers, et les condamnaient à accepter les conditions au lieu de les discuter.

Dans la matinée du 3 juillet, il y eut un nouvel engagement. On n'avait pas encore la réponse de Blücher et de Wellington. Vandamme, qui avait sa gauche à Gentilly, son centre à Montrouge, sa droite repliée derrière Vaugirard, attaqua, vers trois heures du matin, Issy, où les Prussiens s'étaient barricadés.

Une première tentative échoua; il recommençait l'attaque, quand Tromelin, qui avait rejoint Blücher, reparut aux avant-postes de Vandamme, en annonçant que Blücher consentait à entrer en négociation pour un armistice sur ces deux bases : la reddition de Paris, la retraite de l'armée derrière la Loire. Tromelin était chargé de prévenir le chef du gouvernement provisoire, qu'il eût à choisir des négociateurs et à les envoyer à Saint-Cloud, où ils rencontreraient, à quatre heures du soir, les négociateurs prussiens et anglais. Le feu cessa. Il était sept heures du matin.

A la nouvelle des conditions auxquelles on allait traiter, il y eut une explosion de murmures dans les lignes françaises, et l'on put un instant craindre une sédition militaire. Fouché, le gouvernement provisoire, les maréchaux, les principaux généraux, étaient confondus dans la même accusation de trahison. La France et l'armée avaient été, disait-on, vendues à beaux deniers comptants. Comme il arrive dans ces circonstances extrêmes, tout le monde affirmait ce que personne ne savait. L'on allait jusqu'à indiquer le tarif de ces vénalités, comme si l'on avait eu les quittances de la trahison. Les fédérés, de leur côté, remplissaient les faubourgs de leurs clameurs. Mais à ces colères de la foule, à ces murmures des soldats, il manquait un chef qui voulût accepter la responsabilité d'une initiative prise et d'un signal donné. Ceux qui se laissaient aller au sentiment et à la passion se répandaient en appels aux armes; ceux qui avaient l'intelligence de la situation se refusaient à l'entraînement général.

A quatre heures, les négociateurs se rencontrèrent au palais de Saint-Cloud. C'étaient, pour les coalisés, le général prussien Muffling et le colonel anglais Hervey; pour le gouvernement provisoire, Bignon, son ministre des affaires étrangères, Guilleminot, chef d'état-major général de l'armée, Bondy, préfet de la Seine; Wellington et Blücher assistaient à la conférence.

Au point où l'on avait laissé venir les choses, les situations respectives étaient changées. Les Prussiens occupant dans la matinée du 3 juillet Saint-Cloud, les hauteurs de Meudon et Issy, Paris se trouvait ouvert sur son point vulnérable, et le duc de Wellington, ayant jeté un pont sur la Seine à Argenteuil et ayant fait passer un corps anglais sur la rive gauche, était en position de coopérer à une attaque avec l'armée prussienne. C'est ainsi qu'on était acculé à une convention militaire dont les conditions allaient être moins favorables que celles qu'on aurait pu signer deux jours plus tôt. Blücher, pour mieux constater qu'il ne reconnaissait pas le gouvernement établi à Paris, ni aucune des autorités constituées, avait exigé que les commissaires reçussent leurs pouvoirs du prince d'Eckmühl, commandant en chef de l'armée française [1].

---

1. La convention, dont j'ai soigneusement revu et corrigé le texte d'après l'exemplaire conservé et publié par le baron Ernouf, était conçue en ces termes :

« Cejourd'hui 3 juillet 1815, les commissaires nommés par les commandants en chef des armées respectives, savoir :

M. le baron Bignon, chargé du portefeuille des affaires étrangères ;

M. le comte de Guilleminot, chef de l'état-major général de l'armée française ;

M. le comte de Bondy, préfet du département de la Seine, munis des pleins pouvoirs du prince d'Eckmühl, commandant en chef de l'armée française, d'une part ;

Et M. le général baron de Muffling, muni des pleins pouvoirs de S. A. le maréchal prince Blücher, commandant en chef de l'armée prussienne,

M. le colonel Hervey, muni des pleins pouvoirs de S. E. le duc de Wellington, commandant en chef l'armée anglaise, d'autre part ;

Sont convenus des articles suivants :

I. Il y aura une suspension d'armes entre les armées alliées commandées par S. A. le prince Blücher, S. E. le duc de Wellington, et l'armée française sous les murs de Paris.

II. Demain, l'armée française commencera à se mettre en marche pour se porter derrière la Loire. L'évacuation totale de Paris sera effectuée en trois jours, et son mouvement pour se porter derrière la Loire sera terminé en huit.

III. L'armée française emmènera avec elle *tout* son matériel, artillerie de campagne, caisse militaire, chevaux et propriétés des régiments, sans exception. Il en sera de même pour le personnel des diverses branches d'administration qui appartiennent à l'armée.

IV. Les malades et les blessés, ainsi que les officiers de santé qu'il serait

CARACTÈRES DE LA CONVENTION DE PARIS.

La préoccupation constante des généraux anglais et prussien, en discutant les termes de cette convention, avait été de

nécessaire de laisser près d'eux, sont mis sous la protection spéciale de MM. les commissaires en chef des armées anglaise et prussienne

V. Les militaires et employés, dont il est question dans l'article précédent, pourront, aussitôt après leur rétablissement, rejoindre le corps auquel ils appartiennent.

VI. Les femmes et les enfants de tous les individus qui appartiennent à l'armée française auront la liberté de rester à Paris. Ces femmes pourront, sans difficulté, quitter Paris pour rejoindre l'armée, et emporter avec elles leurs propriétés et celles de leurs maris.

VII. Les officiers de l'armée employés avec les fédérés ou avec les tirailleurs de la garde nationale devront, ou accompagner l'armée, ou se rendre dans leur domicile ou lieu de leur naissance.

VIII. Demain 4 juillet, à midi, on remettra Saint-Denis, Saint-Ouen, Clichy et Neuilly; après-demain 5 juillet, à la même heure, on remettra Montmartre; le troisième jour 6 juillet, toutes les barrières seront remises.

IX. Le service intérieur de la ville de Paris continuera à être fait par la garde nationale et par le corps de la gendarmerie municipale.

X. Les commandants en chef des armées anglaise et prussienne s'engagent à respecter et à faire respecter par leurs subordonnés les autorités actuelles, tant qu'elles existeront.

XI. Les propriétés publiques, à l'exception de celles qui ont rapport à la guerre, soit qu'elles appartiennent au gouvernement, soit qu'elles dépendent de l'autorité municipale, seront respectées, et les puissances alliées n'interviendront en aucune manière dans leur administration.

XII. Seront pareillement respectées les personnes et les propriétés particulières. Les habitants, et, en général, tous les individus qui se trouveront dans la capitale continueront à jouir de leurs droits et liberté, sans pouvoir être inquiétés ni recherchés en rien, relativement aux fonctions qu'ils occupent ou auraient occupées, à leur conduite et à leurs opinions politiques.

XIII. Les troupes étrangères n'apporteront aucun obstacle à l'approvisionnement de la capitale et protégeront, au contraire, l'arrivage et la libre circulation des objets qui y sont destinés.

XIV. La présente Convention sera observée et servira de règle pour les rapports mutuels, jusqu'à la conclusion de la paix. En cas de rupture, elle devra être dénoncée dans les formes usitées, au moins dix jours à l'avance.

XV. S'il survient des difficultés sur l'exécution de quelqu'un des articles de la présente Convention, l'interprétation en sera faite en faveur de l'armée française et de la ville de Paris.

XVI. La présente Convention est déclarée commune à toutes les armées alliées, sauf la ratification des puissances dont ces armées dépendent.

XVII. Les ratifications seront échangées demain 4 juillet, à six heures du matin, au pont de Neuilly.

XVIII. Il sera nommé des commissaires par les parties respectives, pour veiller à l'exécution de la présente Convention. »

ne pas en étendre les conséquences au delà de celles d'un acte purement militaire engageant seulement les chefs des armées opposées. Pour en demeurer convaincu, il suffit de comparer le projet primitif élaboré par M. Bignon au projet définitif adopté par les commissaires [1]. S'il s'était agi d'un acte politique qui engageait le gouvernement royal, la convention aurait dû couvrir, non-seulement les habitants de Paris et ceux qui se trouvaient dans cette ville, mais tous les Français, quels qu'ils fussent, et sur quelques points de la France qu'ils se trouvassent, qui avaient pris part aux actes des Cent-Jours; car pourquoi, les conduites ayant été égales, la présence à Paris au moment de la capitulation eût-elle été un brevet d'impunité? Au lieu de cela, il est dit formellement dans l'article : « Les habitants, et en général tous les individus *qui se trouveront dans la capitale*, continueront à jouir de tous leurs

---

[1]. Dans un écrit publié en 1859, M. le baron Ernouf, mû par un sentiment honorable, celui de rendre hommage à la mémoire de son beau-père M. Bignon, a publié les deux textes en regard, avec un Mémoire de M. Bignon tendant à établir que la convention du 3 juillet était obligatoire pour Louis XVIII. Là se trouve enfin ce fameux secret de M. Bignon dont on fit tant de bruit sous la Restauration. Beaucoup de bruit pour rien, comme on va le voir; car le secret de Bignon se réduit à ce raisonnement : Le roi Louis XVIII ayant invoqué dans une note adressée par M. de Talleyrand au comte de Gotz, ministre de Prusse, l'article XI de la convention portant que « les propriétés publiques seront respectées, » se trouvait par là même obligé d'observer toutes les clauses de la convention. Le vice de ce raisonnement saute aux yeux. Il était naturel que le roi Louis XVIII, rentrant à Paris, invoquât en faveur de cette ville l'article XI de la convention, qui protégeait les monuments de sa capitale, pour empêcher les étrangers de faire sauter le pont d'Iéna, puisque ces articles faisaient loi entre Paris et les chefs des armées étrangères. Mais il ne s'ensuivait pas le moins du monde que ces articles fissent loi contre l'indépendance de l'autorité du Roi, qui ne les avait ni discutés ni signés. Dans le premier cas, il agissait comme roi de France ; dans le second, il aurait fallu qu'il consentît à se considérer comme puissance étrangère. Toute cette publication faite avec une grande loyauté établit le contraire de ce que l'auteur a voulu établir. Du reste, on comprend la pensée qui avait dicté le mémoire de M. Bignon : c'était le besoin de justifier la capitulation de Paris, dont il était signataire. Sa justification se trouve dans sa nécessité. Au fond, on avait laissé arriver les choses à un tel point, qu'on ne discutait pas les conditions : on les subissait.

droits et libertés, sans pouvoir être ni inquiétés ni recherchés en rien relativement aux fonctions qu'ils occupent ou auraient occupées, à leur conduite et à leurs opinions politiques. » Quelque chose de plus. Dans le projet de M. Bignon, on lisait un article ainsi conçu : « Les personnes qui, à dater de ce jour jusqu'à l'évacuation du territoire, voudraient sortir de France recevront des généraux étrangers des passe-ports et toutes sûretés pour leur personne et leur propriété. » Cet article a été supprimé, il ne figure plus dans le projet définitif. Les généraux anglais et prussiens avaient eu même soin de stipuler (article XVI) que la convention, pour être commune à toutes les armées alliées, aurait besoin d'être ratifiée par les puissances dont dépendaient ces armées ; cette condition avait été ajoutée par les commissaires anglais et prussiens, car le projet primitif rédigé par M. Bignon portait : « La présente convention est déclarée commune à toutes les armées alliées, et MM. les commandants des armées anglaise et prussienne *s'engagent* à la faire ratifier et exécuter par les commandants respectifs des autres nations. » Pas un mot qui pût étendre les engagements qu'ils prenaient au gouvernement qui allait reparaître en France, et auquel il n'était pas fait la moindre allusion, quoique les deux généraux eussent eu soin de marquer, dans des termes presque dérisoires, les limites étroites dans lesquelles ils comptaient renfermer leur respect provisoire pour les autorités actuelles. « Les commandants en chef des armées anglaise et prussienne s'engagent à respecter et à faire respecter par leurs subordonnés les autorités actuelles tant qu'elles existeront. » Dans le projet de M. Bignon, l'article était ainsi conçu : « La ville de Paris étant le siége du gouvernement, les commandants en chef des armées prussienne et anglaise s'engagent à respecter et à faire respecter le gouvernement, les autorités nationales, les établissements et les administrations qui en dépendent, et à ne s'immiscer en rien dans les affaires intérieures du gouvernement et de l'administration de la France. » Blücher et Wellington, s'ils avaient signé cet article, auraient été obligés non-seulement à respecter, mais à faire respecter par la France comme par leurs soldats, le gouvernement provisoire et les deux Chambres des Cent-Jours. Aussi presque tout cet article est biffé. Ils ne reconnaissent point Paris pour le siége du gouvernement, ils ne veulent donner aucune garantie d'existence aux pouvoirs précaires qui existent dans cette ville. Les deux chefs anglais et prussien s'engageaient pour eux et pour leurs subordonnés, rien de plus, et il faut ajouter que cet engagement qu'ils prenaient dans l'article XII à l'égard « des individus qui ne devaient être ni inquiétés ni recherchés à cause de leurs fonctions, de leur conduite ou de leurs opinions politiques, » ne pouvait paraître superflu quand on songeait aux violences de langage et aux menaces prodiguées par Blücher avant et depuis le commencement de la campagne. C'était si bien l'intention du duc de Wellington de n'engager que son action militaire et de réserver l'action politique qui appartenait à la seconde Restauration, qu'il écrivait de Gonesse au comte de Bathurst, à la date du 4 juillet 1815, en lui envoyant la copie de la convention militaire du 3 juillet : « Cette convention décide toutes les questions militaires existant ici en ce moment, et ne touche en rien à la politique [1]. » Il écrivait de Paris dans le même sens au même ministre à la date du 10 juillet 1815, pour répondre sans doute à une question que celui-ci venait de lui poser : « La convention ne lie personne, à l'exception des parties contractantes, savoir : l'armée française d'une part, et les armées alliées de l'autre ; et l'article XII n'a jamais eu pour objet de lier et ne saurait être considéré comme liant aucune

---

[1]. « This convention decides all the military questions at this moment existing here and touches nothing political. » (*Letters and dispatches*, vol. XII, p. 542.)

autre puissance ou autorités quelconques, à moins qu'elles ne deviennent parties à la convention [1]. »

Quant au gouvernement provisoire et à la Chambre des représentants, il est difficile d'admettre qu'ils se soient mépris sur le sens de la convention du 3 juillet. Le premier connaissait la proclamation de Louis XVIII du 25 juin et celle du 28, qui, en accordant une amnistie complète pour tous les faits postérieurs au 23 mars, jour où le roi avait passé la frontière, faisait des réserves pour les faits antérieurs à ce jour, et Fouché, le 3 juillet 1815, en communiquant à neuf heures du soir, par un message, aux Chambres réunies en comité secret, la convention qui venait d'être signée, eut soin d'y joindre une copie de ces deux proclamations. Cet envoi simultané indiquait clairement qu'il y avait deux actions distinctes, celle des chefs militaires étrangers qui promettaient, en échange de l'éloignement de l'armée et de la reddition de Paris, de n'exercer aucun sévice contre la capitale et les personnes compromises dans les événements du 20 mars qui se trouvaient dans ses murs ; celle de Louis XVIII, qui précisait d'avance les limites étroites dans lesquelles sa clémence enfermerait sa justice.

Il n'y eut dans la Chambre des représentants que de faibles et de courts débats en présence de ces deux communications. La force des choses, contre laquelle il n'y a pas de force, entraînait tout le monde, et la Chambre des représentants, satis-

---

[1]. L'article XII, on s'en souvient, est précisément celui que pouvaient invoquer les personnes compromises par leur conduite, leurs fonctions ou leurs opinions politiques. Comme cette question historique est importante et a été très-controversée, nous citerons textuellement les paroles de la lettre du duc de Wellington : « The convention binds nobody, excepting the parties to it, viz. the french army on one side, and the alied armies on the other ; and the 12 th. article cannot be considered and never was intended to bind any other person or authorities whatever, unless thy should become parties to convention. » (*Letters and dispatches*, vol. XII, page 558.)

faite au fond de voir cette affaire terminée sans qu'elle eût à en assumer la responsabilité, n'eut pas de peine à paraître résignée à un dénoûment qui mettait l'immense majorité de ses membres à l'abri de toute poursuite et de tout péril. La lecture du message avait été faite à neuf heures du soir, le 3 juillet, devant la Chambre formée en comité secret, et elle avait été pour cela obligée d'évacuer d'abord la salle de ses séances, afin qu'on pût expulser un grand nombre de personnes étrangères à l'assemblée qui siégeaient pêle-mêle avec les députés ; témoignage de la confusion qui régnait dans ces circonstances troublées. Comme la Chambre s'était déclarée en permanence, la séance de nuit ne cessa qu'à deux heures du matin, et la séance de jour se rouvrit, le 4 juillet, à huit heures. Aussitôt Garat, l'ancien ministre de la Convention, parut à la tribune. « La Chambre remarquera, dit-il, dans la pièce dont elle vient d'entendre la lecture, les soins extrêmes que le gouvernement a apportés à conclure une capitulation honorable... » A ce mot de capitulation, l'orateur fut interrompu par des voix irritées. « Capitulation ! lui criaient les interrupteurs avec une superbe indignation, qu'entendez-vous par là? La France ne capitule jamais ! » Un membre s'écria : « L'orateur s'est trompé sans doute, il a voulu dire une convention. » Garat fit un signe d'assentiment. A ce signe le tumulte tomba comme par enchantement, tant, dans cette Chambre formaliste, l'empire des mots était grand sur la vanité puérile de ces pères conscrits d'un nouveau genre, qui croyaient égaler la fierté stoïque des anciens Romains parce qu'ils déguisaient sous le mot de convention la capitulation nécessaire qui ouvrait la capitale aux armées étrangères ! Garat put dès lors continuer l'apologie enthousiaste et reconnaissante de la convention du 3 juillet. « On ne pouvait, certes, obtenir rien de plus avantageux, dit-il ; mais, mes collègues, nous ne sommes pas des individus d'une nation, nous sommes les citoyens d'une nation libre, et, sous ce rapport, les conjonctures actuelles exigent de nous beaucoup de considérations. » L'orateur partit de là pour insister sur la nécessité de profiter de la convention du 3 juillet pour proclamer, à l'exemple des Anglais, un bill des droits qui deviendrait un « phare destiné à éclaircir les incertitudes de la liberté. » Ce phare se composait de treize articles constitutionnels auxquels Garat espérait attacher son nom. « J'ai la plus grande confiance dans les puissances alliées, ajouta-t-il, surtout dans la nation anglaise, à laquelle nous avons fait un honneur auquel elle doit être bien sensible, celui d'imiter ses institutions sociales. » L'ancien ministre de justice de la Convention se souvenait évidemment de l'influence des flatteries du Sénat, de ses propres flatteries sur l'empereur Alexandre, l'année précédente, et il espérait obtenir, pour la Chambre dont il faisait partie, un rôle analogue en prodiguant les adulations au duc de Wellington.

Dans cette Chambre stérilement agitée, c'était à qui se dépêcherait de faire un peu de bruit, comme si chacun eût senti que le silence allait bientôt descendre sur ces vaines délibérations. Manuel, qui avait été nommé rapporteur du projet de constitution que la Chambre élaborait depuis le départ de Napoléon pour la campagne de Waterloo, sembla craindre que la proposition de Garat ne fît concurrence à son travail; il fit observer que ce projet sommaire ferait double emploi avec la constitution en 104 articles sur laquelle la Chambre pouvait ouvrir la délibération à l'instant, si elle le voulait. Il ajouta que, « d'après la convention du 3 juillet, communiquée la veille à la Chambre, le danger des circonstances avait cessé et qu'il restait assez de temps pour asseoir le pacte constitutionnel sur de solides bases. Trois jours, dit-il, sont donnés à nos troupes pour s'éloigner de la capitale; huit jours devront se passer avant que les troupes alliées entrent dans nos murs [1]. Certes,

---

1. Manuel, dont nous citons textuellement les paroles, d'après le *Moniteur*,

nous devons croire que nous ne serons pas troublés dans nos travaux. Pensez-vous que ce moment doit cesser d'être celui de l'espérance? Non, messieurs. » Étranges paroles que celles-là, quand on songe qu'elles étaient prononcées le lendemain de la convention qui livrait la capitale aux armées étrangères! M. Durbach, pressé d'intervenir dans la discussion, fit aussitôt observer que l'Assemblée constituante avait voté la *Déclaration des droits de l'homme*, sans préjudice pour la Constitution de 1791. Plusieurs autres représentants prirent la parole pour combattre ce raisonnement, qui cependant détermina la Chambre, flattée de se voir comparée à la Constituante; elle renvoya donc le projet de Garat à une commission spéciale. C'était au moment où les armées prussienne et anglaise prenaient possession de Saint-Denis, Saint-Ouen, Clichy et Neuilly, et la veille du jour où les bataillons prussiens allaient frapper aux barrières de Paris, que la Chambre des représentants, comme ces vieillards sans lendemain qui s'occupent d'avenir, employait ses suprêmes loisirs à rédiger une déclaration de droits et une constitution!

Cet incident vidé, le général Solignac fit observer que la convention dont on venait de lire le texte devait mériter aux défenseurs de la patrie des témoignages éclatants de la reconnaissance nationale et de celle des représentants du peuple. « Il faut qu'on sache, ajouta-t-il, que c'est à l'attitude imposante de l'armée qu'on a dû cette convention que la veille on n'était pas certain de conclure. Je demande donc que nous déclarions que l'armée a bien mérité de la patrie. » Sur l'observation d'un membre, que la proposition n'était pas suffisante « au moment où l'armée se séparait de la Chambre, » il s'éleva un tumulte semblable à celui qu'avait excité, quelques

commet ici une erreur volontaire ou involontaire. La convention du 3 juillet stipulait, article VIII, que, le troisième jour 6 juillet, toutes les barrières seraient remises.

minutes auparavant, le mot malencontreux de capitulation. De même que l'acte qui livrait les portes de la capitale aux armées prussienne et anglaise ne devait pas s'appeler *capitulation*, le départ de l'armée se rendant sur les bords de la Loire ne devait pas la *séparer* de la Chambre qui continuait à siéger sur les bords de la Seine. La Chambre, facile sur les choses qui d'ailleurs étaient inévitables, se montrait difficile et susceptible sur les mots, et elle employait ses dernières heures à trouver des synonymes consolants. Il fallut que l'orateur malencontreux déclarât que l'armée ne se trouvait pas séparée de la Chambre et qu'il demandât « qu'une députation se rendît vers elle pour lui renouveler la déclaration que les représentants demeuraient intimement liés avec elle. » Cette proposition fut adoptée, et une commission fut nommée pour rédiger un projet d'adresse dont l'objet était de remercier l'armée à l'occasion de la capitulation qui venait d'être signée.

Ainsi se termina cette séance.

La Chambre des représentants, loin d'être mécontente de la mesure qu'on venait de lui communiquer, en était, on le voit, au fond satisfaite. Elle ne fit parvenir, ce jour-là, à la connaissance du public que la convention militaire du 3 juillet, mais elle avait entendu dans son comité secret la communication qu'on lui avait faite des deux proclamations de Louis XVIII, et elle n'avait pas protesté ; le surlendemain, elle les faisait publier dans le *Moniteur*, sous prétexte d'éclairer le public.

Le dénoûment accepté par le Gouvernement provisoire sortait donc sans encombre de cette première épreuve.

Il avait à en traverser une seconde.

Dans la matinée du 4 juillet, on l'a vu, les dernières positions que l'armée française occupait hors Paris avaient été livrées aux armées étrangères, et tout se préparait pour l'évacuation de cette ville. On désarmait les retranchements, et les différents corps recevaient leurs ordres de départ. A la réception de ces ordres, à la vue de ces préparatifs, une vive émotion se manifesta dans plusieurs camps. Des clameurs furieuses s'élèvent, des officiers brisent leurs épées, les soldats déchirent leurs uniformes et jettent leurs fusils. On se réunit en groupes tumultueux, et les résolutions les plus violentes sont agitées. Pourquoi l'armée se rendrait-elle complice de la trahison de quelques chefs? Pourquoi exécuterait-elle une capitulation signée sans elle et contre elle? Il faut déposer Davoust, qui a cessé de mériter la confiance de l'armée, et déférer le commandement à un autre chef. Quelques bouches ont nommé Vandamme, qui plaît aux soldats par sa renommée même de téméraire. Une députation est nommée à l'instant pour aller lui offrir le commandement. Il s'agit, lui dit-on, de se mettre immédiatement à la tête des troupes, de déchirer la convention militaire du 3 juillet à la pointe des baïonnettes et de défendre Paris à outrance. Vandamme, qui faisait partie, la veille, de la commission où l'on avait conclu à la reddition de Paris, décline, malgré son audace, cette proposition insensée et cette tâche impossible. Personne, parmi les généraux, ne consent à accepter l'aventure désastreuse devant laquelle recule la témérité de l'aventureux Vandamme. La colère militaire, comme ces incendies resserrés dans l'édifice qu'ils consument, ne peut trouver une issue; elle s'aggrave par le sentiment de son impuissance. Les soldats à qui on refuse la bataille déclarent qu'ils ne partiront pas sans avoir été payés de leur solde arriérée.

Pendant que la mutinerie est au camp, l'anarchie est dans la ville. Des groupes de fédérés, partageant l'exaltation des soldats, descendent des quartiers populeux et se répandent dans les rues commerçantes, en criant : « Vive l'Empereur, à bas les traîtres! » Vers trois heures de l'après-midi, des rassemblements armés se dirigent vers le Palais-Royal et les Tuileries en tirant des coups de feu. On parle de s'emparer des buttes Montmartre et des buttes Chaumont et de commencer le feu en arrêtant le mouvement de retraite des troupes françaises. Les têtes sont troublées, et l'on est dans ces heures de fièvre et de désorganisation où l'agitation déréglée et les soubresauts convulsifs de l'agonie remplacent l'action et le mouvement normal de la vie. Les boutiques se ferment, l'alarme est dans tous les quartiers, et il est temps que l'on avise si l'on veut prévenir un de ces coups de désespoir qui, sans pouvoir rien sauver, appellent sur une ville la destruction et tous les fléaux de la guerre.

On s'entremet de tous côtés pour s'opposer à ces violences insensées. Le Trésor est vide et le gouvernement provisoire sans crédit; mais un simple banquier, M. Laffitte, a la générosité de prêter, sur un dépôt de rentes 5 pour 100, la somme nécessaire pour payer la solde arriérée de l'armée et prévenir par son départ les malheurs dont Paris est menacé. Le spectacle de l'obéissance militaire périssant et de l'armée près de se dissoudre, en ôtant à son malheur jusqu'à sa dignité par une mutinerie impuissante et des violences stériles, finit par émouvoir l'âme des généraux les plus opposés à la cause qui va prévaloir. Le général Drouot se sert de l'ascendant qu'il a sur la garde pour décider cette troupe d'élite, encore plus exaspérée que le reste de l'armée, à se mettre en route vers la Loire et à donner l'exemple de l'obéissance. D'autres chefs interviennent auprès des autres corps. Le mouvement prescrit s'exécute. Dans la nuit du 5 au 6 juillet, tous les corps sont en marche sur la route d'Orléans; le maréchal Masséna a convoqué les légions de la garde nationale et leur a ordonné de se diriger par les boulevards, vers les faubourgs, en dissipant les rassemblements, et d'occuper tous les points de communication. En peu d'instants trente mille hommes sont sous les armes. On lit sur le front des compagnies l'ordre du jour du maréchal Masséna, qui rappelle à la garde nationale « qu'instituée uniquement pour veiller à la sûreté des personnes et des propriétés, elle doit empêcher tout rassemblement tumultueux et faire taire toute espèce de cris qui peuvent exciter des dissensions. » Les légions se mettent en mouvement, elles occupent les points indiqués, et désarment les fédérés qui poussent des clameurs confuses, mais n'opposent pas de résistance. La convention du 3 juillet, devenue le douloureux mais nécessaire dénoûment de l'échauffourée des Cent-Jours, puisque la Chambre n'a pas su le prévenir en proclamant Louis XVIII, a traversé la seconde épreuve. Il ne sera pas donné à une minorité aveugle et passionnée d'ensevelir Paris sous la ruine du second Empire, sans aucune chance de succès pour l'indépendance nationale, sans aucun profit pour la gloire de nos armes.

Au milieu de ces événements, le duc d'Otrante fit paraître une proclamation du gouvernement provisoire dans laquelle il expliquait au pays la convention qui venait d'être signée, afin, disait-il, d'épargner à Paris les horreurs d'un siége ou les chances d'un inutile combat. « En vain, disait-il, nous avons essayé de lutter contre la conquête. Nos efforts ont été impuissants, nos moyens de défense épuisés. Nous avons reconnu que, malgré le courage héroïque de nos troupes et le dévouement de la garde nationale de Paris, il était impossible d'empêcher que les alliés n'entrassent dans Paris, soit de vive force, soit par négociation. Nous devions défendre les intérêts du peuple et de l'armée, également compromis dans une cause abandonnée par la fortune, la justice et la volonté nationale. Il fallait opter entre une existence nationale assurée, ou courir le risque d'exposer la patrie à un bouleversement général qui ne laisserait après lui ni espérances ni avenir. Tandis qu'on terminait la pacification de l'Ouest, des plénipotentiaires se rendaient au-devant des puissances alliées, et toutes les pièces ont été mises sous les yeux de nos représentants… Nous recevrons enfin les garanties qui doivent prévenir les triomphes alternatifs et passagers des factieux, terminer notre révolution et confondre sous une protection commune tous les partis qu'elle a fait naître et tous ceux qu'elle a combattus. Ces garanties, qui jusqu'ici n'ont existé que dans nos principes et dans notre courage, nous les trouverons dans nos lois, dans notre constitution, dans notre système représentatif; car, quelles que soient les lumières, les vertus, les qualités personnelles d'un monarque, elles ne suffisent jamais pour mettre le peuple à l'abri de l'oppression, de la puissance, des préjugés, de l'orgueil, de l'injustice des cours et de l'ambition des courtisans[1]. »

Si près du dénoûment, Fouché éprouvait le besoin d'entretenir l'incertitude dans les esprits. Craignait-il encore l'action des passions révolutionnaires à Paris et une opposition parlementaire ou armée à la restauration de Louis XVIII? Hypothèse peu vraisemblable, quand on vient à se souvenir que la garde nationale avait dissipé les fédérés, que l'armée était en pleine marche vers la Loire, et que la Chambre des représentants avait reçu communication des deux proclamations de Louis XVIII. Prolongeait-il à dessein un *statu quo* troublé et menaçant, pour obtenir de meilleures conditions personnelles de Louis XVIII à l'aide de la pression qu'il exerçait déjà sur lui par le duc de Wellington? Cette supposition est plus conforme à ce qu'on sait de la situation générale et aux manœuvres clandestines, à l'action secrète de ce joueur égoïste que nous allons avoir à raconter, en regard de l'action publique du gouvernement provisoire et des autorités constituées.

---

1. Thibaudeau essaya à la Chambre des pairs d'obtenir une protestation contre cette proclamation du gouvernement provisoire, et il renouvela ses serments de haine contre les Bourbons; mais le Sénat passa à l'ordre du jour à la majorité de vingt-six voix contre vingt-cinq. Le radotage impuissant des régicides, qui voulaient faire d'une question personnelle une question nationale, ne pouvait arrêter la situation dans sa marche.

Il semble que les Chambres des Cent-Jours auraient dû comprendre que leur mission se trouvait, de fait comme de droit, terminée le jour de la signature de la convention de Paris. Parties intégrantes du second Empire, sorties d'une situation périmée, elles finissaient avec cette situation politique maintenant fermée, elles tombaient avec l'édifice qu'elles avaient été obligées de renverser de leurs propres mains. Elles n'avaient pas la ressource de prétendre qu'elles représentaient le pays : l'une, la Chambre des pairs, avait été choisie par Napoléon lui-même dans l'intérêt de son pouvoir et de sa dynastie, maintenant emportés par les événements; l'autre, la Chambre des représentants, nommée par des minorités infimes dans des colléges électoraux presque déserts, représentait inégalement trois passions : la passion bonapartiste, dans le plus petit nombre de ses membres; dans le plus grand nombre, la passion révolutionnaire avec la haine des Bourbons ; enfin la défiance de la fraction des constitutionnels exclusifs et excessifs à l'égard des Bourbons comme à l'égard de Bonaparte. C'est ainsi que la Chambre des représentants, qui s'était trouvée au niveau de la première moitié de la tâche nécessaire à remplir après Waterloo, l'élimination de l'élément impérial, s'était trouvée incapable de remplir la seconde moitié de cette tâche, le rappel des Bourbons.

Deux motifs contribuaient à lui donner des illusions qu'elle n'aurait pas dû conserver : d'abord l'attachement que les corps politiques, comme les individus, ont pour la vie, et le peu de disposition qu'ils ont à s'avouer qu'il faut mourir; ensuite le souvenir du rôle important joué l'année précédente par le Sénat, et l'espoir de s'approprier ce rôle en 1815. Le duc d'Otrante, dans les mains duquel la Chambre des représentants était une carte nécessaire à la partie qu'il jouait, entretint jusqu'au bout ces espérances et ces illusions par des paroles ambiguës. L'Assemblée, sans avoir aucune estime pour son caractère, avait une grande idée de sa capacité, et elle imaginait qu'il saurait obtenir du duc de Wellington le maintien des deux Chambres des Cent-Jours, et obliger le Prince qui monterait sur le trône à accepter la déclaration de droits et la constitution qu'elle s'occupait à rédiger. C'est ainsi que s'explique le spectacle étrange que donna la Chambre des représentants pendant ces derniers jours.

Le 5 juillet, elle se réunit à l'heure accoutumée, et commença la discussion du bill des droits proposé par Garat. Il s'agissait de déclarer : 1° que tous les droits émanent du peuple, et que la souveraineté du peuple se compose de la réunion des droits individuels ; 2° que, partout où les pouvoirs sont réunis dans une seule main, dans un seul corps, il y a despotisme ; 3° que la liberté de chaque individu n'a d'autres bornes que celle des autres individus ; 4° que la liberté de conscience et celle des cultes sont ce qu'il y a de plus sacré dans la liberté individuelle ; 5° qu'une instruction primaire, indispensable pour la connaissance des droits et des devoirs de l'homme, sera mise à la portée de toutes les classes du peuple. Tout le reste était à la même hauteur.

Le débat fut vif et animé. De nombreux orateurs firent assaut d'éloquence : Montesquieu, Rousseau, Blakstone, furent invoqués. Qui aurait assisté à cette séance sans connaître la situation générale aurait pu croire qu'on était dans des circonstances normales, et que la Chambre qui discutait ces questions de métaphysique politique était en pleine possession de l'avenir. Seul dans l'Assemblée, Manuel laissait échapper quelques marques d'impatience mal déguisée. Était-ce qu'il comprenait combien cette discussion était oiseuse et peu en harmonie avec la situation de la France en général et celle de la Chambre en particulier ? Non ; Manuel, avec la mauvaise humeur d'un auteur impatient de produire son œuvre, regrettait que la discussion de la déclaration des droits retardât la discussion de la constitution en 104 articles dont il était le rapporteur. Il finit par donner cours à son impatience longtemps contenue, et s'écria « qu'il voudrait qu'il y eût dans ce travail plus de positif et moins d'idéologie. » Alors Garat, mesurant fièrement du regard son antagoniste, répliqua, non sans amertume : « Avez-vous entendu ce mot d'idéologie? Il rappelle un fait très-important : c'est qu'au moment où l'on voulut nous imposer le pouvoir absolu, ce même mot fut frappé de toute la défaveur du trône. » En ce moment M. Dupin, s'élançant à la tribune, réclama la parole malgré l'opposition d'un grand nombre de membres, et voulut intervenir dans la discussion; comme des clameurs confuses couvraient sa voix : « Si personne ne peut combattre le projet, s'écriat-il, ce n'est pas une déclaration de droits que fait l'Assemblée, c'est une déclaration de violence. » Ce qu'il y a de singulier, c'est que les représentants qui se livraient à cette vaine gymnastique de paroles étaient tout près de se croire sublimes et de s'attendrir eux-mêmes à l'idée de l'émotion qu'exciterait chez la postérité le grand spectacle qu'ils lui donnaient. Un membre, un peu plus au courant des choses de ce monde que le reste de ses collègues, s'étant écrié : « Mais les Anglais arrivent! » fournit à M. Dupin ce mouvement oratoire: « Ils seraient là, que je demanderais encore à émettre mon opinion, et que je la prononcerais[1]. »

Ce membre avait dit le mot de la situation. Les Anglais arrivaient. Ils occupaient en force le bois de Boulogne, et leurs sentinelles avancées se montraient à peu de distance de l'endroit où s'élève aujourd'hui l'Arc de triomphe de l'Étoile. Les feux des bivacs de la réserve du duc de Wellington apparaissaient sur les hauteurs de Montmartre, des buttes Chaumont

---

[1]. Nous citons textuellement, d'après le *Moniteur*. Voir la séance du 5 juillet 1815.

et de Belleville. Les Prussiens s'avançaient vers la barrière de l'École militaire et de Grenelle. La Chambre attardée des Cent-Jours, prolongeant son existence au delà de l'heure où elle avait encore sa raison d'être, pour discuter une constitution, après avoir reconnu la souveraineté de la force, n'avait ni droit à exercer, ni devoir à remplir, ni même péril à courir dans une situation où il n'y avait plus de place pour elle. Elle ne pouvait pas vivre et elle ne savait pas mourir ; c'était là ce qui ôtait à sa vaine et impuissante agitation toute grandeur. La Chambre tombait à son tour et à sa manière dans la faute où était tombé Napoléon quand, après Waterloo, il avait voulu prolonger son rôle politique hors des limites que lui avait marquées la fortune. Après plusieurs heures d'une discussion stérilement approfondie, la déclaration des droits proposée par M. Garat fut votée à cinq heures du soir par 321 voix contre 42[1]. La séance fut suspendue pendant deux heures pour donner à la législature le temps d'aller dîner.

A sept heures, elle se réunit. Le succès de Garat avait fait des jaloux. Quand une assemblée finit, il y a toujours quelques illustres inconnus qui profitent des derniers moments pour jeter leurs noms à la renommée, qui ne les accepte pas toujours. On eût dit que la Chambre, après avoir remis les destinées de la France à la force, ne pouvait se rassasier de constitutions et de déclarations de droits. Deux membres, l'un des

---

1. On remarqua le lendemain, à la lecture du procès-verbal, qu'on avait retranché un paragraphe de la déclaration de droits de Garat, en la proposant au vote de la Chambre, c'était le paragraphe 13, ainsi conçu : « Nul prince, soit héréditaire, soit appelé par l'élection, ne montera sur le trône qu'après avoir signé et juré les principes ci-dessus énoncés. La couronne sera posée sur sa tête, au nom de la nation, par le président de la Chambre des représentants ; il recevra son épée des mains du ministre de la justice, et le sceptre des mains du président de la Chambre haute. »

Garat aurait voulu que non-seulement la Révolution fît la loi au Roi, mais qu'elle fît le Roi lui-même. D'après ce paragraphe, auquel il renonça de mauvaise grâce, Louis XVIII eût reçu le sceptre de la main de Cambacérès.

deux était M. Dupont (de l'Eure), proposèrent d'ajouter aux déclarations votées une déclaration de principes. Cette proposition fut chaudement accueillie, et une commission nommée séance tenante fit peu d'instants après son rapport par la bouche de M. Romiguière, avocat de Toulouse. Il était dit dans cet acte que tout monarque qui ne jurerait pas d'observer une constitution délibérée par la représentation nationale et acceptée par le peuple ne pouvait offrir de garanties réelles; que tout gouvernement qui n'adopterait pas les couleurs nationales n'aurait qu'une existence éphémère et n'assurerait pas la tranquillité de l'Europe. Par un excès de précaution qui allait jusqu'à l'anachronisme, on ajoutait à l'abolition de la noblesse ancienne et nouvelle celle de la dîme et de la féodalité. La déclaration se terminait ainsi : « Que si les bases ci-dessus énoncées pouvaient être méconnues ou violées, les représentants du peuple français, s'acquittant aujourd'hui d'un devoir sacré, protestent d'avance à la face du monde entier contre la violence et l'usurpation. Ils confient le maintien des dispositions qu'ils réclament à tous les bons Français, à tous les cœurs généreux, à tous les esprits éclairés, à tous les hommes jaloux de leur liberté, enfin aux générations futures. »

Quand le président proclama le résultat du vote rendu à l'unanimité en faveur de la déclaration de principes, il y eut un moment d'enthousiasme aussi difficile à expliquer qu'à décrire. Les discussions métaphysiques finissent par produire une sorte d'ivresse intellectuelle, qui, montant au cerveau en même temps que les fumées de la vanité, jettent les assemblées dans un délire qui leur fait voir les choses comme elles ne sont pas et les transporte dans un monde idéal. La Chambre des représentants se croyait naïvement sublime; elle était tout entière debout et s'applaudissait elle-même, en bravant des dangers aussi imaginaires que sa puissance et que sa vertu. On entendait de tous côtés retentir ces cris : « Vive la nation ! — Vive la liberté ! — Vive l'indépendance ! — Haine au despotisme ! — Que l'ennemi vienne ! maintenant nous pouvons mourir ! » Cependant, au milieu de cette ivresse, la peur trouvait place. Mais l'assemblée reprenait sa sécurité en comptant sur l'appui des Prussiens qui avaient promis, disait-on, de l'appuyer envers et contre tous : « On a cherché, s'écriait M. Bedoch, l'un des organes du parti constitutionnel, dans la séance du 5 juillet, à répandre le bruit qu'il y aurait demain une émeute populaire et l'insurrection d'un parti ; ce sont les ennemis qui répandent ce bruit. Les généraux alliés, et notamment les Prussiens, ont déclaré qu'ils maintiendraient le bon ordre et feraient respecter la représentation nationale, et que, si on avait besoin de forces pour assurer la tranquillité, ils y emploieraient leurs bataillons. »

La Chambre, après avoir voté la déclaration de principes, nomma une députation composée de MM. Dupont (de l'Eure), Lafayette, La Rochefoucaud-Liancourt, Sorbier et Laffitte, et la chargea de porter la déclaration aux souverains étrangers. Elle suivait, on le voit, les mêmes errements que le Sénat conservateur avait suivis en 1814, et elle espérait appuyer ses décisions sur la force étrangère. Le lendemain, M. Laffitte fut obligé d'avouer tristement à la Chambre qu'il n'avait pas été permis à la députation de passer les barrières de Paris. Ce trait de lumière n'éclaira pas encore l'assemblée.

Il faut dire, pour ne rien omettre, qu'un dernier incident contribua à entretenir la Chambre dans sa sécurité. Le 5 juillet, les plénipotentiaires que le gouvernement provisoire avait envoyés à Haguenau arrivèrent à Paris. Humiliés sans doute de leur déconvenue diplomatique, ils rendirent compte de leur mission, qui n'avait pas été prise un moment au sérieux par les souverains coalisés, en ménageant leur amour-propre plus qu'en respectant la vérité. Dans la journée du 5 juillet,

MM. de Lafayette à la Chambre des députés, de Pontécoulant à la Chambre des pairs, affirmèrent que les puissances étrangères avaient promis de ne point se mêler de la question du gouvernement de la France. Le *Moniteur* du 6 juillet publiait la note suivante : « Les conférences commencées à Haguenau sont ajournées jusqu'à ce que le ministre d'Angleterre ait reçu des pouvoirs; elles se reprendront à Paris, où les souverains alliés et leurs ministres ne tarderont pas à arriver. Les souverains alliés, fidèles à leur déclaration, annoncent les dispositions les plus libérales et l'intention la plus prononcée de n'imposer à la France aucune forme de gouvernement. Leurs plénipotentiaires ont donné à ce sujet les assurances les plus positives[1]. »

Il y eut une séance le 6 juillet, c'était le jour fixé pour la remise des barrières aux Prussiens et aux Anglais. Les représentants, qui avaient déjà voté la déclaration de droits proposée par Garat et la déclaration de principes proposée par Dupont (de l'Eure), se mirent avec une nouvelle ardeur à discuter le rapport de Manuel, arrivé enfin à son but, et votèrent la constitution en 104 articles. On eût dit que la Chambre ne pouvait se rassasier de discussions métaphysiques. Elle employait le présent, qui allait lui manquer, à réglementer par un code de philosophie politique l'avenir qui ne lui appartenait pas. Il semblait qu'elle oubliât ce que tout le monde savait : la chute de l'édifice politique dont elle faisait partie, la présence des armées étrangères qui, dans ce moment même, prenaient possession des barrières, enfin l'avènement inévitable d'un gouvernement nouveau. Un amour immodéré de discussions, le désir d'introduire un amendement dans le projet de constitution,

---

1. Cette note du *Moniteur* est parfaitement conforme à l'assertion suivante écrite par M. de Lafayette dans ses Mémoires, tome V. « J'allai à la Chambre des représentants, et je constatai la déclaration des puissances étrangères, qu'elles ne voulaient pas se mêler de notre gouvernement. »

d'inscrire son nom au procès-verbal, exaltaient les têtes de tous les représentants. Les demeurants de la Convention, comme s'ils eussent instinctivement compris que la vie publique allait se fermer devant eux, s'empressaient à la tribune de la Chambre des représentants comme à celle de la Chambre des pairs ; et, pendant que Garat proposait de faire remettre à Louis XVIII le sceptre par le régicide Cambacérès, et l'épée de justice par le régicide Merlin, Barrère, autre spectre de ces époques néfastes, sortait des limbes du passé pour proposer de lui refuser la sanction et de ne lui accorder que le *veto*. Les orateurs succédaient aux orateurs, les amendements aux amendements. On eût dit que la Chambre craignait qu'une seule question n'échappât à sa juridiction souveraine. Elle établissait de quelle manière le roi et les deux Chambres représenteraient la nation ; elle limitait avec une omnipotence, sinon incontestable, au moins incontestée, le droit de grâce ; elle édictait même, car rien n'était oublié, les conditions auxquelles il serait permis d'élever une statue au monarque pendant son règne. Dans sa chimère de toute-puissance, elle portait sur toutes choses son regard et sa main. Depuis ce fou d'Athènes qui croyait être propriétaire de tous les vaisseaux qui entraient dans le Pirée, on n'avait jamais vu un délire plus étrange, d'autant plus étrange qu'il était sérieux. Dans la journée du 6 juillet, la Chambre vota la constitution jusqu'à l'article 52. Elle renvoya la discussion au lendemain, sans daigner se souvenir que le lendemain Blücher entrait dans la capitale à la tête de son armée, et que les factionnaires prussiens viendraient relever les sentinelles de la garde nationale qui veillaient aux portes du palais où elle délibérait. M. de Lafayette, qui venait d'arriver avec ses collègues les plénipotentiaires, s'empressa d'aller à la Chambre adhérer à ces déclarations de principes qui plaisaient tant à la tournure de son esprit. Ce fut alors qu'il prit la parole pour affirmer que les puissances étrangères déclaraient ne pas vouloir se mêler de notre gouvernement, apportant ainsi le tribut de ses illusions particulières au trésor des illusions générales.

A la fin de la séance du 6 juillet, il y eut un incident qui fit apparaître le dénoûment à travers ces illusions. Un membre de la Chambre, le colonel Bory de Saint-Vincent, monta à la tribune : «Il est en France, dit-il, une minorité qu'épouvantent les idées libérales, qui soupire après le despotisme, qui cherche à nous peindre nous-mêmes comme des factieux aux puissances étrangères qui ont promis d'être grandes en respectant vos opinions et vos droits. Des gardes du corps, des mousquetaires, des membres de l'ancienne maison du roi, ont osé paraître avec leurs uniformes dans cette capitale ouverte aux troupes alliées, mais non encore à ceux qui ne reconnaissent pas nos couleurs sacrées. Leur intention dénoncée par mille voix est de s'emparer cette nuit, ou à la pointe du jour, de plusieurs postes de la garde nationale et particulièrement des Tuileries pour prendre l'initiative dans un mouvement, avant l'arrivée des souverains alliés dont ils craignent les principes généreux. » L'expression de cette confiance dans les coalisés revenait toujours. C'était sur les bataillons prussiens que la Chambre comptait pour défendre sa souveraineté parlementaire ; c'est sur l'accord des souverains étrangers qu'elle se reposait pour édicter la Constitution qu'elle votait en ce moment. M. Dumolard, qui prit la parole après M. Bory de Saint-Vincent, reçut des mains du président un avis que celui-ci venait de recevoir du gouvernement provisoire : il y était dit que le gouvernement avait l'œil ouvert sur le complot. La Chambre n'en envoya pas moins un message spécial aux Tuileries pour lui recommander de veiller au salut de la patrie.

Il n'y avait ni complot ni machinations secrètes, et la patrie ne courait de périls que par le fait de ceux qui, entreprenant de lutter contre la force des choses, entravaient, avec leurs passions, leurs illusions, leurs rancunes et leurs intérêts personnels, un inévitable dénoûment. Sous cette situation factice, visible seulement dans un petit cercle officiel, la situation véritable transpirait par des symptômes non équivoques. L'aspect de Paris n'avait pas cessé d'être calme depuis le 1er juillet, et, pendant qu'une agitation stérile se manifestait aux Chambres, les boulevards et les Tuileries étaient remplis, comme à l'ordinaire, de promeneurs indifférents. Indice fâcheux si l'on veut, en présence des extrémités auxquelles la France se trouvait réduite, mais en même temps preuve certaine que la population presque tout entière restait étrangère au mouvement qui se manifestait dans les Chambres [1]. Les théâtres ne manquaient point de spectateurs; le *Ci-devant jeune homme* et le *Chien de Montargis* attiraient la foule. Le peuple des faubourgs lui-même, sauf une infime minorité de fédérés, montrait plus de curiosité que de passion politique. Les fonds ne cessaient de monter; dans les derniers jours, la hausse avait été de dix francs. Tant il est vrai que tout le monde prévoyait le seul dénoûment possible et que personne n'en avait peur. Ce dénoûment était d'autant moins douteux, qu'affranchis de toute censure depuis la capitulation de Paris, les journaux royalistes, à la tête desquels il faut compter le *Journal général* appartenant à M. Feuillant, la *Quotidienne* et le *Journal de l'Empire*, qui redevenait le *Journal des Débats*, le réclamaient hautement. La *Quotidienne* exprimait l'espoir que le gouvernement aurait raison d'une poignée d'énergumènes qui voulaient livrer Paris aux chances d'un assaut, d'une prise de vive force et du pillage. Le *Journal général* accusait Napoléon des malheurs de la France; il établissait les avantages de l'hérédité monarchique, et annonçait avec en-

---

1. Voir la *Lettre sur Napoléon* par Hobhousse, le *Journal de l'Empire* du 3 juillet 1815, et l'*Histoire du gouvernement parlementaire en France* par M. Duvergier de Hauranne, tome III, page 154.

thousiasme l'arrivée prochaine du Roi; le *Journal des Débats* déclarait que la question de savoir qui devait régner sur la France était décidée par le bon sens et la force des choses; puis il ajoutait : « Paris est tranquille; il n'y a de trouble nulle part, excepté à la Chambre des représentants. »

IV

LOUIS XVIII EN FRANCE. — NÉGOCIATION DE FOUCHÉ AVEC LE DUC DE WELLINGTON.

Pendant que ce bruit de paroles exaltait la Chambre des représentants, les affaires se faisaient ailleurs. Il faut ici suivre les événements dans un nouveau centre d'action, le quartier général des coalisés; mais d'abord il est nécessaire d'aller chercher Louis XVIII à Gand, et de le conduire d'étape en étape jusqu'à la ville de Saint-Denis, où il se trouvait quand les négociations s'ouvrirent, après la convention militaire du 3 juillet 1815.

Aussitôt après la bataille de Waterloo, Louis XVIII s'était dirigé vers la frontière de France, précédé, à peu de distance, par le petit corps d'armée du duc de Berry. Il suivait en cela son penchant naturel, l'avis de ses correspondants royalistes les plus intelligents et le conseil du comte Pozzo di Borgo. En outre, le duc de Wellington, qui n'avait pas cessé d'être en relation avec le Roi, lui avait écrit de ne pas tarder un moment à rentrer dans son royaume et d'avancer dans la direction de Paris, en mesurant sa marche aux progrès des armées coalisées. Avec cette rectitude de jugement qu'il appliquait à la politique comme à la guerre, le duc de Wellington voyait dans le retour des Bourbons la solution nécessaire du problème ouvert en Europe et en France, et la prompte arrivée du Roi devant

Paris lui semblait désirable, parce qu'elle mettrait un terme aux intrigues ourdies contre ce dénoûment. C'était une des fâcheuses conséquences des Cent-Jours, si féconds en conséquences funestes, que cette nécessité où le Roi se trouvait de régler ainsi sa marche sur celle des coalisés, et de prendre en sérieuse considération leur avis. Roi humilié d'un royaume envahi, il subissait le contre-coup de la mauvaise fortune de la patrie, et cependant il fallait qu'il avançât, car, dans le désaccord général, le salut de la France était, comme l'écrivait un penseur de cette époque[1], au prix d'un cri, d'un *Vive le Roi!* qui pouvait seul tout sauver.

Le duc de Wellington eut quelques résistances à vaincre, non de la part du Roi pressé de rentrer en France, mais de M. de Talleyrand et de plusieurs membres du conseil, qui, ralliés à l'avis de celui-ci, auraient voulu que le Roi suspendît son départ et rentrât en France par le Midi et non par le Nord. Au fond, il y avait en jeu pour M. de Talleyrand une question de pouvoir et d'amour-propre. Il venait de jouer un rôle important à Vienne, et il voulait non-seulement que tout se fît en France par son inspiration, mais que son omnipotence fût évidente pour tout le monde. Il aurait souhaité qu'à Gand même le Roi se séparât de M. de Blacas, qui lui faisait ombrage, et se remît entièrement dans ses mains; ces exigences hautaines choquèrent le Roi, qui avait un sentiment élevé de la dignité royale, et il partit avec M. de Blacas et le duc de Feltre, sans attendre M. de Talleyrand[2].

Les préventions accumulées contre le ministre de la maison du Roi allaient cependant produire leur effet. Il y a dans tous

---

1. Maine de Biran : « La France semble être dans la stupeur : le cri national se fera-t-il entendre? Vive le Roi! Sans le Roi légitime, point de salut. » (*Journal intime.*)

2. La plupart de ces détails sont empruntés aux *Mémoires* de MM. de Chateaubriand, Beugnot, de la Maisonfort, et aux *Papiers politiques* de M. de Blacas.

les naufrages un homme qu'on rend responsable de la perte du navire; dans le naufrage de la première Restauration, cet homme avait été M. de Blacas, non qu'il fût l'auteur de toutes les fautes commises, mais on personnifiait en lui le système tout entier [1]. M. de Talleyrand, les souverains étrangers et leurs ministres, les hommes de l'intimité de Monsieur, s'étaient à la fois déclarés contre lui. Il avait vu venir de loin cet orage, et dès le mois de mai 1815 il adressait, on l'a vu, à Madame la duchesse d'Angoulême, alors à Londres, un mémoire dans lequel il expliquait l'intrigue qui se formait et exprimait l'opinion que son dévouement lui prescrirait peut-être bientôt d'abandonner le ministère, dans lequel il ne pourrait plus utilement rester, puisque les principales puissances se prononçaient contre lui, et qu'une partie du ministère du Roi se rangeait à leur avis. En dehors des préventions qui existaient contre M. de Blacas au dedans, de celles qui se manifestaient contre lui au dehors, et de l'intrigue conduite de longue main par M. de Talleyrand, il y avait une raison tirée de la nature des choses qui devait amener sa retraite. On sentait la nécessité, au moment de la seconde Restauration, de constituer le ministère sous une présidence effective, d'une manière à la fois plus homogène et plus forte, pour qu'il eût une puissance, une direction et une responsabilité réelles. Or il était également impossible, dans l'état des idées et des choses, que M. de Blacas fût président du conseil, et qu'il y

---

[1]. Le duc de Wellington, dans une lettre datée d'Orville, le 28 juin 1815 et adressée à M. de Blacas, explique ainsi son éloignement : « J'ai eu l'honneur de recevoir votre lettre du 24, et je ne puis qu'applaudir à la résolution que vous avez prise de vous séparer du Roi. Je sais mieux que personne que les préventions qui existent contre vous sont très-peu fondées, ou plutôt qu'elles ne le sont pas du tout. Vous avez servi le Roi avec zèle, talent et fidélité ; mais malheureusement vous possédiez seul sa confiance, et on ne peut pas attribuer à leur vraie cause les malheurs inouïs qui lui sont arrivés et dont toute l'Europe est intéressée à prévenir le retour. Voilà le motif réel des préjugés que vous ne pouviez vaincre qu'en quittant le Roi. »

eût un président du conseil dans un ministère où figurerait comme simple membre du cabinet M. de Blacas, investi de toute la confiance du Roi.

Les adieux du Roi et de son ministre, en se séparant au moment de traverser la frontière, furent tristes. Après de longues années d'amitié et de vie commune, on ne se quitte pas sans déchirement de cœur, et la politique, qui impose ces sacrifices, ne les rend pas moins sensibles. Avant de quitter le Roi, M. de Blacas fit apurer ses comptes ; il remit à M. Hue les diamants de la couronne ; il lui avait remis à Gand, dès le mois d'avril, les fonds de la maison militaire ; il ne demeura chargé que de l'administration des fonds que, par les ordres du Roi, il avait fait placer sous son nom à Londres, et cette circonstance fit naître le bruit universellement répandu et accepté que le Roi lui avait donné ces fonds, bruit démenti depuis par des documents authentiques [1]. En quittant Louis XVIII, M. de Blacas se rendit à Londres par Ostende, chargé d'une mission pour Madame la duchesse d'Angoulême.

Le Roi était arrivé à Mons depuis quelques heures, tout entier à l'amertume de la séparation à laquelle il venait de souscrire, lorsque M. de Talleyrand se présenta, de son côté, aux portes de cette ville. Le prince de Talleyrand, se croyant nécessaire, et encouragé d'ailleurs dans sa résistance par les flatteries de la petite cour d'hommes d'affaires dont il était entouré, et parmi lesquels l'abbé Louis se montrait le plus violent et le plus intraitable [2], se tint, à son arrivée à Mons, dans

---

1. Voir aux *Pièces justificatives* un extrait de ces documents.

2. « L'abbé Louis, qui mordait tout le monde, me dit, en secouant trois fois sa mâchoire : — *Si j'étais le prince, je ne resterais pas un quart d'heure à Mons. Je lui répondis : — Monsieur l'abbé, vous et moi, nous pouvons aller où nous voulons ; mais il n'en est pas de même de M. de Talleyrand.* » (*Mémoires d'Outre-Tombe*, tome VII, page 333.)

une réserve dédaigneuse. Il répéta à ceux qui le pressaient de se rendre chez le Roi : « Je ne suis jamais pressé; il sera temps demain ! » Au nombre de ceux qui allaient ainsi de chez le Roi chez M. de Talleyrand et qui adjuraient le plus instamment le ministre de se rendre chez le souverain, il faut nommer M. de Chateaubriand, peu rompu à tous ces manéges, et mieux à sa place quand il défendait la monarchie avec son incomparable talent d'écrivain que lorsqu'il cherchait sa route à travers les intrigues de cour. Comme il assurait M. de Talleyrand que, malgré sa désapprobation connue, le Roi continuerait dès le lendemain son voyage, M. de Talleyrand répondit avec la superbe incrédulité du duc de Guise à Blois : « Il n'osera ! » Louis XVIII osa braver ce véto arrogant du diplomate. Le lendemain, à trois heures du matin, il était dans sa berline de voyage, et les deux premiers chevaux de l'attelage avaient déjà la moitié du corps hors de la porte cochère, lorsque M. de Talleyrand, réveillé en toute hâte par MM. de Jaucourt, Beugnot et Laborie, s'empressa de se montrer. On avertit de sa présence Louis XVIII, qui feignait de ne pas y croire. Le Roi rentra cependant pour l'écouter. M. de Talleyrand ne put s'empêcher de laisser percer son mécontentement, sa surprise et sa colère; il insista de nouveau pour que Louis XVIII ne se hâtât point de rentrer en France, et pour qu'il rentrât de préférence par la frontière du Sud-Est. Les contemporains ont pensé que, les liaisons les plus étroites du prince de Talleyrand étant à cette époque avec le cabinet de Vienne, il désirait placer Louis XVIII au milieu de l'armée autrichienne, pour donner la principale part à l'Autriche dans l'œuvre de la seconde Restauration [1]. Peut-être aussi ses liaisons avec le parti de la Révolution lui faisaient-elles désirer d'éloigner le Roi du théâtre des événements, pour obtenir de lui de plus

---

1. Chateaubriand, *Mémoires*, tome III, page 150.

larges concessions. Louis XVIII, calme et patient, l'écoutait avec un imperturbable sang-froid. Quand il eut fini : « Prince de Bénévent, lui dit le Roi, vous nous quittez? Les eaux de Carlsbad sont excellentes, elles vous feront du bien; vous nous donnerez de vos nouvelles. » En disant ces mots, le Roi le congédia du geste, le laissant battu sur son propre terrain et avec ses propres armes, stupéfait, décontenancé par un sang-froid supérieur au sien; puis il se fit reconduire à sa berline et donna le signal du départ. Il partait heureux de cette petite victoire, et presque consolé de ne point emmener M. de Blacas par la pensée qu'il laissait derrière lui M. de Talleyrand.

Accompagné seulement du chancelier Dambray et du duc de Feltre, qui continuait à remplir auprès de lui les fonctions de ministre de la guerre, il arriva le 24 juin à Cateau-Cambrésis. Partout il trouvait les populations du Nord favorablement disposées pour sa cause. Elles l'avaient vu partir avec regret, elles le voyaient revenir avec allégresse; les villes où il entrait allumaient des feux de joie [1]. Tandis qu'il rentrait par ce point, le comte de Bourmont, investi de ses pouvoirs, pénétrait le 24 juin en France par Armentières, avec soixante officiers français et des caisses contenant cinq cents fusils, et, soulevant d'abord la population des cantons d'Armentières, d'Hazebrouck, Bailleul, Saint-Pol et Lille, bientôt la plus grande partie des populations de la Flandre, il commençait

---

[1]. « A Cambrai, nous demeurâmes dans la rue, au milieu des feux de joie, de la foule circulant autour de nous, et des habitants qui criaient : *Vive le Roi!* » (*Mémoires d'Outre-Tombe*, de Chateaubriand, tome III, page 387.)

Le duc de Wellington, esprit très-positif et peu enclin à accepter et à donner des illusions, comme on l'avait vu l'année précédente à Toulouse et à Bordeaux, écrivait dès le 22 juin de Cateau au duc de Feltre : « La présence du Roi est très-importante. Je trouve tout le monde ici très-disposé pour sa cause. Nous trouvons des pavillons blancs dans beaucoup d'endroits. » Le même jour, il écrivait dans les mêmes termes au comte de Bathurst. (*Letters and dispatches.*)

une suite d'opérations qui devaient en peu de jours le rendre maître de quatorze villes, entre autres Lille, Dunkerque, Arras, Douai, Bapaume, qui, en ouvrant leurs portes au Roi, les fermaient aux étrangers, de telle sorte que la Flandre et l'Artois, conservant leurs places fortes et leur matériel de guerre, furent préservées des maux de l'invasion.

Lorsque Cambrai eut capitulé après une faible défense[1], Louis XVIII s'y établit. Le duc de Wellington, qui avait contribué le plus à l'éloignement de M. de Blacas, avait déjà déterminé le prince de Talleyrand à venir rejoindre le Roi. Sa lettre était pressante, et d'ailleurs le prince commençait à être inquiet de sa position; il ne persista donc pas dans son premier refus. « Le Roi est arrivé ici, lui écrivait le duc de Wellington, et il y a été reçu, comme je m'y attendais, avec les plus vives démonstrations de joie par ses sujets. Je regrette seulement que V. A. n'accompagne pas S. M. C'est moi qui ai recommandé au Roi d'entrer en France, afin de profiter de notre succès du 18, de lui donner tout le développement possible, et de mettre le Roi à la portée des événements s'il y avait une crise à Paris. Je me flatte que, si j'avais pu vous voir, si vous aviez exactement connu les affaires quand vous avez conseillé au Roi à Mons de ne pas entrer en France, vous lui auriez donné un autre avis et vous y auriez suivi S. M. Vous verrez par les lettres que je vous envoie que Bonaparte, en raison de l'attitude prise par la Chambre des députés, s'est décidé à abdiquer en faveur de son fils. Les choses étant dans cet état, vous n'hésiterez plus à rejoindre le Roi, démarche que je vous conseille instamment, ainsi qu'aux autres membres du Conseil. »

A Cateau-Cambrésis, une première proclamation avait été

---

[1]. Les Anglais n'eurent que huit hommes tués et vingt-neuf blessés (Lettre du duc de Wellington).

rédigée par les ordres du Roi et par les soins du chancelier Dambray. Elle était ainsi conçue :

« Dès l'époque où la plus criminelle des entreprises, secondée par la plus inconcevable défection, nous a contraint à quitter momentanément notre royaume, nous vous avons avertis des dangers qui vous menaçaient si vous ne vous hâtiez de secouer le joug du tyran usurpateur. Nous n'avons pas voulu unir nos bras, ni ceux de notre famille, aux instruments dont la Providence s'est servi pour punir la trahison. Mais, aujourd'hui que les puissants efforts de nos alliés ont dissipé les satellites du tyran, nous nous hâtons de rentrer dans nos États pour y rétablir la Constitution que nous avons donnée à la France, réparer par tous les moyens qui sont en notre pouvoir les maux de la révolte et de la guerre qui en a été la suite ; récompenser les bons, mettre à exécution les lois existantes contre les coupables ; enfin, pour appeler autour de notre trône paternel l'immense majorité des Français dont la fidélité, le courage et le dévouement ont porté de si douces consolations dans notre cœur. »

Telle avait été la première expression de la pensée royale au moment où Louis XVIII entrait sur le territoire français. L'indignation qu'avaient causée au Roi et aux royalistes la défection de l'armée et la vaste conspiration qui, dans leur esprit, avait précédé et préparé les Cent-Jours, bouillonnait dans cette proclamation, qui, rédigée par le chancelier Dambray, avait la roideur magistrale du style des anciens parlements. La vindicte des lois contre les coupables était hautement annoncée; mais, malgré la dureté de quelques phrases, les mots essentiels prononcés dans le manifeste rédigé à Gand par M. de Chateaubriand étaient conservés; le Roi annonçait le maintien de la Constitution qu'il avait donnée ; l'immense majorité des Français était appelée autour du trône ; et le Roi, tout en donnant le nom d'alliés aux armées étrangères qui marchaient contre l'armée de Napoléon, avait soin de constater qu'aucun prince de sa maison, aucun de ses serviteurs, n'avait tiré l'épée dans cette rapide campagne, pour ne pas donner à cette guerre nécessaire le caractère d'une guerre civile. En même temps que le prince de Talleyrand recevait la lettre du duc de Wellington, un courrier lui apportait une dépêche du Roi qui l'appelait à Cambrai avec tous les ministres demeurés à Mons. L'influence du duc de Wellington s'était fait sentir aussi de ce côté.

Quand M. de Talleyrand eut rejoint le Roi, il prit la direction du Conseil. L'influence qu'il avait exercée au Congrès de Vienne, la haute idée que les hommes d'État de l'Europe avaient de sa capacité, et leurs instances auprès du Roi pour que, dans la situation hérissée d'obstacles où il allait se trouver, il mît sa confiance dans l'homme dont l'habileté seule leur semblait au niveau des difficultés, triomphèrent de sa répugnance. Une fois chef des conseils du Roi, M. de Talleyrand marqua son entrée dans les affaires par une proclamation dont les termes parurent mieux calculés que ceux de la proclamation de Cateau-Cambrésis pour satisfaire l'opinion générale, rallier les esprits dissidents au gouvernement royal, et calmer les craintes des personnes compromises en marquant d'avance les limites dans lesquelles les poursuites seraient renfermées.

On n'avait pu arriver à une rédaction définitive qu'après une orageuse discussion dans le Conseil, auquel assistaient le Roi, le comte d'Artois, le duc de Berry, MM. de Talleyrand, Dambray, de Feltre, de Jaucourt, Louis, de Beurnonville et Beugnot. Monsieur, désigné presque formellement comme l'auteur des fautes qui avaient perdu la première Restauration, avait interpellé M. de Talleyrand et lui avait demandé si c'était lui qu'il avait voulu mettre en cause. Avec cette arrogance froide et hautaine qu'il savait prendre quand il se croyait maître de la situation, M. de Talleyrand avait répondu d'une manière affirmative. Il avait fallu l'intervention de Louis XVIII pour empêcher un éclat de la part du duc de Berry, qui déclara que, sans la présence du Roi, il ne permettrait à qui que ce fût de traiter ainsi son père. « Il n'appartient qu'à moi, dit le Roi, de faire justice de ce qui se dit en ma présence et dans mon Conseil. Je ne peux approuver ni les termes de la proclamation ni la discussion dont elle a été l'objet. Le rédacteur retouchera son analyse et ne perdra pas de vue les hautes convenances qu'il faut savoir garder quand on me fait parler. » La proclamation de Cambrai fut en effet retouchée et adoptée par le Roi, après de nombreuses modifications. Rendue si peu de jours après celle de Cateau-Cambrésis, elle la remplaça plutôt qu'elle ne lui succéda. Elle était ainsi conçue :

LE ROI AUX FRANÇAIS.

« Les portes de mon royaume s'ouvrent devant moi. J'accours pour ramener mes sujets égarés ; pour adoucir les maux que j'aurais voulu prévenir ; pour me placer une seconde fois entre les Français et les armées alliées, dans l'espoir que les égards dont je peux être l'objet tourneront au salut de mes sujets. C'est la seule manière dont j'ai voulu prendre part à la guerre. Je n'ai point permis qu'aucun prince de ma famille parût dans les rangs des étrangers, et j'ai enchaîné le courage de ceux de mes serviteurs qui avaient pu se ranger autour de moi.

« Revenu sur le sol de la patrie, je me plais à parler de confiance à mes peuples. Lorsque je reparus au milieu d'eux, je trouvai les esprits agités et emportés par des passions contraires ; mes regards ne rencontraient de toutes parts que des difficultés et des obstacles. Mon gouvernement devait faire des fautes : peut-être en a-t-il fait. Il est des temps où les intentions les plus pures ne suffisent pas pour diriger, ou quelquefois elles égarent. L'expérience seule pouvait avertir ; elle ne sera pas perdue. Je veux tout ce qui sauvera la France !

« Mes sujets ont appris, par de cruelles épreuves, que le principe de la légitimité des souverains est une des bases fondamentales de l'ordre social, la seule sur laquelle puisse s'établir, au milieu d'un grand peuple, une liberté sage et bien ordonnée. Cette doctrine vient d'être proclamée comme celle de l'Europe entière. Je l'avais consacrée d'avance par ma Charte, et je prétends ajouter à cette Charte toutes les garanties qui peuvent en assurer le bienfait.

« L'unité du ministère est la plus forte que je puisse offrir ; j'entends qu'elle existe, et que la marche franche et assurée de mon Conseil garantisse tous les intérêts et calme toutes les inquiétudes.

« On a parlé, dans les derniers temps, du rétablissement de la dîme et des droits féodaux. Cette fable, inventée par l'ennemi commun, n'a pas besoin d'être réfutée. On ne s'attendra pas que le Roi de France s'abaisse jusqu'à repousser des calomnies et des mensonges. Le succès de la trahison en a trop indiqué la source. Si les acquéreurs de domaines nationaux ont conçu des inquiétudes, la Charte aurait dû suffire pour les rassurer. N'ai-je pas moi-même proposé aux Chambres et fait exécuter des ventes de ces biens ? Cette preuve de ma sincérité est sans réplique.

« Dans ces derniers temps, mes sujets de toutes les classes m'ont donné des preuves égales d'amour et de fidélité ; je veux qu'ils sachent combien j'y ai été sensible, et c'est parmi tous les Français que j'aimerai à choisir ceux qui doivent approcher de ma personne et de ma famille.

« Je ne veux exclure de ma présence que ces hommes dont la renommée est un sujet de douleur pour la France et d'effroi pour l'Europe. Dans la trame qu'ils ont ourdie, j'aperçois beaucoup de mes sujets égarés et quelques coupables.

« Je promets, moi qui n'ai jamais promis en vain (l'Europe entière le sait), de pardonner aux Français égarés tout ce qui s'est passé depuis le jour où j'ai quitté Lille au milieu de tant de larmes, jusqu'au jour où je suis entré dans Cambrai au milieu de tant d'acclamations.

« Mais le sang de mes enfants a coulé par une trahison dont les annales du monde n'offrent pas d'exemple. Cette trahison a appelé l'étranger au cœur de la France. Chaque jour me révèle un désastre nouveau. Je dois donc, pour la dignité de mon trône, pour l'intérêt de mes peuples, pour le repos de l'Europe, exempter du pardon les instigateurs et les auteurs de cette trame horrible. Ils seront désignés à la vengeance des lois par les deux Chambres que je me propose de rassembler incessamment.

« Français ! tels sont les sentiments que rapporte au milieu de vous celui que le temps n'a pu changer, que le malheur n'a pu fatiguer, que l'injustice n'a pu abattre.

« Le Roi, dont les pères règnent depuis huit siècles sur les vôtres, revient pour consacrer ses jours à vous défendre et à vous consoler.

« Donné à Cambrai le 28ᵉ jour du mois de juin de l'an de grâce 1815, et de notre règne le 24ᵉ.

Signé : LOUIS.

« Et plus bas,

« Pour le Roi :
« *Le ministre, secrétaire d'État et des affaires étrangères,*
« Prince DE TALLEYRAND. »

Cette proclamation, plus habilement conçue que celle de Cateau-Cambrésis, en précisait cependant le sens plutôt qu'elle ne la révoquait. L'aveu que des fautes avaient dû être commises par le gouvernement de la première Restauration, dans une situation si nouvelle et si compliquée, était une satisfaction donnée à l'opinion. L'unité du ministère était promise pour l'avenir, et elle était destinée à prévenir cette incohérence de vues, de paroles et de mesures politiques qui avaient marqué plusieurs actes de l'administration avant les Cent-Jours. Les engagements relatifs à la Charte étaient reproduits d'une manière plus forte avec la promesse de garanties nouvelles qui y seraient ajoutées. La sécurité assurée aux possesseurs des biens nationaux par la Charte était garantie par des paroles formelles, avec une allusion justement dédaigneuse aux calomnies absurdes dirigées contre la royauté, au sujet du rétablissement impossible de la dîme et des droits féodaux. Le Roi rendait plus claire la promesse qu'il faisait quelques jours auparavant, de s'entourer indistinctement des Français de toutes les classes. Les mots violents et durs appliqués à l'armée, dont la défection avait amené les Cent-Jours, étaient évités. La partie la plus nouvelle et la plus importante était celle qui marquait, d'une manière précise, toute l'étendue que le Roi comptait donner à l'amnistie, en affranchissant de toute poursuite les actes intervenus entre son départ de Lille et sa rentrée à Cambrai, de sorte qu'il ne réservait à la vindicte des lois que les actes qui s'étaient produits depuis le débarquement de Napoléon jusqu'au 23 mars 1815, ou ceux qui auraient pris place après le 28 juin. Encore assignait-il aux deux Chambres la mission de désigner à la vengeance des lois les instigateurs de la trahison qui avait appelé l'étranger au cœur de la France.

Le Roi, entouré du petit corps d'armée du duc de Berry, avait continué à résider à Cambrai jusqu'au 29 juin. Dans cette journée, il avait reçu une dépêche du duc de Wellington qui le décida à partir pour Roye, où il arriva le 30 [1]. Il ne resta

---

[1] « En conséquence de ma conversation du 29 juin avec les commissaires,

dans cette résidence que trois jours; ce fut là, selon un témoin oculaire, M. de Chateaubriand, que M. Talleyrand lut un mémoire dans lequel il parlait d'admettre tout le monde, sans distinction d'opinion, au partage des places, sans même excepter les juges de Louis XVI. Il commençait ainsi à entr'ouvrir la porte par laquelle devait passer Fouché. Le rouge monta au visage du Roi, et, frappant des deux mains les deux bras de son fauteuil, il s'écria : « Jamais! » Le 2 juillet, Louis XVIII, après avoir traversé Senlis, vint s'établir au château d'Arnouville, situé à trois quarts de lieue de Gonesse, où le duc de Wellington avait son quartier général. Le Roi, qui s'arrêta deux heures à Gonesse, y reçut le maréchal Macdonald et M. Hyde de Neuville, qui venaient l'avertir qu'il ne devait pas songer à rentrer à Paris avant d'avoir pris Fouché pour ministre. Le plan du chef du gouvernement provisoire commençait à se dévoiler. Il s'était servi de l'approche des coalisés, de l'impossibilité de changer l'issue de la guerre, de la jalousie et des défiances de la Chambre et des constitutionnels pour abattre Napoléon, il se servait maintenant de la Chambre et des révolutionnaires pour empêcher Louis XVIII d'arriver, jusqu'à ce que ce prince eût consenti à l'accepter pour ministre. Après avoir conduit à bien la capitulation de Paris avec les armées coalisées, il lui restait à conduire à bien la capitulation du chef de la maison de Bourbon avec Fouché.

Ce fut, selon le témoignage de M. de Chateaubriand, dans la mairie de Gonesse que la question de la nomination de Fouché, comme ministre, fut pour la première fois ouvertement agitée. Elle ne rencontra, selon le même témoignage, que deux oppositions absolues : celle de M. de Chateaubriand et celle de M. Beugnot. M. de Chateaubriand a lui-même résumé

---

j'ai recommandé au Roi de s'avancer jusqu'à Roye. Il y est arrivé le 30. » (Lettre du duc de Wellington au comte Bathurst. Gonesse, 2 juillet 1815.)

les motifs puissants qu'il développa contre la nomination de l'ancien juge de Louis XVI et de l'ancien proconsul de Lyon. « Partout où il y a une tribune ouverte, dit-il, quiconque peut être exposé à des reproches d'une certaine valeur ne peut être placé à la tête du gouvernement. Il y a tel discours, tel mot qui obligerait un pareil ministre à donner sa démission en sortant de la Chambre. Se représente-t-on Fouché écoutant, à la Chambre des députés, la discussion sur le 21 janvier, pouvant être apostrophé à chaque instant par quelque député de Lyon, et toujours menacé du terrible *tu es ille vir!* Les hommes de cette sorte ne peuvent être employés ostensiblement qu'avec les muets du sérail de Bajazet, ou les muets du Corps législatif de Bonaparte. »

Le Roi écoutait avec une attention sympathique les paroles de M. de Chateaubriand. Il était clair que son opinion n'était point changée depuis Roye; mais la pression qu'exerçaient sur lui les hommes et les événements augmentait. Il leva la séance sans arrêter sa décision et déclara qu'il prendrait un parti au château d'Arnouville où il allait se rendre. C'est dans cette résidence que les derniers actes qui allaient précéder et préparer la seconde Restauration furent accomplis. M. de Vitrolles, sorti de sa retraite aussitôt après la signature de la convention du 3 juillet, s'y était rendu après avoir eu une longue conférence avec Fouché. Celui-ci, depuis que les événements avaient prononcé, n'hésitait plus sur le dénoûment à donner à l'échauffourée des Cent-Jours. Seulement il indiqua clairement à M. de Vitrolles qu'il comptait trouver sa place dans ce dénoûment, en lui répétant à plusieurs reprises : « J'espère qu'après les services que j'ai rendus, je pourrai au moins rester honorablement dans mon pays. » D'autres étaient chargés de commenter, auprès du Roi, ces paroles de Fouché.

A son arrivée à Arnouville, M. de Vitrolles fut reçu par Monsieur d'abord, puis par le Roi lui-même, comme un homme qu'on revoit avec d'autant plus de plaisir qu'on a craint de ne plus le revoir. Monsieur, dont l'âme était affectueuse et bonne, le tint longtemps serré sur son cœur; le duc de Berry voulut aussi l'embrasser. Quand il entra dans le salon où se tenait le Roi, qui venait d'arriver de Gonesse, Monsieur dit à Louis XVIII : « Eh bien, mon frère, nous avons retrouvé notre prisonnier.— Je le cherche, » répliqua le Roi. En ce moment on fit place à M. de Vitrolles. « Le Roi me tendit les bras, dit-il dans ses Mémoires, je voulus lui baiser la main ; mais il me baisa sur l'une et l'autre joue ; des larmes, de véritables larmes, mouillaient ses yeux. »

Le baron de Vitrolles apportait des nouvelles, surtout des impressions de Paris. La situation de la ville était inquiète et troublée. La Chambre continuait à chercher à soulever l'opinion par ses clameurs bavardes, ce furent ses expressions. La garde nationale, dont le maréchal Masséna avait conservé le commandement, faisait son service de sûreté à Paris à côté des Anglais et des Prussiens, qui y étaient entrés. Malgré l'opinion du plus grand nombre, elle conservait la cocarde tricolore; soumise à l'ordre légal qu'elle devait maintenir, parce qu'il était devenu dans cette crise un mot de ralliement commun, elle aurait réprimé les tentatives de ceux qui auraient essayé d'arborer d'autres couleurs, et la position était telle, que, d'après les termes mêmes de la convention du 3 juillet, les troupes étrangères n'auraient pu lui refuser leur concours. C'est ce qui avait obligé les royalistes à renoncer à une manifestation éclatante et publique, qui, tentée par une minorité hardie, n'aurait pas été soutenue par le plus grand nombre d'entre eux, attentifs avant tout à maintenir l'ordre dans la cité, selon l'esprit ordinaire des gardes civiques. Ici le souvenir d'un passé plus récent éclaire pour l'histoire ce qu'il peut y avoir d'obscur dans ce passé déjà lointain : ceux qui ont vu en 1848 une garde nationale presque tout entière contraire à la République et une armée à laquelle l'émeute venait d'infliger une humiliation qui n'était pas oubliée, réprimer au cri de *vive la République* la grande insurrection socialiste du mois de juin 1848, en s'appuyant, pour la combattre, sur l'ordre légal républicain, comprendront la situation de la garde nationale de Paris de 1815, qui, en grande partie royaliste, s'appuyait sur l'ordre légal existant, le gouvernement provisoire et la Chambre des représentants, pour maintenir l'ordre matériel dans la cité, contre les fédérés et les autres éléments révolutionnaires que contenait la ville. Cette attitude achève de s'expliquer, surtout si l'on vient à songer que le chef du gouvernement provisoire, Fouché, qui aurait voulu contraindre le Roi à garder les deux Chambres et à prendre le drapeau tricolore, et Masséna, son propre chef, qui suivait les mêmes errements, retenaient son élan au lieu de le conduire.

Ces nouvelles n'étaient pas de nature à fortifier le Roi dans ses idées de résistance aux efforts tentés de tous côtés pour lui faire accepter Fouché. M. de Chateaubriand a dit avec ce grand style qui résume les situations : « Tout s'en mêla, la religion comme l'impiété, la vertu comme le vice, le royaliste comme le révolutionnaire, l'étranger comme le Français; on criait de toutes parts que, sans le ministre proposé, il n'y avait ni sûreté pour le Roi, ni salut pour la France; que lui seul avait empêché une grande bataille, que lui seul avait sauvé Paris, que lui seul pouvait achever son ouvrage[1]. » Ce n'est point là une exagération oratoire ou un argument diplomatique, c'est la vérité même telle qu'on la saisit dans les Mémoires du temps. M. de Chateaubriand reproduit son affirmation dans les siens en y ajoutant quelques détails. Le baron de Vitrolles, si activement mêlé aux événements de cette époque, confirme aussi le témoignage de M. de Chateaubriand : « Pendant ce

---

1. Chateaubriand, *la Monarchie selon la Charte*.

temps, l'opinion des royalistes les plus marquants du faubourg Saint-Germain se prononçait d'une manière inattendue en faveur de Fouché. Avait-il exercé sur eux ces influences dont il connaissait l'art mieux que personne, ou le vent de l'opinion soufflait-il sur eux? Ce qu'il y a de certain, c'est qu'il n'y eut qu'un cri pour appeler Fouché au ministère de la police. Lui seul pouvait préserver le trône des complots ennemis. Le bailli de Crussol, ancien capitaine des gardes de Monsieur, le plus arrêté dans ses principes, le plus entêté dans ses opinions, prêchait sur les toits que le salut du Roi et de la Royauté était dans la nomination de Fouché[1]. »

Pour s'expliquer cet engouement qui paraît inexplicable à distance, il faut se reporter par la pensée à la situation où se trouvaient Paris et la haute société de cette ville aux premiers jours du mois de juillet 1815. Il y avait une illusion d'optique qui grandissait singulièrement Fouché aux yeux des hommes de ce temps. Ce joueur politique venait de gagner contre Napoléon lui-même une dernière partie; et, comme il arrive presque toujours lorsqu'on est encore au milieu du tumulte des événements, on attribuait à son habileté seule un succès auquel la situation et la force des choses avaient eu la principale part. On oubliait qu'il jouait contre le vaincu de Waterloo condamné par la fortune, et qu'il avait pour lui le courant général des événements et des idées. En outre, pendant les Cent-Jours, Fouché avait eu soin d'effrayer et de rassurer à la fois plusieurs des nobles familles du faubourg Saint-Germain : il les avait effrayées en exagérant la disposition de l'Empereur à les persécuter; il les avait rassurées en exagérant sa propre sollicitude à les protéger en s'interposant entre elles et le maître, de sorte qu'il s'était rendu agréable en rendant l'Empereur odieux. De cet ensemble de faits, il était resté dans l'esprit d'un certain

---

[1]. *Mémoires inédits* de M. de Vitrolles.

nombre de ces nobles personnages une idée très-favorable à Fouché, auquel ils croyaient devoir la tranquillité relative dont ils avaient joui pendant les Cent-Jours, à l'abri des tracasseries que les classes habituées aux commodités de la vie craignent peut-être encore plus que les persécutions, et une très-haute opinion de sa capacité qui venait de prévaloir contre le génie de l'Empereur. C'était là, il faut le dire, une opinion renfermée dans les barrières de Paris, et qui n'avait aucun écho dans les provinces. Mais cette opinion échauffait l'atmosphère dans laquelle se trouvait le Roi, et formait autour de lui ce qu'on pourrait nommer l'air ambiant. Qu'est-ce que l'avis de tout le monde? c'est l'avis de ceux que l'on entend.

Le baron de Vitrolles trouva Louis XVIII sous le coup de cette impression. Il affirme dans ses Mémoires avoir exposé au Roi dans son véritable jour la conduite de Fouché, qui n'avait servi la Royauté que lorsqu'il n'avait pas pu faire autrement. Il lui répéta ses dernières paroles sur l'espoir qu'il avait de pouvoir rester honorablement dans son pays. Paroles équivoques! Honorablement devait, en effet, vouloir dire avec des honneurs et non avec l'honneur, car, dans la situation et dans la bouche de Fouché, le mot d'honneur était dénué de sens. Le Roi écoutait le baron de Vitrolles avec une attention bienveillante, mais sans se prononcer. En sortant de cette audience, M. de Vitrolles eut le secret de la préoccupation silencieuse de son interlocuteur royal. Il rencontra le duc de Wellington, qui se rendait chez le Roi. Le généralissime anglais vint à lui, et, après lui avoir pris cordialement la main, il lui dit : « Eh bien, il me semble que toutes les questions se réduisent à deux : le ministère de Fouché et la cocarde tricolore. » Le baron de Vitrolles raconte qu'il combattit cette opinion du duc de Wellington. Il aurait compris, lui dit-il, l'adoption du drapeau tricolore en 1814; mais, en 1815, il était devenu le signe de ralliement de la révolte contre le Roi. En ce moment même, vingt-cinq ou trente départements étaient soulevés avec la cocarde blanche, le généralissime anglais ferait-il marcher les soldats rouges pour l'arracher de leurs chapeaux? Wellington réfléchit un moment : « Je suis de votre avis, reprit-il ; il vaut mieux que les concessions portent sur les personnes que sur les choses. » Le baron de Vitrolles voulut contester encore la nécessité de donner un ministère à Fouché ; mais le duc de Wellington lui répliqua qu'il « était désirable que le Roi pût s'appuyer sur un homme de cette capacité, qui seul aurait le pouvoir de préserver le trône contre la Révolution. » Et terminant là l'entretien, il entra chez Louis XVIII.

La partie était trop fortement nouée pour que le roi ne finît point par céder. Dans son conseil, M. de Talleyrand, le duc de Feltre, le baron Louis, tous les membres, sauf M. de Chateaubriand et M. Beugnot ; hors du conseil, M. Hyde de Neuville et le maréchal Macdonald, apportant l'opinion des royalistes de Paris, un grand nombre de hauts personnages du faubourg Saint-Germain qui accouraient à Arnouville, parlaient dans le même sens. Enfin le duc de Wellington, cet arbitre de la situation, dont l'armée occupait Paris, et qui était d'autant plus influent auprès de Louis XVIII qu'il n'avait cessé de présenter la maison de Bourbon comme nécessaire à la France et à l'Europe, venait lui affirmer que Fouché était nécessaire à la maison de Bourbon. Il eût été beau, mais il était difficile de résister à cette pression universelle.

On était arrivé à la fin de la soirée du 6 juillet. Aussitôt après le dîner, on vit une voiture à quatre chevaux s'arrêter devant la porte du château. M. de Talleyrand alla droit au baron de Vitrolles et lui dit : « Nous partons avec le duc de Wellington pour nous rendre à Neuilly où nous avons donné rendez-vous au duc d'Otrante, et je vous demande en grâce de m'attendre ici. » Le duc de Wellington avait déterminé la résolution du Roi ; l'entrée du duc d'Otrante dans le conseil était décidée. Le prince de Talleyrand et le duc de Wellington emportaient les pleins pouvoirs du Roi ; et, quand le baron de Vitrolles représenta à celui-ci qu'on aurait pu en être quitte à meilleur marché, et qu'un siége à la Chambre des pairs aurait acquitté la dette très-controversable que la Royauté pouvait avoir contractée envers Fouché, Louis XVIII lui répondit : « J'aime mieux nommer un ministre que je puisse renvoyer, qu'un pair qui sera inamovible[1]. »

Cependant, quand il fallut signer la nomination du régicide, le cœur faillit manquer au Roi. Le duc de Wellington et M. de Talleyrand avaient chargé M. Beugnot de rédiger l'ordonnance qui rétablissait le ministère de la police et le donnait à Fouché. M. Beugnot présenta cette ordonnance au Roi avec plusieurs autres. Le Roi, qui avait signé la plupart de ces pièces avec une gaieté qu'expliquait la tournure que prenaient ses affaires, s'arrêta quand ses regards tombèrent sur le nom de Fouché. Sa figure s'assombrit, le sang lui monta au visage et la plume lui tomba des mains. Un instant il s'affaissa sur lui-même et des larmes roulèrent dans ses yeux. Puis, après quelques moments de silence et d'hésitation : « Il le faut, dit-il, on le veut ! » Alors, reprenant la plume, d'une main tremblante il signa péniblement son nom, et M. Beugnot l'entendit murmurer le nom de Louis XVI, comme s'il demandait pardon à la grande victime du 21 janvier [2].

On a vu que Fouché s'était mis de bonne heure en relations avec le duc de Wellington ; on vient de voir que ce fut par lui qu'il exerça une action directe sur Louis XVIII. La situation fâcheuse dans laquelle les Cent-Jours venaient de jeter la France avait donné au duc de Wellington la position et le rôle

---

1. Ces détails sont empruntés aux *Mémoires inédits* du baron de Vitrolles.
2. *Mémoires* de M. Beugnot, cités par M. Duvergier de Hauranne dans l'*Histoire du gouvernement parlementaire*, tome III, page 162.

d'un tout-puissant arbitre entre le Roi et le chef du gouvernement provisoire. Aussitôt après la signature de la convention militaire du 3 juillet, dans la journée même du 4, Fouché envoya un émissaire au quartier général du duc de Wellington pour lui demander ce qu'il désirait que l'on fît à Paris[1]. Ce message fut remis au généralissime anglais en présence du prince de Talleyrand, de sir Charles Stuart, du comte Pozzo di Borgo et du comte de Goltz. Pour éviter tout malentendu, le duc de Wellington rédigea séance tenante un *Memorandum* qu'il adressa à Fouché. Il était daté de Gonesse, 4 juillet 1815, et ainsi conçu : « Les Puissances étant convenues que Napoléon Bonaparte et son gouvernement étaient une usurpation avec laquelle elles ne pouvaient traiter, il convient qu'aussitôt que possible, après le départ de l'armée, les deux Chambres et le gouvernement se déclarent dissous de fait, et qu'ils fassent une adresse au Roi, dans laquelle ils diront qu'ils ont agi en tout pour le bien de la France. Ils pourront insérer dans cette adresse tout ce qu'ils voudront faire savoir à Sa Majesté. J'envoie une copie de la déclaration du Roi du 28 juin, et je sais que le Roi est disposé à faire tout ce que l'on peut désirer pour garantir le maintien de la liberté constitutionnelle. »

A ce *Memorandum*, M. de Talleyrand ajouta une note dans laquelle il énumérait les mesures constitutionnelles que le Roi était disposé à adopter. Le duc de Wellington ne laissa point repartir l'émissaire de Fouché sans l'avertir qu'il porterait le lendemain son quartier général à Neuilly, et qu'il s'y rencontrerait avec le duc d'Otrante à l'heure qui conviendrait à ce dernier.

Le lendemain 5 juillet, Fouché annonça à ses collègues du

---

1. Tous ces détails et ceux qui vont suivre sont tirés de la dépêche du 8 juillet adressée de Paris au comte de Bathurst par le duc de Wellington. On la trouve *in extenso* dans le 12ᵉ volume des correspondances et dépêches plus haut citées.

gouvernement provisoire et au grand conseil, auquel assistaient le général en chef, les plénipotentiaires de Haguenau et plusieurs ministres, qu'il était nécessaire qu'il se rendît au quartier général des coalisés pour suivre les négociations politiques que la convention purement militaire du 3 juillet rendait urgentes. Le langage systématiquement équivoque du duc d'Otrante permettait de supposer que le maintien des deux Chambres et la conservation du drapeau tricolore n'étaient pas inconciliables avec la rentrée de Louis XVIII à Paris. Le général Lafayette déclara que les circonstances pouvaient nécessiter des concessions, mais qu'elles devaient être résolues d'un commun accord. C'étaient là de vaines paroles. Fouché avait promis à ses collègues et aux membres du conseil tout ce qu'ils avaient voulu. Ceux qui autorisaient cette négociation, moyennant cette promesse, devaient savoir d'avance à quoi ils s'exposaient, car ce n'était pas de la veille que Fouché ne regardait pas une parole donnée comme un obstacle quand il avait intérêt à la violer. Le 5 juillet, Fouché se rendit donc à Neuilly en amenant avec lui trois personnes. La conférence s'ouvrit dans la soirée. MM. de Talleyrand, Pozzo di Borgo, le comte de Goltz, et un général dont le duc de Wellington ne dit pas le nom, y assistaient. Wellington demanda à Fouché s'il avait pris en considération les mesures recommandées dans son *Memorandum*. Celui-ci, fidèle à son rôle d'atermoiement et qui n'avait pas encore obtenu la promesse qu'il voulait arracher au Roi, répondit qu'il n'y avait rien à faire tant que l'armée ne serait pas plus éloignée de Paris. Il se jeta ensuite dans de longs développements afin d'établir l'utilité d'une nouvelle proclamation royale, d'abord pour accorder une amnistie générale à tous ceux qui avaient pris part aux derniers événements, ensuite pour déclarer que le Roi adoptait le drapeau tricolore comme drapeau national.

La discussion continua sur ce point jusqu'à quatre heures

du matin. Quand tout le monde fut sorti, le duc d'Otrante dit que dans la matinée du 6 juillet il serait en mesure d'indiquer d'une manière certaine ce qui pourrait être fait dans les deux Chambres en faveur du Roi. Il promit de venir dîner ce jour-là même chez le duc de Wellington afin d'arrêter, de concert avec lui et le prince de Talleyrand, les mesures qu'il conviendrait de prendre. Il vint, comme il l'avait promis, mais ce fut pour alléguer que l'arrivée des commissaires envoyés auprès des souverains alliés avait créé de nouvelles difficultés, attendu que leur rapport aux Chambres donnait à croire que les coalisés ne désiraient plus le rétablissement de Louis XVIII sur le trône. Le duc de Wellington, ayant pris connaissance de ce rapport, déclara sur-le-champ qu'il n'y trouvait qu'une relation très-fausse de ce qui s'était passé[1] soit avec l'aide de camp du prince Blücher à Laon, soit avec les personnes désignées par les souverains coalisés pour conférer avec les commissaires. Ce fut l'objet d'une longue conversation à laquelle prirent part MM. de Talleyrand, Pozzo di Borgo, Stuart, et, après le dîner, lord Castelreagh qui venait d'arriver. Le duc de Wellington, pour convaincre Fouché, mit sous ses yeux la lettre originale de lord Stuart qui contenait le récit de la conférence des personnes désignées par les puissances avec les commissaires français et la note verbale qui leur avait été remise. Il compléta ces communications en lui remettant les lettres originales qu'il avait reçues à ce sujet du prince de Metternich et du comte de Nesselrode, afin, ajouta-t-il, de le mettre en mesure de convaincre ses collègues du caractère mensonger[2] du rapport fait par les commissaires français envoyés au quartier général des souverains coalisés. Ce fut dans cette seconde conférence du 6 juillet que

---

1. A very false representation. (*Letters and dispatches of the duke of Wellington.*)
2. Falsehood. (*Letters and dispatches*, etc.)

l'entrée de Fouché au conseil fut arrêtée entre lui, le prince de Talleyrand et le duc de Wellington, qui venait de recevoir les pouvoirs du Roi. Le duc de Wellington, général étranger, qui n'avait pas à se préoccuper de l'honneur de la royauté française, voyait dans cette espèce d'absorption du chef du gouvernement provisoire dans les conseils du Roi un moyen simple et commode d'en finir avec une situation qui commençait à l'embarrasser; et, quand on lui faisait des objections au nom de l'honneur de la couronne, et de la conscience publique, il traitait ces scrupules de « frivolités. » Le prince de Talleyrand avait peu de goût pour Fouché, dont les manières hardies et familières lui déplaisaient, comme celles d'un parvenu; mais il n'avait pas d'objection morale contre son entrée au ministère, et il n'était pas homme à engager pour si peu de chose une lutte contre le duc de Wellington. En outre, par une singulière méprise, il s'imaginait que la présence de Fouché, conventionnel et régicide, dans les conseils de la royauté, relèverait sa propre situation par la comparaison qui s'établirait dans les esprits, tandis qu'au contraire ce poids de honte et de crime devait, comme un fardeau trop lourd ajouté à un fardeau déjà pesant, faire sombrer le navire qui portait la fortune du cabinet.

A une heure avancée de la soirée du 6 juillet, M. de Chateaubriand était à Saint-Denis, où venait d'arriver le Roi, qui était allé se loger dans les bâtiments de l'abbaye. « On avait toutes les peines du monde, dit le grand écrivain, d'empêcher les petites filles de la Légion d'honneur de crier : Vive l'Empereur! Introduit dans une des salles qui précédaient celle du roi, continue-t-il, je ne trouvai personne; je m'assis dans un coin et j'attendis. Tout à coup une porte s'ouvre; entre silencieusement le vice appuyé sur le crime, M. de Talleyrand soutenu par Fouché. La vision infernale passe lentement devant moi, pénètre dans le cabinet du Roi et disparaît.

Fouché venait jurer foi et hommage à son seigneur; le féal régicide, à genoux, mit les mains qui firent tomber la tête de Louis XVI, entre les mains du frère du roi martyr; l'évêque apostat fut la caution du serment. Avant de quitter Saint-Denis, je fus reçu par le Roi, et j'eus avec lui cette conversation : « Eh bien ! me dit Louis XVIII ouvrant le dialogue par cette exclamation. — Eh bien ! sire, vous prenez le duc d'Otrante ? — Il l'a bien fallu : depuis mon frère jusqu'au bailli de Crussol (et celui-là n'est pas suspect), tous disaient que nous ne pouvions faire autrement. Qu'en pensez-vous ? — Sire, la chose est faite; je demande à Votre Majesté la permission de me taire. — Non, non, dites ; vous savez comme j'ai résisté depuis Gand. — Sire, je ne fais qu'obéir à vos ordres ; pardonnez à ma fidélité ; je crois la monarchie finie. — Eh bien ! monsieur de Chateaubriand, je suis de votre avis ! »

Si ces paroles sont exactes, elles témoignent à la fois de la sagacité politique du Roi, et des illusions qu'on avait réussi à créer dans son esprit sur la véritable situation de Paris. Dans une ville où l'immense majorité des habitants voulait la paix et acceptait le retour de la royauté, où la garde nationale, qui représentait la bourgeoisie, avait suffi pour dominer l'exaltation des fédérés et pour les désarmer au moment de la signature de la convention militaire du 3 juillet, où, depuis deux jours, l'armée anglaise et l'armée prussienne étaient entrées, c'était une étrange fantasmagorie que de faire appréhender au Roi un mouvement révolutionnaire s'il rentrait dans sa capitale sans avoir mis l'honneur de sa couronne en dépôt dans les mains de Fouché. Le duc de Wellington, M. de Talleyrand, son entourage, pouvaient l'obséder, personne ne pouvait le forcer. S'il eût attendu quelques jours, en opposant à ces obsessions d'inflexibles refus, il n'en serait pas moins entré à Paris, et il y serait entré sans passer sous le joug du régicide. Ce qui eut lieu quand il y entra le 7 juillet suffit pour démontrer qu'il n'appartenait à personne de lui en fermer les portes. Il était seul possible, il était nécessaire; sous la seule condition de donner des garanties à la liberté politique, des satisfactions à l'esprit du temps, il pouvait refuser tout le reste aux exigences de la Révolution comme à celles de l'étranger. Mais son erreur, il est juste de le rappeler, ne fut pas une erreur individuelle. Il se trompa avec la plus grande partie des hommes de son temps, avec les hommes les plus dévoués du parti royaliste, comme avec les politiques les plus habiles de son conseil, avec le généralissime de la coalition.

Fouché introduit dans le conseil comme ministre de la police, on acheva à la hâte la formation du ministère : M. de Talleyrand conservait le portefeuille des affaires étrangères avec le titre de président du conseil; le baron Louis, demeuré fidèle à la fortune politique de M. de Talleyrand à Mons, les finances; le maréchal Gouvion Saint-Cyr, qui n'avait pas voulu accepter de commandement pendant les Cent-Jours, fut appelé à la guerre en remplacement du duc de Feltre, sur lequel le souvenir de son impuissance au 20 mars avait jeté du discrédit; on sépara le ministère de la justice de la grande chancellerie, et, M. Dambray conservant sa position inamovible, M. Pasquier, qui s'était tenu à l'écart du second Empire et avait entretenu des rapports actifs avec Gand, reçut les sceaux; M. de Jaucourt fut placé à la marine. Le prince de Talleyrand réservait deux portefeuilles, celui de l'intérieur et celui de la maison du Roi. Par le choix de ceux auxquels il les destinait, il espérait trouver un moyen de rentrer dans les bonnes grâces de l'empereur de Russie, en lui prouvant que, quoique absent, on avait songé, dans la distribution des portefeuilles, aux hommes de sa confiance et de son amitié. Il offrit le premier au comte Pozzo di Borgo, naturalisé russe, mais qui Français de naissance puisqu'il était Corse et qu'il avait même été membre de l'Assemblée constituante, aurait repris sa première nationalité, et serait allé en outre siéger à la Chambre des pairs. Il voulait donner le second à M. le duc de Richelieu, qui, émigré en Russie, y avait occupé de hautes fonctions; il avait été longtemps gouverneur de la Crimée. M. le duc de Richelieu, quoique absent, fut indiqué dans l'ordonnance royale comme ministre de la maison du Roi. Le comte Pozzo di Borgo répondit par un refus, qui ne pouvait devenir définif qu'après l'arrivée de l'empereur de Russie, et son nom ne fut pas inscrit dans l'ordonnance royale rendue pour la nomination du cabinet. M. de Vitrolles conserva ses fonctions de ministre d'État. Le Roi donna au maréchal de Macdonald la grande chancellerie de la Légion d'honneur à laquelle le comte de Bruges avait renoncé en apprenant la nomination du duc d'Otrante comme ministre de la police, et M. Beugnot, privé d'un portefeuille pour s'être séparé de M. de Talleyrand à Mons et avoir suivi de préférence le Roi, dut se contenter de remplacer à la direction générale des Postes le comte Ferrand. En même temps M. Molé conserva la direction générale des ponts et chaussées, que lui avait confiée Napoléon. M. Molé avait fait porter au roi Louis XVIII l'assurance de ses sentiments dévoués avant Waterloo, et, plus récemment, il avait essayé d'amener le conseil municipal, dont il était membre, à présenter une adresse aux Chambres pour leur demander de proclamer Louis XVIII.

Ces arrangements étant conclus dans la nuit du 6 juillet, Fouché invita les généraux coalisés à faire occuper le lendemain, en entrant à Paris, les Tuileries, où siégeait le gouvernement provisoire, et à le dissoudre par la force. Il se chargea du reste, et promit que dès le 8 juillet le Roi pourrait faire son entrée à Paris. Il y rentra lui-même dans l'après-midi du 7, et il raconta à sa manière, à ses collègues, le résultat de ses démarches au quartier général des coalisés. Les étrangers, leur dit-il, avaient déclaré de la manière la plus formelle qu'ils ne voulaient reconnaître qu'un seul gouvernement, celui de Louis XVIII. Ils étaient unanimes sur ce point; il était impossible d'en douter, car M. Pozzo di Borgo lui avait affirmé que c'était la résolution de son souverain et lui avait montré une lettre du prince de Metternich qui n'était pas moins explicite. Le duc de Wellington, de son côté, lui avait signifié cette résolution dans les termes les plus catégoriques, en ajoutant que le Roi ferait, dès le lendemain, son entrée dans la capitale. Il ajouta que, reconnaissant l'impossibilité de lutter contre l'unanimité de cet accord, il s'était laissé conduire par le duc de Wellington au château d'Arnouville, où se trouvait le Roi, dans le dessein de lui dire d'utiles vérités. Ces vérités avaient tellement frappé Louis XVIII, qu'il avait accueilli toutes les idées suggérées par le président de la commission provisoire : on obtiendrait donc les garanties les plus étendues, et, sauf le drapeau tricolore, le Roi était allé au-devant de ses exigences et avait concédé au delà de son attente. Il était allé jusqu'à lui offrir le ministère de la police, qu'il avait cru devoir accepter, attendu que sa présence au pouvoir serait une garantie pour ses anciens collègues et pour ses amis.

Ces audacieuses confidences étaient faites avec la familiarité cynique et l'imperturbable assurance d'un homme que rien n'étonne et qui s'inquiète peu d'étonner ses auditeurs ; Fouché y mêlait des épigrammes contre Louis XVIII, sa famille et sa cour, afin de conserver la position d'un roué politique qui raille à la fois le parti auquel il se rattache et celui qu'il abandonne. Les explications devinrent très-vives, et le mot de trahison fut prononcé. Fouché le repoussa avec beaucoup de hauteur. Il savait que ce débat n'irait pas loin, et il pouvait calculer, montre en main, le petit nombre de minutes que le Gouvernement provisoire avait encore à vivre. En ce moment, Blücher donnait les derniers ordres pour l'entrée des Prussiens à Paris.

Le 7 juillet, dans l'après-midi, les Prussiens, au nombre d'à peu près cinquante mille hommes, firent leur entrée à Paris. Ils pénétrèrent dans cette ville par les barrières de l'École militaire et de Grenelle, et, après avoir traversé le Champ de Mars et le pont d'Iéna, — étrange retour de fortune qui amenait en vainqueurs sur le pont dont le nom rappelait leur défaite les vaincus de la grande bataille de 1806! — ils longèrent le quai qui borde la rive droite de la Seine, en marchant en colonnes serrées; les canonniers tenaient la mèche allumée, les cavaliers le sabre à la main. L'aspect de cette troupe avait quelque chose de sombre et de menaçant; l'armée prussienne entrait dans Paris comme dans une ville ennemie; on était loin des sentiments et des idées de 1814. La colonne suivit le quai de la rive droite jusqu'à la Grève. La division Steinmitz s'arrêta à l'Hôtel de Ville et l'occupa ainsi que les quartiers voisins. Le reste de colonne poursuivit son chemin jusqu'au pont d'Austerlitz; là, il y eut une bifurcation entre les autres divisions, qui prirent, d'après des ordres donnés d'avance, des directions différentes pour compléter l'occupation militaire de Paris. La division Jagow, destinée à occuper les 10°, 11° et 12° arrondissements, repassa sur la rive gauche de la Seine par le pont d'Austerlitz. Les autres divisions, infanterie, cavalerie, artillerie, prenant au contraire leur gauche, cheminaient le long du canal de la Bastille, traversaient la place qui porte ce nom, et parcouraient la ligne des boulevards dans toute son étendue. La colonne, après ce long parcours, arriva aux Champs-Élysées, où elle fit halte; il était cinq heures du soir. La Chambre des représentants, comme si elle avait été étrangère au monde réel, tenait comme à l'ordinaire sa séance et délibérait sur l'hérédité de la pairie instituée par l'empereur Napoléon, qui s'embarquait en ce moment à Rochefort pour se rendre à Portsmouth sur un navire anglais, le *Bellérophon*. La division Pirch II se mit en possession de la mairie du 10ᵉ arrondissement. Quelques heures auparavant, au moment où l'armée prussienne, débouchant par le quai qui longe les Tuileries, avait passé à la hauteur du château, Blücher, comme cela avait été convenu d'avance avec Fouché, faisait occuper par la division Henkel le jardin des Tuileries, et bientôt un officier supérieur, ouvrant la porte de la salle où le Gouvernement provisoire tenait ses séances, notifia à ses membres, Fouché, Carnot, Quinette, Caulaincourt, Grenier, qui discutaient très-vivement, l'ordre qu'il avait reçu de faire évacuer le château, et déposa sur la table une sommation signée Blücher qui imposait à Paris une contribution de guerre de cent millions. Les membres firent quelques observations en invoquant la capitulation qui confiait à la garde nationale le service intérieur de Paris et garantissait les propriétés publiques, par conséquent les palais. L'officier prussien répondit qu'il ne connaissait que ses ordres; et Fouché, pour mettre fin à cette comédie, déclara que les membres du Gouvernement provisoire allaient se retirer, mais après avoir consigné dans un message aux Chambres la violence qui leur était faite. Le message, rédigé séance tenante et adressé aux présidents des deux Chambres, était ainsi conçu :

« Monsieur le président, jusqu'ici nous avons dû croire que les souverains alliés n'étaient pas unanimes sur le choix du prince qui doit régner en France. Nos plénipotentiaires nous ont donné les mêmes assurances à leur retour.

« Cependant les ministres et les généraux des puissances alliées ont déclaré hier, dans les conférences qu'ils ont eues avec le président de la commission, que tous les souverains s'étaient engagés à replacer Louis XVIII sur le trône, et qu'il doit faire ce soir ou demain son entrée dans la capitale.

« Les troupes étrangères viennent d'occuper les Tuileries, où siége le gouvernement.

« Dans cet état de choses, nous ne pouvons plus que faire

des vœux pour la patrie, et, nos délibérations n'étant plus libres, nous croyons devoir nous séparer.

« *Signé :* LE DUC D'OTRANTE, GRENIER, QUINETTE, CARNOT, CAULAINCOURT.

« Paris, 7 juillet 1815. »

Ce message, qui devait arracher le lendemain au duc de Wellington une réflexion sévère sur la facilité avec laquelle les chefs de la Révolution française, à toutes les époques, ont travesti la vérité, fut porté à la Chambre des représentants[1]. Elle délibérait sur la Constitution, et Manuel, qui occupait la tribune, parlait en faveur de l'hérédité de la pairie. Elle écouta silencieusement le message, et rendit ensuite la parole à Manuel. Elle ne pouvait guère se dissimuler, malgré son optimisme politique, que son heure était venue; mais elle cherchait une attitude. Impuissante devant des faits qu'elle avait contribué à amener sans vouloir les accepter, elle se réfugiait dans une indifférence obligée à laquelle elle s'efforçait de donner un caractère stoïque, et, commençant à voir qu'elle ne pouvait plus vivre, elle voulait mourir en discutant. Avant de descendre de la tribune, Manuel, désirant donner satisfaction à la vanité de l'assemblée qui cherchait à se draper dans sa chute, fit allusion au message de la commission provisoire par quelques-unes de ces paroles sonores qui ne coûtent rien à la faconde méridionale : « L'une de ces deux choses arrivera, messieurs, s'était-il écrié : ou les armées alliées laisseront à vos séances leur tranquille solennité, ou bien la force nous arra-

---

1. « Après ce qui s'était passé dans les conférences de Neuilly, quelle fut ma « surprise en lisant la lettre du 7 juillet du gouvernement provisoire aux deux « Chambres ! Elle a été pour moi une preuve de plus qu'à toutes les époques de « la Révolution française, tous ceux qui y ont joué un rôle ont menti sans « scrupule, pourvu que le mensonge leur fût utile, ne fût-ce que pour un mo- « ment. » (*Letters and dispatches.*)

chera de ce sanctuaire. Auriez-vous à redouter ce malheur? Eh bien! disons comme cet orateur célèbre dont les paroles ont retenti dans toute l'Europe : « Nous sommes ici par la vo- « lonté du peuple ; nous n'en sortirons que par la puissance des « baïonnettes. » Le peuple qui avait envoyé la Chambre des représentants de 1815 à Paris se réduisait à quelques milliers d'électeurs triés sur le tapis vert de la police par la main de Fouché, et la sortie de la scène devait être moins théâtrale pour cette Chambre que celle que lui pronostiquait Manuel, un des agents du duc d'Otrante dans les derniers événements. Elle n'en acclama pas moins sa propre apothéose. Après quoi elle vota, conformément à l'avis de l'orateur, l'hérédité de la pairie, instituée par Napoléon, un quart d'heure après avoir entendu la lecture du message qui annonçait la rentrée de Louis XVIII pour le lendemain. Quelques-uns voulaient continuer la séance pendant la nuit pour voter la Constitution tout entière; mais le président déclara qu'elle était levée, et ajourna la reprise de la délibération au lendemain. Le lendemain ne lui appartenait plus.

La Chambre des pairs y mit moins de façons. Depuis la convention du 3 juillet, elle n'avait plus de réunions régulières. Un très-petit nombre de membres venaient prendre, comme on dit, l'air du bureau du Luxembourg ; il était convenu que l'on convoquerait les autres à domicile, s'il y avait lieu. Dans l'après-midi du 7 juillet, une quinzaine de membres à peu près étaient réunis au Luxembourg, attendant plutôt encore des nouvelles sur les événements du jour qu'une communication. Comme ni communication ni nouvelle n'arrivait, on allait se retirer, lorsqu'un membre qui revenait des Tuileries annonça qu'on recevrait bientôt un message. On resta pour l'attendre. Sur ces entrefaites, le maréchal Lefebvre entra dans la salle en annonçant que les Prussiens venaient d'envahir le jardin. Un membre ajouta qu'ils étaient dans la cour, et un troisième qu'ils seraient bientôt dans la salle si l'on ne faisait pas fermer les portes. Cambacérès sortit pour donner les ordres nécessaires. C'était la division du général Jagow qui avait reçu l'ordre d'occuper les quartiers de la rive gauche et de faire évacuer la salle du Luxembourg, comme cela avait été convenu la veille avec le duc d'Otrante. Dans cet instant, le message du gouvernement provisoire fut apporté. Cambacérès en donna lecture, et la petite réunion se sépara silencieusement; les pairs des Cent-Jours comprenaient que leur rôle était fini.

Dans la soirée du 7 juillet, le prince de Talleyrand réunit à dîner, dans l'hôtel qu'il devait occuper place Vendôme, les principaux membres de la nouvelle administration royale. On arracha, sans plus de cérémonies, les scellés qui avaient été posés sur cet hôtel que le gouvernement impérial avait mis en séquestre. Il s'agissait d'arrêter les dernières dispositions pour la journée du lendemain et de faire quelques choix nécessaires; le préfet de police, entre autres, restait à nommer, choix important, ne fût-ce qu'à cause de celui qui remplissait les fonctions de ministre de la police. Quand on sortit de table, quelqu'un vint avertir le baron Louis que les personnes attendues étaient arrivées. Il conduisit alors M. de Talleyrand dans un arrière-salon, et M. le baron de Vitrolles, qui y entrait avec eux, y trouva MM. Mounier et d'Anglès, et une troisième personne qui lui était inconnue. Le duc d'Otrante, qui avait suivi leur départ de l'œil, était demeuré imperturbable à sa place, comme un homme qui sait pourquoi l'on sort et pourquoi il doit rester. Le prince de Talleyrand, avec son affectation de dédain pour tout ce qui n'atteignait pas à ses yeux le niveau des grandes affaires, restait impassible et muet; le baron Louis agissait pour lui. Il alla de M. Mounier à M. d'Anglès en répétant : « Il s'agit de la préfecture de police, en voulez-vous? » L'un et l'autre firent des objections. « Vous ne voulez pas être préfet de police, reprit le baron Louis, soit ; eh bien ! c'est vous qui l'êtes, » dit-il en se retournant vers le troisième candidat. M. de Vitrolles apprit quelques minutes après que ce troisième candidat était M. Decazes, un moment secrétaire de Madame mère, puis conseiller à la Cour impériale, et qui pendant les Cent-Jours avait rompu avec le second Empire, et entretenu avec le baron Louis une correspondance active qui avait passé sous les yeux du Roi. M. de Talleyrand, ce suprême appréciateur de la forme, lui trouva l'air gauche et embarrassé dans son compliment de remercîment, et daigna laisser tomber à ce sujet une épigramme dans l'oreille du baron de Vitrolles. Au sortir du salon où cette nomination venait d'être arrêtée, celui-ci dit en riant à Fouché : « Eh bien ! vous venez de laisser faire sans vous un préfet de police ! — Cela allait de droit, répondit celui-ci avec son impassibilité cynique et railleuse, puisque c'est lui qui est destiné à me surveiller. » M. Decazes, inconnu encore dans la politique, était accepté par tout le monde avec indifférence, comme un homme nouveau et sans conséquence, que personne ne se donnait la peine d'empêcher d'arriver, ni Fouché qui dédaignait de le craindre comme surveillant, ni M. de Talleyrand qui ne daignait pas s'enquérir s'il avait dans ses mains un instrument docile.

Le nouveau préfet de police s'était chargé de mettre fin à l'existence de la Chambre des représentants, et il n'eut pas de peine à remplir l'office dont il s'était chargé. Il fit venir dans la nuit quelques officiers de la garde nationale appartenant à l'opinion royaliste, et les chargea de s'emparer, à la pointe du jour, de la salle du palais Bourbon avec les hommes de bonne volonté de leurs compagnies, et d'en interdire l'accès aux représentants. Ce ordre fut ponctuellement exécuté. Quand, le 8 juillet, entre sept et huit heures du matin, les plus zélés d'entre les représentants se présentèrent au palais Bourbon pour achever la discussion de la Constitution, ils trouvèrent les grilles fermées, et le palais et le jardin occupés par plusieurs compagnies de garde nationale. Quelques députés entrèrent en explication avec les gardes nationaux qui leur répondaient de l'autre côté des grilles. Un de ces députés surtout se faisait remarquer par son insistance. C'était M. de Lafayette : « On me dit à travers les grilles, a-t-il écrit depuis dans ses Mémoires, qu'il y avait ordre de ne laisser entrer personne. Je demandai si c'était l'ordre du prince régent. » On fait sur tout et à tout propos de l'esprit en France. La plupart des membres se retirèrent silencieusement; quelques-uns, M. de Lafayette en tête, allèrent chez M. Lanjuinais signer une protestation. Ainsi finit la Chambre des représentants. Les gardes nationaux et quelques passants, témoins de sa déconvenue, ne lui épargnèrent pas les épigrammes qui sont dans notre pays de tous les avénements comme de toutes les chutes. Elle vint expirer devant les pointes de ces railleries substituées aux baïonnettes que Manuel avait fait reluire dans le trépas plus héroïque qu'il lui destinait par métaphore.

Tous les obstacles officiels qui s'opposaient à la rentrée de Louis XVIII, le Gouvernement provisoire, la Chambre des représentants, la Chambre des pairs, avaient disparu dans la matinée du 7 juillet. L'armée était sur la Loire. Il ne restait donc plus rien de l'œuvre éphémère du 20 mars. Mais Fouché, en contribuant à démolir l'édifice ruineux du second Empire, n'avait rien omis pour rendre difficile, et, s'il eût dépendu de lui, impossible la reconstruction de la seconde Restauration. Il avait donné jusqu'au bout aux constitutionnels et aux révolutionnaires des espérances irréalisables, afin de s'en faire une arme qui l'aidât à s'imposer à Louis XVIII, avant son entrée à Paris, et à le maîtriser, s'il en trouvait le moyen, après son entrée. La force officielle, qui a toujours un grand poids dans ces jours de confusion et de crise, avait été employée, jusqu'au dernier moment, à empêcher toute manifestation dans le sens de la Restauration, et à favoriser, au contraire, toute manifestation dans le sens révolutionnaire. La chimère de Fouché, car dans cette époque tout le monde eut sa chimère, aurait été de faire accepter à Louis XVIII, épouvanté à la fois et fasciné, la Constitution de la Chambre des représentants et le maintien du drapeau tricolore. Alors il eût été l'arbitre de la situation, et la Chambre, qui lui avait servi à mettre fin au règne de Napoléon, lui aurait servi à dominer celui de Louis XVIII. Si Louis XVIII avait subi ces conditions, il aurait commencé son règne par où Napoléon avait terminé le sien, par une abdication. Il refusa de les subir, et, dès lors, le plan si savamment ourdi, si sournoisement développé par Fouché, vint échouer contre cet inflexible refus. En trompant tout le monde, ce grand tricheur s'était trompé lui-même. Il s'était introduit de sa personne dans la place, il est vrai, mais sans aucune des forces auxiliaires qui auraient pu l'aider à y dominer. Dès lors, s'il avait beaucoup fait contre la Royauté, qu'il n'avait laissé entrer dans Paris que le lendemain du jour où y étaient entrés les Prussiens et les Anglais, beaucoup contre la France, dont il aurait pu préserver la capitale de l'invasion en proclamant Louis XVIII aussitôt après le départ de Napoléon, il n'avait rien fait de durable pour lui-même, puisqu'il ne pouvait s'appuyer sur aucune base solide, ministre à la fois désagréable et impuissant, accepté comme transitoirement nécessaire, pour être bientôt repoussé comme définitivement impossible. Ce devait être là son châtiment. Selon son habitude, il payait jusqu'au bout d'audace; et, dans la matinée même du 8 juillet, il écrivait à Louis XVIII pour lui conseiller de ne pas risquer son entrée royale à travers les quartiers populeux de la capitale. Il était bon pour Fouché que Louis XVIII craignît la Révolution et la crût toujours au moment de lever le drapeau.

Le sentiment de la dignité royale, si vif chez Louis XVIII, se révolta à la pensée d'entrer clandestinement dans sa capitale. Déjà les allures hautaines de Fouché commençaient à lui peser. Le 6 juillet, le chef du Gouvernement provisoire, devenu son ministre, lui avait remis un mémoire pour lui conseiller de reconnaître les deux Chambres, d'accepter la Constitution qu'elles fabriquaient encore, de ratifier toutes les nominations faites dans l'interrègne, de licencier sa maison militaire et d'abandonner le drapeau blanc pour le drapeau tricolore. Quand ces propositions furent mises en délibération dans le conseil, le Roi trancha la question en disant que, plutôt que d'y souscrire, il reprendrait la route d'Hartwell. Il repoussa avec la même indignation la proposition d'entrer clandestinement à Paris en évitant les quartiers populeux, et il prononça à cette occasion une de ces paroles dans lesquelles il excellait à mêler le sentiment de la situation présente aux traditions monarchiques du règne de Henri IV : « Là où le Roi paraît, dit-il, il n'y a plus de ligueurs. »

Dans la matinée du 8 juillet, Paris présentait un aspect étrange. Sur les murailles, on voyait placardés l'un à côté de l'autre les derniers décrets des Chambres et la proclamation du Roi, datée de Cambrai, sans compter les innombrables appels, imprimés ou manuscrits, que tous les esprits ardents se croyaient autorisés à adresser à leurs concitoyens. Depuis le 5 juillet, la proclamation de Cambrai avait été affichée par les soins de l'imprimeur Michaud, et, quelques exemplaires en ayant été arrachés, celui-ci alla porter plainte chez M. Courtin, préfet de police, qui non-seulement se défendit de les avoir fait lacérer, mais promit de donner l'ordre de les respecter, tant le retour de Louis XVIII paraissait inévitable aux fonctionnaires les plus élevés du Gouvernement provisoire ! Le *Moniteur* parut le matin du 8 juillet en annonçant la rentrée du Roi à Paris pour le courant de la journée ; il contenait en outre deux ordonnances dont la première prescrivait à tous fonctionnaires de l'ordre judiciaire et administratif d'institution royale de reprendre les fonctions qu'ils occupaient avant le 20 mars, et à tous les officiers de la garde nationale en activité de service le 1er mars 1815, à commencer par le commandant en chef de la garde nationale de Paris, le général Dessoles, de se regarder comme immédiatement réinvestis de leurs commandements. On posait en principe que toutes les nominations faites depuis le 20 mars seraient regardées comme nulles et non avenues, et l'on tirait les conséquences du principe posé. La partie la plus énergique et la plus prononcée de la garde nationale dans le sens des opinions monarchiques se mit en mouvement de bonne heure pour aller chercher le Roi à Saint-Denis. Elle avait quitté la cocarde et le drapeau tricolores pour la cocarde et le drapeau blancs. D'autres conservaient les trois couleurs et faisaient des patrouilles dans la cité pour maintenir l'ordre. Une foule immense encombrait les boulevards, les rues adjacentes et celles que devait traverser le cortége royal. Les points stratégiques étaient occupés par les Prussiens avec leurs canonniers à leurs pièces ; des canons étaient restés braqués contre le château des Tuileries.

Il y avait à la fois sur les visages un sentiment d'attente curieuse, de satisfaction, parce qu'on sentait qu'on allait sortir d'une situation inextricable par un dénoûment nécessaire, et de tristesse à cause de la gravité des circonstances et de la présence des étrangers. Vers trois heures de l'après-midi, on entendit le canon des Invalides retentir : c'était le Roi qui, parti à deux heures de Saint-Denis, arrivait à la barrière. Il y trouva M. de Chabrol, qui, redevenu préfet de la Seine en vertu de l'ordonnance du matin, lui adressa une courte harangue. Elle commençait par cette phrase, qui doit être citée, parce qu'elle donnait à la période qui s'achevait le nom qu'elle devait garder dans l'histoire : « Cent jours se sont écoulés depuis le moment fatal où Votre Majesté, forcée de s'arracher aux affections les plus douces, quitta sa capitale au milieu des larmes et de la consternation publique ! » La figure du Roi était grave, triste, et même sévère. Il répondit brièvement au préfet de la Seine : « Je ne me suis éloigné de ma bonne ville de Paris qu'avec la douleur la plus vive; j'y reviens avec attendrissement. J'avais prévu les maux dont elle était menacée; je désire les prévenir et les réparer. »

Après ce court échange de paroles, la voiture du Roi entra dans le faubourg Saint-Denis. A sa droite était le comte d'Artois à cheval, en uniforme de colonel de la garde nationale; à gauche, le duc de Berry. Derrière la voiture, un nombreux état major, dans lequel on remarquait les ducs de Tarente, de Bellune, de Raguse, de Reggio, de Feltre, le maréchal Gouvion Saint-Cyr, les lieutenants généraux Dessoles, Maison, Dupont. Les gardes-du-corps, les mousquetaires rouges, les grenadiers de la Rochejaquelein, un petit nombre de volontaires royaux et les compagnies de la garde nationale qui s'étaient rendues le matin à Saint-Denis, formaient le cortége. Au premier coup de canon annonçant la rentrée du Roi, ce qui restait de drapeaux et de cocardes tricolores avait disparu. Il y eut de vives acclamations sur tout le parcours; les manifestations hostiles ou malveillantes dont on avait menacé le Roi n'éclatèrent nulle part. Néanmoins cette seconde rentrée de Louis XVIII dans Paris n'égala point l'allégresse de la première. Il y avait dans la situation un fond de tristesse qui, remontant à l'âme de tous, assombrissait la pensée et le visage du Roi, comme les pensées et les visages des innombrables spectateurs de cette scène. Louis XVIII, suprême appréciateur des convenances, avait défendu qu'on chantât à Notre-Dame un *Te Deum* pour sa rentrée. Le 8 juillet était trop près du 18 juin, où tant de Français étaient morts à Waterloo, et le spectacle de sa capitale envahie, de son propre palais entouré des bivacs des Prussiens qui, campés sur la place et dans la cour du Carrousel, avaient établi leur abattoir sous l'arc de triomphe et avaient laissé leurs canons braqués contre la demeure royale, la prévision des exigences des coalisés, qui déjà commençaient à se manifester, attristaient trop son âme pour qu'il songeât à marquer son retour par ce cantique de joie, destiné à porter jusqu'au ciel l'allégresse de la terre. Il y eut seulement, dans la soirée, non pas une manifestation de triomphe, personne ne pouvait triompher ce jour-là, mais une effusion de tendresse royaliste sous les croisées du Roi. Une multitude dans laquelle toutes les classes étaient confondues[1], car dans une époque de crise et d'effusion la communauté des opinions rapproche les distances, envahit les parterres; bientôt des rondes se formèrent, on chanta quelques chansons de circonstance dans lesquelles on célébrait le Roi rendu à ses sujets. Louis XVIII parut sur le balcon qui regarde le jardin et remercia la foule, qui semblait vouloir lui faire oublier, par cette cordiale réception, le triste spectacle qu'il avait sous les yeux quand, sous le balcon opposé, il voyait les bataillons de Blücher, qui, le Roi l'apprit le soir même de sa rentrée, se disposait à faire sauter les ponts d'Iéna et d'Austerlitz.

1. Malgré ce qu'ont pu dire des écrivains qui ont écrit l'histoire de la Restauration sur un plan systématique, il y avait à cette époque un grand nombre de royalistes dans les classes populaires, comme dans les classes élevées, et les premiers n'étaient pas les moins vifs et les plus exaltés. Quoique ces faits remontent à notre enfance, nous nous souvenons parfaitement d'avoir vu des personnes de toutes les classes confondues dans les jardins des Tuileries.

LIVRE DEUXIÈME

LE MINISTÈRE TALLEYRAND ET FOUCHÉ

I

DIFFICULTÉS INTÉRIEURES ET EXTÉRIEURES AU MOMENT DE
LA RENTRÉE DU ROI.

Les circonstances au milieu desquelles Louis XVIII rentrait dans sa capitale étaient grosses de difficultés et de périls, et, de quelque côté que le Roi tournât ses regards, il ne rencontrait que problèmes presque insolubles et sujets d'affliction, d'humiliation et d'inquiétude. De toutes les puissances coalisées, c'était la plus hostile à la France, la plus décidée à tirer tout le parti possible de nos désastres, la Prusse, enorgueillie par la victoire de Waterloo, qui dominait à Paris. Le général Muffling, un des aides de camp du feld-maréchal Blücher, était gouverneur militaire de la capitale, et il n'avait épargné aux regards du Roi aucun des signes extérieurs de la défaite de la France. Non-seulement tous les points stratégiques de Paris étaient occupés militairement, mais les canons prussiens demeuraient, on l'a vu, braqués contre le château des Tuileries. Au moment où le Roi rentrait, Blücher avait élevé deux prétentions exorbitantes contre lesquelles le duc de Wellington, plus modéré et plus prudent, cherchait des objections dilatoires dans la crainte de provoquer la fougue redoutable du généralissime prussien, en s'y opposant de front : il s'agissait de frapper la ville de Paris d'une contribution de guerre de cent millions, comme je l'ai dit, et en outre de faire sauter le pont d'Iéna dont le nom rappelait la célèbre victoire remportée, en 1806, par nos soldats, sur une armée prussienne. Dès le 9 juillet au matin, le duc de Wellington, averti par les ministres du Roi, s'était rendu chez le prince Blücher pour lui présenter des observations à ce sujet, et le soir même, tant la chose pressait, il consignait et fortifiait ces observations dans la lettre suivante, adressée au généralissime prussien : « La destruction du pont d'Iéna est au dernier point désagréable au Roi et à la population, disait-il, et deviendra l'occasion de troubles dans la ville. Cette mesure n'a pas seulement un caractère militaire, elle a quelque chose de politique. Elle est adoptée uniquement parce que le pont est considéré comme un monument de la bataille d'Iéna, quoique le Roi ait proposé de donner satisfaction aux susceptibilités prussiennes, en l'appelant d'un autre nom. Si l'on considère ce pont comme un monument, je prendrai la liberté de vous faire observer que sa destruction immédiate ne saurait se concilier avec la promesse faite aux commissaires de l'armée française pendant la négociation de la convention, qu'il en serait référé aux souverains alliés qui prononceraient sur le sort des monuments et des musées; je me borne à demander qu'il soit sursis à l'exécution des ordres donnés pour la destruction du pont, jusqu'à l'arrivée des souverains; ils décideront. Quant à la contribution à lever sur la ville de Paris, V. A. ne m'attribuera pas la pensée de disputer à l'armée prussienne aucun des avantages qu'elle peut tirer des fruits de sa bravoure et de ses services à la cause. Mais il me semble que les alliés pourraient représenter qu'une seule des armées européennes ne doit pas recueillir tous les avantages au préjudice des autres, et, quand bien même les souverains alliés voudraient faire cette concession à l'armée prussienne, ils peuvent se réserver le droit d'examiner si la France doit être condamnée à ce sacrifice pécuniaire. Nous avons toujours marché d'accord au grand avantage de la cause; je ne vous demande pas de renoncer à ces deux mesures, mais d'en suspendre un jour ou deux l'exécution, jusqu'à l'arrivée des souverains. »

Tel était l'état de ces deux graves questions le lendemain de la rentrée du Roi, c'est-à-dire le 9 juillet. Wellington sollicitait un sursis pour la contribution de guerre des cent millions et pour la destruction du pont d'Iéna; Blücher n'avait encore rien promis, car dans la journée du 10 juillet le chef de l'armée anglaise renouvelait deux fois ses instances écrites : la première dans la matinée, la seconde dans l'après-midi [1]. Le pont d'Iéna était encore debout, mais le génie prussien continuait ses préparatifs, et l'on pouvait craindre que, d'un moment à l'autre, Blücher ne levât militairement la contribution qu'il exigeait.

Le Roi trouvait donc en entrant dans sa capitale le chef des armées prussiennes décidé, ainsi que son armée en proie à la même exaltation, à user et à abuser de sa victoire, et le chef de l'armée anglaise n'opposant à cette énergique malveillance que des objections timides et dilatoires, et une bienveillance circonspecte. Tous les sentiments qui avaient adouci la première invasion étaient éteints. Les étrangers arrivaient pleins de colère contre l'armée française qui avait fait le 20 mars; la haute estime qu'ils témoignaient, après la première invasion, à cette armée, n'avait point survécu à la crise dans laquelle la foi militaire et la fidélité jurée au drapeau avaient fait naufrage. Cette colère s'étendait à la nation française, qui, si elle n'avait pas

---

1. Ces deux billets se trouvent, comme la première lettre, dans la correspondance du duc de Wellington. (*Letters and dispatches.*)

fait le 20 mars, l'avait laissé faire. D'un autre côté, la crainte que nous inspirions naguère encore aux puissances européennes se trouvait singulièrement diminuée par le double désastre de nos armes en 1814 et en 1815. On croyait pouvoir tout exiger de la France affaiblie, on voulait tout exiger de la France qui semblait avoir perdu ses titres à la confiance de l'Europe, depuis qu'un gouvernement accueilli avec tant d'enthousiasme avait été si facilement renversé, et que la paix du monde à peine rétablie avait été de nouveau troublée. On avait donc la volonté, on croyait avoir la force de prendre contre nous toute espèce de sûreté, et, pour éloigner jusqu'à la possibilité de la résistance, on continuait, quoique la guerre semblât finie par l'embarquement de Bonaparte, la reddition de Paris, et surtout le retour du Roi, à faire entrer sur notre territoire les innombrables corps d'armées rassemblés pour la lutte, et qui d'ailleurs aspiraient à se donner la facile joie de fouler le sol français en triomphateurs. Pendant plus de trois mois, le flot de la coalition devait continuer à monter, de sorte que bientôt plus d'un million de soldats étrangers occupèrent notre territoire de tout côté envahi.

L'aspect de la situation intérieure n'était pas de nature à rassurer ou à consoler. Toutes les passions étaient violemment surexcitées, celles des amis de la maison de Bourbon comme celles des hommes qui s'étaient faits ses ennemis. Les premiers avaient vu avec une indignation profonde la chute de la maison royale succéder de si près à son retour. Le coup de main des Cent-Jours leur apparaissait comme une conspiration aux ramifications immenses, et ils demandaient que ses fauteurs et ses chefs reçussent un châtiment exemplaire. L'état de souffrance et d'humiliation auquel la France était réduite par suite de cette tentative dont le succès définitif était impossible, ajoutait à leur indignation et à leurs sévères exigences. Du reste, le Roi, la plus grande partie de la France, et l'Europe entière croyaient à l'existence d'une vaste conjuration, tant il semblait impossible que la défection de l'armée eût éclaté partout à la fois sans une entente préalable entre les chefs. Ce sentiment d'indignation à la fois royaliste et patriotique, qui était général dans les opinions de la droite, prenait un caractère d'exaspération redoutable dans plusieurs départements du Midi, sur lesquels le joug des minorités révolutionnaires avait lourdement pesé pendant les Cent-Jours. Le sang royaliste versé à Toulouse, à Nîmes, à Uzès et dans plusieurs autres villes criait vengeance, et des passions inexorables, profitant de l'impuissance du gouvernement, se préparaient à rendre violence pour violence, exactions pour exactions, meurtre pour meurtre, et crime pour crime. La réaction du Midi, dont nous aurons bientôt à parler, commençait.

Les passions révolutionnaires n'étaient pas moins émues contre la royauté que les passions royalistes contre la révolution et l'empire [1]. L'impulsion que le second empire avait donnée à celle-ci pour ameuter ses forces malfaisantes contre les Bourbons, se prolongeait après les Cent-Jours. Les membres du parti constitutionnel, qui, à l'époque de la première Restauration, avait reçu l'ancienne monarchie avec joie en saluant dans le principe de la légitimité royale la pierre angulaire du gouvernement représentatif, s'étaient, au moins en grande partie, laissés séduire à l'espoir, les plus naïfs de fonder une monarchie constitutionnelle avec l'empereur Napoléon, les plus vaniteux de se servir de lui comme d'un instrument pour établir un gouvernement à l'anglaise dont ils seraient eux-mêmes les

---

1. Dans Paris même ces passions contraires tentaient d'en venir aux mains. Je trouve, dans le *Moniteur* du 23 juillet, un ordre du jour du général Dessoles félicitant la garde nationale « du sang-froid qu'elle a déployé en réprimant des rixes sur les boulevards entre des bonapartistes et des royalistes, sans montrer d'esprit de parti. » Il ajoute : « Il faut inviter ceux qui portent une certaine fleur (la violette), devenue un signe de ralliement, à la quitter, et, s'ils refusent d'obéir, les arrêter. »

régulateurs suprêmes. Leur déception était profonde, et la colère qu'ils en ressentaient se tournait contre les Bourbons, envers lesquels ils s'étaient donné trop de torts pour leur pardonner. Ces esprits courts, dont plusieurs étaient honnêtes, avaient eu, un moment après le départ de Napoléon, l'espoir peu sensé de gouverner la France ; il leur semblait que Louis XVIII, en venant reprendre sa souveraineté, avait usurpé la leur. L'armée impériale, qui, trois mois auparavant, avait presque partout abandonné la cause des Bourbons en oubliant des serments si récemment prêtés, et qui quelques jours seulement avant la rentrée de Louis XVIII à Paris protestait contre son retour, se sentait désormais impossible sous leur règne, et leur était par conséquent contraire.

Ainsi le gouvernement royal renaissant ne rencontrait que difficultés : difficultés du côté des royalistes les plus ardents dont les passions surexcitées demandaient à être satisfaites; difficultés du côté des révolutionnaires de tout temps ennemis, et qui naturellement étaient restés hostiles; difficultés du côté des constitutionnels qui l'étaient devenus; difficultés du côté de l'armée sur laquelle on ne pouvait plus compter, l'armée d'autant plus hostile qu'elle se sentait impossible; difficultés du côté des puissances étrangères devenues malveillantes, et disposées à élever des prétentions et des exigences aggravées par le besoin qu'elles éprouvaient d'avoir des garanties. Telle était la situation au milieu de laquelle Louis XVIII recommençait à gouverner, Roi sans trésor, en face de tant de plaies nationales à fermer, tant d'exigences étrangères à satisfaire; Roi sans armée [1] quand il aurait eu tant de besoin d'une force

---

1. Le *Moniteur* du 14 juillet annonçait que « l'armée française, campée sur les bords de la Loire et commandée par le prince d'Eckmühl, avait fait aux pieds du Roi, par l'organe des généraux Gérard, Haxo et Valmy, sa soumission entière et absolue; » mais il était évident que le Roi ne pouvait compter sur cette armée.

étrangère aux passions civiles et politiques, et uniquement monarchique et nationale, pour contenir les passions d'un certain nombre de ses amis, réprimer celles de ses implacables adversaires, et obtenir des vainqueurs de l'empereur Napoléon des conditions moins onéreuses pour la France royale.

Le vice de la situation avait exercé son action malfaisante jusque sur la composition du ministère. Le Roi ne pouvait pas même opposer aux difficultés qu'il avait à vaincre un conseil homogène, intelligent, fort et sûr. Eût-il pu choisir son ministère, qu'il eût difficilement trouvé de bons éléments dans cette situation mauvaise et troublée. Mais ce ministère avait deux têtes qu'il ne lui avait point données.

M. de Talleyrand, son chef officiel, lui avait été désigné par la confiance que les puissances européennes avaient dans l'habileté de ce personnage, et presque imposé par le rôle prépondérant que le prince de Talleyrand venait de jouer dans le congrès de Vienne. Sans doute, l'intelligence était le meilleur côté de cette nature, mais c'était une intelligence moins haute que déliée, au service d'un cœur égoïste qui n'avait de dévouement ni pour la Royauté ni pour la France. Insouciant, léger, laissant les événements suivre leur cours, et cherchant seulement à en tirer des avantages personnels, n'inspirant de confiance ni aux royalistes ni aux révolutionnaires, le prince de Talleyrand se montrait surtout préoccupé de fonder la Restauration sur des bases qui lui assurassent à lui-même un long ministère. Il se trouvait, en outre, dans de mauvais termes avec la Russie, par suite de ce traité de la triple alliance dont il avait été le promoteur à la fin de l'année 1814, et dont l'empereur Napoléon avait envoyé l'instrument authentique à Alexandre, lors du retour de l'île d'Elbe. De sorte que ce personnage, qui réunissait les fonctions de président du conseil et de ministre des affaires étrangères de Louis XVIII, n'avait aucune action sur le seul Gouvernement qui n'eût ni préventions hostiles contre la France, ni prétentions contraires à l'intérêt français, le gouvernement russe.

Cette mésintelligence aurait pu se trouver modifiée, si M. Pozzo di Borgo avait accepté le ministère de l'intérieur qui lui fut offert, mais il refusa spontanément cette offre. Dans une lettre[1] adressée à cette époque à l'empereur de Russie, M. Pozzo di Borgo expliquait les motifs de son refus, en exposant à quelles conditions il pourrait obtempérer au désir de l'empereur Alexandre et de Louis XVIII; cette lettre remarquable jette une vive lumière sur la situation presque désespérée où se trouvait la France vis-à-vis de l'Europe. Après avoir dit que son premier motif, pour ne pas accepter le ministère de l'intérieur en France, avait été la résolution de rester au service de son protecteur et bienfaiteur, M. Pozzo di Borgo ajoutait que, puisque l'Empereur, son maître, d'accord avec Louis XVIII, exprimait le désir qu'il entrât dans le ministère français, et la pensée que sa présence y serait utile à l'intérêt particulier de la France et à l'intérêt général de l'Europe, il était amené à indiquer à quelles conditions il croyait pouvoir servir ces deux intérêts, inséparables à ses yeux. La Prusse travaillait ouvertement, dans ce moment, à la ruine de la France. Une singulière puissance s'était formée, dans ce pays, depuis les derniers événements, puissance à la fois militaire et idéologue, tenant de l'université et du camp. Cette puissance mystico-militaire avait fini par dominer le Roi, annihilé par les généraux de son armée; elle avait juré la perte de la France; elle marchait à son but. Si l'Europe n'était pas décidée à l'arrêter, il n'y avait rien à faire dans les conseils du Roi. Les vues de l'Autriche ne différaient pas de celles de la Prusse; seulement l'Autriche travaillait au même plan par la seule action qui lui fût propre, l'action d'inertie. Ces deux puissances, en attendant qu'elles

1. Documents inédits.

pussent démembrer la France, la désorganisaient. En présence de cette double action, le bien était impossible à faire : le bien de la France d'abord, le bien de l'Europe ensuite qui y était attaché. Si M. Pozzo di Borgo entrait dans le ministère du Roi dans de telles conditions, il participerait à l'impuissance dont le ministère était frappé, en présence d'une des situations les plus difficiles qui se soient rencontrées dans l'histoire. Il lui devenait impossible d'être en quoi que ce soit utile à la France ou à l'Europe. Ambassadeur de Russie, au contraire, il échappait à cette impuissance et pouvait servir efficacement l'intérêt européen et l'intérêt français.

C'était une triste situation que celle d'un pays où il suffisait de devenir ministre pour être impuissant, et il faut bien croire que ces raisons convainquirent l'empereur Alexandre, puisque M. Pozzo di Borgo demeura en dehors des conseils du Roi. Le refus de M. le duc de Richelieu d'accepter le ministère de la maison du Roi vint confirmer ce premier symptôme. Sans doute la fortune politique de M. le duc de Richelieu ne dépendait pas du Czar comme celle de M. Pozzo di Borgo ; mais il était, on peut le dire, l'ami personnel d'Alexandre : il avait gouverné sous lui la Crimée, et il n'aurait pas voulu s'engager dans un ministère privé de l'appui actif du souverain qui l'honorait de son amitié. Ce double refus obligea le prince de Talleyrand à laisser M. Pasquier ministre intérimaire de l'intérieur tout en étant ministre de la justice, et à donner la direction de la maison du Roi à M. de Pradel, sauf à chercher plus tard un ministre. Ces expédients n'étaient pas de nature à fortifier le cabinet.

Au-dessous, ou plutôt à côté de M. de Talleyrand, apparaissait Fouché, la seconde tête du ministère, à ne consulter que le rang, l'égal et le rival de M. de Talleyrand, à mesurer la place du ministère de la police par l'importance du rôle qu'il venait de jouer et de celui qu'il comptait prendre.

Louis XVIII avait encore moins choisi Fouché que M. de Talleyrand; il l'avait accepté ou plutôt encore subi des mains de tout le monde, de celles de ses amis et de celles de l'Europe coalisée, comme imposé par la situation de Paris et par un concours de circonstances plus fortes que sa volonté et ses répugnances. Fouché avait des intérêts encore plus distincts, encore plus séparés de ceux de la monarchie et de la France, que ne pouvait en avoir M. de Talleyrand lui-même. Il se faisait peu d'illusions sur sa position de ministre désagréable, il l'acceptait, résolu à se servir de tous les éléments que lui offrait la situation pour se rendre à la fois redoutable et nécessaire, en adoptant vis-à-vis de Louis XVIII la politique qu'il avait suivie envers Napoléon, mais avec un degré d'audace et d'arrogance de plus. Le rôle qu'il affectait de prendre presque publiquement dans les conseils et hors des conseils du Roi, c'était celui de caution de la royauté devant la Révolution, caution insolente dont les exigences, à demi dissimulées sous les formes du dévouement, s'élevaient souvent jusqu'au ton de la menace. Il comptait que toutes les forces révolutionnaires du pays se grouperaient derrière lui, et le mettraient jusqu'à un certain point en position de faire la loi à Louis XVIII; aussi son utopie politique eût-elle été de faire subir au Roi la Chambre des représentants et la Chambre des pairs des Cent-Jours. Ce n'était donc pas un instrument que le chef de la maison de Bourbon avait introduit dans son conseil, c'était un obstacle; obstacle d'autant plus dangereux qu'au tort que lui faisait volontairement Fouché en entretenant les éléments révolutionnaires dont il voulait se servir comme d'une arme, il faut ajouter le tort involontaire qu'il allait lui faire auprès des royalistes. Leur réprobation unanime contre le régicide devenu ministre royal allait en effet bientôt s'élever sur tous les points de la France où l'on n'avait pas ressenti, comme dans les salons de Paris, l'utilité transitoire du ministère de

Fouché, et les salons parisiens eux-mêmes, prompts à oublier l'impression de la veille pour celle du jour, allaient se trouver entraînés dans ce courant d'unanime réprobation.

Les autres membres du ministère, MM. Louis, Gouvion Saint-Cyr, Pasquier, n'avaient pas une position assez grande pour exercer une action directe sur la situation. C'était donc avec un cabinet hétérogène, où dominaient deux influences toutes deux égales, l'une des deux, en outre, malveillante et dangereuse, celle de M. de Talleyrand et celle de Fouché, que le Roi devait aborder les difficultés que nous avons énumérées.

II

PREMIERS ACTES DU GOUVERNEMENT ROYAL.

Louis XVIII alla d'abord au plus pressé. Le duc de Wellington avait gagné trois jours par sa temporisation contre la fougue de Blücher, qui voulait faire sauter le pont d'Iéna. Le 11 juillet les souverains coalisés arrivaient à Paris; Louis XVIII, qui intervint personnellement dans cette affaire, leur avait adressé une lettre dans laquelle il exposait les raisons qui devaient les empêcher de détruire un monument protégé par les termes mêmes de la convention militaire du 2 juillet. Cette lettre se terminait par une mise en demeure qui tranchait la question; le Roi disait que, si l'on persistait dans une détermination à laquelle il ne pouvait s'opposer par la force, il demanderait qu'on l'avertît du jour et de l'heure où l'on mettrait le feu à la mine, parce qu'il était résolu à aller se placer de sa personne sur le pont condamné. Les souverains demeurèrent étonnés et émus, et le roi de Prusse obtint de Blücher qu'il ne mettrait pas à exécution son projet. Le pont d'Iéna fut donc sauvé par Louis XVIII, seulement il dut changer de nom, on l'appela le pont de l'École militaire, comme on appela le pont d'Austerlitz, le pont du Jardin du Roi [1].

La seconde affaire présenta plus de difficultés. Ce n'avait été qu'à grand'peine que Blücher avait différé à lever militairement la contribution de cent millions dont il avait frappé Paris à son entrée dans cette ville, et il avait fallu l'intervention active et réitérée du duc de Wellington pour l'engager à suspendre l'exécution de cette mesure, jusqu'à l'arrivée des souverains. Sur les représentations de ceux-ci, Blücher consentit à réduire la contribution de cent millions à dix millions. Le Gouvernement français n'acceptait pas ces espèces d'avanies particulières qui, il le prévoyait, ne dispenseraient pas la France de payer aux coalisés une rançon générale; il opposait aux exigences de Blücher une résistance passive qui irritait profondément les Prussiens. Il faut, pour avoir une complète intelligence de cette époque, se souvenir qu'entre toutes les nations de l'Europe la Prusse avait été le plus outrageusement foulée aux pieds de nos armées, et avait eu le plus à souffrir des réquisitions et des contributions militaires. La fortune ayant

---

1. Ce fait, attesté par tous les contemporains, reste à mes yeux authentique, malgré la dénégation que, dans un livre d'histoire récent, d'ailleurs remarquable et plein d'intérêt, un honorable écrivain, M. Duvergier de Hauranne, produit sur la foi des *Mémoires inédits* de feu M. le comte Beugnot. M. Beugnot, quoique homme de beaucoup d'esprit, avait une manie : c'était celle d'avoir fait tous les mots historiques de l'époque. Il a réclamé, dans ses *Mémoires*, la propriété du *Fils de saint Louis, montez au ciel*, qu'il dispute à l'abbé Edgeworth; du *Rien n'est changé, il n'y a qu'un Français de plus*, qu'il dispute au comte d'Artois; du *Ludovico reduce Henricus redivivus*, qu'il dispute à M. de Lally-Tollendal. Voici qu'en outre il raconte, dans ses *Mémoires*, que ce fut lui qui proposa à M. de Talleyrand de dire à Blücher que le Roi se porterait de sa personne sur le pont pour sauter de compagnie, si le maréchal ne se rendait pas. — « Non pas précisément, aurait répondu M. de Talleyrand; on ne nous croit pas faits pour un tel héroïsme, mais quelque chose de bon et de fort; vous entendez, quelque chose de fort. » — La crise passée, continue M. Beugnot, M. de Talleyrand se souvint de ma phrase, et pensa qu'on pouvait en tirer parti. — « Il y a là, dit-il, matière à un bon article de journal. — L'article de journal fut fait, » etc., etc. C'est ainsi que M. Beugnot dispute à Louis XVIII le billet sur le pont d'Iéna. C'est bien le cas de dire que : *Qui veut trop prouver ne prouve rien.*

changé de drapeau, Blücher ajoutait les rancunes amères des anciennes défaites de son pays à l'insolence naturelle à la victoire, et mettait une sorte de point d'honneur national à nous rendre tous les maux que les armées impériales avaient faits à sa patrie. On put craindre que devant les exceptions dilatoires que M. de Chabrol renouvelait chaque jour il ne se portât aux dernières extrémités. Le préfet de la Seine luttait en effet contre ces exigences, en ne cédant que partiellement et lorsqu'il ne pouvait plus résister. Pour l'obliger au payement des dix millions, sur lesquels le généralissime prussien avait décidé que quatre millions seraient exigibles dans les quarante-huit heures et les six autres dans le délai de huit jours, le général Muffling établit à l'Hôtel de Ville des garnisaires qui, chaque jour, se présentaient chez le préfet de la Seine comme chez un contribuable arriéré et récalcitrant, en lui répétant que, si la contribution n'était pas payée dans le délai fixé, ils avaient reçu l'ordre de se saisir de sa personne et de le conduire dans une forteresse prussienne où il serait détenu jusqu'au payement définitif. Puis ces garnisaires envahissaient la salle du conseil de la ville, et, prenant à partie les conseillers, les menaçaient du même sort s'ils ne hâtaient pas la rentrée de la contribution.

Il y'eut même un commencement de pillage dans quelques boutiques du faubourg Saint-Marceau, à la suite d'une réquisition de dix mille paires de souliers, à laquelle on n'avait pas obtempéré assez promptement. C'était à chaque instant des prétentions nouvelles; il fallut établir à l'Hôtel de Ville un bureau polyglotte pour répondre aux réquisitions des états-majors de toutes les armées de l'Europe qui exigeaient des logements meublés et des tables servies. Nous étions vaincus, les Prussiens étaient vainqueurs; ils nous faisaient durement sentir le poids de leur victoire, tout se trouve résumé dans ce peu de mots, sans qu'il soit nécessaire de laisser traîner ce récit dans les détails péniblement monotones des abus, des violences qui sont le cortége presque inévitable de toutes les invasions. Louis XVIII, qui ne voulait pas reconnaître aux Prussiens ce droit d'avanie, avait fait donner pour instruction aux fonctionnaires de résister dans la mesure du possible, et il intervenait lui-même auprès des souverains pour revendiquer les effets de ce titre d'allié que les puissances n'avaient cessé de lui donner, même pendant la campagne de 1815. Il demandait que la France, replacée sous son sceptre, fût admise à en recueillir les avantages. Cette intervention du Roi auprès des souverains coalisés était la seule et dernière sauvegarde de la France ; s'il ne pouvait conjurer les fâcheuses conséquences de l'invasion, du moins il les atténuait. Ainsi, dans l'affaire du tarif des subsistances pour les soldats et des indemnités de table pour les officiers, il y eut une transaction entre les demandes de l'armée prussienne qui, appuyée par ses intendants, élevait des prétentions intolérables et les offres très-restreintes de M. de Chabrol. Le roi de Prusse, qui, sur la demande de Louis XVIII, intervint dans la question, mit un terme au conflit en faisant régler le tarif sur des bases moins excessives par une commission internationale spécialement nommée pour cet objet.

De toutes les difficultés et de toutes les afflictions qui assiégèrent les premières journées du retour du Roi, aucune ne produisit une impression plus profonde et plus pénible sur les esprits que l'enlèvement des tableaux du Musée. Peu de temps après l'arrivée des souverains étrangers à Paris, le ministre des Pays-Bas avait réclamé du gouvernement français les tableaux appartenant à son maître, et que l'Empereur, après la conquête de la Hollande, avait fait transporter au musée du Louvre. Le gouvernement royal, auquel il répugnait profondément de dépouiller notre musée national de ses plus beaux ornements, suivit le système qu'il suivait dans toutes les circonstances de cette nature : il traîna l'affaire en longueur, et évita de répondre d'une manière directe. Les Prussiens, qui occupaient militairement Paris et avaient un poste considérable au Louvre, n'avaient pas eu besoin de longues négociations pour obtenir ce que le roi des Pays-Bas réclamait. Blücher avait déclaré qu'il était décidé à faire militairement enlever les tableaux appartenant à la Prusse, aux territoires prussiens de la rive gauche du Rhin, et à tous les alliés du roi son maître, tableaux que, dès l'année précédente, le gouvernement prussien réclamait de Louis XVIII ; il avait fallu courber la tête devant cette signification, à laquelle on ne pouvait opposer une résistance armée. Le ministre des Pays-Bas, qui n'avait pas les mêmes moyens d'assurer le succès de sa demande, voyant qu'il ne pouvait obtenir du gouvernement français une réponse catégorique, porta sa réclamation devant les ministres des puissances coalisées, réunis en conférence générale. Dès le 15 juillet, le principal ministre du cabinet anglais, lord Liverpool, avait résolu la question dans le sens de la restitution des tableaux aux premiers propriétaires, et il écrivait à lord Castlereagh, qui nous était plus favorable, que ces collections « volées par les Français en Italie, en Allemagne et dans les Pays-Bas, devaient être enlevées à la France où elles entretenaient le souvenir des conquêtes passées, et où elles augmentaient l'esprit militaire et la vanité de la nation [1]. » Cette affaire traîna en longueur; mais, plus tard, une note vive, dure et pressante fut remise à la conférence au nom du Prince-Régent. Il y était dit que, « pour la seconde fois, les puissances de l'Europe venaient d'être forcées, pour revendiquer leurs propres libertés et pour rendre la paix au monde, d'envahir la France ; pour la seconde fois, leurs armées venaient d'entrer dans la capitale où les dépouilles de la plus grande partie de l'Europe se trouvaient accumulées. En vertu de quel principe la France pourrait-elle, à la fin d'une pareille guerre, s'attendre à conserver la même

1. *Documents anglais.*

étendue de territoire qu'elle avait avant la Révolution, et garder les dépouilles, ornements de tous les pays. » La note insistait ensuite sur les considérations d'équité et de convenance de nature à déterminer les puissances, non pas à s'approprier le butin fait par la France sur l'Europe, mais à restituer à son légitime propriétaire chaque objet d'art en le rétablissant dans la collection dont il faisait originairement partie. « L'année précédente (en 1814), les puissances avaient pu renoncer à toute revendication de leurs droits à ce sujet, dans l'espoir que la France, subjuguée par leur générosité non moins que par leurs armes, se trouverait plus disposée à maintenir inviolablement une paix soigneusement calculée, de manière à servir de lien de réconciliation entre la nation et le Roi. Mais aujourd'hui la question était tout autrement posée, et maintenir le même système de conduite en présence de circonstances si dissemblables, ce serait agir d'une manière aussi inconsidérée envers la France qu'envers ceux de nos alliés qui ont un intérêt direct dans la question... Ces dépouilles, qui empêchent une réconciliation morale entre la France et les nations qu'elle a envahies, ne sont pas nécessaires pour rappeler les exploits de ses armées, qui, malgré la cause pour laquelle ils ont été accomplis, doivent à jamais faire respecter au dehors les armes de la nation française. Le Roi peut-il croire que sa dignité serait rehaussée, ou le titre de sa puissance fortifié, parce qu'il serait entouré des monuments des arts qui ne rappellent pas moins les souffrances de son illustre maison que celles des autres nations de l'Europe? Si le peuple français veut revenir sur ses pas, peut-il raisonnablement désirer de conserver cette source d'animosité entre lui et les autres nations? s'il ne le désire pas, est-il politique de flatter sa vanité et d'entretenir les espérances que la contemplation de ces trophées est propre à exciter[1] ? »

1. Note remise par le vicomte de Castlereagh le 11 septembre 1815. (Martens, tome XIII.)

Cette note du gouvernement anglais domina toute la discussion dans la conférence des ministres des puissances. Le duc de Wellington émit l'opinion que l'article 11 de la convention de Paris, qui garantissait les propriétés publiques, n'avait, en aucune façon, trait aux tableaux du Musée. Il rappelait que, dans le projet primitif, les commissaires français avaient proposé un article tendant à garantir la sûreté de ce genre de propriétés. Le prince Blücher ne voulut pas y souscrire, en alléguant qu'il y avait dans la galerie du Musée des tableaux enlevés à la Prusse que, dès l'année précédente, le roi Louis XVIII avait promis de restituer, mais qui n'avaient jamais été rendus. Le duc de Wellington en fit l'observation aux commissaires français, et ils proposèrent alors d'adopter l'article, en faisant une réserve à l'égard des tableaux appartenant à la Prusse. Le duc de Wellington répondit qu'il figurait dans cette conférence comme l'allié de toutes les nations européennes, et qu'il devait revendiquer, au nom des autres nations, toute condition acquise à la Prusse. Il ajouta qu'il n'avait pas d'instruction concernant le Musée. Il insista donc pour que l'article proposé fût supprimé et la question réservée à la décision des souverains. C'est ce qui eut lieu. Or, non-seulement il y aurait injustice de la part des souverains à favoriser le peuple français au détriment de leurs peuples, mais le sacrifice qu'ils consentiraient à faire serait impolitique, car il les priverait de l'occasion de donner au peuple français une leçon de haute moralité [1].

Après cet exposé, la conférence déclara la réclamation du roi des Pays-Bas très-légitime. On ajouta seulement qu'il faudrait

---

1. Dépêche du duc de Wellington au vicomte de Castlereagh, Paris, 23 septembre 1815. Dans l'*Histoire de la dernière capitulation de Paris* (Paris 1859), le baron Ernouf cite une lettre écrite le 22 octobre 1815 au duc de Richelieu par M. Bignon, pour contester l'exactitude des souvenirs du duc de Wellington. Ce qui reste certain, c'est que le projet de convention présenté le 3 juillet par M. Bignon contenait un article qui garantissait les Musées, et que cet article fut effacé.

chercher les moyens d'y faire droit, en blessant le moins qu'il serait possible les sentiments du roi de France. Le ministre des Pays-Bas renouvela alors sa demande auprès du gouvernement français, mais il n'obtint pas de réponse plus satisfaisante : l'honorable répugnance de Louis XVIII à devenir l'instrument des revendications des coalisés sur notre Musée n'avait pas diminué. Alors le ministre des Pays-Bas en appela au duc de Wellington, comme au commandant en chef de l'armée des Pays-Bas, et le pria d'employer les troupes de son souverain à obtenir la restitution des tableaux qui appartenaient incontestablement, disait-il, à ce souverain, et qui, enlevés à la Hollande par la conquête, devaient lui être rendus, maintenant que la force qui avait accompli cette spoliation était détruite. Le duc de Wellington, après en avoir référé aux ministres des puissances alliées, prit la résolution d'obtempérer à la réclamation du général Fagel, ministre des Pays-Bas, et ouvrit, à cet effet, une négociation avec le prince de Talleyrand. A la date du 15 septembre, le généralissime anglais communiquait, en ces termes, au général Fagel le résultat de son entrevue avec le prince de Talleyrand : « Je lui dis que tout ce que je désirais, c'était d'accomplir une mesure nécessaire de la manière la moins offensante pour le Roi. Il me répondit que ce qu'il croyait préférable dans l'intérêt du Roi, c'était que la mesure s'accomplît ostensiblement par la force. Je répliquai que je n'y avais pas d'objection, mais que je le priais de consulter le Roi lui-même à ce sujet [1]. » Le prince de Talleyrand, en répondant ainsi, connaissait déjà la pensée du Roi. Louis XVIII ne pouvait s'opposer à cette mesure, dans une ville où dominait la force étrangère, et les commissaires du gouvernement provisoire, qui, après avoir sou-

---

1. Lettre adressée au général Fagel, à la date du 15 septembre 1815. (*Letters and dispatches.*)

levé la question dans la conférence où fut signée la convention de Paris, l'avaient abandonnée en consentant à voir rayer l'article relatif aux Musées, ne lui avaient pas même laissé d'objection légitime contre une revendication appuyée sur un titre ancien de propriété qui n'avait pu se prescrire pendant les courtes années de la fortune impériale. Il usait du seul droit qui lui restât, celui de ne pas consentir à ce qu'il ne pouvait empêcher, et de ne pas accepter la responsabilité des tristes conséquences du désastre de Waterloo et de l'aventure des Cent-Jours. Le prince de Talleyrand n'adressa donc point au duc de Wellington la réponse attendue. Le Roi n'avait rien à dire. Que lui importait la forme qu'emploierait la conquête européenne pour enlever du Musée les tableaux que les conquêtes de l'armée française y avaient apportés? Cette forme ne changeait rien au fond. Il ne restait à Louis XVIII qu'à subir, dans une attitude passive, avec et comme la France, un cas de force majeure. En présence de ce silence, le duc de Wellington écrivait dans la journée du 16 septembre au prince de Talleyrand : « Vous m'avez assuré que j'aurais ce soir une réponse de la part du Roi pour me faire savoir de quelle manière il plaisait à S. M. que je remplisse le devoir qui m'était imposé. J'annonce à présent à V. E. que, si vous ne me faites pas connaître dans la nuit la volonté de S. M. à ce sujet, je ferai marcher un corps de troupes pour prendre possession des tableaux de S. M. le roi des Pays-Bas, car je ne puis manquer de parole au souverain qui m'a confié ses intérêts [1]. »

Le duc de Wellington, ne recevant point de réponse écrite, alla dans la nuit demander lui-même une réponse verbale. Le ministre des affaires étrangères de France, après une longue discussion, lui déclara que le Roi ne pouvait pas donner

---

[1]. *Letters and dispatches*. (Lettre du duc de Wellington au prince de Talleyrand, à la date du 16 septembre.)

d'ordre à ce sujet, que le généralissime anglais ferait ce qu'il jugerait convenable et qu'il se mettrait en rapport avec M. Denon. Dans la matinée du 17 septembre, le duc de Wellington envoya son aide de camp, le lieutenant-colonel Freemantle, à M. Denon, directeur du Musée, et celui-ci répondit qu'il n'avait reçu aucun ordre qui l'autorisât à livrer un seul tableau de la galerie, et qu'il n'en laisserait pas sortir un seul, à moins qu'on ne fît usage de la force [1]. Le duc de Wellington envoya le même aide de camp au prince de Talleyrand pour l'informer de la réponse de M. Denon, et lui faire savoir qu'un corps de troupes marcherait le lendemain sur le Louvre, à midi, pour prendre possession des tableaux du roi des Pays-Bas, en ajoutant que, s'il résultait quelque trouble de cette mesure, la responsabilité en incomberait aux ministres du roi de France. M. Denon reçut également avis de cette détermination.

Cette démonstration militaire devint inutile. Les Prussiens, qui occupaient en force le Louvre, étaient naturellement maîtres du Musée. Tout se passa entre eux et les soldats de l'armée du duc de Wellington, qui n'eurent à intervenir dans cette affaire que comme des manœuvres, pour aider à descendre les tableaux que les soldats de Blücher leur livraient, et à les placer dans les caisses [2].

Après les Prussiens et les Hollandais, toutes les nations que nous avions dépouillées dans nos jours de conquêtes se présentèrent successivement, et revendiquèrent, en vertu du principe posé, les objets d'art qui leur avaient appartenu. Notre Musée perdit en un jour de défaite les chefs-d'œuvre

---

1. Dispatch from the duke of Wellington to the viscount Castlereagh dated Paris, septembre 23 1815. (*Recueil des principaux traités*, Martens, tome XIII, page 642.)

2. Ce sont les propres termes de la dépêche du 23 septembre : « The pictures where takee without the necessity of calling for those of the army under my command, excepting as working party, to assist in taking them down and packing them. »

conquis par vingt ans de victoires, comme la France avait perdu tant de territoires annexés au sol national, et cette revendication s'étendit plus tard aux musées de plusieurs départements. Louis XVIII n'avait ni forces militaires ni bonnes raisons, on l'a vu, d'après la convention de Paris, pour s'y opposer. C'était la conséquence naturelle et presque inévitable de notre défaite et du triomphe des peuples que nous avions si souvent vaincus. Mais le Roi avait la conscience de la souffrance morale de la nation, et cette souffrance, il la partageait. Nul acte ne blessa et n'irrita plus profondément Paris et la France. Le peuple parisien s'était habitué à regarder comme des hôtes ces chefs-d'œuvre des arts réunis dans ses murs par les victoires de nos armées, et il leur avait donné droit de cité; ils lui étaient chers à double titre, comme chefs-d'œuvre et comme trophées. Et maintenant il fallait les voir partir pour être disséminés dans toutes les parties de l'Europe! La dureté de la forme ajoutait à ce qu'il y avait de pénible dans le fond. La galerie du Louvre militairement occupée, cette espèce d'exécution accomplie à main armée dans la capitale de la France envahie, sans aucune intervention du gouvernement français, qui, dans son impuissance, se tenait à l'écart pour ne pas accepter la solidarité d'un acte qu'il n'avait pu prévenir ni empêcher; les avaries qu'éprouvèrent quelques-uns de ces chefs-d'œuvre, tableaux ou statues, dans les mains brutales de ces ouvriers novices, plus habiles à détruire qu'à conserver; le rôle qu'avait joué dans cette affaire Blücher, ce rude soldat assez semblable au Mummius romain, tout contribuait à augmenter l'exaspération publique. Les dernières illusions qu'on avait essayé de se faire en accueillant l'espérance que, cette fois encore, les étrangers agiraient moins en vainqueurs qu'en alliés, achevaient de se dissiper. Jamais la France ne s'était sentie si clairement vaincue qu'en regardant ces grands pans de murailles vides et nus que l'enlèvement des tableaux avait laissés au Musée. Cette plaie resta longtemps cuisante au cœur de tous; quelques jours plus tard, quand les députés de la Chambre de 1815 arrivèrent à Paris, leur impression fut aussi pénible que celle des Parisiens, et nous lisons dans la correspondance intime de l'un d'eux ce passage : « Nos femmes sont allées voir le Musée, partout on trouve des pans de murailles vides; c'est une désolation et une pitié; les étrangers sont universellement abhorrés [1]. »

Au milieu de ces difficultés déjà si grandes à Paris, quoiqu'elles fussent de temps à autre applanies par l'intervention directe des souverains coalisés auxquels en appelait Louis XVIII, plus grandes encore, on le verra bientôt, dans les départements, où l'on était livré, sans garanties et sans recours, à l'arbitraire militaire des généraux de la coalition, il fallait gouverner. Une des premières pensées fut d'envoyer des commissaires extraordinaires dans les départements pour les faire rentrer sous l'autorité du Roi; puis, dès le 13 juillet, parut une ordonnance qui convoquait les colléges électoraux d'arrondissement pour le 14 août, et les colléges des départements pour la semaine suivante. Le Roi sentait le besoin de s'appuyer, contre les difficultés du dehors et celles du dedans, sur la Chambre élective, et le prince de Talleyrand et le duc d'Otrante espéraient, en brusquant les élections, obtenir une assemblée qui assurât leur maintien aux affaires. Le premier, absorbé par les négociations ouvertes avec les souverains étrangers, abandonna au second la direction des élections; comme le ministère de l'intérieur était sous un intérim, par suite du refus de M. Pozzo di Borgo d'accepter le portefeuille de ce département, le ministre de la police ne trouvait de ce côté au-

---

1. Notes manuscrites et correspondance inédite de M. de Villèle. (*Documents communiqués par sa famille.*)

cune concurrence, et il n'était pas homme à hésiter sur l'emploi des moyens qui pouvaient le conduire à son but. La liste des présidents des colléges électoraux, candidats désignés au choix des électeurs par le gouvernement, indiquait par un étrange bariolage de noms contradictoires quelle était la situation de la France et aussi quelle était la Chambre que le duc d'Otrante voulait obtenir. Aux noms qui lui étaient imposés par la position qu'occupaient auprès du Roi ceux qui les portaient, et par la part qu'ils avaient à sa confiance intime, il avait mêlé un plus grand nombre de noms pris dans l'ancienne administration impériale, beaucoup même dans cette Chambre des Cent-Jours qu'il avait un moment espéré imposer à Louis XVIII. MM. Flaugergue, Lanjuinais, Dupin, étaient de ce nombre. Évidemment Fouché demandait aux colléges électoraux, non pas une Chambre pour le Roi, mais une Chambre pour Fouché lui-même. Dominer les colléges électoraux au moyen de sa position officielle, et, au moyen de la Chambre ultra-constitutionnelle qu'il obtiendrait ainsi des colléges électoraux, dominer la politique royale, telle était son utopie. Il sentait que la révolution faisait sa force, qu'elle pouvait seule le maintenir aux affaires, et il voulait la faire entrer partout. Avec ce cynisme railleur qui était une des formes de son esprit, un de ses moyens d'action sur le commun des hommes, il ne dissimulait guère ses desseins, et les contemporains ont raconté les étranges propos de ce ministre royal, qui se posait en critique, en adversaire, presqu'en compétiteur du Roi [1].

---

1. Il disait à Bourrienne, au moment du départ de celui-ci pour aller présider le conseil de l'Yonne, que dans la première Restauration on voulait placer la contre-révolution sur le trône, puis il ajoutait : « On le *voudrait* encore, mais je suis là, je m'y opposerai de tout mon pouvoir. Vous ne devez pas ignorer qu'on parlait hautement en 1814 d'un prince étranger, du duc d'Orléans, d'une régence ; eh bien, il n'y a pas de prince étranger que le parti constitutionnel n'eût préféré obtenir ou recevoir des Puissances, parce que, dans ce cas, on eût pu exiger, comme condition de la soumission, que les droits du peuple fussent maintenus. Si la guerre civile éclatait, tenez pour certain qu'il n'y aurait dans plus de

CONVOCATION DES COLLÉGES ÉLECTORAUX.

Il est vraisemblable que la partie que Fouché venait de conduire avec tant de succès et de gagner contre l'Empereur lui-même avait troublé la perspicacité de son jugement. Les fumées de l'orgueil obscurcissant la clairvoyance habituelle de son esprit, il se demandait qui résisterait à une habileté qui avait prévalu contre Napoléon lui-même, sans s'apercevoir que l'Empire, à la chute duquel il avait contribué, sans la déterminer, finissait, tandis que le gouvernement de la Restauration ne faisait que commencer. Ce renard de police se croyait le roi des animaux parce qu'il avait prévalu contre le lion tombé tout sanglant dans les filets de la coalition après Waterloo.

Restait à décider quelle serait la manière dont on réunirait les colléges électoraux, et quels éléments y entreraient. Conserver purement et simplement la loi d'élection de l'Empire décriée par tant de Chambres muettes qui en étaient sorties, c'était moralement difficile, matériellement impossible, parce que le Sénat, qui, comme un électeur de second degré, choisissait sur les listes, avait cessé d'exister. D'un autre côté, la première Restauration n'avait pas eu le temps de présenter la loi électorale aux Chambres; on était donc obligé de procéder par ordonnance, comme l'avait prévu M. Lainé dans sa correspondance avec M. de Blacas. Le gouvernement royal, dans l'ordonnance de convocation des colléges électoraux, invoqua cette nécessité en la déplorant, et s'arrêta aux dispositions suivantes : on conserverait, pour cette fois, les colléges d'arrondissement et de département formant le corps électoral à vie nommé en l'an X par les assemblées primaires canto-

---

soixante départements qu'une poignée de royalistes à opposer à la masse du peuple. — Vous ne pensez donc pas, reprit M. de Bourrienne, que les Bourbons puissent rester? — Je ne vous dis pas mon opinion, répliqua Fouché avec un sourire. Au surplus, tirez de mes paroles les conséquences que vous voudrez, cela m'est absolument indifférent. »

nales, mais on ne maintiendrait pas à ces colléges les mêmes attributions que dans les Cent-Jours. En effet, pendant les Cent-Jours, au lieu de la nomination des députés par le Sénat sur une liste présentée par les colléges d'arrondissements et de départements entre lesquels il n'y avait que deux différences, à savoir que les seconds étaient moins nombreux que les premiers, et que leurs membres devaient être pris nécessairement parmi les six cents plus imposés, ces colléges de deux espèces avaient élu directement, les premiers cent trente députés au Corps législatif, les seconds deux cent trente-huit. Le Gouvernement royal décida que chaque collége d'arrondissement élirait un nombre de candidats égal au nombre total de députés que le département avait à nommer, et que le collége de département, remplaçant le Sénat, choisirait sur cette liste la moitié des députés qui iraient le représenter. Les membres de la Légion d'honneur désignés par les préfets demeuraient investis du droit d'entrer dans les colléges que leur attribuait une disposition sénatoriale de 1806, mais l'ordonnance y mettait pour condition qu'ils seraient choisis parmi les contribuables payant les trois cents francs de contributions exigés par la Charte des électeurs appelés à nommer les députés. Pour donner satisfaction aux tendances libérales, on abaissait l'âge de l'éligibilité de quarante ans à vingt-cinq ans, et l'on rendait la Chambre élective plus nombreuse : elle devait compter quatre cent deux membres, au lieu de deux cent soixante-deux. Enfin, pour tenir les promesses de la proclamation de Cambrai, et probablement des promesses plus récentes, l'ordonnance de convocation annonça que les articles 16, 25, 35, 36, 37, 38, 39, 40, 41, 42, 43, 44, 45 et 46 de la Charte seraient soumis à la révision des Chambres. Ces articles étaient ceux qui réglaient tout ce qui concernait la proposition, la discussion des lois, la convocation des colléges électoraux, l'élection des députés. On reconnaît ici la trace des négociations de Fouché avec le duc de Wellington et plus tard avec Louis XVIII ; le droit d'initiative pour la présentation des lois était une des prérogatives que Fouché avait le plus vivement demandées pour les Chambres, car il lui convenait de désarmer la royauté pour laquelle il éprouvait toute la défiance d'un homme qui se sent suspect, et d'armer la Chambre élective dans laquelle il espérait faire dominer la révolution. Cette détermination de soumettre plusieurs articles de la Charte à la révision des Chambres suffit pour prouver combien le prince de Talleyrand et le duc d'Otrante croyaient être sûrs de dominer les élections. Pour se donner une nouvelle garantie de succès, ils firent paraître, quelques jours après l'ordonnance du 13 juillet, une nouvelle ordonnance qui autorisait les préfets à ajouter vingt membres aux colléges de département, et dix aux colléges d'arrondissement qui n'atteindraient pas le minimum légal.

La manière dont les ministres avaient choisi les préfets augmentait cette assurance. A la vérité, on n'avait pu refuser un certain nombre d'hommes au Roi et aux princes qui leur accordaient une estime toute particulière, mais on retrouvait dans la liste des préfets le même bariolage de noms que dans la liste des présidents des colléges électoraux. Les membres de la Chambre des Cent-Jours qui s'étaient montrés si hostiles à la maison de Bourbon n'en avaient pas été exclus, et les constitutionnels qui venaient d'abandonner la monarchie pour l'empire, les magistrats et les membres du barreau qui s'étaient affichés dans le même sens, y occupaient une grande place. Cette tendance alla si loin, qu'à Toulouse, ville profondément catholique et l'une des dernières où le drapeau blanc fût resté levé pendant les Cent-Jours, on envoya comme préfet M. de Rémusat, et comme maire un protestant ; nous relatons ce fait, parce que l'irritation qu'il causa ne fut pas étrangère à un événement déplorable dont il faudra parler. Quand le gouvernement ne peut armer ses agents d'aucune force matérielle, au moins faut-il qu'il choisisse des hommes en possession d'une force morale de nature à y suppléer. Toutes ces précautions prises par le ministère, le corps électoral demeurait pour cette fois le même que sous l'Empire, avec cette seule différence que chaque collége d'arrondissement nommait, comme on l'a vu, un nombre de candidats égal au nombre des députés à élire par le département, et que les colléges des départements héritaient de la prérogative attribuée au Sénat de choisir les députés (au moins par moitié) parmi les candidats désignés [1].

Fouché, connaissant d'expérience le corps électoral de l'Empire qui avait toujours obéi à l'impulsion de l'autorité, sentait donc redoubler sa confiance sur le résultat des élections et l'exprimait à tout propos. Quand les présidents des colléges électoraux, au moment de leur départ, venaient lui demander ses instructions, il leur répondait à tous par la même phrase : « Faites-vous nommer. » Ce fut sa réponse à Bourrienne, désigné pour présider un des colléges, et qui, on s'en souvient, chargé quelques mois plus tôt, c'est-à-dire quelques jours avant le 20 mars, de faire arrêter le duc d'Otrante, fut reçu par lui, au mois de juillet 1815, comme un vieil ami qu'on est heureux de servir. Fouché aimait à faire parade de cette indifférence et à se montrer ainsi sans haine comme il était sans amitié. Les hommes à ses yeux n'étaient que des acteurs qui remplissaient les rôles que leur donnaient les circonstances; il ne fallait ni leur en vouloir, ni leur savoir gré d'un changement de conduite qui correspondait à un changement de scène. Fouché avait trop d'intérêt à accréditer cette manière de voir, qui, en faisant descendre la vertu de son piédestal, faisait descendre le crime de son pilori, pour qu'on puisse

---

1. L'élection avait été directe pour la nomination de la Chambre des Cent-Jours ; mais dans la plupart des colléges électoraux, nous l'avons dit (tome II, page 419), les majorités s'abstinrent, et l'élection fut faite par des minorités.

croire que cette opinion fût chez lui complétement désintéressée.

Après avoir convoqué les colléges électoraux des arrondissements et des départements pour élire une Chambre élective, il fallait songer à la pairie. Une ordonnance du 24 juillet 1815 déclara rayés de la liste de la pairie royale ceux de ses membres qui avaient siégé dans la pairie des Cent-Jours, en supposant qu'en remplissant des fonctions incompatibles avec leur dignité première, ils avaient donné leur démission. Ce coup d'autorité, qui semblait craindre de s'avouer lui-même, devint, en attachant la radiation non pas à l'acceptation de la pairie impériale mais au fait matériel de la présence dans la salle des délibérations, la cause d'étranges contradictions. Il y eut des pairs qui, par des circonstances indépendantes de leur volonté, n'ayant pas siégé dans la Chambre des Cent-Jours, demeurèrent pairs de la Chambre haute de la Restauration : quelques généraux, entre autres le maréchal Serrurier, profitèrent de cette exception. Le ministère en ajouta d'autres tout à fait arbitraires. Les pairs qu'il nomma pour remplir les vides laissés par ces éliminations étaient choisis parmi les notabilités de l'empire aussi bien que parmi celles de la monarchie ; le prince de Talleyrand et le duc d'Otrante n'oublièrent point leurs amis et leurs créatures, et M. Boissy d'Anglas, éliminé comme pair des Cent-Jours par l'ordonnance générale du 24 juillet, fut rétabli par une ordonnance particulière sur la liste des pairs, où son nom rencontra celui de M. Lanjuinais, qui n'avait pas siégé, il est vrai, à la Chambre des pairs, mais qui avait présidé la Chambre des représentants pendant les Cent-Jours. On était dans la confusion. La présence de Fouché, qui, ministre de la police pendant les Cent-Jours, siégeait dans le premier ministère de la seconde Restauration, impliquait toutes ces contradictions, et donnait une apparence d'arbitraire aux précautions légitimes que prenait le gouvernement royal contre une partie des hommes qui avaient fait profession publique d'hostilité contre lui. Il semblait que personne ne dût être exclu, puisque Fouché était admis.

M. de Talleyrand obtint de Louis XVIII une dernière concession qui aggrava singulièrement les inconvénients de cette nouvelle constitution de la pairie. La Chambre haute, dont les éléments manquaient, même à l'époque de la première Restauration, devenait encore plus difficile à composer depuis que les Cent-Jours, en compromettant une partie de la nouvelle noblesse, circonscrivait encore les choix du Roi, déjà si restreints. Il y avait donc toutes sortes de raisons pour maintenir à la pairie de la Restauration son caractère viager, en laissant à l'avenir le soin d'indiquer les familles auxquelles on pouvait utilement, pour la monarchie et la liberté politique, conférer le caractère de l'hérédité. M. de Talleyrand, d'accord sur ce point avec Fouché, pesa sur le Roi de tout le poids que donnaient à son opinion la confiance que les souverains étrangers montraient pour son expérience politique, et l'ascendant que lui assurait son titre de président d'un conseil qui devait avoir à la fois l'initiative et la responsabilité, et il finit par amener Louis XVIII, dont il vainquit les répugnances, à attribuer immédiatement l'hérédité à cette Chambre mêlée, confuse, incertaine, choisie au hasard avec une précipitation qui excluait le discernement, sans autorité morale, sans influence réelle, et qui ne donnait de garantie ni au pays ni à la royauté[1]. C'était élever l'inconnu au rang des grands

---

1. M. de Vitrolles, présent à la confection de la liste des nouveaux pairs, rapporte que des considérations personnelles souvent futiles, et le hasard même, déterminèrent un grand nombre de choix. On y avait mis de beaux noms de l'empire, entre autres celui du fils de Lannes, duc de Montebello ; on y avait omis deux noms quand la liste fut présentée à la signature du Roi, ceux de M. de Blacas et de M. de la Châtre. Dans la nuit, M. de Talleyrand ordonna qu'ils fussent ajoutés à l'ordonnance qui devait paraître dans le *Moniteur*, et le lendemain le Roi approuva l'addition.

pouvoirs de l'État. On a dit qu'un des motifs de cette détermination fut l'avantage de faire quelque chose de définitif, et d'imprimer au gouvernement constitutionnel une vive impulsion en constituant la pairie française à l'image de la pairie britannique. Mais, en faisant de la pairie en France un grand pouvoir légal, on n'en faisait pas un grand pouvoir social. En posant à la superficie du sol cette bâtisse politique, improvisée à la hâte, on ne lui donnait point ces assises séculaires qui, profondément enfoncées dans la terre britannique, soutiennent la pairie anglaise. On ne créait donc point réellement le gouvernement constitutionnel et l'on rendait très-difficile le gouvernement monarchique.

Préalablement aux négociations diplomatiques qui allaient s'ouvrir pour fixer le sort de la France, les Puissances coalisées réclamèrent du gouvernement royal deux mesures qu'ils présentaient nécessaires : le châtiment exemplaire des principaux instigateurs ou coopérateurs de la révolution du 20 mars, et la dissolution de l'armée qui s'était retirée sur les bords de la Loire. Un mouvement d'opinion intérieure très-vif se déclarait pour la première de ces deux mesures dans les diverses nuances du parti monarchique, et la seconde était une des tristes nécessités de la situation. L'armée impériale avait rompu trop violemment au 20 mars les liens récents qui l'attachaient à la Royauté, pour que ces liens pussent être désormais renoués. Quel gage aurait-elle pu donner de sa fidélité, quand le serment militaire et la religion du drapeau venaient d'être foulés aux pieds? Le gouvernement royal comprenait donc qu'au point de vue de sa sécurité intérieure, le licenciement de l'armée retirée sur les bords de la Loire était une mesure impérieusement commandée par la situation. Il la différait cependant, parce que l'attitude de quelques-unes des puissances, dans ces premières journées de l'invasion, l'autorisait à se demander s'il ne serait pas rejeté malgré lui dans la guerre par l'excès des prétentions et des exigences des membres les plus ardents de la coalition. Il prolongeait donc, à tout événement, l'existence de ce noyau militaire autour duquel pourrait se grouper la population s'il fallait reprendre les armes. En effet, l'armée de la Loire, menaçante pour la maison de Bourbon, menaçante pour le repos de l'Europe, si les conditions faites à la France par la coalition victorieuse permettaient de signer la paix, devenait une ressource suprême s'il fallait tirer l'épée et jeter le fourreau, afin de ne pas souscrire au morcellement du territoire et à l'humiliation de la patrie. Impossible dans la paix, l'armée des Cent-Jours redevenait possible, nécessaire même dans la guerre. Des rapports commençaient à s'établir entre elle et l'armée vendéenne des deux rives de la Loire, qui n'avait pas posé les armes. Les premières ouvertures avaient été faites par les chefs vendéens après la déchéance de l'Empereur[1].

---

1. Le général Lamarque atteste ce fait dans ses *Mémoires*. « Le 27 juillet 1815, dit-il, je recevais la lettre suivante : « Monsieur le général, j'ai l'hon-
« neur de vous rendre compte que MM. de Sapinaud et de La Rochejaquelein
« ont député près de vous, à Chollet (où ils vous croient encore), MM. Duchesne et
« Duperrat chargés de vous porter le vœu unanime de tous les chefs vendéens
« de se réunir à vos troupes, sous vos ordres, pour combattre comme Français
« toutes les tentatives des puissances étrangères qui auront pour but le démem-
« brement de la France.

« *Le maréchal de camp*, DELAAGE.
« *Signé :* DUPERRAT et DUCHESNE. »

« MM. de Sapinaud, La Rochejaquelein, etc., n'étaient pas les seuls dont l'âme s'ouvrît aux sentiments généreux et patriotiques, continue le général Lamarque. M. d'Andigné, qui portait un cœur tout français, m'écrivait de son côté : « Si
« je pouvais jouir d'un changement qui dût coûter du sang et des larmes, ce
« serait certainement en ce moment, mais je connais trop les étrangers. Ce
« n'est que par l'union de tous que nous pouvons espérer notre salut. Si nous
« nous montrons forts et unis, ils n'auront aucun prétexte pour rester chez
« nous. Mais il faut leur montrer un grand ensemble. Dans tous les cas, si les
« ravages des ennemis forcent les Français à s'armer, ces provinces peuvent
« aider l'armée d'une manière puissante. » (*Mémoires du général Lamarque*, publiés par sa famille, tome III, pages 69, 70 et 71.) M. de Vaulabelle, dans son *Histoire de la Restauration*, troisième volume, page 354, nie ce fait cependant si bien établi.

La base sur laquelle ces ouvertures avaient été faites, c'était la nécessité de défendre l'intégrité du territoire national envers et contre tous. Plus tard, et quand Louis XVIII fut à Paris, l'armée de la Loire fit sa soumission. Le maréchal Davoust, en se retirant sur la Loire, d'après les termes de la convention du 3 juillet, avait laissé trois commissaires à Paris pour servir d'intermédiaires entre l'armée et le nouveau gouvernement : c'étaient les généraux Gérard, Haxo et Kellermann. Ces généraux se mirent en rapport avec Fouché, qui regardait l'armée de la Loire comme une carte dans sa main, et cherchait à entretenir dans le cœur des soldats un espoir et des exigences qui pouvaient servir sa politique, tout en leur conseillant de faire un acte de soumission devenu nécessaire. Le 11 juillet, le prince d'Eckmülh adressait à l'armée une proclamation datée d'Orléans, dans laquelle se trouvaient les lignes suivantes : « Les commissaires donnent l'assurance qu'aucune réaction ne sera à craindre, que les passions seront neutralisées, les hommes et les principes respectés ; que les destitutions arbitraires n'auront lieu ni dans l'armée ni dans aucun des autres états de la société ; qu'enfin *l'armée sera traitée conformément à son honneur*, ce sont les propres expressions des commissaires. Pour gage et pour preuve de ce qu'ils avancent, ils annoncent que le maréchal Saint-Cyr est nommé ministre de la guerre, que le duc d'Otrante est ministre de la police et qu'il n'accepte qu'avec l'assurance que le gouvernement marchera dans un esprit de modération et de sagesse dont lui-même (Fouché) a toujours donné l'exemple. A ces conditions, l'intérêt national doit réunir franchement l'armée au Roi ; cet intérêt exige des sacrifices, ils doivent être faits de bonne grâce, avec une énergie modeste ; l'armée subsistante, l'armée unie et ensemble, deviendra, si nos malheurs s'aggravent, le centre et le point de ralliement de tous les Français et des royalistes même les plus exagérés. Unissons-nous donc, serrons-nous, ne nous séparons jamais, soyons Français. Ce fut toujours, vous le savez, ce sentiment qui domina exclusivement dans mon âme; il ne me quittera qu'au dernier soupir. A ce titre, je vous demande votre confiance, je suis sûr de la mériter et de l'obtenir. »

On reconnaît ici la trace de la politique de Fouché. Il cherchait à donner à l'armée des illusions pour lui donner des prétentions, et, tout en lui conseillant de se soumettre au Roi, il travaillait à la grouper derrière lui-même pour acquérir de l'importance dans le Conseil et faire prévaloir une politique qui rendît possible sa présence au pouvoir. C'est ainsi qu'il provoqua la rédaction d'une première adresse dans laquelle la soumission de l'armée était subordonnée à l'obtention de certaines conditions. L'armée n'était plus en position de faire des conditions. Si, suivant sa première pensée, le prince d'Eckmühl avait pu faire proclamer le Roi à Paris par ses troupes avant l'arrivée des armées coalisées devant la capitale, alors on comprend que l'armée, rachetant sa faute du 20 mars par ce service, eût pu exprimer des vœux; elle aurait eu, en effet, un rôle actif dans le rétablissement de la Royauté, elle devenait partie intervenante à la Restauration de Louis XVIII; disons le mot, elle était une puissance dans la situation. Mais telle n'avait pas été sa conduite. Sous l'inspiration de Fouché, elle avait résisté autant que possible au courant irrésistible qui, l'Empire une fois tombé, ramenait l'ancienne royauté; elle avait protesté jusqu'au dernier jour contre le rétablissement des Bourbons, et enfin elle n'avait évacué Paris que lorsque ses chefs avaient déclaré à la presque unanimité que la lutte était impossible. C'était une convention purement militaire qui l'avait amenée sur les bords de la Loire. Il ne lui restait qu'à choisir entre les deux termes de cette alternative : ou dénoncer aux armées européennes la rupture de l'armistice, et, sans avoir derrière elle, comme naguère à Paris, un gouvernement et une assemblée, accepter contre toutes les forces de la coalition sur les bords de la Loire, un duel militaire que ses chefs n'avaient pas cru praticable sous les murs de Paris contre l'avant-garde de la coalition; ou se mettre en paix avec l'Europe en se soumettant au Roi. Ce fut ce qu'elle fit; mais ce n'était pas elle qui apportait quelque chose au Roi, c'était le Roi qui la faisait participer au bénéfice de la paix générale.

Les mesures à prendre contre les fauteurs et les coopérateurs de la révolution du 20 mars devinrent d'abord l'objet des délibérations du Conseil. Le ministère avait tenté de retarder les poursuites jusqu'à l'arrivée de la Chambre des députés, afin de se maintenir dans les termes de la proclamation royale de Cambrai (28 juin 1815). « Je n'excepterai du pardon que les auteurs et les instigateurs de la trame; ils seront désignés à la vengeance des lois par les deux Chambres. » Les réclamations des cabinets étrangers et la clameur des opinions qui étaient restées en dehors du mouvement du 20 mars ne permirent pas d'attendre ce terme. Les souverains coalisés représentaient qu'ils étaient en droit de réclamer des garanties contre le retour possible d'un événement qui venait de coûter tant de sang à leurs peuples et aussi tant de sacrifices à leurs finances. L'opinion, en Angleterre, se prononçait dans le même sens que les cabinets par la voix de presque tous les journaux. Les hommes d'État de l'Angleterre partageaient la même conviction. Lord Clancarty disait à M. de Gentz : « Il faut frapper toutes les têtes de la conspiration, autrement l'Europe n'en aurait pas pour un an; » et lord Liverpool écrivait à M. de Talleyrand : « Tant que justice ne sera pas faite, il sera impossible de croire à la durée du gouvernement du Roi. » En France, la clameur publique s'exprimait par les interprètes les plus autorisés, par la bouche de M. de Chateaubriand, comme par celle de tous les écrivains des journaux de la droite dans toutes ses nuances, par les discours d'un grand nombre de présidents des colléges électoraux, par des députations des départements demandant que la justice fût immédiatement saisie. M. de Chateaubriand, président du collége électoral du Loiret, s'écriait, en s'adressant au Roi : « Le moment est venu de suspendre le cours de votre clémence, vous avez saisi le glaive que le Souverain du ciel a confié aux puissances de la terre, pour assurer le repos des nations. » M. Nodier écrivait dans le *Journal des Débats* : « Le seul moyen de sauver l'Europe, c'est de sauver la France ; mais on ne peut sauver la France sans y comprimer, par des mesures imposantes, la faction antisociale qui ose y méditer avec sécurité de nouveaux malheurs pour le genre humain. » Cette indignation contre ceux qu'on appelait les auteurs et les fauteurs du 20 mars devenait de plus en plus exigeante à la vue des malheurs publics. On les rendait responsables de notre territoire envahi, de l'intégrité de la France menacée, de notre dignité nationale humiliée, de nos départements mis au pillage par des réquisitions exorbitantes, enfin de toutes les avanies que nous imposaient l'avidité, l'insolence et la rancune d'un vainqueur irrité. On rappelait que Louis XVIII, pendant la première Restauration, s'était en vain montré oublieux de tous les torts et miséricordieux envers tous les crimes de la révolution ; on remontait jusqu'à Louis XVI, et l'on demandait que là où la clémence avait échoué on essayât la sévérité. Il n'était pas possible qu'un gouvernement si nouvellement rétabli, dépourvu de toute force matérielle et auquel la composition étrange et hétérogène du ministère ôtait la force morale, pût résister à cette double action.

Cependant Fouché, non par des considérations d'humanité qui avaient sur lui, on le sait, peu d'empire, mais par un intérêt personnel et politique facile à comprendre, puisqu'il avait été au nombre des conspirateurs avant le 20 mars et des ministres de Napoléon après cette journée, essaya de faire prendre le change. Au rebours de l'opinion dominante, qui s'exagérait le nombre des conspirateurs et la portée de la conspiration, il plaida devant le conseil et dans un mémoire qui fut remis aux cabinets européens l'absence de toute conspiration, et, par conséquent, l'impossibilité de trouver aucun conspirateur à punir. « Un zèle imprudent et exagéré pour les règles et les maximes de l'ancienne monarchie, disait-il dans ce mémoire, fit commettre plusieurs fautes aux royalistes et même à plusieurs ministres du Roi : il en résulta des inquiétudes de plus d'un genre, un ébranlement dans l'opinion et une désaffection pour le gouvernement. Cette opposition morale, qui était connue de toute l'Europe, ne pouvait échapper aux calculs de Bonaparte ; il n'eut pas besoin d'une autre excitation pour venir se jeter au milieu de ce mécontentement et de ces éléments de discorde. On aurait beau multiplier les recherches, on se convaincra que personne n'a eu connaissance d'aucune conspiration qui ait amené et précédé l'arrivée de Bonaparte sur les côtes de Provence ; et, avant d'attaquer qui que ce soit sur ce sujet, ne faudrait-il pas accuser d'abord les ministres du Roi, qui n'ont su ni deviner ni prévenir le départ de l'île d'Elbe? »

La moins étrange de toutes les anomalies de la situation, si féconde en anomalies, n'était pas celle-ci : un ministre du Roi lisant devant le conseil du Roi, et adressant aux gouvernements étrangers un mémoire, afin d'accuser du 20 mars les royalistes et le gouvernement du Roi, et de faire l'apologie de tous ceux qui avaient préparé ou facilité cette journée. Pour comprendre un fait aussi singulier, il faut se souvenir que ce ministre du Roi avait été ministre de l'Empereur pendant les Cent-Jours, et qu'avant les Cent-Jours il avait été le promoteur le plus actif de la conspiration moitié civile et moitié militaire qui trouva son expression dans le mouvement des frères Lallemand. Fouché, en justifiant les conspirateurs, n'était pas désintéressé dans la question : il se justifiait lui-même.

Cette fin de non-recevoir ne fut pas accueillie, et Fouché, en sa qualité de ministre de la police, se trouva chargé de désigner les membres de la conspiration, qu'il avait déclarée n'avoir pas existé. Cette tâche n'embarrassa point ce caractère facile et cet esprit prêt à tout. Le lendemain du jour où il en avait été chargé, il apporta une liste de cent dix noms. On aurait pu croire que ces noms avaient été tirés au hasard dans une urne, tant ils étaient singulièrement choisis et bizarrement appareillés. C'étaient, à côté d'un certain nombre de personnages réellement compromis dans les derniers événements, des noms oubliés ou inconnus qui auraient dû être protégés par leur profonde obscurité. On eût dit qu'après avoir déclaré la mesure impolitique et injuste, Fouché s'était étudié à la rendre odieuse et ridicule. M. de Talleyrand, avec son impassibilité ordinaire et sa parfaite indifférence, trouva, dans la liste présentée par Fouché, l'occasion de deux épigrammes. Après la première lecture de la liste dans le conseil, il se pencha vers son collègue de la police et lui dit, en jouant sur le mot : « Duc d'Otrante, votre liste me paraît contenir bien des innocents. » Comme le ministre de la police n'avait pas oublié sur la liste les frères Lallemand et une partie de ceux qui conspiraient avec lui quand l'arrivée de Bonaparte vint déconcerter ce complot particulier, comme il y avait placé plusieurs des ministres, ses anciens collègues, après le 20 mars, et jusqu'au préfet de police qui dirigeait son département sous ses ordres, sans parler des membres de l'Assemblée des Cent-Jours qui l'avaient aidé à substituer sa dictature à celle de Napoléon vaincu, et enfin deux de ses collègues au Gouvernement provisoire, M. de Talleyrand ajouta : « Il y a une justice qu'il faut rendre à M. le duc d'Otrante, c'est qu'il n'a oublié sur sa liste aucun de ses amis. » C'était avec cette légèreté que les affaires sérieuses, celles où il était question d'exil et où il pouvait être question d'accusations capitales, se traitaient entre ces deux hommes.

En faisant admettre Fouché dans le conseil du Roi, les souverains étrangers ne s'étaient pas aperçus qu'ils avaient moralement désarmé l'autorité royale. La justice elle-même, en passant par de telles mains, devenait arbitraire. Désignés par Fouché, les hommes du 20 mars allaient paraître innocents, car ce n'était plus un arbitre impartial qui indiquait des coupables, c'était un conspirateur qui livrait ses complices et qui, en outre, semblait railler lui-même le mouvement d'opinion qu'il était chargé de satisfaire, car il ôtait à la mesure déjà si singulièrement compromise par son nom tout caractère de discernement, d'équité et de logique. De tout côté des objections s'élevèrent contre la liste proposée. Le duc d'Otrante, sur ces premières observations, effaça, de lui-même, trente noms, avec la même légèreté qu'il avait mise à les inscrire sur la liste. Les personnages influents demandèrent, à leur tour, des radiations : l'empereur Alexandre, fidèle à son amitié pour M. de Caulaincourt, intervint pour le faire effacer de la liste. Louis XVIII fit, dit-on, rayer Benjamin Constant. M. Lanjuinais et Flaugergues, que Fouché y avait d'abord inscrits et qu'il devait quelques jours plus tard proposer au Roi pour présider deux colléges électoraux, furent, ainsi que les généraux Grenier, Durosnel et MM. de Flahaut et de Montalivet, du nombre des personnages éliminés dans ce travail de révision. Enfin les éliminations devinrent si nombreuses, que la liste définitivement arrêtée contint cinquante-sept noms, au lieu de cent dix ; elle était donc presque réduite de moitié. Fouché, après avoir écrit au duc de Wellington, pour se mettre en règle avec son parti, « que, s'il lui eût été permis d'effacer un seul nom de la liste pour y mettre le sien, il l'aurait fait à l'instant, » contre-signa l'ordonnance et l'envoya au *Moniteur* où elle parut le 24 juillet 1815. Elle était ainsi conçue :

« Voulant, par la punition d'un attentat sans exemple, mais en graduant la peine et en limitant le nombre des coupables, concilier l'intérêt de nos peuples, la dignité de notre couronne et la tranquillité de l'Europe avec ce que nous devons à la justice et à l'entière sécurité de tous les autres citoyens, sans distinction ;

Avons déclaré et déclarons, ordonné et ordonnons ce qui suit :

« Art. 1er. Les généraux et officiers qui ont trahi le Roi avant le 23 mars, ou qui ont attaqué la France et le Gouvernement à main armée, et ceux qui, par violence, se sont emparés du pouvoir, seront arrêtés et conduits devant les conseils de guerre compétents, dans leurs divisions respectives, savoir :

« Ney, Labédoyère, Lallemant aîné, Lallemand jeune, Drouet d'Erlon, Lefebvre-Desnouettes, Ameilheil, Brayer, Gilly, Mouton-Duvernet, Grouchy, Clausel, Laborde, Debelle, Bertrand, Drouot, Cambronne, Lavalette, Rovigo ;

« Art. 2. Les individus dont les noms suivent, savoir :

« Soult, Alix, Excelmans, Bassano, Marbot, Félix Lepelletier, Boulay (de la Meurthe), Méhée, Freissinet, Thibeaudeau, Carnot, Vandamme, Lamarque (général), Lobau, Harel, Piré, Barrère, Arnault, Pommereul, Regnault (de Saint-Jean d'Angély), Arrighi de Padoue, Dejean fils, Garrau, Réal, Bouvier-Dumolard, Merlin (de Douai), Durbach, Dirat, Defermon, Bory de Saint-Vincent, Félix Desportes, Garnier (de Saintes), Hullin, Mellinet, Cluys, Courtin, Forbin-Janson fils aîné, Lelorgne-Dideville, sortiront, dans trois jours, de la ville de Paris, et se retireront dans l'intérieur de la France, dans les lieux que notre ministre de la police générale leur indiquera et où ils resteront sous sa surveillance en attendant que les chambres statuent sur ceux d'entre eux qui devront, ou sortir du royaume, ou être livrés à la poursuite des tribunaux.

Art. 3. Les individus qui seront condamnés à sortir du royaume auront la faculté de vendre leurs biens et propriétés dans le délai d'un an ; d'en disposer et d'en transporter le produit hors de France et d'en recevoir, pendant ce temps, le revenu dans les pays étrangers, en fournissant néanmoins la preuve de leur obéissance à la présente ordonnance.

« Art. 4. Les listes de tous les individus auxquels les articles 1 et 4 pourraient être applicables, sont et demeurent closes par les désignations nominales contenues dans ces articles, et ne pourront jamais être étendues à d'autres, pour quelque cause et sous quelque prétexte que ce puisse être, autrement que dans les formes et suivant les lois constitutionnelles auxquelles il n'est expressément dérogé que pour ce cas seulement.

« *Signé* : LOUIS.

« Par le Roi.

« *Le Ministre secrétaire d'État au département de la Police,*

« Duc d'Otrante. »

On avait pris pour base de cette ordonnance quelques faits généraux déterminés par la proclamation de Cambrai. Ainsi la première catégorie, composée de dix-neuf personnes, et immédiatement envoyée devant les tribunaux compétents, était composée des chefs militaires et des administrateurs qui avaient abandonné la cause royale, et embrassé et servi activement celle de Napoléon avant que le Roi eût quitté la France; de là cette date du 23 mars. Une seconde liste, dont la composition aurait mal soutenu la discussion, présentait les noms de trente-huit personnes[1] qui paraissaient s'être moins compromises, mais dont la présence en France ou à Paris semblait dangereuse au ministère, et qui devaient quitter la capitale et attendre dans les lieux marqués par le ministre de la police que les Chambres eussent statué sur leur sort.

Il est difficile de ne pas penser que Fouché avait satisfait des rancunes personnelles en faisant inscrire sur cette liste MM. Durbach, de Fermon et Bory de Saint-Vincent, qui l'avaient plus d'une fois gêné, menacé même dans la Chambre des représentants. On ne comprenait pas mieux que les exceptions à l'amnistie eussent atteint des hommes comme MM. Cluys, Courtin, préfet de police sous les ordres de Fouché pendant les Cent-Jours, Arnault, Garreau, Dirat, qui n'avaient aucune importance politique, et le général Dejean. Parmi ces individus, éloignés par mesure de sûreté générale, une seule classe paraissait choisie en vertu d'un principe : c'était celle d'un certain nombre de régicides, à qui la première Restauration avait assuré une sécurité complète, et qui venaient de prendre de nouveau parti contre elle. Encore faut-il dire que

---

1. Une phrase de l'auteur de l'*Histoire du gouvernement parlementaire*, qui manque de clarté, pourrait faire croire qu'il porte le nombre des personnes comprises dans cette seconde liste à cinquante-cinq. Mais la liste nominative qu'il donne un peu plus loin suffit pour empêcher les lecteurs attentifs de tomber dans l'erreur à ce sujet.

l'on avait fait un tri parmi ces hommes, et que le nom du ministre signataire de l'ordonnance semblait désarmer moralement l'autorité royale contre eux. L'éloignement des *régicides relaps*, comme on les appela dans la langue politique du temps, parut moins juste, quand on trouva au contre-seing le nom de leur complice, Fouché, duc d'Otrante.

Dans l'exécution de la mesure, Fouché eut soin de dégager autant que possible sa responsabilité personnelle en reportant le fardeau sur le Roi, et tantôt railleur, tantôt bienveillant et secourable envers ceux qu'il venait de proscrire, il continuait ce rôle de ministre supérieur au pouvoir qu'il servait, aux actes mêmes qu'il contre-signait, et se jouant de tout, des hommes comme des choses. Le poëte Arnault, au sortir d'un déjeuner chez le duc d'Otrante, fut fort étonné lorsque, mandé par M. Decazes, il reçut communication de la lettre du ministre de la police, qui le plaçait au nombre des trente-neuf personnes éloignées de Paris; quand il alla demander à celui-ci l'explication de son exil, Fouché lui répondit avec un imperturbable sourire : « Que voulez-vous ? il faut vous mettre sous un gros arbre, peut-être cela vous sera-t-il utile plus tard. » Carnot, également inscrit sur la liste, ayant écrit à Fouché au moment de quitter Paris : « Où veux-tu que j'aille, traître ? » Celui-ci répondit : « Où tu voudras, imbécile. » Le public trouva que cette correspondance laconique résumait assez bien les rôles que les deux anciens collègues de la Convention venaient de jouer dans les derniers événements.

Tandis que l'ordonnance du 24 juillet produisait en général un effet peu favorable à cause des circonstances indiquées plus haut, elle excitait une vive irritation sur l'armée, qui, en quittant Paris, était allée prendre, on l'a vu, ses cantonnements sur les bords de la Loire. L'armée de la Loire, et même son illustre chef, le maréchal Davoust, ne s'étaient jamais rendu un compte exact de la situation. Les commissaires, que le prince d'Eckmühl avait laissés à Paris, avaient été continuellement en rapport avec Fouché ; celui-ci les avait entretenus jusqu'à la veille de la signature de l'ordonnance du 24 juillet, dans des illusions qu'il avait cru politique de faire naître, pour faciliter la convention du 3 juillet, et, plus tard, politique de prolonger parce qu'il espérait peser dans le cabinet de tout le poids que devaient lui prêter la confiance et les exigences de cette force militaire dont il affectait de disposer. Toutes les espérances de l'armée s'évanouirent en un instant à la lecture de l'ordonnance du 24 juillet, qui livrait à la rigueur des tribunaux plusieurs des chefs militaires les plus populaires dans ses rangs, et en éloignait un plus grand nombre. Le maréchal Davoust, qui entendait gronder autour de lui les murmures de ses compagnons d'armes, ne voulut point accepter la situation de complice dans une affaire où il avait été trompé tout le premier par Fouché ; il se hâta, par une protestation énergique et une démission hautement donnée dans une lettre écrite à Bourges et datée du 27 juillet 1815, d'exprimer son indignation et de dégager sa responsabilité. Il rappelait, dans sa lettre, les espérances données à l'armée par le maréchal Gouvion-Saint-Cyr, et se faisait une arme des illusions entretenues par Fouché pour accuser le nouveau gouvernement d'avoir manqué à ses promesses en envoyant devant les tribunaux plusieurs généraux ; il revendiquait la responsabilité des actes militaires de ceux qui, comme les généraux Gilly, Grouchy, Laborde, Clausel, Lamarque, Alix et le colonel Marbot, avaient agi en vertu d'ordres émanés de son ministère. Il sommait enfin le ministre de mettre en même temps sa lettre et sa démission sous les yeux du Roi [1].

1. Je cite cette lettre *in extenso* parce que plusieurs passages ont été supprimés par M. de Vaulabelle dans son *Histoire de la Restauration*, pour charger la mémoire du prince d'Eckmühl, contre lequel il semble professer une inimitié personnelle.

Voici cette lettre :

« Bourges, 27 juillet 1815.

« Monsieur le Maréchal,

« Il vient de paraître, ici, une ordonnance à laquelle est jointe une liste de proscription, criée et vendue publiquement dans Paris.

« Je ne puis oublier tout ce que vous avez déclaré aux généraux Gérard, Haxo et Kellermann ; vos propres expressions étaient « que l'armée fasse « sa soumission pure et simple, et comptez que le Roi fera plus que vous « ne désirez. »

« Les mêmes assurances m'ont été confirmées par les différents officiers que vous m'avez envoyés, notamment par M. Varin, votre aide de camp, qui m'a assuré, ainsi qu'à tous les généraux et officiers qui se trouvent à mon quartier général, « que Votre Excellence l'avait chargé de « nous annoncer que les bruits répandus relativement aux proscriptions « étaient tout à fait faux ; qu'aucune persécution n'aurait lieu ; que, dans « les circonstances actuelles, quelques personnes seraient tout au plus « momentanément privées de la faculté de rester à Paris et d'approcher « le Roi. »

« Je me suis empressé de répandre ces détails dans toutes les divisions, pour détruire le mauvais effet qu'auraient produit des listes de cette nature venant de la capitale, et des avis reçus par plusieurs officiers généraux de leurs familles, relativement à des perquisitions déjà faites dans leur domicile à Paris. Après des déclarations aussi positives, je devrais supposer que cette liste de proscription est fausse, et n'a été imaginée que par la malveillance.

« Les discours officiels sont rassurants ; mais trop d'indices semblent prouver qu'ils sont dénués de fondement ; qu'on rend assez de justice à Votre Excellence pour croire au besoin de la tromper elle-même[1], et qu'il est évident qu'on va ajouter à toutes les calamités qui pèsent sur notre malheureuse patrie, la vengeance et les proscriptions.

« Il en est, surtout parmi ces dernières, contre l'injustice desquelles j'ai personnellement à réclamer. Je vois dans l'article premier les noms des généraux Gilly, Grouchy, Clausel et de Laborde ; s'ils y sont mis pour leur conduite au Pont-Saint-Esprit, à Lyon, à Bordeaux et à Toulouse, c'est la plus grave méprise, puisqu'ils n'ont fait qu'obéir aux ordres que

---

1. Toute cette première partie est supprimée dans l'*Histoire* de M. de Vaulabelle.

je leur ai donnés, en ma qualité de ministre de la guerre. Il faut donc substituer mon nom au leur.

La même observation s'applique au général Alix, s'il est proscrit pour sa conduite à Lille; au général Marbot, pour celle qu'il a tenue à Valenciennes; au général Lamarque, qui ne pouvait avoir contre lui que la pacification de la Vendée [1].

« Je trouve sur cette liste le nom de Dejean fils; j'ignore si l'on a voulu parler du général Dejean, fils de l'inspecteur général du génie. Si on voit un tel nom sur une liste de proscription, il n'y a pas de raison pour que tous n'y soient mis, puisque ce général était même sans activité de service à l'époque du 20 mars, et qu'il n'a figuré dans aucun acte.

« Ne prenez pas, monsieur le Maréchal, ces réflexions comme étant dictées par aucun sentiment d'humeur : elles sont l'effet de la profonde douleur que j'éprouve pour les maux qui vont fondre sur notre triste patrie. Du reste, l'armée est soumise, et j'oserais répondre que tous les ordres que vous donnerez seront exécutés avec abnégation et dévouement.

« Vous connaissez assez l'armée française, monsieur le Maréchal, pour savoir que la plupart des généraux qui sont signalés dans l'ordonnance du 24 juillet sont distingués par de grands talents et de beaux services.

« Le général Drouot, qui y figure, a partout obtenu, par son caractère et ses vertus, l'estime générale.

« Puissent ces réflexions, monsieur le Maréchal, décider, comme je l'espère, Votre Excellence à faire les plus vives représentations au Roi.

« Il ne me reste plus qu'à réitérer à Votre Excellence que je donne définitivement ma démission de général en chef, et à renouveler la demande que je lui ai faite d'envoyer ici des commissaires pour l'exécution des ordres qu'elle a donnés et qu'elle serait encore dans le cas de donner pour la dislocation de l'armée.

« Puissé-je attirer sur moi seul tout l'effet de cette proscription! C'est une faveur que je réclame dans l'intérêt du Roi et de la patrie.

« Je vous somme, monsieur le Maréchal, sous votre responsabilité, aux yeux du Roi et de toute la France, de mettre cette lettre sous les yeux de Sa Majesté.

« J'ai l'honneur d'être, monsieur le Maréchal, avec une haute considération, votre très-humble et très-obéissant serviteur [2].

« *Le Maréchal de France,*
« *Signé* : Prince d'Eckmuhl. »

---

1. Ce paragraphe a été supprimé par M. de Vaulabelle.
2. Toute cette dernière partie, depuis *Ne prenez pas, monsieur le Maréchal, ces réflexions*, etc., a été supprimée par M. de Vaulabelle.

Le prince d'Eckmühl usait de son droit en sauvegardant son honneur, et le ministre satisfit à sa double réclamation. La démission du général en chef de l'armée de la Loire fut acceptée, et le maréchal Macdonald fut chargé de prendre à sa place le commandement de cette armée, et de faire traîner en longueur le licenciement pour qu'on pût l'arrêter dans le cas où les événements imposeraient une nouvelle ligne de conduite au gouvernement. Mais rien ne fut changé ni à l'ordonnance du 24 juillet, ni à celle qui licenciait l'armée. Il y a des moments où la situation mène les hommes, et où les plus fermes caractères plient devant la force des choses. Le prince d'Eckmühl, malgré la résolution de son esprit, la sincérité de son patriotisme et son intrépidité militaire, n'avait pu empêcher que la situation produite par la bataille de Waterloo n'aboutît à la convention du 3 juillet, qui livrait Paris aux coalisés et reléguait l'armée sur les bords de la Loire. Il n'avait été en sa puissance ni de prévenir ce résultat en opérant la Restauration par l'acclamation de cette armée, ni de changer la face des choses par une bataille qui, heureuse ou malheureuse, ne pouvait modifier le dénoûment définitif de la lutte. Il n'était pas plus en la puissance du gouvernement du Roi d'empêcher que le licenciement de l'armée et une mesure de justice et de sûreté publique contre les auteurs et les fauteurs du 20 mars, sortissent de l'inexorable logique de la situation produite par la convention du 3 juillet. Fouché avait pu créer des illusions et le maréchal Gouvion-Saint-Cyr donner des espérances; mais le gouvernement n'avait pu prendre et n'avait pris aucun engagement, et les deux généralissimes des armées anglo-prussienne avaient eu soin d'écarter des termes de la convention du 3 juillet tout ce qui pouvait lui donner un caractère politique, en lui conservant un caractère exclusivement militaire; on en trouve la preuve formelle dans la correspondance du duc de Wellington avec lord Bathurst[1].

La douleur et la protestation du prince d'Eckmühl sont du reste faciles à comprendre. Plusieurs des plus vaillants soldats de l'armée allaient se trouver atteints.

L'ordonnance du 24 juillet ne devait point tarder, en effet, à produire ses conséquences. Le gouvernement royal, en la rendant, avait cédé à des nécessités morales et politiques. Il ne pouvait, logiquement, accepter comme une chose naturelle les trahisons et les défections qui avaient déterminé sa chute, sous peine de les encourager par cette impunité à se reproduire; il ne pouvait équitablement refuser à la clameur publique des populations restées fidèles à la monarchie le châtiment judiciaire de ceux qui, en la renversant malgré leur serment, venaient d'attirer une seconde invasion sur la France; il ne pouvait, en outre, dénier politiquement cet acte de justice aux puissances étrangères, qui réclamaient, au nom du sang de leurs sujets versé, des poursuites contre ceux qui avaient contribué à rallumer la guerre. Mais, en cédant à cette nécessité, le gouvernement royal avait, par un sentiment d'humanité, fait tout ce qui était en son pouvoir pour diminuer le nombre de ceux que l'ordonnance devait atteindre. Une seule arrestation avait été ordonnée avant qu'elle fût publiée, et en outre des passe-ports avaient

---

1. Le duc de Wellington écrivait à lord Bathurst dans une lettre du 13 juillet : « La convention du 3 juillet ne lie personne, excepté les deux parties contractantes, savoir : d'un côté l'armée française, de l'autre les armées alliées, et le douzième article ne saurait être considéré comme liant, et il n'a eu aucunement pour but de lier aucune autre puissance ou autorité, à moins qu'elles ne devinssent partie au traité. »

Voici le texte anglais copié dans la collection des *Letters and dispatches* :

« The conventions binds nobody, excepting the parties to it, it is the French army on one side, and the allied armies on the other, and the 12 the article cannot be considered, and never was intended to bind any other persones or authorities, whatever, unless they should become parties to convention. »

été offerts aux hommes les plus compromis qui devaient se trouver dans la première catégorie; on y avait ajouté des offres d'argent pour ceux qui en avaient besoin. Ce n'était pas seulement Fouché qui avait cherché à atténuer ainsi les effets de la mesure; M. Decazes, préfet de police, alors animé de sentiments royalistes très-vifs, et heureux de trouver chez le Roi une faveur facile à expliquer par le mouvement d'attraction qui entraînait Louis XVIII vers lui et le sentiment de répulsion qui éloignait ce prince de Fouché, s'était activement employé dans ce sens. Un des plus brillants officiers de l'armée, un des plus coupables défectionnaires des Cent-Jours, le colonel Labédoyère, avait reçu des avis, et, avant le 8 juillet, des offres d'argent de Fouché pour quitter la France. Sans se rendre compte de sa position, il était demeuré à Clermont, et, le 2 août, il fut arrêté par un officier de gendarmerie qui le reconnut dans la diligence, sur la route de Clermont à Paris, où il se rendait, avec une imprudence inexplicable, pour faire ses adieux à sa famille. Le lendemain, 3 août, le maréchal Ney fut également arrêté dans le château de Bussières, situé dans le département du Lot, où il avait persisté à rester, malgré les avis réitérés de ses amis qui le suppliaient de quitter la France. Plus tôt encore, le 18 juillet, M. de Lavalette fut incarcéré. Le gouvernement royal, en laissant s'écouler trois semaines depuis sa rentrée en France, plus d'une semaine depuis la publication de l'ordonnance du 24 juillet, sans provoquer d'autres arrestations que celle de Lavalette, avait fait ce qu'il avait pu pour sauver les coupables. En laissant passer ces jours de grâce, et en ne faisant rien pour échapper à une arrestation que chaque jour rendait plus inévitable, ils avaient laissé arriver le jour inexorable de la justice. Le prince de la Moskowa ne fut jugé que plus tard; mais le procès du colonel Labédoyère, envoyé par-devant un conseil de guerre, formé par le maréchal Gouvion-Saint-Cyr, fut immédiatement instruit. Arrêté, il était inévitablement perdu. Les faits n'étaient pas douteux : chargé par le Roi, auquel il avait prêté serment, du commandement du 7ᵉ régiment de ligne, il était sorti de Grenoble malgré les ordres contraires du général Marchand, et l'avait conduit à l'Empereur. La culpabilité n'était pas contestable ; non-seulement il avait livré son régiment, mais il avait donné le signal de la défection à la garnison de Grenoble. La peine applicable à son action était marquée d'avance par la loi, c'était la mort. Dans l'impossibilité de se défendre sur le terrain de la légalité, il se plaça sur le terrain de la politique, et voulut expliquer son action en alléguant l'impopularité dans laquelle la Restauration était tombée selon lui, et le mouvement national qui s'était déclaré contre les Bourbons. Faute de pouvoir se défendre, il accusait les princes dont il avait déserté la cause : il fallait qu'ils fussent coupables pour qu'il fût innocent. « Je connaissais la marche de l'esprit public, dit-il, je savais qu'il existait un mécontentement général ; si les accents les plus faibles peuvent avoir quelque poids au moment de la mort, je vais dire quelques vérités utiles. La famille des Bourbons fut reçue avec enthousiasme au mois d'avril 1814 ; quelle fut la cause du changement de la nation à son égard ? » Le président du conseil de guerre arrêta le prévenu, il ne lui laissa pas continuer cette défense impossible, qui, le transformant en accusateur, faisait asseoir le gouvernement sur le banc des accusés. L'avocat du colonel déclara que la défense n'était pas libre, et, celui-ci renonçant à la parole, le conseil, après en avoir délibéré, le condamna à mort.

Malgré sa culpabilité évidente, un vif intérêt s'attachait à sa personne : son âge, ses liens de famille (si jeune encore, il était marié et il avait deux enfants), son brillant courage, son caractère aimable et son impétuosité même qui avait en partie causé ses torts, lui conciliaient la sympathie, et on aurait voulu le sauver. Une demande en grâce fut déposée par madame de

Labédoyère, et M. Pasquier la porta d'abord au conseil. Mais la grâce était presque aussi impossible que l'acquittement, si l'on ne voulait pas frapper de nullité l'ordonnance du 24 juillet. En effet, nul n'avait été plus prompt et moins excusable dans la défection que le colonel Labédoyère : toutes les origines de sa famille étaient royalistes ; il appartenait à une famille de cour, MM. de Damas et de Chastellux étaient ses beaux-frères ; il devait le commandement de son régiment à une faveur spéciale du Roi. Si le pardon royal descendait sur un homme de souche nobiliaire, qui, traité avec tant de faveur par le Roi, avait, dès Grenoble, pris l'initiative de la défection, il n'y avait plus d'accusé possible parmi les anciens lieutenants de Napoléon ; et la vindicte publique demeurait désarmée. Cette considération décisive détermina le ministère à faire exécuter l'arrêt, et le Roi lui-même dut y céder.

Les deux mesures du licenciement de l'armée et des poursuites à exercer contre les fauteurs et les coopérateurs du 20 mars étant réglées par les ordonnances du 16 et du 24 juillet, M. de Talleyrand essaya d'entrer en pourparlers avec les cabinets étrangers au sujet de la situation qui allait être faite à la France en Europe. Il affectait de croire, plus qu'il ne le croyait réellement, que le traité signé à Vienne continuait à être la loi diplomatique qui réglait la situation de la France. D'après ce thème, qui ne manquait ni d'habileté ni de vérité logique, l'Europe, n'ayant jamais cessé d'être en bons rapports avec le Roi, n'avait pas été en guerre avec la France, elle n'avait été en guerre qu'avec Napoléon Bonaparte, qu'on pouvait considérer comme un ennemi public. Napoléon une fois éliminé de la situation, les traités de Vienne, qui n'avaient jamais cessé d'exister virtuellement, reprenaient leur cours.

Deux puissances seulement paraissaient pouvoir être amenées à considérer les choses à ce point de vue, la Russie et l'Angleterre, et la première des deux était, on l'a dit, peu favorable au ministère du prince de Talleyrand. Les deux autres grandes puissances, la Prusse et l'Autriche, avaient d'autres visées, la Prusse d'une manière ouverte, l'Autriche en prenant un peu plus de peine pour les dissimuler. Cette situation se dessine de la manière la plus claire dans la correspondance du duc de Wellington, qui était en avant de son cabinet dans sa bienveillance pour la France : « Si les puissances, écrivait-il à sir Henry Wellesley à la date du 19 juillet 1815, consentent seulement à montrer un peu de modération, si elles empêchent leurs troupes de piller, et se contentent de prendre ce qui leur est nécessaire pour leur propre sécurité, nous pouvons espérer une longue paix; mais la mauvaise conduite qu'elles mènent m'inspire de graves inquiétudes [1]. » Le lendemain, il écrit à lord Bathurst : « Comme nos troupes ne nous coûtent rien ici, et qu'il est impossible de dire ce qui arrivera avec le système de pillage que l'on propose d'adopter, il est bon que vous nous envoyiez ici le plus de troupes que vous pourrez. » On le voit, le duc de Wellington prévoyait la possibilité de la reprise de la guerre, par suite de l'excès des prétentions des coalisés et des avanies auxquelles ils soumettaient la France, et il demandait des troupes de renfort à lord Bathurst au moment même où le gouvernement du Roi, sous le coup de la même prévision, se réservait la ressource suprême de l'armée de la Loire, tout en signant l'ordonnance de son licenciement, auquel on procédait avec une extrême lenteur [2].

Au point où nous en sommes, il importe de retracer l'ensemble et la suite des rapports des puissances coalisées avec le gouvernement du Roi, depuis leur entrée à Paris jusqu'au jour où, après s'être mises d'accord, elles firent connaître leur ultimatum. Dès le début, en effet, elles signifièrent à M. de Talley-

---

1. *Letters and dispatches.*
2. Le licenciement ne fut terminé qu'en novembre.

rand que leur intention était d'attendre, pour communiquer leurs résolutions, qu'elles eussent établi entre elles une entente complète sur tous les points. Ces délibérations étaient ce qu'il pouvait y avoir de plus préjudiciable à l'intérêt français. En effet, nous perdions la chance que nous avions eue, pendant le congrès de Vienne, de profiter des dissidences des diverses puissances, en nous rapprochant des cabinets dont les intérêts se rencontraient avec les nôtres. Les cours coalisées alléguaient en outre, comme on l'a vu, qu'avant d'entrer en négociation avec le gouvernement royal, elles avaient le droit d'exiger préalablement, comme un gage de la paix future, la punition des principaux fauteurs et coopérateurs du mouvement du 20 mars, et le licenciement de l'armée de la Loire, dont la composition était menaçante pour le repos de l'Europe. Quoique la guerre semblât finie par la chute et le départ de Napoléon, et surtout par la rentrée de Louis XVIII à Paris, l'Europe se maintenait ainsi, vis-à-vis de la France, dans une position d'attente pleine de menaces et de demi-hostilité. Si ce n'était plus la guerre, ce n'était pas encore la paix, et, comme on ne savait point jusqu'où iraient les exigences européennes, on concevait des doutes sur le dénoûment de cette situation équivoque. En attendant qu'elle se dénouât, les coalisés occupaient militairement la France, et c'est une des explications les plus plausibles de ce flux d'hommes armés qui continuait à monter quand l'invasion paraissait ne plus avoir de motifs. Ce que le duc de Wellington, favorable à la solution la moins funeste à la France, écrivait à son gouvernement : « Continuez à nous envoyer le plus de troupes que vous pourrez, car il est impossible de dire ce qui arrivera, » d'autres devaient, à plus forte raison, l'écrire.

C'est ici le moment de peindre la situation des départements pendant les premiers mois de la Restauration, comme nous avons peint celle de Paris.

Le duc de Wellington, avec l'armée combinée des Anglais, des Hollandais, des Belges et des Hanovriens, occupait les départements compris entre la frontière belge et Paris où il avait son quartier général. Blücher, qui avait son quartier général dans la même ville, n'avait conservé à Paris que les régiments de la garde royale de Prusse [1]; le gros de l'armée prussienne, séparée de l'armée anglaise par le cours de la Seine, étendait ses cantonnements entre ce fleuve, la Loire et l'Océan, et il ne s'arrêta que sur les limites du Morbihan, devant une protestation dont nous aurons à parler plus tard; la Normandie, l'Anjou, le Maine et la majeure partie de la Bretagne se trouvaient donc occupés par ses nombreux bataillons. Les Autrichiens, avec les Bavarois, les Hessois et les Wurtembergeois, occupaient en force le Lyonnais, le Dauphiné, la Bourgogne, le Nivernais et une partie du Bourbonnais, et un autre corps d'armée autrichien, descendu des Alpes, couvrait la Provence et s'étendait jusque dans le Languedoc. Les Russes campaient dans la Champagne et dans la Lorraine, les Badois et les Saxons dans l'Alsace. L'Europe armée avait ainsi pris ses quartiers en France, prête à frapper des coups décisifs là où la résistance à ses volontés viendrait à se manifester.

Si l'on se reporte au différend qui se produisit le lendemain même de l'entrée de Blücher et de Wellington à Paris, on comprendra que les dispositions et les procédés de ces diverses puissances à l'égard de la France n'étaient pas les mêmes. Les Prussiens se distinguaient des autres par la vivacité de leur animosité et l'exagération de leurs prétentions. L'Autriche espérait le retour de la Lorraine à son empire; la Prusse convoitait l'Alsace et Metz; déjà, dans les journaux allemands, les nouvelles de ces contrées françaises étaient

---

1. Lettre du duc de Wellington au prince de Talleyrand, au sujet d'une réclamation présentée par le préfet de la Seine sur les dépenses faites pour les subsistances de l'armée anglaise.

données sous la rubrique *Allemagne* comme pour constater une prise de possession. La Suisse, la Sardaigne, portaient leurs regards, en attendant qu'elles pussent porter leurs mains, sur les territoires français à leur convenance. Ce n'était pas seulement par des articles de journaux que les étrangers manifestaient leurs prétentions : à Bourg, on n'avait pas encore publié, le 17 juillet 1815, les actes du gouvernement royal, les Autrichiens y avaient mis obstacle; à Colmar, il était encore interdit, le 29 juillet, à la municipalité d'annoncer l'entrée de Louis XVIII à Paris, et à la cour royale d'enregistrer le premier numéro du *Bulletin des lois*[1]. Quelque chose de plus : tandis que le duc de Vellington prescrivait à ses lieutenants de respecter toutes les villes fortes qui reconnaîtraient le gouvernement de Louis XVIII et arboreraient le drapeau blanc, les Prussiens, et en général les chefs militaires allemands, assiégeaient et bombardaient, jusque dans le courant du mois d'août et même de septembre, les villes fortes que leurs gouvernements comptaient s'approprier.

Le duc de Wellington, dans sa correspondance, constate d'une manière officielle ces actes réitérés d'hostilité en défendant à ses lieutenants d'y prêter la main. « Pour ce qui regarde les places de Bouchain, Douai, Valenciennes et toute autre place qui arborerait le drapeau blanc, écrivait-il au prince d'Orange, à la date du 16 juillet, V. A. R. se considérera envers ces places en état de suspension d'hostilité. Vous ne demanderez point à y mettre garnison, vous donnerez seulement vos soins à couvrir et à conserver les grandes communications de l'armée. » Pour maintenir ces principes posés dès l'origine comme une règle de conduite, le duc de Wel-

---

1. Correspondances des préfets citées par M. Duvergier de Hauranne (*Histoire du gouvernement parlementaire*).

lington était obligé d'écrire, à la date du 5 août 1815, au colonel Dikson : « J'apprends par votre lettre du 30 juillet que le prince royal de Prusse doit attaquer Marienbourg, Philippeville et ensuite Givet, et qu'il demande pour cette dernière opération cent cinquante pièces de canon. J'avais toujours compris que S. A. R. n'attaquerait aucune ville sans que cette attaque eût été résolue d'un commun accord par les alliés, et qu'il n'attaquerait pas celles qu'il trouverait soumises à S. M. T. C. et couvertes par le drapeau blanc. Comme S. A. R. me paraît avoir adopté une autre opinion, je dois vous informer qu'en raison de mon respect pour les décisions des cours alliées, je ne puis accorder aucun train d'artillerie pour attaquer les places qui ont reconnu le Roi très-chrétien et arboré le drapeau blanc. Je vous prie de communiquer ces instructions à S. A. R. »

Parmi les places qui furent ainsi assaillies par ceux des coalisés qui suivaient une autre ligne de conduite que le duc de Wellington parce qu'ils avaient des vues ultérieures, nulle n'a laissé un plus beau souvenir dans notre histoire que la petite ville de Longwy. Cette ville forte, située à quarante kilomètres des Pays-Bas, à soixante-cinq de Metz, chef-lieu de son département, à trente-cinq de Thionville, à cinquante de Verdun et trente de Luxembourg, et qui avait été bâtie à nouveau sous Louis XIV par Vauban sur un emplacement voisin de celui qu'elle occupait antérieurement, couvre, on le sait, notre frontière du côté de Luxembourg. Elle n'était occupée, à la fin de juin 1815, que par trois bataillons de gardes nationaux de la Moselle et de la Meurthe, formant ensemble un effectif de 1,500 hommes, et par un bataillon de militaires retraités des Vosges, fort de 350 hommes ; le 2 juillet, le prince de Hesse-Hombourg, arrivant par les chemins de Luxembourg et d'Artois, se présenta devant la place à la tête d'un corps d'armée d'environ 6,000 hommes, composé de

Prussiens et de Westphaliens, et pourvu d'une nombreuse artillerie.

Il y eut alors un premier siége qui dura dix jours; il fut terminé le 12 juillet par l'arrivée d'une colonne française de mille hommes, sortie de Metz pendant la nuit, et qui, combinant son attaque avec celle de la garnison, culbuta et mit en fuite les assiégeants. Le prince de Hesse-Hombourg ne put les rallier que sous les murs de Luxembourg. On s'explique ce premier siége, soutenu avec une vigueur remarquable par le baron Ducos, gouverneur de la ville, et terminé par un beau fait d'armes; il avait été commencé avant l'entrée de Louis XVIII à Paris, qui n'eut lieu que le 8 juillet; l'état de guerre durait encore. Le premier usage que la garnison et la ville firent de leur délivrance fut d'envoyer à Paris une députation chargée de renouveler à Louis XVIII leur serment de fidélité. Le roi accueillit cette députation avec faveur, et se montra touché des maux qu'avaient endurés les habitants pendant le bombardement qui avait jeté dans la ville plus de sept mille bombes.

Tout semblait terminé. Longwy avait adhéré au gouvernement de Louis XVIII. Le gouverneur, qui tenait ses pouvoirs du Roi, avait détruit les travaux de l'ennemi, et les habitants s'occupaient, tâche plus difficile et plus longue, à réparer leurs désastres; la sécurité était complète. Deux semaines se passèrent ainsi; mais, le 28 juillet 1815, le prince de Hesse-Hombourg reparut avec des forces supérieures, et fit sommer le baron Ducos de lui livrer une porte de la ville. Le gouverneur répondit par un refus, en faisant remarquer que « les habitants et la garnison de Longwy n'étaient pas des rebelles. Le drapeau blanc, planté sur la tour de l'église, flottait assez haut pour être aperçu du camp du prince; le gouverneur de Longwy, fidèle sujet du Roi, venait d'envoyer à Paris un officier pour prendre les ordres de S. M. Ce qu'elle ordonnerait serait fait. Si elle prescrivait d'ouvrir les portes, elles seraient ouvertes; mais, à moins que cet ordre ne vînt, tout ce qui était dans la place préférait s'ensevelir sous ses ruines plutôt que de trahir les intérêts du Roi et de la patrie. » Ces fières paroles étaient suivies d'une proposition : Au lieu de verser inutilement le sang, n'était-il pas préférable de convenir d'une suspension d'armes jusqu'à l'arrivée de la réponse du Roi. Le prince de Hesse accéda à cette proposition, et il fut convenu que, de part et d'autre, on resterait dans la position où l'on se trouvait, sans exécuter, d'un côté ni de l'autre, aucun travail de siége; en cas d'une reprise des hostilités, on dénoncerait l'armistice vingt-quatre heures d'avance. Au bout de deux jours, le prince de Hesse manqua à cet engagement. Il fit parvenir dans la place l'ordonnance du Roi sur le licenciement des gardes nationales, en insinuant à ceux qui composaient les bataillons de la garnison qu'ils pouvaient rentrer dans leurs foyers, et que leur fuite serait favorisée par ses avant-postes. Cette manœuvre, aidée sans doute par la conviction que la ville désormais protégée par son adhésion au gouvernement royal ne pouvait être attaquée, produisit son effet, et l'effectif de la garnison fut bientôt réduit à 300 hommes.

Alors le prince de Hesse-Hombourg fit pousser rapidement les travaux, auxquels il employa jusqu'à 4,000 hommes. Le gouverneur de la place, à cause de la faiblesse croissante de la garnison, ne put mettre aucun obstacle aux progrès des travaux; faute d'artilleurs, il avait confié les pièces des remparts à soixante-dix habitants, qui s'étaient dévoués à ce pénible et périlleux service. On arriva ainsi au 25 août, jour de la Saint-Louis, sans que l'armistice fût rompu. Le gouverneur fit avertir le prince de Hesse-Hombourg que la ville et la garnison célébreraient la fête du Roi, et que le soir un feu d'artifice serait tiré sur la place d'Armes; ce message avait à la fois pour objet d'éviter des méprises fâcheuses, et de constater une fois de plus que Longwy était une ville dévouée à Louis XVIII, que les puissances étrangères traitaient en allié, ce qui leur interdisait de traiter Longwy en ennemi. Sur ces entrefaites, le commandant du génie revint de Paris, où il était allé chercher les ordres du Roi ; il était porteur d'une lettre du ministre de la guerre, que le baron Ducos lut devant les habitants et la garnison assemblés. Il y était dit que l'*intention du Roi était que les habitants, conjointement avec la garnison, fissent tous leurs efforts pour conserver la place à ses armes et à la patrie.* Il y eut un long cri d'adhésion et d'enthousiasme parmi cette poignée d'hommes héroïques triés par les épreuves du premier siége. La beauté de l'action qu'ils allaient faire leur apparut, et un long cri de *Vive le Roi!* scella le serment de ceux qui allaient mourir pour le Roi et la patrie, afin de rappeler aux ennemis qu'on saurait combattre sous l'ancien drapeau de la France comme on avait combattu sous le nouveau, pour la défense du territoire national. Le 8 septembre, le prince de Hesse, qui avait achevé ses préparatifs, fit de nouveau sommer la place, en annonçant que, si la porte de la ville ne lui était pas ouverte dans la journée, le bombardement commencerait le lendemain à neuf heures du matin. Le gouverneur répondit qu'il ne pouvait croire qu'on assiégeât une ville dont la fidélité au Roi était évidente, mais il persista dans son refus. Le lendemain, à neuf heures précises du matin, toutes les batteries des assiégeants, plus nombreuses et plus formidables que dans le premier siége, ouvrirent leur feu. En vingt-quatre heures, plus de trois mille bombes tombèrent dans la ville, dont l'artillerie riposta avec la plus grande vigueur et avec une telle précision, qu'elle fit sauter un des magasins d'artifice des assiégeants en tuant cinquante hommes, et que le prince de Hesse-Hombourg, qui avait placé son quartier général à deux kilomètres et demi de la ville, fut obligé de quitter précipitamment le village de Saint-Martin, et de rétrograder jusqu'à Cosne, qui est à cinq kilomètres, pour échapper aux bombes tirées de la ville, et qui avaient blessé à côté de lui un de ses principaux officiers. Le 13 et le 14 septembre le feu redoubla; pendant la nuit du 14 au 15, l'ennemi s'avança en masse comme pour donner un assaut, et fut reçu par une vive fusillade ; mais il parvint, à l'aide de cette diversion, à s'emparer de la lunette 44, dont la prise assurait celle de la ville. Deux mille hommes d'infanterie, appuyés par trois cents hommes du génie, assaillirent ce poste, défendu par vingt-six officiers seulement, sous le commandement du chef de bataillon Sico. Ce ne fut qu'après une longue résistance que ces hommes héroïques, à demi asphyxiés par la fumée des matières combustibles qu'on avait accumulées autour du blockaus central, où ils s'étaient retirés après la prise de la lunette, consentirent à capituler. La défense n'était plus possible. Le baron Ducos dut céder à la force. Une convention fut signée; la garnison française obtint de sortir avec les honneurs de la guerre. Ce fut un triste mais un beau spectacle, quand, le lendemain, les deux cents hommes qui formaient cette faible et intrépide garnison, défilèrent devant le prince de Hesse, en sortant par la porte de France, tandis que dix-huit mille Prussiens qui l'avaient assiégée entraient par la porte de Bourgogne. Plein d'admiration pour cette belle défense, le prince de Hesse demanda le double de la capitulation, qui devait rester dans les mains des Français, et y écrivit ces lignes, qui témoignent des sentiments que lui avaient inspirés ces glorieux vaincus : « La garnison de Longwy s'étant défendue avec la plus grande bravoure et opiniâtreté, je me ferai toujours un plaisir de prouver à tous les individus qui la composent mon estime particulière. Toutes les troupes sous mes ordres lui portent la même admiration. »

C'est ainsi que plus de deux mois écoulés après la rentrée

de Louis XVIII à Paris, les Prussiens faisaient encore le siége de nos villes qui, couvertes en vain du drapeau blanc, luttaient aux cris de Vive le Roi! pour l'intégrité du territoire de la France. Ce ne fut pas le seul exemple de ce genre. Le général Barbanègre, assiégé dans Huningue par un corps d'armée autrichien, résista, avec cent cinquante soldats, du 14 août au 26 du même mois, à un bombardement meurtrier. Enfin, après avoir en vain proposé de reconnaître Louis XVIII et d'arborer le drapeau blanc sur la ville aux trois quarts incendiée, il capitula le 27 août et obtint de sortir de la place avec les honneurs de la guerre, à la tête du reste de la garnison réduite à cinquante hommes.

Ces siéges en pleine paix ne peuvent s'expliquer que par l'intention qu'avaient la Prusse et l'Autriche de s'approprier la partie de notre territoire la plus voisine de leurs frontières, car l'Angleterre et la Russie ne firent rien de pareil; l'on trouve, en effet, en pénétrant dans le secret des négociations qu'entretinrent entre elles les puissances étrangères pendant les mois de juillet et d'août et la première moitié de septembre 1815, des traces évidentes de cette intention. C'était aussi un des motifs qui avaient déterminé, on l'a vu, les souverains à étendre l'occupation militaire à la France entière et à demander incessamment le licenciement immédiat de l'armée de la Loire, qu'elles menacèrent d'opérer en la faisant cerner par une armée de trois cent mille hommes, si Louis XVIII se reconnaissait impuissant à exécuter cette mesure.

On peut, dès lors, se faire une idée de la situation des départements qui n'étaient pas protégés comme Paris par la présence du Roi, envers lequel la courtoisie naturelle entre souverains obligeait les princes coalisés à garder quelques égards. Les étrangers y appliquaient ce système de pillage et d'extorsions signalé et blâmé dans la correspondance officielle du duc de Wellington avec son gouvernement. Non-seulement on faisait les réquisitions nécessaires à la subsistance des troupes étrangères, c'était la suite inévitable de la guerre ; mais on frappait les villes de contributions extraordinaires au profit de l'armée d'invasion ou de ses chefs; partout où les administrateurs n'eurent pas la prévoyance de soustraire les caisses publiques et même les rôles des contributions aux commandants des troupes qui occupaient leurs départements, ceux-ci s'emparèrent des fonds contenus dans ces caisses et voulurent lever des impôts pour le compte de leur gouvernement. Les préfets et les fonctionnaires nommés par Louis XVIII avaient reçu pour instruction de résister, par tous les moyens possibles, à ces violences; ils suivirent, la plupart, courageusement ces ordres. Mais que pouvaient-ils contre la force ? Les Prussiens, les Wurtembergeois, les Bavarois, les Autrichiens, plaçaient chez les fonctionnaires récalcitrants des garnisaires, et les mettaient aux arrêts dans leurs appartements en leur interdisant tous rapports avec leurs administrés. Sur plusieurs points, on fit plus : les préfets et les sous-préfets furent arrêtés et emprisonnés ; il y en eut même qui, subissant le sort dont on avait menacé M. de Chabrol, préfet de la Seine, furent enlevés et conduits à l'étranger, pour être détenus dans des forteresses. M. Pasquier, préfet de la Sarthe et frère du ministre de la justice ; M. de Gasville, préfet de l'Eure et gendre de M. Dambray, chancelier de France, eurent cette destinée. Il semblait que les étrangers eussent choisi à dessein des hommes liés par une étroite parenté avec les membres du ministère pour intimider le reste des fonctionnaires. Peu s'en fallut que le propre neveu du premier ministre, M. de Talleyrand, préfet du Loiret, ne subît le même traitement; averti à temps, il put s'y dérober par la fuite. Deux autres préfets, celui de la Mayenne et celui des Vosges, furent réduits aussi à s'enfuir, et cachés, l'un sous un toit obscur, l'autre dans les bois, ils entretinrent des rapports clandestins avec leurs administrés. La condition des paysans dans leurs villages était pire encore que la condition des habitants des villes. Dans beaucoup d'endroits ils furent obligés de chercher un refuge dans les forêts avec leurs femmes et leurs enfants, pour échapper à d'intolérables violences. Les témoignages étrangers viennent confirmer tous les détails de ce triste tableau. Dès le 8 juillet, lord Castlereagh écrivait à lord Liverpool : « La difficulté actuelle est de faire garder quelque mesure aux Prussiens et à Blücher. » Il ajoutait le 14 : « Il convient que chaque cabinet exerce sur son armée un contrôle efficace. Ce contrôle est sans importance en ce qui concerne l'armée anglaise, qui est un modèle de bonne conduite en même temps que de bravoure. Mais ailleurs il y a tout à empêcher. » Enfin, le duc de Wellington écrivait au maréchal de Beresford, le 7 août : « La bataille de Waterloo a été certainement la plus rude qui ait été livrée depuis beaucoup d'années, et le gain de cette bataille a mis dans les mains des alliés de très-importants résultats, mais ces résultats, nous les détruisons nous-mêmes par l'infâme conduite de quelques-uns de nous. »

Les étrangers accumulèrent ainsi contre la Restauration de redoutables rancunes ; car, après s'être présentés en alliés de Louis XVIII, ils se conduisaient en ennemis de la France, et l'esprit de parti, dans son injustice, allait bientôt accuser le chef de la maison de Bourbon des excès qu'il s'était inutilement efforcé d'empêcher et qu'il réussit enfin à diminuer.

Pour mettre un terme aux extorsions et aux avanies de tout genre auxquelles les populations étaient en butte, le gouvernement royal ouvrit une négociation avec les puissances coalisées, afin de régulariser, au moyen d'un subside convenu, les sommes à verser pour la solde et l'entretien des armées étrangères. Il fallait pourvoir à cette dépense extraordinaire;

le Conseil décida, sur la proposition du baron Louis, le 8 août 1815, qu'un emprunt forcé de cent millions serait réparti entre les différents départements dans la proportion de leurs ressources, et qu'il serait levé provisoirement sur les principaux contribuables, sauf à y faire concourir plus tard les autres imposés, de manière à rembourser les premiers d'une partie de leurs avances. De cette manière, on parvint, sinon à faire complétement disparaître, au moins à diminuer notablement les exactions et les avanies.

III

RÉACTIONS DU MIDI.

Dans ce triste tableau de la situation des départements de la France, durant les premiers mois de la seconde Restauration, nous n'avons encore rien dit du Midi. Là, aux maux causés par l'invasion vinrent s'ajouter d'autres et de plus grands malheurs.

Dans ces contrées où les passions sont si ardentes et où les populations catholiques et protestantes, royalistes et révolutionnaires, enflammée des haines séculaires, vivaient dans une température de guerre civile, les majorités avaient été opprimées et molestées pendant les Cent-Jours par des minorités appuyées sur la force militaire et sur la puissance administrative. Il y avait eu des injures, des violences, et même, on l'a vu, des meurtres commis, surtout à l'époque du retour des volontaires royaux qui avaient suivi le duc d'Angoulême dans sa courte campagne. Quand la nouvelle de la chute de l'Empereur arriva, il se fit une réaction violente dans ces contrées, et notamment à Avignon, à Toulouse, à Marseille, et dans le département du Gard, à Nîmes et à Uzès. Le gouvernement royal avait un désavantage sur le gouvernement impérial; dans cette crise où toutes les passions étaient déchaînées, il était désarmé de toute force publique par le licenciement nécessaire de l'armée. Il n'avait donc, pour arrêter de sanglantes représailles, que les gardes nationales, presque partout plus ou moins animées des passions qu'il fallait réprimer; et la plupart des autorités, chargées de remplir cette tâche difficile avec des moyens aussi précaires qu'insuffisants, avaient été choisies, par un ministère qui inspirait une défiance profonde, parmi des hommes suspects aux populations qu'ils administraient : il faut ajouter que, sur ces points éloignés, les troupes étrangères tardèrent à pénétrer. Il en résultait que tout manquait à la plupart de ces autorités, la force morale comme la force matérielle, ce qui achevait d'aggraver la situation. De là sortirent des excès déplorables, de détestables forfaits commis par les hommes les plus violents de la multitude royaliste, auxquels se mêlèrent ces caractères malfaisants, ces natures atroces, sortes de volontaires du crime, qu'on trouve dans les bas-fonds de toutes les sociétés, et dont les instincts pervers se révèlent quand, par quelque accident imprévu, la pression de la force sociale diminue. C'est l'ensemble de ces réactions qu'on a appelé, dans un grand nombre d'écrits du temps et même de notre époque, la Terreur blanche, la Terreur du Midi, ou plus génériquement la Terreur de 1815. Il faut sans nul doute détester le crime; mais le juste sentiment de réprobation qu'on lui voue ne doit pas aller jusqu'à changer dans l'histoire les proportions des hommes et des faits. Il n'y eut aucune comparaison à établir, ni pour la durée, ni pour l'étendue du mal, ni pour la puissance malfaisante des persécuteurs, ni pour le nombre des victimes, entre la réaction de 1815 et la grande Terreur de 93. Un seul jour de cette époque à jamais néfaste vit périr autant d'hommes que toute la période de réaction qui succéda dans le Midi aux excès des Cent-Jours.

Nîmes, Uzès, Marseille, Avignon et Toulouse furent, on l'a dit, les points où ces déplorables excès se manifestèrent avec le plus d'intensité[1]. A Nîmes, la nouvelle de la chute de l'Empire détermina une vive agitation dans la population royaliste. Les autorités établies par l'Empereur comprimèrent aussi longtemps qu'elles le purent ce mouvement. Même après l'entrée de Louis XVIII à Paris, le général Gilly, qui commandait à Nîmes, tenta de maintenir les populations si ardemment royalistes de cette contrée sous le joug d'un gouvernement qui avait cessé d'exister. C'était vouloir être plus fort que la

1. L'honorable auteur du remarquable ouvrage que j'ai souvent cité, l'*Histoire du gouvernement parlementaire en France*, a rencontré comme moi cette question des réactions du Midi. Après avoir énuméré la liste des ouvrages qu'il a consultés avant d'en parler, il ajoute qu'on y trouve plutôt le récit de violences et de sévices que de meurtres, et, après avoir nié, sur l'assertion de M. de Saint-Aulaire, qu'il aurait dû contrôler, que les crimes commis sur plusieurs points du Midi, dans les premiers temps de la seconde Restauration, aient été provoqués par les excès que commit pendant les Cent-Jours le parti adverse, il ajoute : « On peut juger de la valeur des apologies que le désir de décharger leur parti d'une lourde responsabilité a récemment inspirées à des écrivains royalistes. Ce désir est sans doute naturel et légitime ; mais pas plus pour la Terreur de 1815 que pour celle de 1793 ; il ne doit entraîner d'honnêtes gens à défendre des monstres sanguinaires, au risque d'affaiblir le sentiment moral qui flétrit le crime, quel qu'en soit l'auteur ou la cause. »
Comme je suis le dernier écrivain qui ait parlé de la réaction du Midi en 1815, et que, sans vouloir en rien l'excuser, encore moins la justifier, j'ai essayé de l'expliquer, ce qui est non-seulement le droit, mais le devoir de l'historien, il est évident que cette remarque s'adresse au chapitre que j'ai consacré à ce sujet dans les *Souvenirs de la Restauration*. Je me contenterai de renvoyer les lecteurs à ce chapitre, dans lequel j'ai traité, *in extenso*, cette question (page 146-205 et page 297-305). Ils y verront sur quels documents, sur quels faits précis je me suis appuyé pour émettre une opinion raisonnée que M. Duvergier de Hauranne repousse, mais qu'il ne réfute pas. Dans le second volume de l'*Histoire de la Restauration* j'ai cité des faits précis, pages 237 et suivantes. J'ai, depuis, poursuivi l'enquête pour arriver à une évaluation plus précise du nombre des victimes dans le département du Gard, et l'on trouvera à la fin de ce volume un *Mémoire* que mon ancien collègue et ami, M. de Larcy, longtemps député du Gard, dont l'esprit éclairé, les sentiments vraiment libéraux et la haute impartialité sont connus, a rédigé à ma prière, après avoir recueilli et confronté tous les documents contemporains et tous les souvenirs locaux.

force des choses, à laquelle rien ne résiste, et enflammer bien gratuitement les passions populaires par une résistance dont le succès était impossible. Un camp royaliste s'était formé à Beaucaire, à quatre lieues de Nîmes, et avait pour chef un protestant, le général de Barre. Le commissaire du Roi pour le département du Gard, M. de Bernis, entama des négociations afin d'amener la soumission des autorités nîmoises et de maintenir l'ordre pendant la transition du gouvernement des Cent-Jours au gouvernement royal. Les négociations échouèrent pendant plusieurs jours devant les refus opiniâtres du général Gilly, qui avait conçu l'idée chimérique d'une défense prolongée dans les montagnes des Cévennes et de la Lozère. Il est facile de comprendre tout ce que cette compression violente des opinions dominantes avait amassé de colère dans le cœur des populations. Dans la nuit du 14 au 15 juillet le général Gilly fut enfin obligé de quitter Nîmes; mais il laissa, sous le commandement du général Malmont, deux régiments cantonnés dans les casernes et qui tenaient pour l'Empereur. Cette situation ne pouvait se prolonger sans enfanter la guerre civile. Le conseil municipal de Nîmes obtint du général Malmont la promesse de livrer son artillerie pour rassurer le peuple, qui la conduirait aux Arènes. Le 17 juillet, au moment où cette convention allait être exécutée, les soldats furieux, méconnaissant l'autorité de leur chef et rebelles à sa voix, tirèrent sur la foule désarmée : plusieurs royalistes tombèrent sous cette décharge, le plus grand nombre blessés, onze pour ne plus se relever [1]. Ce sang versé au moment où l'on espérait rétablir l'autorité du Roi sans coup férir mit le comble à l'exaspération que le souvenir des assassinats d'Arpaillargues et des excès et des violences commis dans les

---

1. Documents inédits communiqués par M. de Surville, membre de l'Assemblée législative en 1849. L'état des morts est nominatif : Mazoyer (François).

Cent-Jours avait déjà rendue bien grande. Ce fut alors que la réaction commença. Le lendemain 18 juillet, l'armée de Beaucaire entra dans Nîmes ; elle était suivie de ce triste cortége de gens sans aveu, lie de la population, cachée dans les profondeurs de la société quand les temps sont tranquilles, et qui remonte à la surface aux jours des discordes civiles. Le même jour, les deux régiments du général Malmont, ayant quitté les casernes où ils étaient assiégés par la population, sortirent de Nîmes. Le peuple crut prendre une revanche en imitant les violences dont plusieurs des siens avaient été victimes : pendant que les régiments se retiraient, des coups de fusils partis de la foule atteignirent plusieurs soldats : dix restèrent morts sur la place, une vingtaine furent blessés. Malgré les efforts des commissaires du Roi, d'autres meurtres furent commis dans cette journée du 18 juillet : trois protestants périrent, et il y eut quelques maisons pillées. La garde nationale, qui se forma spontanément dans ce moment, était composée de tous ceux qui possédaient une arme ; l'élément populaire y dominait, l'élément populaire si inflammable partout, dans le Midi plus que partout ailleurs. Elle ne pouvait donc offrir au gouvernement un point d'appui solide pour empêcher ou réprimer le désordre. Alors vinrent des scènes déplorables et d'odieux forfaits : il y eut des meurtres dans Nîmes, il y en eut dans les environs. Des bandes s'organisèrent, quelques hommes animés de passions politiques en formèrent le noyau grossi bientôt par un plus grand nombre d'hommes de licence et de rapine ; en l'absence de toute force publique, cette force armée du désordre put impunément exercer son action, et elle ajouta bientôt au meurtre des violences, des avanies et le pillage. On commença par piller des protestants,

---

Dressant (Jean), Maurice (Castor), Aimé (Pierre), Nouvel (Antoine), Daussac (Jean), Sadoul, Aigon (Louis), femme Rouvière (Françoise), Philippe (Claude).

on pilla ensuite des catholiques. C'est dans ces tristes journées que Jacques Duport dit Trestaillon acquit sa sinistre renommée. Cet ancien volontaire royal, qui, en revenant blessé après la capitulation de la Palud, trouva sa maison pillée et sa femme victime d'outrages odieux dont elle lui désigna les auteurs, se précipita dans la vengeance et dans le meurtre avec une implacable colère; son nom devint un objet de terreur. Tout le pays, il ne faut pas l'oublier, était organisé pour la guerre civile. Les cantons protestants étaient armés, et d'Arpaillargues, de Ners et de plusieurs autres bourgs de la Gardonnenque, sortirent des partis protestants qui menacèrent les catholiques et en tuèrent quelques-uns, de sorte qu'aux rancunes et aux colères venaient s'ajouter ces redoutables paniques qui produisent tant de malheurs dans les révolutions.

Après les journées du 18 juillet, celles du 21, du 24, du 27 juillet, du 1ᵉʳ août, furent souillées de sang et comptèrent ensemble quatorze victimes. Dans la nuit du 19 août, c'était la veille des élections, il y eut encore cinq personnes tuées à Nîmes ou dans les faubourgs. C'était le résultat des vengeances populaires; deux de ces personnes étaient des femmes soupçonnées d'avoir dénoncé les royalistes pendant les Cent-Jours. Comme les électeurs appartenaient aux classes élevées de la société, ils n'eurent pas à craindre de représailles de ce genre; ils purent, protestants aussi bien que catholiques, user de leur droit avec sécurité [1], et ils en usèrent. Quoi qu'en ait dit un historien contemporain, aucun électeur protestant ne périt dans les élections de Nîmes : un seul électeur fut tué, à Marvéjols-lès-Gardons, le 25 août, par les protestants, en revenant

---

1. « Tout le monde vota en sûreté, écrivait quatre ans plus tard au *Conservateur* un honorable électeur protestant, M. Castelnau, qui assistait à ces élections. On vit sur les listes des votants les noms des protestants les plus considérables du consistoire. » (Voir les *Pièces justificatives*.]

des élections de Nîmes, et c'était un prêtre catholique, l'abbé d'Esgrigny[1]. La vérité est assez triste sans qu'on ajoute encore à son horreur.

L'usage des populations méridionales d'exprimer leurs joies en se réunissant, le soir, sur les places et dans les lieux publics pour danser d'immenses farandoles, tenait les passions perpétuellement en contact et en éveil. Les bruits sinistres, les nouvelles irritantes, les appels aux colères politiques, circulaient dans ces multitudes devenues plus impressionnables par leur concentration. Un soupçon, un bruit mensonger suffisait pour exciter un mouvement. Les temples protestants avaient été fermés pour éviter des malheurs; le 5 novembre le duc d'Angoulême se rendit de sa personne à Nîmes, blâma énergiquement les excès, et, après avoir reçu le consistoire, il ordonna la réouverture des temples; il quitta la ville le 7. Le dimanche 12 novembre, ses ordres allaient être exécutés : des voix s'élevèrent pour dire qu'il était injurieux pour la population catholique de voir les églises consacrées autrefois à la vérité religieuse, et qui depuis 89 avaient été usurpées par les hérétiques, demeurer acquises à l'erreur protestante, tandis que les catholiques n'avaient pour célébrer les cérémonies de leur culte que des espèces de granges. La multitude, les femmes surtout, s'émut à ces paroles et courut aux temples protestants. Le général Lagarde, commandant le département, monta sur-le-champ à cheval et se rendit en toute hâte au lieu du rassemblement. En parcourant une rue étroite qui y conduisait, il renversa un homme, et plusieurs personnes furent atteintes par les coups

---

[1]. M. Madier de Montjau affirma dans une pétition que seize protestants avaient péri dans les élections de Nîmes, et il ajouta que trois fois un tombereau avait traversé la ville pour aller chercher leurs cadavres. M. de Saint-Aulaire parla dans la Chambre de 1818 de treize victimes; M. de Vaulabelle les a transformés, pour les besoins de sa cause, en treize électeurs protestants. Ce sont là des assertions dénuées de tout fondement. Voir aux *Pièces justificatives* la note de M. de Larcy.

de plat de sabre qu'il distribuait, pour se frayer un chemin, à ceux qui lui faisaient obstacle. Dans ces groupes, il se trouva un furieux qui riposta par un coup de pistolet. Le général fut atteint [1]. Heureusement la blessure n'était pas mortelle, mais les temples protestants demeurèrent fermés. Le duc d'Angoulême revint le 17 novembre à Nîmes et les fit rouvrir sous ses yeux. Les troubles cessèrent complétement lorsque M. de Surville, nommé colonel de la garde nationale de la ville, le 20 novembre 1815, la réorganisa en ayant soin de tenir à l'écart l'élément populaire, sous prétexte de ne pas imposer aux ouvriers un service onéreux, en promettant de les appeler à titre de garde nationale auxiliaire si les circonstances l'exigeaient.

Les troubles n'avaient pas été circonscrits dans la ville de Nîmes : Uzès avait eu aussi ses mauvaises journées précédées par un commencement de guerre civile. Dès le 3 juillet 1815, c'est-à-dire avant la rentrée de Louis XVIII à Paris, cette ville avait arboré le drapeau blanc. Un rassemblement considérable

---

1. Ce Nîmois, nommé Boissin, fut traduit devant la cour d'assises. Le jury écarta la préméditation et le déclara non coupable, comme ayant agi dans le cas de légitime défense, verdict qui révèle l'état passionné et violent des esprits. J'ai sous les yeux l'original d'une lettre écrite par le général Lagarde, commandant en chef du département, au colonel de Surville. Le corps de la lettre est dicté, mais on éprouve une émotion involontaire en voyant la signature toute tremblée tracée de la main encore mal assurée du brave général, à peine remis de la blessure qu'il avait reçue en allant défendre l'ordre et les lois contre les populations exaspérées : « Monsieur le colonel, disait-il, je profite du premier instant où mon état me permet quelques légères occupations pour vous faire connaître la satisfaction de Mgr le duc d'Angoulême sur tout le bien que vous avez fait pour le service de S. M. et le maintien de la tranquillité publique dans Nîmes, depuis que le commandement de la garde nationale vous a été confié. S. A. R., d'après le rapport que je lui avais fait de notre retour au repos, et des moyens qui avaient été pris, m'a fait l'honneur de m'écrire le 29 décembre dernier, de Bordeaux, et il me dit en me parlant de notre tranquillité : *Je vous prie de dire de ma part à M. de Surville que je sais combien nous lui sommes redevables, et que je serai très-empressé de faire connaître sa conduite au Roi.* Je suis d'autant plus flatté, monsieur le colonel, d'être dans cette occasion l'organe des sentiments de Monseigneur, que personne n'a plus apprécié que moi l'importance des services que vous avez rendus. »

de protestants des communes environnantes, notamment de celles de la Gardonnenque et d'Arpaillargues, dont les habitants avaient mis à mort, on l'a vu, plusieurs des volontaires royaux revenant désarmés dans leurs foyers après la capitulation de la Palud et le licenciement du corps d'armée du duc d'Angoulême, prirent les armes et marchèrent sur Uzès. Un royaliste de la ville, le sieur Nicolas, s'étant porté à leur rencontre avec deux gendarmes seulement, pour parlementer avec eux et les engager à rétrograder, fut mis à mort parce qu'il répondit au cri de : *Vive l'Empereur!* par le cri de : *Vive le Roi!* La nouvelle de ce meurtre excita une profonde indignation dans la ville d'Uzès, où plusieurs communes catholiques s'étaient concentrées pour repousser la force par la force [1]. Les protestants, avertis qu'ils trouveraient les catholiques prêts à les recevoir, suspendirent leur marche mais restèrent en armes et réunis, et, depuis ce moment, il y eut des alertes continuelles à Uzès, habité par une population partie protestante, partie catholique, quoique les catholiques y fussent en majorité. Le passage d'officiers et sous-officiers appartenant aux troupes du maréchal de camp Malmont, qui avait commandé le département du Gard pendant les Cent-Jours, et le passage de ce chef militaire lui-même, causa une vive émotion populaire; ce fut à grand'peine que le sous-préfet d'Uzès, aidé du maire et des adjoints rentrés dans leurs fonctions municipales en vertu de l'ordonnance du Roi du 7 juillet 1815, parvinrent à les soustraire aux violences de la multitude, persuadée que ces militaires allaient rejoindre le général Gilly, qui, disait-on, fomentait un soulèvement dans les Cévennes. Les principales familles protes-

---

[1]. Ces faits sont établis dans les débats d'un procès criminel. Par arrêt de la cour d'assises du Gard du 13 juillet 1815, un protestant de Garrigues fut condamné à mort comme coupable, avec préméditation, du meurtre du sieur Nicolas, accompli dans les circonstances ci-dessus indiquées. Le condamné fut exécuté à Nîmes le 31 août 1815.

tantes de la ville, inquiètes de ces dispositions menaçantes, transportèrent alors chez des catholiques leurs effets les plus précieux, dépôt fidèlement gardé. Quinze jours après, le 2 août, le meurtre d'un royaliste[1] tué d'un coup de feu, crime qu'on attribua à tort à un protestant, devint le signal d'une émeute populaire que ne purent arrêter ni le sous-préfet, ni le maire, dont l'autorité fut méconnue. Un assez grand nombre de maisons protestantes furent pillées dans le quartier où le crime avait été commis, et plusieurs personnes périrent. Le lendemain, 3 août, six hommes arrachés des prisons, et au nombre desquels il y avait, disent les écrits du temps, deux catholiques, furent traînés par la multitude sur l'esplanade, et ils furent égorgés. Chose étrange et qui peint cette époque troublée, où les haines privées se satisfaisaient à la faveur des haines publiques, l'un des principaux meneurs du mouvement était un protestant[2]; et l'on ajoute que le commandant de la place, qui, s'il ne livra pas les prisonniers, les laissa prendre, appartenait aussi à la religion réformée. Vers la fin du même mois d'août, dans la journée du 27, le sang coula encore. Le 25, une insurrection révolutionnaire avait éclaté à Ners; il fallut que le général autrichien fît attaquer les insurgés, qui ne se dissipèrent qu'après avoir échangé des coups de feu avec ses troupes. Le lendemain, le régiment des chasseurs à cheval du Gard, dont l'effectif était fort peu nombreux, ayant été attaqué par un parti de protestants qui lui tuèrent quelques hommes entre Ners et Boucoiran, dans le trajet qu'il faisait pour se rendre de Nîmes à Uzès, la ville eut une de ces alertes si com-

1. Ce royaliste, nommé Pascal, était un homme doux et modéré; il fut tué près de l'hôtel de ville.
2. Dans l'*Histoire des révolutions de Nîmes et d'Uzès* (Nîmes, 1820), M. de Pontécoulant donne le nom de ce protestant; c'était David Daumont (page 229). C'est le même auteur qui affirme que le commandant de la place d'Uzès appartenait à la religion dite réformée.

munes dans les temps de troubles. Dans l'effervescence mêlée de terreur où était la population, les autorités pensèrent que ce qu'il y avait de plus sage et de plus prudent à faire était d'envoyer quelques éclaireurs en reconnaissance à l'extrémité de l'arrondissement d'Uzès, sur les hauteurs du village de Baron. Des hommes de bonne volonté s'offrirent, ils avaient choisi pour chef un militaire retraité nommé Graffan, qui, ayant été garde forestier dans la commune de Baron, connaissait parfaitement les localités. La petite troupe ayant appris qu'il y avait un rassemblement de protestants armés à Saint-Maurice situé à l'extrémité de l'arrondissement d'Alais, contigu à celui d'Uzès, se porta sur ce village; elle rencontra une patrouille de protestants armés et fit le coup de fusil avec elle; deux protestants tombèrent, six furent faits prisonniers. Ces six prisonniers ramenés à Uzès entraient par le chemin d'Alais quand la multitude furieuse se jeta sur l'escorte, rompit ses rangs, et, s'étant emparée des prisonniers, les conduisit à l'esplanade située à peu de distance, où elle les mit à mort.

Tels furent les événements qui se passèrent dans le département du Gard depuis la fin du mois de juillet jusqu'au vingt de novembre, autant qu'il est possible de discerner la vérité au milieu de tant de récits contradictoires et des exagérations comme des atténuations des passions contemporaines[1]. Là, comme

---

1. Le baron d'Haussez, nommé préfet du Gard au commencement de 1819, par le ministère Decazes, qui, à cette époque, était, on le sait, tout à fait favorable aux protestants, donne les détails suivants dans ses *Papiers politiques :* « Le ministre m'avait ordonné de distribuer une somme de 50,000 fr. parmi les parents les plus pauvres des victimes protestantes, dont on évaluait le nombre à plus de deux cents. Je fis connaître aux consistoires la mission qui m'était confiée, et je les invitai à me remettre une liste exacte et authentique des malheureux qui avaient péri et des renseignements précis sur la situation de leurs familles. J'éprouvai un refus immédiat fondé sur le prétexte injurieux que les renseignements que je demandais n'étaient destinés qu'à préparer des moyens de récriminations et à servir et à éclairer de nouvelles vengeances, lorsque le temps de celles-ci serait venu. Offensé comme je devais l'être d'un soupçon si odieux, je déclarai que je

dans tout le Midi, nous allons le voir, le sentiment dominant était celui de la rancune qu'éprouvaient les majorités comprimées et opprimées pendant les Cent-Jours contre les minorités, dont elles avaient senti lourdement le joug. Les haines présentes s'ajoutant au capital accumulé des haines du passé, les natures violentes et passionnées du parti triomphant se jetaient dans le mouvement ; la fougue, la turbulence les rancunes populaires, et les caractères malfaisants, qui se remuent au fond de toutes les populations, firent le reste.

A Toulouse, où avait été le centre de la dernière organisation royaliste pendant les Cent-Jours, la compression exercée par les autorités militaires qui gouvernaient au nom de l'Empereur s'était prolongée plusieurs jours après l'entrée du roi à Paris. Cependant le 18 juillet, la nouvelle des événements de la capitale amena une explosion, et l'on arbora le drapeau blanc. Ce jour-là même un jeune homme qui portait la cocarde blanche ayant été tué par les soldats, l'agitation devint extrême, et, les chefs impériaux renonçant à jouer dans le Midi une partie définitivement perdue à Paris, on fit sortir les troupes de la ville, pour éviter de sanglantes représailles. Le maréchal Pérignon, qui était venu reprendre le commandement de Toulouse, et M. de Villèle, nommé maire par le duc d'Angoulême le 24 juillet 1815, n'avaient à leur disposition aucune force régulière pour maintenir la tranquillité dans cette situation fiévreuse et troublée. Ils n'eurent d'autres ressources pour dérober à la fureur populaire les chefs des fédérés et les au-

---

ne distribuerai aucune partie de la somme que sur les renseignements complets que je demandais. Au lieu d'une liste de deux cents noms, celle qu'on me remit n'en contenait que dix-huit. »

Ainsi, en supposant qu'il y eût autant de gens riches que de gens pauvres au nombre des victimes, on arriverait au chiffre de trente-six. (Voir le chapitre VII des *Souvenirs de la Restauration*, pages 177-180, dans lequel j'ai cité, *in extenso*, ce passage des *Papiers politiques* du baron d'Haussez. Il est remarquable que ces chiffres concordent avec ceux donnés par M. de Larcy. (Voir aux *Pièces justificatives*.)

teurs des violences commises pendant les Cent-Jours, que de les faire conduire en prison. La nuit, on faisait sortir ceux qui consentaient à s'éloigner; mais plusieurs d'entre eux refusèrent cette liberté, qu'ils regardaient comme un danger dans l'état d'exaspération où étaient les esprits. M. Fonfrède en particulier, le chef principal des fédérés de Toulouse pendant les Cent-Jours, persistait à regarder la prison où on l'avait enfermé comme le seul asile où il fût en sûreté; il refusait d'en sortir, et devant sa protestation persévérante l'on ne put mettre à exécution les prescriptions du duc d'Otrante, qui écrivit plusieurs fois de Paris, et celles de M. Miegeville, commissaire général de police, qui envoyait dépêche sur dépêche pour ordonner son élargissement. Tout contribuait à maintenir l'agitation des esprits; le commerce comme le travail s'était arrêté; la population tout entière passait sa vie sur la place publique, devenue une espèce de forum populaire, et dans cette saison si belle de l'année les rues étaient remplies, la nuit comme le jour, d'une foule passionnée qui s'exaltait encore en dansant des farandoles aux cris de *vive le Roi!* Cette multitude était inquiète, troublée, pleine de rancune contre le passé, de défiance envers le ministère dans lequel figurait Fouché marqué de la tache indélébile du régicide. En l'absence de toute force régulière dans la ville, elle sentait sa force, et pouvait être facilement conduite à en abuser. Ce fut dans ces circonstances critiques que le ministère, qui croyait faire de la fusion en faisant de la confusion, eut la pensée malheureuse de nommer, en remplacement de M. de Limayrac, désigné par le duc d'Angoulême pour remplir les fonctions de préfet de la Haute-Garonne, M. de Rémusat, qui avait été ministre de l'intérieur de l'Empire; et, comme président du collége électoral qui s'assemblait, M. de Malaret, maire et député de Toulouse pendant les Cent-Jours. Cette double nomination fut considérée comme une espèce de défi lancé à la population, et elle jeta la défiance sur le général Ramel, nommé en même temps par le Roi commandant du département. Son nom n'avait rien cependant qui pût éveiller la malveillance ; le général Ramel était, on le sait, commandant de la garde du Corps législatif à l'époque du coup d'État du 18 fructidor, et il avait été déporté avec Lafond-Ladebat, Tronson-Ducoudray, Pichegru, Barbé-Marbois et Barthélemy à la Guyane. Ce n'était donc pas un homme de la Révolution, c'était une victime de la Révolution ; mais on répandit sur plusieurs membres de sa famille des bruits odieux. Ils avaient enfermé, disait-on, le propriétaire d'un château dans une cheminée, et, au moment où il s'était vu obligé d'en sortir, ils l'avaient assassiné. La crédulité au mal est un des caractères des révolutions. Cette légende fut accueillie par les populations, et c'est ainsi que s'explique le crime que nous avons à raconter.

Dans la journée du 10 août 1815, le bruit s'était répandu à Toulouse que le général Clausel était entré dans la ville ; le rôle qu'il avait joué à Bordeaux contre Madame la duchesse d'Angoulême l'avait rendu odieux ; on fouilla plusieurs maisons, décidé à lui faire un mauvais parti, si on le rencontrait ; mais on ne put le découvrir. L'arrivée de M. de Malaret, qui succéda presque immédiatement, provoqua un mouvement, mêlé de vociférations et de menaces ; on demandait déjà tout haut dans la ville qui était aux Tuileries, Bonaparte ou les Bourbons ? Après cette émotion vint celle causée par l'arrivée de deux régiments de la Loire qui passèrent le 14 août, en se rendant à un cantonnement plus éloigné. Un de ces régiments poussa, en traversant un faubourg de Toulouse, le cri de *vive l'Empereur !* ce qui mit le comble à l'exaltation des populations. Elles étaient dans un état de fièvre et d'émotion menaçante, lorsque, dans la soirée du 15 août, le général Ramel, qui demeurait sur la place des Carmes, où l'on dansait habituellement la farandole, traversa cette place pour rentrer chez lui. Quelques groupes de danseurs lui barrèrent le chemin. Le général, qui était un homme de courage, mit l'épée à la main pour se faire jour ; un coup de pistolet retentit aussitôt, et la balle le frappa au moment où il atteignait le seuil de son hôtel. Quoique grièvement blessé, il put y entrer, soutenu par plusieurs bras ; aussitôt la porte se referma sur lui et fut barricadée à l'intérieur. On le voit, c'était le même et déplorable incident qui s'était produit à Nîmes, et qui avait failli coûter la vie au général Lagarde ; ici, il fut plus grave encore. Au bruit de ce coup de feu, une voix, — était-elle inspirée par la malveillance ou par l'erreur ? —s'écria : « Le général Ramel a tiré sur le peuple ! » Cette rumeur se répandit en un instant sur la place des Carmes, comme une étincelle sur une traînée de poudre. Aussitôt la multitude furieuse, hommes, femmes, enfants, se rua contre la maison du général et en commença le siége. Au moment où cet incident se produisit, M. de Villèle, maire de la ville, assistait à une réunion préparatoire des électeurs. Averti d'une manière vague qu'un tumulte populaire se manifestait sur la place des Carmes, il crut d'abord que l'émeute menaçait encore une fois les prisonniers politiques enfermés à l'hôtel de ville, et, se dirigeant en toute hâte sur ce point, il fit braquer deux canons dans la rue qui conduisait aux Carmes. Bientôt, mieux renseigné, il courut, à la tête d'un détachement de gardes nationaux, à la place des Carmes et s'y rencontra avec le maréchal Pérignon et le préfet, M. de Rémusat, qui venaient joindre leurs efforts aux siens. A peine arrivé sur la place, il fut abandonné par les gardes nationaux, animés des mêmes passions que la foule, et exaltés par cette parole qui a fait tant de victimes dans les journées révolutionnaires : « Il a tiré sur le peuple ! » Le maréchal, le préfet et le maire n'avaient donc que leurs remontrances à opposer aux passions populaires, et, malgré tous leurs efforts, ils ne purent pénétrer jusqu'à l'hôtel du général Ramel assiégé par une foule en fureur. Les portes finirent par être enfoncées, et la foule s'y précipita. On avait répété de rang en rang que les personnes entrées dans l'hôtel avec le général Ramel étaient des soldats déguisés appartenant aux régiments qui, le matin même, avaient insulté la ville de leurs cris de *vive l'Empereur!* Dans ces journées troublées l'absurde devient une puissance. Par une triste condition de sa destinée mêlée aux agitations révolutionnaires de son temps, le général Ramel rencontrait, à la fin de sa vie, cette fureur populaire qui avait salué de cris de mort la charrette qui le conduisait, vingt ans auparavant, avec ses compagnons d'infortune, les déportés de Fructidor, vers le rivage où on devait les embarquer pour Sinnamary. Si la colère voyait, il eût été facile de voir que le général Ramel n'avait point tiré le coup de feu qu'on avait entendu, et qu'il l'avait, au contraire, reçu; sa blessure béante en rendait un sanglant témoignage. Mais la foule furieuse ne vit rien. L'infortuné général, dont l'état était trop grave pour que ceux qui avaient protégé son entrée dans l'hôtel eussent pu le transporter ailleurs, reçut plusieurs coups de sabre, et le lendemain, cet homme honorable, par deux fois victime de l'injustice et de la fureur populaire, expirait des suites de ses blessures.

Quand la nouvelle de cet attentat se répandit dans Toulouse, la vérité se fit jour, la colère populaire tomba, et fit place à la consternation. Alors il y eut une réaction de la majorité saine de la population contre les excès de la foule. M. de Villèle put faire rendre au général Ramel les honneurs dus à son rang, et une grande partie de la population suivit ses funérailles, tardive réparation faite à celui qu'on avait méconnu. Cet événement produisit une si vive impression sur M. de Malaret, qu'il renonça à la présidence du collége électoral; comprenant l'impossibilité du rôle que le duc d'Otrante lui avait imposé, à lui, maire et député des Cent-Jours, il donna sa démission et quitta à l'instant la ville.

Pendant que ces événements attristaient Toulouse, un déplorable crime ensanglantait Avignon. Le maréchal Brune avait été pendant les Cent-Jours, on l'a vu, commandant de l'armée du Var, et en même temps investi du gouvernement de la huitième division militaire. Il avait, pendant sa courte administration, comprimé violemment les populations ardemment royalistes du pays. La garde nationale de Marseille, dont l'opinion était prononcée dans ce sens, avait été licenciée, et la garnison avait dû bivouaquer sur les principales places de la ville, pour être prête à réprimer tout mouvement. Les mesures rigoureuses employées pour maintenir la ville dans l'obéissance et l'insolence du parti triomphant avaient soulevé de vives colères. A la nouvelle du désastre de Napoléon, il y avait eu à Marseille, dans les journées des 25 et 26 juin, une explosion populaire; le maréchal Brune ne se trouvait plus alors dans cette ville, et le général Verdier, qui commandait la place, ne put arrêter les fureurs politiques qui, s'ajoutant aux rancunes et à un fanatisme aveugle, s'exercèrent surtout sur des familles égyptiennes qui s'étaient fixées en France depuis l'évacuation de l'Égypte par notre armée. Le sang coula, et le nombre des morts fut assez considérable; le général Verdier, qui avait voulu s'opposer à ce massacre, fut obligé d'évacuer la ville avec ses troupes, non sans éprouver des pertes sensibles. Le corps d'armée que le maréchal Brune avait concentré à Toulon demandait à marcher contre Marseille, qu'on pouvait réduire en cendres, avec les engins de guerre que contenait l'arsenal; le maréchal eut la sagesse de résister à l'entraînement; il pensait qu'en frappant un grand nombre d'innocents pour punir une minorité coupable, il aggraverait le mal au lieu de le réparer. Le 11 juillet 1815, il envoya à Paris un de ses officiers pour se mettre en rapport avec le gouvernement royal, dont il ignorait encore mais dont il prévoyait le retour.

Les Anglais et les Siciliens, qui avaient débarqué à Marseille, menaçaient Toulon, tenu d'un autre côté en échec par les Autrichiens, qui, sous le commandement des généraux Frimont et Nugent, étaient descendus par les Alpes en Provence. Le maréchal, comprenant que la cause de Napoléon était définitivement perdue, ne songea plus qu'à conserver Toulon à la France, et il établit son quartier général dans cette ville. Le 22 juillet 1815, les commissaires du Roi, l'amiral Gantheaume et le marquis de Rivière étant arrivés, il fit arborer le drapeau blanc, et signa, avec tout son état-major, un acte de soumission au gouvernement royal. Le 23, il fit rassembler sur la place dite du Champ-de-Bataille la garnison qui hésitait à prendre la cocarde blanche, et, après avoir donné de légitimes regrets à ces drapeaux, qui rappelaient tant de victoires à ceux qui allaient les quitter : « Dans les circonstances où se trouve la France, ajouta-t-il, nous serions criminels de les conserver plus longtemps. Qu'il ne soit jamais permis de dire que l'étendard de la gloire est devenu celui de la révolte ; que nos souvenirs soient toujours purs. Acceptons franchement les couleurs et les drapeaux de nos pères; ils sont dignes de nous, comme nous sommes dignes d'eux. Confondons dans un même sentiment nos regrets pour les couleurs que nous quittons, et notre affection pour celles que nous allons prendre, et que le drapeau blanc soit désormais le gage de l'union de l'armée et des citoyens[1]. »

Belles et sages paroles où l'on sent palpiter une âme vraiment française qui, sans renier son propre passé, sait accepter celui de la France, devenu encore une fois son avenir. Les

---

1. *Esquisse historique sur le maréchal Brune*, par le lieutenant-colonel L. B., un de ses aides de camp, tome II, page 253.

Anglais et les Autrichiens s'étaient engagés à ne point attaquer Toulon dès que le drapeau blanc serait arboré sur la place; cependant les derniers continuaient à approcher. Ce fut à cette occasion que le duc de Wellington, qui pratiquait une politique loyale dans le Midi comme dans le Nord, écrivit à lord Exmouth, commandant de la flotte anglaise en vue de Toulon, de s'abstenir de toute attaque contre cette ville couverte par le drapeau royal[1]. Au même instant, l'amiral Gantheaume et le marquis de Rivière venaient, on l'a dit, prendre possession de Toulon au nom du Roi. Il fallut que le maréchal Brune les protégeât et les couvrît de sa personne, car l'armée était aussi animée dans un sens que la population dans l'autre. Le marquis de Rivière, entrant naturellement dans les idées patriotiques du maréchal Brune, offrit d'aller annoncer aux généraux autrichiens et à l'amiral Exmouth que l'armée avait fait sa soumission au Roi, et que le maréchal Brune était décidé à repousser par la force toute attaque qui, après la communication qui venait d'être faite, devait être considérée comme un acte d'hostilité contre le Roi et contre la France. Le marquis de Rivière ajouta que le maréchal ne consentirait à un arrangement que sous la condition expresse que pas un seul étranger ne mettrait le pied dans la place, et qu'elle ne cesserait pas d'avoir un gouverneur français. Les généraux des armées coalisées souscrivirent à cette ouverture, en y mettant à leur tour une condition, c'est que le maréchal s'éloignerait de Toulon et de l'armée.

Brune se soumit à cette clause, fit le 31 juillet ses adieux à ses troupes dans un ordre du jour, et, muni d'un sauf-conduit du marquis de Rivière, de lettres pour les généraux autrichiens qu'il devait rencontrer sur sa route, enfin de la copie, certifiée conforme, d'un rapport au Roi, dans lequel M. de Ri-

---

1. *Letters and dispatches of the duke of Wellington*.

vière, en sa qualité de commissaire royal, rendait compte de l'honorable conduite du maréchal et de son armée, il se mit en route le 1ᵉʳ août à trois heures du matin, après avoir échangé publiquement avec le commissaire royal ces témoignages de considération et de bienveillance que deux hommes d'honneur qui, engagés sous des drapeaux contraires, viennent de faire l'un et l'autre leur devoir envers la France, ne se refusent pas. Il appartient à l'histoire, qui a des devoirs particuliers envers les victimes des réactions politiques, de conserver ces détails honorables pour le maréchal Brune.

En partant de Toulon, le maréchal était accompagné du général Loverdo, qui ne dépassa point Beausset, et du comte de Maupas, aide de camp de M. de Rivière : une escorte de chasseurs du 14ᵉ le suivait. Dans le trajet de Toulon à Aix, il n'y eut que des alertes. A une lieue environ de cette ville, le maréchal, averti par des paysans qu'un corps de cavalerie autrichienne était sorti de ses murs, craignit qu'un malentendu n'amenât un engagement entre cette cavalerie et son escorte ; il chargea un de ses aides de camp, M. Allard [1], d'aller avec M. de Maupas, aide de camp de M. de Rivière, porter au général Nugent la lettre remise, au départ de Toulon, pour le chef autrichien, par le commissaire royal. Après une longue attente, le maréchal se mit en route, et rencontra à une demi-lieue de la ville le capitaine Allard, revenant avec un officier hongrois chargé de complimenter le maréchal et lui conduisant une escorte d'honneur.

Presque à l'entrée de la ville, une multitude furieuse se rua au-devant de la voiture et voulut arrêter les chevaux. Non-seulement Brune était pour les populations royalistes du Midi le

---

1. C'est le même qui mourut plus tard dans le royaume de Lahore au service de Rundjet-Sing.

représentant du gouvernement des Cent-Jours, qui avait été pesant et dur pour les populations méridionales, mais on savait qu'il avait été engagé très-avant avec les chefs politiques de la première révolution dont il avait professé les principes les plus exaltés. On n'ignorait pas qu'il avait été appelé à Paris après les journées de septembre 1792; on ajoutait à ces souvenirs une calomnie popularisée par les pamphlets : Brune aurait été un des assassins [1] de la princesse de Lamballe dans les journées des 2 et 3 septembre. Cette allégation mensongère, accréditée par la malveillance, avait été accueillie par la crédulité, et, dans ces journées de réaction, les menteurs se trouvaient avoir désigné la tête de ce vaillant chef militaire aux coups des furieux. L'exaspération de la multitude était si grande, que l'escorte hongroise dut déployer beaucoup de vigueur pour repousser et contenir la foule, pendant que les voitures, emportées par les chevaux courant à toute vitesse, se remirent en route et traversèrent la ville. A Orgon, il y eut encore des démonstrations hostiles. A Saint-Andéol, où l'on arriva le 2 août de grand matin, l'officier qui commandait l'escorte de chasseurs allégua la fatigue des hommes et des chevaux, et, malgré les représentations de ceux qui l'accompagnaient, le maréchal l'autorisa à ne pas aller plus loin.

C'était évidemment une imprudence; on entrait dans un pays en pleine réaction. Les mouvements d'Aix et d'Orgon étaient un avertissement; les compagnons de Brune le sup-

---

1. La fausseté matérielle de cette allégation est démontrée mathématiquement par des pièces authentiques. La princesse de Lamballe fut égorgée le 2 septembre. Pendant les premiers jours de septembre Brune, qui était entré comme adjudant-major dans le bataillon de Seine-et-Oise, était à Rodemaker avec ce bataillon, à l'avant-garde du corps qui couvrait Thionville. Un arrêté du Conseil exécutif provisoire, à la date du 7 septembre, l'appela à Paris pour remplir auprès du ministre de la guerre Servan les fonctions de commissaire général aux mouvements militaires. Il y arriva le 22, comme l'établit le visa du Comité de sûreté générale apposé au verso de l'arrêté du Conseil exécutif. (*Esquisse historique sur le maréchal Brune.*)

plièrent, puisqu'il persistait dans une résolution téméraire, de consentir au moins à éviter Avignon, cité ardente et orageuse, où les mouvements populaires sont terribles, et qui était dans ce moment livrée à elle-même, car les Autrichiens du général Bianchi n'y étaient pas encore entrés, et à prendre sa route par Orange, ville paisible qu'il traverserait en toute sécurité. Brune hésita, puis, sur quelques difficultés que le maître de poste fit pour engager ses chevaux dans cette route, il repoussa d'une manière absolue ce sage conseil. « N'ayant jamais fait de mal à personne, disait-il, il n'avait rien à craindre de qui que ce fût. » Paroles d'un optimisme généreux, mais étrange, dans la bouche d'un homme qui avait traversé la révolution française.

Le maréchal voyageait alors seul dans le fond de sa calèche avec un valet de chambre sur le devant; deux aides de camp le suivaient en chaise de poste. On arriva à la porte d'Avignon dans la matinée du 2 août, entre dix et onze heures. Le passe-port, présenté au poste de la garde nationale qui gardait cette porte, avait été jugé suffisant, et la voiture avait pu s'avancer vers l'auberge du Palais-Royal, située à peu de distance, et devant laquelle stationnaient des groupes peu nombreux. Déjà l'on avait relayé et l'on allait partir quand de nouveaux venus redemandèrent au maréchal son passe-port, qui devait, lui dit-on, être soumis au visa du commandant du département. Un capitaine de la garde nationale, qui ce jour-là faisait la ronde, M. Casimir Verger, étant arrivé sur ces entrefaites, s'empressa d'aller prendre les ordres du major Lambot, qui logeait à deux pas. Celui-ci demanda à voir le passe-port. Le capitaine Verger se chargea de le lui porter, et, au bout d'un petit nombre de minutes, il accourut pour le rendre au maréchal et lui dire qu'il était en règle et qu'il pouvait poursuivre son chemin. Pendant ces allées et ces venues, environ vingt minutes s'étaient écoulées, les groupes s'étaient grossis, l'agitation croissait de moment en moment; de menaçantes clameurs commençaient à retentir.

Par une coïncidence fatale, il y avait à peine quelques heures que le baron de Saint-Chamans, nouvellement nommé préfet de Vaucluse, était arrivé à Avignon; il n'avait donc pas encore dans les mains les rênes de son département. De l'auberge du *Palais-Royal*, où il était descendu, il fit dire au maréchal qu'il n'y avait pas un moment à perdre : il fallait s'éloigner, son passe-port lui serait envoyé à Orange. Les voitures s'ébranlent; mais à peine ont-elles passé la porte de l'Oulle, que la garde nationale se précipite en armes à la tête des chevaux, en alléguant que le maréchal ne peut partir sans passe-port. La multitude furieuse vole à sa suite, et appuie cette déclaration par des vociférations menaçantes. Le capitaine Verger, qui revenait en ce moment en toute hâte de chez le major Lambot, entendant ces clameurs, courut à la voiture, jeta au maréchal ses papiers et adjura les perturbateurs de le laisser partir. Ses exhortations demeurèrent inutiles. Comme il insistait avec une nouvelle véhémence, des couteaux furent tirés et un fusil s'abaissa vers sa poitrine. Il arracha l'arme au furieux qui l'avait tournée contre lui [1]. Quelques minutes après, un conseiller de préfecture vient tristement avertir le maréchal qu'il fallait renoncer à aller plus loin et se résigner à rentrer dans la ville. En effet, à quelque distance en avant, on apercevait une foule immense, venue évidemment avec des intentions hostiles et dont les rangs formés entre la ville et le Rhône opposaient un obstacle infranchissable à la continuation du voyage. Brune dut se décider à rétrograder et à rentrer dans la ville, suivi par la foule, qui, trouvant

---

1. Le capitaine Casimir Verger vit l'honorable conduite qu'il tint dans ces déplorable circonstances devenir l'objet d'odieuses calomnies. On trouvera aux *Pièces justificatives* la lettre où il rétablit les faits.

dans ce premier triomphe le gage d'une plus horrible victoire, mêlait les cris de mort aux cris de joie. Il y avait là quelque chose de la situation de Louis XVI à Varennes. Les autorités étaient impuissantes; la multitude avec ses passions sanglantes, ses préventions homicides, régnait et gouvernait. Dans le tumulte de ce retour précédé, escorté, entouré par une foule confuse, les deux voitures furent séparées. Le flot principal porta celle du maréchal à la grande porte de l'auberge du *Palais-Royal*, qui s'ouvrit pour le recevoir, et se referma aussitôt pour être solidement barricadée, grâce à l'énergie de l'aubergiste, l'honnête Molin, homme de tête et de cœur. Un second flot porta la chaise de poste des aides de camp vers une autre entrée, dans une petite cour de l'hôtel; la foule, qui remplit à l'instant cette cour, s'emparant d'eux, les accabla d'injures, de menaces et de mauvais traitements, et les jeta dans une salle basse devant laquelle on mit en sentinelle des hommes armés. Tous les efforts des officiers pour rejoindre leur chef, qu'ils auraient voulu couvrir de leur corps, furent inutiles.

Pendant ce temps, Avignon avait pris l'aspect de ces journées mauvaises et troublées où, l'autorité étant désarmée, l'iniquité populaire prononce et exécute elle-même ses sanglants arrêts. Une foule immense couvre la place et remplit les rues adjacentes; elle est à la fois enivrée de ses passions aveugles, d'une colère qui devient de la rage, et du sentiment de sa force; elle réclame à grands cris la tête de celui qu'elle désigne comme l'assassin de la princesse de Lamballe. Elle s'irrite contre les résistances et les obstacles; on tente successivement de briser la devanture de l'hôtel à coups de hache, puis d'y mettre le feu, et, l'inutilité de ces efforts redoublant la fureur, on applique une échelle contre la muraille pour pénétrer dans la maison par une fenêtre des étages supérieurs. Le préfet et le maire, qui se nommait Puy, sont à leur poste. Le capitaine Verger les seconde, le major Lambot est accouru, un certain nombre d'habitants des hautes classes leur prêtent leur concours. Ils font leur devoir, mais c'est en vain qu'ils luttent. Une poignée de gendarmes est l'unique force dont ils disposent; faible secours qui ralentit l'envahissement de la maison, mais sans pouvoir repousser la foule acharnée à sa proie. Le préfet, le maire, s'épuisent en paroles inutiles, en prières impuissantes; dans les journées de désordres populaires les autorités réduites à supplier, faute de pouvoir commander, sont peu écoutées. Les plus déterminés des assiégeants pénètrent dans l'hôtel par les toits des maisons voisines; ils se ruent dans la chambre du maréchal. Le dénoûment de cet horrible drame est arrivé. Une voix s'élève, et, dans ce moment suprême, reproche à Brune l'assassinat de la princesse de Lamballe; le maréchal repousse cette accusation d'un accent indigné, et proteste qu'il n'a jamais donné la mort que sur le champ de bataille, en jouant vie contre vie. Il parlait encore lorsqu'un ouvrier en soierie décharge un pistolet sur lui et le manque; un portefaix du nom de Guindon, dit Roquefort, chasseur de la garde nationale, l'ajustant par derrière avec sa carabine, fit feu sur lui; toute la charge traversa le cou du maréchal, qui tomba roide mort la face contre terre. Il était alors trois heures de l'après-midi.

A la faveur du mouvement qui se fait dans la foule, au bruit de cette double détonation, le préfet et le maire parviennent à pénétrer dans la chambre où vient de s'accomplir le crime. Ils voulaient au moins faire rendre les derniers honneurs à la dépouille mortelle du maréchal et ordonnent quelques dispositions; un cercueil est apporté, on parle de présenter le corps à l'église; on se met en marche. Moins heureux encore que le général Ramel dans son malheur, Brune ne devait obtenir que bien des années après cette suprême et tardive satisfaction. La populace, dont la colère n'est pas encore assouvie, se rue sur le cercueil où l'on porte le corps, elle l'en arrache, passe une corde au cou du cadavre, et court le précipiter dans le Rhône[1]. Les insulteurs, fiers de cette hideuse victoire, écrivirent sur une des poutres du parapet du pont : « *Ici est le cimetière du maréchal Brune,* » et ils dansèrent ensuite des farandoles sur la grève. Ils ne se doutaient pas qu'ils venaient d'inscrire dans notre histoire une de ces dates de sang, de boue et de deuil qui contristeront jusque dans la postérité la plus lointaine les âmes élevées, les cœurs honnêtes, et qu'ils perdaient le droit de protester contre ces atrocités révolutionnaires qu'ils imitaient en prétendant les punir dans la personne du maréchal Brune, injustement accusé du meurtre de la princesse de Lamballe. Le Rhône roula dans ses flots le cadavre qu'on lui avait jeté pour le dérober aux honneurs funèbres, et le caprice du courant et l'irrégularité des rives arrêtèrent en face de Tarascon cette épave sanglante. Deux anciens militaires, avertis de cette circonstance, se rendirent nuitamment sur les lieux et creusèrent aux restes de leur ancien général une fosse clandestine. Malheureusement ils avaient été aperçus. Les haines qui avaient frappé le maréchal Brune vinrent arracher son corps de son dernier asile; des forcenés établirent autour de ce lugubre trophée des sentinelles vigilantes afin qu'on ne dérobât point aux oiseaux de proie la funèbre curée qu'ils leur avaient destinée. Enfin la lassitude fit tomber la fureur, et un habitant de la campagne, qui guettait le départ de ceux qui veillaient autour du cadavre, put ensevelir ce qui restait du maréchal Brune. Quelques jours après, un des propriétaires des environs exhuma de nouveau cette triste dépouille, et, la plaçant dans une caisse

---

1. C'est la version adoptée par madame la maréchale Brune dans sa requête : « Son corps a été arraché des mains de ceux qui le conduisaient au champ du repos et précipité dans le Rhône. »

de plomb, la porta à la veuve du maréchal, qui la reçut au château de Saint-Just.

Les premières nouvelles qui portèrent à Paris le bruit de ces déplorables événements disaient que le maréchal Brune, en butte à une émeute populaire, avait mis lui-même fin à ses jours. Il se trouva un chirurgien pour certifier un suicide que démentait la disposition des blessures du cadavre. Ce ne fut que plusieurs années après que la véritable cause de la mort du maréchal Brune fut publiquement constatée par un arrêt solennel qui condamna à mort son meurtrier [1].

Voilà le tableau exact des réactions du Midi. Le gouvernement royal les déplora, les détesta, les flétrit publiquement, et, dès qu'il put les punir, il les punit ; mais, dans l'état de désorganisation complète où était tombée la force publique, il ne put les empêcher. Il écrivit instructions sur instructions à ses agents locaux pour qu'ils eussent à protéger les personnes et les biens menacés par les rancunes furieuses de la multitude, mais il ne pouvait leur donner la force qu'il n'avait pas lui-même. Le gouvernement central écrivait, l'administration locale parlait, la fureur populaire agissait. Le général Ramel assassiné à Toulouse, le général Lagarde blessé à Nîmes, le

---

1. Madame la maréchale Brune adressa, le 19 mai 1819, une requête au garde des sceaux à l'effet d'être autorisée à poursuivre civilement les meurtriers du maréchal Brune. L'autorisation fut donnée en 1820. Le 25 février 1821, la Cour royale de Nîmes rendit un arrêt qui condamna à mort, par contumace, le nommé Guindon dit Roquefort, *convaincu d'avoir tiré le coup d'arme à feu qui a donné la mort au maréchal Brune*. J'ai consulté, pour éclaircir ce déplorable incident, la requête de la maréchale, les actes de la procédure, le plaidoyer de M. Dupin ; une brochure curieuse publiée à Paris en 1818, sous ce titre : *Les événements d'Avignon*, la *Biographie universelle* de Michaud (article *Brune*), la lettre de M. Verger qu'on trouvera aux *Pièces justificatives*, et enfin l'*Esquisse historique sur le maréchal Brune* publiée, d'après la correspondance et les manuscrits originaux conservés dans sa famille, par le lieutenant-colonel L. B., un de ses aides de camp (M. Bourgoin). Cet officier avait été nominativement chargé de ce travail par les notables de la ville de Brives, qui, fière d'avoir vu naître le maréchal Brune dans son sein, avait ouvert une souscription pour lui ériger une statue.

maréchal Brune égorgé à Avignon, les réactions de Nîmes et d'Uzès qui coûtèrent la vie à trente-six protestants; celles de Marseille qui firent périr le double de victimes; des avanies, des violences, le sac d'un assez grand nombre de maisons, voilà le tableau de ce douloureux épisode de 1815, qu'il ne faut point exagérer jusqu'à lui donner les proportions de la grande Terreur de 93, mais qu'il faut condamner, déplorer et flétrir.

Dans les provinces de l'Ouest, où les caractères sont plus forts, les passions moins vives, et où d'ailleurs le parti royaliste était militairement organisé, on n'eut rien de pareil à déplorer. La Bretagne et la Vendée ne furent souillées par aucune réaction sanglante. En outre, leur forte organisation imposa quelques ménagements aux coalisés qui craignirent, s'ils poussaient trop loin leurs exigences, d'établir une entente entre les chefs royalistes et les chefs de l'armée de la Loire, dont le licenciement s'effectuait avec une lenteur calculée. Lorsque le général Thielmann parut dans la Mayenne à la tête des premières colonnes des Prussiens qui devaient occuper les provinces de l'Ouest, le général d'Andigné, nommé par le Roi commandant militaire de ce département, s'était empressé de mettre en sûreté les propriétés publiques de nature à tenter la cupidité de l'étranger: les caisses des receveurs, les haras de Craon, et il avait fait cacher les rôles des contributions. Avant de se rendre au-devant du général prussien avec un nombreux état-major, il eut soin d'échelonner de Laval à Nantes, puis de Nantes à Angers, des divisions royalistes sur les divers points stratégiques de l'itinéraire que devait suivre l'armée prussienne. Le général Thielmann fut frappé à la fois de la difficulté des lieux et de cette affluence d'hommes armés, et dans le courant de la conversation il avoua ses impressions au général d'Andigné, tout en lui disant qu'il avait reçu l'ordre d'exiger par la force les contributions de guerre que

Louis XVIII avait refusé de faire payer aux Prussiens. L'ancien chef royaliste lui répondit froidement que « les départements de l'Ouest avaient souffert de la lutte, que les Prussiens y avaient été reçus comme les alliés du roi de France, et que l'on satisferait à leurs besoins aussi longtemps que leurs demandes ne prendraient pas la forme d'exigences intolérables. Si elles prenaient ce caractère, les habitants de l'Ouest croyaient avoir prouvé qu'ils savaient se défendre. » Belles et fières paroles adressées à un vainqueur arrogant dans un pays vaincu par un demeurant des armées catholiques et royales.

Il y eut donc moins d'excès dans l'Ouest que partout ailleurs. Toutes les opinions s'étaient réunies dans un sentiment commun de résistance, et le général d'Andigné fit prévenir le Roi que, si l'on était réduit à la nécessité de tirer l'épée, les populations, appuyées par les restes de l'armée de la Loire, lui offriraient une force imposante qui ne craindrait pas de prendre l'offensive contre les Prussiens. Il avait avec eux des rapports marqués au coin d'une réserve hautaine. Les Prussiens ayant annoncé la résolution d'enlever d'Angers M. de Wismes, préfet de Maine-et-Loire, parce qu'il refusait de faire entrer dans leurs coffres un arriéré de six mois de contributions dues au gouvernement, le général d'Andigné proposa à ce magistrat de l'enlever de vive force en faisant attaquer l'escorte prussienne; mais M. de Wismes préféra subir son sort. Ce ne fut pas tout : il y eut un duel au pistolet entre l'aide de camp du général prussien et le chevalier de Bobcril, aide de camp du général d'Andigné; le Français tua le Prussien, qui avait tous les torts; le général d'Andigné avoua publiquement son aide de camp. Ces deux faits, l'accord qui s'était établi entre les opinions contraires, la froideur et la réserve des royalistes, éveillèrent les craintes des Prussiens. Blücher, averti par des rapports réitérés, envoya des ordres précis pour qu'on ménageât autant que possible le pays et qu'on évitât de pénétrer dans les campagnes [1].

Le Morbihan fut encore plus favorisé que l'Anjou. En traversant Rennes, le 12 septembre 1815, le général de Sol de Grisolles, qui commandait l'armée royale du Morbihan pendant les Cent-Jours, pria le général prussien, comte de Taventzien, de ne pas envoyer de troupes dans ce département. Le général prussien, qui avait appris à connaître les braves et courageuses populations de ce pays, et qui avait reçu avis des intentions du maréchal Blücher, adressa la lettre suivante au général de Sol de Grisolles : « Monsieur le général, c'est avec empressement que j'ai l'honneur de répondre à la lettre que vous avez bien voulu m'adresser en date d'aujourd'hui. La demande que vous m'avez faite de ne pas faire pénétrer les troupes sous mes ordres dans les cantonnements occupés par l'armée royale en Bretagne est trop juste pour que je ne doive pas y consentir avec beaucoup de plaisir [2]. »

Ainsi, grâce à l'armée royale, aucun soldat étranger ne foula le sol du Morbihan. Ce n'était là, on l'a vu, qu'une heureuse et rare exception au milieu des souffrances et des humiliations de la patrie.

Après avoir présenté le tableau de cette anarchie rendue inévitable par le licenciement de la force publique, mesure que l'on n'avait cependant pas pu éviter, il faut tâcher de résumer en quelques traits l'attitude et la conduite du gouvernement royal. On a vu qu'il prescrivit aux préfets de résister autant qu'il serait possible aux exigences non motivées des chefs militaires qui commandaient les forces étrangères : les préfets firent leur devoir, et il y en eut qui poussèrent assez loin la ré-

---

1. Documents inédits, *Mémoires du général d'Andigné.* Voir *Souvenirs de la Restauration*, de la page 133 à la page 146. Dans ce livre j'ai traité cette question *in extenso*.

2. Cité par le commandant Guillemot dans son opuscule : *Lettre à mes neveux*. Nantes, 1859.

sistance pour se faire mettre en état d'arrestation et qui, plutôt que de céder, se laissèrent transférer dans des forteresses à l'étranger. Il ordonna aux commandants militaires attaqués dans nos villes fortifiées, quoiqu'elles fussent abritées par le drapeau blanc, de repousser la force par la force. On a vu de quelle manière l'héroïsme de Longwy répondit à cet appel. Si le gouvernement royal ne put arrêter le flot toujours croissant des envahisseurs qui entraient par les frontières du Nord et de l'Est, il envoya M. le duc d'Angoulême avec la mission de prévenir l'entrée d'une armée espagnole déjà en marche pour entrer sur notre territoire par les Pyrénées; le prince, qui avait vainement tenté de prévenir la guerre générale en demandant une force auxiliaire à l'Espagne, au mois d'avril précédent, était bien posé pour adjurer Ferdinand de ne point imposer après coup un fardeau inutile de plus à la France, après s'être défendu de pouvoir donner en temps opportun un concours utile au gouvernement royal. Le duc d'Angoulême, qui écrivit au roi d'Espagne une lettre énergique, fut écouté. Le général Castanos s'arrêta, et le duc de Guiche, qui avait été chargé auprès du général espagnol d'une mission du prince dont il était l'aide de camp, arriva à Bayonne vers la mi-août avec une réponse favorable. Dans l'Ouest, le gouvernement du Roi prolongeait l'existence de l'armée royale de la Vendée, comme un suprême enjeu à jeter dans une lutte désespérée et ralentissait, dans la prévision de la même éventualité, le licenciement de l'armée de la Loire. Quant au Midi, le gouvernement royal, on l'a vu, avait donné les ordres les plus précis à ses agents pour qu'on y fît respecter les personnes et les propriétés. Malheureusement, il ne pouvait donner que des ordres, sans armer ses représentants de la force qui les fait respecter. Ils n'y ménagèrent pas leur vie : le général Lagarde avait été blessé à Nîmes, le général Ramel tué à Toulouse, pour avoir voulu chercher à arrêter la violence des réactions politiques et l'anarchie populaire. Dans le département de Vaucluse, M. de Saint-Chamans sollicita l'intervention des troupes autrichiennes, contre « la poignée d'assassins qui couvraient leurs excès du nom de vengeance publique, se transportaient alternativement sur tous les points où ils croyaient trouver le moins de défense et le plus de butin, faisaient trembler tout le monde et assouvissaient impunément leur amour du pillage. » Le comte de Paar, commandant les forces autrichiennes, répondit à cet appel. En même temps on rappela les commissaires royaux nommés dans les premiers moments, et dont les pouvoirs faisant double emploi avec ceux des préfets contribuaient à entretenir l'anarchie dans la direction.

Dans le Midi, dans l'Ouest, et dans quelques autres départements, c'est ici le moment de le dire, il s'était formé des comités royalistes, dont l'action surveillait et souvent contrariait l'action publique, car depuis la surprise des Cent-Jours tous les soupçons étaient éveillés, et l'alarme était pour ainsi dire en permanence.

C'était encore une des conséquences de la dernière crise. Pour bien comprendre les événements de cette époque il faut se replacer par la pensée dans le milieu d'idées et de sentiments où les Cent-Jours avaient laissé cette génération que nous jugeons à distance. On n'était point dans ces temps réguliers où les gouvernés s'en remettent aux gouvernants du soin de veiller au salut de la chose publique. La génération dont il s'agit venait d'échapper à un naufrage. Non-seulement le souvenir du passé l'irritait, mais il inquiétait pour l'avenir. Elle ne pouvait oublier que le gouvernement avait été pris au dépourvu par le retour de l'île d'Elbe. Ne pouvait-il pas l'être encore une fois ? Le ministère était-il plus habile, plus fort, plus énergique et surtout plus sûr que celui qui avait été surpris ? La présence de Fouché, ce grand machinateur de ruses, au pouvoir, n'était pas faite pour rassurer. La nomination de plusieurs hommes qui avaient joué un rôle dans les Cent-Jours et qu'on choisissait pour administrer les départements ou pour présider les colléges électoraux ajoutait à cette défiance inévitable après les derniers événements. Les royalistes se tenaient donc partout vigilants et debout à côté de l'administration, ici pour l'aider, là pour la contrôler, partout pour la surveiller. Ils se préoccupaient de ses actes, ils discutaient ses choix, ils la poursuivaient de leurs appréhensions, ils signalaient à sa sollicitude comme suspects tous les hommes qui avaient joué un rôle pendant les Cent-Jours; les militaires surtout, qui avaient si facilement oublié les serments prêtés au drapeau blanc pour retourner au drapeau tricolore, étaient l'objet de leurs préoccupations et de leur surveillance. Les commissaires royaux que Mgr le duc d'Angoulême avait nommés pour le Midi en se rendant dans ces provinces, étaient naturellement sous l'influence de ces réclamations, de ces avertissements, de ces souvenirs, de ces sinistres prévisions. Il y en eut qui n'abdiquèrent pas sans hésitation les pouvoirs que le duc d'Angoulême leur avait donnés; il fallut blâmer au *Moniteur* M. Villeneuve, un de ces commissaires, et le rappeler à Paris pour le réprimander. Ces conflits s'expliquent d'un mot : la situation était pleine d'alarmes et de défiances légitimes. On comprend, du reste, combien ces volontaires politiques, qu'il était difficile et dangereux de licencier, parce que dans un moment de crise ils pouvaient devenir une force précieuse, devenaient souvent des auxiliaires gênants pour l'administration ; par la tendance inévitable du cœur humain, ils aspiraient à la dominer en prétendant l'éclairer. Ainsi, le gouvernement royal, menacé par ses ennemis, gêné sur plusieurs points par le zèle de ses amis, ayant contre lui les haines de la révolution, et dans le Midi les réactions royalistes, luttait péniblement contre les prétentions de l'étranger, dont il ne pouvait parvenir à saisir toute l'étendue, et cherchait laborieusement à se créer une force à l'aide de laquelle il pût triompher de tant d'obstacles. Il réorganisait l'armée par la main du maréchal Gouvion-Saint-Cyr, qui n'avait consenti qu'avec peine à la création d'une garde royale, et qui, sauf les gardes du corps, avait supprimé tous les corps privilégiés; il faisait, par les mains du baron Louis, rentrer les contributions arriérées; il commençait, par les mains de M. Pasquier, le remaniement du personnel judiciaire et administratif.

Au milieu de tous ses embarras, il voulut au moins décliner la responsabilité morale des excès qu'il n'avait pu prévenir, parce que la force lui manquait, et qu'il allait bientôt essayer de punir, et dans une proclamation royale publiée au *Moniteur* du 3 septembre Louis XVIII s'exprimait ainsi : « Nous avons appris avec douleur que dans les départements du Midi plusieurs de nos sujets se sont successivement portés aux plus coupables excès; que, sous prétexte de se faire les ministres de la vengeance publique, des Français, satisfaisant leurs haines et leurs vengeances privées, avaient versé le sang des Français, même depuis que notre autorité était universellement établie et reconnue dans tout notre royaume. Certes, d'infâmes trahisons, de grands crimes, ont été commis et ont plongé la France dans un abîme de maux; mais la punition de ces crimes doit être nationale, solennelle et régulière; les coupables doivent tomber sous le glaive de la loi, et non sous le poids de vengeances particulières. Des persécutions atroces ont été exercées contre nos fidèles sujets. Mais ce serait bouleverser l'ordre social que de se faire à la fois juge et exécuteur pour les offenses qu'on a reçues, et même pour les attentats commis contre notre personne. Nous espérons que cette odieuse entreprise de prévenir l'action des lois a déjà cessé; elle serait un attentat contre nous et contre la France, et, quelque douleur que nous pussions en ressentir, rien ne serait épargné pour punir de tels crimes. C'est pourquoi nous avons recommandé par des ordres précis à nos ministres et à nos magistrats, de faire strictement respecter les lois, et de ne mettre ni indulgence ni faiblesse dans la poursuite de ceux qui les ont violées. »

IV

OUVERTURE DES NÉGOCIATIONS AVEC LES COALISÉS.

Plus de deux mois s'étaient écoulés sans que le gouvernement royal fût parvenu à connaître d'une manière certaine le sort que les coalisés réservaient à la France. Ce n'était pas tout à fait volontairement que les souverains étrangers avaient laissé M. de Talleyrand dans cette incertitude. Ils avaient résolu de se mettre d'accord entre eux, on l'a dit, avant de faire connaître leur volonté; ils se souvenaient du congrès de Vienne, dans lequel l'intervention de la France avait fini par dissoudre la coalition, et ils voulaient empêcher le même fait de se renouveler. M. de Talleyrand s'était placé, il est vrai, sur un terrain logiquement inattaquable; il rappelait que les puissances avaient toujours annoncé que ce n'était pas à la France, mais à l'ambition d'un homme qu'elles déclaraient la guerre; cela était si vrai, que le Roi de France n'avait pas cessé de faire partie de l'alliance, et que sa signature figurait au bas des déclarations européennes. Napoléon, l'homme auquel on faisait la guerre, était renversé; il n'y avait pas à régler les choses à nouveau, elles reprenaient leur cours; les traités de 1815 avaient fixé la carte de l'Europe, elle restait ce qu'elle était.

S'il était difficile de répondre à cet argument, plusieurs des puissances semblaient décidées à ne pas l'admettre, et à user de ce terrible droit de la force, qui fait si souvent pencher le plateau de la balance dans les affaires humaines. Le Roi de Piémont, on l'a vu, même avant le commencement de la campagne, avait été autorisé à se saisir de la partie de la Savoie qui nous avait été cédée par les traités de 1815, et à la garder définitivement [1]. On peut dire que les dispositions des puissances étaient proportionnelles aux dommages qu'elles avaient endurés pendant les guerres de l'Empire. L'Allemagne, si longtemps et si souvent foulée aux pieds de nos soldats, était la plus animée, et j'ai déjà constaté que, de prime abord, l'Autriche revendiquait la Lorraine, la Prusse l'Alsace; le Roi des Pays-Bas demandait en outre qu'on détachât de notre territoire plusieurs départements limitrophes de la Belgique pour fortifier ce nouveau royaume, qui devait servir de barrière à la France. La Russie seule, désintéressée dans ces questions, se montrait plus modérée que l'Allemagne, quoique moins affectueuse pour nous que l'année précédente. L'Angleterre elle-même semblait, au début, admettre l'idée d'un morcellement de notre territoire; la nation anglaise, avec sa jalousie ordinaire pour la nation française, s'était ardemment jetée dans ce mouvement; lord Liverpool, chef du ministère anglais, l'y suivait avec plus de mesure; mais deux hommes d'État anglais, dont l'action était prépondérante, se mettant, par la supériorité de leur bon sens, en avant non-seulement de leur pays, mais de leur gouvernement, allaient combattre cette idée : c'étaient le duc de Wellington et le vicomte de Castlereagh.

C'est surtout dans les documents anglais que l'on trouve des lumières précieuses sur le point de départ et sur les progrès de cette question. Les journaux de l'autre côté de la Manche disaient hautement que, « laisser à la France la ligne de Vauban, et même l'Artois, serait le comble de l'imprévoyance. » Lord Liverpool, dans ses dépêches des 7, 10 et

---

1. Tome II, page 403.

15 juillet, donnait des instructions qui témoignaient que son sentiment ne s'éloignait pas beaucoup du sentiment populaire : « Je suis satisfait, écrivait-il le 7 juillet, que Paris ne se soit pas soumis au Roi avant la capitulation. Nous sommes ainsi plus libres, relativement aux conditions de paix, et le peuple anglais attend justement que des garanties lui soient données au moyen d'une frontière améliorée. » La presse britannique, plus explicite, n'avait point caché ce que le peuple anglais entendait par une *frontière améliorée;* c'étaient la ligne de forteresses de Vauban et l'Artois enlevés à la France. Lord Liverpool continuait dans le même sens le 10 juillet : « Quoique la disposition générale des esprits soit en faveur du Roi, il n'a pas de parti pour le soutenir, et les hommes les plus actifs et les plus capables sont contre lui. Ce serait un des travaux d'Hercule que de donner de la force à un tel gouvernement. Il faut donc chercher dans une frontière améliorée pour nous, et dans l'affaiblissement de la France, la garantie nécessaire de la tranquillité de l'Europe. Cette opinion fait ici des progrès rapides, et je ne doute pas que, même Bonaparte mort, on éprouverait ici un vif désappointement, dans le cas où la paix laisserait la France telle que l'avait laissée la paix de Paris, ou même ce qu'elle était avant la révolution. » Un peu plus tard, corroborant ses précédentes dépêches, il écrivait encore à la fin de la première quinzaine de juillet : « L'idée dominante en Angleterre, c'est que les alliés sont pleinement autorisés à profiter de l'occasion pour enlever à la France les principales conquêtes de Louis XIV. » Lord Liverpool prescrivait donc à lord Castlereagh de sonder les intentions des coalisés, et insistait pour que, dans le cas où ils ne seraient pas d'avis d'exiger de la France une cession définitive de territoires, ils l'obligeassent au moins à laisser pendant un long espace de temps, dans les mains des puissances, toute la première ligne des forteresses du Nord et de l'Est, y compris Lille.

Ces premières dispositions de l'Angleterre, rapprochées de celles de l'Allemagne, n'avaient rien de rassurant pour notre pays, et elles expliquent la politique du gouvernement royal comme celle de l'Europe. Des deux côtés on se surveillait, et l'on cherchait à se mettre en mesure, car le gouvernement français prévoyait le cas où l'Europe ne modérerait pas ses exigences, et l'Europe, celui où la patience de la France, poussée jusqu'à ses dernières limites, ferait place à un désespoir qui la précipiterait dans une résistance armée.

Il y avait, dans les vues communiquées par lord Liverpool à lord Castlereagh, une alternative dont cet homme d'État, aidé par le duc de Wellington qui, depuis ses derniers succès militaires, exerçait un ascendant marqué dans les conseils européens, allait tirer parti. Tout en insistant pour qu'on exigeât de la France une cession de territoire, le chef du cabinet anglais admettait, comme pis aller, la possibilité d'accepter la remise temporaire des forteresses de l'Est et du Nord, à titre de garanties. Ce fut là le point de départ des efforts du vicomte de Castlereagh et du duc de Wellington pour faire prévaloir ce parti, le moins défavorable à la France, et dans leur conviction profonde le plus favorable à l'Europe, parce que c'était le plus propre à assurer la durée de la paix, dont elle avait un si grand besoin.

Ils se trouvaient ainsi d'accord avec la Russie, qui voulait pour la France des conditions modérées, et qui inclinait à maintenir les clauses du traité de Paris du 30 mai 1814, devenues partie intégrante des traités de 1815 signés à Vienne, au commencement de l'année. Mais dans les premiers jours du mois d'août ils n'avaient pas encore ramené lord Liverpool à leur manière de voir; car celui-ci, dans ses observations sur le *memorandum* russe du 3 août, écrivait à lord Castlereagh le 11 de ce mois : « Les alliés ont droit aux acquisitions permanentes qu'ils jugent nécessaires à leur sécurité, et tout en ayant à cœur la consolidation du gouvernement légitime en France, l'Angleterre ne doit pas oublier qu'un succès en cela est fort incertain, et qu'il est plus facile de prendre des sûretés contre la France que de la rendre pacifique et tranquille. » C'était toujours la même politique : on voulait rendre la nation française faible, sous prétexte que l'on désespérait de rendre le gouvernement royal fort.

Le vicomte de Castlereagh, avec la fermeté de bon sens qu'il portait dans les affaires, se prononça contre cette opinion, qu'il jugeait propre à remettre en question la paix européenne, et, dans un *mémorandum* envoyé à son gouvernement, il établit que, si on imposait à la France des conditions intolérables, on provoquerait une nouvelle guerre. Dans une lettre remarquable écrite à la date du 11 août 1815, le duc de Wellington se rallia à cet avis. Après avoir admis avec les plénipotentiaires des puissances allemandes que les traités de Vienne laissaient encore la France dans un état formidable vis-à-vis des autres nations européennes affaiblies par tant de guerres, par la ruine de leurs finances, la destruction des places fortes et de tous les boulevards de l'Europe dans les Pays-Bas et dans l'Allemagne, il déclarait avec le vicomte de Castlereagh qu'on ne pouvait, dans les circonstances données, modifier sensiblement ces traités avec utilité pour l'Europe. « Nos déclarations, nos traités, continuait-il, l'accession que Louis XVIII a été admis à faire à celui du 25 mars, bien que la forme de cette accession n'ait pas été complétement régulière, nous interdisent de faire aucun changement important au traité de Paris. Je ne puis me rendre au raisonnement de ceux de nos alliés qui disent que de deux choses l'une : ou les garanties contenues dans le traité du 25 mars n'étaient applicables qu'à nous-mêmes, ou la conduite du peuple français depuis le 20 mars lui a fait perdre tous ses droits à ces garanties. Sans doute le peuple français s'est soumis à Bonaparte ; mais il serait ridicule de supposer que les alliés eussent pu entrer en possession de Paris, quinze jours après une bataille gagnée, si le peuple français n'avait pas été en général bien disposé pour la cause à laquelle on supposait les coalisés favorables. Dans le nord de la France, cette disposition n'était pas équivoque, et il n'est pas douteux qu'il n'en fût de même dans le Midi et dans presque toute la France, sauf la Champagne, l'Alsace, une partie de la Bourgogne, de la Lorraine et du Dauphiné. L'assistance que le roi et son parti ont donnée à la cause est essentiellement une assistance passive; mais le résultat des opérations des alliés eût été bien différent de ce qu'il a été, si les habitants avaient été résolus à s'opposer à leur marche. Dans ma conviction, les alliés n'ont donc pas le droit d'enfreindre le traité de Paris, et je crois pouvoir démontrer en outre que l'intérêt des alliés est d'agir conformément à la justice…

« Mon objection principale à la demande d'une grande cession de territoire, c'est qu'elle changerait l'objet qui avait engagé les puissances dans cette guerre et dans la guerre précédente. Il n'est douteux pour personne que nous n'ayons tous eu pour objet de mettre un terme à la révolution française, d'obtenir la paix pour nos peuples, d'avoir la faculté de réduire notre état militaire et de nous occuper de nos intérêts intérieurs. Les alliés ont pris les armes contre Napoléon, parce qu'il était certain que le monde ne serait pas en paix tant qu'il posséderait ou qu'il pourrait reprendre le pouvoir suprême en France; il faut, en faisant les arrangements qui sont la conséquence de notre succès, nous conduire de manière à ne pas laisser le monde dans la fâcheuse situation où il aurait été vis-à-vis de la France si Bonaparte avait conservé la possession du pouvoir.

« Il est difficile de prévoir quelle serait la conduite du Roi et de son gouvernement, si l'on demandait la cession d'une portion considérable du territoire français. Quelque parti qu'il prît, il est indubitable que, soit qu'il résistât, soit qu'il se résignât, la position des alliés serait pleine de difficultés. Si le Roi refusait d'accéder à la cession et se jetait dans les bras de son peuple, les divisions qui ont occasionné momentanément la faiblesse de la France cesseraient à l'instant. Les alliés pourraient prendre les forteresses et les provinces qui sont à leur convenance, mais il n'y aurait plus de paix sincère (*genuine*) pour le monde; pas une nation ne pourrait désarmer, pas un souverain tourner son attention vers les affaires intérieures de ses États. Si le Roi se résignait à faire cette cession, ce qui, d'après ce que j'entends dire, n'est pas le moins du monde vraisemblable, les alliés seraient satisfaits et se retireraient; mais j'en appelle à l'expérience des hommes au fait des négociations de l'an passé, pour avoir une idée de la situation où nous nous trouverions nous-mêmes.

« L'année dernière, quand la France a été réduite à ses limites de 1792, les alliés ont été obligés de maintenir sur pied la moitié de l'état de guerre stipulé par le traité de Chaumont, pour garder leurs conquêtes et ce qui leur avait été cédé, et tous les hommes au courant de ce qui se passait en France à cette époque savent que le sujet général des conversations était le recouvrement de la rive gauche du Rhin comme frontière de la France, et que l'impopularité du gouvernement royal dans l'armée tenait à son peu de disposition présumée à faire la guerre pour recouvrer cette possession. Il n'y a pas d'homme d'État qui, ayant ces faits devant les yeux, voulût conseiller, cette année, à un souverain de se considérer en paix et de désarmer, si contre le gré du roi de France, et malgré les protestations de son peuple, on arrache une cession considérable de territoire à la France. Dans ce cas, il faut au contraire considérer les opérations militaires comme momentanément suspendues jusqu'à l'instant où la France trouvera une occasion favorable de regagner ce qu'elle a perdu. Alors, après avoir épuisé nos ressources à maintenir en temps de paix un état militaire ruineux, nous éprouverons combien peu les cessions si chèrement payées nous mettront en état de résister à l'effort national de la France pour les reconquérir. »

Dans ce remarquable exposé, la situation de l'Europe vers le mois d'août 1815 revit tout entière. Les prétentions et les convoitises passionnées de l'Allemagne apparaissent dans les réponses que le duc de Wellington adresse aux demandes, aux objections des plénipotentiaires allemands. On voit percer la politique de résistance de Louis XVIII, dans les craintes qu'inspire au généralissime anglais le coup de désespoir héroïque qui jetterait le vieux Roi dans les bras de son peuple, décidé à tirer l'épée en jetant le fourreau plutôt que de consentir au morcellement du territoire national. Il prend soin de constater lui-même que, d'après tout ce qu'il entend dire, il n'y a rien de moins vraisemblable au monde qu'un acte de résignation de la part du Roi : les instructions données à Longwy, le ralentissement du licenciement de l'armée de la Loire, l'attitude des chefs de l'armée de l'Ouest, ont produit leur effet. Enfin l'estime que le duc de Wellington fait de la valeur française éclate dans les dernières lignes. Il n'ignore pas combien les traités de 1815 ont été pesants pour une nation fière et généreuse, et il ne compte pas sur les barrières matérielles pour arrêter son élan moral quand le moment des reprises sera venu.

Aussi voici comment il résume son avis : « Dans mon opinion, nous devons continuer à poursuivre notre grand objet, une paix sincère et la tranquillité du monde. La France révolutionnaire avec des frontières affaiblies est plus redoutable pour le repos du monde que la France avec une frontière forte, pourvu qu'elle soit placée sous un gouvernement régulier. Avec ces vues, je préfère l'occupation temporaire de quelques places fortes, et le maintien d'une force militaire en France pendant un temps limité, le tout aux frais du gouvernement français, et sous des conditions définies d'une manière précise, même à la cession de toutes les places qui, dans mon opinion, doivent être occupées pendant un espace de temps limité. Non-seulement cette occupation nous donnera, pendant sa durée, toute la sécurité militaire qu'on pourrait attendre d'une cession définitive, mais si la mesure de l'occupation est appliquée dans l'esprit où je la conçois, elle deviendra un moyen d'apaisement et d'organisation intérieure, parce que tous les esprits aspireront naturellement à l'époque où cette occupation cessera, et aux moyens de rapprocher cette époque. »

Il est difficile d'imaginer quelque chose de plus haut, de plus sensé et de plus décisif que cette exposition dans laquelle les motifs du duc de Wellington et de lord Castlereagh, pour s'opposer au démembrement de notre territoire, sont énumérés. Cette opinion, fortement motivée et appuyée par celle de l'empereur Alexandre, qu'une démarche de Louis XVIII avait profondément touché, devait peu à peu entraîner celle du gouvernement anglais, et plus tard celle de l'Europe entière. Le bon sens finit toujours par rester le maître des affaires humaines.

Cependant, à la fin du mois d'août, la lutte durait encore, comme le prouve un *mémorandum* portant la date du 31 août, et dans lequel le duc de Wellington, s'adressant toujours au vicomte de Castlereagh, insistait sur les différences qui existaient entre les deux plans proposés pour régler les affaires avec la France : le premier consistant dans la cession de quelques places fortes par le gouvernement français, et l'obligation qui lui serait imposée d'en raser quelques autres ; le second consistant à occuper, pour un temps limité, certains points du territoire français. Le duc de Wellington trouvait de nouveaux arguments contre le premier plan. Il rappelait que la force offensive de la France, objet de tant d'appréhensions, ne résulte pas de la possession de quelques forteresses. « Ce qui rend la France si formidable, c'est une combinaison de population, de ressources financières et de forces artificielles. Est-ce qu'en lui enlevant quelques forteresses on transmettra à la puissance qui les recevra les ressources de population et de finances, sans lesquelles cette combinaison cessera d'exister? Si on ne saurait les transmettre, si cette puissance qu'on a voulu favoriser, — il est évident que le duc de Wellington fait allusion au royaume des Pays-Bas, — possède les forteresses sans posséder la population et les finances de la France, n'est-il pas évident qu'elle aura grand'peine à les garder contre la France, qui, conservant ses forces et animée par son injure, aspirera toujours à reprendre ce qu'on lui a ôté. Si l'on ne voyait de garantie pour la tranquillité de l'Europe que dans l'affaiblissement de la France, il faudrait l'affaiblir réellement, c'est-à-dire dans ses forces vives, sa population et ses finances. Si l'on n'est pas décidé à recourir à ces mesures extrêmes, et si l'on prétend seulement obtenir la paix et la tranquillité pour plusieurs années, il faut prendre des arrangements de nature à satisfaire les intérêts de toutes les parties. »

Les choses en étaient là, lorsque Louis XVIII, averti par le duc Dalberg que les puissances allemandes avaient déjà fait rédiger une carte dont une copie fut mise sous les yeux du Roi, et sur laquelle l'Alsace, la Lorraine, le Hainaut, la Flandre et des parties considérables de la Champagne, de la Franche-Comté et du Bugey, figuraient comme séparées de la France, fit une démarche personnelle auprès d'Alexandre et du duc de Wellington. Après leur avoir montré du doigt la carte qui était placée sur son bureau, le vieux Roi, qui semblait porter sur son visage les tristesses de la patrie, se tourna vers le duc de Wellington, et d'une voix où vibraient l'indignation et la douleur : « Milord, dit-il à ce dernier, je croyais, en rentrant en France, régner sur le royaume de mes pères; il paraît que je me suis trompé. Je ne saurais cependant rester qu'à ce prix. Croyez-vous, milord, que votre gouvernement consente à me recevoir, si l'on me réduit à lui demander de nouveau un asile? »

La démarche, la résolution, l'accent, le regard du vieux Roi émurent profondément Alexandre. « Non, s'écria-t-il, Votre Majesté ne perdra point ces provinces, je ne le souffrirai pas. »

Le lendemain, le comte de Capo d'Istria remettait sous les yeux des ministres alliés, au nom de la Russie, une note dans laquelle il rappelait que « le motif de la guerre avait été de maintenir le traité de Paris comme base des stipulations du Congrès de Vienne. La fin de la guerre ne saurait donc exiger la modification du traité de Paris. Si l'on portait atteinte à l'intégrité de la France, il faudrait revenir sur toutes les stipulations de Vienne, procéder à de nouvelles distributions territoriales, combiner un nouveau système d'équilibre. Les alliés ont reconnu le Roi de France durant l'usurpation de Bonaparte; il vient d'être replacé sur son trône par la force de leurs armes; il est donc de leur intérêt d'affermir l'autorité de ce monarque et de l'aider du concours de toute leur puissance à ne fonder que sur un intérêt général et national la forme de son gouvernement. »

Cette note de la Russie, présentée par le comte de Capo d'Istria, devait emporter la question. L'intervention de l'empereur Alexandre déterminée par la démarche de Louis XVIII finit par prévaloir, sauf quelques concessions cruelles pour la France, quoiqu'elles ne portassent pas sur des territoires étendus, qu'il fallut faire aux convoitises allemandes. Lord Castlereagh, dont nous avons exposé les vues en exposant celles du duc de Wellington, car les opinions de ces deux hommes d'État sur cette question étaient identiques, proposa de ramener la France à ses frontières de 1790, en attribuant les enclaves aux pays dans lesquels elles se trouvaient comprises. La France conserverait Avignon, l'Allemagne obtiendrait la forteresse de Landau. D'après l'avis exprimé par le duc de Wellington, plusieurs forteresses de la France seraient occupées pendant un temps limité, et une portion déterminée de la contribution de guerre qui allait lui être imposée serait employée à construire des forteresses dans les Pays-Bas pour servir de barrière contre elle. Si lord Liverpool approuvait ce plan, lord Castlereagh savait d'avance qu'il avait l'adhésion de la Russie. Il ajoutait avec beaucoup de sens, dans sa dépêche du 17 août, que, bien qu'il crût qu'on ferait une chose plus populaire en Angleterre comme en Allemagne en exigeant de la France la cession de deux ou trois forteresses renommées, il persistait à croire qu'il proposait, comme c'était son devoir, la chose la plus utile : « Notre but, ajoutait-il, est de faire rentrer le monde, si cela est possible, dans des habitudes pacifiques, et non de recevoir des trophées. »

Ce ne fut pas sans peine que lord Castlereagh ramena lord Liverpool à son avis. Celui-ci aurait voulu que l'on exigeât au moins le démantèlement de Lille et de Strasbourg. Il fallut une nouvelle et forte lettre de lord Castlereagh pour déterminer le premier ministre anglais à renoncer à l'idée de donner cette satisfaction à l'opinion publique de son pays. On arrivait enfin, et après bien des luttes, à cette entente commune qui devait précéder la communication attendue par la France. La Russie, toujours bien disposée en notre faveur, s'était ralliée, on l'a vu, au plan de lord Castlereagh par deux notes, l'une à la date du 24 août, l'autre du 7 septembre. Les cabinets allemands se résignèrent à l'accepter, toutefois après avoir obtenu que les concessions exigées dans le plan anglais s'accroîtraient des cantons de Condé et de Givet, des forts de Joux et de l'Écluse, et que les fortifications d'Huningue seraient démolies. On portait en même temps à huit cents millions le chiffre de la contribution de guerre qui nous était imposée ; sur cette somme deux cents millions devaient être employés à construire contre nous une ligne de places fortes en Belgique. Enfin, nos forteresses de l'Est et du Nord devaient être occupées pendant un laps de sept ans par une force de cent cinquante mille étrangers entretenus à nos frais. Cependant on prévoyait le cas où l'état de notre pays permettrait d'abréger de deux ans l'occupation, sur la demande de Louis XVIII. Tel était le bilan des pertes territoriales et des sacrifices financiers que le coup de main des Cent-Jours léguait à la France une seconde fois envahie, sans compter les pertes d'hommes et d'argent causées par la fatale campagne qui avait abouti au désastre de Waterloo, et les blessures morales et politiques ouvertes au plus profond du cœur de la patrie.

Il était temps que l'Europe fît connaître son ultimatum ; la France n'en pouvait plus. M. de Bulow calculait, à cette époque, qu'elle dépensait deux millions sept cent mille francs par jour pour nourrir un million de soldats étrangers répandus sur son territoire, et une des raisons mises en avant par le duc de Wellington et le vicomte de Castlereagh pour déterminer les puissances à se hâter, c'est qu'il était impossible que la nation française portât longtemps ce fardeau sans succomber, ou sans réagir violemment contre un faix intolérable, de sorte que l'on risquait de ne plus rencontrer, quand on voudrait lui faire payer sa rançon de guerre, qu'une nation désespérée et en armes, ou une nation tellement épuisée, que les exigences européennes seraient obligées de s'arrêter devant l'impossibilité absolue où se trouverait la France d'y satisfaire.

Les documents contemporains sont unanimes sur ce point. Le comte Beugnot écrivait au comte de Blacas, qui, de Naples où il se trouvait, lui avait recommandé le frère du général

Moreau : « Nous restera-t-il une France? Si elle nous reste, que sera-t-elle? Voilà ce que l'on se demande toujours et l'on ne connaît encore personne qui puisse répondre. Les empereurs et le roi de Prusse sont de retour, et l'on va, dit-on, entamer des négociations qui conduiront à un résultat. En attendant, on démolit les places et l'on transvase la France en Allemagne. Depuis que nous sommes séparés, la dévastation de notre malheureuse patrie se poursuit avec une activité incroyable, et par des moyens plus cruels que ceux employés par Bonaparte lui-même. Il emportait et consommait tous les produits qui lui tombaient sous la main; mais ici l'on détruit systématiquement les produits et les sources d'où ils naissent, de sorte qu'on nous lègue pour un long avenir la misère. La France n'est bientôt plus qu'un squelette recouvert de haillons ensanglantés. Vous allez vous écrier : Que font donc les ministres? Rien, parce qu'ils ne peuvent absolument rien pour soulager tant de douleurs. Le Roi avait composé son ministère tel qu'il est dans l'espoir de rallier l'opinion à l'intérieur et de se concilier la confiance des étrangers. Il semble qu'il n'ait atteint ni l'un ni l'autre but. La division vient d'éclater entre le prince de Talleyrand et le duc d'Otrante. On commence à croire que l'année dernière on ne s'était pas trompé sur son compte. Mettez-le à la tête des affaires, sans y mettre son parti, car il ne consentira jamais à le fondre dans la masse [1]. »

Cette lettre écrite dans la première quinzaine de septembre, un peu avant la signification de l'ultimatum européen, entre dans le vif de la situation. Elle peint les calamités auxquelles se trouvaient réduits la France et son gouvernement, et elle indique la politique toute personnelle que suivait Fouché, se frayant sa route à part, et puisant dans la situation désespérée

---

[1]. *Papiers politiques* de M. de Blacas.

du pays aux abois un dernier espoir pour lui et le parti révolutionnaire.

Ce tacticien politique commençait à voir ce qu'il aurait dû prévoir : sa position ministérielle, motivée par une circonstance passagère, la transition du gouvernement provisoire à la monarchie, se trouvait menacée. Ceux même des royalistes de Paris, qui, un moment, lui avaient été favorables, cédaient au courant général de leur opinion si prononcée contre lui, et quelques-uns de ceux qui avaient favorisé son entrée au pouvoir cherchaient à se laver de cette responsabilité morale par la vivacité de leurs attaques. L'ordonnance du 24 juillet contre-signée par lui, et dont il avait fourni les éléments, lui était amèrement reprochée dans son propre parti. Enfin, parmi les étrangers, le duc de Wellington seul lui maintenait son appui [1].

La difficulté que Fouché avait à se maintenir devant la presse indiquait celle qu'il aurait à se maintenir devant la tribune. Il avait été bientôt obligé de demander au Conseil de revenir sur l'ordonnance royale qui, peu de jours après la rentrée du Roi à Paris, avait affranchi la presse périodique et non périodique du joug de la censure. On comprend l'explosion d'idées et de sentiments qui s'était faite quand les opinions comprimées par l'Empire et le Gouvernement provisoire avaient pu se produire au grand jour. Les passions surexcitées, trouvant une voie ouverte, s'y étaient précipitées. Les bro-

---

1. Dans une lettre curieuse, mais qui doit être lue avec précaution parce que, en défendant la nomination de Fouché, il défendait son propre ouvrage et le ministère de l'alliance anglaise, le duc de Wellington s'exprimait ainsi en expliquant au général Dumouriez la réaction qui s'était faite dans les esprits contre Fouché : « Je crois que les courtisans étaient satisfaits de l'entrée de Fouché au ministère ; ils n'ont pas moins fort applaudi à l'arrangement le jour où il a été adopté qu'ils l'ont blâmé quand ils en ont eu recueilli les fruits. Ils ont commencé sans retard à intriguer contre Fouché et tout le ministère. J'ai prédit au Roi ce qui arriverait. Fouché s'est peut-être mal conduit en quelques circonstances, mais pas la moitié aussi mal qu'on le dit et qu'on le croit. » Cette lettre est datée du 26 septembre 1816. (*Letters and despatches.*)

chures et les journaux, abordant la question des indemnités de guerre que les étrangers réclamaient, on le savait déjà, avaient proposé d'en faire porter le poids aux signataires de l'acte additionnel. Le *Journal général*, la *Quotidienne*, la *Gazette de France*, avaient conclu dans ce sens. Quelques auteurs de brochures, entre autres M. Léopold de Massacré, étaient allés plus loin, et avaient protesté contre l'article de la Charte destiné à consacrer l'inviolabilité de la vente des biens nationaux. Le même écrivain s'était exprimé sur le duc d'Otrante et sur le prince de Talleyrand de la manière la plus violente, en s'étonnant que « Louis XVIII eût pu préférer, à l'excellent duc de Feltre, Fouché, ce ministre souillé de tous les crimes, et M. de Talleyrand, cet apostat étranger à toute religion et à toute morale. » Fouché profita des attaques qui arrivaient jusqu'à la Charte pour tenter de se mettre à l'abri des attaques personnelles. D'abord il fit saisir la brochure de M. Léopold de Massacré et une brochure de M. de Saint-Victor, qui prétendait que la France se partageait entre deux partis : les victimes et les bourreaux. Puis, par un de ces coups de bascule politique qui lui étaient familiers, il ordonna la suppression de l'*Indépendant*, rédigé cependant par une de ses créatures, M. Jay, parce qu'il avait publié un article favorable à Labédoyère, et la saisie du septième volume du *Censeur*, rédigé, on s'en souvient, par deux publicistes d'un caractère indépendant, MM. Comte et Dunoyer, qui s'étonnèrent d'être poursuivis comme bonapartistes sous le Roi, après avoir été poursuivis comme royalistes sous l'Empereur, toujours par le même Fouché, ministre banal de la monarchie et de l'empire. Enfin, il révoqua, par un arrêté du 5 août 1815, les autorisations précédemment données aux journaux, les astreignant à se pourvoir d'une autorisation nouvelle, et créa une commission de censure, à l'examen de laquelle tous les écrits durent être soumis.

Fouché se rendait justice : il était perdu s'il se laissait discuter. Les manifestations de l'opinion publique l'avaient déjà ébranlé. Il voulut, par une manœuvre hardie, reconquérir le terrain qu'il avait perdu, et deux rapports au Roi, d'abord lus dans le conseil, et qu'il destinait secrètement à une vaste publicité, furent les deux machines politiques dont il se servit.

Le premier portait la date du 9 août, et la lecture de cette pièce dans le Conseil pouvait entrer jusqu'à un certain point dans les vues du gouvernement du Roi, qui cherchait partout des points de résistance contre les étrangers dont les prétentions n'ayant pas encore reçu leur forme définitive effrayaient le gouvernement par leur étendue présumée. C'était un tableau de la France telle que l'invasion l'avait faite. Fouché espérait, en traçant ce tableau, se donner l'appui du sentiment national fortement surexcité contre l'étranger :

« Les ravages de la France sont à leur comble ; on ruine, on dévaste, on détruit, comme s'il n'y avait pour nous ni paix ni composition à espérer. Les habitants prennent la fuite devant les soldats indisciplinés, les forêts se remplissent de malheureux qui vont y chercher un dernier asile. Les moissons vont périr dans les champs ; bientôt le désespoir n'entendra plus la voix d'aucune autorité, et cette guerre, entreprise pour assurer le triomphe de la modération et de la justice, égalera la barbarie de ces déplorables et trop célèbres invasions dont l'histoire ne se rappelle le souvenir qu'avec horreur.

« Les puissances alliées ont trop hautement proclamé leur doctrine, pour qu'on puisse douter de leur magnanimité. Quel avantage peut-on retirer de tant de maux inutiles ? N'y aurait-il plus de liens entre les peuples ? Veut-on retarder la réconciliation de l'Europe avec la France ?

« L'une des vues des souverains semblait être d'affermir le gouvernement de Votre Majesté, et son autorité est sans cesse compromise par l'état d'impuissance où on la réduit. Son pouvoir est même rendu odieux par les maux dont elle semble être complice, parce qu'elle ne peut pas les empêcher. Votre Majesté a signé comme allié le traité du 25 mars, et on lui fait la guerre la plus directe.

« Les souverains connaissent l'état des lumières en France. Aucun raisonnement, aucune espèce de faute, aucun genre de convenance, n'échappent à la pénétration des Français. Le peuple, quoique humilié par la nécessité, s'y résigne avec courage. Les maux seuls qu'il ne peut supporter sont ceux qu'il ne peut comprendre. Votre Majesté n'a-t-elle pas fait, pour l'intérêt des puissances et pour la paix, tout ce qui ne dépendait que de ses efforts? Bonaparte a été non-seulement dépossédé, mais il est dans les mains des alliés; sa famille est également en leur pouvoir, puisqu'elle est sur leur territoire : les Chambres ont été dissoutes. Il n'y aura bientôt dans les fonctions publiques que des hommes amis de la paix et dévoués. On avait craint les bonapartistes, quoique aucun d'eux ne puisse plus être dangereux. Votre Majesté a cependant accordé à ce sujet tout ce qui pouvait être réclamé pour l'exemple.

« Si, après avoir vaincu la France, l'on prétendait qu'il y a encore à la punir, ce langage, auquel on n'aurait pas dû s'attendre d'après la promesse des souverains, exigerait qu'on voulût bien en peser toutes les conséquences. De quoi voudrait-on nous punir? Est-ce à nous d'expier l'ambition d'un seul homme et les maux qu'elle a faits? Nous étions les premières victimes. Nous en avions deux fois délivré l'Europe; et ce n'est pas en pays étranger, c'est en France surtout, que la terreur a constamment troublé son repos. Malgré sa puissance, jamais il n'est parvenu à rendre la guerre nationale. Des instruments ne sont pas des complices : et qui ne sait pas que celui qui exerce la tyrannie trouve toujours dans la multitude une force suffisante pour se faire obéir! On nous reproche jusqu'à nos succès : ils se compensent par assez de revers. Quelle image nous apportait l'annonce de ses victoires, si ce n'est celle des conscriptions qui venaient de périr et de terminer leur courte carrière, et celle des nouvelles conscriptions que le fer des combats de nouveau allait moissonner? Nous les expions, comme toute l'Europe, par le même deuil et par les mêmes malheurs.

« L'armée est soumise à Votre Majesté, mais elle existe encore. Nous devons nous expliquer à ce sujet avec franchise; ce qui reste d'existence à l'armée ne se rattache plus qu'à la pacification générale et à la tranquillité publique. Son état de réunion, bien loin d'être un mal, empêche le mal de s'étendre. La rentrée des soldats dans le sein du peuple ne sera d'aucun danger, quand la fin de la guerre laissera au peuple les moyens de reprendre ses occupations et ses habitudes; mais avant ce moment, mais quand la fermentation n'est pas encore éteinte ni l'obéissance rétablie, ce mélange des soldats avec les citoyens ne ferait que jeter de nouvelles matières inflammables dans un incendie.

« Il est bien affligeant de penser que cet état de choses n'a sa source que dans l'erreur de quelques cabinets, et dans le jugement qu'ils portent de la situation de la France. Il dépend d'eux que tous leurs désirs soient remplis; il n'y a point de sacrifices auxquels un peuple éclairé ne soit prêt à se soumettre s'il voit le but pour lequel on l'exige, et s'il y trouve du moins un moyen de prévenir de plus grands maux; telle est la disposition, tel est le vœu de tous les Français. Veut-on, au contraire, obtenir des mesures préparatoires par des plans inconnus : c'est demander une chose impossible. Il n'y a point d'obéissance aveugle en France ; les puissances n'ont encore fait connaître aucun de leurs desseins ; personne ne sait quelle idée il doit se faire du gouvernement de Votre Majesté ni même de l'avenir.

« L'anxiété et la défiance sont à leur comble, et tout paraît un sujet de terreur au milieu de cette obscurité ; mais d'un seul mot toutes les dispositions des esprits seraient changées ; il n'y aurait d'obstacles à aucune mesure, si elles faisaient partie d'un plan général qui offrirait par son ensemble quelques consolations à l'obéissance.

« Que les souverains daignent donc s'expliquer ! Pourquoi voudraient-ils se refuser à ces actes de justice ? qu'ils daignent réunir toutes leurs demandes, comme autant de conditions du repos des peuples, et que notre accession à toutes leurs vues fasse partie d'un traité réciproque : il n'y aura plus alors de difficultés.

« Les souverains ne remarquent peut-être pas assez dans quel cercle d'embarras et d'obstacles ils nous placent et se placent eux-mêmes : nous avons besoin du bon ordre pour les seconder, et de leur explication pour rétablir le bon ordre. Veulent-ils des sacrifices qui exigent des répartitions et une prompte obéissance, il faut pour cela que l'autorité de Votre Majesté soit pleine et entière. Rien n'est possible, rien n'est exécutable, si la paix n'existe pas de fait, du moins provisoirement ; et, bien loin d'être en paix, nous éprouvons tous les fléaux de la guerre. Que les souverains prêtent du moins quelque attention à leurs intérêts. Quand tout sera ruiné autour de leurs armées, comment celles-ci trouveront-elles leur subsistance ? N'y a-t-il aucun danger à disséminer les troupes ? toutes les armes ne sont pas enlevées, et toute arme ne devient-elle pas meurtrière dans les mains du désespoir ? Sous le rapport des contributions de guerre, quel nouveau sacrifice aura-t-on à demander là où le soldat aura tout détruit ? Sous le rapport de la force des armées, la discipline, une fois altérée, a bien de la peine à se rétablir. L'Allemagne est bien loin de s'attendre qu'après une campagne glorieuse on lui ramène ses soldats corrompus par un esprit de licence, de rapine et de pillage. Tout aurait dû distinguer cette guerre des autres, au lieu d'imiter et de surpasser en France les excès contre lesquels les souverains s'étaient armés. Leur gloire même sera-t-elle satisfaite ? Nous avons fait tout ce qu'ils ont désiré ; et, de leur côté, ce qu'ils avaient annoncé au monde se trouve accompli, hors un seul point.

« Quel contraste entre ce qui se passe et leur promesse solennelle ! Ce siècle est celui de la raison et de la justice, et jamais l'opinion publique n'a eu plus de puissance. Qui pourra donc expliquer des maux si excessifs après la promesse de tant de modération ! La guerre actuelle a été entreprise pour servir la cause de la légitimité, et cette conduite, cette manière de faire est-elle propre à rendre plus sacrée l'autorité de Votre Majesté? On a voulu détrôner et punir celui qui se faisait un jeu des malheurs des peuples, et l'on exerce sur la France soumise la même violence et la même inhumanité! Toute l'Europe a pensé que l'entrée des souverains à Paris terminerait la guerre : que pense-t-on en apprenant que c'est alors seulement que les excès de l'oppression ont commencé sans combat et sans résistance.

« Les maux que l'on nous reproche d'avoir faits aux autres n'ont jamais été aussi grands! Jamais, du moins, ils n'ont eu lieu quand l'emploi des armes n'avait aucun but; et, fût-il vrai que nous eussions donné l'exemple d'un tel abus de force, devrait-on l'imiter, puisqu'on nous en fait un crime? On sait dans le Nord, on sait en Prusse ce que notre défaut de modération a produit d'énergie et d'esprit public dans nos ennemis : il n'y aurait plus de termes aux maux de l'humanité, si les vengeances alternatives devenaient un droit de guerre? car les peuples ne meurent jamais.

« Votre Majesté daignera-t-elle me permettre d'insister sur une dernière considération? Tant que la France aura quelque chose à conserver, et qu'elle sera soutenue par l'espérance de se maintenir en corps de nation, aucun sacrifice ne lui sera impossible, et tous les plans d'une équitable politique pourront encore s'exécuter; mais, le jour où les habitants auront tout perdu, où leur ruine sera consommée, on verra commencer un nouvel ordre de choses, une nouvelle série d'événements, parce qu'il n'y aura plus ni gouvernement ni obéissance : une aveugle fureur succédera à la résignation; on ne prendra plus conseil que du désespoir. Des deux côtés, on ravagera; le pillage fera la guerre au pillage; chaque pas des soldats étrangers sera ensanglanté. La France aura alors moins de honte à se détruire elle-même qu'à se laisser détruire par des hordes étrangères.

« Le moment approche : déjà l'esprit national prend cette affreuse direction; une fusion se forme entre les partis les plus opposés. La Vendée elle-même rapproche ses drapeaux de ceux de l'armée; dans ces excès de calamité, quel parti restera-t-il à Votre Majesté que celui de s'éloigner? les magistrats quitteront de même leurs fonctions, et les armées des souverains seront alors aux prises avec des individus affranchis de tous les liens sociaux. Un peuple de trente millions d'habitants pourra disparaître de la terre, mais dans cette guerre d'homme à homme, plus d'un tombeau renfermera, à côté les uns des autres, et les opprimés et les oppresseurs.

La lecture d'un pareil document dans le conseil du Roi

peint l'extrémité de la situation. Mais il ne suffisait pas au plan de Fouché d'avoir obtenu cette lecture. Ce qu'il voulait, c'était se créer une position à côté du gouvernement, et au besoin contre le gouvernement. M. de Vitrolles n'avait pu donner dans le *Moniteur* une publicité officielle au rapport sur la situation de la France, « dans la crainte d'en faire assumer la responsabilité au gouvernement [1]; » Fouché lui donna une publicité clandestine. Ce manifeste parut si violent et si hostile aux gouvernements étrangers, qu'ils révoquèrent en doute son authenticité. Le 31 août, le chef de la police des coalisés à Paris demandait au duc d'Otrante de le démentir, en ajoutant « qu'il était impossible que le ministre de la police fût l'auteur d'un rapport aussi injuste que violent, qui remplissait tous les cœurs d'animosité contre les alliés. » La même chose arriva en Angleterre, et, comme Fouché, sans renier le rapport au Roi, se contenta d'alléguer que sa pensée avait été dans plusieurs passages altérée par des omissions ou des additions, lord Liverpool écrivit, peu de temps après, au vicomte de Castlereagh : « Je n'entre pas dans la question de savoir si Fouché a bien fait de faire ces rapports au Roi [2]; mais c'est une indignité flagrante envers les alliés que de les avoir fait circuler et de les avoir fait passer dans ce pays, par ses agents, avant qu'ils vous eussent été communiqués; et dans des circonstances qui nous les ont fait signaler d'abord comme une invention scandaleuse [3]. »

---

1. M. de Vitrolles donne lui-même ce motif dans ses *Mémoires*. Il ajoute qu'il obtint de Fouché l'adoucissement de quelques expressions qui lui parurent trop vives.

2. Le second rapport dont il va être parlé était consacré à peindre la situation des partis.

3. Dépêche de lord Liverpool à lord Castlereagh. Dans sa lettre à Dumouriez le duc de Wellington explique d'une singulière manière cette publicité clandestine : « Je sais, dit-il, que ce sont les courtisans qui ont publié son dernier rapport au Roi. » Il est évident que c'est l'explication que le duc d'Otrante a donnée au duc de Wellington ; mais cette explication intéressée ne saurait pré-

Le second rapport de Fouché avait pour objet de faciliter le triomphe et l'ascendant de cette portion du parti constitutionnel qui avait dominé dans la Chambre des représentants pendant les Cent-Jours, et dont il s'était servi avec trop d'avantage pour ne pas tenter de lui donner la majorité dans la Chambre de 1815 qu'on attendait.

Dans cet exposé trop long pour être cité *in extenso* ici, parce qu'il interromprait le récit [1], Fouché mêlait un certain nombre de vérités, sur les difficultés de la situation, à beaucoup d'erreurs, et à des calomnies et des exagérations partiales contre les royalistes. Le but évident de ce rapport au Roi, qui allait devenir un manifeste au pays par la publication clandestine qu'il était décidé à lui donner comme au premier, était de dénoncer les royalistes à la France comme des hommes qui méditaient le renversement des libertés publiques et des institutions nouvelles, et le rétablissement des priviléges de l'ancien régime. Dans le dénombrement rapide qu'il faisait de toutes les parties de la France, l'Ouest était peint comme un foyer d'ignorance, où les idées étaient pleines d'anachronismes politiques, les sentiments de rancunes passionnées, où l'on ne songeait qu'à rétrograder vers un passé impossible; le Midi comme un foyer d'anarchie où l'assassinat et le pillage marchaient partout tête levée. En résumé, le ministre de la police divisait le pays tout entier en deux grands partis, dont l'un voulait le renversement de la Charte, c'était le parti royaliste; l'autre subordonnait sa soumission à la fidèle exécution de la constitution jurée par le Roi, et il fondait dans ce parti toutes les nuances, non-seulement des constitutionnels, mais des révolutionnaires, paradoxe hardi que sa propre conduite démentait. Il annonçait que, si ce parti, dont

valoir contre l'évidence logique. Il est clair que la publication du rapport entrait dans la politique de Fouché.

1. On le trouvera aux *Pièces justificatives*.

au fond il croyait être le chef, ne dominait pas dans la Chambre, et si le Roi ne se livrait pas à lui, on aurait la guerre civile et une guerre civile où l'on n'aurait pour soi que dix départements de la France contre tout le reste du pays.

Ainsi le ministre qui, dans le premier rapport, menaçait les étrangers d'une guerre révolutionnaire faite sans le Roi, auquel il ne réservait qu'un rôle, celui de se retirer, menaçait, dans le second rapport, le Roi lui-même de la guerre civile, s'il ne se mettait pas à sa discrétion.

Que ces deux rapports, surtout le second, eussent été lus dans les conseils du Roi, c'était déjà une chose qui pouvait surprendre, mais enfin Fouché avait à invoquer son droit de ministre constitutionnel ; qu'ils se fussent d'abord répandus dans le public sans l'autorisation du Roi, par une presse clandestine, aux ordres du ministre de la police, c'était un acte de trahison, car c'était créer un gouvernement en dehors du gouvernement du Roi, et, au besoin, contre ce gouvernement. Peu importait à Fouché. Après avoir conspiré hors du pouvoir pendant les premiers mois de 1815, il continuait à conspirer dans le ministère et contre Louis XVIII, comme il y avait conspiré contre Napoléon. Comprenant que la chance lui échappait, il jouait le tout pour le tout. « Ce praticien de la nécessité, » comme l'a appelé avec beaucoup de justesse un homme [1] qui vit de près ces événements, car il entrait à cette époque dans les affaires où il devait jouer plus tard un rôle de première ligne, « était de ceux qui essayent de se faire redouter en travaillant à nuire, dès qu'ils ne sont plus admis à servir. » Fouché connaissait le déchaînement des salons royalistes contre lui ; la duchesse d'Angoulême, arrivée de Londres le 27 juillet, avait refusé de le recevoir [2], et, à son retour du Midi, elle

---

1. *Mémoires pour servir à l'histoire de mon temps*, par M. Guizot, tome 1er, page 194.
2. C'est probablement à cette circonstance que le duc de Wellington fait

persistait dans son refus ; en outre, l'ancien régicide commençait à craindre que la composition de la Chambre des députés ne répondît pas à ses calculs et à son attente, il cherchait donc à se mettre en mesure contre tout le monde.

Ses efforts devaient demeurer inutiles. La situation nouvelle, qui commençait à se dessiner, ne comportait plus sa présence. La trahison, qui profite d'abord au traître, finit, il est bon de le dire, par lui devenir fatale, car il arrive un moment où celui qui a trahi tous les partis les a tous contre lui. A force d'avoir trompé tout le monde, il ne peut plus tromper personne ; ses paroles, comme des valeurs trop souvent protestées, n'ont plus cours. C'est ainsi qu'abandonné par les révolutionnaires envers lesquels il n'avait tenu aucune de ses promesses, odieux aux royalistes qui haïssaient et méprisaient en lui le régicide de 93 et craignaient le conspirateur de la première Restauration redevenu conspirateur sous la seconde, désagréable au Roi et à la famille royale, antipathique à Madame la duchesse d'Angoulême, qui ne pouvait oublier qu'elle était la fille de Louis XVI et qu'il était un des juges du roi-martyr ; suspect aux étrangers par ses manifestes clandestins, Fouché allait tomber au milieu de l'indifférence et du mépris universels. Tant de trames, tant de manéges, tant de trahisons, tant de perfidies savamment ourdies par ce grand machinateur de ruses, n'avaient abouti qu'à le maintenir pendant deux mois seulement au pouvoir. Après quoi, devenu impuissant à force d'être impossible, il allait être obligé de sortir de la scène comme un acteur dont le rôle est fini et qui n'a pas de rôle dans la pièce qui va commencer.

L'avénement de la Chambre de 1815 fut le motif détermi-

---

allusion dans sa lettre à Dumouriez : « Je crois que le Roi était content de Fouché, mais l'arrivée de ....., qui n'avait pas vu la crise qui avait occasionné sa nomination et les intrigues des courtisans devenues plus hardies depuis l'arrivée de ....., ont changé tout. »

nant de la retraite de Fouché, et ce n'était pas le seul ministre dont elle dût nécessiter le départ. Cette Chambre, trompant les espérances du duc d'Otrante comme celles du prince de Talleyrand, arrivait en grande majorité royaliste. Ces deux hommes d'État si avisés n'avaient oublié qu'un élément dans leur calcul, la puissance d'une situation. De ce que, dans les temps tranquilles, le gouvernement impérial dominait le corps électoral existant, et en tirait une Chambre à son gré, ils avaient conclu que, dans les circonstances exceptionnelles où l'on se trouvait, Fouché, tenant dans ses mains les ressorts de l'administration, nommerait en réalité la Chambre des députés. S'ils avaient une crainte, c'était qu'elle fût un peu trop révolutionnaire, ou, comme on disait alors, un peu trop patriote. Pour de si fins politiques, c'était s'alarmer étrangement. Il y a des situations si fortes, que tout devient faible à côté d'elles; il s'établit alors de grands courants qui emportent tout. Le courant qui emporta tout, le 22 août 1815, ce fut le reflux des idées et des sentiments contre les hommes et les faits des Cent-Jours. L'administration désorganisée, incertaine, suspecte ou craignant de se commettre, exerça peu d'influence. Les bonapartistes étaient comme accablés sous la responsabilité des maux qu'ils venaient de déchaîner sur la France; les révolutionnaires avaient épuisé leurs chances dans les vaines tentatives du gouvernement provisoire; il n'y avait de vivant que la foi et la passion royaliste. Cette foi et cette passion emportèrent tout, et il suffit de la neutralité des étrangers et de la désorganisation de l'administration, pour que le corps électoral de l'Empire sur lequel le souffle de la situation avait passé envoyât une Chambre où les opinions de droite dominaient, ce qui n'était pas arrivé depuis l'assemblée décimée par le coup d'État du 18 fructidor.

On a expliqué cette nouveauté politique, en disant que, dans notre pays, les partis à qui la chance échappe s'abstiennent, et que les vaincus deviennent des morts. Ces généralités ne sont pas applicables aux circonstances dans lesquelles la Chambre de 1815 fut élue, et au corps électoral d'où elle sortit. C'était, il ne faut pas l'oublier, le corps électoral à vie de l'Empire, nommé en l'an X par les assemblées primaires cantonales et divisé en colléges d'arrondissements et en colléges de départements [1], lesquels, sous l'Empire, formaient une liste de candidats à la députation, sur laquelle le Sénat choisissait les députés au Corps législatif. Pendant les Cent-Jours, la loi électorale renfermée dans l'acte additionnel aux constitutions de l'Empire avait maintenu, on l'a dit, ce corps électoral, en déférant aux colléges de département le droit de nommer directement deux cent trente-huit députés, et aux colléges d'arrondissement sortis du même suffrage celui d'en élire cent trente. Les vingt-quatre députés du commerce et des manufactures complétaient ce nombre en le portant à 392. Les listes des électeurs de départements déposées au ministère de l'intérieur au mois de mai 1815 constataient que leur nombre était de 19,243. Il fallait ajouter à ce nombre 733 membres de la Légion d'honneur, adjoints au corps électoral du second degré dans les formes légales. L'administration impériale des Cent-Jours en éleva arbitrairement le chiffre à 2,150, ce qui donnait pour les électeurs de département un total de 21,393 électeurs. Sur ce nombre, il n'y en avait guère eu plus d'un tiers, 7,679, qui se fussent présentés dans les colléges électoraux des départements pour élire la Chambre des Cent-Jours. Nous

---

[1]. La seule différence entre les colléges de départements et d'arrondissements, je crois devoir le rappeler, c'est que les premiers étaient moins nombreux que les seconds, et qu'ils devaient être nécessairement pris parmi les six cents plus imposés du département. Dans les Cent-Jours, la France avait été en outre partagée en treize grands arrondissements, qui, sur la présentation des Chambres de commerce et des Chambres consultatives de manufactures, nommaient vingt-trois députés, onze pris parmi les négociants, armateurs ou banquiers, douze parmi les manufacturiers ou fabricants.

avons indiqué la seule dérogation importante que la Restauration apporta à cette loi électorale, en divisant les électeurs en électeurs du premier degré, ceux des colléges d'arrondissements, qui désignèrent des candidats en nombre égal à celui des députés à élire, et en électeurs du second degré, ceux du département, qui durent choisir au moins la moitié des députés sur cette liste. En parlant des électeurs adjoints pris parmi les membres de la Légion d'Honneur payant trois cents francs de contribution et parmi les plus imposés, nous avons omis d'ajouter que leur nombre s'élevait en tout à 1,720 électeurs supplémentaires, ce qui porta le chiffre total du corps des électeurs départementaux à 20,963. Plus des deux tiers de ce nombre, plus du double des votants des Cent-Jours, 14,902, se présentèrent au vote [1].

On ne saurait donc dire avec exactitude qu'il y eut désertion des colléges électoraux par les partis vaincus, lorsqu'il s'agit de nommer les membres de la Chambre de 1815. Il faut ajouter que, les préfets et les présidents des colléges ayant été indistinctement choisis dans toutes les opinions, même parmi les fonctionnaires et les représentants de la Chambre des Cent-Jours, et les instructions de Fouché ayant recommandé d'éloigner les royalistes, il serait inexact de prétendre que l'influence administrative ait exercé sur les électeurs une pression uniforme dans le sens des opinions de la droite [2]. Il

---

1. J'ai trouvé les éléments de cette comparaison dans les *Mémoires du général Lafayette* et le tableau dressé par M. Clausel de Coussergues.
2. L'auteur de l'*Histoire du gouvernement parlementaire en France* affirme que, « dans plusieurs départements du Midi, les élections n'avaient pas été libres, et qu'à Nîmes notamment le meurtre de treize protestants, la veille de l'élection, avait, par la terreur, écarté du scrutin leurs coreligionnaires. » Après avoir affirmé ce fait sur la foi d'un discours prononcé par M. de Saint-Aulaire, en mars 1819, M. Duvergier de Hauranne ajoute, avec sa loyauté ordinaire : « Il est juste de le répéter, là même où il ne se commettait ni fraude ni violence, l'entraînement était général et le parti royaliste dominait. » L'affirmation de M. de Saint-Aulaire a été infirmée par d'imposants témoignages que j'ai réunis et

est impossible de ne pas reconnaître que ce fut bien le courant de l'opinion qui amena la majorité royaliste de la Chambre des députés de 1815.

La première pensée de Fouché ou plutôt encore sa première parole, destinée à sonder la pensée de ses collègues, avait été un défi jeté à la majorité qui arrivait. « C'est une Chambre, disait-il à M. Decazes, qu'il faudra gouverner par des émeutes. » Le duc d'Otrante oubliait une chose, c'est que M. de Talleyrand, qui l'avait fait entrer au ministère comme un moyen d'ouvrir plus facilement les portes de Paris devant le Roi, n'était pas homme à l'y maintenir, du moment qu'il trouverait en lui un obstacle devant la Chambre. Depuis quelque temps, le président du conseil avait cessé de combattre le profond dégoût que Louis XVIII témoignait pour Fouché, et allait répétant à ses intimes : « Après

---

publiés dans les *Souvenirs de la Restauration*, pages 182-201. Je rappellerai seulement ici le fragment d'une lettre écrite au *Conservateur*, en mai 1819, par M. Boileau de Castelnau, capitaine de frégate, et appartenant lui-même à la religion dite réformée : « J'habite la Gardonnenque, terre classique du protestantisme, et je suis protestant. J'ai lu dans les journaux le discours de M. de Saint-Aulaire prononcé en comité secret....... Lors de son séjour à Nîmes, M. de Saint-Aulaire n'avait qu'un pas à faire pour consulter les pièces les plus authentiques; c'est là, plutôt que dans les mensonges de ceux qui l'ont obsédé, qu'il aurait trouvé la preuve que jamais collège électoral ne fut plus complet que celui de 1815; il y aurait vu sur la liste des votants les noms des protestants les plus marquants de la ville, nobles, bourgeois, négociants, administrateurs des Cent-Jours, ministres du culte, membres du consistoire, etc. Tout le monde vota en sûreté, et chacun de nous savait bien que les classes de la société d'où sortaient les électeurs d'alors étaient trop étrangères à celles d'où sortaient de vils assassins pour avoir à craindre leurs fureurs. » Voir aux *Pièces justificatives* le Mémoire de M. de Larcy, ancien député du Gard, sur les troubles de ce département en 1815. On y verra que, dans la nuit du 19 au 20 août, il n'y eut, ni comme le prétend M. Madier-Montjau, seize protestants tués à Nîmes, ni, comme le prétend M. de Saint-Aulaire, treize protestants, dont M. de Vaulabelle a fait *treize électeurs* protestants pour fortifier son argument sur le défaut de liberté électorale. Cinq protestants, trois hommes et deux femmes, dont M. de Larcy donne les noms, furent tués dans un faubourg par suite d'une agression de paysans de la banlieue qui les accusaient d'avoir fait le métier de dénonciateurs pendant les Cent-Jours. En outre l'élection n'eut lieu que le 23 août.

tout, si le Roi le veut, il peut renvoyer Fouché[1]. » M. de Vitrolles, qui rapporte ce mot, raconte aussi que, dans une des séances du conseil auxquelles il assistait, le prince de Talleyrand, avec cette habileté de langage qui lui était propre, et cette gravité imperturbable qui n'excluait pas l'ironie, s'étendit longuement sur les ennuis du gouvernement dans un moment où il fallait discuter avec les étrangers la rançon de la France, et travailler à se concilier une majorité douteuse : il tenait, ajouta-t-il, une position magnifique à la disposition de qui voudrait se soustraire à ce fardeau : c'était celle de plénipotentiaire aux États-Unis ; et, en homme qui avait vu le pays, il s'étendit sur la beauté merveilleuse des forêts et sur la grandeur des fleuves. Apparemment cette passion subite de M. de Talleyrand pour le paysage ne gagna pas Fouché : le duc d'Otrante ne comprit pas ou feignit de ne pas comprendre ; il ne témoigna donc aucun désir d'aller vérifier, de l'autre côté de l'Atlantique, l'exactitude des descriptions poétiques du prince de Talleyrand. Mais la situation était trop forte pour que le duc d'Otrante, repoussé par tout le monde et abandonné par ses propres collègues, pût y résister longtemps. Un grand nombre de députés affluaient déjà à Paris, car le jour fixé pour l'ouverture des Chambres était proche ; ils se réunissaient au Palais-Bourbon pour prendre langue. M. Lainé, à qui sa grande notoriété parlementaire et sa conduite courageuse au moment du 20 mars avaient donné un ascendant naturel, se concerta avec plusieurs de ses collègues, et vint en leur nom comme au sien déclarer à M. Pasquier qu'il était impossible que Fouché se présentât devant la Chambre.

C'était donc bien la Chambre de 1815 qui le chassait. Il n'y avait plus ni doute ni délai possible. Le duc d'Otrante entra sur-le-champ en négociation avec M. de Talleyrand, et, au lieu

---

1. *Mémoires inédits* de M. de Vitrolles.

d'accepter la légation des États-Unis, qui lui était offerte, il demanda celle de Dresde. Peut-être dans son scepticisme politique, qui n'avait d'égal que sa confiance imperturbable dans son habileté, voulait-il être plus près pour revenir plus vite ; cependant il se hâta de partir. Cet homme qui, un peu plus de deux mois auparavant, maître de la situation, arrachait de haute lutte à l'empereur Napoléon son abdication, le poussait hors de l'Élysée vers Malmaison, et de Malmaison vers le littoral, prit à son tour le chemin de la frontière, en dérobant à tout le monde son départ clandestin semblable à une fuite, et en se cachant sous un déguisement, jusqu'à ce qu'il fût sorti de France. Cette habileté souillée avait eu son heure de toute-puissance ; cette heure était passée, Fouché tombait misérablement et sans retour, sans que cette habileté tant vantée lui fût d'aucun secours contre la force des choses dont il avait été un moment l'instrument tout-puissant, et dont il devenait le faible et débile jouet.

M. de Talleyrand (l'égoïsme est aveugle) crut que son navire ministériel, allégé de ce poids, allait voguer plus vite vers de nouvelles destinées. Il se faisait un mérite à la cour d'avoir éliminé Fouché du cabinet, comme il s'était fait un mérite autrefois d'y avoir favorisé son entrée. Il voulut aussi recueillir à ce sujet les actions de grâces de la Chambre. Il envoya donc deux de ses familiers, M. de Vitrolles et M. de Bourrienne, répandre cette nouvelle à la bibliothèque du Palais-Bourbon, où les députés se rassemblaient déjà, en attendant l'ouverture de la session. « Eh bien, dirent les émissaires de M. de Talleyrand, vous savez la grande nouvelle?... Fouché est renvoyé, et c'est à M. de Talleyrand à qui on le doit. — Ah! tant mieux ! le Roi a bien fait de renvoyer Fouché. Mais quand renverra-t-il l'autre ? — Quel autre ? — Eh ! M. de Talleyrand[1]. »

---

1. *Mémoires inédits* de M. de Vitrolles.

Cette réponse donna à penser à M. de Talleyrand. Il n'avait pas songé que, si la position d'un régicide de la Convention à la tribune de la Chambre de 1815 était impossible, celle d'un évêque marié n'était guère meilleure. Il y a de certains scandales qui ne supportent pas le grand jour des gouvernements parlementaires et l'épreuve de la libre discussion. M. de Talleyrand avait pu traiter les affaires diplomatiques dans le secret des conseils européens; mais il y a dans la conscience des assemblées librement élues, qui discutent tout haut et devant le peuple qui les écoute et la postérité qui les entend, comme un écho de la conscience du genre humain. Si M. de Talleyrand n'avait eu à traiter qu'avec les puissances européennes, il aurait fait ce qu'il avait fait l'année précédente. La manière même dont il avait accueilli les communications des coalisés indique qu'il n'était pas loin de s'entendre avec eux. En effet, dans sa note du 18 septembre, par laquelle il répondait à l'ultimatum européen présenté le 16 du même mois, il établissait, il est vrai, que les cessions territoriales ne pouvaient être motivées que par la conquête, que la conquête procédait de l'état de guerre, et qu'il ne saurait y avoir état de guerre quand le souverain du pays occupé par les armées étrangères en était excepté, et que les puissances étrangères avaient conservé avec lui leurs relations accoutumées. Mais cependant il concluait en adhérant au retour de la France à ses frontières de 1790, au payement d'une indemnité raisonnable, et à l'occupation provisoire d'une partie du territoire national pendant un laps de temps moindre de sept années. Ce n'était donc pas du côté de l'Europe qu'étaient les véritables difficultés du ministère présidé par M. de Talleyrand, c'était du côté de la Chambre. Pour ne point s'avouer à lui-même, et surtout pour ne point avouer aux autres le vice réel de sa position, pour se ménager en cas de malheur une bonne porte de sortie, il réunit ses collègues, et, leur parlant à la fois des difficultés de la situation vis-à-vis des puissances et vis-à-vis de la Chambre nouvelle, il leur représenta la nécessité d'obtenir du Roi un concours décidé pour vaincre les obstacles qui surgissaient de toutes parts. Il espérait, par son ascendant politique, forcer la main au Roi, dont il remarquait depuis quelque temps la froideur, et par l'ascendant du Roi forcer la main à la majorité royaliste de la Chambre. Il fut donc décidé que le ministère se rendrait en corps chez le Roi et lui déclarerait qu'il se sentait incapable de conduire les affaires dans des circonstances si difficiles, soit au dedans, soit au dehors, à moins que le Roi ne lui accordât tout l'appui de sa confiance personnelle et de son autorité royale auprès des souverains étrangers et de la Chambre. Cette résolution fut communiquée à M. de Vitrolles, secrétaire du Conseil, qui sur-le-champ avertit le Roi par un billet de la démarche qui allait être faite auprès de lui.

Le Roi attendait les ministres quand M. de Talleyrand, accompagné de MM. Louis et de Dalberg, demanda à être introduit dans son cabinet. Le prince de Talleyrand, après un exposé sommaire de la situation, adressa au Roi l'ultimatum convenu : « Cela, dit le Roi, est peu constitutionnel; c'est à mes ministres à se tirer d'affaire. — En ce cas, dit M. de Talleyrand, nous serons obligés de nous retirer. — Eh bien! répliqua le Roi, si mes ministres se retirent, je ferai comme en Angleterre, je chargerai quelqu'un de former un cabinet [1]. »

M. de Talleyrand ne s'attendait pas à cette réponse. Il resta un moment comme étourdi sous le coup; puis, après avoir silencieusement salué le Roi, il prit congé et sortit. Le premier ministère de la Restauration avait cessé d'exister, et la démission du duc d'Otrante n'avait précédé que de cinq jours la dissolution complète du cabinet : M. de Talleyrand, quand il sortit

---

1. Je reproduis les détails de cette scène d'après M. Duvergier de Hauranne, qui a écrit cette page sur une note inédite communiquée par M. le duc Decazes.

du cabinet du Roi avec MM. Louis et Dalberg, était si troublé, qu'il oublia, dit-on, d'avertir le reste de ses collègues qui attendaient dans une salle voisine la réponse de Louis XVIII. Ce ne fut que par réflexion qu'il reprit son sang-froid avec cette ostentation d'indifférence dont il se faisait un masque dans les circonstances difficiles.

Si l'amour-propre n'épaississait pas le bandeau sur les yeux les plus clairvoyants, le prince de Talleyrand aurait été moins surpris du dénoûment de sa démarche et de la chute du ministère qu'il présidait. Comment s'était formé ce ministère? Sous la pression des puissances étrangères, qui avaient indiqué au Roi, à titre de ministre nécessaire, M. de Talleyrand, pour lequel il avait peu de goût, et plus tard Fouché pour lequel il avait une juste répugnance. Ce ministère était arrivé avec une double mission : traiter aux meilleures conditions possibles avec les étrangers, marcher de concert avec la Chambre des députés que les départements envoyaient au Roi. Or Louis XVIII avait récemment appris de la bouche de l'Empereur Alexandre lui-même que la Russie, de toutes les puissances celle qui était la plus favorable à la France, nous prêterait un concours plus bienveillant dans les négociations qui allaient s'ouvrir, si la politique française était représentée par un homme moins antipathique à la Russie que M. de Talleyrand; ce ministre constatait lui-même la mauvaise position du ministère à cet égard, en venant solliciter l'appui du Roi auprès de l'Europe. Inhabile à représenter utilement la France auprès des puissances, il était encore plus incapable de représenter utilement la royauté auprès des Chambres, depuis qu'il était constant que les colléges électoraux avaient envoyé une majorité appartenant aux opinions les plus vives du royalisme, et lui-même le constatait encore par sa démarche auprès du Roi auquel il venait au fond demander d'imposer par un acte de sa volonté royale son ministère à la majorité de l'assemblée élue. Dès lors, M. de Talleyrand n'était plus un moyen politique, il devenait un obstacle. Il devait donc se retirer ou tomber, et Louis XVIII ne faisait qu'appliquer à M. de Talleyrand la loi que celui-ci venait d'appliquer à Fouché.

Le premier ministère de la Restauration avait rempli une tâche préliminaire, qui était de ménager la transition entre le gouvernement provisoire et le gouvernement royal, de licencier l'armée, de lutter, dans la mesure du possible, pendant les premiers moments de l'occupation militaire, contre les prétentions exorbitantes des généraux, de régulariser les sacrifices de la France en remplaçant les avanies et les réquisitions par l'organisation des services, de mettre le plus d'ordre possible au milieu de l'anarchie des départements, de prendre les premières mesures contre les fauteurs, les auteurs et les auxiliaires du 20 mars, d'organiser les pouvoirs publics par les élections de la Chambre des députés et la reconstruction de la Chambre des pairs, enfin, de faire vivre la France jusqu'à l'arrivée de la Chambre et l'ouverture des conférences, où elle allait avoir à discuter sa destinée contre l'Europe. Le ministère de M. de Talleyrand avait rempli cette tâche, non sans commettre des fautes; les unes étaient la suite de la situation presque inextricable où l'on se trouvait, les autres la conséquence des calculs intéressés ou des précédents malheureux des deux membres les plus influents du cabinet, comme la composition de la liste des exceptés de l'amnistie et l'ordonnance qui constituait l'hérédité de la pairie; mais enfin, à travers ces fautes, on arrivait sans avoir péri au terme marqué. La situation appelait maintenant un ministère dont les membres pussent paraître sans scandale politique à la tribune de la Chambre élue, qui fussent dans les conditions nécessaires pour défendre le mieux possible les intérêts de la France dans les transactions avec l'étranger. Comme l'a dit un grave historien [1], « le prince de Talleyrand et Fou-

---

1. M. Guizot, *Mémoires pour servir à l'histoire de mon temps.*

ché tombaient non sous le coup d'un événement nouveau et imprévu, mais par le vice de leur situation personnelle et par leur inaptitude au rôle qu'ils avaient entrepris de jouer. »

La situation faite aux deux principaux membres du premier ministère de la Restauration, après la chute de ce ministère, ne fut pas la même, et plusieurs esprits élevés ont été frappés de cette différence. Elle était motivée. Quelles qu'eussent été les compromissions de la vie de M. de Talleyrand, le constitutionnel et le conventionnel, le proscripteur de 93 et le proscrit, ne se trouvaient pas sur la même ligne. En outre, depuis 1814, M. de Talleyrand avait opté pour la monarchie contre l'empire, et s'était fermement maintenu sur ce terrain. Fouché, au contraire, avait poursuivi, à travers tous les changements de la politique, son double jeu : conspirateur nomade, auxiliaire intéressé et sans bonne foi de la cause qui triomphait et ennemi par occasion de celle qui avait le dessous, il avait tour à tour, ou plutôt dans le même moment, trahi tout le monde : ministre et conspirateur dans le conseil de Louis XVIII, comme il avait été ministre et conspirateur dans le conseil de Napoléon. Aussi, tandis que M. de Talleyrand était nommé grand chambellan et ministre d'État, et que ses collègues dans sa courte administration, MM. de Jaucourt, Pasquier, Louis, Gouvion-Saint-Cyr, recevaient des marques signalées de la faveur du roi, Fouché, quittant précipitamment la France pour ne plus la revoir, traversait obscurément, le 1er octobre 1815, Bruxelles, en se rendant à Dresde. Bientôt après, le ministre signataire de l'ordonnance du 24 juillet en devenait justiciable, et se voyait ainsi obligé d'abandonner en exilé la ville où il était entré naguère comme ambassadeur. Après s'être réfugié d'abord à Prague, puis à Lintz, et avoir en vain sollicité du gouvernement britannique un refuge en Angleterre, Fouché se fixa à Trieste, où il attendit la mort en rédigeant des Mémoires restés inédits, et des traités de morale à l'usage de ses enfants et de ses petits-enfants. Étrange occupation après une pareille vie, mais occupation qui néanmoins s'explique par ce besoin de phraséologie, l'un des caractères de la génération révolutionnaire.

L'Histoire n'est pas un cours de morale; mais, quand elle rencontre une leçon de haute moralité sur sa route, elle s'arrête un moment pour la transmettre à la postérité. C'est pour cela qu'après avoir eu à raconter la suite fortunée des trahisons de Fouché et le succès de ses félonies, je me suis arrêté un moment pour montrer ce grand trompeur pris lui-même au trébuchet dans un de ses propres piéges, et employant les dernières et tristes années d'une vieillesse exilée, impuissante, méprisée et chagrine, à écrire sur les devoirs qu'il avait si mal remplis.

LIVRE TROISIÈME

LE MINISTÈRE RICHELIEU. — LA CHAMBRE INTROUVABLE.

I

COMPOSITION DU NOUVEAU MINISTÈRE.

En laissant partir son ministère dont le chef, M. de Talleyrand, qui lui était personnellement désagréable, lui avait été imposé par les circonstances, et indiqué à titre d'homme nécessaire par les cabinets étrangers, surtout par l'Angleterre, Louis XVIII suivait son penchant; et, en même temps, remplissait un devoir constitutionnel. Ce ministère, en effet, avait perdu sa raison d'être, puisqu'il ne répondait pas à la double exigence de la situation, qui réclamait un cabinet capable de marcher avec la nouvelle Chambre et d'obtenir de l'Europe, dans le traité de paix, les meilleures conditions possibles.

Ce fut le sentiment de cette double nécessité qui dirigea le Roi dans la composition du nouveau cabinet. Le duc de Richelieu, sur la vie duquel il importe de jeter un regard rétrospectif, puisque c'est un nouveau personnage qui entre sur la scène, avait été nommé, on s'en souvient, ministre de la maison du Roi dans le ministère sortant, et il avait refusé d'en faire partie, par deux motifs : d'abord par suite d'une honorable répugnance à siéger dans un même conseil à côté de Fouché, ensuite parce qu'il savait que le ministère présidé par M. de Talleyrand inspirait de vives préventions à l'empereur Alexandre, dont il était lui-même l'ami. Il se trouvait désigné, tant par ces circonstances que par sa notoriété européenne, pour présider le nouveau cabinet. Le duc de Richelieu était du petit nombre des émigrés français que leur exil n'avait pas condamnés à l'oisiveté politique. Né le 26 septembre 1767, il avait, au moment de son avénement au ministère, quarante-huit ans. C'était un esprit distingué, un homme plein de droiture et d'honneur. Après avoir fait de brillantes études au collége Duplessis, fondation de son grand-oncle, il avait parcouru toutes les contrées de l'Europe à la fin de son éducation, de sorte qu'il possédait à fond les langues allemande, anglaise, italienne et russe. Au moment où la Révolution française éclata, il était premier gentilhomme du Roi; après les journées des 5 et 6 octobre il quitta la France, séjourna à Vienne jusqu'à la mort de l'empereur Joseph, se rendit ensuite en Russie où régnait l'impératrice Catherine. Il trouva en grande faveur à la cour, et surtout dans l'armée, le comte Roger de Damas, ce gentilhomme d'une brillante valeur, dont le prince de Ligne disait : « J'ai vu un phénomène, un joli phénomène : un Français de trois siècles ; il a la chevalerie de l'un, la grâce de l'autre, et la gaieté de celui-ci. » Le duc de Richelieu, saisi d'une noble émulation, demanda du service dans l'armée qui faisait alors la guerre en Turquie, et se distingua d'une manière si particulière au siége d'Ismaïl, à la tête d'un des bataillons qui donnait l'assaut à la ville, qu'il conquit sur la brèche le grade de général major. Quand le prince de Condé leva le drapeau blanc en Allemagne, le duc de Richelieu quitta le service de la Russie, comme Chateaubriand quitta les déserts de l'Amérique, pour aller combattre à son rang dans cette petite armée de gentilshommes. Les événements qui déterminèrent la dissolution de l'armée de Condé le ramenèrent en Russie ; il y trouva assis sur le trône l'empereur Alexandre, dont le cœur, ouvert aux nobles amitiés, s'était attaché au duc de Richelieu, sous le règne de l'empereur Paul Ier, alors que le jeune czarowitch n'était que grand-duc. Alexandre confia à son ami le gouvernement de la Russie méridionale. Il s'agissait plutôt de créer que d'administrer. Ces contrées fertiles étaient presque désertes, et c'étaient des colons, la plupart appelés d'Allemagne, qui commençaient à les peupler et à les féconder. Le duc de Richelieu, disposant de la toute-puissance de l'empereur, déploya dans l'accomplissement de sa tâche une activité, une intelligence et une fermeté de volonté peu communes : l'agriculture, l'industrie et le commerce se développèrent à la fois sous ses mains, il fonda plus de deux cents villages, et Odessa, qui n'était qu'une pauvre bourgade, vit sa rade fréquentée par les vaisseaux de toutes les nations et devint une ville maritime de premier ordre, peuplée de trente-cinq mille habitants. A partir de ce moment, la réputation du duc de Richelieu comme organisateur se répandit dans toute la Russie, et de là elle pénétra chez nous.

Son nom inspirait donc la confiance : on eût pu craindre cependant que la connaissance des hommes et des choses en France manquât complétement à un homme arrivé la veille de Russie, et que les procédés du gouvernement absolu, agissant sans contrôle dans un pays primitif et sur une table rase, ne l'eussent pas suffisamment préparé à cette flexibilité d'esprit, à ces tempéraments de caractère, et aux ménagements infinis comme aux transactions nécessaires du gouvernement représentatif, dans un pays d'une civilisation raffinée, en proie aux dissensions politiques, surtout en face d'une situation si difficile et si compliquée. Le grand nom qu'il portait dignement, l'élévation de ses sentiments, ce vieil honneur français qui respirait dans ses traits, dans ses paroles et dans ses actes, le souvenir du courage qu'il avait montré pendant la peste qui sévissait à Odessa, où on l'avait vu visiter jour et nuit les malades, avec l'abbé Nicole, l'homme de sa confiance et de son amitié, et, quand la terreur eut mis en fuite les fossoyeurs, prendre lui-même la bêche en main pour encourager les survivants à enterrer les morts, n'eussent pas suffi à lui donner une position à part et à le désigner au choix du Roi. Mais Louis XVIII trouvait en outre, dans le duc de Richelieu, les deux qualités qui faisaient de lui l'homme de la situation : ses précédents politiques le recommandaient à l'estime et aux sympathies de la Chambre royaliste, et son étroite et intime liaison avec l'empereur Alexandre donnait la confiance que, par la puissante influence de celui-ci, il obtiendrait de l'Europe des conditions de paix plus tolérables. Sa place était ainsi marquée au ministère des affaires étrangères et à la présidence du conseil.

A côté du duc de Richelieu, un des principaux fonctionnaires du ministère sortant entrait dans le nouveau cabinet à l'avénement duquel il avait puissamment concouru. Au dehors, il avait encore peu de notoriété, mais il commençait à acquérir sur le Roi une influence qui, sans être connue du public, n'était pas ignorée des hommes mêlés aux affaires. C'était M. Decazes, préfet de police sous le ministère de Fouché et chargé de surveiller sous lui les mouvements intérieurs des partis, et en même temps et surtout de le surveiller lui-même. Jeune, actif, d'un caractère résolu, plein de confiance en lui-même, d'un esprit facile et insinuant, de manières engageantes, d'une tournure aisée, d'une belle figure et d'une belle prestance, prévenant, obséquieux, attentif, il avait plu à Louis XVIII qui, depuis le départ de M. de Blacas, éprouvait ce vide que laisse dans l'intérieur des valétudinaires une affection qui n'est pas remplacée. M. Decazes, qui, lors de sa nomination à la préfecture de police, avait été prévenu par le baron de

Vitrolles qu'il n'aurait pas de rapports personnels avec le Roi, mais qu'il travaillerait avec M. de Talleyrand, fut un jour exceptionnellement mandé au château, pour donner des renseignements sur une prétendue tentative d'empoisonnement contre l'empereur Alexandre. L'impression qu'il produisit sur le Roi par le tour intéressant de sa conversation lui fut favorable, et Louis XVIII, qui avait du goût pour les renseignements secrets de la police et mettait à éviter les rapports avec Fouché une sollicitude facile à comprendre, invita le jeune préfet de police à revenir le voir. M. Decazes usa de cette permission sans que Fouché s'en plaignît et sans que le prince de Talleyrand daignât s'en apercevoir ou s'en alarmer. C'est ainsi que commença son crédit auprès du Roi, et il avait fait assez de progrès, au moment de la chute du ministère Talleyrand, pour que les hommes au courant de ce qui se passait au château crussent nécessaire d'introduire dans le cabinet un jeune homme dont la faveur naissante deviendrait une force pour le nouveau ministère. Du reste, M. Decazes s'était activement employé à sa formation. Comme le duc de Richelieu montrait beaucoup d'hésitation à accepter la direction des affaires dans des circonstances aussi graves et aussi critiques, M. Decazes fut une des deux personnes chargées par le Roi d'aller l'adjurer de surmonter ses hésitations et de se dévouer à une tâche à laquelle il était nécessaire. La seconde personne employée dans cette négociation officieuse fut le comte Jules de Polignac. Singulière rencontre entre deux destinées que la politique devait bientôt séparer, mais rencontre qui sert à établir deux faits : le premier, c'est que la chute du prince de Talleyrand et l'avénement du duc de Richelieu étaient salués avec joie par l'opinion royaliste ; la seconde, c'est qu'au début il y avait entente entre les hommes de cette opinion et M. Decazes, qui prit le portefeuille de la police.

On remplaça au ministère de la guerre le maréchal Gouvion-Saint-Cyr par le duc de Feltre, qui avait suivi le Roi à Gand, et dont les opinions royalistes fortement prononcées devaient plaire à la Chambre. M. Dubouchage reçut le portefeuille de la marine.

Le vicomte Dubouchage, ancien chef de brigade au corps royal de l'artillerie des colonies, en 1784, avait eu, deux ans après, la sous-direction de Brest, et la Révolution l'avait trouvé maréchal de camp et inspecteur général de l'artillerie de marine. En 1792, quand Louis XVI, voisin de sa chute, remaniait sans cesse son ministère, sans pouvoir trouver une combinaison appropriée à la situation, il offrit le portefeuille de la marine au vicomte Dubouchage, qui, après quelques hésitations, l'accepta. M. Dubouchage ne cessa de conseiller au Roi l'adoption d'une politique énergique, et, dans la nuit du 9 au 10 août, il conjurait encore Louis XVI de monter à cheval et de se mettre à la tête de ses derniers défenseurs. Quand le Roi se fut décidé à quitter les Tuileries pour se rendre à l'Assemblée nationale, le fidèle ministre l'accompagna en donnant le bras à la Reine et la main à Madame Royale. Aux yeux des royalistes, il lui était resté de cette suprême journée de la monarchie comme une auréole ; l'un des derniers, il avait touché la main de l'auguste victime du Temple et de la place du 21 janvier. Pendant le reste de la Révolution et de l'Empire il avait gardé ses principes et ses sentiments, et la Restauration le trouva sous la surveillance de la haute police politique de Fouché. Le Roi voyait en lui l'ancien serviteur de son frère et son propre correspondant pendant l'exil ; mais il oubliait que, depuis vingt-trois ans, Dubouchage était étranger à la marine, qu'il n'avait aucun talent de parole, et que les opinions les plus arrêtées ne sauraient suppléer à l'expérience pratique et à l'habitude de la tribune sous un gouvernement représentatif.

M. de Vaublanc, préfet de Marseille, fut appelé par une dépêche télégraphique, pour remplir les fonctions de ministre de l'intérieur : on avait hésité entre lui et M. d'Herbouville. M. de Vaublanc avait figuré avec honneur dans les assemblées politiques pendant la Révolution. Membre de l'Assemblée législative, il avait siégé sur les bancs des royalistes constitutionnels, à côté de Pastoret, de Mathieu Dumas et de Beugnot. Sauf certaines concessions de paroles aux idées dominantes et aux passions du temps [1], il avait montré de la capacité, de l'éloquence, et une rare énergie contre les démolisseurs de la société. Il avait une éloquence à effets appropriée aux crises politiques de la première Révolution. On se souvenait encore de la parole prophétique qu'il avait jetée au milieu des débats orageux de l'Assemblée, lorsque les Girondins, chefs de la majorité, laissèrent passer la proposition d'amnistie en faveur de Jourdan Coupe-Tête et des autres égorgeurs de la Glacière d'Avignon : « Vous accordez l'impunité aux assassins, s'écria Vaublanc, je vois la Glacière d'Avignon s'ouvrir à Paris. » Il défendit énergiquement le ministre Bertrand de Molleville, et, plus tard, le général Lafayette, que les Girondins et les Jacobins voulaient faire décréter d'accusation, et demanda hardiment l'éloignement des fédérés et des Marseillais à la veille du 10 août. A partir de

---

1. Chargé par l'Assemblée de rédiger un message au Roi pour l'obliger, en l'intimidant, de retirer le *veto* opposé par lui au décret du 9 novembre 1791 contre les émigrés, il alla lire lui-même au Roi ce message impérieux : « La nation, lui dit-il, attend de vous des déclarations énergiques. Qu'elles soient telles que les hordes des émigrés soient à l'instant dissipées. » En rendant compte à l'Assemblée de la manière dont il avait rempli sa mission, Vaublanc eut soin de faire remarquer que « le Roi s'était incliné le premier devant Vaublanc, qui n'avait fait que lui rendre son salut. » Remarque d'une vanité à la fois puérile et cruelle où perce un des traits du caractère de Vaublanc, dans lequel les petitesses de l'amour-propre se rencontraient avec des qualités réelles de cœur et d'esprit. Interpellé dans la Chambre de 1815 sur les paroles qu'il avait prononcées en 1791, Vaublanc répondit qu'il avait voulu calmer la faction démagogique. (Voir la *Vie de Vaublanc*, par M. Boullée, ancien magistrat. — *Biographie universelle de Michaud.*)

cette journée jusqu'aux derniers jours de la Convention, il ne put trouver son salut que dans la fuite et dans une vie errante. Mais on le voit reparaître dans la journée du 13 vendémiaire, il est un des directeurs du mouvement des sections; condamné à mort par contumace après leur échec, il fut presque en même temps élu membre du conseil des Cinq-Cents par le département de Seine-et-Marne. Dans cette Assemblée, il se signala par une guerre systématique contre les idées et les institutions révolutionnaires, et bientôt il épousa ardemment la querelle des Conseils contre le Directoire. Aussi fut-il compris dans le décret de déportation du 18 fructidor. C'était la quatrième fois que la proscription l'atteignait; une fois encore il y échappa. Absent de France jusqu'au 18 brumaire, il y rentra après ce coup d'État, et fut désigné par le Sénat pour siéger au Corps législatif. Nommé préfet de la Moselle par Napoléon, en 1805, puis comte de l'Empire, Vaublanc servit avec zèle le gouvernement impérial, et se fit remarquer par son intelligence, sa droiture et son énergie. La Restauration de 1814, dont il embrassa la cause avec ardeur, le trouva préfet de la Moselle et le confirma dans ce poste où il avait rendu de grands services en 1813. Au moment des Cent-Jours, Vaublanc menacé d'arrestation par le gouvernement impérial s'était rendu à Gand auprès de Louis XVIII, auquel il avait remis plusieurs mémoires, en lui prédisant qu'avant deux mois il serait à Paris. Nommé préfet du département des Bouches-du-Rhône par le Roi aussitôt après sa rentrée, M. de Vaublanc avait signalé son installation par un acte de courageuse justice : cinq à six cents individus étaient détenus dans les prisons, comme révolutionnaires ou bonapartistes, et on n'osait leur rendre la liberté dans la crainte de les livrer aux violences populaires. Le nouveau préfet ordonna leur élargissement, et son énergie connue empêcha qu'il ne leur arrivât malheur. Au moment où il fut nommé ministre, Vaublanc avait soixante ans. C'était un de ces hommes de 89 dont le souvenir des excès de la Révolution et la pratique du gouvernement impérial avaient fait des hommes de pouvoir. Administrateur intègre, énergique, intelligent; orateur à l'éloquence redondante et emphatique, comme la plupart des membres des assemblées révolutionnaires, M. de Vaublanc revenait à la monarchie légitime avec l'ardeur de ses souvenirs de jeunesse, l'expérience de ses années de maturité et l'effusion d'un dévouement réel, mais qui sentait peut-être le besoin de se surfaire encore pour effacer quelques déviations qui altéraient l'unité des lignes de sa vie [1].

M. Barbé-Marbois, premier président de la Cour des comptes, et l'un des membres de la commission chargée en 1814 de

---

1. Nous devons mentionner ici un fait très-honorable pour M. de Vaublanc, que nous empruntons à la *Notice historique sur le Musée de peinture de Nantes*, publiée en 1858, d'après des documents officiels inédits, par Henri de Saint-Georges, secrétaire en chef de la mairie. Même sous le ministère Richelieu, les étrangers poursuivirent la revendication de leurs tableaux que les Musées des départements avaient reçus par suite des victoires de l'Empire. Le secrétaire général du Musée royal, M. Lavallée, se disant autorisé par les ordres de M. de Pradel, ministre de la maison du Roi, désigna aux commissaires belges les villes des divers départements où, par ordre du dernier gouvernement, il avait été envoyé des tableaux provenant des Pays-Bas. M. Lavallée était d'autant mieux à portée d'indiquer ces tableaux, que, sous le gouvernement impérial, il avait présidé à leur envoi. Des lettres subséquentes du même fonctionnaire requéraient le retour à Paris de tous les tableaux réclamés par les puissances, et désignaient nominativement des toiles du Guide, de l'Albane, de Crayer de Boyermans, de Simon de Vos. Au moment où ils allaient partir, M. le comte de Brosses, préfet de la Loire-Inférieure, reçut la lettre suivante :

« Monsieur le comte, je suis instruit que M. le secrétaire général du Musée de Paris a écrit à plusieurs préfets pour demander le renvoi des tableaux qui avaient été précédemment donnés aux départements. Il est possible que vous ayez reçu une invitation de ce genre, mais je vous prie d'attendre une autorisation de ma part avant de rien faire à ce sujet. Les Musées des villes du royaume sont dans les attributions de mon ministère, et rien n'en doit être distrait sans ma participation.

« *Le ministre secrétaire d'État de l'intérieur,*
« Vaublanc. »

Cette lettre était datée du 5 mars 1816. Une seconde lettre, datée du 26 mars, ordonnait de réintégrer au Musée de Nantes les tableaux qui en avaient été enlevés. Les tableaux du Musée de Nantes furent ainsi sauvés. Il en fut de même du Musée de Lille.

rédiger la Charte, reçut les sceaux. Il s'était tenu à l'écart pendant les Cent-Jours, et ses liaisons avaient été, pendant toute sa vie, avec le parti constitutionnel et libéral. On avait eu un instant l'idée de confier ce portefeuille à M. de Grosbois, premier président du Parlement de Besançon, qui s'était déjà trouvé en ligne l'année précédente, pour la dignité de chancelier. M. Barbé-Marbois fut préféré comme ayant plus de notoriété en France, à cause de la dignité courageuse avec laquelle il avait supporté la proscription et l'exil à Sinnamari à l'époque du 18 fructidor. C'était un homme honnête, mais d'un esprit brusque, chagrin et cassant. Ses formes rigides et austères faisaient croire à la fermeté de son caractère, qui, au fond, était faible. Sa capacité, d'ailleurs, n'était pas au niveau de sa moralité. Les hommes qui avaient eu part aux affaires sous l'Empire se rappelaient seuls l'imprudence avec laquelle il avait livré le service du Trésor à des banquiers connus sous le nom de négociants réunis, ce qui avait amené des complications financières dont Napoléon ne sortit qu'à l'aide de la clairvoyance de son génie et de la vigueur de sa volonté. Le Roi, pour décider M. de Marbois à entrer dans le cabinet, lui avait permis de conserver la place de premier président de la Cour des comptes avec celle de garde des sceaux et de ministre de la justice. C'était un mauvais exemple donné aux membres inamovibles de la magistrature, un encouragement à se servir sans crainte de leurs hautes fonctions pour s'unir aux oppositions législatives afin d'arriver au ministère sans perdre par une disgrâce le rang et le poste inamovible dont ils pouvaient avoir abusé pour s'imposer au Roi.

Restaient les finances, et il était assez difficile de pourvoir à ce département. Le baron Louis était trop engagé avec l'ancien ministère pour rentrer dans le nouveau. D'ailleurs, son caractère roide et fâcheux et ses idées absolues le rendaient peu propre à marcher avec la nouvelle Chambre. Peu de personnes connaissaient alors le mécanisme des finances et il n'y avait guère que les commis de ce ministère qui eussent pu acquérir quelques notions à ce sujet sous le régime impérial, qui excluait la publicité. Le duc de Gaëte (Gaudin) et le comte Mollien, sortis de leurs rangs, avaient joué pendant les Cent-Jours un rôle qui ne permettait pas de songer à eux. On jeta les yeux sur M. Corvetto. Il avait l'inconvénient d'être étranger et inconnu à la Chambre, mais c'était un homme capable et probe. Simple avocat à Gênes, il avait été appelé par l'Empereur et mis au conseil d'État à cause de sa capacité; placé au comité des finances, il s'y était bientôt distingué, et, sous le ministère sortant, il avait, en qualité de président du comité des subsides, aidé avec talent et succès le baron Louis à régulariser le service des réquisitions étrangères. Ce fut cette dernière circonstance qui fit songer à lui. Il était impossible de rencontrer mieux dans la circonstance donnée que cet habile et honnête Italien. Dès que le ministère fut constitué, le duc de Richelieu déclara avec l'agrément de Louis XVIII que les fonctions de secrétaire du conseil seraient supprimées. Le baron de Vitrolles dut se contenter du titre de ministre d'État; il conserva ses libres entrées chez Monsieur; du reste, le suffrage des électeurs venait de l'envoyer à la Chambre.

Quelques nominations à de hautes fonctions complétèrent la nouvelle combinaison. Le duc de Reggio fut nommé commandant en chef de la garde nationale de Paris. M. Guizot, secrétaire général du ministère de la justice sous M. Pasquier, conserva ses fonctions sous M. Barbé-Marbois, avec lequel il avait eu de bonnes relations dans le salon de madame de Rumfort et celui de madame Sicard [1]. M. d'Anglès eut la préfecture de police par la protection de M. Decazes, avec lequel il était lié; M. Bertin de Vaux fut nommé secrétaire général de la police;

---

1. *Mémoires pour servir à l'histoire de mon temps*, tome Ier, page 100.

c'était un moyen de se concilier l'appui du *Journal des Débats*. M. Royer-Collard fut président du conseil de l'instruction publique, et M. d'Herbouville, qu'on avait pensé à placer au ministère de l'intérieur, prit la direction des postes, que dut lui céder M. Beugnot..

On voit que l'esprit de cette combinaison ministérielle et administrative était une espèce de partage des influences officielles entre les royalistes de diverses origines et de diverses dates. Le duc de Richelieu, M. Decazes, M. de Vaublanc, M. Barbé-Marbois, M. de Feltre, M. Dubouchage, représentaient le royalisme ancien et le royalisme nouveau. M. de Corvetto était une aptitude financière dont on pouvait craindre au début les accointances avec M. Louis, mais qui devait se concilier bientôt la confiance par sa capacité et sa probité. M. Barbé-Marbois et M. Royer-Collard représentaient les idées de 1789; M. Guizot l'esprit lettré et libéral contemporain, si favorable à la Restauration, à son début, et M. Bertin de Vaux la presse royaliste ; le duc de Richelieu l'ancienne noblesse, avec ses vieux sentiments et une disposition à pactiser avec les idées nouvelles; M. Decazes la bourgeoisie royaliste de Paris; MM. de Vaublanc et Dubouchage le royalisme des anciennes assemblées ; M. de Feltre les débris de la société impériale, disposés à se rallier à un gouvernement protecteur.

Tel était le ministère formé d'éléments hétérogènes, mais tous indiqués par la situation, un peu neuf aux affaires comme l'étaient presque tous les hommes de ce temps, plus neuf encore dans le maniement des esprits et des intérêts, qui allait se trouver en face de la Chambre de 1815 dont quelques membres du cabinet étudiaient avec inquiétude les dispositions.

II

PHYSIONOMIE DE LA CHAMBRE DE 1815.

Après avoir cherché à faire connaître le ministère, le moment est venu d'esquisser les traits principaux de la physionomie de la Chambre de 1815, en face de laquelle il allait se trouver.

La Chambre de 1815 arrivait sous le coup des deux sentiments qui dominaient parmi les populations dévouées à la monarchie : une passion très-vive et une profonde défiance. Ces populations étaient animées d'une ardente colère contre les auteurs des Cent-Jours, et nous avons ajouté avec raison que les calamités accumulées sur la France par le retour de l'île d'Elbe, les humiliations de la patrie vaincue, envahie et dépouillée, l'insolence et les excès de l'étranger, entraient pour beaucoup dans cette colère des populations royalistes. L'opinion généralement répandue à cette époque, que le retour de l'île d'Elbe avait été précédé par une vaste conspiration, dont les mailles enlaçaient la France entière, contribuait à rendre l'opinion royaliste inexorable. Toutes les défections lui apparaissaient comme convenues ; toutes les trahisons comme préméditées. On entendait que ces défections et ces trahisons fussent exemplairement châtiées, d'abord pour satisfaire au sentiment de la conscience publique indignée, ensuite pour prévenir une récidive. Livrer aux tribunaux les chefs de la conspiration, priver du droit d'électorat et, à plus forte raison, d'éligibilité ceux qui avaient figuré dans les chambres des Cent-Jours ; établir des listes d'indignité pour l'admission dans les emplois publics contre ceux qui avaient joué un rôle actif dans les derniers événements ; éloigner de la France, par un bannissement temporaire, les personnes les plus compromises et dont on croyait la présence dangereuse; renouveler le personnel de l'administration; obtenir la dissolution de la magistrature impériale et l'institution à nouveau de toutes les cours de justice; faire payer un impôt double ou même triple aux fonctionnaires du gouvernement impérial pendant les Cent Jours, afin que la contribution de guerre exigée par l'étranger pesât plus lourdement sur ceux qui avaient provoqué la guerre; enfin bannir à perpétuité les régicides qui, traités avec tant de mansuétude par Louis XVIII à son premier retour, avaient prononcé le serment à l'acte additionnel qui bannissait les Bourbons à perpétuité du territoire français, tel était, à peu près, l'ensemble des idées agitées dans les provinces où l'on ne voyait que de loin les difficultés de la situation, des idées dont les députés nouvellement arrivés à Paris apportaient le retentissement plus ou moins prononcé [1]. On voulait un châtiment, on demandait un exemple, on exigeait des précautions sévères.

La Chambre de 1815 sortait, en effet, d'un milieu où l'on était non-seulement vivement irrité, mais plein de défiance. On ne pouvait oublier de sitôt la manière dont le gouvernement royal avait été renversé, et on attribuait la facilité et la rapidité de ce renversement à l'incapacité, à la faiblesse et à l'incurie d'une partie des agents du gouvernement, qui avaient autant concouru à sa chute que la perversité et la félonie des autres. On pensait donc qu'il était aussi urgent de pourvoir à ce que la Royauté fût bien servie que de veiller à ce qu'elle ne fût ni trahie ni vendue. L'administration était suspecte, à cause du grand nombre de ses membres compromis dans les Cent-Jours. On croyait qu'il fallait veiller en dehors d'elle, à côté d'elle, et même sur elle. L'entrée de Fouché dans les conseils du Roi, le

---

1. Je puise toutes ces données dans les documents et les notes manuscrites du temps, et notamment dans la correspondance particulière de M. de Villèle.

choix qu'il avait fait pour administrer plusieurs départements, comme préfets, et pour présider les colléges électoraux, d'hommes compromis dans les Cent-Jours, avait donné une nouvelle intensité à ce sentiment de défiance que les nouveaux députés avaient respiré dans leurs départements. Cette défiance était d'autant plus grande, qu'on ignorait, hors de Paris, le concours de circonstances qui, forçant la main à Louis XVIII, l'avaient, pour ainsi dire, contraint à subir l'introduction de Fouché dans son conseil.

Sauf ces sentiments de colère et de défiance, résultats presque inévitables de la situation, la Chambre de 1815 arrivait des départements avec des qualités précieuses pour inaugurer le gouvernement représentatif. Elle était formée en grande partie de propriétaires terriers appartenant à cette noblesse de province qui avait échappé aux vices et à la corruption de la cour. Profondément dévoués à la monarchie, indépendants par position comme par caractère, hommes d'honneur et de probité, éclairés et instruits, défenseurs naturels de la fortune publique, puisqu'ils figuraient au budget en qualité de contribuables, sans y jouer le rôle de parties prenantes, ils avaient un respect d'eux-mêmes, un sentiment du devoir, un esprit de contrôle qui pouvaient facilement devenir des vertus politiques, et, sans avoir un grand enthousiasme pour la Charte, ils l'acceptaient loyalement comme le seul moyen de ralliement, et, en outre, comme le seul titre de la Chambre à exercer une action sur les affaires publiques. La plupart étaient plus partisans du gouvernement représentatif qu'ils ne le soupçonnaient eux-mêmes.

C'était la première fois que les opinions de droite dominaient dans une assemblée depuis le début de la Révolution; la Chambre de 1815 n'était pas exempte de cet enivrement que donne le pouvoir nouveau aux corps politiques comme aux individus. Les membres de la majorité arrivaient à Paris avec la pensée de faire contre la révolution et pour la religion et la monarchie tout ce qui pourrait être fait, sans avoir des idées bien nettes ni sur les choses possibles ni sur celles qui ne l'étaient pas. Ils auraient voulu asseoir sur une base solide la société si profondément ébranlée par tant d'années de révolution, et ils croyaient qu'on ne trouverait cette base que dans les principes religieux et monarchiques. Mais cette aspiration commune les laissait indécis sur le choix des moyens pratiques. Quelques-uns d'entre eux, c'était le petit nombre, tournaient les yeux vers le passé, afin de chercher ce qu'on pourrait lui emprunter pour réédifier le présent et préparer l'avenir. Ce n'étaient pas cependant des ennemis de la liberté, tout au contraire; ceux-là surtout qui arrivaient des départements méridionaux et des départements de l'Ouest apportaient un souvenir des pays d'états qui allait devenir une aspiration vers les libertés locales et la décentralisation administrative. Ajoutez à cela que l'ancienne antipathie de la province contre l'esprit de cour pouvait facilement se changer, chez les nouveaux députés, en antipathie contre l'arbitraire ministériel. Ce qui leur manquait, c'était ce qui manquait à tout le monde : une vue claire de la situation de la société, un système immédiatement applicable et l'expérience du gouvernement représentatif. Cette Chambre était par-dessus tout une Chambre d'hommes de bonne volonté, et qui méritait par son dévouement à la Royauté, et, je ne crains pas de le dire, à la chose publique, par ses qualités morales et par ses bonnes intentions, le nom de Chambre introuvable que lui donna Louis XVIII. Très-animée contre le cabinet sortant, en garde contre les intrigues révolutionnaires qui, dans sa pensée, avaient fait subir ce cabinet à Louis XVIII, en garde aussi contre la faiblesse du Roi, cette Chambre n'avait en arrivant aucun mauvais sentiment personnel contre le nouveau ministère. Elle lui savait gré, au contraire, de remplacer un cabinet qui lui était odieux à cause de Fouché, suspect à cause du prince de Talleyrand. Elle honorait dans M. le duc de Richelieu, le nouveau président du Conseil, un nom éclatant honorablement porté, des sentiments monarchiques incontestables et incontestés, une vie droite et pure et la réputation administrative et politique qu'il s'était faite en Crimée. M. Decazes lui était agréable à plus d'un titre : sa démission hautement donnée au moment des Cent-Jours, sa conduite irréprochable pendant cette épreuve difficile, la part qu'il avait prise comme officier de la garde nationale à la dispersion de la Chambre des représentants et les démarches qu'il avait faites, et dont il se vantait, pour amener le prince de Talleyrand à donner sa démission, lui étaient comptées. Enfin, faut-il le dire? dans un moment où les préventions accréditées contre M. de Blacas étaient dans toute leur vivacité, et où l'on faisait peser sur sa tête la responsabilité de toutes les fautes de la première Restauration, on n'était pas fâché de voir poindre les premiers rayons de cette faveur naissante qui promettait d'empêcher le retour de l'ancien favori. Parmi les autres ministres, le duc de Feltre inspirait une vive confiance à la Chambre royaliste à cause de ses sentiments connus et éprouvés dont il avait donné récemment un témoignage de plus en suivant le Roi à Gand ; M. Dubouchage, ministre à l'époque du Dix Août et fidèle serviteur de Louis XVI, professait, on le savait, des opinions sympathiques à la Chambre ; M. Barbé-Marbois, en sa qualité d'ancien déporté du 18 fructidor, avait droit à son estime, et l'attitude de ce magistrat pendant les Cent-Jours n'était pas de nature à diminuer ses droits. Il n'y avait guère, on l'a dit, que le ministre des finances, M. de Corvetto, qui inspirât quelque défiance à la Chambre royaliste à cause de ses relations avec le ministre des finances de l'ancien cabinet, le baron Louis.

Les dispositions du cabinet envers la Chambre n'étaient pas

tout à fait aussi bienveillantes. En prenant le pouvoir, il avait trouvé presque tout le monde administratif rempli de préventions contre la majorité qui arrivait; déjà, dans le courant de septembre, les journaux anglais, dans des articles auxquels Fouché n'était pas étranger, l'avaient dénoncée à la France et à l'Europe comme animée de passions rétrogrades et disposée à rétablir la dîme et les droits féodaux [1]. Le nouveau cabinet prit tout d'abord une décision qui indiquait de deux choses l'une : ou une vive défiance envers la nouvelle Assemblée, ou la conviction qu'en raison de sa composition on n'était plus obligé de faire, au détriment de la prérogative royale, les concessions annoncées dans l'ordonnance du 13 juillet, qui promettait la révision de plusieurs articles de la Charte.

Quant à l'Europe, l'impression des quatre grandes puissances ne pouvait pas être la même.[2] Le cabinet anglais, qui voyait surtout par les yeux du duc de Wellington, auquel la bataille de Waterloo avait donné une influence prépondérante, ne put se défendre d'un vif sentiment de mécontentement, lorsque le prince de Talleyrand, qu'il regardait comme la personnification du système de l'alliance anglaise, et qui avait signé, au mois de janvier précédent, le traité secret de la triple alliance, fut obligé de quitter les affaires. Le duc de Wellington avait même soutenu Fouché avec beaucoup d'opiniâtreté. Au mo-

---

1. Correspondance de M. de Villèle.
2. Je trouve dans une liasse des papiers politiques de M. de Blacas une curieuse correspondance de M. le prince de Castelcicala, qui instruit le comte de Blacas, alors à Naples, de tous les détails de cette crise politique en désignant tous les personnages par des noms de convention. *Fabricius*, c'est Louis XVIII ; *Vincent*, c'est Talleyrand ; *François*, c'est Fouché ; *Germain*, c'est le duc de Wellington ; *Romoaldo*, c'est Pozzo di Borgo ; *Félicie*, la légitimité. « *François* a été vivement attaqué ces jours derniers, écrit le prince de Castelcicala, à la date du 10 septembre 1815 : *Romoaldo* est le meneur de bien des choses ici. J'ai eu de longues conversations avec lui, et j'ai vu son plan à découvert. Il attaque *François* et *Vincent*, le second pourtant faiblement. Il attaque *François* en disant qu'il continue à marcher dans le sens le plus révolutionnaire. On a pensé à l'envoyer en mission étrangère : on parlait

ment où celui-ci tomba, le général anglais écrivait au général Dumouriez, alors en Angleterre, une longue lettre dans laquelle éclate son mécontentement : « Toutes les puissances, disait-il, s'étaient efforcées, pendant le printemps et l'été dernier, de persuader au Roi de prendre Fouché à son service comme moyen de concilier à S. M. un grand nombre de personnes. Quoique je n'aie jamais cru qu'il avait l'influence qu'on lui donnait, j'ai exécuté ce que les autres ont voulu. Les crises de la politique en temps de révolution ressemblent beaucoup à celles d'une bataille, et l'on est souvent dans la nécessité d'y appliquer des remèdes violents qui peuvent avoir des suites fâcheuses, pour remédier à un grand mal actuel. Les courtisans, dès qu'ils ont joui des effets de l'arrangement, l'ont blâmé autant qu'ils l'avaient applaudi. Fouché s'est peut-être mal conduit en quelques circonstances, mais pas la moitié aussi mal qu'on le dit et qu'on le croit. »

La retraite de Fouché était un échec pour l'amour-propre du duc de Wellington; la chute du ministère présidé par le prince de Talleyrand inquiétait d'autant plus la politique anglaise, que M. Pozzo di Borgo avait beaucoup contribué à l'avénement du ministère Richelieu, dont le chef entretenait avec l'empereur Alexandre une amitié qui n'était un mystère pour personne. Aussi, dans les premiers moments, la correspondance diplomatique de Castlereagh avec Liverpool porte-t-elle la trace d'un mécontentement marqué : « Le duc de Richelieu, écrivait le premier au second, est un homme

---

d'abord des États-Unis. Le marquis de Rivière est arrivé ici, il a proposé de le chasser et de l'envoyer à sa place à Constantinople. *Fabricius* y avait consenti, et même *Vincent*, lorsque *Germain* a pris le mors aux dents, et il a accablé ce projet de tout le poids de sa force. Il a été attaqué fortement par les journaux de son pays pour avoir fait entrer *François* dans le cabinet. Il fait publier dans d'autres papiers une justification dans laquelle il dit que ce qu'il a fait était pour le bonheur de *Félicie* et était indispensable. Il veut soutenir la gageure et prétend que c'est lui qu'on attaque en attaquant *Vincent*. *Georges* (le prince-régent) soutient ce dernier uniquement pour ne pas faire de peine à *Germain*. »

modéré dans ses vues et qui cherche à former son ministère avec les mêmes éléments que l'ancien, mais il y trouve de grandes difficultés. Avec l'ancien gouvernement le Roi pouvait rester à Paris, les alliés étant à la frontière, tandis qu'avec l'autre S. M. ne serait pas une semaine sur le trône si les alliés se retiraient. » Assertion contestable, comme l'événement le prouva, et qui d'ailleurs, surfaisant singulièrement les conditions de sécurité que la présence de Fouché donnait à la monarchie, témoignait surtout de la mauvaise humeur de lord Castlereagh. Au bout de quelques jours, cet homme d'État, triomphant d'un premier mouvement, écrivait à son gouvernement « qu'aucune jalousie ne devait induire l'Angleterre à affaiblir le ministère Richelieu. Le grand objet, ajoutait-il, est de maintenir le Roi sur son trône. Un système modéré est, je crois, le meilleur moyen d'y parvenir, et je ne pense pas que le duc donne dans une politique extravagante. » Liverpool, de son côté, critiquait sévèrement la faute qu'avait faite, selon lui, Louis XVIII, en n'attendant pas pour congédier son ministère que le fâcheux traité de paix imposé à la France eût été signé : « Je n'ai pu m'empêcher de dire hier au prince-régent, écrivait-il, que, si son père avait été forcé de faire une paix humiliante, et qu'il eût voulu en même temps se débarrasser de ce ministère, il aurait eu soin de faire des ministres qu'il voulait renvoyer les instruments de la paix, et qu'il se serait bien gardé d'en rejeter l'inévitable responsabilité et l'odieux sur ceux qui devaient les remplacer. »

En s'exprimant ainsi, Liverpool, comme Castlereagh, laissait plutôt parler son humeur que sa raison politique. D'abord, le premier but de Louis XVIII ne devait pas être de faire peser la responsabilité d'un traité de paix inévitable sur le ministère sortant, mais de rendre ce traité moins onéreux pour la France, et, en le faisant discuter et signer par le duc de Richelieu, il atteignait ce but. En second lieu, Liverpool commettait une singulière méprise, en assimilant le ministère Talleyrand à un de ces grands ministères parlementaires de l'Angleterre, qui portaient la responsabilité de la politique, parce que, appuyés sur une majorité, ils avaient l'initiative et la puissance. Le cabinet de M. de Talleyrand n'avait rien de pareil, et, quel que fût le ministre qui signât le traité, il y avait une chose sûre, c'est que le Roi en porterait seul la responsabilité devant l'opinion, comme l'année précédente il avait porté la responsabilité du traité de Paris.

III

NÉGOCIATIONS DU DUC DE RICHELIEU. — ATTÉNUATIONS APPORTÉES AUX CONDITIONS IMPOSÉES. — TRAITÉ DU 20 NOVEMBRE. — TRAITÉ CONFIRMATIF DES TRAITÉS DE CHAUMONT ET DE VIENNE. — LA SAINTE-ALLIANCE.

Les négociations s'engagèrent aussitôt, et comme, après un premier moment d'humeur, le vicomte de Castlereagh avait secondé l'empereur Alexandre, dont la bienveillance était plus active depuis l'avénement du nouveau cabinet, le duc de Richelieu réussit à obtenir quelques atténuations aux rudes conditions imposées à la France. Quoique le traité n'ait été signé que le 20 novembre suivant, il convient d'énoncer ici les principales modifications obtenues par le duc de Richelieu avant d'entrer dans le récit des travaux de la Chambre de 1815.

L'ultimatum européen du 16 septembre subit les modifications suivantes : Condé, Givet, Charlemont et les forts de Joux et de l'Écluse furent laissés à la France ; la contribution de guerre fut réduite de huit cents millions à sept cents, et l'occupation militaire, au lieu de durer sept ans, fut restreinte à cinq. Ce furent les seuls adoucissements que le duc de Richelieu put arracher aux coalisés avec l'appui déclaré de l'empereur Alexandre. Il hésita jusqu'au dernier moment à accepter la responsabilité morale de ce dur traité, qui enlevait à son pays Landau, Philippeville, Sarrelouis, Marienbourg, qui l'obligeait à démolir les fortifications d'Huningue, et détachait définitivement de notre territoire les districts de la Belgique, de l'Allemagne et de la Savoie, que nous avait laissés, l'année précédente, le traité de Paris. Le jour même fixé pour la signature du traité, il hésitait encore à attacher le nom de Richelieu, qui a fait la France si grande, à ce traité qui la diminuait. Deux amis politiques, MM. Barbé-Marbois et de Barante, l'attendaient dans son cabinet, silencieux, tristes et inquiets. Tout à coup la porte s'ouvre, le duc de Richelieu paraît, la figure décomposée, et des larmes dans les yeux. Il se jette sur un fauteuil, et, prenant sa tête entre ses mains, ces paroles entrecoupées de sanglots s'échappent de sa bouche : « Je viens de signer un traité pour lequel je devrais porter ma tête sur l'échafaud [1]. »

A une heure de là il exprimait les sentiments de douleur dont son âme patriotique était remplie, dans cette lettre qui appartient à l'histoire : « Tout est consommé, j'ai apposé plus mort que vif mon nom à ce fatal traité ; j'avais juré de ne pas le faire, et je l'avais dit au Roi : ce malheureux prince m'a conjuré en fondant en larmes de ne pas l'abandonner, et, dès ce moment, je n'ai pas hésité. J'ai la confiance de croire que sur ce point personne n'aurait fait mieux que moi, et la France expirante sous le poids qui l'accable réclamait impérieusement une prompte délivrance. »

Le duc de Richelieu ne disait pas assez : personne, sur ce point, n'aurait pu faire aussi bien que lui.

---

1. Raconté par M. Duvergier de Hauranne, qui tient cette anecdote de M. de Barante lui-même. (*Histoire du gouvernement parlementaire*, tome III, page 252.)

Ce qui prouve bien que le traité du 20 novembre était le *maximum* de ce que le duc de Richelieu pouvait obtenir, c'est que ce traité ne fut guère plus populaire en Allemagne et en Angleterre, où on lui reprocha d'être trop doux, qu'en France où on le trouvait si dur. Dans la session du Parlement anglais, qui s'ouvrit en 1816, l'opposition whig, conduite par lord Granville dans la Chambre des pairs, par lord Milton dans les communes, accusa les ministres d'avoir manqué à leurs devoirs en n'enlevant pas à la France les conquêtes de Louis XIV. L'Alsace, la Lorraine et les départements limitrophes de la Prusse détachés de notre territoire pour être réunis à l'Allemagne, le département du Nord annexé à la Belgique, voilà l'idéal que les traités de 1815 étaient accusés de ne pas avoir atteint. Si ces accusations retentissaient dans le Parlement d'Angleterre, on peut juger de l'écho sympathique et passionné qu'elles trouvaient en Allemagne. La passion des peuples contre nous était si vive, qu'il semblait que la mesure du bien qu'on pouvait faire à l'Europe se trouvait dans celle du mal que l'on faisait à la France.

Quoique le traité signé avec la France dût, ce semble, dissoudre la coalition européenne, elle resta unie et debout. Les quatre puissances, Angleterre, Autriche, Prusse et Russie, renouvelèrent le traité de Chaumont du 1ᵉʳ mars 1814, celui de Vienne, du 25 mars 1815, par un traité confirmatif daté du 20 novembre 1815, c'est-à-dire du jour même où les plénipotentiaires européens avaient conclu avec le duc de Richelieu le traité qui réglait définitivement le sort de la France. Évidemment les puissances doutaient de l'avenir de la Restauration; elles voulaient être en mesure contre les suites d'un nouveau renversement.

« Le but de l'alliance conclue à Vienne le 25 mars 1815, était-il dit dans le préambule du traité confirmatif, ayant été heureusement atteint par le rétablissement en France de l'ordre de choses que le dernier attentat de Napoléon Bonaparte avait momentanément subverti, LL. MM. l'empereur d'Autriche, le roi de la Grande-Bretagne, le roi de Prusse et l'empereur de Russie, considérant que le repos de l'Europe est essentiellement lié à l'affermissement de cet ordre de choses fondé sur le maintien de l'autorité royale et de la Charte constitutionnelle, etc., etc., ont résolu de donner aux principes consacrés par les traités de Chaumont du 1er mars 1814, et de Vienne du 25 mars 1815, l'application la plus analogue à l'état actuel des affaires.....

« En conséquence, les hautes puissances se promettent réciproquement de maintenir dans toute sa vigueur le traité conclu avec S. M. T. C., et de veiller à ce que ses stipulations et tout ce qui s'y rapporte soient exécutés dans toute leur étendue; s'étant engagées dans la guerre qui venait alors de finir à maintenir inviolables les arrangements arrêtés à Paris l'année précédente, elles ont jugé convenable de renouveler ce traité et de le rendre mutuellement obligatoire, sauf les modifications qui peuvent depuis avoir été rapportées, notamment par rapport à l'exclusion de Napoléon Bonaparte et de sa famille. Cette exclusion, les puissances s'engagent à la soutenir avec toutes leurs forces, comme à étouffer en France toute idée et toute tentative de révolution..... Si les corps d'armée d'occupation laissés en France étaient attaqués, ou si les puissances étaient obligées de se mettre en état de guerre contre la France, elles se rapporteraient aux stipulations du traité de Chaumont, et fourniraient chacune sans délai, en sus des forces d'occupation, le plein contingent de 60,000 hommes ou telle partie de ce contingent, suivant l'exigence du cas. Si ces forces étaient insuffisantes, les hautes parties contractantes se consulteraient sans perte de temps sur le nombre additionnel de troupes que chacune devrait fournir, et emploieraient, en cas de besoin, la totalité de leurs forces pour conduire la guerre à une issue prompte. Bien que les dispositions militaires consignées dans ce traité soient surtout destinées à assurer l'exécution des traités pendant l'occupation temporaire, elles n'en resteront pas moins dans toute leur force, après l'expiration de cette mesure, pour l'entier affermissement du nouvel ordre établi en France et l'accomplissement des traités. »

L'article 6 était ainsi conçu : « Pour assurer et faciliter l'exécution du présent traité et consolider les rapports intimes qui unissent aujourd'hui les quatre puissances pour le bonheur du monde, les hautes parties contractantes sont convenues de renouveler à des époques déterminées, soit sous les auspices immédiats des souverains, soit par leurs ministres respectifs, des réunions consacrées aux grands intérêts communs et à l'examen des mesures qui, dans chacune de ces époques, seront jugées les plus salutaires pour le repos et la prospérité des peuples et pour le maintien de la paix en Europe. » Les congrès européens réunis dans les années qui suivirent étaient en germe dans cet article.

Ce traité, auquel le roi de France ne fut pas invité à apposer sa signature, lui fut communiqué par une note signée des ministres des quatre puissances. On voit percer dans cette note les sentiments et les idées des cabinets sur la situation de la France, surtout dans les provinces méridionales, et sur celle de son gouvernement, et leur opposition naissante à la Chambre de 1815, qui, à l'époque où cette communication fut faite, avait commencé depuis deux mois ses travaux : « Loin de craindre que S. M. T. C. prête jamais l'oreille à des conseils imprudents ou passionnés, tendant à nourrir les mécontentements, à renouveler les alarmes, à ramener les haines et les divisions, disaient les ministres des quatre puissances, les cabinets alliés sont complètement rassurés par les dispositions aussi sages que généreuses que le Roi a annoncées à toutes les époques de son règne. Ils savent que S. M. opposera à tous les ennemis du bien public et de la tranquillité de son royaume son attachement aux lois constitutionnelles, sa volonté bien prononcée d'être le père de tous ses sujets, sans distinction de classe ni de religion. Ce n'est qu'ainsi que les vœux formés par les cabinets alliés pour l'autorité constitutionnelle de S. M. T. C., pour le bonheur de son pays, et le maintien de la paix du monde, seront couronnés d'un succès complet, et que la France prendra la place éminente à laquelle elle est appelée dans le système européen. »

Ces deux traités du 20 novembre 1815, dont l'un fixait la situation territoriale de la France, tandis que l'autre maintenait la coalition européenne en vue des éventualités de l'avenir, avaient été précédés d'une déclaration à la fois religieuse et politique, qui a eu un trop grand retentissement dans le monde pour qu'elle puisse être omise dans ce récit; c'est la déclaration de principes mal à propos appelée *Traité de la sainte-alliance.*

Cette déclaration, dénoncée par des esprits peureux comme une conspiration contre la liberté des peuples, n'était qu'une effusion généreuse et un peu vague sortie du cœur de l'empereur Alexandre. Les tendances naturelles de cette âme tendre et mélancolique s'étaient trouvées exaltées encore par les terribles péripéties que l'Europe venait de traverser, et qui avaient amené en si peu d'années les Français à Moscou et les Russes à Paris. Le sentiment religieux et libéral qui avait été le caractère du soulèvement de l'Europe contre Napoléon avait profondément retenti dans l'intelligence rêveuse de ce czar tout-puissant, qui, élevé par le rang et la fortune au-dessus de l'humanité, sentait le besoin de se rapprocher de Dieu. Une influence particulière avait nourri et développé ces sentiments, c'était celle de madame de Krudener. Imagination exaltée, ardente, cœur généreux et sympathique, madame de Krudener, trompée par un thaumaturge allemand, Jung Stilling, et enivrée des rêves de sa propre imagination, mais sincère elle-même dans son illuminisme, avait été mêlée à la grande réaction idéaliste et guerrière de l'Allemagne contre la conquête française. Entourée de pasteurs de Genève, de frères moraves, d'illuminés des églises d'outre-Rhin, elle avait prêché la guerre sainte, religieuse, sous les auspices de l'aigle blanc, c'était l'aigle de Russie, contre l'aigle noir dans lequel elle personnifiait Napoléon. En 1815 elle avait vu Alexandre au congrès de Vienne, et lui avait prédit les Cent-Jours. La réalisation de cette facile prophétie avait achevé de lui donner la confiance d'Alexandre, et, lorsqu'il revint à Paris après la chute du second Empire, elle était toute-puissante sur son esprit. Les âmes mystiques se rapprochent par un aimant naturel comme les âmes corrompues. Un homme de bien, un penseur, un publiciste, un philosophe venu de l'école de Saint-Martin, le philosophe inconnu, rêveur autant que penseur par conséquent, et qui n'avait pas été étranger aux illusions décevantes de la génération de 89, Bergasse, qui avait, au début de sa carrière, ouvert son âme aux rêveries du mesmerisme, et dont la vieillesse se réchauffait à ce rayon d'illuminisme tard venu, était bientôt entré en tiers dans cette confiance auguste et dans cette amitié impériale [1]. Ce fut dans la petite chambre qu'il habitait au coin de la rue de la Pépinière et du faubourg du Roule qu'eurent lieu entre lui, l'empereur Alexandre, madame de Krudener et madame de Lezay-Marnesia, compagne inséparable de madame de Krudener, les conférences d'où sortit le traité de la sainte-alliance. Madame de Krudener, naturellement éloquente, et d'autant plus persuasive qu'elle était convaincue, annonçait dans ce

---

1. J'emprunte ces détails au remarquable discours de réception prononcé en séance publique de l'Académie de Lyon, le 8 avril 1862, par M. Léopold de Gaillard, et qui est consacré à Nicolas Bergasse.

petit cénacle le monde nouveau si souvent prédit, et qui n'est pas encore venu, dans lequel les peuples réconciliés se donneront le baiser de paix, sous l'influence d'une politique toute chrétienne, tandis que le représentant de cette politique, assis devant le tabouret qui servait de trépied à la pythonisse, écoutait avec avidité les paroles qui lui promettaient la puissance morale bien supérieure à la puissance politique, et le rôle de régénérateur, préférable à celui de conquérant. Bergasse, heureux de retrouver à son couchant les belles utopies de sa jeunesse qui avait rêvé l'harmonie universelle avec un optimisme bienveillant, souriait à cet avenir lumineux où l'unité de l'humanité se refaisait par la sainte alliance des rois sur la terre d'où le mal était à jamais banni. Ainsi naquit le traité de la sainte-alliance, chimère politique, sans nul doute, mais noble chimère qu'on placerait à sa véritable place et qu'on désignerait sous son véritable titre en la mettant en face de la *Déclaration des droits de l'homme* et en l'appelant la *Déclaration des devoirs des Rois*.

Ce ne fut point sans peine qu'Alexandre obtint l'adhésion de l'Autriche à cette déclaration. Esprit peu platonique en diplomatie, et aussi positif qu'Alexandre était rêveur, le prince de Metternich soupçonnait un piége sous cette phraséologie mystique et sentimentale. Il se demandait ce que la Russie devait gagner à cette déclaration de principes, et croyait la combinaison d'autant plus habile qu'il ne la devinait pas. Ce ne fut qu'au bout de plusieurs jours de recherches et une enquête approfondie qu'il se décida à croire que dans le traité de la sainte-alliance il n'y avait pas d'inconnu. Alors il ne s'opposa plus à ce que l'empereur d'Autriche donnât satisfaction à ce qu'il regardait comme une fantaisie sentimentale de l'empereur Alexandre. Le roi de Prusse, plein de déférence pour son puissant allié, ne lui fit pas attendre son adhésion. Louis XVIII donna plus tard la sienne à cette déclaration, marquée au coin des principes les plus généreux et où respire l'idéal de la politique chrétienne. Toutes les puissances de second ordre y adhérèrent à leur tour. L'Angleterre seule s'isola de ce mouvement. Lorsque l'empereur Alexandre avait pressenti le duc de Wellington à ce sujet, celui-ci avait répondu : « La pensée de Votre Majesté Impériale ne serait pas comprise au Parlement. Il serait impossible au prince-régent d'adhérer à un traité sans base et dont on ne peut connaître la portée précise. »

Le traité de la sainte-alliance était ainsi conçu :

TRAITÉ DE LA SAINTE-ALLIANCE.

« Au nom de la très-sainte et indivisible Trinité,

« LL. MM. l'empereur d'Autriche, le roi de Prusse et l'empereur de Russie, par suite des grands événements qui ont signalé en Europe le cours des trois dernières années, et principalement des bienfaits qu'il a plu à la divine Providence de répandre sur les États dont les gouvernements ont placé leur confiance en elle seule, ayant acquis la conviction intime qu'il est nécessaire d'asseoir la marche à adopter par les puissances, dans leurs rapports mutuels, sur les vérités sublimes que nous enseigne l'éternelle religion du Dieu Sauveur,

« Déclarent que le présent acte n'a pour objet que de manifester à la face de l'univers la détermination inébranlable de ne prendre pour règle de leur conduite, soit dans l'administration de leurs États respectifs, soit dans leurs relations politiques avec tout autre gouvernement, que les préceptes de cette religion sainte, préceptes de justice, de charité et de paix, qui, loin d'être uniquement applicables à la vie privée, doivent au contraire influer directement sur les résolutions des princes, et guider toutes leurs démarches, comme étant le seul moyen de consolider les institutions humaines, et de concourir à leurs perfectionnements.

« En conséquence, LL. MM. sont convenues des articles suivants :

« 1° Conformément aux paroles des saintes Écritures, qui ordonnent à tous les hommes de se regarder comme frères, les trois monarques contractants demeureront unis par les liens d'une fraternité véritable et indissoluble; se considérant comme compatriotes, ils se prêteront en toute occasion et en tous lieux assistance, aide et secours; se regardant envers leurs sujets et armées comme pères de famille, ils les dirigeront dans le même esprit de fraternité dont ils sont animés, pour protéger la religion, la paix et la justice.

« 2° En conséquence, le seul principe en vigueur, soit entre lesdits gouvernements, soit entre leurs sujets, sera celui de se rendre réciproquement service ; de se témoigner, par une bienveillance inaltérable, l'affection mutuelle dont ils doivent être animés ; de ne se considérer que comme membres d'une même nation chrétienne ; les trois princes alliés ne s'envisageant eux-mêmes que comme délégués de la Providence pour gouverner trois branches d'une même famille, savoir : l'Autriche, la Prusse et la Russie, confessant ainsi que la nation chrétienne, dont eux et leurs peuples font partie, n'a réellement d'autre souverain que celui à qui seul appartient en propriété la puissance, parce qu'en lui seul se trouvent tous les trésors de l'amour, de la science et de la sagesse infinie, c'est-à-dire Dieu, notre divin Sauveur Jésus-Christ, le Verbe du Très-Haut, la parole de vie. LL. MM. recommandent en conséquence, avec la plus tendre sollicitude, à leurs peuples, comme unique moyen de jouir de cette paix qui vient de la bonne conscience, et qui seule est durable, de se fortifier chaque jour davantage dans les principes et l'exercice des devoirs que le divin Sauveur a enseignés aux hommes.

« 3° Toutes les puissances qui voudront solennellement avouer les principes sacrés qui ont dicté le présent acte, et reconnaîtront combien il est important au bonheur des nations, trop longtemps agitées, que ces vérités exercent désormais sur les destinées humaines toute l'influence qui leur appartient, seront reçues avec autant d'empressement que d'affection dans cette sainte alliance. »

En même temps qu'on réglait la situation de la France par le traité du 20 novembre 1815, et qu'on maintenait par un second traité à la même date l'organisation armée de l'Europe prête à pourvoir à toutes les éventualités, il fallait confirmer les traités signés entre les puissances européennes à Vienne et disposer des portions de territoires dont le traité du 20 novembre 1815 venait de dépouiller la France.

L'Angleterre fit valoir la part décisive qu'elle avait prise par ses subsides et par ses armées à la campagne de 1815 pour revendiquer le protectorat des îles Ioniennes, dont il n'avait pas été disposé avant les Cent-Jours, et qu'on avait réservé, avant le coup de tête de Murat, comme une indemnité possible, dans le cas où on lui ôterait le royaume de Naples. Les souverains déférèrent au comte de Capo d'Istria, né dans une de ces îles, le soin de choisir le protectorat qui lui paraîtrait le plus utile à sa patrie. Il donna la préférence au protectorat britannique, parce qu'il espérait d'un gouvernement libre une influence plus utile aux destinées de son pays, et, le cas échéant, un concours plus actif pour l'émancipation de la Grèce, qui déjà lui apparaissait comme une éventualité de l'avenir. Une convention à la date du 5 novembre 1815, sanctionnée par l'empereur de Russie, qui pouvait avoir des prétentions sur ces îles, résolut la question dans ce sens.

Un protocole à la date du 13 novembre régla le partage des territoires enlevés à la France.

Le royaume des Pays-Bas obtint les districts qui avaient fait partie de l'évêché de Liége et du duché de Bouillon, et les places de Philippeville et de Marienbourg avec leur territoire. On lui attribua une somme de soixante millions sur la portion de la contribution de guerre destinée à renforcer la défense des États limitrophes de la France. Ils durent être employés à la fortification des places frontières des Pays-Bas. Les territoires détachés des départements de la Sarre et de la Moselle, y compris la forteresse de Sarrelouis, passaient à la Prusse. Les territoires retranchés de la France dans le département du Bas-Rhin, y compris la ville de Landau, qui devenait forteresse fédérale, étaient dévolus à la Bavière. Versoix et la portion du pays de Gex enlevée à la France passaient à la Suisse pour être incorporés au canton de Genève, qui acquérait en outre la commune de Saint-Julien, faisant partie, sous la première Restauration, de la Savoie restée française. La neutralité de la Suisse, confirmée par le nouveau traité après avoir été si récemment violée, était étendue au territoire situé au nord d'une ligne à tirer depuis Annecy, y compris cette ville, située sur le lac du même nom, et, de là, au lac du Bourget jusqu'au Rhône. La partie de la Savoie, restée à la France en vertu du traité de Paris du 30 mai 1814, demeurait acquise au roi de Sardaigne, qui recevait en outre sur la contribution de guerre 10 millions de francs pour fortifier ses forteresses conformément au plan arrêté par les puissances. Le roi de Prusse, en raison de ses acquisitions dans notre ancien département de la Sarre, s'engageait à satisfaire les princes de la Confédération germanique conformément à l'article 54 du traité de Vienne. La Prusse, l'Angleterre et la Russie s'engageaient à faire obtenir à l'Autriche, de la part de la Bavière, la rétrocession des territoires indiqués dans l'acte du congrès. En revanche, les trois mêmes puissances assuraient à la Bavière une somme de 15 millions sur les contributions de guerre destinées à renforcer la défensive des États limitrophes de la France, la réversion du Palatinat appartenant à la maison de Bade, si la ligne directe du grand-duc régnant venait à s'éteindre, et le consentement de l'Autriche à cette réversibilité, à laquelle celle-ci avait droit en vertu du protocole du 10 juin 1815 ; une route militaire de Wurtzbourg à Frankenthal, le droit de garnison dans la ville de Landau, devenue une des forteresses de la Confédération germanique. L'Autriche cédait un terrain sur la rive gauche du Rhin comme indemnité du duché de Westphalie cédé par le duc de Hesse. La réversibilité du Brisgau demeurait assurée à l'Autriche. Les places de Luxembourg, de Mayence, de Landau, étaient déclarées places de la Confédération germanique. Les arrangements en vigueur subsistaient pour Mayence. Les cabinets de Vienne, de Londres et de Saint-Pétersbourg s'engageaient à faire obtenir au roi de Prusse le droit de garnison dans cette place conjointement avec le roi des Pays-Bas et la nomination du gouverneur militaire. La Bavière fournissait seule, en temps de paix, la garnison de Landau ; Bade concourait à la défense de cette place en temps de guerre. Le roi de Prusse recevait 20 millions sur la portion de la contribution de guerre destinée à renforcer la défensive de l'Europe, et devait les employer à fortifier le bas Rhin; une somme égale devait être employée sur le haut Rhin; et, outre les 15 millions attribués à la Bavière, 5 millions étaient alloués pour achever de mettre Mayence en état de défense.

L'esprit de toutes ces conventions n'a pas besoin d'être expliqué, il saute aux yeux. Sur les deux côtés d'un triangle dont l'extrémité à notre gauche s'appuyait sur la Belgique et l'extrémité à notre droite sur la Savoie, tandis que le sommet s'appuyait sur l'Allemagne, à la hauteur de Sarrelouis, les puissances limitrophes s'avançaient vers la France comme des convives vers une table chargée, et elles employaient en partie le tribut de guerre qui nous était imposé à se barricader contre nous dans leurs nouvelles acquisitions. Notre affaiblissement proportionnel s'augmentait des acquisitions territoriales qui faisaient croître les forces des autres nations. L'Europe traitait la France, cette glorieuse suspecte, comme un fleuve dont les débordements passés font craindre de nouvelles inondations, et elle l'entourait de tous côtés de digues, après l'avoir violemment refoulé dans son lit resserré par la jalousie et les craintes de la coalition.

IV

STATISTIQUE DE LA CHAMBRE DE 1815. — ÉLÉMENTS DONT ELLE SE COMPOSE. — DISCOURS DU ROI. — ADRESSES.

L'ouverture des Chambres avait été primitivement fixée au 24 septembre, mais le changement de ministère la fit proroger au 7 octobre. M. le duc d'Orléans, que sa conduite équivoque pendant les Cent-Jours avait rendu suspect au Roi, fut autorisé à revenir en France à cette occasion. Avant de commencer le récit des travaux législatifs, avant de mettre la Chambre nouvellement élue en présence du nouveau cabinet, il convient d'indiquer les principaux éléments dont elle se composait, en ranimant, s'il est possible, par la pensée tant de vies éteintes et de passions refroidies. La Chambre de 1815 a un caractère qui frappe tout d'abord : c'est, en face d'une nouvelle situation, une assemblée essentiellement nouvelle. Sur les quatre cents membres dont elle se compose, trente-trois seulement appartiennent au dernier corps législatif de l'Empire, devenu, en 1814, la première Chambre des députés de la Restauration; dix-sept sortent de la Chambre des représentants des Cent-Jours : c'est tout ce qu' a pu obtenir l'action administrative de Fouché en faisant jouer tous ses ressorts; le reste se compose de royalistes de toutes les dates et de toutes les nuances, qui n'ont jamais paru dans les assemblées, ou qui, du moins, n'y ont pas paru depuis les Cinq-Cents. La plus grande partie appartient à la noblesse. Ainsi, en faisant le dénombrement des noms, département par département, j'en trouve 262 précédés d'un titre ou de la particule, sur lesquels, il est vrai, il y en a 22 qui appartiennent à la noblesse impériale; 137 ont une physionomie complétement bourgeoise [1].

---

[1]. Les départements où la proportion des députés appartenant à la noblesse est la plus grande sont : l'Ain, 4 contre 1; les Ardennes, 4 contre 1; Calvados, 6 contre 1; Côtes-d'Or, 4 contre 1; Dordogne, 5 contre 1; Eure-et-Loir, 4 contre 0; Landes, 3 contre 0; Loire, 4 contre 0; Haute-Loire, 4 contre 0; Manche, 7 contre 1; Meurthe, 5 contre 0; Oise, 5 contre 0; Orne, 5 contre 1; Pas-de-Calais, 7 contre 1; Basses-Pyrénées, 4 contre 0; Hautes-Pyrénées, 3 contre 0; Rhône, 5 contre 0; Deux-Sèvres, 3 contre 0; Somme, 7 contre 0; Tarn-et-Garonne, 3 contre 0; Vaucluse, 3 contre 0.

Les départements où les choix s'équilibrent ou tournent à l'avantage de la bourgeoisie sont : l'Aveyron, 2 bourgeois contre 2 nobles; le Cantal, 3 contre 0; Charente-Inférieure, 4 contre 2; les Côtes-du-Nord, 6 contre 1; l'Eure, 4 contre 3; la Gironde, 4 contre 3; Ille-et-Vilaine, 3 contre 4; Indre-et-Loire, 2 contre 2; Isère, 4 contre 2; Jura, 4 contre 0; Loire-Inférieure, 3 contre 3; Loiret, 2 contre 2; Lot, 2 contre 2; Lot-et-Garonne, 3 contre 1; Lozère, 1 contre 1; Mayenne, 2 contre 2; Nord, 6 contre 6; Bas-Rhin, 6 contre 1; Haute-

Il y a une nuance qui tient à la noblesse de cour et qu'on peut personnifier dans quelques noms : MM. le prince de la Trémouille, le comte Armand de Polignac, le comte de Juigné, le marquis de la Maisonfort, le vicomte de Bruges, le comte Alexandre de Boisgelin. Presque tous sont fortement engagés avec M. le comte d'Artois, et appartiennent à la fraction du royalisme militant qui, pendant l'Empire, s'est montrée prête à jouer toutes les parties qui se sont offertes. A côté de cette fraction et en relation, soit avec elle, soit avec le ministère, on voit apparaître quelques hommes de vive intelligence ou de savoir faire et d'entreprise qui viennent des divers points de l'horizon, mais qui ont l'expérience du maniement des idées ou, du moins, des hommes, et une activité qui aspire à l'influence et au crédit. C'est M. Michaud, journaliste distingué, royaliste prononcé, qui déjà sous le Directoire s'était fait un nom dans la presse, et avait été un des premiers à réclamer la mise en liberté de la fille de Louis XVI, en 1798. Prosateur élégant et naturel, poëte agréable, il réunit les opinions les plus vives à un caractère modéré ; mais, par-dessus tout, c'est un esprit fin, délicat, un railleur ingénieux, un Athénien qui a des attaches avec le monde lettré et la société parisienne. Puis vient le baron de Vitrolles, qu'on a vu déjà à l'œuvre sous la première Restauration et dans les Cent-Jours. Il reste au-dessous de l'homme d'État, mais il est au-dessus de l'homme d'aventure, parce qu'il a des opinions politiques fortes et arrêtées. Chez lui les plaisirs nuisent aux affaires ; doué de plus de mouvement encore que d'action, il se remue plus qu'il n'avance ; cette activité en disponibilité cherche sa place dans la situation nouvelle, prétend à tout et se trouve naturellement en hostilité avec le duc de Richelieu qui a fait supprimer

---

Saône, 2 contre 2; Saône-et-Loire, 3 contre 3; Seine, 6 contre 4; Seine-Inférieure, 4 contre 5; Vendée, 2 contre 2; Haute-Vienne, 2 contre 1; Vosges, 3 contre 1; Yonne, 2 contre 2.

la position de secrétaire du conseil des ministres où le ministère précédent n'avait souffert qu'avec peine le confident du comte d'Artois. M. de Bourienne vient, on le sait, du cabinet de l'Empereur; mais il est l'ennemi déclaré de son ancien camarade de Brienne, devenu son maître. Il a été préfet de police dans les derniers jours de la première Restauration. Souple, actif, plein de dextérité, homme de plaisirs, de luxe et d'intrigues, il aspire à se frayer sa route dans le nouveau régime et vise au ministère de la police; lors de l'organisation du cabinet précédent, il a été ballotté, pour la préfecture de police, avec M. Decazes, et s'est trouvé écarté parce qu'il était absent. Sa réputation d'homme besoigneux doit nuire à son influence; on est naturellement porté à penser qu'un homme qui ne sait pas conduire ses propres affaires conduirait mal celles du public. M. Roux-Laborie arrive des salons du gouvernement provisoire : c'est un de ces hommes d'entreprise habiles à jeter des ponts sur tous les rivages. Affairé à côté des affaires, il semble que la machine politique s'arrêterait sans son bourdonnement. On parle de son activité fabuleuse, de ses lettres hiéroglyphiques qu'il n'est guère plus facile de compter que de lire. Sa spécialité, c'est de connaître tout le monde et d'aller partout. Quoique élevé à l'école sceptique de M. de Talleyrand, nul ne s'entend mieux que lui à rédiger un mémoire en beau style sur une question religieuse à l'ordre du jour, à servir la passion royaliste, à manier les petits ressorts qui, dans les affaires, sont aux grands mobiles de la haute politique ce que les fibres sont aux nerfs et aux muscles dans le corps humain.

A côté de ces deux nuances dont la première est souvent suivie par la seconde, apparaissent les gros bataillons de la majorité. Ce sont les royalistes de province. Les uns appartiennent à cette honorable noblesse qui est restée étrangère, de tout temps, aux abus et aux manéges de cour, les autres à la bourgeoisie qui marcha si longtemps avec la royauté française. Les départements du Midi et les départements de l'Ouest en ont envoyé la plus grande partie. Cette nombreuse fraction de la Chambre qui fait presque à elle seule la majorité n'a pas encore de chef. On peut dire qu'elle s'ignore elle-même. Elle est si neuve dans le gouvernement représentatif, que, dans les réunions préparatoires, elle a accueilli l'idée de nommer ses chefs au scrutin [1]. Sans s'opposer à cette proposition, un député, autour duquel on commence à faire cercle quand il parle, a objecté que les chefs des majorités se faisaient à la tribune. Cet homme, déjà écouté, a des dehors simples qui manquent d'agréments ; son accent prononcé ôte tout charme à son débit; mais sa parole lumineuse éclaire les sujets qu'elle touche; le jugement, cette qualité maîtresse, éclate dans les avis qu'il ouvre. On sent en lui l'administrateur, on pressent le politique. Vous avez reconnu M. de Villèle, qui a été nommé à trois voix de majorité seulement, et le dernier de la liste du département de la Haute-Garonne, parce que son écrit du 20 mai 1814 sur la constitution du Sénat a excité des préventions contre lui parmi les électeurs qui n'étaient pas exclusivement royalistes [2].

Né à Toulouse en 1773, et par conséquent âgé, en 1815, de quarante-deux ans, M. de Villèle est inconnu à Paris; mais dans le Midi il s'est fait une réputation d'habileté administrative et de fermeté de caractère. Appartenant à cette province du Languedoc qui se vantait, non sans raison, en 1750, d'avoir été souvent proposée pour modèle aux autres provinces, il a respiré en naissant cet air sain de la liberté pratique et ce goût des institutions locales qui l'ont prédisposé à un gouvernement de libre discussion. En outre, il est moins neuf que ses

---

1. *Notes manuscrites* de M. de Villèle.
2. *Ibid.*

collègues dans le maniement des hommes et dans la conduite des affaires. Bien jeune encore au moment de la Révolution, il se trouvait comme officier de marine dans la mer des Antilles en 1793 ; il a donné sa démission pour aller protéger la vie de son commandant, le vice-amiral de Saint-Félix, destitué par les révolutionnaires, il l'a suivi à l'île Bourbon, où bientôt il a vu commencer pour lui une nouvelle vie. En effet, il s'y est marié et s'est trouvé mêlé à toutes les affaires de cette colonie, d'abord dans les conseils coloniaux, où il s'est formé à la discussion des intérêts et des idées, car il a fallu prendre des délibérations contre les révolutionnaires qui menaçaient de bouleverser l'île ; ensuite dans les expéditions militaires, car il a fallu marcher contre eux pour leur imposer les résolutions de l'assemblée coloniale. Sachant mettre la fermeté d'un vigoureux caractère au service d'un jugement déjà sûr et éloigné de toutes les extrémités, il a combattu, dans les conseils coloniaux, ceux qui, en haine des excès révolutionnaires, voulaient livrer l'île Bourbon à l'Angleterre, et s'est opposé à eux de vive force, de sorte qu'après avoir disputé cette belle colonie à la Révolution, il a contribué à la conserver à la France. Rentré, en 1801, dans sa patrie, il a fait partie du conseil général de la Haute-Garonne, et, après s'y être signalé par sa capacité et son aptitude aux affaires, il s'est fait remarquer par une résistance hardie aux réquisitions et aux emprunts forcés des derniers temps de l'Empire. Il se trouve ainsi armé pour les luttes législatives ; il sait, en effet, chose rare dans la Chambre où il entre, juger une situation, étudier et exposer une question, manier les esprits de ceux qui l'entourent et prendre un parti. Le rôle qu'il a joué sur un petit théâtre l'a préparé à jouer un rôle plus important sur le nouveau et vaste théâtre qu'ouvre devant son activité politique l'établissement du gouvernement représentatif ; c'est autour de lui que se groupe déjà la plus grande partie des députations du Midi.

Tandis que les députés du Midi se réunissent autour de M. de Villèle, ceux des départements de l'Ouest entourent un député à la figure pâle et studieuse dont l'extérieur est encore plus simple, mais dont les yeux perçants annoncent l'esprit vif et pénétrant. C'est M. de Corbière, qui vient du barreau de Rennes. Il a les vertus de la Bretagne : une probité antique, une franchise qui n'est pas sans rudesse, une parole pleine d'une verve souvent caustique; son érudition et sa capacité judiciaire, son habitude des luttes du barreau, la gravité de son caractère, l'autorité de son jugement, lui donnent déjà une influence marquée sur les députés de sa province.

Regardez non loin de lui cet homme à la figure hautaine et à la lèvre dédaigneuse qui a quelque chose d'excessif dans les idées, d'acrimonieux dans les sentiments, d'impétueux et de puissant dans la parole, de violent et d'irascible dans toute sa personne : c'est M. de La Bourdonnaie. Il est la passion de la droite dont M. de Villèle est la raison. On peut déjà prévoir en lui un talent agressif, un orateur de l'opposition, plus propre à se faire craindre qu'à se faire aimer, mais qui sait se faire écouter. M. Hyde de Neuville vient du royalisme militant qui, pendant le Directoire, le Consulat et l'Empire, a joué de périlleuses parties : il accompagnait le général d'Andigné, quand celui-ci, introduit dans le cabinet du premier consul par M. de Talleyrand, repoussa, par des paroles si audacieuses dans leur calme fermeté, les offres du maître nouveau qu'allait accepter la France ; c'était M. Hyde de Neuville qui le premier avait porté la parole en s'efforçant de trouver un Monk dans le nouveau César. Il a un dévouement chevaleresque pour les Bourbons, la parole un peu déclamatoire, mais chaleureuse et colorée, et son caractère actif, sa nature expansive, semblent le désigner pour jouer un rôle influent dans la nouvelle majorité. On écoute avec une curiosité admirative M. de Bonald, génie transcendant, qui s'est fait une haute réputation de philosophe et d'écrivain par sa *Législation comparée* et quelques autres ouvrages. M. de Bonald, descendu des montagnes de l'Auvergne avec un reflet des mœurs patriarcales et son éclatante renommée de publiciste catholique, est le grand écrivain de l'opinion royaliste à la Chambre des députés ; M. de Chateaubriand, en effet, est à la Chambre des pairs. Il faut nommer encore M. de Grosbois, homme de savoir et de sens, venu de l'ancien parlement et qu'on a vu un instant ballotté avec M. Dambray pour les sceaux, en 1814, et avec M. Barbé-Marbois, en 1815, pour le ministère de la justice ; M. Pardessus, jurisconsulte éminent et homme nouveau dans les affaires, qui s'attache sincèrement au gouvernement des Bourbons ; MM. de Bouville, Sallabery, Duplessis-Grenedan, caractère ardent, orateur animé.

A côté, plutôt qu'en face de cette nombreuse fraction de la Chambre, se dessine une autre nuance qui a cela de commun avec la première qu'elle accepte franchement la monarchie des Bourbons, mais qui diffère d'elle sur plusieurs points. Les deux plus illustres membres de cette nuance sont MM. Laîné et Royer-Collard ; après eux vient M. de Serre, magistrat, que l'armée de Condé a compté dans ses rangs.

Le courage civil qu'a montré M. Laîné dans les derniers événements, le beau caractère qu'il a déployé à Paris à la tête du Corps législatif jusqu'à la veille du 20 mars, à Bordeaux auprès de Madame la duchesse d'Angoulême tant que cette courageuse princesse a pu tenir son drapeau levé dans cette ville, les conseils qu'il a fait parvenir à Gand où il a paru un moment incognito, ont ajouté encore à son autorité et à son crédit. C'est l'homme le plus considérable de la Chambre, et il est naturellement indiqué pour la présidence. M. Laîné, esprit plus élevé que pratique, noble cœur qui s'est dévoué à la monarchie ramenant la liberté politique, est pourtant plutôt un homme d'impression que de jugement. Ses émotions deviennent facilement ses idées. On l'a vu professer dans sa correspondance avec M. de Blacas, pendant l'interrègne, des maximes de répression énergique et de châtiment exemplaire contre les fauteurs et les conspirateurs du 20 mars ou les serviteurs du second Empire, et ces dispositions semblent devoir le rapprocher de la majorité provinciale. Mais ses précédents, ses affinités personnelles et politiques, ne sont pas avec elle. Il était, il ne faut pas l'oublier, le chef du dernier Corps législatif, et c'est avec la nuance d'hommes qui, dans les dernières années de l'Empire, aspiraient à un retour vers les idées de 1789, qu'il a commencé sa carrière politique. Là sont les tendances de son esprit et de son caractère. Une majorité formée d'hommes nouveaux dans la vie politique, et dont un grand nombre appartiennent à la noblesse provinciale, doit étonner cet illustre plébéien, le gêner, et peut-être choquer chez lui le sentiment bourgeois, qui est très-développé. La majorité provinciale, à son tour, disposée comme toutes les majorités parlementaires à chercher dans son propre sein la personnification de ses idées, aura de la peine à la trouver dans M. Laîné.

M. Royer-Collard a des liens, sinon plus étroits, au moins plus anciens que ceux de M. Laîné, avec la dynastie des Bourbons, puisqu'il était le correspondant de Louis XVIII pendant l'exil de ce prince à Hartwell. C'est un penseur plutôt qu'un homme de gouvernement, un philosophe qui vit dans la haute sphère des idées et tient peu de compte des faits. Fortement engagée dans les mouvements de 1789 au début de la Révolution française, cette haute intelligence a été ramenée au sentiment de la nécessité du droit monarchique par le spectacle des abus de la force et des saturnales de la violence révolutionnaire; il faisait partie de la commune légale qui fut expulsée le 10 août par la commune insurrectionnelle, après lui avoir servi pendant toute la nuit d'instrument et de jouet, et son indignation raisonnée contre les insolences du fait l'a ramené au principe de la légitimité royale, qu'il a considérée comme la pierre angulaire des légitimités sociales qu'il veut appuyer sur elle[1]. C'est un noble et vaste esprit, gravement chimérique comme la plupart de ceux qui viennent du mouvement de 1789. Il connaît sa valeur, il se l'exagère peut-être, et ses allures professorales qui ne sont pas exemptes de morgue, le mépris de l'esprit des autres qui fait partie de l'estime qu'il a pour le sien, l'espèce de mysticisme dont il enveloppe la doctrine qui doit faire école, en portant dans la politique les habitudes métaphysiques de son intelligence, ne sont pas de nature à le rendre agréable à la majorité provinciale, qu'il regarde du faîte de ses conceptions comme du haut d'un Sinaï. De leur côté, ces esprits provinciaux qui apportent les idées et les sentiments de leur département lui paraissent vulgaires et courts.

Autour de Royer-Collard se groupent les jeunes esprits, sortis la plupart de l'Université impériale, et que leurs études et leurs talents ont préparés à jouer un rôle dans le gouvernement parlementaire. Le plus distingué d'entre eux, M. Guizot, est, on l'a vu déjà, dans les affaires ; secrétaire général du ministère de l'intérieur pendant la première Restauration, sous l'abbé de Montesquiou, il est, au début de la seconde, secrétaire général du ministère de la justice sous M. Barbé-Marbois, et, quoique ne faisant point partie de la Chambre, il a aussi une action dans le gouvernement. Un esprit plus brillant peut-être, mais moins grave et moins positif, et alors plus appliqué aux lettres qu'aux affaires, M. Villemain, commence à avoir ses entrées au ministère. C'est le type de cette jeunesse lettrée qui a accueilli la Restauration plutôt comme le moyen de la liberté politique dans laquelle ces jeunes intelligences

---

1. Voir, dans mon *Histoire de la littérature sous la Restauration*, l'étude consacrée à M. Royer-Collard comme philosophe.

voient un aliment pour leur activité, un noble avenir pour leur talent, que comme un but. On comprend que, pour cette nuance d'esprits, la majorité provinciale de la Chambre de 1815 soit une pierre d'achoppement.

Une autre fraction de la Chambre de 1815, faible par le nombre, mais puissante par la capacité, se composait d'hommes qui, ayant appartenu à l'administration impériale, s'étaient franchement ralliés à la Restauration; elle devait avoir une tendance naturelle à se rapprocher de la nuance venue de 1789. M. Pasquier, qui sortait du ministère; M. Becquey, qui, comme M. Pasquier, avait rempli des fonctions importantes sous l'Empire, étaient les membres les plus influents de cette nuance.

Enfin, une très-faible fraction venait de la Chambre des Cent-Jours. Celle-là était hostile à la monarchie. Elle avait pour chefs MM. Flaugergues et Voyer-d'Argenson, représentant la fraction d'anciens constitutionnels qui, s'étant séparée des Bourbons pendant les Cent-Jours, ne pouvait leur pardonner les torts qu'elle avait eus envers eux. L'association d'un constitutionalisme sorti de ses voies et d'un bonapartisme équivoque était en germe dans cette fraction, et s'était déjà montrée dans la chambre des représentants des Cent-Jours.

On peut donc dire qu'il y avait dans les éléments appelés à former la majorité dans la Chambre de 1815, qui s'ignorait encore, plusieurs esprits entre lesquels il n'était pas facile d'établir l'harmonie.

On rencontrait d'abord l'esprit provincial animé d'un dévouement ardent aux Bourbons, d'un zèle sincère pour la religion, exalté par ce qu'on pourrait appeler la passion royaliste, que les derniers événements avaient fait naître, apportant la résolution bien arrêtée de mettre un terme aux révolutions, de punir les trahisons et les conspirations dans le passé et de les prévenir pour l'avenir, sans idées bien nettes sur les moyens d'arriver à ce double but. L'idéal des hommes de cette nuance eût été d'organiser fortement et la société et la monarchie, tout en assurant des garanties légitimes aux justiciables et aux contribuables; un sentiment d'honneur, de probité et d'indépendance personnelle, un goût prononcé pour les libertés locales et pour l'économie dans les finances, une vive défiance contre tout ce qui avait tenu au régime précédent, une certaine appréhension de l'esprit de Paris, étaient les principaux caractères de la fraction puissante qui pouvait devenir la majorité. L'esprit de 1789, personnifié dans M. Royer-Collard et trouvant son expression dans les écrits de madame de Staël, auquel pouvait facilement se rallier l'esprit libéral et lettré que l'Université impériale avait vu naître dans les derniers temps, formait une autre nuance. L'esprit administratif de l'Empire, qui avait été en possession de conduire les affaires pendant de longues années, n'était pas disposé à les abandonner à de nouveaux venus et formait un petit noyau parlementaire, faible par le nombre, puissant par le talent. La lutte qui devait s'établir naturellement entre les diverses nuances pour les positions politiques et administratives auxquelles était attachée l'influence, devenait une nouvelle pierre d'achoppement.

Outre les tâches de la journée qui étaient immenses, car il fallait obtenir de meilleures conditions de l'Europe, affranchir, dans le délai le plus bref possible, le territoire de l'occupation étrangère, trouver les moyens de payer la contribution de guerre, rétablir les finances, réorganiser l'armée, raviver les sources de la richesse nationale épuisées et comme taries, il y avait donc une tâche plus importante peut-être et plus difficile à accomplir, c'était d'initier la France au gouvernement représentatif, et de trouver, dans des classes mal préparées pour le recevoir, le personnel de ce grand gouvernement. Pour cela, il aurait fallu rapprocher l'élément de 1789 rajeuni et renouvelé, qui répondait assez à la tradition bourgeoise de l'ancienne société française, de l'élément provincial, en les modifiant l'un et l'autre et l'un par l'autre. En effet, l'esprit administratif n'avait ni l'indépendance, ni la cohésion, ni l'importance nationale, ni l'influence locale nécessaire pour devenir la base d'un gouvernement de libre discussion, et l'esprit lettré, quoique toujours appelé à jouer un grand rôle en France, n'avait ni la solidité, ni l'expérience des choses publiques, ni la cohésion propre à en faire une des assises du nouvel édifice politique. Hors de cette élite de la propriété terrienne, qui représentait ce qu'il y avait de plus intelligent, de plus indépendant et de plus stable dans la propriété agricole, et de cette bourgeoisie éclairée qui représentait ce qu'il y avait à la fois de plus libéral et de plus conservateur dans les villes, il n'y avait pas de combinaisons possibles, et tout manquait si l'alliance de ces deux forces manquait à la monarchie représentative.

Le samedi 7 octobre, le Roi vint en personne ouvrir la session. Le discours qu'il prononça portait le reflet des tristesses publiques; il était sombre comme la situation de la France vaincue, envahie, humiliée, épuisée, divisée en partis ennemis.

Voici ce discours :

« Lorsque, l'année dernière, j'assemblai pour la première fois les deux Chambres, je me félicitai d'avoir par un traité honorable rendu la paix à la France. Elle commençait à en goûter les fruits; toutes les sources de la prospérité publique se rouvraient; une entreprise criminelle, secondée par la plus inconcevable défection, est venue en arrêter le cours. Les maux que cette usurpation éphémère a causés à notre patrie m'affligent profondément. Je dois cependant déclarer ici que, s'il eût été possible qu'ils n'atteignissent que moi, j'en bénirais la Providence : les marques d'amour que mon peuple m'a données dans les moments même les plus critiques m'ont soulagé dans mes peines personnelles; mais celles de mes sujets, de mes enfants, pèsent sur mon cœur, et, pour mettre un terme à cet état de choses plus accablant que la guerre même, j'ai dû conclure avec les Puissances qui, après avoir renversé l'usurpateur, occupent aujourd'hui une grande partie de notre territoire, une convention qui règle nos rapports présents et futurs avec elles; elle vous sera communiquée sans aucune restriction, aussitôt qu'elle aura reçu sa dernière forme.

« Vous connaîtrez, Messieurs, et la France entière connaîtra la profonde peine que j'ai dû ressentir ; mais le salut même de mon royaume rendait cette grande détermination nécessaire, et, quand je l'ai prise, j'ai senti les devoirs qu'elle m'imposait. J'ai ordonné que, cette année, il fût versé, du trésor de ma liste civile dans celui de l'État, une portion considérable de mon revenu ; ma famille, à peine instruite de ma résolution, m'a offert un don proportionné. J'ordonne de semblables diminutions sur les traitements et dépenses de tous mes serviteurs sans exception. Je serai toujours prêt à m'associer aux sacrifices que d'impérieuses circonstances imposent à mon peuple ; tous les états seront réunis, et vous connaîtrez l'importance de l'économie que j'ai commandée dans les départements de mes ministres et dans toutes les parties de l'administration. Heureux si ces mesures pouvaient suffire aux charges de l'État! Dans tous les cas, je compte sur le dévouement de la nation et sur le zèle des deux Chambres.

« Mais, Messieurs, d'autres soins plus doux et non moins importants vous réunissent aujourd'hui ; c'est pour donner plus de poids à vos déclarations, c'est pour en recueillir moi-même plus de lumières, que j'ai créé de nouveaux pairs, et que le nombre des députés des départements a été augmenté. J'espère avoir réussi dans mes choix, et l'empressement des députés dans ces conjonctures difficiles est aussi une preuve qu'ils sont animés d'une sincère affection pour ma personne et d'un ardent amour pour la patrie.

« C'est donc avec une douce joie et une pleine confiance que je vous vois rassemblés autour de moi, certain que vous ne perdrez jamais de vue les bases fondamentales de la félicité de l'État ; union franche et loyale des Chambres avec le Roi, et respect pour la Charte constitutionnelle ; cette Charte que j'ai méditée avec soin avant de la donner, à laquelle la réflexion m'attache tous les jours davantage, que j'ai juré de maintenir, et à laquelle vous tous, à commencer par ma famille, allez jurer d'obéir, est sans doute, comme toutes les institutions humaines, susceptible de perfectionnement ; mais aucun de nous ne doit oublier qu'auprès de l'avantage d'améliorer est le danger d'innover. Assez d'autres objets importants s'offrent à vos travaux : Faire refleurir la religion, épurer les mœurs, fonder la liberté sur le respect des lois, les rendre de plus en plus analogues à ces grandes vues, donner de la stabilité au crédit, recomposer l'armée, guérir les blessures qui n'ont que trop déchiré le sein de notre patrie, assurer, enfin, la tranquillité intérieure, et, par là, faire respecter la France au dehors, voilà où doivent tendre tous nos efforts. Je ne me flatte point que tant de biens puissent être l'ouvrage d'une session ; mais si, à la fin de la présente législature, on s'aperçoit que nous en ayons approché, nous devrons être satisfaits de nous. Je n'y épargnerai rien, et, pour y parvenir, je compte, Messieurs, sur votre coopération la plus active. »

La partie de ce discours qui, traitant de la politique générale, exposait la fâcheuse situation de la France, et la nécessité des sacrifices dont le Roi et sa famille prenaient l'initiative, fut accueillie avec un douloureux et sympathique assentiment. La tristesse patriotique qu'exprimait le Roi trouva un écho dans le cœur de la Chambre. Mais il y avait dans le discours de la couronne un paragraphe dont on attribua l'idée à M. Barbé-Marbois, et qui, causant un pénible étonnement à une grande partie de la Chambre, la rendit peu favorable à ce ministre et commença à la mettre en défiance contre le cabinet. Dans sa proclamation, Louis XVIII ayant, on s'en souvient, annoncé que plusieurs articles de la Charte seraient revisés de concert avec les députés du pays, la majorité comprenait mal que son dévouement incontestable à la royauté fût une raison pour qu'on ne fît pas avec elle ce que l'on voulait faire avec une Chambre qui eût été plus selon le cœur de Fouché et de M. de Talleyrand. Mais ce qui choqua le plus l'assemblée, ce fut le nouveau serment, dans lequel la Charte était formellement spécifiée, qu'on exigeait presque à l'improviste de ses membres, car ce n'est que dans la soirée de la veille que les députés avaient été avertis de cette nouvelle disposition. Ils y virent à la fois une marque de défiance de la part du ministère, une sorte de dénonciation à l'Europe et au pays, et un empiétement sur la prérogative parlementaire, parce qu'on exigeait le serment à la Charte comme une condition d'admission, sans que la Chambre eût été consultée sur la rédaction de cette formule ministériellement modifiée depuis l'année précédente. Sans avoir un enthousiasme très-vif pour la Charte, la presque totalité des membres de la majorité provinciale comprenait que c'était le seul point de ralliement [1], le seul titre en vertu duquel la Chambre in-

1. Expression de M. de Villèle dans une de ses lettres.

tervenait dans les affaires, et que par conséquent elle devait être loyalement acceptée et pratiquée. C'était donc moins le fait en lui-même que le procédé qui avait choqué [1]. Cependant il y eut quelques membres dont la religion s'alarma, dans l'une et l'autre Chambre, de l'article qui proclamait, non-seulement la liberté des cultes, personne ne la contestait, mais leur égalité; elle paraissait résulter, en effet, de l'article qui leur promettait une égale protection [2]. Un député de Montauban, M. Domingon, demanda la parole à la séance royale même, pour faire des réserves; mais le duc de Richelieu fit observer qu'on ne parlait jamais devant le Roi sans sa permission ex-

---

1. C'est dans les lettres intimes de M. de Villèle à sa famille que je puise ces explications. Il écrivait à son père, à la date du 8 octobre : « On nous traite en tout fort lestement; on voudrait obtenir de nous de l'argent et nous renvoyer. Nous n'avons su qu'avant-hier fort tard qu'il avait été arrêté en conseil des ministres qu'on exigerait de nous à la séance royale un serment nouveau. On n'en avait pas le droit, il aurait fallu le concours des trois pouvoirs. Mais nous n'avons pas voulu faire un esclandre. Nous n'avons pas pu d'ailleurs nous concerter, n'étant pas constitués. Puis on avait rendu la formule du serment supportable. Fidélité au Roi, elle est dans nos cœurs; fidélité à la Charte, c'est un devoir dès qu'on entre dans la législature. On ne pouvait désirer qu'une chose, c'est qu'elle fût revisée constitutionnellement. »

Dans une lettre datée du 11 octobre, M. de Villèle écrivait encore à son père : « Pour nous déconsidérer et nous peindre comme des gens exagérés disposés à tout bouleverser, on a dit dans tout le Nord que nous voulions détruire la Charte, comme si cela dépendait de nous, et comme si nous étions quelque chose sans la Charte, qui seule fait de nous les représentants de la nation. C'est pour cela qu'on imagina ce serment. Nous avons fait inutilement nos observations la veille de la séance. Trois à quatre ne le prêtèrent pas. On voudrait les exclure, surtout M. de Bonald. » C'était là l'opinion de la partie la plus capable de la majorité. Les esprits les plus ardents arrivaient à la même conclusion sans ménager autant les termes. M. de Villèle cite le propos d'un député breton, qui lui disait : « La Charte est une haridelle; il faut la monter jusqu'à ce qu'elle nous sauve ou qu'elle crève. »

2. Ces alarmes n'étaient pas sans fondement. Dès le 20 avril 1814, le pape Pie VII, avant même sa rentrée à Rome, car sa lettre est datée de Césène, écrivait à Louis XVIII : « L'évêque de Troyes (M. de Boulogne), connu par sa piété, est chargé de faire connaître à Votre Majesté les blessures que, dans la constitution du Sénat, on fait à la religion et à l'Église. » (*Histoire de Pie VII*, par Artaud, tome II, page 374.) On sait que la Charte avait reproduit la disposition de la constitution du Sénat sur ce point.

presse; un autre député, M. Pelissier de Feligonde, cria de sa place, quand son tour de prêter serment fut venu : « Avec des restrictions ! » Un petit nombre, parmi lesquels il faut nommer M. de Bonald, s'étaient absentés. La très-grande majorité, sans être convaincue du droit qu'on avait de demander ce serment, le prêta pour éviter un scandale et ne pas contrister le Roi, qui assistait à la séance. Mais elle conserva une certaine rancune de l'espèce de surprise et de violence qu'on lui avait faite. N'était-elle pas une des branches du pouvoir législatif? Pouvait-on dès lors, sans son avis, rédiger une formule qu'elle eût conçue autrement si elle eût été consultée. Elle eût été bien aise, en effet, d'ajouter au serment prêté à la Charte monarchique l'abjuration des serments prêtés à l'acte additionnel aux constitutions de l'Empire, et d'ériger en principe constitutionnel l'ordre légitime de successibilité au trône. L'exemple de la soumission de la Chambre des pairs, dont on se prévalait devant elle, la touchait peu, elle n'avait pas d'exemple à suivre.

Cette question du serment à la Charte faillit amener une rupture entre le ministère et la Chambre des députés. La même difficulté s'était rencontrée à la Chambre des pairs. Deux membres qui devaient être suivis par plusieurs autres, le comte de Polignac et le comte de La Bourdonnaie, arrêtés par le scrupule religieux qui s'était manifesté dans la Chambre élue, déclarèrent ne pouvoir prêter le serment à la Charte avant d'avoir reçu des explications satisfaisantes sur l'article qui, promettant l'égale protection du gouvernement à tous les cultes, semblait le placer dans un état d'indifférence complète en face de la vérité et de l'erreur religieuse. Leur conscience répugnait, disaient-ils, à proclamer cette égalité de protection qui égalisait les fausses religions et la religion vraie.

La Chambre des pairs n'était point dans les mêmes dispositions que la Chambre des députés, et en outre le duc de Richelieu y exerçait une grande influence. La majorité, après avoir entendu un de ses membres exposer que l'addition au serment avait été puisée dans l'ordonnance royale du 3 mars de l'année précédente, qui obligeait les membres des cours et des tribunaux à jurer obéissance à la Charte constitutionnelle, décida qu'une commission de deux membres serait nommée pour entendre les explications des deux pairs, et que ceux-ci prêteraient ensuite le serment pur et simple. MM. de Gramont et de Fontanes, désignés par la Chambre pour cet office, l'avertirent au bout de quelques jours que les objections de leurs deux collègues n'avaient pu être levées; en même temps, ils rendirent justice au caractère honorable des scrupules exprimés par eux. Un vote décida qu'il serait sursis à leur réception. Ce fut pour les journaux opposés à la droite une occasion de vives attaques contre elle [1].

Deux jours après cet incident, M. de Fitz-James et le duc de Lévis, voyant le parti que l'on tirait dans le public contre leur opinion d'un refus de serment motivé par un scrupule religieux, qu'avaient excité deux ou trois paragraphes de la Charte et dont on faisait une protestation contre la Charte tout entière, signalèrent à la séance du 12 octobre cette manœuvre dans la Chambre haute, et insistèrent pour qu'on insérât au procès-verbal les explications données par leurs amis à la commission chargée de les recevoir. Le duc d'Orléans réclama vivement l'ordre du jour pur et simple, en alléguant que la décision de la Chambre, aussi juste que sage, avait produit sur l'esprit public le plus heureux effet, et qu'il n'était pas raisonnable de lui proposer de s'en départir. Il fut appuyé par M. Barbé-Marbois. Le comte d'Artois, au contraire, invoqua le respect dû aux scrupules de la conscience, et appuya la

---

[1]. *Procès-verbaux* des comités secrets de la Chambre des pairs.

proposition d'insertion au procès-verbal faite par MM. de Lévis et de Fitz-James. L'un des deux commissaires nommés pour recevoir les explications des pairs dissidents, M. de Fontanes, présenta en ces termes, dans la séance du 12 octobre, la substance de ces explications : « Les deux pairs, disait-il, faisaient observer que M. le chancelier ne les avait pas interrompus lors des légères restrictions qu'ils avaient formulées dans la séance royale, restrictions qui, uniquement relatives à un scrupule religieux, n'empêchaient pas qu'ils adhérassent de tout cœur à la Charte constitutionnelle[1]. » La Chambre vota l'ordre du jour pur et simple, conformément à l'avis de M. le duc d'Orléans sur la proposition d'entendre la lecture des explications des deux pairs ou de modifier le procès-verbal de sa séance précédente ; mais elle décida en même temps qu'il serait fait mention au procès-verbal du jour de la discussion dans laquelle les explications des deux pairs avaient été mentionnées.

Il est toujours facile de se mettre au-dessus des scrupules de conscience qu'on n'a pas, et les indifférents en matière de religion prennent facilement ou feignent de prendre pour des prétextes les motifs des hommes convaincus. La meilleure preuve que l'obstacle allégué par les dissidents était sérieux, et que, d'autre part, ils ne refusaient pas le serment à la Charte tout entière, c'est que provisoirement ils s'abstinrent de siéger, et qu'ayant, de concert avec le cardinal de Périgord, grand aumônier, le comte de Vioménil, M. le marquis de Rivière et le comte de La Bourdonnaie-Blossac, adressé un mémoire collectif au Roi, ils prêtèrent, en novembre 1816, le serment exigé, lorsqu'une phrase insérée dans le discours de la couronne eut donné satisfaction à leurs scrupules en reconnaissant à la religion catholique la prééminence dogma-

---

[1]. *Procès-verbaux* de la Chambre des pairs, séance du 12 octobre 1815.

tique qui lui appartenait selon le texte même de la constitution [1].

Dans la Chambre des députés, le ministère dut se montrer plus facile. L'opinion était si prononcée que, lors de la prestation du serment, M. de Vaublanc avait cru devoir omettre le nom de Fouché élu à Paris. M. Barbé-Marbois avait laissé voir l'intention d'exiger le serment des députés qui s'étaient abstenus, comme une condition *sine quâ non* de leur admission; il fut averti officieusement qu'il ferait sagement de se résigner à considérer tous les députés comme ayant prêté le serment à la séance royale. Le procès-verbal de cette séance fut, en effet, rédigé dans ce sens.

Tout en vidant cet incident, les Chambres se constituèrent. La Chambre des députés avait présenté comme candidats à la présidence M. Laîné, qui avait obtenu 328 voix sur 346 votes exprimés; MM. le prince de la Trémouille, de Grosbois, Chillaud de la Rigaudie et de Clermont-Saint-Jean. Dès le 12 octobre la Chambre fut officiellement avertie que le Roi avait choisi M. Laîné pour la présider. Ce choix était attendu. M. Laîné, aimé et honoré au château, respecté et admiré dans la Chambre, était la grande popularité royaliste et parlementaire de la situation. MM. de Grosbois, Bellart, Bouville, Paget de Baur, furent nommés vice-présidents; MM. de la Maisonfort, Hyde de Neuville, Cardonnel, Tabarié, furent choisis comme secrétaires; M. Maine de Biran, qui venait comme M. Laîné

---

[1]. Voir les explications données par le prince Jules de Polignac dans ses *Études historiques, morales et politiques*, et le texte des *Observations respectueuses et explicatives* présentées au Roi, *touchant les réserves apportées par quelques pairs au serment proposé à la séance royale du* 7 *octobre*, page 415. Voici le passage du discours de la couronne prononcé le 4 novembre 1816, après lequel les quatre membres dissidents se trouvèrent autorisés à prêter le serment exigé : « Attachés par notre conduite, comme nous le sommes de cœur, aux divins préceptes de la religion, soyons-le aussi à cette Charte qui, *sans toucher au dogme*, assure à *la foi de nos pères la prééminence qui lui est due*, et qui, *dans l'ordre civil*, garantit à tous une sage liberté. »

de la fameuse commission du Corps législatif de 1813, et M. de Puyvert questeurs. Ces choix indiquaient d'une manière assez exacte la proportion des partis dans la Chambre. Le prince de la Trémouille, MM. de Grosbois, Bellart, de la Maisonfort, Hyde de Neuville, Cardonnel, de Puyvert, appartenaient à cet esprit de royalisme ardent qui allait dominer l'Assemblée. M. Maine de Biran se rattachait au royalisme de 1789.

Une fois constituées, les Chambres, avant de commencer leurs travaux législatifs, durent voter une adresse. Ce ne fut pas une chose facile que d'amener une assemblée de 400 personnes, la plupart étrangères aux affaires et nouvelles dans la politique, à s'entendre sur un texte [1]. La commission chargée de rédiger un projet d'adresse était composée de MM. de Trinquelague, de Bouville, Bellart, de Blangy, d'Andigné, Feuillant, de Bonald, de Serre, et du prince de Broglie. La majorité de cette commission appartenait aux opinions qui allaient exercer l'ascendant dans la Chambre, et M. Bellart en fut nommé rapporteur. Les idées et les sentiments que les députés apportaient des provinces devaient donc trouver leur expression dans l'adresse. Le premier de tous ces sentiments, c'était celui d'une patriotique douleur à la vue des maux de la France joint à un sentiment d'indignation contre les conditions qui lui étaient imposées, « douleur d'autant plus cruelle, disait le projet d'adresse, qu'après tant de promesses, elle était plus imprévue. » Les esprits se reportaient, en effet, vers les premières promesses qu'avaient faites les puissances étrangères de ne pas confondre la cause de la France avec celle de Napoléon; ils n'étaient pas au courant des modifications qu'avait subies cette première pensée. Le second sentiment qui respirait dans l'adresse, c'était un dévouement ardent à la monarchie. Puis venait l'expression de cette colère contre les auteurs et les coo-

---

[1]. Lettre de M. de Villèle à son père. (*Documents inédits*.)

pérateurs des Cent-Jours, dont nous avons déjà parlé, et un appel à une justice sévère pour que les attentats contre la monarchie, commis dans le passé, fussent punis d'une manière exemplaire, et que des précautions prévoyantes fussent prises afin d'empêcher leur retour dans l'avenir. Cette vive manifestation était tempérée par une expression de confiance bienveillante dans le cabinet dont le chef et plusieurs membres étaient sympathiques à la Chambre.

Voici le texte de ce document :

« Les maux de la patrie sont grands ; ils ne sont pas cependant irréparables. Si la nation, inaccessible aux provocations de l'usurpateur, doit porter la peine d'une défection à laquelle elle est étrangère, elle supportera son malheur. Au milieu des vœux d'une concorde universelle, et même pour la cimenter, c'est notre devoir de solliciter votre justice contre ceux qui ont mis le trône en péril. Votre clémence a presque été sans bornes; nous ne venons pas cependant vous demander de la rétracter. Les promesses des rois, nous le savons, doivent être sacrées ; nous vous supplions, au nom du peuple même, victime des malheurs dont le poids l'accable, de faire que la justice marche où la clémence s'est arrêtée; que ceux qui, aujourd'hui encore, encouragés par l'impunité, ne craignent pas de faire parade de leur rébellion, soient livrés à la juste sévérité des tribunaux. La Chambre concourra avec zèle à la confection des lois nécessaires à l'accomplissement de ce vœu. Nous ne parlerons pas, Sire, à Votre Majesté de la nécessité de ne confier qu'à des mains pures les différentes branches de votre autorité; les ministres qui vous entourent présentent à cet égard de rassurantes espérances. Leur vigilance sur ce point si essentiel sera d'autant plus facilement exercée, que l'épreuve des événements a révélé tous les sentiments et toutes les pensées. »

Les idées et les sentiments qui avaient paru dans l'adresse de la Chambre des députés se retrouvèrent dans la discussion et dans le texte de l'adresse de la Chambre des pairs qui s'était constituée en choisissant pour secrétaires MM. de Pastoret, de Sèze, Chateaubriand et le duc de Choiseul. La commission d'adresse était composée du duc de la Vauguyon, de MM. de Lally-Tollendal, Fontanes, Chateaubriand, Garnier. M. de

Lally-Tollendal, qui avait, on s'en souvient, figuré dans le conseil du Roi à Gand, fut nommé rapporteur; son rapport, écrit avec cette éloquence verbeuse et ce penchant au sentimentalisme politique qui étaient le cachet de son talent, fut l'occasion d'assez vives discussions. Les paragraphes qui contenaient une sympathique adhésion à la douleur du Roi à l'occasion des communications diplomatiques qu'il avait à faire aux Chambres, comme ceux qui se rapportaient à la Charte, furent adoptés sans contestations; mais il fallut en venir au paragraphe destiné à exprimer un sentiment d'indignation et de colère contre les auteurs et les fauteurs des Cent-Jours qui avaient déchaîné tant de calamités sur la France. Ce paragraphe était ainsi conçu : « Sans ravir au trône les bienfaits de la clémence, nous oserons lui recommander les droits de la justice; nous oserons solliciter humblement de son équité la rétribution nécessaire des récompenses et des peines, l'exécution des lois existantes et la pureté des administrations publiques. »

Il était difficile que ce sentiment ne se produisît pas dans l'adresse des pairs comme dans celle des députés. Le châtiment de ceux qui avaient donné l'exemple et pris l'initiative de la trahison envers le gouvernement royal au moment du 20 mars, la formation d'une administration qui donnât des gages de sécurité pour l'avenir, étaient, qu'on me passe ce terme, dans le courant de l'opinion dominante; comment en aurait-il été autrement après les palinodies et les défections des uns qui avaient tout osé contre le gouvernement royal, et les défaillances et la connivence passive des autres qui avaient tout laissé faire?

Un ministre, M. Barbé-Marbois, fut le premier à combattre ce paragraphe de l'adresse, et il tira assez habilement son argumentation de la double nature de la Chambre qui était à la fois un pouvoir politique et, dans l'occasion, une cour judiciaire. « La Chambre des pairs, dit-il, juge des crimes d'État, peut être appelée bientôt à remplir un rigoureux devoir comme cour de justice; peut-il lui convenir de recommander au Roi les *droits de la justice?* N'est-ce pas fournir un moyen de récusation à ceux qui seraient appelés à comparaître devant elle [1]? » M. Séguier fit observer que cette objection était plus spécieuse que solide. Comme pouvoir politique, la Chambre avait une opinion à exprimer sur tous les grands intérêts à l'ordre du jour; en outre, ce n'était pas provoquer des punitions contre tel ou tel individu spécialement désigné que de recommander en général les droits de la justice. Il n'y avait donc rien d'incompatible entre le vœu que la Chambre avait à exprimer dans l'adresse et les fonctions judiciaires qu'elle pouvait avoir à remplir. Un autre pair fit observer qu'il a toujours été permis aux tribunaux qui jugent les crimes de demander en général qu'ils fussent punis. Il ajouta qu'il y avait de graves inconvénients à laisser croire que l'ordonnance du 24 juillet entravait l'action des tribunaux. C'était grâce à cette fausse interprétation qu'on avait vu des populations ardentes substituer les excès de la fureur et de la vengeance à la justice qui leur était refusée.

On invoqua aussi les vœux des colléges électoraux, qui tous demandaient que l'action des lois ne fût pas suspendue.

MM. Lanjuinais et le comte de Broglie parlèrent dans le sens opposé. Les circonstances où l'on se trouve, dirent-ils, sont périlleuses et recommandent la sagesse et la modération. En vain allègue-t-on les vœux des colléges électoraux; le Roi, qui connaissait ce vœu, a gardé dans son discours un silence absolu sur les mesures qu'il jugeait convenable de prendre.

---

1. M. Barbé-Marbois ajouta que « l'article VI du titre 24 de l'ordonnance de 1667 veut que le juge puisse être récusé *s'il a ouvert un avis hors la Cour et le jugement.* Ne dirait-on pas que la Chambre des pairs a ouvert *son avis, a recommandé?* » (*Procès-verbaux* de la Chambre des pairs.)

Lorsque le Roi se tait, appartient-il aux Chambres de critiquer son silence et d'exciter sa justice par des provocations indirectes? Ne doivent-elles pas, au contraire, respecter les sages limitations que sa clémence a cru devoir apporter à l'action des lois dans l'ordonnance du 24 juillet? Les deux membres demandaient que le paragraphe fût ou rejeté ou au moins modifié et adouci. M. le duc d'Orléans se réunit à eux, et sa tendance à se rapprocher de la nuance politique qui s'attribuait le privilége de continuer les idées de 1789 fut remarquée : quelques jours après, il dut partir pour Londres. Louis XVIII se souvenait des relations du duc pendant les Cent-Jours avec les constitutionnels hostiles à la branche aînée, qui avaient eu l'idée de faire de lui un roi, il ne crut pas son séjour à Paris sans inconvénient pour la marche de son gouvernement.

La Chambre, après cette discussion, rejeta la suppression absolue du paragraphe attaqué, et décida que l'auteur d'un amendement proposé s'entendrait avec les commissaires pour modifier le paragraphe primitif. La commission, tout en déclarant qu'elle préférait le paragraphe primitif, revint en rapportant la rédaction suivante, qui conservait cependant, sous une forme adoucie, l'idée première : « Nous sommes dans la parfaite confiance que Votre Majesté saura toujours concilier avec les bienfaits de la clémence les droits de la justice. »

La Chambre des pairs renvoya à une commission une question grave au point de vue constitutionnel, et qui resta indécise, celle de savoir si elle demeurait saisie des projets de lois ou des résolutions qu'on lui avait présentées avant les Cent-Jours; il semble que, d'après les règles du bon sens, l'interruption de la vie politique du gouvernement pendant trois mois dût tout faire commencer à nouveau. Une autre question, importante aussi au point de vue de l'attention que le public allait prêter aux délibérations de la Chambre des pairs, fut résolue par un vote. Il s'agissait de déterminer le véritable sens de l'article de la Charte portant que « toutes les délibérations de la Chambre haute sont secrètes. » Deux opinions furent en présence. D'après la première, l'article de la Charte devait être pris dans son sens strict, et toute publicité était interdite aux débats de la Chambre haute. D'après la seconde, l'article de la Charte n'avait pour objet que d'empêcher les séances de la Chambre des pairs de subir l'influence de l'opinion populaire, danger qui n'existait plus quand la délibération était terminée. On décida, sur le rapport de M. Molé, que les procès-verbaux des séances, rédigés jour par jour, seraient distribués aux membres des deux Chambres et communiqués au *Moniteur* ; mais que le nom d'aucun des opinants ne serait divulgué. Ce demi-huis clos, cette publicité tronquée et alanguie par un style de procès-verbal, allaient ôter aux séances de la Chambre des pairs une grande partie de leur intérêt, et en détourner l'attention vivement attirée par les débats de la Chambre élue, éclairés par la pleine lumière d'une libre et complète publicité.

V

PREMIERS TRAVAUX DE LA CHAMBRE. — LOIS SUR LES CRIS SÉDITIEUX. — LOI DE SURETÉ GÉNÉRALE. — LOIS SUR L'INSTITUTION DES COURS PRÉVÔTALES. — COUR DES COMPTES.

Les trois premières lois présentées aux Chambres comme mesure d'urgence furent la loi sur la répression des cris séditieux et des provocations à la révolte que vint déposer M. Barbé-Marbois ; la loi de sûreté générale autorisant le gouvernement « à détenir provisoirement, sans le traduire devant les tribunaux, tout individu prévenu de crimes et de délits contre l'autorité du Roi, contre les personnes de la famille royale et contre la sûreté de l'État. » Cette seconde loi avait été déposée par le ministre de la police, M. Decazes. Enfin, la loi des cours prévôtales, dont M. le duc de Feltre prit l'initiative. La première de ces trois mesures ne faisait que réglementer les moyens de répression déjà établis. Elle fut accueillie avec une défaveur marquée par la Chambre, parce qu'elle ne lui parut pas en harmonie avec la gravité des circonstances, et parce qu'elle confondait, par une étrange inadvertance, des actes qui avaient le caractère de crime avec ceux qui n'avaient que le caractère de délit. M. Barbé-Marbois avait eu le tort de faire précéder le projet de loi d'un exposé de motifs qui semblait réclamer des moyens de répression plus efficaces que ceux contenus dans le dispositif; il ne fallait pas rembrunir la situation et ajouter aux alarmes des esprits déjà pleins de défiance et de soupçons, si l'on pouvait se contenter d'une loi de répression dont les pénalités variaient de trois mois à cinq années d'emprisonnement, quand elles ne se bornaient pas à la privation du port d'armes et de certains droits politiques[1]. La Chambre, il importe de ne pas l'oublier, arrivait avec des alarmes aggravées par le souvenir du 20 mars. Elle croyait à une conspiration bonapartiste permanente. Les terribles événements qui venaient de se succéder avaient surexcité toutes les imaginations, et aux éléments très-réels de troubles

---

1. « Si de grands attentats ont été commis, disait M. Barbé-Marbois dans l'exposé des motifs, si les lois ont été méconnues, si pour sa propre conservation le citoyen soumis aux lois a dû rester immobile devant les bandes séditieuses, indisciplinées, sans frein, si le crime a joui pendant quelque temps de ses funestes triomphes, les calamités se prolongent même quand ses succès ont été interrompus; alors les révoltés veulent à force d'audace regagner leurs avantages perdus, les séditieux s'excitent mutuellement, se cherchent, font des efforts pour être aperçus en tout lieu, à toute heure, comme assurés d'une nouvelle victoire s'ils ont réussi à inspirer l'épouvante. Ils s'associent tout ce que les armées ont rejeté avec indignation, tous les criminels que leur obscurité a pu soustraire à l'action des lois. Si la force publique arrête le cours de leurs desseins, ils n'y renoncent pas encore; ils ont recours aux écrits injurieux, aux discours calomnieux. »

qui, comme on ne tarda pas à le voir, existaient en France après les Cent-Jours, dans la population militaire, et dans la population révolutionnaire que les dernières oscillations de l'Empire avaient mise en mouvement, ces imaginations surexcitées ajoutaient des fantômes. Les bureaux furent unanimes à rejeter la loi sur les cris séditieux, malgré l'observation des ministres, que le rejet de la première loi présentée au nom du Roi produirait un fâcheux effet moral. « On leur opposa, dit M. de Villèle, dans sa correspondance, le mauvais effet que produirait sur les départements une loi qui atténuait les pénalités portées par le Code, quand il aurait fallu les aggraver, et on leur fit comprendre que l'étrange confusion des crimes et des délits commise dans le projet ministériel suffisait pour le faire repousser [1]. »

La loi présentée par M. Decazes avait été mieux accueillie par la Chambre. C'était l'équivalent de la suspension de l'*Habeas corpus* en Angleterre. L'exposé des motifs dont elle était précédée était plus vif et plus alarmant encore que celui qui figurait en tête de la loi sur les cris séditieux, et M. Decazes s'était écrié en terminant : « C'est au nom de la loi suprême, celle du salut public, que le gouvernement s'adresse à la Chambre [2]. » Le gouvernement, en exprimant la conviction

---

1. Correspondance inédite.
2. « Nos maux, disait M. Decazes, demandent des sacrifices proportionnés à leur étendue. Celui de la liberté individuelle est immense ; mais, commandé par l'intérêt et la sûreté de l'État, il n'en sera pas un pour les citoyens fidèles qui n'y verront qu'une garantie publique. Il ne sera un objet de terreur que pour les traîtres, dont il détruira les criminelles espérances..... Nous ne devons ni nous exagérer ni nous dissimuler les dangers. Ils sont grands, bien moins par le nombre des factieux que par leur audace. Toute la force des coupables naît de leur impunité. Ils se font de cette impunité une arme contre le trône ; ils peignent à cette portion du peuple trop facile à égarer l'autorité du Roi incertaine et faible, incapable de prévenir, hors d'état de réprimer. A l'aide de ces manœuvres, ils parviennent à affaiblir la confiance, à ébranler la fidélité, à entraîner dans l'abîme ces misérables instruments de leur trahison, qu'ils livrent eux-mêmes à la vindicte publique, et par lesquels ils préludent aux forfaits les

qu'il ne pouvait pas se passer de moyens extraordinaires en face des circonstances extraordinaires où l'on se trouvait, confirmait et augmentait les appréhensions de la Chambre par cela seul qu'il les partageait. D'après le dispositif du projet de loi, « tout individu qui aurait été arrêté comme prévenu contre la personne et l'autorité du Roi, contre les personnes de la famille royale, ou contre la sûreté de l'État, pourrait être détenu jusqu'à l'expiration de la loi, dont le terme était fixé à la session suivante, si elle n'était pas renouvelée. Le mandat d'arrestation pouvait être décerné par tous les fonctionnaires à qui la loi ordinaire déférait ce pouvoir. »

Il n'y eut pas d'opposition dans la Chambre au principe de la loi. L'exemple de l'Angleterre, où le Parlement n'avait pas hésité à suspendre l'*Habeas corpus* toutes les fois qu'il avait cru l'État en péril, paraissait décisif à tous les esprits. Une seule question semblait pouvoir être posée : les circonstances étaient-elles assez graves pour qu'on recourût à cette mesure des temps difficiles? La presque unanimité de la Chambre, sans distinction de nuances, le pensait, et le tableau rembruni que le ministère venait de faire de la situation la confirmait dans cette idée. Comme l'entente existait sur cette loi entre le gouvernement et la Chambre, on résolut de lui donner le pas sur la loi pour la répression des cris séditieux, qui fut renvoyée à une commission chargée de la refaire.

La discussion s'engagea donc, non sur la question de principe, non sur la question d'utilité, mais sur les moyens d'application et les dispositions de détails. M. Bellart, nommé rapporteur par la commission, dans laquelle figurait M. Royer-Collard, invoqua l'exemple de Rome et de l'Angleterre, où la

---

plus odieux. La rage impuissante à laquelle ils ont été réduits depuis la chute de l'usurpateur, loin de se modérer, n'a fait que s'accroître de ce que tous les malheurs publics et privés peuvent donner de crédit et d'empire à leurs déclamations insensées. »

liberté était suspendue dans les circonstances critiques. Il ajouta que, si cette suspension avait souvent eu lieu chez ces deux nations libres, dans le silence de la constitution, et en prenant exclusivement sa raison d'être dans la nécessité, « la Charte, plus attentive, avait placé en elle-même ses moyens de défense et de salut. » C'était une revendication de l'article 14, que M. Decazes avait déjà interprété de la même manière en rappelant que « la Charte proclamait le Roi chef suprême de l'État, chargé de veiller à la sûreté publique, et reconnaissait en lui le droit et le pouvoir d'exécuter tout ce que comportait cette tâche immense et auguste. »

Un seul député, M. Tournemine, attaqua de front le projet. Il demanda si l'on croyait que le rétablissement de la loi des suspects fût un bon moyen de mettre fin aux divisions de la patrie. « L'argument du salut public, ajouta-t-il, est un argument banal à l'usage de toutes les tyrannies. Il n'y a, Platon l'a dit, d'autre salut public que la justice. »

Cette protestation isolée fit peu d'impression, elle était trop en dehors du courant général des idées pour obtenir aucun succès. Quand les sociétés se croient menacées, elles n'écoutent pas ceux qui les exhortent à préférer à tout le maintien de la légalité ordinaire. Elles sentent que, comme les individus, et plus que les individus, elles ont un droit de défense, et que, les désordres qui résulteraient d'un bouleversement social étant infiniment plus considérables que les inconvénients qui peuvent résulter de la suppression temporaire de la liberté individuelle, il faut accepter les inconvénients pour prévenir les désastres. M. Guizot, en se reportant à cette époque qu'il jugea de si près [1], l'a dit avec son sens ordinaire : « Quand il reste dans le pays assez de liberté générale, et dans le pouvoir assez de responsabilité réelle pour que ces mesures extraordinaires

---

1. M. Guizot, *Mémoires pour servir à l'histoire de mon temps*, tome I, page 117.

soient contenues dans leurs limites et contrôlées dans leur exercice, c'est encore le moyen le moins dangereux et le plus efficace de pourvoir à des nécessités impérieuses et passagères. »

M. Royer-Collard, membre de la minorité de la commission, et qui entrait pour la première fois dans ces luttes parlementaires, où il devait conquérir une si éclatante renommée, fut plus écouté que M. Tournemine. Il accepta hautement le principe de la loi. « Toutes les nations libres, dit-il, ont usé du même remède dans des situations extraordinaires, et déposé dans les mains d'un magistrat suprême l'autorité extraordinaire à laquelle elles ont eu recours pour leur propre salut. » La seule divergence de M. Royer-Collard avec le ministère consistait en ceci : il demandait qu'au lieu d'étendre le droit d'arrestation à un grand nombre de fonctionnaires inférieurs, mal choisis et mal déterminés, on le déférât exclusivement aux préfets, qui seraient tenus de rendre compte, dans les vingt-quatre heures, des arrestations provisoires aux ministres de l'intérieur, de la justice et de la police, et que le ministre de la justice fût tenu à son tour d'en référer au Conseil dans le délai de deux mois au plus. « Si les fonctionnaires investis du droit d'arrestation provisoire étaient irresponsables et inamovibles, ajoutait-il, la tyrannie serait constituée contre l'État aussi bien que contre les individus. » Il appuyait enfin sur une distinction qui, soupçonnée alors, s'est dessinée d'une manière plus marquée depuis : c'est qu'on ne pouvait donner raisonnablement comme une extension du pouvoir judiciaire une action purement administrative, qui constituait une attribution toute nouvelle. Un magistrat qui, par ses opinions, appartenait à la nuance la plus vive de la majorité, M. Chifflet, adopta ce point de vue. Il admettait la nécessité de pouvoirs extraordinaires, mais il demandait que l'arbitraire et la justice ne fussent pas confondus. Le ministère n'accepta point cette sage délimitation de l'arbitraire demandée par M. Royer-

Collard, appuyée par M. Chifflet, et que M. de Serre réclama aussi dans un discours éloquent.

Les choses en étaient là lorsque M. Voyer-d'Argenson, qui avait fait partie de la Chambre des Cent-Jours, intervint dans le débat. Ce fut pour demander qu'une enquête préalable eût lieu avant le vote de la loi, conformément à la marche suivie en Angleterre en 1794 avant la suspension de l'*Habeas corpus*. Cette proposition dilatoire faite à l'occasion d'une loi que le gouvernement déclarait indispensable, et que la Chambre croyait urgente, équivalait à une fin de non-recevoir. Les députés qui arrivaient de leurs départements n'avaient rien à apprendre sur l'état du pays. M. d'Argenson, suspect à la majorité comme ayant fait partie de la Chambre des représentants des Cent-Jours, où il s'était signalé par son hostilité contre les Bourbons, aggrava ses premières paroles en les faisant suivre de celles-ci : « Quels sont nos renseignements, dit-il? Sommes-nous autrement éclairés que par la connaissance que chacun de nous peut avoir de faits isolés? Les uns ont été frappés de bruits alarmants, de cris insensés ou séditieux; les autres ont l'âme déchirée du massacre des protestants dans le Midi. » A ces mots, l'orateur fut interrompu par des murmures presque universels. Sur tous les bancs des voix s'élevèrent pour réclamer le rappel à l'ordre, et ces réclamations furent si vives, si générales, que le rappel à l'ordre fut prononcé.

Il n'entrera dans l'esprit d'aucun homme raisonnable de croire que, dans cette Chambre composée d'hommes honnêtes, quelqu'un approuvât les violences exercées contre les protestants et le meurtre de quarante environ d'entre eux. On ne peut attribuer la vive émotion que manifesta la Chambre indignée qu'à deux causes. La première fut le sentiment de vive répulsion qu'une Chambre si ardemment royaliste éprouvait contre M. d'Argenson, non-seulement membre de la

Chambre des représentants des Cent-Jours, mais qui revenait à peine de cette conférence de Haguenau, où, déclarant que « la France avait les Bourbons en aversion, » il avait demandé aux étrangers, avec Lafayette et Benjamin Constant, un souverain quel qu'il fût, pourvu que ce ne fût pas un Bourbon. Voilà l'explication de ces cris qui s'élèvent de toutes parts : « Vous vous croyez encore au Champ-de-Mai. » En outre, cet empressement à soulever contre le pouvoir la question des protestants qui, la plupart, avaient pris parti pour Napoléon dans les Cent-Jours, au moment où le gouvernement faisait les plus grands efforts pour empêcher ces scènes de désordre et de violence, et où le duc d'Angoulême se rendait de sa personne à Nîmes pour mettre fin aux troubles, paraissait encore plus étrange parce que l'interpellation était faite à l'occasion d'une loi ayant pour objet des mesures de répression contre les ennemis de la royauté.

M. de Vaublanc saisit le moment où l'assemblée était sous le coup de l'émotion que venait de causer le rappel à l'ordre de M. d'Argenson : « Quel est, s'écria-t-il, l'état de la France ? Il est aisé de le dire en deux mots, l'immense majorité de la France veut son Roi. » A ces mots, de longues acclamations retentirent dans la salle et dans les tribunes ; les députés se levèrent en criant : *Vive le Roi!* Il semblait à la Chambre de 1815 qu'elle affermissait la royauté en l'affirmant, et qu'en applaudissant M. de Vaublanc déclarant que la France voulait son Roi, elle infligeait une leçon au plénipotentiaire de la conférence de Haguenau qui ne l'avait pas voulu. M. de Vaublanc, croyant avoir excité cet enthousiasme auquel il avait seulement donné l'occasion de se produire, ajouta : « A côté de l'immense majorité qui veut son Roi, il y a une minorité turbulente, fâcheuse, ennemie des lois, ennemie du repos, ennemie d'elle-même ; c'est contre cette minorité qu'il faut protéger la majorité ; c'est, pour mieux dire, la minorité qu'il faut protéger contre elle-même. »

M. Decazes eut peu de chose à dire pour emporter la loi. La présence de M. d'Argenson à la tribune, ses paroles qui avaient le caractère d'une récrimination, l'effort qu'il avait fait pour détourner la discussion de son cours en transformant en une enquête contre le gouvernement une délibération dont l'objet était d'armer le gouvernement contre les machinations de ses ennemis, avaient passionné le débat. Tous ceux qui ont fait partie des assemblées délibérantes savent combien il est difficile d'arrêter ces mouvements qui produisent le même effet sur les idées que les grands vents sur les vagues; les objections de M. Royer-Collard, de M. de Serre et de M. Chifflet, toutes fondées qu'elles fussent, avaient été oubliées. Il suffit à M. Decazes d'affirmer que, soit pour la rapidité de l'action administrative, soit pour la nécessité des pouvoirs, le système du gouvernement était préférable à celui des amendements. Il ajouta : « Nous sommes effrayés nous-mêmes du pouvoir qui nous est confié, ce qui nous rassure, c'est le sentiment du bien de l'État et du trône; c'est la sagesse de ce prince auguste qui aura à prononcer sur la décision de ses ministres. Quelle garantie plus forte que celle du Roi? » Les membres les plus clairvoyants pressentaient les inconvénients d'une loi vague et mal définie; et M. de Corbière demanda que la discussion fût continuée, afin d'arriver à une rédaction nouvelle; mais on réclama la question préalable sur les amendements, et, après une épreuve douteuse qui prouva qu'un grand nombre de membres restaient vivement frappés du danger de confier l'arbitraire à des fonctionnaires subalternes, la question préalable ayant été adoptée, il ne resta plus qu'à passer au vote d'ensemble. Deux cent quatre-vingt-six voix se prononcèrent pour son adoption, cinquante-six seulement contre.

Il était dans la tendance des esprits alarmés de ne refuser au gouvernement aucune des armes extraordinaires qu'il déclarait nécessaires à l'accomplissement de sa tâche, dans des circonstances aussi difficiles. Cette tendance existait à la Chambre des pairs comme à la Chambre des députés. La discussion du Luxembourg ne différa pas de celle du Palais-Bourbon. Le duc de Raguse, le comte de Castellane, le comte de Boissy-d'Anglas, le comte de Lally-Tollendal, insistèrent comme l'avaient fait MM. Royer-Collard, Chifflet, de Serre, dans l'assemblée élue, sur les inconvénients du vague et de l'obscurité de la loi. Le duc de Raguse fut peut-être celui qui les indiqua le plus clairement : « La complication de nos maux est si grande, dit-il, les passions sont si déchaînées, les intérêts si contraires, la révolution, en un mot, s'est reproduite si menaçante, qu'un pouvoir extraordinaire peut seul rétablir l'ordre ou le maintenir. Je crois la loi nécessaire, mais je crois le mode d'exécution proposé déplorable et funeste. Il y a obscurité dans le mot mandat, puisqu'on n'indique pas si c'est un mandat d'amener, de comparution, de dépôt ou d'arrêt. Ces quatre espèces de mandats peuvent être lancés par des gardes champêtres et forestiers, les commissaires de police, les maires et leurs adjoints, les procureurs royaux et leurs substituts, les juges de paix, les officiers de gendarmerie, les commissaires généraux de police et les juges d'instruction. Voyez en combien de mains vous vous exposez à remettre un pouvoir immense.... Que désirez-vous? Donner au gouvernement la force nécessaire pour comprimer les malveillants et prévenir les déchirements qui nous menacent. Que faire en ce cas? Déléguer un pouvoir extraordinaire et définitif aux ministres du Roi, un pouvoir extraordinaire mais seulement provisoire à un petit nombre d'agents sous leurs ordres, et s'assurer ainsi que toutes les dispositions rigoureuses seront prononcées par eux, et non par d'obscurs subalternes, dont la responsabilité morale n'offre aucune garantie. Je pense donc que les pouvoirs discrétionnaires et définitifs doivent être donnés aux seuls ministres de S. M., et des pouvoirs provisoires aux préfets et aux sous-préfets, et aux commissaires généraux de police, et, comme l'action de l'autorité est directe, positive et nullement susceptible de discussion, j'éloigne l'action de l'ordre judiciaire, fait pour rester étranger à un état de choses d'exception, et hors de la loi commune. »

C'était, on le voit, l'opinion raisonnable, modérée, défendue à la Chambre des députés par plusieurs hommes éminents; après avoir réuni dans cette Chambre un nombre imposant de voix, puisque la question préalable n'avait été prononcée sur les amendements qu'après une épreuve douteuse, elle reparaissait à la Chambre des pairs. Nul doute qu'elle n'eût prévalu dans les deux Chambres, si le ministère avait consenti à se contenter du pouvoir qu'on lui mesurait d'une main généreuse, mais en introduisant dans la loi une clarté nécessaire, des distinctions salutaires et des réserves destinées à prévenir les abus. M. Decazes insista pour obtenir la loi sans changement et telle qu'il l'avait présentée. Son exposé des motifs n'avait été qu'un tissu de lieux communs déclamatoires : « La loi, dit-il, offrait à la société une garantie de conservation et de repos, aux sujets fidèles un juste motif de confiance et de sécurité, aux traîtres un salutaire et juste effroi, aux faibles qu'un moment d'égarement avait entraînés, un avertissement utile qui, les ramenant sur eux-mêmes, les arrêtera épouvantés sur les bords de l'abîme vers lequel on les précipitait. » Il persista dans la discussion à soutenir que, pour que la loi rendît les services qu'on en attendait, il fallait ne rien changer à son économie. Cette déclaration emporta tout à la Chambre des pairs comme à la Chambre des députés. Le duc de Doudeauville, le duc de la Force, le duc de Brissac, le duc de Valentinois, M. Cornet, ancien sénateur, appuyèrent le projet ministériel, et ceux qui le trouvaient susceptible de graves modifications se résignèrent à l'accepter. Les périls paraissaient si grands, que personne ne voulut assumer la responsabilité d'un refus.

Il faut cependant mentionner un discours véhément de M. de Lanjuinais, caractère honorable mais excessif, qui, se plaçant au pôle opposé à celui de la politique ministérielle, ne se contenta point de critiquer l'économie de la loi, mais la flétrit en principe, en déclarant qu'elle n'avait d'analogue que la loi des suspects de 93. « Votre loi est injuste, dit-il, parce qu'elle érige en prévention de simples soupçons, et qu'elle fait de cette prévention un motif d'arrestation et de prévention indéfinie, parce qu'elle ôte aux prévenus le droit le plus sacré, le plus inviolable, celui d'être jugés, de l'être par leurs juges naturels, par des juges inamovibles. Quels seront les funestes effets de la loi? Quelle est-elle autre chose que la loi des suspects, et mieux combinée encore pour enlacer toutes les imaginations et toutes les consciences? »

Comme cette assimilation avait causé des murmures, l'orateur poursuivit avec l'obstination naturelle à son caractère, que les suspects de 93 avaient plus de moyens pour se soustraire à la violence que n'en avaient les suspects de 1815, et, arrivant aux dernières limites de l'exagération oratoire, il ajouta : « Quand les citoyens suspects seront entassés dans les prisons par le fait de leurs débiteurs, de leurs domestiques ou des suborneurs de leurs femmes ou de leurs filles, qui peut répondre qu'on ne verra pas un nouveau 2 septembre? »

Évidemment la loi de M. Decazes était mal faite, les pouvoirs qu'elle conférait étaient vagues, mal définis. Mais M. Lanjuinais cédait au mirage de l'époque révolutionnaire où il avait vécu et où il s'était illustré par un magnanime courage, en voulant retrouver 93 en 1815. Ni les temps, ni les hommes, ni les gouvernements, n'étaient les mêmes, et ses souvenirs, qu'il prenait pour des prévisions, calomniaient la Restauration. Il ne se contenta point cependant d'avoir prononcé à la Chambre des pairs cette opinion violente et excessive, il la fit imprimer et la publia, en l'aggravant par de nouvelles expressions encore plus fortes, au mépris d'un article du règlement, qui voulait que les séances de la Chambre des pairs restassent secrètes. Cet acte fut signalé à la tribune par M. le duc de Doudeauville. Il représenta que M. Lanjuinais n'avait pas craint, malgré une prescription positive, de publier par la voie de la presse un discours que la Chambre des pairs avait entendu avec douleur. Le duc de Doudeauville demandait à la Chambre de prendre une résolution qui empêchât le retour d'une pareille violation du règlement. M. Lanjuinais maintint ses paroles en les expliquant, et l'incident n'eut pas de suite. Comme l'a dit un historien contemporain [1], quand M. Lanjuinais vint reprendre tranquillement sa place sur son fauteuil de pair de France, après avoir prononcé son discours et publié son opinion, il dut comprendre que le gouvernement royal n'était pas le comité du salut public, et qu'en 1815 on n'était pas en 1793. Après cet incident, la loi de suspension de la liberté individuelle, présentée par M. Decazes, fut adoptée par une majorité de 112 voix contre une minorité de 55.

Après le vote de la loi, M. Decazes publia une circulaire beaucoup plus modérée que son exposé des motifs et ses discours. Prenant l'initiative des tempéraments qu'il avait refusé d'introduire dans la loi lorsqu'il aurait pu le faire, en consentant aux amendements proposés dans l'une et l'autre Chambre, il recommandait aux préfets d'user avec beaucoup de modération des pouvoirs qui leur étaient conférés, et, excepté le cas de flagrant délit, il limitait aux juges d'instruction, aux préfets et au préfet de police de Paris le droit de lancer des mandats

---

[1] L'honorable M. Duvergier de Hauranne, dans son *Histoire du gouvernement parlementaire*, tome III, page 279.

d'arrêt. La Chambre des députés regarda comme un procédé peu loyal et peu constitutionnel cette atténuation de la loi par un acte de bon plaisir ministériel. Un assez grand nombre de pairs éprouvèrent le même sentiment. Si on trouvait les amendements utiles, pourquoi ne pas les avoir acceptés quand ils avaient été présentés dans la discussion? Avait-on voulu donner à la Chambre l'odieux de la rigueur, et se ménager les honneurs d'une mansuétude qu'on aurait dû partager avec elle?

Pendant que les Chambres discutaient la loi de suppression de la liberté individuelle, la loi sur les cris séditieux et les provocations à la révolte avait été renvoyée dans la Chambre des députés à une commission par les soins de laquelle le ministère avait consenti qu'elle fût complétement remaniée. Ainsi s'établissait un usage contre lequel les ministres allaient bientôt protester, et à l'établissement duquel ils contribuaient cependant plus que personne. La première condition pour qu'une loi soit votée telle qu'elle est faite, c'est qu'elle soit bien faite. Or on vient de voir que la loi de suspension de la liberté individuelle avait été rédigée d'une manière si vague et si imparfaite, qu'il fallait l'éclaircir et la fixer après coup par une circulaire. La loi sur les cris séditieux n'avait pas été mieux conçue, et le ministère ne songea point à accuser la Chambre d'avoir usurpé l'initiative royale quand la commission nommée par elle, et dont M. Pasquier fut le rapporteur, entreprit de refaire cette loi de fond en comble. La loi remaniée par la commission devint beaucoup plus sévère. Parmi les actes séditieux, elle distingua les crimes et les délits. Toutes menaces d'attentat par écrit ou par discours public contre la vie ou la personne du Roi, contre la vie ou la personne des membres de la famille royale, toute provocation à la révolte ou au renversement de l'autorité légitime, alors même que ces tentatives n'auraient été suivies d'aucun effet ou ne se seraient liées à aucun complot, étaient punies de la déportation et justiciables de la cour d'assises, jusqu'à l'organisation des cours prévôtales. « Le vœu de cette organisation a été exprimé dans les bureaux, disait M. Pasquier dans son rapport, et nous avons reçu de M. le garde des sceaux l'assurance qu'il avait été entendu de la couronne. » L'érection publique de tout autre drapeau que le drapeau blanc entraînait la même peine. Tous les autres actes séditieux d'une nature moins grave, tendant à affaiblir le respect dû à l'autorité du Roi, tels que les cris, les discours, les écrits, les gravures, l'invocation du nom de l'usurpateur, ou, comme l'écrivit la Chambre dans la loi, peut-être en songeant au duc d'Orléans, d'un usurpateur, l'enlèvement ou la dégradation du drapeau blanc et des armes de France, la fabrication, le port et la distribution de cocardes et de signes de ralliements factieux, restaient du ressort de la police correctionnelle, et pouvaient être punis d'un emprisonnement de trois à cinq ans et d'une amende dont le maximum pouvait s'élever à 3,000 francs. Tout condamné qui se trouvait jouir d'une retraite ou d'un traitement quelconque de non-activité pouvait en être privé en totalité ou en partie pendant la durée de sa détention. La condamnation pouvait emporter l'interdiction des droits civils et la surveillance de la haute police. C'était une nouvelle loi, M. de Barbé-Marbois l'accepta sans faire d'objection[1]. Cette facilité à abandonner ses idées, jointe à la légèreté avec laquelle le ministère concevait des projets qui ne pouvaient soutenir la discussion, lui nuisit dans l'esprit de la Chambre. Elle accueillit dès lors la pensée qu'elle aurait une

---

[1]. Il ajouta même un préambule à la nouvelle loi, en annonçant l'adhésion du gouvernement aux amendements : « Nous eussions voulu, disait-il, laisser toujours à l'action sage des tribunaux ordinaires la répression de tous les délits; mais, après de si longs troubles, au milieu de tant de malheurs, de grandes passions s'agitent encore. Il faut, pour les comprimer, des forces plus simples, une justice plus rapide et des peines qui concilient les droits de la clémence avec la sûreté de l'État. » Il annonçait en même temps la création de juridictions prévôtales, réservée, disait-il, par l'article 63 de la Charte. « Elle a en sa faveur l'expérience des temps passés, » ajoutait-il.

action nécessaire à exercer sur le ministère, dont elle eût accepté volontiers l'initiative s'il s'était montré expérimenté, résolu et prévoyant.

Dans la discussion qui s'ouvrit, quelques esprits ardents de la majorité insistèrent pour qu'on aggravât la pénalité : MM. Humbert de Sesmaisons, Piet, de Sallaberry, de Montcalm, de Castelbajac, demandèrent que la peine de mort fût appliquée à quiconque serait convaincu d'avoir arboré le drapeau tricolore, attendu que c'était un commencement de révolte et le signal de la guerre civile. Il faut se souvenir, non pour approuver, mais pour comprendre l'insistance avec laquelle quelques membres revendiquèrent ces pénalités excessives, que l'on sortait des Cent-Jours et que c'était par la substitution du drapeau tricolore au drapeau blanc que le renversement du gouvernement royal avait été partout consommé. La majorité, plus sage, ne suivit pas ces individualités ardentes dans la voie des rigueurs exagérées où elles voulaient l'entraîner. Conformément à l'avis de MM. Pardessus et Josse de Beauvoir, qui siégeaient sur ses bancs, et après un éloquent discours de M. de Serre, elle rejeta la peine de mort, la peine des travaux forcés, et accepta la loi telle qu'elle avait été rédigée par la commission, en se contentant d'élever à 20,000 francs le maximum de l'amende que les tribunaux de police correctionnelle pourraient facultativement prononcer.

L'article 7 souleva une vive discussion : il édictait une peine contre les faux bruits et les menaces concernant les propriétés dites nationales, et le rétablissement des dîmes et des droits féodaux. C'était comme une consécration nouvelle de l'article de la Charte, qui proclamait l'inviolabilité des ventes faites sous les régimes précédents. Les députés bretons déclarèrent, dans la réunion particulière de la droite, qu'ils ne pouvaient voter cet article, parce qu'ils craignaient que les paysans de l'Ouest ne tombassent sous le coup de la pénalité qu'il édictait au sujet des biens nationaux, attendu que dans les foires ils ne se gênaient point pour appliquer la qualification de voleurs aux détenteurs de ces biens[1]. M. de Villèle, avec son bon sens ordinaire, avait fait observer aux députés bretons qu'ils auraient dû demander le rejet de l'article 7 dans la discussion des bureaux, qui n'était pas publique. Ils allaient en effet, ajoutait-il, mettre leurs collègues dans la situation la plus pénible, en les plaçant entre la crainte de troubler la tranquillité de l'État et le désir de ne pas donner une sanction morale à la vente des biens nationaux. Les Bretons persistèrent, la discussion s'ouvrit, elle entraîna les inconvénients que M. de Villèle avait prévus. On ne pouvait pas dire le fond de sa pensée, mais à chaque instant cette pensée transpirait, ce qui provoquait des récriminations. « J'ai bien souffert de toutes les choses inconsidérées qui ont été dites par les hommes les mieux intentionnés, écrivait M. de Villèle au sortir de la séance, et j'ai trouvé mon habit mouillé comme si on l'eût trempé dans l'eau. » Ce fut M. de Kergorlay, député breton, qui prononça les paroles les plus raisonnables dans la discussion de l'article 7. Il approuvait que l'on punît ceux qui répandaient des alarmes sur l'exécution de la Charte et des lois établies par elle, mais il refusait aux pouvoirs humains la faculté d'enchaîner l'avenir. « Dieu seul le pourrait, disait-il ; mais il ne le voudrait pas, parce qu'il ne pourrait le vouloir sans ôter aux hommes la liberté qu'il leur a donnée et qu'il leur conserve, bien qu'ils en abusent souvent, celle de faire et de défaire leurs lois. Il y avait avant 1789 des lois ré-

---

1. Il importe de rappeler que dans l'Ouest surtout les ventes de biens nationaux avaient été faites à un prix si réduit, qu'on pouvait à peine leur donner le nom de marché. Cela tenait à ce que le nombre des acheteurs avait été très-peu considérable dans cette population royaliste et catholique, de sorte que les ventes de biens nationaux se faisaient presque sans concurrence et sans enchérisseurs. La question de principe était donc encore aggravée par cette circonstance particulière.

putées immuables, que sont-elles devenues? La Révolution les a détruites et le Roi légitime en a confirmé ou consommé la destruction. Ce qu'il a fait contre d'autres lois, comment ne pourrait-on pas le faire contre les siennes? Un nouveau système a remplacé l'ancien, et, dans ce système, la puissance législative est illimitée sous la seule condition du consentement des trois pouvoirs, voilà tout. »

Il était difficile de répondre à cette forte argumentation qui protestait contre l'irrévocabilité des lois humaines démentie par tant et de si grands changements dont la génération à laquelle M. de Kergorlay parlait avait été témoin. M. Pasquier, rapporteur de la loi, éluda la question en faisant vibrer le sentiment royaliste qui était si vif au cœur de la Chambre : « Les idées de stabilité, dit-il, sont essentielles dans tous les temps, elles le sont plus encore après les maux que nous avons soufferts. Nous devons penser que la maison de Bourbon régnera éternellement sur la France. L'éternité, voilà ce qu'il faut envisager; Rome a subsisté des milliers d'années parce qu'elle s'appelait la ville éternelle. Le gouvernement des Bourbons sera le gouvernement éternel. »

Les éternités politiques passent vite. Celu qui décernait un brevet d'immortalité au gouvernement des Bourbons devait survivre au règne des deux branches de cette maison.

Ce discours emporta le vote. L'article 7 passa au bruit des acclamations de l'assemblée, et 293 voix contre 69 adoptèrent l'ensemble de la loi sur les cris séditieux.

On vit se reproduire à la Chambre des pairs les mêmes péripéties qui avaient signalé la discussion de la loi à la Chambre des députés. Dès le premier moment, il fut clair que la majorité était acquise au projet rédigé par la commission de la Chambre élective et voté par cette Chambre. Quelques esprits excessifs, parmi lesquels on regrette de compter M. de Sèze, défenseur de Louis XVI, voulurent aggraver la pénalité :

« A quels crimes, s'écria l'illustre orateur, la peine de mort sera-t-elle réservée, si on ne l'applique pas aux attentats qui ont pour objet la destruction du pouvoir politique? Les coupables seront, dit-on, déportés; mais où le seront-ils? Avons-nous des déserts pour y reléguer de pareils monstres? La déportation est une peine grave, sans doute, pour le citoyen qui chérit la patrie, qui regrette sa famille; elle n'est rien pour les monstres qui n'ont ni famille ni patrie. »

Paroles déclamatoires et malheureuses, déplacées dans la bouche éloquente qui, dans d'autres temps, avait défendu la royale victime dont la suprême parole fut un pardon. Sans doute M. de Sèze cédait, comme M. Lanjuinais, au mirage des temps funestes où il avait vécu. Son imagination, exaltée par les souvenirs du passé, regardait en arrière, et, en rendant la loi impitoyable, il opposait, sans s'en rendre bien compte, comme une barrière rétrospective au régicide qu'il n'avait pu empêcher. Avec moins de passion et un coup d'œil plus ferme, il aurait compris que ce n'était point par la sévérité impitoyable des lois pénales, mais par l'habileté et la fermeté de la politique, qu'on pouvait prévenir le retour de pareils attentats.

M. de Chateaubriand attaqua, à la Chambre des pairs, l'article 7 que les députés bretons avaient attaqué à la Chambre des députés. Ses paroles furent éloquentes et produisirent une vive impression, mais elles avaient cela de fâcheux, qu'elles avaient raison contre une loi de l'État : « Je propose un amendement à l'article 7, dit-il, qui porte une peine contre toutes paroles qui pourraient effrayer les possesseurs des biens nationaux. Cette disposition est barbare, car elle menace de la même peine un regret excusable et une machination sacrilége. Cet article atteindra le malheureux émigré dépouillé qu'un acquéreur jaloux aura surpris versant quelques larmes sur la tombe de son père. Traîné devant les tribunaux par la calomnie, il y sera jugé par la passion, il y perdra l'honneur, le seul bien qui lui restait, et tout cela pour calmer les inquiétudes qu'auraient calmées, si elles pouvaient l'être, les promesses de la Charte, pour étouffer ce bruit inséparable d'une grande injustice, pour imposer un silence que rompraient, au défaut des hommes, les pierres mêmes qui servent de bornes aux héritages dont on veut rassurer les possesseurs. »

Le comte Molé, chargé de défendre le projet de loi comme commissaire du gouvernement, repoussa tous les amendements en faisant observer, quant à l'article 7, que la discussion même l'avait rendu nécessaire et qu'il tirait sa plus grande importance des arguments mêmes employés à le combattre.

Il y avait là une difficulté primordiale que les discussions mettaient en saillie et qu'il n'était donné à personne de résoudre parce qu'elle était écrite dans la Charte, et qu'elle résultait de l'antagonisme des principes du droit politique écrit avec les principes de l'équité.

La loi fut votée, telle qu'elle était venue de la Chambre des députés, par une majorité de 131 voix contre 35.

Pendant le cours de cette discussion, un incident vint vivement émouvoir la Chambre des pairs. M. le comte de Fitz-James avait proposé à la Chambre de voter des remercîments au nom de la France à M. le duc d'Angoulême pour les services qu'il avait rendus au pays, soit après le 20 mars, soit depuis le retour du Roi, en empêchant récemment l'armée espagnole d'entrer sur le territoire français. La Chambre allait voter par acclamation les remercîments proposés, lorsque M. le comte d'Artois demanda la parole :

« Messieurs, dit-il, pardonnez à l'émotion que fait naître dans le cœur d'un père l'éloge d'un fils digne de tout mon amour, digne, j'ose le dire, de l'amour de toute la France. Mais il est absent et ne peut exprimer à l'assemblée l'impression qu'aurait faite sur lui la proposition qui vous est soumise et l'accueil qu'elle reçoit en ce moment. Je dois être son interprète. Je dois vous manifester à cet égard mes sentiments, qui, j'en suis assuré, seront les siens. Il ne peut qu'être flatté des témoignages précieux de votre estime; mais connaissez, Messieurs, toute ma pensée. Si mon fils avait eu le bonheur de déployer contre les ennemis extérieurs de la France le courage que vous voulez bien honorer en lui, une telle récompense mettrait le comble à ma satisfaction et à la sienne. Mais, Français, prince français, le duc d'Angoulême peut-il oublier que c'est contre des Français égarés qu'il a eu le malheur de combattre? Et combien a coûté à son cœur cette cruelle nécessité. Permettez, Messieurs, que je refuse, au nom de mon fils, des remerciments acquis à ce titre. Quant à la retraite des troupes d'Espagne, ce n'est pas à mon fils, c'est au Midi tout entier que nous en devons l'obligation ; c'est à l'excellent esprit dont ces provinces sont animées, à la fidélité de la France pour son Roi, et à l'hommage que le noble caractère espagnol a rendu à cette fidélité qu'est due la retraite de ces troupes. Je demande par ces motifs, et en appréciant comme je le dois l'accueil fait à la proposition qui vous est soumise, l'ordre du jour sur cette proposition. »

L'impression produite par ces paroles dans lesquelles vibrait un sentiment national si vif fut profonde, et les applaudissements furent universels.

La loi de suspension de la liberté individuelle avait armé le gouvernement contre les dangers des conspirations qui se trament dans l'ombre, et dont il faut saisir les éléments avant qu'ils se condensent et forment un de ces nuages d'où sort la foudre ; la loi sur les cris séditieux venait de l'armer contre les attaques, les excitations fâcheuses qui préparent les événements ; mais la Chambre des députés était convaincue que la juridiction ordinaire ne suffisait pas pour frapper les crimes une fois découverts, surtout avec une magistrature qui lui inspirait peu de confiance en raison de ses palinodies récentes, et c'est pour cela qu'elle avait réclamé l'institution des cours prévôtales.

M. Guizot [1] rapporte que, Louis XVIII ayant demandé à

---

1. *Mémoires pour servir à l'histoire de mon temps.*

M. Barbé-Marbois quand la loi pourrait être présentée, celui-ci répondit : « Sire, je suis honteux de dire à Votre Majesté qu'elle est déjà prête. » Si ce mot a été dit, et, sur un témoignage aussi grave, on doit le croire, il fait peu d'honneur à M. Barbé-Marbois, et justifie ce nom de *roseau peint en fer* qu'on lui donnait dans les salons politiques, à cause de la faiblesse de son caractère, dissimulée derrière des formes rigides. Si M. Barbé-Marbois avait honte de dire que la loi des cours prévôtales était prête, il devait avoir plus de honte encore de l'avoir préparée, et par conséquent il devait refuser de la défendre et se retirer. C'est ce qu'il ne fit pas, lorsque, le 17 novembre 1815, le duc de Feltre présenta le projet de l'institution des cours prévôtales, qui avait été élaboré au ministère de la justice. MM. Royer-Collard et Cuvier avaient accepté la mission de le soutenir, ce qui indique suffisamment que ce n'était pas la droite seulement qui croyait à la nécessité de cette loi. Dans l'origine, la justice prévôtale avait été établie exclusivement pour maintenir la discipline et l'ordre dans les armées, puis on renvoya par-devant elle les déserteurs, les vagabonds, et plus tard tous les crimes publics qui demandaient une répression prompte et exemplaire, comme les émeutes, les troubles, les attaques à main armée sur la voie publique. Elle était rendue par un juge militaire assisté de juges civils; l'Hospital la réglementa en 1563, à l'époque des premières guerres de religion; les ordonnances de 1661, les déclarations de 1724 et 1727, et enfin celle de 1731 rédigée par le chancelier d'Aguesseau, achevèrent de régler tout ce qui concernait la justice prévôtale. D'après le projet présenté, chaque département devait avoir sa cour prévôtale, composée d'un prévôt militaire chargé de la recherche et de la poursuite des crimes, d'un président et de quatre assesseurs fournis par le tribunal de première instance. Cette cour jugeait sans appel. La compétence de la cour prévôtale s'appliquait aux crimes politiques qui avaient un caractère de violence publique, et qui se dénonçaient pour ainsi dire eux-mêmes par le flagrant délit, comme la révolte à main armée, les réunions séditieuses, les attroupements armés, les menaces, les cris contre le Roi et la famille royale. Les complots, les conspirations, tous les crimes politiques qui n'avaient pas eu un commencement d'exécution, et qui surpris, pour ainsi dire, dans leurs germes, ne réclamaient pas cette répression instantanée, furent réservés à la justice ordinaire. Il faut ajouter que les cours prévôtales, outre qu'elles n'avaient rien d'inconstitutionnel, puisque leur établissement était prévu par la Charte, n'étaient pas sans analogie avec les *cours spéciales* établies depuis longtemps par le Code d'instruction criminelle. Les cours mixtes, composées de militaires et de magistrats civils, jugeaient sans jurés et en dernier ressort les récidives des vagabonds et la plupart des cas de violence publique.

L'adoption de la loi ne fut pas un moment douteuse. Les motifs sur lesquels s'appuyèrent, pour la défendre, MM. Cuvier et Royer-Collard, furent ceux qui avaient été invoqués pour justifier les lois du même genre qui venaient d'être votées : la gravité des circonstances, la nécessité publique. « Le but de la loi, disait l'exposé des motifs, était de faire renaître enfin dans le royaume ce calme que des institutions semblables y entretenaient autrefois, d'intimider les méchants et de les isoler en quelque sorte de cette foule d'êtres faibles dont ils font leurs instruments. » Puis venait la promesse d'user de la loi avec cette modération et cette réserve sans lesquelles ces sortes de lois deviennent un fléau : « Remède salutaire quand un gouvernement paternel, les retenant dans de justes limites, n'en use que pour ramener la paix et les rendre elles-mêmes promptement inutiles; instrument terrible quand un gouvernement imprudent permet qu'elles deviennent une arme aux mains des factieux. » La commission se contenta d'introduire un amendement, pour soustraire aux cours prévôtales la connaissance des délits commis avant la promulgation de la loi. La discussion fut courte, parce que tout le monde à peu près était d'accord sur la nécessité des cours prévôtales. Malgré l'avis contraire de MM. de Corbière et Pardessus, la majorité maintint le principe de la non-rétroactivité des juridictions défendu par MM. de Serre et Pasquier. Une idée bizarre de M. Duplessis-Grenedan, qui demandait que, quand la peine de mort serait prononcée par les cours prévôtales, le gibet remplaçât la guillotine, ne fut pas même discutée; des cris *A l'ordre! à bas!* éclatèrent de toutes parts. Le même M. Duplessis-Grenedan eut l'honneur de prendre l'initiative de l'amendement qui défendait de passer outre aux débats et au jugement avant que la question de compétence fût tranchée. D'après la nouvelle loi, cette question de compétence était réglée par la cour royale du département. Il y eut un amendement de M. Hyde de Neuville, qui demandait qu'il fût sursis à l'exécution jusqu'à ce que le Roi eût pu statuer sur le recours en grâce. Cet amendement à la fois si humain et si monarchique ne fut pas adopté. La loi ne trouva de contradicteur que dans M. Voyer-d'Argenson, dont la voix n'avait aucune autorité dans la Chambre, et qui ne sortit point d'ailleurs des lieux communs oratoires d'un parallèle entre la justice ordinaire et régulière, dont il montra facilement la supériorité incontestée sur la justice exceptionnelle, sans aborder la question des circonstances où l'on se trouvait. La majorité en faveur de la loi fut de 290 voix, la minorité se réduisit à 10. A la Chambre des pairs, la majorité fut proportionnellement presque aussi forte, car elle s'éleva à 120 voix contre 11.

Cette discussion se terminait à peine, quand le 25 décembre, le duc de Richelieu, entouré du ministère tout entier, vint communiquer aux Chambres le douloureux traité du

20 novembre. Il n'y avait pas de discussion possible, on ne pouvait que se résigner aux malheurs de la patrie. Les Chambres écoutèrent dans un morne silence la lecture de ce traité, arrêt européen signifié à la France après les Cent-Jours, et qui contenait pour ainsi dire les pénalités politiques imposées à notre malheureux pays à la suite de cette malencontreuse équipée, dont il portait la peine sans en avoir été coupable. Il n'y eut pas d'adresses votées. Les présidents se rendirent seulement au nom des deux Chambres aux Tuileries, pour porter au Roi l'expression de leurs sentiments de douloureuses sympathies. M. Laîné prononça dans cette occasion quelques-unes de ces nobles paroles qui lui venaient naturellement du cœur aux lèvres : « Sire, dit-il, la Chambre partage votre profonde douleur, mais elle retrouve des forces contre tant d'adversités dans votre royale résignation; sa confiance inaltérable en Votre Majesté, son amour pour votre personne sacrée, et l'union des Français dont elle donnera l'exemple, allégeront le poids de nos sacrifices. Fidèle à la parole du Roi, la France, avec l'aide de Dieu, montrera au monde à quel prix elle sait garder la foi des traités. » Au moment de terminer, la voix de M. Laîné devint plus émue, et, l'immensité des désastres de la France se dressant devant son ardente imagination, il remercia le Roi de ne pas avoir désespéré de la patrie. Louis XVIII répondit : « Roi d'un autre pays, j'aurais pu perdre l'espérance ; mais le Roi de France ne désespère jamais avec des Français. Qu'ils se forment en faisceau, et nos malheurs se répareront. »

Malheureusement, il y avait déjà des germes de divisions entre les pouvoirs politiques. Le ministère, on l'a vu, était resté au-dessous de l'attente de la majorité dans la loi sur les cris séditieux, qu'il avait fallu refaire; la loi de suspension de la liberté individuelle avait paru vague, confuse, et le procédé de M. Decazes, qui, après avoir refusé de la laisser amender législativement, l'avait réformée par circulaire, devait déplaire et avait déplu à la majorité. En outre, un antagonisme tendait à s'établir, dans le sein même de la Chambre des députés, entre une minorité formée des membres qui appartenaient à l'ordre administratif, aux anciennes assemblées, aux influences parisiennes, et la majorité qui représentait l'esprit provincial. La majorité, qui naturellement avait le sentiment de sa force, voulait que le ministère comptât avec elle ; la minorité, qui avait le sentiment de sa faiblesse, comprenait qu'elle ne pouvait avoir d'influence que par le ministère pour lequel elle devenait un auxiliaire plus commode. On a voulu, après coup, faire de la majorité la promotrice de toutes les mesures violentes et dures, l'ennemie de la liberté politique, et donner à la minorité le rôle contraire. Ce commentaire partial ne tient pas devant l'étude des faits ; il suffit, pour détruire cette supposition, de rappeler que M. Pasquier fut le rapporteur de la loi de suspension de la liberté individuelle, que MM. Royer-Collard et Cuvier acceptèrent la mission de défendre la loi sur les cours prévôtales, qui ne trouva contre elle, dans toute la Chambre, qu'une minorité de dix voix. Au début, il y eut plutôt une lutte d'influence qu'une divergence de vues.

Parmi tous les ministres, le plus désagréable à la majorité était M. Barbé-Marbois. Outre la répulsion qu'excitaient ses formes revêches et rudes, sa faiblesse, qui venait de se manifester d'une manière si claire par sa facilité à sacrifier ses idées et à accepter celles qu'on lui imposait, avait achevé de le décréditer. C'est trop que d'avoir les défauts d'une qualité qu'on n'a pas : or chez M. Barbé-Marbois l'enveloppe était rude sans qu'il eût au fond aucune fermeté. Pour ne rien omettre, on le rendait, dans une certaine mesure, responsable du bonapartisme agressif de sa fille, la duchesse de Plaisance, qui, dans les salons, ne reculait devant aucune témérité de paroles en faveur de l'Empire qu'elle aimait et contre les Bourbons qu'elle n'aimait pas. On blâmait encore en lui un empressement qu'on trouvait imprudent à donner l'investiture aux tribunaux qui avaient fonctionné pendant les Cent-Jours, sans s'enquérir si ces tribunaux réunissaient les conditions d'autorité morale et de fidélité au nouveau gouvernement sans lesquelles la magistrature pouvait créer à l'avenir de graves embarras. M. Barbé-Marbois, dans cette position douteuse, eut la fâcheuse idée de saisir les Chambres de la loi de réorganisation de la Cour des comptes, d'après laquelle une des trois sections de cette cour devait être supprimée. C'était une question d'autant plus délicate pour lui, qu'en acceptant les sceaux il avait mis pour condition, on l'a vu, qu'il conserverait la présidence de la Cour des comptes, en cumulant ainsi avec les avantages d'une position ministérielle amovible les avantages de l'inamovibilité d'une grande situation judiciaire. La loi sur la Cour des comptes se compliquait donc, pour M. de Marbois, d'une question d'intérêt personnel. La Chambre des pairs, à laquelle elle fut présentée d'abord, l'adopta sans difficulté; mais le projet rencontra une vive opposition à la Chambre des députés. Cette opposition n'était pas uniquement motivée par la répulsion qu'excitait M. Barbé-Marbois. L'esprit des libertés locales, qui était si puissant dans la Chambre, apparut d'abord, à l'occasion de la discussion de cette loi, dans un discours du marquis de Saint-Géry. Il signala ce qu'il y avait d'illusoire à vouloir faire vérifier, dans le courant d'une année, huit millions de pièces par un seul tribunal, et partit de là pour réclamer contre cette manie centralisatrice qui faisait apurer les comptes du receveur d'une commune située à cent lieues de Paris par un référendaire qui n'a et ne peut avoir aucun renseignement sur les dépenses et sur les recettes de cette commune que les pièces fournies par le comptable, qui relèvera la moindre erreur de chiffres, la moindre discordance entre le matériel des comptes et les pièces qui l'appuient, mais à qui il sera impossible de rien découvrir de ce qu'on pourrait appeler le moral du compte. Un compte, en effet, serait renvoyé pour 50 ou 60 centimes d'erreur de chiffre, tandis qu'on ne pourrait découvrir que dix ou quinze mille francs ont eu une tout autre destination que celle indiquée par les pièces. Le marquis de Saint-Géry en concluait qu'il fallait en revenir à ces anciennes administrations provinciales et municipales qui régissaient si paternellement le pays, et dont on trouverait les éléments dans les conseils généraux, les conseils d'arrondissement et les conseils municipaux, auxquels il suffisait de rendre la réalité des attributions dont on ne leur avait laissé que les apparences. Alors on verrait s'écrouler une grande partie de cet édifice gigantesque de comptabilité, et l'on serait plus à même d'apprécier le plus ou moins d'utilité de la Cour des comptes, et de prononcer sur son organisation.

Malgré la vive impression qu'avait produite cette opinion, les articles de la loi sur la réorganisation de la Cour des comptes avaient été votés par assis et levés. Mais, au scrutin secret, l'ensemble de la loi fut rejeté par 145 voix contre 132; espièglerie parlementaire peu digne d'une grande assemblée. Les esprits les plus sages de la majorité l'avaient blâmée et avaient refusé de s'y associer; mais la majorité, cédant à sa passion contre M. Barbé-Marbois et aux conseils de M. de Bouville, les abandonna dans cette occasion, et ne voulut pas laisser échapper l'occasion de donner un déboire au garde des sceaux. Elle ne devait pas tarder à s'en repentir, et à en vouloir à M. de Bouville du tort qu'elle s'était donné [1].

---

1. M. de la Maisonfort, qui était dans la confidence de la conspiration, raconte dans ses *Mémoires* qu'en distribuant, comme secrétaire, les boules blanches et noires, il avait soin de placer la boule noire dans la main voisine du scrutin. Je trouve à ce sujet une note de blâme sur le carnet de M. de Villèle, qui désapprouva cette manœuvre. « M. de Bouville y perdit une partie de son

Ce vote imprévu causa à M. Barbé-Marbois l'irritation la plus vive, et aggrava les dissidences entre la majorité et le ministère, au moment où l'on allait aborder les lois les plus importantes de la session, la loi d'amnistie, la loi d'élections et la loi de finances.

VII

LOI D'AMNISTIE. — PREMIÈRE PHASE DE LA DISCUSSION.

Une des premières questions qui appela l'attention de la Chambre fut la loi d'amnistie; aucune question n'était plus propre à donner un aliment aux passions politiques vivement surexcitées. On a vu quelle colère s'était élevée dans les départements contre les auteurs et les fauteurs des Cent-Jours, colère facile à expliquer dans un temps où tout le monde, au dedans et au dehors, croyait que les derniers événements étaient le résultat d'une vaste conjuration qui avait tout préparé et tout exécuté. Les souffrances et les humiliations de la patrie, succombant sous le poids de l'invasion européenne, achevaient, je l'ai dit, d'exaspérer les âmes. Enfin l'appréhension redoublait la colère. On croyait la monarchie enveloppée dans un vaste réseau dont il fallait briser les mailles par le châtiment des coupables dont l'impunité amènerait infailliblement de nouvelles catastrophes.

C'était sous ces auspices que s'ouvrait la session de 1815. Or la loi d'amnistie devait mesurer la part de la justice et la part de la clémence.

Au moment de l'ouverture des Chambres, la question, on

autorité dans la Chambre et de son influence sur la majorité, qui ne lui pardonna pas de l'avoir entraînée dans cette étourderie. »

s'en souvient, n'était plus entière. Le Roi avait fait, relativement à l'amnistie, deux ordonnances, l'une à Cambrai, à la date du 28 juin 1815; l'autre depuis son entrée à Paris, à la date du 24 juillet. Dans l'ordonnance de Cambrai, il avait ainsi posé les principes qui régleraient sa conduite : « Je ne veux exclure de ma présence que les hommes dont la renommée est un sujet de douleur pour la France et d'effroi pour l'Europe. Dans la trame qu'ils ont ourdie, j'aperçois beaucoup de mes sujets égarés et quelques coupables. Je promets, moi qui n'ai jamais promis en vain, de pardonner aux Français égarés tout ce qui s'est passé depuis le jour où j'ai quitté Lille au milieu de tant de larmes, jusqu'au jour où je suis rentré dans Cambrai, au milieu de tant d'acclamations. Mais le sang de mes enfants a coulé par une trahison dont les annales du monde n'offrent pas d'exemple, cette trahison a appelé l'étranger dans le cœur de la France... Je dois, pour la dignité de mon trône, pour l'intérêt de mes peuples, pour le repos de l'Europe, excepter du pardon les auteurs et les instigateurs de cette trame horrible. Ils seront désignés à la vengeance des lois par les deux Chambres. »

L'ordonnance de Cambrai avait donc posé les bases suivantes : Il y aurait amnistie générale et complète pour tous les actes coupables postérieurs au jour où le Roi était sorti de Lille, et antérieurs au jour où il était entré à Cambrai, c'est-à-dire commis entre le 23 mars et le 28 juin 1815. Il y aurait une amnistie partielle pour les actes coupables antérieurs à la sortie du Roi, ou postérieurs à sa rentrée : mais les auteurs et les instigateurs de la trame qui avait amené les Cent-Jours seraient exceptés de cette amnistie.

L'ordonnance du 24 juillet, sans rappeler comme sans annuler celle du 28 juin, avait envoyé devant les conseils de guerre dix-neuf personnes désignées nominativement, et décidé que trente-huit autres également désignées nominativement pourraient être obligées, les Chambres consultées, de quitter la France et de vendre les biens qu'elles y possédaient. Un dernier article annonçait que « les listes des individus auxquels les articles 1 et 2, que nous venons d'analyser, pourraient être applicables étaient et demeuraient closes, et ne pourraient jamais être étendues à d'autres pour quelque cause et sous quelque prétexte que ce pût être, autrement que dans les formes et suivant les lois constitutionnelles auxquelles il n'était expressément dérogé que pour ce cas seulement. »

Si l'ordonnance n'avait contenu que les deux premiers articles, elle aurait virtuellement abrogé celle du 28 juin, et le Roi, renonçant à faire désigner les coupables par les Chambres, aurait épuisé les exceptions par les deux listes nominatives. Mais l'article 3, en réservant aux lois constitutionnelles leur action contre ceux qui n'étaient ni compris dans l'amnistie générale, ni désignés sur les listes d'exceptions, laissait aux Chambres le droit de croire que l'appel de l'ordonnance du 28 juin subsistait.

C'était une faute à reprocher à cette ordonnance du 24 juillet qui contenait tant de fautes. Dans l'état des esprits, en présence des manifestations et des adresses envoyées de tous côtés par les départements, si l'on croyait politique de fermer la liste des exceptions et des poursuites, il fallait annoncer d'une manière formelle, à la fin de l'ordonnance du 24 juillet, qu'on retirait l'appel fait aux Chambres par l'ordonnance de Cambrai. Cette signification n'ayant pas été faite, il aurait fallu au moins que le discours de la couronne contînt un avis formel à cet égard. Le discours de la couronne étant resté muet, il était évident que la Chambre élue sous l'influence d'un vif mouvement d'indignation contre les auteurs des Cent-Jours ne s'arrêterait pas devant une mesure doublement attaquable, en raison de quelques-uns des noms que les listes contenaient, et de plusieurs noms qu'on n'y trouvait pas, et que le contre-seing de son auteur Fouché achevait de rendre suspecte.

Les choses en étaient là quand le bruit se répandit, dans les réunions parlementaires, que le ministère avait pris la résolution de ne point sortir, en désignant les exceptions à apporter à la mesure d'amnistie, des deux listes rédigées par Fouché et publiées dans l'ordonnance du 24 juillet[1]. Le mécontentement fut général. Ce n'était pas ainsi que les provinces comprenaient la vindicte publique à exercer contre les hommes des Cent-Jours. On trouvait le choix des exceptés mal fait, on voulait le refaire, l'étendre en graduant les peines aux individus que l'on croyait coupables et qui paraissaient dangereux dans les départements. Fouché, ce nom de crime et de trahison, semblait devoir figurer au moins sur la seconde liste. Quoique l'honorable nom de Lanjuinais n'eût rien de commun avec un pareil nom, on pensait que le président de la Chambre des Cent-Jours devait être inscrit sur la liste des éloignés, ainsi que le député Dumolard qui s'était fait remarquer par la violence de ses motions. On inclinait pour une mesure de bannissement à temps contre quelques généraux et contre les personnes qui avaient figuré dans le ministère pendant les Cent-Jours. Quant aux pairs, aux députés qui avaient siégé dans les assemblées publiques pendant la même époque, on pensait devoir leur appliquer la

---

1. L'époque où ce bruit se répandit est indiquée d'une manière précise dans la correspondance manuscrite de M. de Villèle : « J'ai appris hier soir, chez M. de Grosbois, écrit-il à la date du 22 octobre, le plan d'une amnistie générale pour ce qui s'est passé du 20 mars au 8 juillet, en exceptant seulement les hommes désignés dans la première partie de l'ordonnance du Roi, qui seraient livrés aux tribunaux, et ceux désignés dans la deuxième liste, qui seraient bannis du royaume. Nous avons trouvé ce projet fort mauvais, en ce que le choix des exceptés était incomplet, mal fait, et surtout en ce que le nombre en était infiniment moins étendu qu'il ne serait nécessaire qu'il le fût pour atteindre, en graduant les peines, beaucoup d'intrigants et de coupables très-dangereux dans les départements.

mise en surveillance, en leur assignant le département qu'ils devaient habiter; à l'égard des votants de l'acte additionnel, on comptait les exclure pendant un temps limité des fonctions publiques, en statuant en outre que tous les individus ci-dessus indiqués payeraient, pendant cinq ans, le double de leurs contributions ordinaires à titre de dommages et intérêts pour soulager d'autant la France de la contribution militaire que les puissances levaient sur elle [1].

C'était là le fond des idées que la majorité apportait des départements. Elles pouvaient être modifiées par la réflexion et par la discussion; sur plusieurs points elles ne s'accordaient pas avec les promesses faites par le Roi dans ses deux ordonnances de Cambrai et de Paris; mais il est facile de comprendre quel effet produisit, sur une majorité ainsi disposée, la nouvelle que le duc de Richelieu songeait à présenter un projet de loi d'amnistie dans lequel il s'assujettirait à accepter pour règle et limite des exceptions les listes dressées par Fouché.

Aussitôt l'initiative individuelle prit les devants. La Charte, on s'en souvient, avait reconnu aux Chambres ce droit d'initiative qu'elles devaient exercer en suppliant le Roi de présenter une loi sur un objet déterminé; la prérogative parlementaire définie par la Charte s'étendait jusqu'à formuler les articles de ce projet de loi. La Chambre, réunie en comité secret, reçut jusqu'à quatre projets sur les exceptions à apporter à la mesure d'amnistie. Un de ces projets, rédigé par un membre d'accord avec le ministère, M. de Germiny, n'était que le libellé de l'ordonnance du 24 juillet qui aurait été ainsi légalisée par la Chambre des députés; mais les trois autres projets entraient plus ou moins avant dans les idées exposées plus haut.

1. C'est dans la correspondance de M. de Villèle que je puise ce tableau des idées de la majorité à son arrivée à Paris.

Dans la principale de ces propositions déposée par M. de La Bourdonnaie, le 10 novembre, et développée dans le comité secret du 11, l'ordonnance du 24 juillet était attaquée comme un monument de la faiblesse des uns et de la perfidie des autres, et qualifiée d'inconstitutionnelle, d'injuste et d'inexécutable, parce qu'elle suspendait le cours de la justice, qu'elle attentait à la puissance législative, parce qu'enfin on voyait figurer, sur les listes, des hommes obscurs et ignorés, tandis qu'on y cherchait en vain les noms des confidents de l'usurpateur, des acteurs du complot pendant son absence et des hommes appelés par lui aux premières places aussitôt après son retour. L'auteur de la proposition rappelait en outre qu'il y avait eu quelque chose de dérisoire à investir la Chambre du droit de traduire les principaux coupables devant les tribunaux quand il était de notoriété publique qu'on avait offert des passe-ports à plusieurs de ceux qui étaient sur la première liste, le lendemain du jour où l'ordonnance avait paru. Il proposait donc d'exclure de l'amnistie : 1° Les titulaires des grandes charges administratives et militaires qui avaient constitué le gouvernement de l'usurpateur, lesquelles charges seraient désignées par la Chambre ; 2° les généraux et les commandants de corps ou de place, les préfets qui avaient passé à l'usurpateur, fait arborer son drapeau ou exécuter ses ordres, jusqu'à l'époque qui serait fixée par les Chambres ; 3° les régicides qui avaient renoncé à l'amnistie en acceptant des places de l'usurpateur, ou en siégeant dans les deux Chambres, ou en signant l'acte additionnel aux constitutions de l'Empire. Les individus mentionnés dans les deux premiers paragraphes devaient être livrés aux tribunaux compétents pour connaître des faits à eux reprochés ; les militaires devaient être envoyés devant les conseils de guerre, les magistrats et les autres fonctionnaires, devant les tribunaux civils. Les individus désignés dans le paragraphe 3, c'est-à-dire les régicides, devaient être arrêtés et jugés par les tribunaux compétents pour être condamnés, si les faits à eux reprochés étaient reconnus pour constants, à la déportation. Les revenus des biens appartenant aux contumaces devaient être séquestrés, déposés à la caisse d'amortissement, et remis à leur famille après les délais présumés pour la mort des absents, et sauf la réduction à faire des frais de gestion dûment constatés [1].

Tel était le dispositif de cette proposition destinée à devenir fameuse sous le nom de loi des catégories. Elle dépassait sur plusieurs points la passion de la Chambre, contredisait plusieurs articles de l'ordonnance royale du 28 juin et de celle du 24 juillet, et choquait dans ses considérants le respect que la majorité portait à la royauté. Aussi, en la prenant en considération comme un projet qui avait besoin d'être modifié et amélioré, refusa-t-elle de voter l'impression des développements.

Presque aussitôt après une seconde proposition, tendant à demander l'expulsion à perpétuité du territoire français des membres de la famille Bonaparte, fut déposée. Le projet, d'origine ministérielle, se terminait par cet article : « Si un mois après la présentation de la présente loi ils sont trouvés sur le territoire français, ils seront punis de la peine capitale. »

Au milieu de ces motions qui se succédaient, un membre fit observer que la prise en considération d'une proposition n'impliquait pas une adoption. Il émit l'avis de renvoyer dans les bureaux toutes les propositions faites sur l'amnistie, de les soumettre en même temps à une discussion approfondie, après quoi une commission unique serait nommée pour présenter à ce sujet, à la Chambre, un rapport consciencieux. La Chambre adopta cette marche, qui était, en effet, la plus sage, car elle laissait la question entière, et, en attribuant à chacun la responsabilité de ses idées individuelles, elle appelait la

---

1. *Procès-verbaux* des séances secrètes de la session de 1815.

Chambre à nommer, après une discussion approfondie dans les bureaux, une commission chargée de réduire en projet de loi les idées de la majorité. C'est ainsi que la proposition de M. de La Bourdonnaie; celle de M. Duplessis-Grenedan demandant qu'on suppliât Sa Majesté d'enjoindre aux procureurs généraux de poursuivre et de faire juger selon les lois les auteurs, fauteurs, complices et adhérents de la révolution du 20 mars; celle de M. Hyde de Neuville demandant la formation d'une commission d'enquête composée de neuf pairs et de neuf députés, présidée par le chancelier et chargée de dresser trois listes d'hommes dangereux, les premiers à mettre en jugement, les seconds à bannir, les troisièmes à exiler, furent renvoyées à la discussion des bureaux avec la proposition de M. de Germiny et celle relative à la famille Bonaparte. La discussion eut lieu; la commission nommée le 22 novembre pour élucider la question et présenter une résolution à la Chambre était composée de MM. de Berthier, de Villèle, Chifflet, Corbière, de Sesmaisons, Pardessus et Jollivet.

Cette commission essaya en vain de se mettre d'accord avec le ministère. Les ministres éprouvaient un grand embarras à concilier l'ordonnance de Cambrai, qui attribuait aux Chambres le soin de désigner les coupables avec l'ordonnance du 24 juillet qui arrêtait d'autorité les deux listes d'exceptions à l'amnistie. Ne pouvant fournir à la commission ni pièces à l'appui des désignations faites, ni établir par un commencement de procédure qu'on fût entré dans la voie des répressions, ils auraient voulu sortir de cette affaire hérissée de difficultés en faisant prononcer par les Chambres le bannissement en masse des individus portés sur la deuxième liste, auxquels on se serait contenté d'ajouter les membres de la famille Bonaparte. La commission objectait que plusieurs des hommes portés sur cette liste étaient assez coupables pour être livrés aux tribunaux, que d'autres étaient trop obscurs pour mériter le bannissement, quand Fouché, Caulaincourt, Cambacérès et tant d'autres chefs du parti bonapartiste n'étaient pas atteints. Elle rappelait en outre que la Chambre avait manifesté le désir presque unanime de voir les régicides qui avaient pris part à la dernière rébellion bannis à perpétuité, et les biens des exceptés de l'amnistie employés à diminuer les charges de la France condamnée à payer les frais de la guerre.

La discussion s'envenimait en se prolongeant. Le duc de Richelieu, élevé en Russie à l'école du pouvoir absolu, se montrait choqué de ce qu'on voulait faire peser les exceptions à l'amnistie sur tous les ministres de Bonaparte. C'était, disait-il, manquer de respect au Roi que de condamner un homme appelé postérieurement par lui à ses conseils et actuellement encore revêtu de fonctions honorables.

L'étrange situation de Fouché, ancien régicide, admis dans les conseils du Roi au sortir du ministère de Bonaparte, où il avait figuré pendant les Cent-Jours, venait ainsi placer comme une pierre d'achoppement entre le nouveau ministère et la Chambre qui n'acceptait pas l'argument du duc de Richelieu.

Nous lui avons répondu, dit M. de Villèle, dans la lettre à laquelle nous empruntons ces détails, que la Chambre ne pouvait agir que législativement, qu'elle devait considérer uniquement les faits, jamais les individus. Par suite, elle a dû désigner comme auteurs et instigateurs du 20 mars ceux qui, dès le 21, le Roi n'étant encore qu'à quelques lieues de la capitale, ont constitué le gouvernement de l'usurpateur en acceptant d'être ses ministres. S'il y a eu postérieurement une collation de fonctions à l'un d'entre eux, l'opinion générale s'est hautement prononcée contre cet acte, et, même avant la réunion de la Chambre, a forcé ce ministère scandaleux à abandonner les rênes du gouvernement [1].

---

[1]. Nous empruntons presque textuellement ce passage à une lettre de M. de Villèle datée de cette époque.

La commission continua donc son travail sans tenir compte de l'objection du ministère et elle divisa son projet en deux sections. La première indiquait les faits exceptés de l'amnistie, et renvoyait les auteurs de ces faits, sans désignation individuelle, devant les tribunaux ordinaires. La seconde contenait un bill d'*attainder* ou une mesure extraordinaire par laquelle les Chambres et le Roi condamnaient à un bannissement perpétuel : 1° les régicides qui auraient occupé des emplois pendant les Cent-Jours ou signé l'acte additionnel ; 2° Bonaparte et sa famille.

Les ministres se récrièrent contre l'inconstitutionnalité de la mesure. Mais il y avait dans la commission des hommes qui, pour être nouveaux dans la politique, n'en étaient pas moins avisés, et les réponses ne leur manquaient pas : « Les ministres, dit M. de Villèle, attaquaient l'inconstitutionnalité de la mesure proposée par la commission, et ils allaient grand train sur cette route. Nous savions que le bannissement de la famille Bonaparte avait été suggéré par eux et qu'ils y tenaient naturellement beaucoup ainsi que le Roi ; nous leur fîmes donc observer que les objections contre le bannissement des régicides se retournaient d'elles-mêmes contre le bannissement des Bonaparte. La question se réduisait donc à ceci : l'intérêt du Roi et des ministres veut qu'on bannisse, par une mesure extralégale, les Bonaparte, malgré les engagements pris dans l'ordonnance du 24 juillet, qu'il ne serait pas ajouté un nom à la liste des bannis individuellement désignés dans l'article 2 ; de même, l'intérêt de la nation revenue à la légitimité veut qu'on bannisse des hommes qui, par leur position même, sont irréconciliables ennemis de la légitimité. »

Au milieu de ces discussions on s'observait mutuellement avec une curiosité mêlée d'inquiétude. Les commissaires s'apercevaient que le ministère n'était pas tout d'une pièce. M. de Vaublanc leur paraissait plus disposé à incliner vers leurs vues, les sentiments de M. Dubouchage leur étaient sympathiques, mais ils doutaient de sa capacité. M. le duc de Feltre leur plaisait par ses opinions prononcées, mais ils reconnaissaient qu'il fallait le laisser dans sa spécialité. D'un autre côté, M. Barbé-Marbois achevait de leur devenir désagréable par sa roideur et l'air de pitié dédaigneuse avec lequel il écoutait leurs arguments. M. Decazes leur paraissait l'instigateur secret de la contre-opposition qui s'était élevée dans l'assemblée sous la bannière de M. Alexis de Noailles; ses allures leur semblaient équivoques; son activité et son habileté dans l'art de manier les hommes leur étaient suspectes. Le duc de Richelieu, avec ses façons de grand seigneur et sa prétention d'emporter de haute lutte ce que la commission lui avait refusé, ne leur agréait guère, quoiqu'ils fussent pleins d'estime pour l'élévation de ses sentiments et de respect pour la noblesse de son caractère. Fatigué, en effet, de cette résistance qui ne capitulait pas, il leur déclara en termes catégoriques qu'après tout Louis XVIII était le successeur de Louis XIV, Louis XV et Louis XVI. Il avait conservé dans leur plénitude tous les pouvoirs de ses précédesseurs, à l'exception de ceux dont il s'était librement dessaisi par la Charte. Il pouvait donc donner l'amnistie, donner des lettres d'abolition, gracier ou faire poursuivre qui il lui plaisait, sans avoir recours aux Chambres, qui n'avaient aucun droit de se mêler de cette affaire tout à fait en dehors de leur ressort. Le ministère consentait cependant à accepter ce concours, parce qu'il reconnaissait que l'initiative venue des Chambres donnerait plus de force au gouvernement, mais à condition qu'en adhérant aux mesures du gouvernement la Chambre ne prétendît ni les déterminer ni les modifier.

Ce langage impérieux choquait vivement l'esprit parlementaire qui s'était éveillé dans la Chambre. Les commissaires en furent blessés. Ils se disaient à part eux que, puisqu'on avait recours à la Chambre, c'était qu'on pensait avoir besoin d'elle, et que le droit d'accorder implique celui de refuser. La Charte, dont parlait le duc de Richelieu, en admettant la Chambre au partage du pouvoir législatif, l'avait admise au partage de tous les actes qui dérivent nécessairement de ce pouvoir. Toute mesure suspensive du cours ordinaire et régulier de la justice, toute abolition avant jugement, faisaient donc nécessairement partie des droits partagés, et c'était parce qu'on le reconnaissait qu'on avait porté l'affaire devant les Chambres. Les membres de la commission se contentèrent d'échanger entre eux ces idées sans les communiquer au ministère, et ils se renfermèrent dans leur devoir de commissaires qui était d'élaborer un projet attendu par la Chambre, sans aborder des questions transcendantes qui n'étaient pas de leur compétence.

Telle fut la première phase de la discussion de la mesure d'amnistie, la première et la moins connue, puisqu'elle était demeurée renfermée dans le sein de la commission. Le ministère et la commission n'avaient pu s'entendre. Les commissaires nommèrent M. de Corbière rapporteur. Pendant que celui-ci élaborait son rapport, les ministres poursuivaient la solution d'une douloureuse affaire dont le dénoûment tragique et prévu devait, ils le croyaient du moins, aplanir les difficultés de la mesure d'amnistie.

VIII

PROCÈS DU MARÉCHAL NEY.

De tous les hommes atteints par les exceptions mises à l'amnistie, le moins excusable et le plus intéressant était le maréchal Ney. J'ai raconté sa conduite à Lons-le-Saulnier, je n'y reviendrai pas. Je l'ai montré combattant aux Quatre-Bras et à

Waterloo avec une valeur désespérée, et, agité par le sinistre pressentiment du sort qui l'attendait, cherchant la mort sans pouvoir la rencontrer. On l'a vu enfin, après la bataille de Waterloo, se dressant à la Chambre des pairs avec un sceau de fatalité sur le front, révéler toute l'étendue du désastre à la Chambre et à la France, afin de les détourner d'une résistance inutile, et, irrité par de vaines dénégations, lever, pour ainsi dire, le drap funèbre sous lequel notre armée était étendue.

Il semblait que personne ne dût mettre plus d'empressement que lui à quitter la France, du moment que la seconde Restauration s'accomplissait. De tous côtés les avis lui arrivaient, et le temps et les moyens de passer à l'étranger ne lui avaient pas manqué jusqu'au 5 août, jour de son arrestation. Louis XVIII ne la désirait pas [1], et Fouché, alors encore ministre de la police, la craignait, car elle devenait un immense embarras pour lui. Mais le maréchal Ney était sous le coup de cette espèce de prostration morale qui ne laisse ni la présence d'esprit ni la liberté du mouvement. Il prévoyait sa destinée, et, comme fasciné par une influence mystérieuse, il ne faisait rien pour l'éviter, il l'attendait [2]. Dès qu'il était arrêté, nulle

---

[1] « Le Roi avait regretté l'arrestation du maréchal Ney. » (*Histoire du gouvernement parlementaire en France*, par M. Duvergier de Hauranne, tome III, page 297.)

[2] Il fut arrêté au château de Bessonies, dans le département du Lot, sur les limites du Cantal, dit M. de Vaulabelle, dont j'abrége le récit. Il était parti de Paris le 6 juillet, jour fixé pour l'entrée des coalisés. Davoust lui avait délivré un congé illimité, Fouché deux passe-ports dont l'un portait le nom de Michel-Théodore Neubourg. Le 9 il était à Lyon et voulait passer en Suisse. Tous les chemins étant gardés par les Autrichiens, il se retira à Saint-Alban, près de Montbrison. Le 25, il apprit par un exprès l'inscription de son nom sur la liste des exceptés. C'est alors qu'il se retira chez madame de Bessonies, sa parente. Confiné dans une chambre haute, il ne paraissait jamais. Un sabre turc d'une grande richesse que l'Empereur lui avait donné en 1802 le fit découvrir. Un habitant d'Aurillac, qui était venu visiter le château, vit ce sabre que, par une imprudence étrange, on avait laissé sur un fauteuil. Il en parla à son retour à la ville comme d'une merveille. Quelqu'un dit : « Il n'y a que Ney et Murat qui aient un sabre tel que celui que vous décrivez. » Ce propos fut rapporté au préfet du

force humaine ne pouvait empêcher son procès. De toutes les défections, la sienne avait été la moins prévue, la plus éclatante, la plus décisive, la moins justifiable au point de vue moral comme au point de vue judiciaire. Il n'y avait de procès possible contre personne si on ne lui faisait pas son procès, et le gouvernement royal demeurait désarmé et impuissant contre tous ceux qui l'avaient trahi et renversé. Deux jours après son arrestation un Conseil de guerre avait été constitué, sous la présidence du maréchal Moncey, doyen des maréchaux, pour le juger. Celui-ci ayant refusé de siéger parmi les juges de son ancien compagnon d'armes, le maréchal Gouvion-Saint-Cyr, ministre de la guerre à cette époque, lui appliquant la loi du 13 brumaire an V, avait puni ce refus de trois mois de prison. En outre, la même ordonnance royale, mesure extrême, le destituait. Les choses en étaient restées là, lorsque le ministère Richelieu fit son avénement. Il constitua un nouveau Conseil de guerre, présidé par le maréchal Jourdan, et composé des maréchaux Masséna, Augereau, Mortier; des lieutenants généraux Gazan, Claparède et Vilatte; le 9 novembre 1815, le maréchal Ney comparut devant ce Conseil de guerre, assisté de M. Dupin et de MM. Berryer père et fils, ses défenseurs.

Contre l'ordre ordinaire des choses, le tribunal devant lequel le maréchal Ney semblait conserver le plus de chances de salut, c'était le Conseil de guerre. Il fallait plus et autre chose que de l'impartialité pour le sauver, il fallait de la sympathie. Or c'était parmi ses anciens camarades, parmi ses compagnons de guerre et de périls, les témoins et les admirateurs

---

département du Cantal, M. Locard. Il envoya des gendarmes au château..... On annonça leur présence à Ney, il pouvait fuir, on le lui proposa, il s'y refusa avec obstination. Bien plus, ouvrant la fenêtre de sa chambre, il cria au chef des gendarmes : « Que voulez-vous? — Nous cherchons le maréchal Ney. — Montez, je vais vous le faire voir. »

de sa vaillance, qu'il pouvait surtout en rencontrer, comme le refus du maréchal Moncey de siéger parmi ses juges venait récemment encore de le prouver. Le maréchal Ney commit la faute de décliner la compétence du Conseil de guerre, et ses avocats demandèrent le renvoi de la cause devant la Chambre des pairs, dont le prévenu était membre à l'époque à laquelle se rattachaient les faits, objet du procès [1]. Le Conseil de guerre fit droit à cette requête en se fondant sur ce motif et en rappelant en outre que c'était à la Chambre des pairs qu'il appartenait de connaître des crimes de haute trahison : il se déclara incompétent.

C'était pour la seconde fois que le gouvernement échouait dans la tentative d'ouvrir le procès du maréchal Ney. La sensation fut profonde et l'alarme vive parmi les amis de toute nuance et de toute date de la royauté récemment rétablie. La plupart des écrivains qui ont raconté les événements de cette époque ont attribué exclusivement à la passion royaliste et à la haine dont les hommes de droit étaient animés contre le maréchal Ney l'émotion que témoignèrent les Chambres et les salons royalistes à cette occasion. Ce n'est voir qu'un seul côté et le plus petit côté de la question. Qu'il y eût de vives indignations soulevées contre le maréchal Ney en 1815, ce ne saurait être l'objet d'un doute. Mais, dans le double déni de justice que venait d'éprouver la Restauration, il y avait matière à de sérieuses préoccupations politiques. Quand un gouvernement s'élève ou se relève, il faut qu'il donne à tous la conviction qu'il est en mesure de remplir virilement sa double tâche, et de se défendre à l'intérieur par la justice et par les lois comme

---

[1]. M. Dupin assure dans ses *Mémoires* que les avocats du maréchal ne plaidèrent l'incompétence du Conseil de guerre que parce qu'ils avaient été avertis que le Conseil était résolu d'avance à se déclarer incompétent. Ce qu'il y a de certain, c'est que ce furent les avocats qui soulevèrent la question d'incompétence. Il ne suffit pas de dire qu'ils laissèrent cette question à la décision de la famille. Le devoir des avocats était de l'éclairer sur ce point si important.

à l'extérieur par l'épée. Si la Restauration, après avoir entrepris de faire le procès au maréchal Ney, le plus éclatant et le moins excusable des coopérateurs du 20 mars, échouait dans cette tentative, elle était prise en flagrant délit d'impuissance, et elle restait comme désemparée devant ses ennemis intérieurs et devant l'Europe. Ce fut surtout cette considération qui frappa les esprits.

Un fait particulier va confirmer cette observation; M. Laîné, qu'on ne saurait mettre au nombre des royalistes excessifs et dont le caractère généreux n'a jamais été contesté par personne, adressa, à la date du 10 novembre au soir, aux ministres une note dans laquelle pour éviter, disait-il, de grandes catastrophes, il leur conseillait d'agir avec énergie, et de placer la Chambre des pairs dans la nécessité de juger promptement : « Jamais, ajoutait-il, la Chambre n'osera repousser un jugement que tout lui défère; si elle le faisait, elle serait responsable devant Dieu et devant les hommes des malheurs que causeraient de vaines évasions [1]. »

Cet avis fut adopté, et le lendemain, 11 novembre, le duc de Richelieu, sous le coup des mêmes préoccupations politiques que M. Laîné, se présentait devant la Chambre des pairs accompagné du ministre de la justice, M. Barbé-Marbois, du ministre de la guerre, M. le duc de Feltre, du ministre de l'intérieur, M. de Vaublanc, et enfin du procureur général près la cour royale de Paris, M. Bellart ; il demandait au nom du Roi à

1. J'emprunte à l'*Histoire du gouvernement parlementaire* cette note que l'auteur cite comme écrite de la main de M. Laîné (tome III, page 298). Seulement, l'honorable M. Duvergier de Hauranne ne voit dans cette note que le résultat de l'influence qu'exerçait « sur le caractère irritable et nerveux de M. Laîné » l'émotion de la Chambre des députés et des salons royalistes. Je crois être plus exact dans l'appréciation que je présente. Qu'on se reporte par la pensée à l'époque dont il s'agit, et qu'on se représente le gouvernement royal ne pouvant réussir à trouver des juges pour le maréchal Ney, qui avait livré à Bonaparte l'armée que lui avait confiée le Roi, et qu'on dise si tout ne devenait pas possible contre un gouvernement auquel tout était impossible.

être entendu. Voici dans quels termes il introduisit, devant la Chambre des pairs, la grave affaire qu'il venait lui soumettre :

« Le Conseil de guerre extraordinaire, établi pour juger le maréchal Ney, s'est déclaré incompétent. Un de ses motifs est que ce maréchal est accusé de haute trahison. Aux termes de la Charte, c'est à vous qu'il appartient de juger ces sortes de crimes. Il n'est pas nécessaire, pour exercer cette haute juridiction, que la Chambre soit organisée comme un tribunal ordinaire. Les formes que vous suivez dans les propositions de lois sont assez solennelles, assez rassurantes pour juger un homme, quelle qu'ait été sa dignité, quel que soit son grade. Personne ne peut vouloir que le jugement soit retardé par le motif qu'il n'existe pas auprès de la Chambre des pairs un magistrat qui exerce l'office de procureur général. La Charte n'en a pas établi. Pour certains crimes de haute trahison l'accusateur s'élèvera de la Chambre des députés ; pour d'autres, le gouvernement lui-même doit l'être. Nous croyons bien plus remplir un devoir qu'exercer un droit en nous acquittant devant vous du ministère public.

« Non-seulement au nom du Roi, mais au nom de la France depuis longtemps indignée et maintenant stupéfaite, nous remplissons cet office. C'est même au nom de l'Europe que nous venons vous conjurer et vous requérir à la fois de juger le maréchal Ney. Les charges jaillissent de la procédure qui sera mise sous vos yeux, et que l'incompétence du Conseil de guerre laisse entière.

« Nous accusons devant vous le maréchal de haute trahison et d'attentat contre la sûreté de l'État.

« La Chambre des pairs doit au monde une éclatante réparation : elle doit être prompte, car il importe de retenir l'indignation qui de toute part se soulève. Vous ne souffrirez pas qu'une plus longue impunité engendre de nouveaux fléaux. Les ministres du Roi doivent vous dire que cette décision du Conseil de guerre devient un triomphe pour les factieux. Nous vous conjurons donc, et au nom du Roi nous vous requérons, de procéder immédiatement au jugement du maréchal Ney. »

Après ce discours du duc de Richelieu, le procureur général donna lecture du jugement d'incompétence du Conseil de guerre, et d'une ordonnance du Roi portant que la Chambre des pairs procéderait sans délai au jugement du maréchal Ney.

On s'est étonné depuis de l'accent véhément et à la fois suppliant et presque impérieux qu'avait pris le duc de Richelieu pour porter cette accusation devant la Chambre des pairs, et surtout de la manière dont il avait fait intervenir l'Europe dans cette préface de l'acte d'accusation. A mesure qu'on s'éloigne des situations, on les oublie. Chacun cherche alors à atténuer sa part dans la responsabilité qu'il a acceptée sous le coup des événements. C'est ainsi que j'expliquerai tous les commentaires imaginés après coup, je penche à le croire, pour faire comprendre aux hommes de notre génération, venus dans d'autres temps et placés dans d'autres circonstances, ce que la génération placée dans le vif de cette situation comprenait sans commentaires [1].

Quelle qu'ait été la main qui écrivit le discours prononcé par le duc de Richelieu, celle de M. Laîné selon toutes les apparences, ou celle de tout autre, elle écrivit sous le coup d'une situation pleine de périls, d'alarmes et de difficultés. Quoique la vérité ne soit pas la mesure de la vraisemblance en histoire, j'ai peine à croire que les collègues de M. de Richelieu ne connussent pas d'avance, comme on l'a dit, le discours qu'il prononça dans cette occasion solennelle, au nom du ministère tout entier, et plus encore à admettre qu'ils se soient étonnés de son langage. L'inquiétude du gouvernement, qui venait d'essayer deux fois en vain de faire juger le

---

[1]. « La Chambre des pairs se montra, dit M. Duvergier de Hauranne, surprise autant que blessée en entendant un langage aussi contraire aux convenances judiciaires et politiques. Mais les plus surpris et les plus blessés parmi les assistants furent les collègues du président du conseil, à qui le discours n'avait point été communiqué, et qui l'entendaient pour la première fois. Dès que le duc de Richelieu eut quitté la tribune, ils l'interrogèrent et apprirent que le discours, écrit par une main étrangère, avait été remis à M. le duc de Richelieu quelques instants avant la séance, et qu'il avait eu à peine le temps de le lire. Quelle était cette main étrangère? Les témoignages les plus authentiques attestent que c'était celle de M. Laîné, et ces témoignages trouvent une confirmation dans la note du 11 novembre. Quoi qu'il en soit, le duc de Richelieu, qui n'avait point fait le discours, et qui se l'est reproché toute sa vie, en devint responsable aux yeux du public, et en est encore responsable devant l'histoire. — « Avez-vous lu, disait-on partout, l'ukase du duc de Richelieu? »

maréchal Ney, la conviction que ce procès était la pierre de touche d'après laquelle les partis intérieurs et les puissances étrangères jugeraient la force du pouvoir royal, l'impossibilité de faire face aux difficultés dont on était entouré si l'on succombait dans cette épreuve, la triple crainte des factieux qui croiraient pouvoir tout oser [1], de la majorité de la Chambre des députés, qui ne compterait plus que sur elle-même pour réprimer l'audace des ennemis de la monarchie, et des départements de l'Ouest et du Midi, où l'irritation était déjà si vive, tous ces sentiments avaient accès dans l'esprit des collègues de M. de Richelieu comme dans l'esprit de ce ministre, et on en retrouvait l'empreinte dans l'allocution prononcée à la Chambre des pairs.

Pourquoi ne le dirai-je pas, pour ne rien déguiser de la vérité historique? Cet appel même qu'il faisait à l'Europe était dans le mouvement de la situation. J'ai indiqué la part que les cabinets étrangers avaient eue à la publication de l'ordonnance du 24 juillet par les vives et incessantes réclamations

---

[1] Je trouve dans les *Mémoires du comte Lavalette*, qui rencontra le maréchal Ney dans la prison de la Conciergerie, un renseignement peu suspect, qui prouve que ces alarmes du gouvernement n'avaient rien de chimérique : « Un jour, dit-il, la maréchale s'approcha de ma fenêtre et me dit : « La sentinelle qui vous « garde est un vieux soldat qui a servi sous le maréchal; il désire beaucoup causer « avec vous. » Effectivement, le maréchal s'approcha. L'entretien ne pouvait être long. « Je suis tranquille sur ma position, me dit-il, des amis nombreux veillent « sur moi; le gouvernement marche encore vers sa ruine. Déjà les étrangers « prennent parti pour nous; l'indignation publique s'étend jusqu'à eux, et si « vous en voulez la preuve, lisez ces papiers et brûlez-les ensuite. » Il me glissa à travers les barreaux une liasse de brochures et de feuilles manuscrites. J'y trouvai en effet des menaces violentes et jusqu'à des provocations qui me parurent fort maladroites, enfin beaucoup de nouvelles absurdes. Suivant elles, les Anglais en étaient aux regrets d'avoir replacé la maison de Bourbon sur le trône..... Ce que le maréchal m'avait dit de ses amis était plus exact; mais quelque temps après j'appris qu'il avait échoué dans une tentative essayée pour se sauver de la Conciergerie, et que six mille officiers en demi-solde avaient été forcés de s'éloigner de la capitale par ordre du ministre de la guerre. » Lavalette ajoute : « Le maréchal s'était laissé arrêter, bien persuadé qu'on n'oserait pas le condamner. » (*Mémoires du comte Lavalette*, tome II, page 216.)

qu'ils avaient faites auprès du cabinet des Tuileries, en rappelant la paix générale rompue par les Cent-Jours, et le sang comme l'or de l'Europe coulant à grands flots pour reconquérir la paix et la sécurité perdues ; c'était à ce titre que l'Europe était partie au procès du maréchal Ney. Elle demandait aussi à la France de faire justice au nom des souvenirs du passé et des inquiétudes de l'avenir. Je ne dissimule pas ce que cette situation avait de pénible et de douloureux ; mais ce n'est pas une raison pour la cacher.

La Chambre des pairs n'hésita point à accepter la mission judiciaire que le duc de Richelieu venait, au nom du Roi, l'adjurer de remplir. Elle déclara, sur la proposition d'un de ses membres, « qu'elle recevait avec respect la communication faite au nom du Roi, qu'elle reconnaissait les attributions qui lui avaient été conférées par la Charte, et qu'elle était prête à remplir ses devoirs en se conformant à l'ordonnance royale qui venait de lui être apportée. »

Le gouvernement l'emportait, le maréchal Ney allait être jugé. Il fallait tout faire pour ce procès, la jurisprudence comme le reste. Dans la journée du 13 novembre, le duc de Richelieu présenta à la Chambre des pairs une ordonnance qui, complétant celle du 11, réglait définitivement les errements que devait suivre la Chambre des pairs dans l'instruction et le jugement du maréchal Ney. Les principaux articles de cette ordonnance étaient destinés à fixer l'ordre de la procédure et des délibérations, les garanties dues à la défense, la forme du jugement. Elle décidait que la procédure serait instruite sur le réquisitoire du procureur général près la Cour royale de Paris. Les témoins seraient entendus et le prévenu interrogé par le chancelier ou par celui des pairs qu'il commettrait à cet effet. Un procès-verbal serait dressé de tous les actes de l'instruction dans les formes établies par le Code d'instruction criminelle. L'instruction terminée serait communiquée aux commissaires du Roi chargés de dresser l'acte d'accusation. Cet acte serait présenté à la Chambre des pairs, qui décréterait, s'il y avait lieu, l'ordonnance de prise de corps et fixerait le jour de l'ouverture des débats. L'acte d'accusation, l'ordonnance de prise de corps et la liste des témoins seraient notifiés à l'accusé. Il lui serait donné copie de la procédure. Les débats seraient publics. Au jour fixé, l'accusé comparaîtrait assisté de son conseil, et l'un des commissaires royaux remplirait les fonctions de ministère public. Il serait procédé à l'audition des témoins, à l'examen, aux débats, à l'arrêt, à l'exécution de l'arrêt suivant les formes prescrites pour les Cours spéciales par le Code d'instruction criminelle. Néanmoins, si la Chambre des pairs le décidait, l'arrêt serait prononcé hors de la présence de l'accusé, mais publiquement et en présence des conseils. Dans ce cas, l'arrêt lui serait notifié à la requête du ministère public par le greffier [1] qui en dresserait procès-verbal.

Tel était l'ensemble de la marche adoptée pour la conduite du procès. Avant qu'il commençât, il y avait encore des mesures préliminaires à prendre. Les pairs qui faisaient partie du ministère, MM. de Richelieu, Barbé-Marbois et de Feltre, demandèrent acte de ce que, s'étant portés accusateurs du maréchal Ney, ils ne pouvaient siéger parmi ses juges, et se déportèrent du jugement. Dans la séance du 13 novembre, la Chambre des pairs entendit le réquisitoire du procureur général; il était conçu en ces termes :

« Un attentat aussi inconnu jusqu'ici dans l'histoire de la loyauté militaire de toutes les nations qu'il a été désastreux pour notre pays, a été commis par le maréchal Ney.

« Cet attentat a frappé la France d'indignation et l'Europe entière de stupeur.

---

[1]. C'était le secrétaire archiviste de la Chambre qui avait été désigné pour remplir ces fonctions.

« Les circonstances dont il fut entouré, les conséquences qu'il a produites, inspirent un sentiment d'horreur.

« Les circonstances! Chargé par le Roi de prendre le commandement de troupes pour résister à la détestable entreprise de l'ennemi de la France et du genre humain, le 7 mars dernier, après avoir baisé la main du Roi, et lui avoir juré, dans un mouvement d'indignation factice, dont l'âme élevée du monarque ne lui avait suggéré ni la pensée ni l'expression, de lui *ramener Bonaparte dans une cage de fer*, il part de Paris, et le 14 du même mois, sept jours après, il lit à ses troupes un manifeste rebelle, proclame Bonaparte son empereur et le leur, et passe à l'ennemi avec son armée entraînée presque tout entière par l'ascendant de son chef.

« Les conséquences! La douleur et l'honneur national se refusent également à les tracer. Bornons-nous à comparer la situation où se trouvait la France avant cette éphémère usurpation à laquelle a pu donner de la consistance la défection inouïe de quelques chefs, avec celle où elle se trouve aujourd'hui, et, sans nous appesantir sur cette idée trop cruelle, contentons-nous de dire que les désastres de la patrie sont le résultat de la trahison du maréchal Ney et du petit nombre de ses complices.

« Un si atroce forfait doit être puni : il doit l'être sans délai. Pourquoi des délais? Est-ce pour rassembler des preuves? Elles sont partout. Peu d'heures suffisent pour en réunir d'accablantes contre le maréchal Ney, en parcourant tous les degrés d'instruction, en remplissant toutes les formes du droit criminel, tels qu'il peuvent être appliqués à l'action simple et unique de la Chambre constituée, aux termes de la Charte, comme cour judiciaire.

« L'accusé d'ailleurs n'ose pas nier son crime. Il le confesse. Il cherche à l'atténuer seulement, il l'explique. La Chambre entendra ses explications.

« Ce ne peut être pour préparer les défenses du maréchal Ney que les délais sont nécessaires. Ses défenses, quelles qu'elles soient, sont prêtes dès longtemps.

« Le maréchal Ney est arrivé une fois déjà au jour et au moment où il pouvait être jugé. Si le Conseil de guerre devant lequel il fut traduit la semaine dernière, au lieu de se déclarer incompétent, eût entamé le fond du procès, l'accusé était obligé de se défendre; ses défenseurs et lui sont donc tout préparés.

« Un retard, inutile pour lui, serait un scandale. »

Le procureur général requérait donc la Chambre des pairs afin qu'il lui plût de se constituer en Cour de justice, pour juger les faits énoncés, prévus par les articles 77, 87, 88, 89,

91, 92, 93, 96 et 102 du Code pénal, et constituant le crime de haute trahison contre la sûreté extérieure et intérieure de l'État. Il demandait en outre que le chancelier se commît lui-même ou déléguât tel pair qu'il lui plairait pour procéder à l'audition des témoins, et qu'il désignât le jour d'ouverture des débats, qui seraient continués sans désemparer.

Conformément à ce réquisitoire, la Chambre des pairs adopta, dans la séance du 13 novembre, le projet d'arrêt proposé par le chancelier. Elle donna acte au commissaire du Roi du dépôt des pièces, ordonna qu'il serait incontinent procédé à l'instruction écrite du procès, qu'elle se réunirait au jour indiqué par le président pour entendre le rapport du commissaire instructeur de la Chambre désigné par le chancelier. Le 16 novembre la Chambre se réunissait de nouveau, et le chancelier lui donnait avis, dès l'ouverture de la séance, que le baron Séguier, délégué par lui comme commissaire instructeur, était prêt à lire son rapport, qui avait été préalablement communiqué aux commissaires du Roi également prêts à soumettre à la Chambre l'acte d'accusation qu'ils avaient dressé.

Il restait à prendre quelques décisions réglementaires. La Chambre décida que, ceux-là seuls qui avaient assisté à tous les débats pouvant juger, la présence des pairs serait constatée au commencement de chaque séance par un appel nominal; que, la Chambre étant appelée à remplir des fonctions judiciaires, et aucun juge ne pouvant se déporter, d'après l'ordonnance de 1667, sans motif légitime, jugé tel par le tribunal dont il fait partie, aucun pair ne pourrait s'abstenir de prendre part au jugement, avant que les motifs de son déport eussent été déclarés valables par la Chambre. On procéda alors à l'appréciation de plusieurs demandes de déport. Le prince de Talleyrand, le comte de Jaucourt et le comte Gouvion-Saint-Cyr furent autorisés à s'abstenir de siéger parmi les juges du maréchal Ney, attendu qu'ils étaient membres du ministère précédent, sur la proposition duquel avaient été rendues les ordonnances du 24 juillet et du 2 août, statuant que le maréchal Ney serait traduit devant un Conseil de guerre. Devenus par ce seul fait accusateurs du maréchal, ils ne pouvaient siéger parmi ses juges. Le maréchal Augereau fut également autorisé à s'abstenir, parce qu'il avait siégé dans le Conseil de guerre rassemblé pour juger le maréchal Ney. L'appel nominal fait ensuite constata cent soixante et un pairs présents. Le nombre total des membres de la pairie était de deux cent quatorze. Mais sept s'étaient déportés comme pairs ecclésiastiques, en vertu des canons qui interdisent aux prêtres de siéger dans les procès pouvant entraîner la peine capitale; six comme ministres ayant pris part à l'accusation; cinq comme témoins entendus; un comme ayant siégé au Conseil de guerre; un comme n'ayant pas voix délibérative à cause de son âge; huit comme n'étant pas reçus, ce qui portait le total des déductions à faire à vingt-huit. Il restait donc encore vingt-cinq absents, dont plusieurs étaient empêchés par l'état de leur santé, plusieurs employés au dehors pour le service du Roi.

Le 17 novembre, l'appel nominal constata la présence de 159 membres, et le procureur général présenta l'acte d'accusation et un réquisitoire tendant à obtenir : 1° une ordonnance de prise de corps contre le maréchal Ney; 2° l'ouverture des débats au jour le plus prochain, sauf à l'accusé de présenter avant cette ouverture ses moyens préjudiciels; 3° l'annexe de l'acte d'accusation et du réquisitoire à la minute de l'arrêt à intervenir. Après quoi les commissaires du Roi se retirèrent, et une séance secrète s'ouvrit, dans laquelle les pairs présents, au nombre de 159, comme il fut constaté par un nouvel appel nominal, opinèrent à l'unanimité en faveur du réquisitoire qui venait de leur être présenté. Avant que la séance publique se rouvrît, on pourvut à une difficulté qui avait surgi. Plusieurs des opinants se trouvant liés entre eux par des degrés de parenté ou d'alliance, qui, suivant les principes adoptés dans les cours de justice criminelle, donnent lieu à la réduction des voix dans le cas d'opinions conformes; la Chambre, pour le cas actuel, arrêta ce qui suit : Ne seront comptées que pour une voix dans le recensement des suffrages, en cas d'opinions conformes, celles des pères et fils, frères, oncles et neveux, beaux-pères et gendres, beaux-frères, en observant de ne pas regarder comme tels ceux qui ont épousé les deux sœurs. Au moyen de ces confusions de votes, les 159 voix, diminuées de 14, se trouvèrent réduites à 145. Cette nouvelle mesure ayant été prise pour empêcher les influences de famille de mettre obstacle à l'impartialité du jugement, la séance redevint publique, et le chancelier lut le résultat de la délibération :

« Attendu les charges existantes, la Chambre ordonne que Michel Ney, maréchal de France, duc d'Elchingen, prince de la Moskowa et pair de France, né à Sarrelouis, département de la Moselle, âgé de 46 ans, serait pris au corps, conduit à la maison de justice, près la Cour d'assises de Paris, comme aussi fixe l'ouverture des débats au mardi 21 du présent, sauf au maréchal Ney à présenter ses moyens préjudiciels, s'il en a, audit jour, pour qu'ils fussent appréciés avant l'ouverture des débats. »

Cette délibération était signée, suivant l'usage, par le bureau de la Chambre, composé de M. Dambray, président, le comte de Pastoret, M. de Sèze, le vicomte de Chateaubriand, le duc de Choiseul, secrétaires.

Le 21 novembre, avant que le public fût introduit, il y eut une séance préliminaire. Dix jours s'étaient écoulés depuis que l'affaire du maréchal Ney avait été portée devant la Chambre des pairs. Cette Chambre avait employé ces dix jours à assurer sa marche, à s'entourer de toutes les garanties qui peuvent aider à faire bonne justice. Sa sollicitude à éviter les procédés sommaires dont usent les tribunaux d'exception est visible. A ce point de vue, il y a tout un monde entre le procès du maréchal Ney et le procès du duc d'Enghien [1]. Cette préoccupation vint s'exprimer dans le discours que prononça le chancelier à l'ouverture de la séance parlementaire du 21 novembre. Voici ce discours :

« Ce n'est pas à la Chambre des pairs, ce n'est pas au plus illustre des grands corps de l'État que j'ai besoin de rappeler l'attitude imposante d'impartialité qui convient à l'éminence des fonctions que nous avons à remplir. Il est notoire que la Chambre des pairs ne peut vouloir que la justice ; elle ne peut chercher que la vérité, mais elle ne doit la recevoir que des mains de la loi et dans les formes qu'elle a si sagement établies.

« Si ces formes ne sont pas pour nous de stricte rigueur, elles sont au moins d'étroite convenance, et il est dans votre intention de conserver toutes celles qui, dans les tribunaux ordinaires, sont protectrices de l'innocence, tutélaires de l'honneur et de la vie des citoyens. La plus essentielle de toutes est la plus grande latitude possible dans la défense de l'accusé. Ni lui ni son conseil ne peuvent être interrompus, et nous devons soigneusement nous interdire, par respect pour nous-mêmes et pour le public témoin pour la première fois de nos délibérations, tout signe extérieur d'impatience ou d'improbation.

« Le silence le plus absolu doit régner parmi MM. les pairs ; aucun d'eux ne peut prendre la parole sans la demander, aucun ne peut la demander que pour interroger l'accusé ou faire des interpellations aux témoins, et je n'ai pas besoin de faire observer que MM. les pairs sont trop nombreux pour ne pas user très-sobrement de ce droit d'interpellation, dont l'usage trop multiplié fatiguerait l'accusé et prolongerait indéfiniment les débats.

« La direction des débats m'appartient exclusivement. Dans les formes ordinaires de nos délibérations, je me félicite de n'être que l'interprète de votre vœu, l'organe de votre volonté ; mais en matière criminelle j'ai des devoirs personnels et positifs à remplir. Ils me sont imposés par les articles 268, 269, 270 du Code d'instruction.

« Je dois prendre sur moi tout ce que je croirai utile pour découvrir la vérité et empêcher la prolongation inutile des débats. Ce pouvoir n'est pas un droit, c'est un devoir ; je ne peux en conscience et en honneur

---

1. Ceci n'empêche pas M. Dupin de dire dans ses *Mémoires*, tome 1er, page 37 (Paris, 1855) : « On peut voir dans la relation du procès combien les avocats eurent de peine à obtenir les délais les plus courts pour préparer la défense écrite ou orale. » M. Dupin *plaide* toujours le procès du maréchal Ney ; il ne comprend pas que le moment du jugement historique est venu.

repousser une obligation dont mon honneur et ma conscience sont chargés. »

Telles furent les paroles du chancelier Dambray, qu'on peut regarder comme l'introduction à la partie active du procès. En effet, à l'ouverture de la séance publique, le maréchal Ney devait paraître devant ses juges. Cependant on lut encore les lettres d'excuse du comte de Vioménil, qui, partant pour prendre le commandement de la 13e division militaire, ne pouvait siéger à la Chambre; celle du comte de Volney, retenu par une incommodité grave et habituelle, et celle du comte de Tracy, empêché par un état de santé aussi fâcheux et une cécité presque complète. Il fut ensuite décidé, sur la proposition d'un pair, que l'appel nominal serait fait en présence de l'accusé, pour qu'il pût exercer ses récusations, s'il y avait lieu.

Dès huit heures du matin, toutes les places assignées au public dans les tribunes de la Chambre des pairs étaient occupées. On remarquait dans l'assistance le prince royal de Wurtemberg, le prince de Metternich, M. de Goltz, et un certain nombre d'étrangers de distinction. Les membres de la Chambre des députés se pressaient dans la tribune qui leur avait été réservée. C'était un de ces procès qui remuent profondément tous les sentiments de la nature humaine. Celui qui allait s'asseoir sur le banc des accusés avait été un des plus illustres soldats des armées françaises, et la clameur militaire avait ratifié le titre de *brave des braves*, que Napoléon avait donné à Michel Ney après la retraite de Moscou, où, toujours à l'extrême arrière-garde, ce vaillant maréchal avait couvert notre armée dissoute de sa présence, de son inébranlable courage et de son épée. L'éclat de l'ancienne position de l'accusé, rapproché de sa position présente, si triste et si désespérée, sa gloire, dont un reflet le suivait jusque dans son humiliation, le spectacle des vicissitudes humaines donné une fois de plus dans sa personne, tout contribuait à rendre cette séance grave et solennelle. On se demandait avec une curiosité anxieuse quel serait le système de sa défense. Il ne pouvait y avoir de doute dans les esprits sur l'action du maréchal Ney. Judiciairement, il était impossible de le défendre, il fallait donc se borner à l'expliquer. Pour présenter cette explication, aucune voix ne valait celle de l'accusé lui-même. Les avocats, par les habitudes de leur profession, se laissent, pour la plupart, entraîner à plaider l'innocence de leur client, et ils croiraient manquer à leurs devoirs professionnels, s'ils ne plaidaient pas cette innocence contre toute vraisemblance, et s'ils n'opposaient pas, à l'aide d'une dialectique plus ou moins captieuse, des fins de non-recevoir ou des déclinatoires à l'évidence même. Ici, il n'y avait pas d'innocence à plaider. Le seul moyen qu'eût le maréchal Ney de sauver sa vie, s'il en avait un, c'était de la livrer, comme il l'avait fait si souvent sur les champs de bataille. Que fût-il advenu si, imposant silence à ses avocats, écartant les moyens préjudiciels, et allant droit au but, le maréchal se fût borné à rappeler en quelques mots les grandes actions de sa vie militaire, s'il avait hautement condamné lui-même sa conduite dans les journées de Lons-le-Saulnier; s'il avait rappelé à l'audience ce qu'il avait dit dans son premier interrogatoire, en répondant à M. Decazes : « Je suis trop coupable pour marchander ma vie au Roi, il fera de moi ce qu'il voudra, » s'il s'était borné à repousser l'accusation de préméditation, en expliquant, sans l'excuser, sa défection soudaine par l'ascendant de son ancien maître, le courant général de la situation et l'entraînement du soldat, prompt comme lui à céder à l'irrésistible aimant de la présence de l'Empereur? Certes, s'il eût agi ainsi, si en abandonnant sa tête à la rigueur des lois il eût ajouté que, prêt à mourir, dans le cas où le Roi jugerait cette satisfaction nécessaire, il aimerait mieux verser le reste de son sang pour la France sur les champs de bataille, il aurait mis la Chambre, le gouvernement et le Roi en demeure de se montrer généreux, et les aurait peut-être obligés d'épargner une vie qu'il leur aurait abandonnée sans la défendre. Dans la circonstance donnée, c'était la seule défense possible, la seule chance de salut dans la situation extraordinaire où se trouvait l'infortuné maréchal.

Ce n'est point une idée chimérique et conçue après l'événement que nous exposons ici. Elle s'était présentée à l'esprit des contemporains du procès, et, par une étrange coïncidence, c'était M. Bellart qui, désigné plus tard par le gouvernement pour soutenir l'accusation contre le maréchal Ney, l'avait suggérée, alors que, simple avocat, on lui avait demandé de le défendre. Quand ce jurisconsulte revint d'Angleterre, où il s'était réfugié pendant les Cent-Jours, M. Gamot, beau-frère du maréchal déjà arrêté à cette époque et prêt à paraître devant le conseil de guerre, vint prier M. Bellart, avec lequel il avait d'anciens rapports, de plaider pour Michel Ney : « Mes convictions ne me le permettent pas, répondit loyalement M. Bellart, il est trop coupable à mes yeux. Je ne trouverais ni idées ni expressions pour le justifier. En outre, je suis convaincu qu'il ne peut se sauver ni en chicanant sa vie ni en recourant à des moyens de palais. Cependant, ennemi de son crime, je ne le suis pas de sa personne ; je vais vous indiquer un moyen de salut : c'est le maréchal seul qui doit se défendre ; des chicanes, des moyens ordinaires de palais, ne peuvent le sauver ; à sa place, je me présenterais devant le conseil de guerre, je ne dirais que quelques mots, je m'abandonnerais à mes juges [1]. »

---

[1]. En donnant ces détails dans la *Relation d'un voyage aux Pyrénées*, M. Bellart ajoute : « Gamot se retira comme persuadé ; un mois s'écoula, je fus nommé procureur général. Gamot alla chercher d'autres conseils. Ils ne virent dans le procès de Ney qu'un procès ordinaire, ils lui soufflèrent des arguties ; Ney les adopta et périt. »

Ses conseils ne comprirent pas cette situation comme M. Bellart l'avait comprise : un seul d'entre eux, M. Berryer fils [1], eut peut-être l'intuition de l'unique moyen à employer ; mais, trop jeune pour donner l'impulsion, il ne pouvait que la suivre. Son père et M. Dupin conçurent leurs plaidoyers et leurs mémoires comme s'il s'agissait d'une affaire ordinaire. Ils cherchèrent les déclinatoires, les moyens préjudiciels, les expédients, en un mot les arguments de la cause, dans une cause où il n'y avait pas d'arguments.

Le 21 novembre, à dix heures du matin, la Chambre des pairs avait pris place dans la salle des séances. Dans le parquet, en face du président, étaient les fauteuils des ministres du Roi qui soutenaient l'accusation. Auprès d'eux et devant un bureau, M. Bellart, chargé de porter la parole, avait sa place marquée. Près de la barre, à gauche et à droite, des siéges pour les défenseurs. Devant la barre, un fauteuil avait été placé pour l'accusé. Avant d'ouvrir la séance, le chancelier réclama du public le plus religieux silence, et rappela que les signes d'approbation ou d'improbation étaient sévèrement interdits. Il ordonna aux huissiers d'indiquer ceux qui seraient assez téméraires pour troubler l'ordre public, et aux commandants de la force armée de les faire arrêter. « Le plus profond respect, ajouta-t-il, est dû tant à l'auguste assemblée que j'ai l'honneur de présider, qu'au malheur. »

Il fit alors introduire les témoins. Ceux-ci ayant pris séance, il ordonna que l'accusé fût amené. En ce moment les ministres du Roi, MM. le garde des sceaux (Barbé-Marbois), le ministre de l'intérieur (de Vaublanc), le ministre de la marine (Dubouchage), furent annoncés et introduits [2]. On vit presque aussitôt entrer le maréchal Ney escorté de quatre

---

1. M. Berryer n'avait à cette époque que 25 ans.
2. Le *Moniteur* ne mentionne pas la présence du ministre de la police, que la plupart des historiens font assister à cette séance.

grenadiers de la nouvelle garde royale. L'effet fut grand lorsque le maréchal se présenta, gardé par ces quatre soldats, entre ses deux défenseurs, MM. Berryer et Dupin, qui étaient allés au-devant de lui. Le chancelier interrogea l'accusé sur ses nom, prénoms et qualités. Celui-ci répondit : « Je me nomme Michel Ney, né le 10 février 1769, âgé de 46 ans, né à Sarrelouis, département de la Moselle. Mes qualités sont maréchal de France, pair de France, duc d'Elchingen, prince de la Moskowa; mes décorations, chevalier de Saint-Louis, de la Couronne-de-Fer, de l'ordre du Christ, et grand cordon de la Légion d'honneur. »

Il fut donné lecture des ordonnances du Roi et de l'acte d'accusation. Les avocats commencèrent alors cette guerre savante de marches et de contre-marches qu'enseignent la connaissance du droit et la pratique des affaires aux tacticiens du barreau, et qui avait ici l'inconvénient de ne pouvoir conduire à aucun résultat pratique. On eût dit que, désespérant de gagner leur cause, ils réduisaient leur ambition à gagner du temps. Ils demandèrent d'abord qu'il fût sursis à toute poursuite contre le maréchal Ney jusqu'à ce que, par une loi organique et spéciale, la procédure à tenir en la Cour eût été fixée. Ils se plaignirent ensuite que ce fût comme coupable de haute trahison seulement que le maréchal Ney comparût devant la Cour des pairs. Ils maintinrent que, pair de France, il ne pouvait perdre cette qualité que par un jugement de la Chambre, et que c'était comme pair qu'il devait comparaître. Ils annoncèrent que, si ce moyen préjudiciel n'était pas admis, ils en auraient d'autres à faire valoir qu'ils présenteraient successivement.

C'était plaider pour plaider. Il était impossible d'espérer que la Chambre des pairs, qui, acceptant la mission que le Roi lui avait déférée, venait de se faire lire les ordonnances destinées à régler la forme à suivre dans la procédure, se déjugeât elle-même et renvoyât le procès après la discussion d'une loi organique qui n'était pas même présentée. La prétention de maintenir le maréchal Ney en possession de la dignité de pair de France sous la monarchie, quoiqu'il eût proclamé la déchéance de cette dynastie à la tête de l'armée que le Roi lui avait confiée, et fait partie de la Chambre des pairs des Cent-Jours, n'était ni plus sérieuse ni plus adroite. Enfin l'intention de présenter successivement des moyens préjudiciels qui, comme des relais, pouvaient se succéder indéfiniment, était de nature à indisposer la Cour. Il était facile de le voir dès le début, la défense se fourvoyait.

M. Bellart le fit sentir avec cette âpreté qui tenait à la fois de la nature de son talent et du mouvement des esprits à cette époque :

« Je ne veux point croire qu'il y ait dans ce système l'intention d'éterniser une affaire qui, au grand scandale de la France et de l'Europe, dure encore, s'écria-t-il; mais je dois requérir que les défenseurs du maréchal, s'ils ne veulent pas être déchus de leurs moyens préjudiciels, soient tenus de les présenter successivement et cumulativement, sans préjudicier les uns aux autres. »

M. Dupin, dans sa réplique, affirma que les avocats désiraient, autant que le ministère public, accélérer la marche du procès. Selon lui, les ministres n'auraient pas mis plus de temps à obtenir des deux Chambres une loi qui réglât la matière qu'à rédiger leur ordonnance. A cette assertion, qui ne soutenait pas l'examen, M. Dupin ajouta un argument de nature à produire plus d'impression, car il soulevait une question de bonne foi. La procédure n'avait été soumise aux avocats que le 18 novembre; ils s'étaient présentés devant la Cour des pairs avec la confiance qu'elle les admettrait à plaider ce seul moyen préjudiciel.

Après en avoir délibéré dans la chambre du conseil, la

Chambre des pairs rejeta les conclusions du procureur général, rentra en séance, et le chancelier déclara qu'il avait été décidé que le ministère public et la défense seraient entendus sur le premier moyen préjudiciel de l'accusé. M. Bellart prit alors la parole en ces termes :

« M. le maréchal Ney, traduit d'abord devant un Conseil de guerre, a déclaré l'incompétence d'un pareil tribunal et a demandé à être jugé par la Chambre des pairs. Cette faveur lui a été accordée, il est traduit devant vous, et, au moment où il ne devrait éprouver d'autre empressement que celui de se justifier du crime qui lui est imputé, il cherche au contraire à soulever de nouvelles difficultés et à éluder encore le jugement. On avait le droit d'attendre de lui une autre conduite.

« On s'est demandé si le maréchal avait pu être dépouillé de la qualité de pair de France par une ordonnance royale. Il a perdu cette qualité en siégeant dans la Chambre des Cent-Jours.

« On accuse les ministres de la publicité donnée à leurs plaintes. Mais qu'a donc appris au public le discours du ministre? Une défection connue de toute l'Europe.

« Le principal grief, c'est qu'il y a manque de pouvoirs dans la Chambre pour juger. L'accusé veut une loi qui règle la forme du jugement.

« Ainsi, le maréchal n'aurait pas de juges, et, tant que cette loi n'aurait pas été rendue, tous les pairs placés dans la même situation pourraient commettre impunément tous les crimes, puisqu'il serait impossible de les juger. Énoncer une pareille doctrine, c'est la réfuter. La Charte, qui a dit que vous jugeriez les accusations de haute trahison, n'a pas dit qu'il y aurait une loi pour régler la forme; donc le Roi ou vous pouvez la régler. Dans tous les cas, le Roi a pu certainement faire ce règlement en vertu de l'article 14, qui l'autorise *à faire les règlements pour l'exécution des lois et la sûreté de l'État*.

« Je conclus à ce que, sans s'arrêter au défaut de pouvoir opposé par les conseils du maréchal, il leur soit prescrit de présenter cumulativement tous les moyens préjudiciels dans une audience prochaine. »

M. Dupin se leva alors et répliqua en ces termes :

« Après avoir réclamé les juges du maréchal, nous réclamons une procédure légale et régulière. D'après l'article 33, la Chambre des pairs connaît des crimes de haute trahison et des attentats contre la sûreté de l'État qui seront définis par une loi. C'est donc une loi, rien autre chose qu'une loi, qu'il faut pour définir le crime dont le maréchal est accusé, pour tracer les formes de l'instruction. Le gouvernement aurait, dit-on, le droit de faire un règlement pour le salut de l'État. Quoi! le gouvernement aurait le droit de faire perdre à un citoyen ce qu'il a de plus cher, la vie et l'honneur? »

La Cour, étant rentrée dans la chambre du conseil, adopta à l'unanimité, moins une voix, les conclusions du procureur général, qui, après s'être expliqué sur le moyen préjudiciel, avait conclu à ce que, sans s'arrêter à ce moyen, non plus qu'à tous autres, l'accusé serait tenu de plaider cumulativement dans la séance prochaine, à peine de déchéance, et que Chambre ordonnerait qu'il serait incontinent procédé à l'examen et aux débats. Sur 162 votants, 161, réduits par conformité d'opinions entre parents ou alliés à 147, votèrent pour; un seul contre [1].

Ce fut dans la séance du surlendemain, 23 novembre, que les défenseurs du maréchal Ney durent présenter cumulativement leurs moyens préjudiciels. Au commencement de la séance, le chancelier lut les lettres de plusieurs pairs qui s'excusaient de ne pouvoir assister à l'audience à cause de graves indispositions [2].

Les conseils de l'accusé demandèrent ensuite l'annulation de la procédure en se fondant sur cinq moyens : le premier tiré du défaut de signature de tous les pairs au bas de l'arrêt du 13 novembre, qui n'était signé que du président et des secrétaires de la Chambre ; le second, du défaut de mise en accusation dans l'arrêt du 16 du même mois ; le troisième, de ce que l'acte d'accusation était antérieur à l'arrêt du 16 ; le quatrième, tiré du défaut de date dans la copie de cet acte signifié à l'accusé ; le cinquième, tiré de ce que l'accusé n'avait pas été averti de proposer ses nullités.

[1]. *Procès-verbaux* de la Chambre des Pairs, bibliothèque du Corps législatif.
[2]. C'étaient le duc de Saulx, les comtes de Boissy-d'Anglas, de Lanjuinais, Porcher de Richbourg.

La Chambre, rentrée dans la chambre du conseil, repoussa ces cinq moyens. Il n'y eut de discussion que sur le premier, le quatrième et le cinquième. La Chambre se fonda, pour repousser le premier, sur l'article 277 du Code d'instruction, qui n'exige pour les discussions auxquelles peuvent donner lieu dans le cours d'un débat les réquisitoires du procureur général que les signatures du président et du greffier, et sur ce que la Chambre des pairs n'est pas astreinte aux formalités imposées aux cours ordinaires. La Chambre repoussa le quatrième parce que l'accusé, par une reconnaissance écrite sur l'original, avait lui-même constaté la date de la notification. Elle repoussa le cinquième en se fondant sur ce que l'article 172 du Code d'instruction prouve que l'article 242 du même Code n'est pas applicable à la Chambre des pairs.

Il fallut encore plaider pour épuiser les préliminaires sur la fixation du jour où s'ouvriraient les débats. M. Bellart demanda que l'on choisît un jour très-rapproché. Le maréchal, disait-il, avait été à la veille de paraître devant un Conseil de guerre. Il aurait dû, ce jour-là, présenter sa défense tout entière. Si le moyen tiré de la compétence avait été rejeté, les débats s'ouvraient à l'instant. Ses moyens de défense devaient donc être rassemblés, ses témoins arrêtés. Comment ses défenseurs qui étaient prêts alors ne le seraient-ils plus aujourd'hui? Les défenseurs insistèrent vivement, et à plusieurs reprises, pour qu'on leur donnât huit jours de délai, afin de citer et de faire paraître plusieurs témoins à décharge.

La Chambre des pairs, après en avoir délibéré, décida conformément aux conclusions du procureur général, qu'elle ne s'arrêterait pas aux moyens préjudiciels qu'elle déclara mal fondés; mais, faisant droit sur la demande de l'accusé, dont les conseils avaient déclaré avoir besoin de temps pour citer les témoins à décharge et préparer la défense, elle s'ajourna au 4 décembre pour l'ouverture des débats. C'était un délai de dix jours.

Dans ces préliminaires du procès, la Chambre des pairs s'était montrée constamment animée d'un double sentiment : la ferme volonté de s'acquitter de sa mission judiciaire, le désir de donner à la défense toute la latitude compatible avec les droits de la justice. Pendant cet intervalle de dix jours, l'attention publique continua à être fixée sur cette affaire. Les défenseurs du maréchal se servirent de ce délai, non-seulement pour réunir leurs moyens de défense, mais pour chercher en à créer un nouveau qui pût suppléer à l'insuffisance des autres. Ils comprenaient eux-mêmes, en effet, combien il était difficile de justifier la conduite du maréchal Ney à Lons-le-Saulnier. Ils eurent la pensée d'abriter, non pas son innocence, mais sa vie derrière l'article 12 de la capitulation de Paris destiné à assurer contre les vindictes des étrangers vainqueurs tous les habitants de cette ville qui avaient pris part aux actes des Cent-Jours. La maréchale, par leur conseil, demanda une audience au duc de Wellington, et l'adjura d'intervenir au procès et de déclarer le maréchal Ney couvert par la capitulation de Paris. Le duc de Wellington, maintenant à la convention de juillet le sens qu'il lui avait donnée dans sa correspondance avec son gouvernement, le lendemain même du jour où elle fut signée, s'y refusa et motiva l'intention où il était de ne pas intervenir au procès par les raisons suivantes : « Le Roi de France n'avait pas ratifié la convention du 3 juillet; la stipulation écrite en l'article 12 n'exprimait qu'une renonciation des hautes puissances pour leur compte à rechercher qui que ce fût en France pour raison de sa conduite ou de ses opinions politiques; elles n'avaient donc à s'immiscer en rien dans les actes du gouvernement du Roi [1]. »

---

[1]. Je transcris textuellement cette réponse telle que je la trouve dans le

C'était une fausse démarche de plus dans une affaire où la défense avait commis tant de fautes. On la comprend de la part d'une femme désolée, et à bon droit décidée à tout tenter pour sauver son mari. Mais les défenseurs du maréchal, jugeant les choses avec plus de sang-froid, auraient dû la détourner de cette démarche sans résultat possible, et qui avait de graves inconvénients. Il n'était pas de la dignité du maréchal Ney de revendiquer l'intervention du duc de Wellington, et de s'exposer à un refus inévitable; car il n'appartenait pas à ce général étranger de s'opposer au cours de la justice en France, au nom d'une convention purement militaire qui ne faisait loi que pour ceux qui l'avaient signée. En droit le succès était impossible, en fait plus impossible encore, puisque les coalisés souhaitaient que les auteurs et les fauteurs des Cent-Jours fussent punis pour que la paix si chèrement achetée fût garantie. Enfin, vis-à-vis de la Chambre des pairs qui représentait l'action de la justice française, c'était prendre une mauvaise situation que de vouloir abriter le maréchal Ney sous la protection des étrangers, et de demander pour lui, non plus la justice, mais l'impunité.

Le 4 décembre, l'audience se rouvrit sous l'impression de ce fait. On connaissait désormais le système de défense du maréchal. Ses avocats atténueraient autant que possible, dans leurs plaidoiries, les torts de sa conduite; s'ils voyaient toutes les chances de réussite leur échapper de ce côté, ils essayeraient d'abriter la vie de leur client sous la convention militaire de Paris. Moyen désespéré qui semblait avoir été choisi plutôt pour ménager une péripétie dramatique dans le procès qu'avec l'espoir d'un succès impossible. Le maréchal, en effet,

---

Journal des Débats du temps, auquel elle fut évidemment communiquée par le duc de Wellington. Le fait de l'audience demandée au duc de Wellington par madame la maréchale Ney se trouve constaté par la même note insérée précédemment dans le *Journal des Débats* et reproduite au *Moniteur*.

avait dit à ses défenseurs dès le début : « J'ai une femme à laquelle je suis tendrement attaché, des enfants en bas âge ; plaidez d'abord pour la vie, sauvez-la si elle peut être sauvée ; mais, s'il faut mourir, avertissez-moi à temps, je veux bien tomber. »

Les juges étaient réunis de bonne heure dans la salle du conseil. Il y avait une question grave à résoudre avant l'ouverture de l'audience publique. Deux lettres d'excuses envoyées par des membres [1] auxquels leur santé ne permettait pas de siéger jusqu'à la fin du procès furent d'abord lues ; après quoi le président soumit à l'assemblée cette question : « A quelle majorité devait être rendu l'arrêt définitif. »

Un pair rappela que, d'après l'article 8 de l'ordonnance du Roi du 12 novembre 1815, il devra être procédé à l'audition des témoins, au débat et à l'arrêt, « suivant les formes prescrites pour les Cours spéciales. » Or, d'après l'article 582 du Code d'instruction criminelle, les Cours spéciales, composées de huit juges, doivent juger à la majorité de cinq contre trois. Les cinq huitièmes des voix étaient donc exigibles. Un grand nombre de pairs appuyèrent cette observation. D'autres firent observer que, dans une cour de huit juges, la majorité de cinq voix est simplement la majorité absolue. L'article 582 du Code n'en exigeait donc pas d'autres, puisqu'il portait : « Le jugement de la Cour se formera à la simple majorité. » Un pair combattit cette observation en rappelant la maxime *favores ampliandi ;* entre deux interprétations, on doit toujours adopter la plus favorable à l'accusé.

La Chambre, se rangeant à cet avis, déclara que les cinq huitièmes des voix seraient nécessaires à l'arrêt définitif en cas de condamnation. Et, l'appel nominal ayant constaté cent cin-

---

[1]. Les comtes Dembarrère et Boissy-d'Anglas.

quante-cinq présents, cent quarante et un opinèrent pour les cinq huitièmes; quatorze seulement pour la simple majorité [1].

Cette question réglée, l'audience publique fut ouverte à dix heures trois quarts. Le président fit lire la liste des témoins cités à la requête du ministère public et sur la demande de l'accusé [2]. Les premiers étaient appelés pour témoigner des faits qui s'étaient passés à Paris au moment du départ du maréchal et dans l'audience où il avait été reçu par le Roi, aussi bien que des faits qui s'étaient passés à Lons-le-Saulnier le jour où le maréchal abandonna avec son armée la cause du Roi pour celle de Bonaparte, et les jours suivants. Les seconds, cités à la requête de la défense, étaient évidemment appelés, comme leur nom suffisait pour l'indiquer, afin d'appuyer le recours du maréchal à la convention de Paris. C'était, en effet, on s'en souvient, le maréchal d'Eckmühl, commandant en chef l'armée qui couvrait cette ville au moment de la convention militaire; M. Guilleminot était son chef d'état-major, et MM. de Bondy et Bignon les deux plénipotentiaires civils qui l'avaient signée.

L'interrogatoire commença. Le maréchal Ney, avant de répondre aux questions, fit une réserve qui acheva d'indiquer

---

[1]. *Procès-verbaux* des séances secrètes de la Chambre des pairs, Bibliothèque du palais Bourbon.

[2]. Les témoins appelés à la requête du ministère public étaient : le duc de Duras, Magin, Pantin, Perrath, chevalier de Richemond, de Beausire, le duc de Reggio, baron Clouet, comte de Taverney, prince de Poix, comte de Scey, comte de la Genetière, comte de Grivel, comte de Bourmont, de Balliencourt, Duballen, Charneville de Fresnoy, le chevalier Grison, Tumeril de Lecourt, Batardy, le duc de Maillé, le baron de Pressing de Préchamp, le baron Mermet, le baron Gauthier, le marquis de Sauran, Gauthier de Saint-Amour, Cayrol, le duc d'Albuféra, de Lange de Bourcin, le baron de Montgenet, Boulouze, le baron Capelle, le marquis de Vaulchier, Bessières, Grey, le chevalier Durand, le comte Houdelet, madame Maury.

Les témoins cités à la demande de l'accusé étaient le prince d'Eckmühl, le général Guilleminot, le comte de Bondy, M. Bignon.

que la défense regardait la convention du 3 juillet comme son suprême refuge. Voici cette réserve :

« Je vais, dit-il, répondre à toutes les inculpations, sauf la réserve de faire valoir par mes défenseurs les moyens tirés de l'art. 12 de la Convention du 3 juillet et des dispositions de celle du 20 nov. 1815. »

Le ministère public se contenta de déclarer qu'il n'admettait pas ces réserves, et l'interrogatoire s'ouvrit.

Il résulta des premières réponses du maréchal que, mandé à Paris le 5 mars précédent par un ordre du ministre de la guerre, ordre qui lui fut porté dans sa terre des Coudreaux par un officier, il était arrivé le 7 au soir, sans rien savoir du débarquement de Napoléon sur la côte de Provence. Ce fut chez son notaire qu'il l'apprit. Il avait été reçu par le roi, après avoir insisté pour le voir, car, dans le premier moment, on lui avait dit que Sa Majesté était souffrante. Au sujet de ce qui s'était passé dans cette cette audience, il ajouta :

« Sur ce que je suis censé lui avoir dit que je ramènerais Bonaparte dans une cage de fer, dussé-je être fusillé, lacéré en mille morceaux, je ne me rappelle pas l'avoir dit. J'ai dit que son entreprise était si extravagante, que, si on le prenait, il mériterait d'être mis dans une cage de fer. Cependant, si je l'avais dit, ce serait une sottise impardonnable ; mais ce serait une preuve que j'avais le désir de servir le Roi[1]. »

Deux témoins de l'audience que le Roi avait donnée au maréchal contestèrent l'exactitude de ses souvenirs. Le duc de Duras déposa en ces termes :

« Le 7 mars dernier, j'ai introduit M. le maréchal Ney dans le cabinet

---

[1]. Le maréchal, moins affirmatif, avait dit dans son interrogatoire devant le préfet de police : « Je crois que je répondis à S. M. que cette démarche de la part de Bonaparte était insensée, qu'il méritait, s'il était pris, d'être mis dans une cage de fer. On a prétendu que j'avais dit que je le conduirais moi-même, si je le prenais, dans une cage de fer. Je ne me rappelle pas bien ce que j'ai dit ; je sais que j'ai prononcé ces mots : *cage de fer.* »

du Roi à onze heures un quart. Le maréchal s'est avancé d'un pas ferme vers le Roi, et, en s'inclinant, il a remercié S. M. de la confiance dont elle venait de lui donner un témoignage par des paroles pleines de bonté. Après avoir baisé la main que le Roi a daigné lui tendre, il a dit à S. M. que, s'il pouvait prendre Bonaparte, il le lui ramènerait dans une cage de fer. »

Le chancelier ayant demandé à l'accusé s'il avait quelques observations à faire, celui-ci répondit :

« Je n'ai pas dit cela. Je croyais avoir dit l'inverse : que l'entreprise de Bonaparte était si extravagante, que, si on le prenait, il méritait d'être ramené dans une cage de fer. »

Le témoin, de nouveau interpellé sur sa déposition, répondit :

« Je ne sais si ce sont les termes positivement, mais c'est bien le sens de ce que le maréchal a dit.

Le prince de Poix, témoin comme le duc de Duras de la conversation du maréchal avec le Roi, déposa en ces termes sur la même circonstance :

« Le Roi fit entrer sur-le-champ le maréchal, et lui dit à peu près ces paroles : *Partez, je compte bien sur votre dévouement et votre fidélité.* Le maréchal s'inclina, baisa avec affection la main que le Roi lui tendit, et lui dit : *Sire, j'espère bien venir à bout de le ramener dans une cage de fer.*

Le Président demanda de nouveau à l'accusé s'il avait quelque observation à faire sur cette déposition. Il répondit négativement.

La suite de l'interrogatoire porta sur la conduite du maréchal dans les premiers moments de son arrivée à Lons-le-Saulnier. Il répondit qu'il était arrivé dans cette ville le 12 mars, qu'il avait réuni les officiers et les avait rappelés à leurs devoirs et à leurs serments. A mesure qu'il se trouvait en présence des soldats, il leur tenait un langage analogue.

L'interrogatoire était arrivé à la nuit fatale du 13 au 14 mars, dans laquelle s'était accomplie la défection du maréchal Ney, qui, vingt-quatre heures auparavant, exhortait encore ses officiers et ses soldats à demeurer fidèles au Roi. Il se poursuivit en ces termes :

D. Qu'avez-vous fait dans la nuit du 13 au 14 ?
R. J'ai reçu plusieurs agents de Bonaparte.
D. A quelle heure ?
R. A une heure, deux heures ou trois heures.
D. Quels étaient ces émissaires ?
R. Plusieurs individus : des officiers de la garde déguisés ; un d'eux blessé à la main. Dans le premier interrogatoire du ministre de la police, je m'en suis expliqué. On a dit que, lorsque S. M. m'avait tendu la main j'avais hésité à la baiser ; je n'ai jamais hésité.
D. Que vous ont dit ces émissaires ?
R. Ils m'apportaient une lettre de Bertrand, qui me disait que tout était arrangé : qu'un envoyé de l'Autriche était allé à l'île d'Elbe ; que le Roi devait quitter la France ; que c'était convenu avec l'Angleterre et l'Autriche ; qu'ils me rendaient responsable du sang français inutilement versé, et une infinité de choses qui m'ont convaincu ; et je défie qu'avant on puisse dire que j'aie jamais tergiversé.
D. Où est cette lettre de Bertrand ?
R. Je n'ai pas été le maître de la conserver. Je suis arrivé le jour même que l'on fusillait Labédoyère. La maréchale avait ordonné de brûler cette lettre avec une infinité de papiers qui pourraient maintenant éclairer la religion de la Chambre, particulièrement des lettres de Bonaparte, depuis le 14 mars jusqu'à la bataille de Waterloo. Il est pardonnable à une femme malheureuse, dans la crainte de compromettre son mari, de faire brûler des papiers.
D. Est-il vrai que vous ayez fait imprimer une proclamation ?
R. Cette proclamation est datée du 13 et n'est pas signée. La signature est fausse. Je ne signe jamais le prince de la Moskowa. Elle était affichée avant que je la lusse ; je ne l'ai lue que le 14 [1].
D. Quelles propositions vous ont été faites par les émissaires de Bonaparte ?
R. Je l'ai dit. Ils m'ont dépeint la situation des choses. Tout le pays et une partie de l'armée étaient déjà insurgés, que tout était couvert de

---

1. On présenta cette proclamation au maréchal, qui fit remarquer qu'elle n'avait pas été imprimée à Lons-le-Saulnier.

ses proclamations et de ses agents ; que tout le monde courait après lui ; que c'était une rage, absolument une rage ; que l'affaire était arrangée avec les puissances ; qu'il avait dîné à bord d'un vaisseau anglais, et que la station avait quitté l'île d'Elbe exprès pour faciliter son départ. »

Le maréchal, interrogé sur les décorations qu'il portait dans la revue du 14 mars où il abandonna la cause des Bourbons pour celle de Napoléon, opposa les dénégations les plus formelles à ceux qui l'accusaient d'avoir, dès ce jour-là, repris les aigles. Il portait encore les décorations du Roi, dit-il, quand il aborda Napoléon, et il les avait conservées jusqu'à Paris. Il ajouta qu'avant de lire la proclamation il avait demandé aux généraux Lecourbe et Bourmont leur avis sur la conduite qu'il allait tenir, qu'ils ne l'avaient pas désapprouvé, qu'ils étaient venus le chercher ensuite pour aller sur le terrain, et que leur interrogatoire en sa présence éclaircirait leur déclaration précédente.

Interrogé sur l'heure où ces deux généraux étaient venus le matin, il répondit :

« A dix heures. Je leur ai offert à déjeûner, ils ont refusé. C'est Bourmont qui a donné les ordres d'assembler les troupes sur une place que je ne connaissais même pas. Lui, Lecourbe et quelques autres m'y ont conduit, et c'est là que j'ai lu la proclamation. »

Le maréchal convint ensuite que dans la journée du 14 mars il avait donné l'ordre de marcher sur Dijon, comme il y avait été invité par le maréchal Bertrand. Il ne reconnut pas un ordre qu'on lui présenta comme ayant été donné à M. de la Gennetière, ordre contenant l'itinéraire des troupes sur Mâcon et Dijon, et invitant les chefs militaires à remplacer par le drapeau tricolore les étendards de la maison de Bourbon, mais il admit que cet ordre pouvait avoir été rédigé par son état-major dans la matinée du 14 mars. Il repoussa violemment et avec un accent indigné l'accusation dirigée contre sa délicatesse par quelques personnes qui lui reprochaient d'avoir reçu 500,000 fr. du Roi pour faire son devoir. Il se défendit d'avoir engagé M. de la Gennetière à se ranger du côté de l'Empereur, en ajoutant qu'il avait laissé à chacun la liberté d'agir à sa guise. Il ajouta :

« Personne ne m'a fait d'objection. Un seul officier, je dois le dire à son éloge, M. Duballen, est venu me remettre sa démission, en me disant que les serments qu'il avait faits au Roi ne lui permettaient pas de servir une autre cause. Je n'ai point accepté sa démission et je l'ai laissé libre de partir. »

Il protesta n'avoir donné aucun ordre pour faire arrêter les officiers et les fonctionnaires qui n'avaient pas voulu adhérer au mouvement. Tout en reconnaissant que Bertrand lui avait envoyé de la part de l'Empereur l'ordre de mettre en arrestation MM. de Bourmont, Lecourbe, Delort, Jorry, de la Gennetière, de Vaulchier, Duballen, Clouet, le commandant d'armes d'Auxonnes, le comte de Scey, Bessière, il ajouta qu'il ne l'avait pas fait exécuter.

Telles furent les réponses du maréchal Ney. Il ne niait ni son action ni la gravité de son action, c'était impossible. Mais il en rejetait la responsabilité sur Napoléon, qui l'avait provoquée et qui l'avait entraîné en le trompant par de fausses nouvelles au sujet des dispositions des puissances étrangères; sur les généraux Bourmont et Lecourbe, qui, au lieu de l'arrêter sur la pente, l'y auraient, selon lui, poussé par leurs adhésions et leur empressement à souscrire à sa défection; sur l'absence de toute opposition, sur l'entraînement universel de l'armée et de la population en faveur de Napoléon, ce qui donnait à la défection du maréchal le caractère d'un acte fatal et inévitable. Au point de vue moral, il s'abritait sous le principe de la nécessité; au point de vue judiciaire, sous la convention de Par s.

Dans ses réponses, qui s'accordaient naturellement avec le système de la défense, il se posait moins en coupable qu'en victime de la fatalité d'une situation plus forte que la faiblesse humaine, moins en sujet réclamant le bénéfice de la loi ou invoquant la clémence qu'en ennemi vaincu revendiquant l'impunité au nom du droit des gens.

La position que prenait le maréchal Ney ne pouvait aboutir qu'à un sinistre dénoûment. Elle amena d'abord de vives explications entre lui et le général Bourmont qui, lorsqu'il parut devant la Cour des pairs dans la séance du 4 décembre, s'exprima ainsi [1] :

« J'ai déjà fait à Lille une déclaration écrite; mais la commisération qui s'attache toujours aux grandes infortunes m'a porté à répondre simplement aux questions de la commission rogatoire. J'ai su depuis que le maréchal avait affirmé que j'avais approuvé la proclamation qu'il a lue aux troupes; cette assertion m'oblige à des explications. Si elles ajoutent à la gravité du crime dont il est accusé, je dois la repousser, et, si la franchise de ma déposition aggrave sa position, ce sera sa faute. Jusqu'au 14 mars, les ordres donnés par le maréchal Ney et transmis par moi m'ont paru conformes aux intérêts du Roi. Le 13 au matin, le baron Capelle, préfet du département de l'Ain, arriva à Lons-le-Saulnier de bonne heure, et vint m'apprendre que la ville de Bourg était insurgée, que le 72ᵉ régiment avait arboré la cocarde tricolore, malgré le général, malgré les officiers supérieurs. Je pensai que cette nouvelle devait être communiquée à M. le maréchal, et j'allai chez lui pour la lui annoncer. Le maréchal en parut assez fâché, ne me dit que peu de choses, qu'il pensait pouvoir préserver les autres troupes de la contagion. Le 14, le maréchal m'ordonna de faire mettre le 8ᵉ régiment de chasseurs à cheval en bataille, et de faire prendre les armes aux autres troupes pour leur parler. Ensuite, le maréchal me dit : « Vous avez lu les proclamations de « l'Empereur, elles sont bien faites; ces mots, *la victoire marchera au pas* « *de charge*, feront un grand effet, sans doute, sur le soldat; il faut bien se « garder de les laisser lire aux troupes. — Sans doute, lui dis-je. — Mais « ça va mal, ajouta-t-il. N'avez-vous pas été surpris de vous voir ôter la

---

1. J'ai collationné avec soin tous les dires de l'accusé et des témoins avec le compte rendu officiel du *Moniteur*. Tous les historiens qui m'ont précédé, surtout M. de Vaulabelle, ont gravement modifié le texte du *Moniteur*.

« moitié du commandement de votre division, et de recevoir l'ordre de faire
« marcher vos troupes par deux bataillons et trois escadrons? C'est de
« même dans toute la France; toute l'armée marche comme cela. C'est une
« chose finie absolument. » Je ne l'avais pas compris. Le général Lecourbe
entra. « Je lui disais que tout était fini, » dit-il au général Lecourbe. Celui-
ci parut étonné. « Oui, ajouta le maréchal, c'est une affaire arrangée. Il y
« a trois mois que nous sommes tous d'accord. Si vous aviez été à Paris,
« vous l'auriez su comme moi. Les troupes sont divisées par deux bataillons
« et trois escadrons, les troupes de l'Alsace de même, les troupes de la Lor-
« raine de même. Le Roi doit avoir quitté Paris, ou il sera enlevé; mais on
« ne lui fera pas de mal. Malheur à qui ferait du mal au Roi ! » On n'avait
que l'intention de le détrôner, de l'embarquer sur un vaisseau et de le faire
conduire en Angleterre. « Nous n'avons plus maintenant, continua le ma-
« réchal, qu'à reprendre l'Empereur. » Je dis au maréchal qu'il était très-
extraordinaire qu'il proposât d'aller rejoindre celui contre lequel il devait combattre. Il me répondit qu'il m'engageait à le faire; « mais vous
« êtes libre. » Le général Lecourbe lui répondit : « Je suis ici pour servir
« le Roi et non pas pour servir Bonaparte : jamais il ne m'a fait que du
« mal et le Roi ne m'a fait que du bien. Je veux servir le Roi, j'ai de l'hon-
« neur. — Et moi aussi, répondit le maréchal, j'ai de l'honneur, parce que
« je ne veux plus être humilié, je ne veux plus que ma femme revienne chez
« moi les larmes aux yeux des humiliations qu'elle a reçues dans la jour-
« née. Le Roi ne veut plus de nous, c'est évident; ce n'est qu'avec Bonaparte
« que nous pouvons avoir de la considération; ce n'est qu'avec un homme
« de l'armée que pourra en obtenir l'armée. Venez, général Lecourbe, vous
« avez été maltraité, vous serez bien traité. » Le général Lecourbe répondit
que c'était impossible, qu'il allait se retirer à la campagne. Une petite discussion s'éleva entre eux. Enfin, une demi-heure après, il prit un papier
sur la table. « Voilà ce que je vais lire aux troupes, » nous dit-il; et il lut
la proclamation. Le général Lecourbe et moi nous nous sommes opposés
à ce qu'il voulait faire. Mais, persuadés que si tout était arrangé il avait
pris des mesures pour empêcher tout ce que nous pourrions entreprendre,
sachant que les troupes, déjà ébranlées par les émissaires de Bonaparte,
avaient en lui une grande confiance (car c'était de tous les généraux celui
qui possédait le plus la confiance de l'armée), nous résolûmes d'aller sur
la place. Nous étions affligés et tristes ; les officiers d'infanterie nous
disaient qu'ils étaient bien affligés de cela, que s'ils l'avaient su ils ne
seraient pas venus. Après la lecture, les troupes défilèrent aux cris de *Vive
l'Empereur !* et se répandirent en désordre dans la ville. Le maréchal était
si bien déterminé d'avance à prendre son parti, qu'une demi-heure après,
il portait la décoration d'honneur avec l'aigle, et à son grand cordon
la décoration à l'effigie de Bonaparte. Son parti était donc pris, à moins
qu'il l'eût apporté d'avance à Lons-le-Saulnier pour le service du Roi. »

Telle fut la déposition orale du général de Bourmont. On a dit qu'elle fut décisive contre le maréchal Ney et qu'elle aggrava sa situation. C'est une erreur. La situation du maréchal Ney était trop grave pour qu'elle pût être aggravée, et il n'y a rien de décisif contre une destinée qui s'est elle-même décidée et perdue ; seulement il y eut un sentiment pénible pendant cette déposition. Le maréchal avait, il est vrai, provoqué le général Bourmont, et c'était pour se défendre d'avoir contribué à déterminer la défection de Lons-le-Saulnier que celui-ci insistait sur le parti pris de son chef. Mais le maréchal l'avait provoqué, comme un homme qui se noie saisit toutes les branches qu'il trouve sur son passage, sauf à les briser sous l'étreinte désespérée de sa main. Son plan de défense était de noyer sa culpabilité particulière dans la culpabilité générale. M. de Bourmont, récriminant contre celui qui l'avait accusé, quittait, malgré lui, le ton du témoignage, et devenait lui-même accusateur.

Cette scène se prolongea. Le maréchal Ney, irrité des paroles du général de Bourmont, prit à son tour l'offensive avec cette fougue redoutée sur le champ de bataille. Les débats étaient pour ainsi dire suspendus, et il y avait comme une rencontre entre l'accusé et le témoin. Les spectateurs haletants avaient les yeux fixés sur l'arène judiciaire qui semblait au moment de se changer en champ clos. Dès que M. de Bourmont eut fini de parler, Ney s'écria :

« Depuis huit mois que le témoin prépare son thème, il a eu le temps de le bien faire. Il a cru impossible que nous nous trouvions jamais en face ; il a cru que je serais traité comme Labédoyère et fusillé par jugement d'une commission militaire ; mais il en est autrement : je vais au but. Le fait est que le 14 je l'ai fait demander avec le général Lecourbe. Ils sont venus ensemble. Il est fâcheux que Lecourbe ne soit plus ; mais je l'invoque dans un autre lieu, je l'interpelle contre tous ces témoignages devant un tribunal plus élevé, devant Dieu qui nous entend tous ; c'est par lui que seront jugés l'un et l'autre et que sera connue la vérité.

« J'étais la tête baissée sur la fatale proclamation et vis-à-vis d'eux, qui étaient adossés à la cheminée; j'étais vis-à-vis d'eux. Je sommai le général Bourmont, au nom de l'honneur, de me dire ce qui se passait. Bourmont, sans ajouter aucun discours préliminaire, prend la proclamation, la lit, et dit qu'il est absolument de cet avis. Il la passa ensuite à Lecourbe. Lecourbe la lit, ne dit rien et la rend à Bourmont. Lecourbe dit ensuite : « Cela vous a été envoyé. Il y a quelque rumeur. Il « y a longtemps qu'on pensait tout cela. » Le général Bourmont fait rassembler les troupes, et il eut deux heures pour réfléchir. Quant à moi, quelqu'un m'a-t-il dit : Où allez-vous? vous allez risquer votre honneur et votre réputation pour une cause funeste. Je n'ai trouvé que des hommes qui m'ont poussé dans le précipice ! Je n'avais pas besoin, monsieur Bourmont, de votre avis, quant à la responsabilité dont j'étais chargé seul. Je demandais les lumières et les conseils d'hommes à qui je croyais une ancienne affection et assez d'énergie pour me dire : *Vous avez tort.* Au lieu de cela, vous m'avez entraîné, jeté dans le précipice. — Après la lecture, j'ajoutai qu'il paraissait que c'était une affaire arrangée; que les personnes envoyées par Bonaparte m'avaient raconté telle ou telle chose. Je leur proposai de déjeuner, ils refusèrent et se retirèrent. Bourmont rassembla les troupes sur une place que je ne connaissais même pas. Il pouvait, s'il jugeait ma conduite mauvaise et que je voulusse trahir, faire garder ma porte. J'étais seul, sans cheval, sans officiers. Il a beaucoup d'esprit, sa conduite a été très-sensée. Je l'avais vivement prié de loger chez moi ; il ne l'a pas voulu; il s'éloigna et se réfugia chez le marquis de Vaulchier, formant ensemble des coteries pour être en garde contre les événements et s'ouvrir, dans tous les cas, une porte de derrière. Ensuite, Bourmont et Lecourbe sont venus me prendre avec les officiers et m'ont conduit au milieu du carré où j'ai lu la proclamation. Après cette lecture, nous avons été arrachés, étouffés, embrassés par les troupes, qui se sont retirées en bon ordre. Les officiers supérieurs sont venus dîner chez moi ; j'étais sombre; Bourmont y était, et, s'il dit vrai, il dira que la table était gaie. — Voilà la vérité. »

Ce fut là la véritable défense du maréchal Ney ; les avocats n'y ajoutèrent rien. Cette défense, troublée, confuse, au fond inacceptable devant un tribunal, mais entrecoupée de redoutables observations, d'éclairs d'éloquence, était une accusation contre les généraux Bourmont et Lecourbe. Et cependant cette accusation ne justifiait pas le maréchal Ney. Quand il demandait : « Qui l'avait retenu? qui lui avait crié : *Où allez-*

vous? vous allez risquer votre honneur pour une cause funeste? » l'infortuné maréchal se reconnaissait coupable d'avoir risqué son honneur pour cette cause funeste, et il oubliait que ce n'était pas à ses lieutenants à le retenir, lui chef de l'armée, illustré par tant de victoires, exerçant sur ses troupes un ascendant irrésistible, mais que c'était à lui qu'il appartenait de retenir ses lieutenants et ses soldats. Cette voix qu'il invoquait, cet appel à son honneur, n'était-ce pas de sa conscience qu'elle aurait dû sortir? Quand il reprochait au général Bourmont de ne pas l'avoir fait arrêter, lui chéri du soldat comme le brave des braves, il exigeait trop de son lieutenant, il exigeait l'impossible, tandis que, par une singulière contradiction, il voulait qu'on admît que lui-même, chef de cette armée que lui avait confiée le Roi, il n'avait pu résister à l'Empereur. Il y avait quelque chose d'ailleurs de profondément invraisemblable dans cette allégation, que c'étaient les généraux Bourmont et Lecourbe qui l'avaient précipité dans sa défection : non-seulement leurs opinions, mais leur départ pour Paris après l'événement de Lons-le-Saulnier, démentaient cette affirmation, comme le fit remarquer le procureur général. S'ils avaient poussé au mouvement, pourquoi s'en seraient-ils aussitôt séparés? Le maréchal avait invoqué le témoignage du général Lecourbe jusque dans son tombeau. Lecourbe, avant de mourir, avait laissé une déposition écrite, elle fut lue devant la cour des pairs et elle confirma celle du général Bourmont. Des observations avaient été faites au maréchal, des observations timides peut-être, et qui certainement n'avaient pas été suivies d'une démission immédiatement donnée, puisque les généraux Lecourbe et Bourmont l'avaient accompagné sur la place de Lons-le-Saulnier. Voilà, sinon la vérité incontestable que Dieu seul connaissait, puisque cette scène n'avait pas eu de témoins, au moins la vraisemblance voisine de l'évidence. D'ailleurs, ces récriminations, eussent-elles été motivées, pouvaient compromettre le général Bourmont, mais elles n'absolvaient pas le maréchal. Son action restait ce qu'elle était. C'était lui qui avait accepté la mission de repousser Bonaparte, qui avait le commandement; cependant c'était lui qui avait provoqué, qui avait proclamé l'adhésion de ses troupes à Bonaparte; c'est lui qui avait la responsabilité.

Le seul effet de cette vive altercation fut de placer un moment le général Bourmont dans une position pénible et même difficile, comme on va le voir par la suite de l'interrogatoire.

Le président au maréchal. — A quelle heure M. de Bourmont est-il venu vous prendre ?

Le maréchal. — Vers onze heures. Il y avait eu une première visite. A dix heures ils sont venus chez moi; je leur ai lu la proclamation et je les ai congédiés. Ils sont ensuite revenus. Si j'étais resté à Besançon, je siégerais aujourd'hui parmi vous, et je n'aurais rien à me reprocher.

Le président au témoin. — Comment, après avoir lu la proclamation, avez-vous donné aux troupes l'ordre de s'assembler?

Le général Bourmont. — Elles en avaient l'ordre auparavant.

Le président. — Cet ordre n'a donc pas été donné par vous?

Le général Bourmont. — Lorsque j'ai donné cet ordre, j'en avais l'ordre verbal, mais je ne connaissais pas la proclamation.

Le maréchal. — Après la lecture de la proclamation, je vous ai dit d'assembler les troupes. Bourmont peut dire ce qu'il veut. Il me charge, afin de rendre sa conduite plus pure. S'il avait eu l'intention de suivre le Roi, il aurait pu arriver le 16 ou le 17 à Paris. C'est l'arrivée de M. Clouet à Paris qui l'a déterminé.

Le président au témoin. — Aviez-vous assez d'influence sur les troupes pour arrêter l'effet de la proclamation?

Le général Bourmont. — Non; l'influence du maréchal était plus considérable que la mienne. S'il n'y avait pas été, je l'aurais pu peut-être. J'ai la confiance que les troupes auraient marché comme les officiers le promettaient.

Le président. — A quelle heure avez-vous eu connaissance de la proclamation ?

Le général Bourmont. — A onze heures.

Le président. — A quelle heure avez vous été sur la place ?

Le général Bourmont. — Entre onze heures et midi.

Le président. — Comment, après avoir eu connaissance de la proclamation, avez-vous accompagné le maréchal qui allait la lire?

Le général Bourmont. — Parce que je souhaitais voir quelle impression produirait cette proclamation sur l'esprit des troupes. La plupart des officiers m'avaient promis qu'ils me suivraient : je voulais voir s'il ne se manifesterait pas quelque esprit d'opposition. Je ne crois pas qu'il fût en mon pouvoir d'empêcher le maréchal de lire la proclamation, à moins de le tuer, puisque mes observations n'avaient eu aucun effet, et que Lecourbe avait été aussi d'avis de rester fidèle au Roi, et qu'il n'avait rien produit. Quant au reproche de n'être pas parti de suite pour rejoindre le Roi, c'est la crainte d'être arrêté qui m'a déterminé à suivre le maréchal. Je suis arrivé le 18 à Paris, et le 19 j'ai vu le Roi.

M. Bellart au maréchal. — Le témoin a-t-il continué à suivre après la proclamation?

Le maréchal. — Il a suivi la colonne jusqu'à Dôle. Là, il a pris une direction différente.

M. Bellart. — Pourquoi a-t-il été compris dans les arrestations?

Le maréchal. — La colonne était pleine d'agents de Bonaparte. Cette mesure n'a été prise que fort tard ; le 19, après avoir vu Bonaparte, elle n'a pas été mise à exécution ; elle a été levée aussitôt son arrivée à Paris.

M. Bellart. — Si M. de Bourmont vous a donné le conseil de lire la proclamation, comment se serait-il ensuite séparé de vous?

Le maréchal. — J'ai déjà répondu à cela. Il paraît qu'il a changé après avoir vu Clouet ; mais il était d'accord de lire la proclamation, et même il m'y a poussé.

M. Berryer au témoin. — Si c'est un sentiment de curiosité qui vous a conduit sur la place, quel est le sentiment qui vous a porté à dîner chez le maréchal?

Le général Bourmont. — La crainte d'être arrêté.

Le maréchal. — Personne n'a été arrêté. Le colonel Duballen seul a fait son devoir. Il m'a fait des remontrances et est parti pour Besançon. Je n'avais pas de gardes, vous pouviez me faire arrêter, me tuer, vous m'auriez rendu un grand service, et peut-être auriez-vous fait votre devoir.

M. Berryer. — Quelles étaient les forces présumées de Bonaparte?

Le général Bourmont. — Avant d'entrer à Lyon, il pouvait avoir 3,900 hommes, et il en était parti avec 7,000.

Le maréchal. — Le ministre de la guerre savait qu'il en avait 14,000, et je n'avais que quatre malheureux bataillons qui m'auraient pulvérisé plutôt que de me suivre. J'ai eu tort, pas de doute ; mais j'ai eu peur de la guerre civile, j'aurais marché sur 40,000 cadavres avant d'arriver à Bonaparte.

Ici le président demanda au général Bourmont s'il croyait que le maréchal aurait pu, même après le 14 mars, engager la troupe dans une action contre Bonaparte. Le général Bourmont répondit qu'il le croyait, mais qu'il aurait fallu pour cela que le maréchal prît lui-même une carabine, comme il avait parlé de le faire, et que, se mêlant aux soldats, il tirât le premier coup. « Quant à la victoire, ajouta-t-il, je ne puis répondre de rien, elle dépend d'autres circonstances. » Ce fut alors que M. Berryer père jeta au témoin cette question, qui mit fin à l'interrogatoire : « Pendant que tout le monde criait *Vive l'Empereur!* monsieur de Bourmont, avez-vous crié *Vive le Roi!* » Des murmures se firent entendre parmi les pairs, et plusieurs d'entre eux demandèrent qu'on mît un terme à des interpellations qui ne jetaient plus de lumières sur la cause et qui dégénéraient en scandale. M. Bellart appuya ces observations.

Après ce débat entre le maréchal Ney et le général Bourmont, les autres dépositions qui remplirent la séance du jour suivant, 5 décembre, perdirent de leur intérêt. Les faits principaux de la défection de Lons-le-Saulnier étaient fixés. Il restait évident que le maréchal, investi du commandement d'une armée par le Roi, l'avait conduite à Bonaparte, après lui avoir donné publiquement le signal de la défection. Il était douteux que cette défection fût préméditée. Les faits, les circonstances, les témoignages, le caractère de l'accusé, tout se réunissait pour donner plus de vraisemblance à une défection spontanée arrêtée dans la nuit du 13 au 14 mars, et déterminée par la venue des émissaires de Bonaparte, par leurs allégations sur les dispositions de l'Europe, par le sentiment que le maréchal avait des dispositions de plusieurs corps de sa petite armée. Parmi les témoignages qui appuyaient cette opinion, on remarqua celui de M. le duc de Maillé, un des plus fidèles serviteurs des Bourbons. Les témoignages de M. Vaulchier, préfet du Jura, et de M. Capelle, sauf leur déclaration sur l'aigle de la Légion d'honneur que le maréchal avait porté à la scène de Lons-le-Saulnier, le 14 mars, furent dans le même sens que celle du duc de Maillé. M. de Grivel, qui, ayant brisé son épée sur la place de Lons-le-Saulnier, avait répondu seul par le cri de *Vive le Roi!* à la proclamation de l'Empereur, raconta les faits sans aggraver la position du maréchal. Deux capitaines déposèrent, témoignage sans importance au procès et d'ailleurs d'une vérification difficile, que, dans une inspection après le 20 mars, le maréchal avait parlé d'une manière injurieuse des Bourbons dans une chambre d'auberge où il s'était enfermé avec les officiers.

La seule déposition qui présentât de l'importance dans cette audience du 5 décembre fut celle du prince d'Eckmühl, à laquelle MM. de Bondy et Bignon ne pouvaient rien ajouter. Elle porta naturellement sur la capitulation de Paris, ce dernier refuge que les défenseurs du maréchal Ney lui ménageaient. « Qu'auriez-vous fait, demanda M. Berryer père au prince d'Eckmühl, si la convention proposée n'eût pas été acceptée? — J'aurais livré la bataille, répondit Davoust. J'avais 25,000 hommes de cavalerie, quatre ou cinq cents pièces de canon; j'avais tout l'espoir de succès que peut avoir un général qui commande des Français, et l'armée aurait prouvé que, si les Français sont prompts à fuir, ils avaient été prompts à se rallier sous les murs de Paris [1]. » M. Berryer père se hâta

---

1. Un historien de la Restauration, M. de Vaulabelle, veut tirer de cette déposition du prince d'Eckmühl, que je reproduis textuellement et telle que je la trouve formulée dans les annexes des *Mémoires* de M. Dupin (tome Ier, page 454), la preuve que ce chef militaire a commis une faute grave en ne combattant pas sous les murs de Paris. Qui ne voit d'abord que Davoust devait naturellement exagérer ses moyens de succès pour fortifier l'argument de la défense du maréchal Ney, et qu'en outre ce qu'il fallait considérer, ce n'était pas seulement la bataille, mais la campagne qui devait aboutir infailliblement à un désastre; car cette armée, dont il ne donne pas le chiffre, c'était le dernier enjeu de la France contre l'Europe, qui avait mis en mouvement un million de

de demander quel était le sens que le prince d'Eckmühl et le gouvernement provisoire donnaient à l'article 12. Aussitôt M. Bellart intervint, et prit des conclusions tendant à ce que cette question ne fût pas posée : « La capitulation existe, ajouta-t-il; on ne peut pas faire qu'il s'y trouve autre chose que ce qui y est écrit; l'opinion du prince ne saurait en changer les termes. » La question ne fut pas posée. « La capitulation était tellement protectrice, s'écria le maréchal Ney, que c'est sur elle que j'ai compté; sans cela, croit-on que je n'aurais pas préféré périr le sabre à la main? »

Hélas! le maréchal avait fait à Waterloo tout ce qu'il fallait pour périr, la mort n'avait pas voulu de lui sur les champs funèbres où elle avait moissonné tant de victimes. Depuis, il n'avait plus trouvé d'occasion de mourir en soldat. L'opposition mise par le ministère public à la seconde question faite au prince d'Eckmühl faisait pressentir que le moyen tiré de la capitulation de Paris ne serait pas admis.

Les témoignages étant épuisés, M. Bellart prit la parole, et son réquisitoire remplit la fin de la séance. Son début fut pompeux, solennel, et, en visant à la grandeur, il rencontra l'emphase. L'insuffisance de la forme trahissait le sentiment vrai dont l'orateur était animé, et l'effort qu'il faisait pour élever son talent au niveau de la cause donna à ses premières paroles quelque chose de déclamatoire.

« Messieurs les Pairs, dit-il, lorsqu'au fond des déserts autrefois couverts de cités populeuses, le voyageur philosophe qu'y conduit cette insatiable curiosité, attribut caractéristique de notre espèce, aperçoit les tristes restes de ces monuments célèbres construits dans des âges reculés, dans le fol espoir de braver la faux du temps, et qui ne sont plus aujourd'hui que des débris informes et de la poussière, il ne peut s'empêcher d'é-

---

soldats. Pour apprécier la valeur historique de cette déposition, il faut se rappeler les deux conseils de guerre qui précédèrent la convention de Paris. (Voir dans ce volume, pages 43 et 48.)

prouver une mélancolie profonde en songeant à ce que deviennent l'orgueil humain et ses ouvrages. Combien est plus cruel encore pour celui qui aime les hommes le spectacle des ruines de la gloire tombée par sa propre faute, et qui prit soin de flétrir elle-même les honneurs dont elle fut d'abord comblée! Quand ce malheur arrive, il y a en nous quelque chose qui combat contre la conscience en faveur de la routine du respect longtemps attaché à cette illustration déchue. Nous voudrions, par une contradiction irréfléchie, continuer à honorer ce qui brilla d'un si grand éclat, en même temps que détester et mépriser celui qui causa de si épouvantables malheurs à l'État. Telle est, Messieurs les Pairs, la double et contraire impression qu'éprouvent, ils ne s'en défendent pas, les commissaires du Roi à l'occasion de ce déplorable procès. Plût à Dieu qu'il y eût deux hommes dans l'illustre accusé qu'un devoir rigoureux nous ordonne de poursuivre! mais il n'y en a qu'un. Celui qui pendant un temps se couvrit de gloire militaire est celui-là même qui devient le plus coupable des citoyens..... Il conserve, sans doute, assez de fierté d'âme pour se juger lui-même et pour distinguer, dans ceux qui sont chargés de la douloureuse mission de le poursuivre, ce mélange vraiment pénible des regrets qui sont de l'homme, et des rigoureuses obligations qui sont de la charge. »

Ces dernières paroles rencontraient enfin cette expression convenable pour un sentiment juste et vrai, que les premières avaient dépassé en la cherchant. Après cet exorde, M. Bellart entra dans l'examen des faits, et il n'eut qu'à raconter pour établir la culpabilité du malheureux maréchal. Il n'insista ni sur la préméditation, ni sur les circonstances accessoires, ni sur les faits subséquents. Il renferma surtout l'accusation sur le terrain où elle était irréfutable, dans les actes consommés à Lons-le-Saulnier.

« Le maréchal, dit-il, se rend à Lons-le-Saulnier. Jusqu'à la nuit du 13 au 14 mars, il nous a affirmé qu'il était resté fidèle au Roi. Nous trouverions dans sa conduite antérieure assez de louche pour conserver quelques doutes à ce sujet, surtout si nous nous reportions à ces dépositions si concordantes qui ont présenté le maréchal comme portant à Lons-le-Saulnier les décorations à l'aigle qu'il aurait substituées à celles du Roi, mais je me hâte d'arriver à la nuit funeste du 13. Que s'est-il passé dans cette nuit fatale? Le maréchal, qui avait eu à peine le temps de faire la route de Besançon à Lons-le-Saulnier, le maréchal, au premier acte d'exercice de son pouvoir, reçoit, non pas un émissaire, mais plusieurs émissaires de Bonaparte. En une seule nuit, le maréchal était perverti : il devint traître à son Roi et perfide à sa patrie. Et quel palliatif propose-t-il pour expliquer une pareille conduite? Il n'était pas entièrement décidé, il délibère ; il fait appeler deux généraux pour demander leur avis ; il se plaint de ce qu'ils ne lui ont pas donné des conseils conformes à son devoir. Il dit que les généraux Lecourbe et Bourmont lui ont donné avis de se réunir à Bonaparte, et ces généraux ont déposé le contraire. Vous vous rappelez le ton solennel avec lequel, levant les regards vers les cieux, il a invoqué le témoignage de Lecourbe. Lecture vous a été donnée de sa déposition écrite, et elle a confirmé dans vos esprits celle du général Bourmont. Mais il est une preuve bien satisfaisante que les généraux Bourmont et Lecourbe ont dit la vérité ; elle résulte de la conduite si différente du général Bourmont et de celle tenue par le maréchal Ney. Si ce faux ami avait donné au maréchal l'affreux conseil de trahir son Roi, pourquoi se seraient-ils séparés?..... Que se passa-t-il le 14, le 14 au matin? Un général d'armée, un maréchal de France, couvert des bontés du Roi, possédant toute sa confiance, le maréchal Ney, envoyé pour détruire l'ennemi ou pour lui nuire, rassemble les troupes, paraît sur le terrain. Que va-t-il faire ? Inviter les soldats à la désertion, conduire son armée tout entière dans les rangs de l'usurpateur ! Voilà ce que, sur la place de Lons-le-Saulnier, en plein jour, en présence d'une population tout entière, le maréchal Ney n'a pas craint d'exécuter. »

M. Bellart passa rapidement sur le reste. Le reste, en effet, se composait de détails et de conséquences. Ce qu'il y avait d'incontestable et d'incontesté, c'était ce qui s'était passé sur la place de Lons-le-Saulnier et les événements qui suivirent immédiatement. Il se rassit en remettant aux consciences des juges le soin d'apprécier les charges de l'accusation.

La soirée du 5 décembre et la matinée du lendemain furent diversement employées par les juges et par les défenseurs de l'accusé, qui devaient prendre la parole dans la séance du 6 décembre. Il était évident que la défense légale de la conduite du maréchal Ney était impossible. On pouvait plaider la non-préméditation, discuter les charges accessoires, mais ce fait de la défection accomplie, en plein soleil, sur la place de Lons-le-Saulnier, écrasait l'accusé de tout son poids. Il était donc clair que tout le procès allait dépendre du sens donné à la convention du 3 juillet. Si cette convention signée entre le duc de Wellington et le prince Blücher d'une part, et de l'autre le prince d'Eckmühl, obligeait Louis XVIII, le maréchal Ney ne devenait pas innocent sans doute, mais il devait rester impuni.

Les pairs, qui prévoyaient que les défenseurs du maréchal se mettraient à l'abri sous cette convention qui deviendrait le véritable champ de bataille, résolurent de résoudre la question avant de laisser commencer les plaidoiries. Au début de la séance secrète qui eut lieu dans la salle du conseil avant la séance publique, le chancelier aborda la question en mettant sous les yeux de la Chambre une note qui lui avait été adressée par un pair (M. de Tascher) pour l'inviter à s'opposer, au nom de la Chambre, à toute discussion du moyen que le maréchal Ney prétendrait tirer de la convention conclue sous les murs de Paris le 3 juillet 1815. Les motifs invoqués à l'appui de cette note étaient ceux-ci : il n'appartenait pas à la Chambre d'interpréter la convention du 3 juillet. Elle n'avait point à juger si l'article 12 était applicable ou non à l'accusé, mais si les faits servant de base à l'accusation étaient suffisamment établis. Après lecture faite de cette note, le président annonça qu'il était informé que le procureur général s'opposerait à la lecture de la convention du 3 juillet et à la discussion des moyens que la défense prétendrait en tirer en faveur de l'accusé. Son pouvoir discrétionnaire lui donnerait le droit d'empêcher cette lecture, mais il lui paraissait préférable de s'entourer des lumières de la Chambre.

La discussion s'engagea. Plusieurs membres appuyèrent la motion de l'auteur de la note; l'un d'eux fit remarquer que, le moyen tiré de la convention étant un moyen préjudiciel, l'accusé se trouvait donc déchu du droit de l'invoquer par l'arrêt du 21 novembre lui prescrivant, sous peine de déchéance, de présenter cumulativement tous ses moyens préjudiciels. On opposait ainsi à la revendication de la convention du 3 juillet deux moyens : une question de forme, il n'était plus temps de faire valoir ce moyen, car le moment de produire les moyens préjudiciels était passé; une question de fond, la Cour des pairs n'avait point à s'occuper d'une convention militaire qui n'était pas de sa compétence, elle avait à se prononcer sur la culpabilité ou la non-culpabilité des actes qui lui avaient été déférés.

Quatre pairs s'étaient concertés d'avance pour combattre cette argumentation prévue : c'étaient le duc de Broglie, M. Lenoir-Laroche, M. Porcher de Richbourg et le comte Lanjuinais. Voici l'ensemble de leur argumentation : le moyen tiré de la convention devait être regardé comme une exception péremptoire. A ce titre, il demeurait admissible à toute époque de la procédure. D'après les principes reçus par les tribunaux, la Chambre n'avait pu se lier irrévocablement par l'arrêt du 21 novembre, qui n'était qu'un arrêt interlocutoire. En outre, en matière criminelle, on n'admet pas de fin de non-recevoir. L'effet de l'arrêt du 21 novembre devait donc se réduire à empêcher l'accusé de retarder l'ouverture des débats, sans pouvoir le dépouiller du droit imprescriptible de présenter les moyens qu'il aurait omis. Il s'agissait ici d'une convention diplomatique dont l'accusé invoquait les stipulations, et la Chambre ne pouvait se dispenser d'entendre cette partie de la défense si elle voulait en apprécier le mérite.

Les observations contre l'argument tiré de la question de forme ne manquaient pas de force. Mais la réponse faite par l'opinion contraire aux arguments sur la question de fond furent péremptoires. Ce fut M. Molé qui les donna. La convention du 3 juillet n'était pas, dit-il, un acte diplomatique, c'était une simple convention militaire [1]. C'était en qualité de chefs d'armée que les généraux Blücher et Wellington avaient stipulé

---

1. On a répondu (M. Ernouf) que l'acte était diplomatique, puisque M. Bi-

dans cet acte, et les garanties qu'il contenait ne pouvaient être réclamées que vis-à-vis des Puissances dont ils émanaient. On ne saurait les opposer au Roi qui n'avait pas été partie dans la convention. La preuve que telle avait été l'intention des Puissances et le véritable sens de la convention, c'est qu'aucune d'elles n'avait réclamé contre le décret du 24 juillet, ce qu'elles n'eussent pas manqué de faire si le Roi avait été lié par la convention. Il était, en outre, à remarquer que les ordonnances du 24 juillet avaient été signées par un ministre qui, sans doute, s'y fût refusé, si elles eussent été contraires à la convention du 3 juillet, dont il connaissait mieux que personne toute la force, ayant été, à l'époque où elle fut conclue, président de la commission de gouvernement[1].

Ces derniers arguments mirent fin au débat. La Chambre demanda à voter, et elle décida que le président s'opposerait à la lecture de la convention du 3 juillet et à la discussion des moyens que prétendraient en tirer les défenseurs de l'accusé[2].

gnon, chargé du portefeuille des affaires étrangères, y était intervenu. Mais par qui était-il accrédité? Était-ce par le gouvernement provisoire? — Non. C'était par le prince d'Eckmühl, commandant en chef de l'armée. Donc ses pouvoirs n'avaient pas une origine politique, mais purement militaire.

1. *Procès-verbaux* des séances secrètes de la Chambre des pairs (Bibliothèque du Palais-Bourbon.)

2. Presque tous les historiens de la Restauration, sans en excepter M. de Vaulabelle, ont émis l'avis que le maréchal Ney ne pouvait légitimement invoquer l'article 12 de la convention de Paris. « Malheureusement le duc de Wellington était dans le vrai quant à la capitulation, s'écrie ce dernier (tome III, p. 497). Ce fut cependant l'article 12, clause essentiellement militaire, convenue pour un fait spécial, obligeant uniquement les chefs des troupes assiégeantes vis-à-vis d'une ville assiégée, que des légistes mêlés à ces tristes événements devaient présenter, six mois plus tard, comme une protection suffisante contre toutes les vengeances de la Restauration. » L'honorable M. Duvergier de Hauranne, seul parmi les historiens de la Restauration, incline à l'opinion contraire, et son opinion se trouve appuyée par M. Ernouf, auteur de l'*Histoire de la dernière capitulation de Paris*, et gendre de M. Bignon. « L'argument de la capitulation était d'une grande force, dit M. Duvergier de Hauranne, et il paraissait étrange de prétendre que les généraux alliés et les plénipotentiaires français, en signant cette capitulation, avaient voulu seulement empêcher les puissances étrangères de punir, pour leur propre compte, la conduite politique d'hommes que nulle loi ne plaçait sous

Pendant que les juges prenaient cette résolution décisive, les défenseurs du maréchal combinaient avec lui le dernier

leur juridiction. On pouvait donc soutenir avec une grande apparence de raison que l'article 12, quelles que fussent les obscurités de sa rédaction, avait eu en vue le retour prochain de Louis XVIII et les projets bien connus de ses serviteurs. »

L'honorable M. Duvergier de Hauranne cède ici à l'illusion généreuse de la sympathie pour la gloire et de la pitié pour le malheur.

On ne saurait trouver étrange que le prince d'Eckmühl, qui donna les pleins pouvoirs à M. Bignon, au général Guilleminot et à M. de Bondy pour négocier la capitulation, ait songé à mettre Paris, « ses habitants et tous ceux qui seraient dans la ville, » remarquez bien ces expressions, « à l'abri des sévices que pouvaient exercer contre eux, en raison des emplois qu'ils occupaient ou avaient occupés, de leur conduite ou opinion politique, » les chefs des armées étrangères, lorsqu'on songe que Blücher avait proféré les menaces les plus violentes, qu'il ne parlait de rien moins que de faire attacher l'empereur Napoléon lui-même à un gibet, et qu'il existe dans les documents anglais une lettre où le duc de Wellington combat ce projet. Il ne s'agit pas ici de juridiction, il s'agit de la puissance que le plus fort a sur le plus faible, et dont il renonce à abuser. Voilà l'explication de l'article 12 ainsi conçu : « Les personnes et les propriétés individuelles seront également respectées. Les habitants en général et tous les individus qui seront dans la ville continueront de jouir de leurs droits et liberté, sans être recherchés, soit en raison des emplois qu'ils occupent ou ont occupés, ou de leur conduite ou opinions politiques. »

Il est incontestable que la convention de Paris fut une convention exclusivement militaire. Les pouvoirs furent donnés par les chefs des deux armées, et il fut convenu des deux parts, tous les documents contemporains l'attestent, qu'elle ne pouvait renfermer aucune stipulation politique. Nulle part, dans cette capitulation, il ne s'agit de la France ; ce sont l'armée et la ville de Paris qui stipulent avec les puissances étrangères pour ceux qui sont dans les murs de la ville assiégée.

J'ai cité plus haut, pages 66-67, la lettre dans laquelle le duc de Wellington, écrivant peu de jours après la signature de la convention à lord Liverpool, lui disait de la manière la plus catégorique que la convention du 3 juillet n'engageait que ceux qui l'avaient signée, d'un côté le duc de Wellington et Blücher, de l'autre le prince d'Eckmühl qui avaient donné les pouvoirs, et cela dans les limites précises fixées par la capitulation, sans qu'elle pût devenir une loi pour aucun autre que pour les deux parties.

Ce fut le principe que le duc de Wellington, conséquent avec lui-même, maintint en présence de la démarche de madame la maréchale Ney.

Ajoutez à cela, comme le fit remarquer le duc de Wellington, dans le *memorandum* publié sous le n° 1007 dans le *Recueil des ordres et dépêches*, que non-seulement telle avait été l'opinion de Fouché, en ce moment chef du gouvernement provisoire, et qui plus tard avait signé l'ordonnance du 24 juillet, aux termes de laquelle un certain nombre de personnes étaient exceptées de l'amnistie, mais l'opinion du maréchal Ney lui-même, qui, le 6 juillet, jour de la remise de Paris, avait quitté cette capitale sous un faux nom, avec un passe-port que

acte de sa défense. L'histoire accueille les lumières de quelque côté qu'elles lui viennent, et, tout en blâmant certaines indiscrétions, elle en profite, parce qu'il est de son devoir de tout faire pour trouver la vérité et de la dire telle qu'elle l'a trouvée. Il semblait qu'il n'appartînt pas à M. Dupin, qui a tiré si souvent parti de la défense du maréchal Ney, de révéler à la postérité les machines secrètes ignorées par des contemporains et qui réduisent à une espèce de coup de théâtre la protestation qui produisit un si grand effet à la dernière audience. Il en a jugé autrement. Il a raconté que, dans cette dernière journée du procès qui précéda le jugement, il fut convenu entre le maréchal et ses défenseurs que, si la Chambre, comme cela ne paraissait que trop vraisemblable, refusait de laisser plaider le moyen tiré de la capitulation de Paris, alors, tout espoir d'une sentence favorable ayant disparu, il ne resterait plus au maréchal qu'à bien tomber, comme il le disait lui-même au commencement du procès. Pour lui fournir le terrain de cette chute éclatante et dramatique, M. Dupin prendrait la parole et placerait le maréchal sous la protection du traité du 20 novembre, qui, en donnant Sarrelouis à la Prusse, ôtait à Ney la qualité de Français. Celui-ci s'indignerait contre ce dernier moyen de défense, et protesterait de sa ferme volonté de demeurer, coûte que coûte, et de mourir Français ; il interdirait à ses défenseurs de continuer une défense qui n'était plus libre, et en appellerait à la postérité. Le maréchal ayant beaucoup de peine à s'exprimer en public, M. Dupin se chargea de rédiger la formule de la protestation, comme il s'était chargé de la provoquer, et il la remit à son client, écrite de sa main. On aimerait mieux cette protestation sortant de la bouche de Ney comme un élan de son âme, qu'élaborée et préparée d'avance par ses défenseurs,

lui donna le duc d'Otrante, « ce qu'il n'eût pas fait s'il eût compris que l'article 12 le protégeait contre d'autres mesures de sévérités que celles des généraux alliés. »

comme un effet oratoire destiné à illustrer sa chute. Mais les choses sont ce qu'elles sont, et l'on ne saurait les changer[1].

Les juges et l'accusé entrèrent ainsi dans la salle des séances publiques avec un parti pris, ceux-ci sur la convention de Paris, celui-là sur la protestation qu'il avait à faire, si le moyen tiré de cette convention n'était pas accepté. La parole était à M⁰ Berryer parlant sur le fait principal ; il se rejeta sur les circonstances ; il repoussa par des raisons assez plausibles l'accusation de préméditation ; il chercha à expliquer la conduite du maréchal à Lons-le-Saunier par l'ascendant des circons-

---

[1]. Voici le récit de M. Dupin : « L'obligeant marquis de Semonville vint dans le bureau où nous étions retirés nous instruire de cette décision. Elle jeta à son tour un grand trouble dans notre esprit, elle tendait à priver d'avance le maréchal d'un moyen de défense que nous avions toujours considéré comme décisif, et à vrai dire le seul qui pût être invoqué avec assurance. Nous ne pouvions accepter un tel arrêt, et, afin de ne pas être pris au dépourvu, il fut convenu que, pendant que Berryer achèverait de revoir ses notes, je rédigerais sur-le-champ une protestation que j'irais communiquer au maréchal pour qu'il fût prévenu de ce qui allait se passer, et afin qu'il pût par lui-même, quand il verrait sa défense entravée, s'interposer, constater la violence qui lui serait faite, nous retirer lui-même la parole et protester. Je me hâtai de rédiger cette pièce et je la portai à M. le maréchal, qui l'approuva. Je l'engageai à la recopier de sa main pour qu'il pût la lire sans broncher, car mon agitation, en la traçant, était telle, que mon écriture était à peine lisible. Je redescendis ensuite vers Berryer pour lui dire que le maréchal partageait entièrement notre avis et suivrait la marche indiquée. Ainsi nous allions rentrer à l'audience, Berryer reprendrait la discussion telle qu'il l'avait annoncée ; il invoquerait : 1° la convention du 3 juillet, 2° le traité du 20 novembre. S'il était interrompu sur le premier chef, je ferais un nouvel effort, — après quoi le maréchal lirait sa protestation. Tout se passa ainsi. Le maréchal tenait son petit carré de papier dans son chapeau, et après avoir dit d'inspiration : « Oui, je suis Français et je « mourrai Français, » il lut ensuite sa protestation avec fermeté et dignité. »

M. Dupin ajoute qu'en invoquant le traité du 20 novembre il ne voulait pas dire que le maréchal Ney eût cessé d'être Français. Ici le célèbre avocat ne raconte plus, il plaide. En ouvrant le *Moniteur* du 7 décembre 1815 on trouve dans le compte rendu de la séance du 5 les paroles suivantes de M. Dupin : « Le traité du 20 novembre, qui trace une nouvelle démarcation du territoire de la France, a laissé sur sa droite Sarrelouis, lieu de la naissance du maréchal Ney. *Le maréchal Ney n'est plus Français.* » Des murmures éclatèrent, et M. Dupin reprit : « Le maréchal Ney est toujours Français par le cœur. » Ce fut alors que le maréchal s'écria : « Oui, oui, je suis Français, »

tances, par l'impossibilité de résister au grand courant qui entraînait tout, enfin par le désir de sauvegarder Lons-le-Saulnier contre les conséquences d'une anarchie militaire. Puis, il entreprit d'établir que, même en supposant le maréchal convaincu des faits qu'on lui reprochait, ils ne pouvaient donner lieu contre lui à aucune condamnation, parce que la criminalité en avait été remise. Il invoqua, à l'appui de ce système, les actes du congrès de Vienne des 15 et 25 mars, la convention conclue le 3 juillet sous les murs de Paris, et les traités de Paris des 30 mai 1814 et 20 novembre 1815.

A ces mots, le procureur général interrompit le défenseur. Il déclara en ces termes s'opposer à l'usage qu'on voudrait faire d'un moyen absolument étranger à la cause :

« Je crois devoir épargner au défenseur la mission de donner un scandale de plus dans une affaire qui n'en présente que trop. Nous sommes Français ; M. le maréchal Ney est traduit devant la justice française ; nous avons nos lois françaises qui sont les seules que nous puissions reconnaître. Déjà les commissaires du Roi avaient pressenti qu'on se proposait de présenter un moyen absolument étranger à la cause ; ils espéraient que les défenseurs, mieux instruits, y renonceraient. C'est pour cela que nous ne nous sommes point opposés à l'audition des derniers témoins appelés. On veut invoquer une convention militaire faite sous les murs de Paris ; cette convention n'est point commune au Roi, elle ne peut figurer dans le procès. D'ailleurs, ce serait un moyen préjudiciel, et le délai accordé par la Chambre au maréchal pour présenter cumulativement ses moyens préjudiciels est depuis longtemps écoulé. »

Après avoir prononcé ces paroles, le procureur général lut les conclusions suivantes :

« Les commissaires du Roi requièrent qu'il plaise à monsieur le Chancelier leur donner acte de ce que : 1° pour la dignité nationale, qui ne permet pas qu'on invoque devant le premier tribunal de la nation contre l'autorité et le service du Roi une convention faite par des agents d'un parti en révolte directe contre le Roi légitime avec les armées qui assiégeaient Paris ; 2° par respect pour les arrêts de la Chambre, notamment celui du 24 novembre dernier, qui a ordonné que l'accusé présenterait en avant des débats tous ses moyens préjudiciels à la fois, ce qui a été fait ; 3° par respect pour les règles les plus essentielles de l'instruction criminelle dont la plus impérieuse est que le fond de l'affaire ne peut être mélangé de discussions de droit qu'il n'est plus temps d'établir quand on est arrivé au moment où la conscience des jurés, juges ou pairs, ne peut plus s'occuper que du point de fait ;

« Et, attendu que la discussion élevée par les défenseurs en ce moment sur l'exécution de la convention militaire du 3 juillet ne touche en rien au fond du procès,

« Ils s'opposent formellement, tant à la lecture de ladite convention militaire qu'à toute discussion qu'on pourrait vouloir en faire sortir ; et qu'il plaise à M. le Chancelier ordonner que M. le maréchal Ney et ses défenseurs se renfermeront dans la discussion des faits qui composent l'accusation.

« Fait ce 6 décembre 1815.

« *Signé* : Richelieu, Marbois, le duc de Feltre, le comte Dubouchage, Vaublanc, Corvetto, Decazes, Bellart. »

Le président déclara que, fort de l'opinion de MM. les pairs et du sentiment de son propre devoir, il interdisait aux défenseurs de l'accusé l'usage du moyen qu'ils prétendaient tirer de la convention du 3 juillet.

Le moment de frapper le coup concerté était venu.

L'un des défenseurs, c'était M. Dupin, fit observer alors que, par le traité du 20 novembre, la ville de Sarrelouis, où le maréchal était né, ne faisait plus partie du territoire français. Il en conclut que l'accusé lui-même avait perdu cette qualité, et qu'il cessait d'être justiciable des lois françaises.

Ney se leva et répondit qu'il ne cesserait jamais d'être Français. Il ajouta qu'il interdisait à ses conseils de rien ajouter à sa défense, si elle ne pouvait avoir toute la latitude qu'ils entendaient lui donner, et il lut la phrase préparée par M. Dupin : « Jusqu'ici ma défense a paru libre, je m'aperçois qu'on l'entrave à l'instant ; je remercie mes généreux défenseurs de ce qu'ils ont fait et de ce qu'ils sont prêts à faire ; mais je les prie de cesser plutôt de me défendre tout à fait que de me défendre imparfaitement; j'aime mieux n'être pas du tout défendu que de n'avoir qu'un simulacre de défense. Je suis accusé contre la foi des traités, et on ne veut pas que je les invoque! J'en appelle à l'Europe et à la postérité [1]! »

Le procureur général fit observer que, loin d'entraver la défense de l'accusé, les commissaires du Roi s'étaient plu à lui laisser toute la latitude compatible avec leur devoir.

Le président, de son côté, invita les défenseurs à poursuivre.

L'accusé renouvela la défense qu'il leur avait faite : « J'aime mieux ne pas être du tout défendu, dit-il, que de n'avoir qu'un simulacre de défense. »

Le procureur général, après avoir conféré avec les ministres commissaires du Roi, déclara que, l'accusé ayant jugé à propos de borner ici sa défense, les commissaires du Roi lui en laisseraient tout l'avantage et ne demanderaient aucune réplique. Il lut donc immédiatement le réquisitoire tendant à faire condamner l'accusé à la peine de mort, en la forme prescrite par le décret du 12 mai 1793.

Il était cinq heures. Le président déclara les débats clos et ordonna que la salle fût évacuée par le public; la Chambre entra en délibération.

Dans cette séance secrète du 6 décembre, le président posa ainsi les questions sur lesquelles la Chambre était appelée à délibérer :

L'accusé est-il convaincu d'avoir, dans la nuit du 13 au 14 mars, accueilli les émissaires de l'usurpateur; d'avoir, ledit jour 14 mars 1815, lu sur la place publique de Lons-le-Saulnier, département du Jura, à la tête de son armée, une proclamation tendant à exciter à la rebellion et la désertion à l'ennemi; d'avoir immédiatement donné l'ordre à ses troupes

---

1. Nous transcrivons la protestation du maréchal sur le fac-similé de l'autographe que possède M. Dupin. (Voir ses *Mémoires*, tome Ier, page 20.)

de se réunir à l'usurpateur, et d'avoir lui-même, à leur tête, effectué cette réunion ?

Est-il convaincu d'avoir ainsi commis un crime de haute trahison et d'attentat à la sûreté de l'État, dans le but de détruire ou de changer le gouvernement et l'ordre de successibilité au trône ?

Le président fit observer ensuite que, ces questions décidées, une délibération ultérieure devait déterminer la peine applicable au crime dont l'accusé serait déclaré coupable.

Un pair émit alors l'opinion qu'à l'exemple de l'Angleterre la Chambre, considérée comme un grand jury, devait se borner à la déclaration du fait. Le président ouvrirait ensuite le Code pénal, et prononcerait l'application de la peine.

Un autre pair représenta qu'en acceptant l'ordonnance du Roi du 12 novembre, la Chambre avait contracté l'obligation générale de suivre dans le jugement les formes prescrites aux cours spéciales par le Code d'instruction criminelle, et il demanda quelles étaient ces formes.

Le président répondit que l'usage des cours spéciales était de voter d'abord sur le fait, ensuite sur l'application de la peine.

Plusieurs membres ajoutèrent que cette marche était la conséquence nécessaire des dispositions du Code, qui dit, article 584, que *le président posera les questions* et recueillera les voix, et, article 587, que *si l'accusé est déclaré coupable, la cour prononcera la peine établie par la loi.*

Un pair invoqua les dispositions de l'ordonnance du Roi du 11 novembre, portant que les opinions seraient prises suivant la forme usitée dans les tribunaux, c'est-à-dire après l'appel nominal.

Un pair exprima l'idée que la Chambre haute ne pouvait être astreinte à se conformer servilement aux dispositions du Code. Elle devait jouir, sur le fond comme sur la forme, d'un pouvoir discrétionnaire illimité. Elle pouvait donc, en statuant sur l'application de la peine, avoir égard aux circonstances atténuantes. Où seraient, sans cette faculté, les garanties que doit offrir à l'accusé un tribunal suprême dont aucune autorité ne réforme les décisions?

Cette opinion fut partagée par deux membres, qui ajoutèrent néanmoins que la qualification du délit et la détermination de la peine devaient être l'objet de délibérations séparées et consécutives.

Un pair déclara qu'aucune loi, aucun règlement, ne l'empêchera d'exposer, dès la première question, son opinion tout entière. Cette opinion était que, d'après l'article 12 de la convention du 3 juillet, l'accusé ne pouvait être mis en jugement.

Un pair signala dans la séparation trop exacte du fait et du droit, des questions relatives au délit et de celles qui regardent la peine, le grave inconvénient d'alarmer les consciences, qui seront plus tranquilles si chacun, en prononçant sur le crime, s'explique en même temps sur la peine qu'il y croit applicable. Un moyen d'obvier à cet inconvénient fut proposé : on pouvait ne regarder comme définitif le vote de chaque pair sur l'application de la peine qu'après un second appel nominal, lors duquel ceux qui auraient voté dans le premier pour une peine plus sévère pourraient passer à l'avis le plus doux.

Le président annonça qu'il se proposait de suivre cette marche. Il ajouta que, pour simplifier la délibération, il allait être voté séparément sur chacune des questions de fait, et sur la question relative à la qualification du délit.

La première question fut en conséquence mise aux voix dans les termes suivants :

« L'accusé est-il convaincu d'avoir, dans la nuit du 13 au 14 mars, accueilli les émissaires de l'usurpateur? »

Sur cette question, le nombre des pairs étant de 161, le

résultat de l'appel nominal donna pour l'affirmative 113 voix, réduites, par conformité d'opinion entre parents et alliés, à 107, et pour la négative 47 voix réduites à 46, un membre s'étant abstenu de voter.

Les pairs qui votèrent pour la négative se fondèrent particulièrement sur ce que l'aveu seul de l'accusé ne formait pas contre lui une preuve suffisante.

On procéda à l'appel nominal sur la seconde question, ainsi conçue :

« L'accusé est-il convaincu d'avoir, ledit jour 14 mars 1815, lu sur la place publique de Lons-le-Saulnier, département du Jura, à la tête de son armée, une proclamation tendant à exciter à la rébellion et à la désertion à l'ennemi ; d'avoir immédiatement donné l'ordre à ses troupes de se réunir à l'usurpateur, et d'avoir lui même, à leur tête, effectué cette réunion? »

L'affirmative fut prononcée à l'unanimité moins une voix, qui continua à s'abstenir.

La question relative à la qualification du crime fut ensuite mise aux voix en ces termes :

« L'accusé est-il convaincu d'avoir ainsi commis un crime de haute trahison et d'attentat à la sûreté de l'État, dont le but était de détruire ou de changer le gouvernement et l'ordre de successibilité au trône? »

Le résultat de l'appel nominal donna sur cette question 159 voix pour l'affirmative, une pour la négative; il y eut, comme dans le premier vote, une abstention.

D'après ce résultat et celui des appels précédents, l'accusé se trouvant convaincu de crime de haute trahison et d'attentat à la sûreté de l'État avec les circonstances comprises dans la position des questions, le président fit observer que la Chambre avait maintenant à délibérer sur l'application de la peine. Il ajouta que celle que déterminent pour le crime dont il s'agit les articles du Code pénal rapportés dans le réquisitoire des commissaires du Roi était la peine capitale. Les conclusions du réquisitoire, fondées à cet égard sur la loi du 21 brumaire an V, relatives au délit militaire, tendant à ce que cette peine fût appliquée dans la forme prescrite par le décret du 21 mai 1793, le maréchal devait être fusillé, au lieu d'être conduit à l'échafaud. La Chambre allait donc avoir à se déterminer entre les dispositions du Code pénal et celles des lois militaires, sans que cette alternative préjudiciât à la liberté d'opinion des membres qui n'adopteraient ni les unes ni les autres.

Il fut alors procédé à un double appel nominal sur l'application de la peine. Le résultat du premier appel donna pour la mort suivant le Code pénal une voix, pour la mort suivant les lois militaires 142 [1] voix, pour la déportation 13 voix; total 156, cinq membres s'étaient abstenus de voter.

Ce résultat fut changé, ainsi qu'il suit, par le résultat du second appel, qui dut former la décision définitive. Pour la déportation, 17 voix; c'étaient les 13 voix des votes antérieurs, celles de MM. le duc de Broglie, Bertholet, Chasseloup-Laubat, Chollet, Collaud, Gouvion-Saint-Cyr, Herwyne, Klein, Lanjuinais, Lemercier, Malleville, Lenoir-Laroche, Parchappe, Richebourg, auxquels MM. de Lally-Tollendal, Curial, le duc de Montmorency et M. de Fontanes s'étaient ralliés, en profitant de la faculté qu'ils avaient de se prononcer pour la peine la plus douce. Pour la mort suivant les lois militaires 139, réduites à 128, par les parentés entre pairs; cinq membres s'abstinrent encore une fois de voter. Ces abstenants systématiques étaient MM. de Choiseul, de Sainte-Suzanne, de Brigodes, d'Aligre, de Nicolaï.

---

1. M. Duvergier de Hauranne dit 140, tome III, page 305. J'ai vérifié les chiffres sur les procès-verbaux de la Chambre des pairs. La même observation s'applique aux chiffres suivants.

Un dernier point restait à décider pour la formation de l'arrêt, c'était de s'assurer si la Chambre userait de la faculté qui lui était donnée par l'article 8 de l'ordonnance du Roi du 12 novembre, de prononcer cet arrêt hors de la *présence de l'accusé.*

La Chambre décida qu'elle userait de cette faculté.

Le président se retira pour la rédaction de l'arrêt. Le projet qu'il présenta fut, après une seconde lecture, mis aux voix et adopté.

La séance redevint publique et, à deux heures du matin, après avoir inutilement fait appeler les défenseurs, qui ne se présentèrent pas, le président prononça la sentence qui condamnait Michel Ney à la peine de mort, comme coupable de haute trahison.

Sur 161 pairs présents à la délibération, 160 apposèrent leur signature à la minute de l'arrêt.

L'arrêt venait d'être rendu et signé, quand une lettre fut remise au chancelier Dambray. Elle était écrite par M. Bignon, un des négociateurs de la convention du 3 juillet, qui, sur la requête de l'accusé, avait été cité à comparaître comme témoin à décharge dans la séance du 4 novembre, et qui n'avait pas comparu. Voici quelle était la teneur de cette lettre :

« 7 décembre, à 1 heure du matin.

« Monseigneur,

« Cité comme témoin dans le procès de M. le maréchal Ney et n'ayant reçu que lundi au soir 4 l'assignation qui m'a été envoyée dans le département de l'Eure où je réside, j'ai eu l'honneur d'adresser, le 5, à Votre Excellence, une déclaration qui lui sera parvenue hier 6.

« Depuis cet envoi, il s'est présenté à mon esprit un fait particulier dont moi seul des témoins cités, peut-être, puis avoir connaissance, fait qui m'a paru d'une importance capitale, en sorte que, quoique indisposé, je me suis mis en route sur-le-champ pour venir le déclarer à la Cour des pairs.

« Arrivé cette nuit, quoiqu'on me dise que les débats sont clos, je regarde comme un devoir de conscience pour moi de prier Votre Excellence de vouloir bien, en cas que le jugement ne soit pas prononcé encore, me faire connaître si, dans une affaire aussi grave, la Cour des pairs ne peut pas ordonner, même à présent, que je sois entendu, et m'admettre à déposer du fait essentiel que j'ai à joindre à ma déclaration.

« Daignez, etc.

« *Signé :* Le baron BIGNON. »

A quelques heures de là, le chancelier adressa à M. Bignon la réponse suivante :

« Paris, 7 décembre 1815.

« *A Monsieur le baron Bignon.*

« Le jugement, Monsieur, est prononcé d'hier au soir dans l'affaire du maréchal Ney. Vous avez, du reste, peu de regrets à éprouver que votre déclaration n'ait pu être donnée avant le jugement, car elle ne pouvait porter que sur la convention de Paris, que la Chambre des pairs n'a pas jugé convenable de laisser lire.

« Recevez, Monsieur, etc.

« *Signé :* DAMBRAY. »

Le chancelier disait vrai, M. Bignon avait peu à regretter que sa déclaration n'eût pas pu être donnée avant le jugement. On connaît aujourd'hui ce fameux secret de M. Bignon qui pesa sur la Restauration comme une menace tant qu'il resta dans son nuage ; depuis qu'il en est sorti, il a perdu toute sa valeur [1]. M. Bignon venait à Paris bien tardivement,

---

[1]. C'est M. Ernouf qui, dans l'*Histoire de la dernière capitulation de Paris*, livre publié en 1859, a enfin divulgué le secret de M. Bignon, son beau-père. (Voir aux *Pièces justificatives* la lettre de M. Bignon à M. Berryer père et la réponse de celui-ci, seuls documents intéressants parmi les nombreuses pages de M. Bignon citées par M. Ernouf.) Après la lecture de ces deux pièces, que je mets sous les yeux des lecteurs, plusieurs considérations sur cette intervention tardive de M. Bignon m'ont frappé, et je ne crois pas inutile de les présenter.

M. Bignon sait qu'à la requête des défenseurs du maréchal Ney il doit être cité en qualité de témoin à décharge, comme un des négociateurs de la convention de Paris ; il demeure éloigné de cette ville pendant le procès. L'assignation, remise

puisque, cité dès le 2 décembre, il n'y arrivait que le 7 à une heure du matin, pour déposer, devant la Cour des pairs, qu'il était à sa connaissance personnelle que le 9 juillet, après la rentrée de Louis XVIII à Paris, le prince de Talleyrand, dans un *memorandum* remis au duc de Wellington et au prince Blücher, s'était appuyé sur l'article 12 de la convention de Paris qui promettait respect aux monuments de la capitale, pour empêcher la destruction du pont d'Iéna. Il prétendait, en concluant, que Louis XVIII était devenu, par cela même, partie intervenante au traité, et que, par conséquent, il avait moralement signé l'article qui couvrait tous les fonctionnaires militaires et civils présents à Paris. L'intention était bonne, mais il est difficile de rencontrer un paralogisme plus grossier. Roi de France, Louis XVIII avait le droit et le devoir de récla-

à son domicile de Paris le 2 décembre au soir, ne lui arrive à sa campagne, située à 22 lieues seulement de Paris, que le 4 décembre, jour où il devait être entendu. Au lieu de se rendre à Paris, il se fait excuser pour cause d'indisposition et envoie à madame la maréchale Ney une déposition écrite qui n'est qu'un commentaire de la convention, conçu dans des termes favorables à l'interprétation des défenseurs. (Voir aux *Pièces justificatives*.) Pendant la nuit du 5 au 6, en repassant dans sa mémoire toutes les circonstances de ce passé si récent, il croit avoir trouvé un argument décisif. Il n'a que 22 lieues à faire ; en partant à cinq heures du matin, en poste, et en voyageant avec la vitesse ordinaire, trois lieues à l'heure, il serait à Paris à midi et quelques minutes, et trouverait les débats ouverts. Il n'y arrive qu'à 9 heures dans la soirée, et il trouve les débats fermés. Il se rend chez M. Berryer père, avocat du maréchal, qui lui dit, ce sont les propres paroles de cet illustre avocat, contenues dans la lettre demeurée inédite qu'il adressa en avril 1825 à M. Bignon, que « dans l'état de l'instruction, il ne restait d'autre ressource que de la transmettre par écrit à la Cour des pairs qui délibérait encore. » Le baron Bignon se garde de suivre ce conseil. Ce n'est que le 7 décembre, à une heure du matin, quand tout est fini, quand un jugement irrévocable est prononcé, qu'il adresse une lettre désormais inutile au chancelier Dambray et demande à être entendu quand il ne peut plus l'être. N'y a-t-il pas dans ce simple exposé des faits un indice grave que M. Bignon, n'espérant ni modifier l'opinion des juges ni changer le résultat du procès, ne cherchait qu'une occasion de protester contre la condamnation du maréchal Ney en s'appuyant sur un argument qui ne pouvait être réfuté puisqu'il demeurait inconnu ? Aujourd'hui que, quarante-quatre ans après l'événement, le *fameux secret* de M. Bignon est divulgué, cette probabilité ressemble singulièrement à une évidence.

mer en faveur de Paris et de l'armée française l'observation de la capitulation de la part des puissances étrangères qui l'avaient signée. Il revendiquait l'article qui protégeait les monuments, pour empêcher Blücher de faire sauter le pont d'Iéna, comme il eût revendiqué l'article qui protégeait les personnes compromises dans les Cent-Jours, si les étrangers avaient voulu faire des arrestations ou des exécutions dans Paris. Mais, entre arrêter le cours des vengeances des étrangers en leur opposant leur signature et souffrir qu'on arrêtât le cours de la justice royale annoncée par la proclamation solennelle revêtue de sa signature à Cambrai, il y avait l'infini.

J'ai cru devoir exposer dans tous ses détails le procès du maréchal Ney. De tous les procès politiques, conséquence fatale des Cent-Jours, c'est le plus grand, et tant d'opinions diverses et contradictoires ont été émises sur cette affaire, qu'il ne restait plus, pour fermer ce débat dans l'histoire, qu'à rouvrir le prétoire devant la postérité, pour qu'elle pût, à son tour, prononcer en connaissance de cause sur cet arrêt. Aucune des garanties dues aux accusés ne lui manqua. Il eut le temps, la liberté de la défense, les témoignages, le plus haut tribunal qu'il pût rencontrer, celui qu'il avait lui-même demandé; les trois cinquièmes des voix furent exigés pour la condamnation; on lui accorda tout ce qui peut servir à mettre en lumière l'innocence ou à excuser la culpabilité; on ne lui refusa que l'impunité. L'instruction du procès du maréchal, envoyé successivement devant deux juridictions, avait duré quatre mois, depuis le 2 août, jour de son arrestation, jusqu'au 7 décembre, jour de l'exécution de l'arrêt. Le 9 novembre, il avait passé devant le conseil de guerre, qui se déclara incompétent. Le 17 novembre, l'acte d'accusation fut présenté par M. Bellart à la Chambre des pairs. La première séance publique s'ouvrit le 21 novembre, la seconde eut lieu le 23. Les débats, renvoyés au 4 décembre, remplissent cette journée et celle du lendemain jusqu'à cinq heures de relevée, et l'arrêt ne fut prononcé qu'entre onze heures et demie et minuit.

L'arrêt était sans appel. Une seule nuit devait séparer l'heure où il avait été prononcé de celle de l'exécution. Quelques historiens ont raconté [1] que, profitant de cette nuit, le duc de Richelieu, après avoir requis d'une manière si pressante la condamnation, s'était, sur les instances de plusieurs pairs, rendu aux Tuileries pour implorer la grâce du condamné, et que le Roi avait refusé sur l'avis des siens et surtout de madame la duchesse d'Angoulême. Cette légende malveillante, qu'on rapporte sans aucune preuve à l'appui, est aussi loin de la vraisemblance que de la vérité. C'est une fable [2] inventée après coup pour les besoins des temps qui ont suivi, et pour mettre les hommes de la nuance de M. le duc de Richelieu en règle avec un nouveau courant d'opinion. Le duc de Richelieu croyait à la justice de l'arrêt du 6 décembre 1815, et l'exécution de cet arrêt faisait partie de sa politique, car on va le voir se servir immédiatement du supplice du maréchal pour introduire une nouvelle proposition d'amnistie devant la Chambre des députés. Rien de plus opposé aux habitudes du roi Louis XVIII que de consulter sa famille sur les actes de son gouvernement. Son opinion ne différait en rien de celle de tous les hommes de cette époque qui considéraient l'exécution de l'arrêt rendu contre le maréchal Ney comme une nécessité de la situation. Quelques écrivains ont fait un crime au duc de Wellington de n'être pas intervenu pour obtenir la grâce du condamné ; selon

---

1. M. de Vaulabelle, et, d'après lui, M. de Lamartine.
2. M. Duvergier de Hauranne, qui a eu dans les mains tous les papiers politiques de M. Decazes, exprime la même opinion : « Il n'est pas vrai, bien qu'on l'ait dit, que M. le duc de Richelieu ait sollicité la grâce du maréchal Ney, et que Louis XVIII, par les conseils de la duchesse d'Angoulême, soit resté inflexible. » (*Histoire du gouvernement parlementaire en France*, tome III, page 305.)

les uns, il n'avait qu'un mot à dire[1]; selon les autres, il n'aurait pas même dû permettre le jugement[2]. C'est encore là une de ces illusions d'optique à l'aide desquelles on transporte les idées de notre temps dans une époque où elles n'avaient pas cours, et l'on transforme des émotions rétrospectives en appréciations historiques. Le duc de Wellington n'était pas un homme privé, c'était un homme public; il devait vouloir à Paris ce que voulait son gouvernement. Or, l'Angleterre, comme les autres puissances européennes, avait insisté pour que les principaux auteurs de la trahison militaire des Cent-Jours fussent déférés aux tribunaux; elle croyait à la nécessité d'exemples sévères pour prévenir le retour des tentatives qui venaient de coûter tant de sang, non-seulement à la France, mais à l'Europe entière précipitée de nouveau dans la guerre. Comment le duc de Wellington, agissant à l'encontre de la politique de son pays qu'il représentait et des instructions de son gouvernement, aurait-il entrepris d'arrêter le cours de la justice en France, en s'armant du texte d'une convention militaire qui n'engageait que ceux qui l'avaient signée, comme il l'écrivait lui-même à lord Liverpool, on l'a vu, peu de jours seulement après la signature de la capitulation de Paris?

Ce sont là les rêves de la sensibilité substitués à la raison de l'histoire. L'exécution de l'arrêt du maréchal Ney était douloureusement inévitable. Sans doute, il y eut quelques âmes généreuses qui auraient voulu changer son sort; mais il faut les chercher parmi celles qui, n'ayant pas la puissance, n'avaient pas la responsabilité, ou parmi celles qui se dégagent facilement d'un devoir public pour suivre leur penchant personnel ou se réserver en vue de l'avenir. N'y eût-il eu qu'un seul homme condamné à expier la défection des Cent-Jours en subissant l'arrêt prononcé contre lui, un contemporain peu

---

1. M. Duvergier de Hauranne.
2. M. de Vaulabelle.

suspect[1] l'avait reconnu, cet homme devait être le maréchal Ney, parce que c'était lui qui, après avoir pris volontairement les obligations les plus étendues, avait donné de plus haut l'exemple de la défection le plus contagieux et le plus décisif.

Le maréchal Ney, en quittant l'audience, avait été reconduit dans la prison du Luxembourg, où depuis l'avant-veille il avait été placé. Là, il était gardé à vue, non-seulement par des gendarmes et les surveillants ordinaires des prisonniers, mais par des gardes du corps cachés sous l'uniforme de simples grenadiers à cheval. Cette circonstance achève de peindre la difficulté de la situation et les appréhensions du temps. Ces jeunes hommes (M. de Lamartine, qui alors garde du corps comme eux les a connus et a reçu leurs confidences, leur rend ce témoignage qui doit être cru, puisque le témoin parle de choses qu'il a vues) n'étaient pas, comme l'a imaginé l'esprit de parti, des séides et des sicaires choisis, en raison de leur rudesse et de leur haine, pour surveiller le prisonnier, et l'égorger en cas d'une tentative d'évasion. « C'étaient de braves et de jeunes gentilshommes, élite de leurs compagnies, incorruptibles par honneur, mais incapables de crime sur un homme désarmé [2]. » Le gouvernement, si récemment et si généralement trahi, n'aurait pas cru avoir la libre disposition de son prisonnier, si des dévouements éprouvés ne lui en avaient pas répondu.

---

1. Lors de l'arrestation de Labédoyère, Benjamin Constant écrivait en sa faveur à M. Decazes une lettre dans laquelle il désignait clairement le maréchal Ney comme le seul qui dût périr. Il est juste d'ajouter que le maréchal n'était pas arrêté au moment où cette lettre fut écrite : « J'affirme que cette sévérité n'est pas le moyen de salut que les circonstances demandent, que si l'on veut être sévère, il ne faut frapper qu'une seule tête ; que M. de Labédoyère n'est pas la tête qu'il faut frapper si l'on en veut une. Je ne me pardonnerai jamais, à moi qui n'ai pas cette fatale mission, de désigner une victime, et je sens que je ne puis tracer les mots qui l'indiqueraient. Mais M. de Labédoyère peut alléguer l'imprudence, la non-préméditation, la franchise, la jeunesse..... Je m'arrête, car ma main tremble en pensant que cette insinuation est déjà trop claire, et que je ne dois pas, en plaidant pour la vie de l'un, recommander la mort de l'autre. »
2. Lamartine, *Histoire de la Restauration*, tome VI, page 62.

Le maréchal, en rentrant dans sa prison, avait dîné et s'était jeté tout habillé sur son lit. Un peu après deux heures du matin, M. Cauchy se présenta à la porte de sa chambre pour lui lire l'arrêt. Le condamné dormait, il fallut le réveiller. Quand le maréchal Ney avait eu à présenter une défense impossible, il avait été au-dessous de lui-même; maintenant qu'il n'avait plus qu'à mourir, sa nature héroïque se réveilla, le noble soldat de la Bérésina se retrouva tout entier. M. Cauchy, avant de lui lire la fatale sentence, cherchait à lui exprimer le regret qu'il éprouvait d'être chargé de ce douloureux ministère; Ney l'interrompit en lui disant : « Nous avons tous notre devoir à remplir dans ce monde; faites le vôtre, lisez. » M. Cauchy lut la longue énumération des titres du maréchal, que rappelait l'arrêt. Ney l'interrompit encore, mais cette fois avec une certaine impatience : « Passez, dit-il; dites simplement Michel Ney, et bientôt un peu de poussière. » En présence des tristes réalités de la mort, les vanités de la vie lui apparaissaient comme une suprême dérision. Après la lecture de l'arrêt, M. Cauchy avertit le maréchal que le curé de Saint-Sulpice était venu lui proposer les secours de la religion, et qu'il se tenait à sa disposition. Le maréchal demanda s'il lui serait permis d'embrasser sa femme et ses enfants. M. Cauchy lui répondit affirmativement. Pour marquer l'heure de cette suprême visite, il fallait savoir à quel moment de la matinée on avait marqué la dernière heure du condamné. « A quelle heure demain? demanda-t-il avec un accent qui achevait la question. — A neuf heures, répondit tristement M. Cauchy. — Alors faites avertir la maréchale pour cinq heures et demie du matin, reprit le condamné; mais surtout pas un mot qui puisse lui faire soupçonner mon sort, c'est moi qui le lui apprendrai. » Tout était dit. Le maréchal demanda à être seul. M. Cauchy s'inclina et sortit. Ney se jeta de nouveau sur son lit, et s'endormit comme à la veille d'un dernier combat.

A cinq heures et demie, la maréchale arriva avec ses quatre fils, dont le plus âgé avait douze ans, et sa sœur, madame Gamot. La scène déchirante des adieux s'ouvrit. L'heure de la nuit à laquelle on avait appelé la maréchale lui disait assez que c'était une suprême entrevue. En entrant dans la prison, elle tomba pâle et froide dans les bras de son mari. Il eut de la peine à la ranimer; les paroles, étouffées par les sanglots, n'arrivaient que péniblement aux lèvres de cette femme infortunée, qui pleurait déjà son mari mort et ses enfants orphelins. Madame Gamot, agenouillée devant le maréchal, soutenait sa sœur éplorée. Triste condition de la nature humaine qui, puissante seulement pour la douleur, croit perdre l'éternité en voyant avancer de quelques années une séparation inévitable. Le maréchal avait attiré ses jeunes fils sur ses genoux; il leur parla quelque temps à voix basse, avec cet accent qui laisse dans l'oreille et le cœur des enfants un ineffaçable souvenir. Pour mettre un terme à cette scène de désolation, le maréchal se pencha sur sa belle-sœur, et lui dit de manière à être entendu par sa femme, qu'en se rendant immédiatement aux Tuileries elle aurait peut-être le temps d'arriver jusqu'au Roi. La maréchale serra encore une fois son mari dans ses bras, et sortit de la prison en emportant une espérance et une illusion qu'elle ne laissait pas derrière elle. Arrivée aux Tuileries avant le jour, et introduite dans une salle par le duc de Duras, madame la maréchale Ney attendit en vain : elle ne devait pas être admise auprès du Roi, car il avait été décidé qu'on n'interromprait pas le cours de la justice.

Après le départ de sa femme, le maréchal, qui ne lui avait conseillé cette démarche que pour l'éloigner au dernier moment, s'assit devant une table et écrivit son testament. Puis il se leva et s'entretint librement avec ses gardiens. Entre le maréchal et ces jeunes hommes qui par dévouement au Roi s'étaient chargés de veiller autour du prisonnier dont on craignait l'évasion, il s'était formé une de ces étranges familiarités que la vie commune et un contact de tous les instants expliquent. Dans les cœurs jeunes et généreux, la haine ne peut subsister que de loin ; elle se fond au contact d'une grande infortune. Un d'entre eux surtout, c'était un gentilhomme du Dauphiné [1], l'un des gardes du corps du Roi qui portaient l'uniforme des grenadiers de la garde, s'était épris pour le maréchal d'une sympathique pitié, en regardant, à chaque instant du jour, cette grande gloire militaire à travers son malheur. Le maréchal, de son côté, avait été touché de l'intérêt de ce jeune homme, qu'il croyait sorti des armées impériales, et il s'entretenait volontiers avec lui. Les heures marchaient, et la dernière était proche, quand le maréchal, qui conversait depuis quelques instants avec son jeune gardien s'arrêta tout à coup, et, le regardant fixement : « Tout est fini pour moi, lui dit-il; voici mon dernier jour. On m'a parlé d'un prêtre, des secours de la religion ; je crois à Dieu, je crois que l'âme est immortelle, mais est-ce la mort d'un soldat ? Que feriez-vous ? » Celui à qui s'adressait cette question était chrétien. Il essaya de donner une dernière espérance au maréchal, en parlant d'un acte de clémence comme possible, mais il ajouta que, lorsqu'on avait bravé si souvent et de si près la mort sur le champ de bataille, on ne devait pas craindre d'en entendre parler dans une prison : « A votre place, continua-t-il, je laisserais entrer le curé de Saint-Sulpice, et je préparerais mon âme à tout événement. — Je crois que vous avez raison, répondit le maréchal avec un indéfinissable sourire où brillait déjà l'apaisement de son âme, faites entrer le prêtre. » Le curé de Saint-Sulpice attendait patiem-

---

1. « C'était, dit M. de Lamartine, un gentilhomme royaliste du Dauphiné, nommé M. de V..... Sa belle figure, son caractère martial, son accent de libre mais respectueuse franchise, avaient trompé le prisonnier lui-même qui croyait voir dans M. de V..... un des anciens sous-officiers de ses grandes guerres. »

ment à la porte l'heure des miséricordes de Dieu, qui devait précéder de si peu l'heure de la justice des hommes ; il fut introduit, et le maréchal, se retirant dans un coin de la chambre, s'entretint secrètement avec lui.

Le prêtre s'était retiré depuis quelque temps, et le maréchal achevait de passer une redingote de drap bleu quand le bruit d'une voiture se fit entendre dans la cour. Il comprit que le moment était venu ; il était un peu plus de huit heures et demie du matin. Bientôt en effet la porte s'ouvrit ; invité à descendre, Michel Ney répondit qu'il était prêt. Il était vêtu, comme je l'ai dit, d'une redingote de gros drap bleu, d'une culotte noire, de bas de soie noire, et coiffé d'un chapeau rond. Il descendit entre une double haie de soldats échelonnés depuis la porte de la chambre qu'il occupait jusqu'à la grille du jardin. Là une voiture stationnait ; le curé de Saint-Sulpice, comme un soldat fidèle à son poste, attendait le maréchal, qui lui avait donné rendez-vous. Il y eut entre le soldat et le prêtre un débat de courtoisie ; le second voulait faire monter le premier avant lui ; le maréchal n'y consentit pas, et, indiquant le ciel du regard, il dit avec un triste et doux sourire au compagnon de sa dernière étape : « Non, non, montez le premier, monsieur le curé, j'arriverai encore avant vous là-haut. » J'ai entendu raconter par des contemporains, qu'au bruit de cette altercation affectueuse le cocher tourna la tête ; à la vue du maréchal il pâlit affreusement et tomba sans connaissance du haut de son siége. C'était un des anciens soldats du maréchal qui l'avait reconnu. On chercha vainement à le faire revenir, il fallut conduire les chevaux par la bride[1]. La matinée était froide, sombre et triste ; la voiture traversa au pas le jardin du Luxembourg, dont les arbres dépouillés étendaient leur

---

1. Je retrouve la confirmation de cette anecdote dans les *Mémoires* de M. Alissant de Chazet publiés en 1837, tome III, page 118. M. de Chazet ajoute : « Cet homme languit trois mois et mourut dans de cruelles angoisses. »

rameaux dénudés et noirs; le maréchal écoutait avec recueillement les paroles du prêtre; il croyait qu'on le conduisait à la plaine de Grenelle, lieu ordinaire des exécutions, lorsque, peu d'instants après être sorti de la grille du Luxembourg et arrivé à une égale distance de cette grille et de l'Observatoire, la voiture s'arrêta. En ce moment même, un officier de gendarmerie, ouvrant la portière de la voiture, avertit le maréchal qu'on était arrivé au lieu de l'exécution : le gouvernement avait craint qu'il y eût quelque rassemblement à la plaine de Grenelle, et avait changé dans la nuit le lieu du supplice. Sans faire d'observation, le maréchal se hâta de faire ses adieux au prêtre, lui donna sa tabatière en or dont il faisait ordinairement usage, en le priant de la remettre à la maréchale, et déposa en ses mains quelques louis d'or qu'il avait sur lui, en l'invitant à les distribuer aux pauvres de sa paroisse, puis, après avoir embrassé ce suprême compagnon de sa route, chargé de transmettre ce dernier baiser à ses enfants, il descendit. Un peloton de vétérans rangés en bataille lui indiquait le lieu de l'exécution. L'officier lui proposa de lui bander les yeux. « Ignorez-vous, dit Ney, que depuis vingt ans j'ai l'habitude de regarder en face les boulets et les balles. » L'officier tremblant demeurait muet, et le maréchal en profita pour renouveler son appel à la postérité et à Dieu. Le général commandant la place de Paris qui, en vertu de ses fonctions, était chargé de l'exécution du maréchal, cria à l'officier : « Faites votre devoir. » Celui-ci demeurait immobile, lorsque le maréchal lui-même, s'avançant de quelques pas, leva son chapeau de la main gauche, comme il l'avait fait dans la dernière charge de Waterloo, et, plaçant sa main droite sur sa poitrine : « Soldats, droit au cœur, » s'écria-t-il. On n'entendit qu'un coup. Ney était étendu mort. Il avait reçu treize balles. Son corps, suivant les règlements, resta exposé pendant un quart d'heure sur le lieu de l'exécution. Après ce délai écoulé, on le transporta à l'hospice de la Charité, et il fut gardé par les sœurs qui, jusqu'au moment où on lui rendit sans pompe et sans bruit les devoirs funèbres, se relevèrent d'heure en heure pour réciter les prières des morts.

Étrange et mélancolique rapprochement! Ainsi était mort un peu moins de deux mois auparavant, le 13 octobre 1805, [1815] condamné par un Conseil de guerre et fusillé par ses anciens soldats, celui de tous les chefs des grandes guerres de l'Empire qui avait le plus d'analogie avec Ney par la fougue indomptée de son courage et la témérité de son caractère, Joachim Murat, qui, le dos tourné au présent, rêvait après Waterloo un 20 mars impossible, et poursuivait en insensé, sur la côte napolitaine, le fantôme d'une royauté irrévocablement perdue.

En présence du grand homme de guerre, du glorieux soldat de la Bérésina s'appuyant sur le bras d'un prêtre pour faire ce dernier pas qui conduit du temps à l'éternité, et tombant obscurément entre l'Observatoire et la grille du Luxembourg, je sens trembler dans mes mains le burin des justices de l'histoire, que j'ai peine à tenir depuis quelque temps déjà, depuis que je suis entré dans le récit de ces dernières scènes. Je suis tenté de ne plus voir que la gloire du maréchal Ney surpassée par son malheur, un des plus illustres enfants de la France, mourant, dans la force de l'âge, sous des balles françaises; une femme qui se lamente et des enfants qui pleurent. Je comprends ce long murmure qui s'est élevé dans l'histoire contre l'exécution du maréchal; je le comprends parce que je sais que, dans le cœur humain, la pitié éteint jusqu'au sentiment de la justice, et que les larmes que fait couler une grande infortune effacent jusqu'aux fautes qui l'ont causée.

Je comprends ce murmure, mais je ne l'approuve pas. Si l'histoire ne doit pas être sans pitié, elle doit être sans faiblesse. Laissons les courtisans de l'opinion du moment et les quêteurs de popularité accuser passionnément à ce sujet les passions implacables de la Chambre introuvable, la cruauté de la cour, la faiblesse du Roi, la complaisance des ministres, la lâcheté de la Chambre des pairs. Ce ne sont pas là les justices de l'histoire. Il n'y a rien de commun entre le procès du maréchal Ney, reconnaissant lui-même sa culpabilité dans l'instruction, jugé par le tribunal qu'il a réclamé, jouissant de toutes les garanties d'une bonne justice, et ces grandes iniquités qui, comme le procès de Louis XVI ou du duc d'Enghien, déshonorent une époque. Il faut abolir les droits de la raison et éteindre la lumière de la conscience humaine, ou reconnaître que l'acte de Lons-le-Saulnier, après la mission reçue et acceptée, et les engagements pris, était un attentat moral avant d'être un acte de haute trahison. L'accusé était coupable, sa gloire passée n'absolvait pas sa conduite présente; si la gloire donnait le privilége de l'impunité, où serait la justice? Du moment qu'il était déféré à un tribunal, l'arrêt rendu étant dicté par la loi, l'exécution de l'arrêt était un droit. Il n'y avait donc là ni cruauté, ni lâcheté, ni honte, il y avait justice. Un acte de bonté royale qui eût fait taire la justice devant la clémence eût-il été possible? Question délicate, douteuse quand on se reporte aux idées et aux difficultés du temps, plus douteuse encore quand on considère les nécessités politiques; le gouvernement d'alors avait en effet une responsabilité que la postérité n'a pas; il ne songeait pas seulement à punir le maréchal Ney, il songeait à avertir les chefs militaires qui pourraient être tentés d'abuser de leur pouvoir. Cette clémence eût-elle changé le sort de la Restauration? On peut hardiment répondre d'une manière négative. Les partis qui la déclarèrent implacable l'auraient déclarée impuissante et désarmée: c'est toute la justice qu'elle en aurait obtenue. Elle n'en serait pas moins tombée; tout ce qu'on pourrait dire aujourd'hui, c'est qu'elle n'en serait pas plus tombée, et que cet acte de clémence, s'il eût été possible, ajouté à tant d'autres, viendrait accroître dans l'histoire ces trésors de bonté et de pardon qui sont une des grandeurs de la maison de Bourbon.

IX

SECONDE PHASE DE LA LOI D'AMNISTIE.

Le 8 décembre, lendemain de l'exécution du maréchal Ney, le bruit se répandit dans la Chambre, à l'ouverture de la séance, que le ministère allait présenter un nouveau projet d'amnistie. Le Gouvernement avait, en effet, résolu de profiter de l'effet produit par cette exécution pour emporter la question. La Chambre était sous l'empire de l'émotion causée par cette rumeur qui circulait de bouche en bouche, lorsqu'elle vit entrer le duc de Richelieu et le ministre de l'intérieur. Les membres de la commission furent officieusement avertis par un député influent de l'intention du ministère ; on les pria, en même temps, de ne point se formaliser de ce qu'il ne leur avait pas communiqué le parti qu'il avait pris ; le projet, ajouta-t-on, n'avait été adopté par le Roi que la veille au soir, et il avait intimé à son ministère l'ordre formel de le présenter immédiatement à la Chambre. Peu d'instants après, le duc de Richelieu fit appeler les membres de la commission dans la salle du trône, et, après leur avoir renouvelé ses excuses, il leur communiqua le nouveau projet, en les conjurant, au nom de l'intérêt du pays et de la volonté du Roi, d'accepter cette solution. Le projet n'avait rien de nouveau ; c'était l'ordonnance du 24 juillet telle qu'elle avait été rédigée par Fouché, avec la désignation d'une catégorie de prévenus qui serait envoyée devant les tribunaux, et d'une autre d'abord seulement éloignée de Paris, jusqu'à ce que les Chambres eussent prononcé sur son sort, et qu'on proposait, cette fois, d'exiler en bloc.

Le Gouvernement demandait donc aux Chambres de convertir en loi, par leur vote, l'ordonnance que la commission n'avait cessé de déclarer inacceptable au double point de vue des noms qui y avaient été indûment omis et de ceux qui y avaient été sans raison placés.

Si le Roi, après la mort du maréchal Ney, croyait la défection des Cent-Jours suffisamment expiée, et voulait mettre un terme aux rigueurs judiciaires, mieux eût valu le déclarer franchement aux députés, que de s'obstiner à leur faire adopter un projet dont l'origine, les contradictions, les inconséquences, les injustices les révoltaient, et contre lequel la commission s'était déjà prononcée. Les commissaires maintinrent leur première déclaration. Les exceptions proposées ne portant pas sur les grands coupables, ils auraient cru commettre une injustice en les adoptant. Le projet les forçant à juger et à condamner au bannissement trente-huit individus, la plupart inconnus, et contre lesquels on ne produisait pas la plus légère charge, ils ne pouvaient consentir à se couvrir de honte aux yeux de leurs concitoyens et à se livrer aux remords de leur propre conscience. C'est en ces termes que fut formulé leur refus.

Le duc de Richelieu fit valoir ses arguments ordinaires. Le Roi voulait que l'amnistie rassurât tout le monde; des exceptions plus nombreuses ne feraient qu'inquiéter. Pour les étendre à des noms autres que ceux écrits sur les listes, il fallait obliger le Roi à renoncer à toutes ses précédentes ordonnances, et le compromettre auprès des souverains alliés qui protégeaient Fouché et quelques autres grands personnages des Cent-Jours. Le ministère actuel n'avait pas désigné les exceptés; il ne pouvait, par conséquent, communiquer à la commission aucune pièce de nature à calmer ses répugnances et à éclairer sa justice.

Ces raisons n'étaient pas nouvelles, elles avaient été déjà développées devant la commission, sans la convaincre, elles ne la convainquirent pas davantage cette fois. Elles ne rassuraient pas les consciences des commissaires, elles ne satisfaisaient pas leur raison, et elles leur laissaient toute leur responsabilité. C'est ce qu'ils répondirent au duc de Richelieu, en ajoutant qu'ils combattraient le projet, et qu'ils pensaient que la Chambre le rejetterait.

La conférence fut donc rompue, et le duc de Richelieu, rentrant dans la salle des délibérations, monta à la tribune et lut l'*Exposé des motifs du projet de loi relatif à l'amnistie.* Voici quelle en était la teneur :

« Un grand exemple vient d'être donné. Les tribunaux sont chargés de suivre le cours de la justice contre les prévenus désignés par l'article 1er de l'ordonnance du 24 juillet, et, s'il en est qui se soient dérobés aux poursuites, le jugement par contumace servira d'exemple en attendant le châtiment.

« Mais, à la suite de la plus violente commotion qui ait jamais ébranlé un État, le Gouvernement a dû prendre d'autres mesures. Il est, après les révolutions, des hommes dangereux qui ne peuvent rester au sein d'une patrie qu'ils ont déchirée et qu'ils menacent encore.

« C'est dans ce but que l'ordonnance du 24 juillet a désigné trente-huit individus. Cette ordonnance annonçait que les Chambres prononceraient sur ceux qui devaient être renvoyés devant les tribunaux; mais vous-mêmes, Messieurs, avez reconnu qu'elles ne pouvaient être appelées à juger, et dès lors le bannissement seul doit subsister.

« Pendant que les uns disent que cette ordonnance est incomplète, d'autres la trouvent sévère et arbitraire.

« Nous répondons aux uns et aux autres que jamais, après tant d'attentats, on ne prit une mesure plus douce; il n'était ni juste ni politique de punir tous ceux qui ont pris part à cette grande rébellion. Il fallait se borner à désigner plusieurs de ceux qui s'y sont trouvés engagés, et une sorte de clameur publique a indiqué les individus dont les noms sont inscrits dans l'ordonnance. Peut-être il en existe de plus criminels; mais, quand la justice publique est réduite à s'exercer sur tant de coupables, ceux qu'elle frappe doivent se résigner à leur sort et mériter ainsi que la clémence du Roi puisse un jour l'adoucir.

« Les membres d'une famille qui a causé tant de maux à la France ont quitté son territoire. Ils ne s'attendent pas qu'il leur soit jamais permis d'y rentrer, et la loi doit établir des peines contre ceux qui oseraient y reparaître. Si la religieuse fidélité du Roi pour la loi par laquelle il a aboli la confiscation ne lui permet pas de les dépouiller des biens qu'ils ont acquis à titre onéreux, tous les sentiments se réunissent pour leur ôter des droits, des biens, des titres qu'ils ont obtenus à titre gratuit : cette volonté est exprimée dans le projet de loi qui va vous être présenté. »

L'exposé des motifs insistait ensuite sur « la sécurité que le projet de loi apportait à toutes les classes de citoyens qui n'étaient pas comprises dans ces exemples. » Le Roi étendait l'amnistie publiée par sa proclamation de Cambrai. Le droit d'amnistie est inhérent à la souveraineté. Le Roi, dans une occasion aussi solennelle, a voulu y faire concourir les grands corps de l'État, qui participent avec lui à l'exercice de sa puissance législative. S'il était besoin de chercher d'autres motifs pour sa miséricorde, les ministres diraient que les lois qui viennent d'être rendues donnent au Gouvernement une force capable de réprimer à l'avenir les désordres publics et d'étouffer les conspirations... « La vigilance et la rigueur envers ceux qui auraient ourdi de nouvelles trames seront d'autant plus justes que la bonté du Roi aura été immense.

« L'armée égarée a été décimée dans les périls de Waterloo ; quelques-uns de ses chefs ont reçu depuis une mort qu'ils eussent préféré trouver dans les combats. Docile à la volonté du Roi, au vœu de la France, l'armée a été licenciée. »

L'exposé des motifs se terminait en faisant un appel à la concorde et au concours de toutes les volontés. « C'est assez du poids qui pèse sur la France, disait le ministre, ne cherchons pas à l'aggraver encore.

. . . .

« Les charges publiques sont pesantes, sans doute, et nous avons longtemps cherché les moyens de les faire supporter aux auteurs de nos maux ; mais, quel que soit leur nombre, une part extraordinaire dans leurs contributions n'eût produit qu'une ressource médiocre, et il eût été difficile de se défendre de l'arbitraire et de contenir les passions. »

La loi était présentée par le ministère tout entier, et M. Decazes, ministre de la police, était chargé d'en exposer les motifs, et d'en soutenir la discussion.

Voici quel en était le texte :

Art. 1. Amnistie pleine et entière est accordée à ceux qui, directement ou indirectement, ont pris part à la rébellion et à l'usurpation de Napoléon Bonaparte, sauf les exceptions ci-après.

2. L'ordonnance du 24 juillet continuera à être exécutée à l'égard des individus compris dans l'article 1er de cette ordonnance.

3. Les individus compris dans l'article 2 de ladite ordonnance sortiront de France dans les deux mois qui suivront la promulgation de la présente loi. Ils n'y pourront rentrer sans l'autorisation expresse du Roi; le tout sous peine de déportation.

4. Tous les membres ou alliés de la famille Bonaparte et leurs descendants jusqu'au degré d'oncle et de neveu inclusivement sont exclus à perpétuité du Royaume, et sont tenus d'en sortir dans le délai d'un mois sous la peine portée par l'article 91 du Code pénal.

Ils ne pourront y jouir d'aucun droit civil, y posséder aucuns biens, titres, rentes, pensions à eux concédés à titre gratuit, et ils seront tenus de vendre, dans le délai de six mois, les biens de toute nature qu'ils posséderaient à titre onéreux.

5. La présente amnistie n'est pas applicable à toutes les personnes contre lesquelles ont été dirigées des poursuites ou sont intervenus des jugements avant la promulgation de la présente loi; les poursuites seront continuées, et les jugements seront exécutés conformément aux lois.

6. Ne sont pas compris dans la présente amnistie les crimes ou délits contre les particuliers, à quelque époque qu'ils aient été commis; les personnes qui s'en seraient rendues coupables pourront être poursuivies conformément aux lois.

La loi portait la date du 7 décembre, jour de l'exécution du maréchal Ney. Après en avoir donné lecture, le duc de Richelieu ajouta : « La mesure qu'on vous propose, Messieurs, n'est pas nouvelle dans nos annales : Henri IV, dont nous nous plaisons à rappeler la mémoire, publia, en 1594, une loi d'amnistie semblable à celle qui vient d'être présentée. »

Au moment où le duc de Richelieu achevait ces paroles, des cris de vive le Roi! éclatèrent dans la partie de la salle où siégeaient les membres qui marchaient habituellement avec le ministère, et un grand nombre de membres agitèrent leurs chapeaux. La fraction de la Chambre, qui n'était pas dans ces confidences ministérielles, crut à un effet de scène préparé pour enlever la loi [1]; et les préventions augmentèrent.

Par la présentation d'une loi nouvelle, la commission de la loi d'amnistie semblait dessaisie de la mission que lui avait conférée l'Assemblée. Elle rendit compte à la Chambre de sa conférence avec le ministère et la consulta sur la conduite à suivre; celle-ci décida que, suivant l'usage, le projet de loi proposé par le Roi aurait la priorité; mais, en même temps, elle avertit la commission de tenir son rapport prêt pour le cas où le projet serait rejeté. Cette prévision indiquait suffisamment qu'il le serait. Une indication plus décisive vint bientôt s'ajouter à celle-là. Parmi les six membres de l'ancienne commission, cinq furent réélus et entrèrent dans la commission nouvelle, à laquelle fut renvoyé le projet de loi du 7 décembre; le sixième commissaire, M. de Cardonnel, était d'accord de tout point avec ses cinq collègues. Dès lors on pouvait prévoir que la loi ne serait ni acceptée sans modification par la commission ni votée par la Chambre.

Le 14 décembre la commission s'étant réunie, trois ministres, le duc de Richelieu, MM. de Barbé-Marbois et Decazes, vinrent défendre la loi devant elle. Le débat fut vif. Du côté des ministres, on représentait que le Roi se trouvait engagé par l'ordonnance du 24 juillet. L'unique moyen de sortir des difficultés au milieu desquelles on se débattait, c'était de la convertir en loi. Dans tous les traités signés avec les puissances, le Roi avait pris pour base l'expulsion des exceptés de l'amnistie indiqués par l'ordonnance; on était même allé jus-

---

[1]. Je trouve ce renseignement dans une lettre écrite par M. de Villèle à son père, le 8 décembre 1815.

qu'à convenir des lieux où ils seraient envoyés et reçus. Si l'on ne sévissait point contre ceux qui ne figuraient pas sur la liste et auraient dû y figurer, il suffisait de répondre que le plus marquant d'entre eux, Fouché, était couvert par la protection du duc de Wellington ; un autre, Caulaincourt, par celle de l'empereur Alexandre; enfin, on ne saurait en nommer un seul qui n'eût un puissant protecteur. Quant aux biens des coupables, les puissances s'étaient opposées à ce qu'on séquestrât même ceux de Bonaparte. On se trouvait garrotté de toute part. Au lieu de chercher ce qui eût été désirable, on devait donc s'arrêter au possible. La commission avait-elle à proposer un meilleur parti que l'adoption de l'ordonnance? Le ministère se rallierait volontiers à ce parti, mais il ne croyait pas qu'en dehors de cette combinaison on pût rien proposer de praticable.

Cette argumentation ne manquait pas de force, mais elle était tirée tout entière de la nécessité. Le ministère ne plaidait plus la justice de la loi, il voulait qu'on votât les listes d'exceptions comme Fouché les avait composées, c'est-à-dire les yeux fermés. Les commissaires en revenaient toujours aux objections tirées de leur conscience, qui ne leur permettait pas d'amnistier de grands coupables et de frapper des hommes obscurs dont on ne leur démontrait pas la culpabilité. Ils ne proposeraient pas une pareille énormité à la Chambre, elle ne la voterait pas.

Ce débat se prolongea pendant plusieurs jours, et en se prolongeant il s'envenima. Un soir[1], le duc de Richelieu, qui avait invité à dîner les commissaires, car il employait tous les moyens pour les amener à composition, les entreprit à la fin du repas. Comme il n'avait pas plus réussi qu'à l'ordinaire à

---

1. C'était le 17 décembre 1815, renseignements puisés dans les documents manuscrits de M. de Villèle.

les convaincre : « En vérité, s'écria-t-il, je ne vous comprends pas avec vos passions, vos haines, vos ressentiments qui ne peuvent amener que de nouveaux malheurs. Je passe tous les jours devant l'hôtel qui a appartenu à mes pères; j'ai vu les terres immenses de ma famille dans les mains de nouveaux propriétaires, je vois dans les Musées les tableaux qui leur ont appartenu; cela est triste, mais cela ne m'exaspère, ni ne me rend implacable. Vraiment, vous me semblez quelquefois fous, vous qui êtes restés en France! »

Ce fut M. de Villèle qui lui répondit. « Ce que vous prenez pour de la folie, dit-il, n'est que de la prudence et le résultat de l'expérience. Nous qui sommes restés en France, nous savons par quelles mains a été renversée la monarchie, et à l'aide de quels moyens elle a été renversée. Nous voyons depuis longtemps nos maux se perpétuer par les mêmes causes; nous sommes convaincus que, pour reconquérir notre tranquillité perdue, il faut faire disparaître ces causes. Il y a en France un grand nombre de personnes dont les intérêts ou les passions ne peuvent s'arranger de la légitimité. Si on n'éloigne pas les uns, si on ne comprime pas les autres, on ne réussira à rien fonder. L'expérience du mois de mars ne doit pas être perdue. Convaincus de la nécessité de suivre une autre route que celle qui a jusqu'ici été tenue, vous nous trouverez soupçonneux, inquiets, irritables tant qu'on ne prendra pas une manière de gouverner plus rassurante pour nous [1]. »

Les idées et les émotions du temps revivent dans ces paroles; ces entretiens intimes, où rien n'est donné à l'apparat des discussions publiques et où les âmes s'épanchent tout entières, jettent une vive lumière sur l'état des esprits. Vous voyez le duc de Richelieu plein de générosité et de désintéressement; depuis longtemps éloigné de France, il a l'avantage d'être étranger aux

---

1. Papiers et correspondance de M. de Villèle.

passions politiques qui la divisent et le désavantage de ne pas la connaître. Il croit qu'il suffira d'oublier les torts pour que ceux qui les ont eus oublient leurs haines. Les députés des départements qui viennent de souffrir des Cent-Jours ont été touchés par le souffle des passions politiques au milieu desquelles ils ont vécu. Ils n'ont ni la générosité ni les illusions du duc de Richelieu. Ils savent que le parti révolutionnaire a des haines implacables, ils prévoient pour la monarchie de nouveaux périls, ils voudraient les conjurer. Le moyen qu'ils présentent n'est pas sans doute le meilleur, car c'est plutôt par une organisation sociale de nature à mettre les intérêts conservateurs de la société à même de se défendre, et par un gouvernement ferme et habile, que par des rigueurs judiciaires et des ostracismes politiques qu'on préserve les sociétés. Mais, enfin, ils ont les yeux ouverts sur la situation, la résolution d'y porter remède, des intentions droites, et l'on aperçoit par les dernières paroles de M. de Villèle que ce sont surtout les allures politiques du ministère qui les rendent inquiets et soupçonneux.

Le cadre de la conversation s'élargit, on aborda la question des propriétaires des biens nationaux, ennemis naturels de la monarchie, parce qu'ils sentaient eux-mêmes ce qui manquait du côté de l'équité à leur titre que la Charte avait rendu légal sans pouvoir le purifier de la tache originelle de la confiscation d'où il était sorti. Le duc de Richelieu convint que là était la plaie de la situation. Il ajouta que la tranquillité publique s'opposait à ce qu'une entière justice fût rendue à cet égard. On devait, dit-il, favoriser autant que possible les transactions, mais il faudrait finir, et cela, dès qu'on le pourrait, par voter les fonds nécessaires pour indemniser les propriétaires lésés et combler cet abime.

On entrevoit ici la situation vraiment périlleuse qui motivait les alarmes de la majorité de la Chambre de 1815. Elle arrivait des départements où elle avait vu le parti révolutionnaire organisé dans les fédérations et oppresseur pendant les Cent-Jours ; elle voyait les soldats et les officiers à demi-solde répandus par le licenciement de l'armée de la Loire sur tous les points du territoire, elle était frappée du rapprochement qui s'était opéré entre le parti impérialiste et le parti constitutionnel ; elle appréhendait dans les propriétaires des biens nationaux des adversaires naturels de la Restauration, qui n'avait pu leur ôter leurs soupçons et leurs craintes parce qu'elle n'avait pu leur ôter le sentiment du vice originel de leur propriété ; elle voyait l'administration et les tribunaux garder à peu de chose près la composition qu'ils avaient eue pendant les Cent-Jours. En présence des difficultés du présent et des menaces de l'avenir, elle aurait voulu désorganiser la coalition des intérêts et des passions contraire à la monarchie en éloignant les hommes influents qui, dans tous les départements, lui donnaient le branle, et en comprimant les autres. Le moyen que les hommes de la droite proposaient n'était pas le meilleur, je l'ai dit, mais ils avaient un sentiment vrai des périls de la situation.

Après de longues conférences, il fallut renoncer à s'entendre. Le duc de Richelieu adjura en vain les commissaires de faire passer la loi d'amnistie, la seule possible, leur dit-il. Ils répondirent qu'ils la feraient passer à deux conditions : la première, c'est que l'exception s'étendrait aux régicides qu'ils appelaient relaps, c'étaient ceux qui avaient fait acte d'hostilité contre la maison royale pendant les Cent-Jours en votant l'acte additionnel qui bannissait à perpétuité les Bourbons, ou en acceptant des fonctions publiques ; la seconde, qu'elle s'étendrait aussi aux grands coupables. Le duc de Richelieu repoussa d'une manière absolue cette double extension donnée aux exceptions. La volonté formelle du Roi ne lui permettait pas, dit-il, d'accepter l'amendement relatif aux régicides ; les engagements pris avec les Puissances s'opposaient à l'amendement relatif aux grands coupables. Les conférences furent rompues. Si le duc de Richelieu avait à compter avec le Roi et les puissances, les députés avaient à compter avec leur conscience et l'opinion de leurs départements.

Les commissaires étaient dans une grande perplexité. Ils regrettaient d'affliger le Roi, et ils cherchaient un biais qui leur permît d'accepter honorablement la loi. La pensée leur vint de demander à la Chambre de présenter une nouvelle adresse au Roi à l'effet d'obtenir que les régicides au moins fussent compris dans les exceptions à l'amnistie. Leurs longs entretiens avec le duc de Richelieu avaient produit plus d'impression sur leur esprit qu'ils ne l'avouaient. Ils se relâchaient peu à peu de leurs premières exigences, et commençaient à entrevoir que ce qu'ils croyaient possible, en quittant leurs départements, ne l'était pas, car ils apercevaient des obstacles qu'ils n'avaient pas soupçonnés.

M. de Villèle alla s'inscrire, le dimanche 19 décembre, au palais de la présidence, afin de prendre la parole le lendemain lundi, et de faire à la Chambre la proposition convenue. Mais M. Laîné se rendit dans le sein de la commission et lui prouva, le règlement en main, que ce mode de procéder entraînerait des délais si longs, qu'il était réellement impraticable dans la circonstance donnée. Il lui conseilla donc d'y renoncer, de proposer l'adoption de la loi ministérielle, et de faire plus tard la proposition d'une adresse au Roi pour obtenir de lui la présentation d'une loi spéciale d'expulsion contre les régicides qui se trouvaient dans la catégorie particulière que la commission avait en vue. La commission se rendit aux premières observations de M. Laîné, elle renonça à l'adresse; mais les hommes dont elle se composait étaient trop avisés pour ne pas comprendre qu'une fois la loi ministérielle votée, tout serait fini. Ils se décidèrent donc à inscrire eux-mêmes les régicides relaps et ceux qu'ils regardaient comme les principaux coupables des Cent-Jours sur la liste des exceptés. Ce fut en vertu de l'article 4 de l'ordonnance du 24 juillet qu'ils firent ces additions. Ils se trouvèrent donc forcés, en raison de la teneur de cet article, de ne prendre contre les nouveaux exceptés que des mesures constitutionnelles, c'est-à-dire le renvoi devant les tribunaux. Ils ne firent pas de ce renvoi une prescription absolue, ils indiquèrent seulement des classes d'individus parmi lesquels le gouvernement, mieux posé que la Chambre pour apprécier le degré de culpabilité de chacun, choisirait ceux qui seraient déférés aux tribunaux. Pour parer au principal inconvénient de ce renvoi, qui était de laisser subsister pendant dix ans la faculté de poursuite, et par suite l'inquiétude des individus et des familles, ils limitèrent ce délai à trois mois, au bout desquels ceux qui n'auraient point été poursuivis se trouveraient de droit compris dans l'amnistie. De cette manière, le ministère devenait responsable de la faculté qu'on lui laissait, et l'année suivante sa position se trouvait difficile devant la Chambre s'il n'avait pas usé de cette faculté dans une juste mesure. Les personnes qui formaient les classes des nouveaux exceptés, parmi lesquels le ministère devait choisir les plus coupables pour les déférer aux tribunaux, étaient « les ministres et conseillers d'État qui avaient accepté des fonctions données par l'usurpateur avant le 23 mars, les généraux en chef qui, avant la même époque, s'étaient réunis à lui, les préfets nommés par le Roi qui l'avaient trahi avant la même époque en faisant reconnaître Bonaparte dans leurs départements, les généraux qui avaient conduit des corps contre l'armée royale, les régicides qui avaient accepté des places et signé l'acte additionnel. »

Chose étrange et qui témoigne bien que l'on était encore, en France, dans l'enfance du gouvernement représentatif, le duc de Richelieu avait assisté à cette délibération de la commission, qui substituait un nouveau projet au projet ministériel. Il se leva pour sortir, en disant qu'il se retirait le cœur navré. Les commissaires répondirent qu'avant d'en venir là ils avaient épuisé toutes les combinaisons pour se mettre d'accord avec le ministère et que leur tristesse égalait la sienne. Ils disaient vrai, et il est impossible de ne pas voir dans leur résistance aux volontés royales un acte douloureux de conviction et de conscience. La séance de la commission n'était point encore terminée, lorsque le ministre de la police, se présentant en grand costume, vint faire une suprême tentative et la conjura, au nom du Roi, de se renfermer dans les limites du projet ministériel. Les membres de la commission, émus et affligés [1], persistèrent cependant dans leur délibération, et répondirent au ministre en gens convaincus que, s'ils agissaient différemment, ils manqueraient à ce qu'ils devaient à la France comme à ce qu'ils se devaient à eux-mêmes. M. Decazes s'étant retiré, ils choisirent M. de Corbière pour rapporteur [2].

Entre la nomination du rapporteur de la loi d'amnistie et la discussion de la loi intervint un fait qui, dans d'autres temps, n'aurait pas eu d'importance, mais qui acheva d'exaspérer les passions déjà si animées. Parmi les personnes exceptées de l'amnistie se trouvait le comte Lavalette, qui, le jour même du départ du Roi pour Lille, s'était rendu à l'hôtel des Postes et avait usurpé des fonctions administratives, en suspendant le départ du *Moniteur* et en envoyant un courrier à Napoléon, alors arrivé à Fontainebleau. M. de Vitrolles l'avait averti qu'il

---

1. M. de Villèle écrit à son père, à la date du 20 décembre : « Vous sentez la position déchirante où nous avons été placés. » Pour comprendre cette position, il faut se reporter à la vivacité du sentiment royaliste à cette époque. Pour des royalistes, c'était une véritable peine que d'affliger le Roi.

2. La correspondance de M. de Villèle avec sa famille pendant le mois de décembre 1815 m'a donné de précieuses lumières aussi bien sur les sentiments que sur les travaux de la commission. Elle se termine par cette phrase : « Nous avons nommé M. de Corbière rapporteur. Ainsi a fini cette malheureuse commission qui m'occupe depuis trois semaines et m'a donné bien du chagrin. »

ferait sagement de pourvoir à sa sûreté. Fouché lui-même, qui dressait dans ce moment la liste des exceptés de l'amnistie, lui avait donné le même conseil ; mais Lavalette n'avait point déféré à cet avertissement, et, retenu à Paris par la position de sa femme qui approchait du terme d'une seconde grossesse, il avait répondu que, même dans le cas où l'on sévirait contre lui, la peine qu'il pouvait appréhender pour s'être emparé des postes quelques heures avant l'arrivée de l'Empereur ne dépasserait pas deux ou cinq ans de prison. Il poussa l'imprudence jusqu'à écrire à M. de Talleyrand, pour lui demander des juges[1]. C'était bien mal apprécier la situation violente où l'on se trouvait, les idées accréditées sur une grande conspiration bonapartiste qui aurait préparé le 20 mars, et les colères politiques aggravées par les alarmes et les soupçons. Le 18 juillet, M. Lavalette avait été arrêté et enfermé à la Conciergerie, où plus tard il avait réussi à échanger quelques paroles avec le maréchal Ney, encore plein de confiance sur l'issue de son procès. Comme il appartenait à l'ordre civil, il fut renvoyé devant la Cour d'assises. Malheureusement pour lui, il était, parmi les inculpés que l'ordonnance du 24 juillet avait renvoyés par-devant les tribunaux, le personnage le plus élevé dans l'ordre civil, comme le maréchal Ney l'était dans l'ordre militaire. Plus malheureusement encore, la persuasion où l'on était alors que le 20 mars avait été le résultat d'un vaste complot organisé entre l'Empereur et ses adhérents, avait fait naître contre M. Lavalette une rumeur accusatrice accueillie comme une évidence par les préventions politiques du moment. On croyait qu'en sa qualité d'ancien directeur des Postes, il avait conservé dans le service de son administration des intelligences qui lui avaient permis de favoriser l'échange des correspondances entre l'île d'Elbe et Paris. Cette

---

[1] Il le dit lui-même dans ses *Mémoires*, tome II, page 203.

opinion, fortement accréditée à la cour et dans les salons royalistes, se trouvait fortifiée encore par une circonstance ignorée des historiens : l'oncle de M. Lavalette était resté chargé du bureau de la surveillance secrète à la Poste [1], pendant la première Restauration. On comprend tout ce que cette circonstance ajoutait aux soupçons déjà si vivement éveillés. Renvoyé devant le jury, le 19 novembre, M. Lavalette avait eu à répondre à deux chefs d'accusation : usurpation de fonctions publiques, complicité dans le retour de Napoléon. La première accusation reposait sur des faits incontestables et incontestés ; la seconde, sur des rumeurs seulement et sur des présomptions, car on ne pouvait regarder la lettre datée du 20 mars par laquelle l'accusé avait averti l'Empereur, arrivé à Fontainebleau, que la route lui était ouverte vers Paris, et qu'il y rentrerait sans coup férir, comme une coopération à son retour désormais inévitable. On exprimait bien le soupçon qu'il avait correspondu avec Napoléon à l'île d'Elbe, mais aucune preuve ne venait l'établir. Le sort de M. Lavalette dépendait donc de la manière dont les questions seraient posées au jury. Si on lui posait deux questions : l'une sur l'usurpation des fonctions administratives ; l'autre, sur sa complicité dans le retour de l'île d'Elbe, la lumière jetée sur le procès par les débats faisait présumer que la réponse du jury, affirmative sur la première question, serait négative sur la seconde, et dès lors l'accusé ne pourrait être condamné qu'à un emprisonnement de quelques années. Le ministère public s'opposa avec une invincible ténacité à ce que la double question fût posée. Était-ce cette âpreté réquisitoriale, trop ordinaire dans les parquets français, et qui leur fait rechercher la condamnation de l'accusé comme une victoire personnelle ? La passion politique était-elle venue

---

[1]. Je trouve cette circonstance mentionnée dans les *Papiers politiques* de M. de Blacas.

attiser la flamme de la passion judiciaire? Nul ne peut le dire, car le regard de Dieu seul sait lire dans le for intérieur des hommes. Toujours est-il que le ministère public fit prévaloir son avis devant la Cour sur celui du célèbre avocat Tripier, défenseur de Lavalette. Le jury se trouvait, dès lors, dans une position complexe et difficile. S'il déclarait Lavalette non coupable, il le reconnaissait innocent du délit d'usurpation de fonctions publiques, qu'il avait réellement commis; s'il le déclarait coupable, comme sa déclaration était indivisible, il le reconnaissait par le seul fait de la lettre écrite le 20 mars, complice du complot qui avait ramené Napoléon de l'île d'Elbe, et, par son verdict, il appelait sur sa tête une condamnation capitale. La lutte fut vive dans la salle des délibérations; le débat ne dura pas moins de six heures, et, l'accusé lui-même nous l'apprend, ce fut par l'homme sur lequel il avait le plus compté, un fonctionnaire de l'Empire, auditeur au Conseil d'Etat impérial pendant que Lavalette en faisait partie, M. Heron de Villefosse, chef du jury, que la confusion des deux faits fut le plus vivement, le plus âprement maintenue; ce fut par un royaliste, un ancien émigré, M. Jurien, chef de division à la marine, qu'il fut le plus vivement, le plus chaleureusement défendu. Tant il est vrai que ce n'est pas l'opinion, toujours exposée à changer avec la fortune, mais le caractère qui est la véritable mesure des hommes! Après six heures d'une discussion qui avait été si animée que les éclats en retentirent au dehors, huit voix sur douze se prononcèrent pour la culpabilité de l'accusé; quatre seulement, y compris celle de M. Jurien, se rangèrent à l'opinion contraire. La cour, en raison de ce verdict, condamna, le 20 novembre 1815, Lavalette à mort.

Ses amis, et ils étaient nombreux, il en comptait jusque parmi les ministres d'État, — M. Pasquier, qui portait ce titre, avait déposé en sa faveur et était venu le voir dans sa prison, et le ministre de la justice lui-même, M. Barbé-Marbois, avait reçu madame Lavalette et avait pleuré avec elle, — ses amis espéraient encore obtenir sa grâce du Roi. Le délai que la loi lui accordait pour son pourvoi en cassation donnait le temps nécessaire aux demandes; mais, à mesure qu'on approchait du terme fatal, les espérances s'affaiblissaient. L'indignation contre les Cent-Jours était si vive autour des princes, à la Chambre des députés et dans les départements, que les actes qui se rattachaient à cette période, les hommes qui y avaient joué un rôle, excitaient une animadversion passionnée de nature à aveugler les intelligences les plus honnêtes. Ajoutez qu'on vivait dans une atmosphère d'inquiétude et de soupçon. On croyait à des complots, à la nécessité de les déjouer en frappant de grands coups, et les espérances des adversaires du gouvernement, leurs provocations mêmes, expliquent les appréhensions de ses amis. Le maréchal Ney, nous avons cité sur ce fait le témoignage de M. Lavalette [1], comptait, en entrant à la Conciergerie, sur un mouvement que ses amis devaient faire en sa faveur, et sur la chute prochaine du gouvernement royal. Il faut tenir compte de toutes ces circonstances, qui exercèrent une influence facile à expliquer sur la décision définitive de Louis XVIII. Il avait semblé, au premier abord, assez disposé à gracier Lavalette. Après la condamnation de celui-ci, il avait accordé à sa femme une audience refusée à la maréchale Ney et à madame de Labédoyère, et, s'il ne lui avait dit qu'un mot, ce mot était un encouragement : « Madame, je vous ai reçue d'abord pour vous montrer tout mon intérêt. » Mais les circonstances que je viens d'exposer prévalurent sur ces premières dispositions, et, quand après le rejet du pourvoi en cassation (20 décembre 1815), madame Lavalette parvint furtivement, grâce au concours du

---

1. Page 360, note.

duc de Raguse, dans la galerie de Diane, par laquelle le Roi devait passer au sortir de la messe, Louis XVIII surpris lui adressa, en recevant sa supplique, ces mots qui ne lui laissaient plus d'espérance : « Madame, je ne peux faire autre chose que mon devoir; » et ce fut en vain qu'elle essaya de se jeter aux genoux de Madame la duchesse d'Angoulême. Lavalette l'a écrit depuis lui-même dans ses Mémoires : « La plaie du 20 mars était trop douloureuse encore pour que la générosité pût se faire écouter. » Depuis plusieurs semaines, le condamné n'espérait plus. Le 7 décembre, en apprenant la mort du maréchal Ney, il s'était écrié après s'être enquis du genre de son supplice : « Il est bien heureux! » Le bonheur du maréchal, c'était d'avoir été fusillé. Lavalette avait cependant fini, à force de se représenter le spectacle de la mort en place de Grève, par familiariser son esprit avec cette terrible idée de l'échafaud qui, dans les premiers moments, lui inspirait une telle horreur, qu'il avait songé au suicide. Il était résigné à mourir.

Auprès de lui veillait une tendresse ingénieuse, persévérante et intrépide, qui ne devait pas si facilement abandonner la partie. Sa jeune et vertueuse femme conçut l'audacieux projet de faire évader son mari à l'aide d'un déguisement. Elle y réussit. M. Lavalette, portant les vêtements de sa femme, et tenant un mouchoir sur sa figure comme une personne éplorée, appuyée sur le bras d'une jeune enfant de douze ans, sa fille Joséphine, qui venait de faire sa première communion, et qui eut le bonheur de concourir au salut de son père, M. Lavalette, sauvé par les deux êtres qu'il aimait le plus au monde, passa la porte du greffe, traversa la grande pièce où se trouvaient cinq geôliers, arriva à la double porte où se tient jour et nuit un geôlier, la main sur les clefs des deux portes, et sortit heureusement de la Conciergerie, où madame Lavalette demeura à sa place. Après avoir passé devant la caserne des gendarmes qui épiaient la sortie de madame Lavalette, il entra dans la chaise à porteurs qui amenait chaque jour sa femme et qui l'attendait dans la cour, trouva sur le quai des Orfèvres, en face de la petite rue du Harlay, un de ses amis, M. Baudus, attaché au ministère des affaires étrangères, qui arrêta la chaise, et présentant le bras à la fausse madame Lavalette, lui dit : « Vous savez, madame, que vous avez une visite à faire aujourd'hui. » M. Baudus le conduisit à un cabriolet qui l'attendait à peu de distance. Le comte de Chassiron, qui était du complot, conduisit rapidement son ami jusqu'au boulevard Neuf, au coin de la rue Plumet. Là, M. Baudus attendait Lavalette au rendez-vous convenu. Celui-ci s'était dépouillé, pendant ce temps, de son accoutrement de femme, et avait revêtu le carrick et le chapeau galonné d'un jockey. Huit heures du soir venaient de sonner; à cette époque de la saison, il fait déjà depuis longtemps nuit close, et Paris était alors très-imparfaitement éclairé par des réverbères qui jetaient une lumière rare et douteuse. Les deux amis marchaient rapidement dans l'obscurité, sous une pluie torrentielle, à travers les rues désertes du faubourg Saint-Germain; le pas précipité des chevaux de quelques gendarmes qui portaient sans doute des dépêches à l'occasion de l'évasion du prisonnier troublait seul le profond silence du quartier. Lorsque M. Baudus fut arrivé à l'endroit de la rue de Grenelle qui touche à la rue du Bac, il s'arrêta un moment, et dit rapidement à M. Lavalette qui, petit et replet, avait quelque peine à le suivre : « Je vais entrer dans un hôtel; pendant que je parlerai au suisse, avancez dans la cour. Vous trouverez un escalier à gauche; montez-le jusqu'au dernier étage; avancez dans un corridor obscur que vous trouverez à droite; au fond est une pile de bois, tenez-vous là et attendez. » Il fit alors quelques pas dans la rue du Bac, et M. Lavalette se sentit pris de vertiges quand il vit son conducteur frapper à l'hôtel du ministère des affaires étrangères, occupé par M. le duc de Richelieu. Mille pensées confuses traversèrent son esprit. Il n'eut pas le temps de s'y arrêter. La porte s'ouvrit, M. Baudus entra; pendant qu'il parlait au concierge, qui avait mis la tête en dehors de sa loge, Lavalette gagna l'escalier indiqué; il entendit le concierge s'écrier : « Où va cet homme? » et M. Baudus répondre : « C'est mon domestique. » Il monta rapidement l'escalier, reconnut la pile de bois indiquée; au même moment le frôlement d'une robe de soie arriva à son oreille; une main lui saisit doucement le bras, ouvrit une chambre, l'y poussa, et la porte se referma sur lui. Il était sauvé. Sa femme et sa fille l'avaient aidé à sortir de la Conciergerie; M. Baudus lui avait trouvé un asile et l'y avait conduit. Cet asile lui était offert par un des principaux employés des affaires étrangères, M. Bresson, chef des fonds, qui victime, après le 31 mai 1793, de la proscription, pour avoir osé voter contre la mort de Louis XVI, dans la Convention dont il était membre [1], se souvenait d'avoir trouvé une inviolable hospitalité chez de pauvres montagnards des Vosges, et avait accepté le vœu, fait par sa noble femme,

---

[1]. On aura peut-être la curiosité de connaître le vote de M. Bresson à la Convention, où il représentait le département des Vosges; le voici : « Citoyens, nous ne sommes pas juges, car les juges ont un bandeau glacé sur le front, et la haine de Louis nous brûle et nous dévore. — Nous ne sommes pas juges, car les juges se défendent des opinions sévères, ils les ensevelissent au fond de leur cœur, et ce n'est qu'avec une tardive et sainte honte qu'ils les laissent échapper, et nous, presque réduits à nous excuser de la modération, nous publions avec orgueil la rigueur de nos jugements et nous nous efforçons de la faire adopter. Nous ne sommes pas juges, car on voit les juges s'attendrir sur le scélérat qu'ils viennent de condamner et adoucir l'horreur qui l'environne par l'expression de la pitié. Notre aversion poursuit Louis jusque sous la hache des bourreaux, et même quelquefois j'ai entendu prononcer son arrêt de mort avec l'accent de la colère, et des signes approbateurs répondre à ce cri funèbre... Homme d'État... de longues et silencieuses méditations m'ont convaincu que l'existence de Louis sera moins funeste à ma patrie que son supplice, et je n'ai pas hésité. Je demande que Louis soit détenu jusqu'à l'époque où la tranquillité publique permettra de le bannir. »

Il fallait un grand courage pour parler et voter ainsi au mois de janvier 1793.

de payer la dette de sa reconnaissance au premier proscrit qui viendrait réclamer un refuge sous son toit. Ainsi, par un étrange concours de circonstances, Lavalette allait être sauvé parce qu'un honnête homme avait refusé de voter la mort du Roi dans la Convention, que cet honnête homme, proscrit pour son courage et sauvé par des cœurs généreux, s'était promis de payer au malheur la dette que son malheur avait contractée. Si le crime appelle le crime, on peut dire que la vertu enfante la vertu.

Quelques contemporains ont pensé que l'évasion du comte Lavalette avait été tolérée par le gouvernement, et que Louis XVIII, n'osant l'amnistier en présence des passions politiques de la Chambre des députés, avait, de connivence avec deux de ses ministres, M. le duc de Richelieu et M. Decazes, fermé les yeux sur cette évasion. Les royalistes de cette époque le soupçonnèrent, et ce fut pour eux, on va le voir, le motif d'un soulèvement contre le ministère. Plus tard, et quand les circonstances furent changées, les hommes de la nuance de M. Decazes et M. Decazes lui-même le laissèrent dire volontiers, et acceptèrent sans déplaisir la responsabilité morale d'un acte qui leur rendait favorable le nouveau tour d'opinion. De là une certaine rumeur qui, venue à nous d'écho en écho, a presque acquis la valeur d'une vraisemblance historique. Le principal intéressé, Lavalette, ne crut pas à cette connivence du gouvernement[1]. Après de sérieuses investigations, je demeure convaincu que son incrédulité était motivée. Certes, Louis XVIII n'était pas un prince cruel, et on peut penser qu'il n'avait pas plus désiré l'exécution de Lavalette que celle du maréchal Ney. Mais, l'arrestation opérée, le procès engagé et terminé par un arrêt de condamnation, il n'était pas dans son caractère de jouer publiquement une comédie de rigueur, en

---

1. Voir ses *Mémoires*, tome II, page 299.

refusant la grâce et en autorisant sous main une évasion qui ôtait à son gouvernement le prestige de la clémence, en le mettant dans la position presque ridicule d'un pouvoir mystifié, à l'aide d'un travestissement, c'est-à-dire à l'aide d'un moyen emprunté au théâtre par un prisonnier, une femme et un enfant. Quant aux ministres, l'espèce de désespoir qu'ils firent éclater à la nouvelle de cette évasion n'avait rien de joué. Nous avons, sur l'impression que ressentit M. Decazes, le témoignage peu suspect d'un homme qui, membre de la Chambre des députés et alors au nombre de ses amis politiques, se trouvait ce jour-là assis à sa table ; c'est dans le récit de M. d'Haussez qu'il faut voir quelle révolution la nouvelle de l'évasion de Lavalette produisit dans l'esprit de M. Decazes, qu'elle fit passer en un instant de la gaieté et du badinage au trouble et à la consternation [1].

Il prévoyait l'orage qui allait s'élever à la cour et dans les Chambres.

L'orage alla au delà de toutes les prévisions ministérielles.

---

1. « Je dînais ce jour-là chez M. Decazes, dit le baron d'Haussez. Sa sœur, lui, deux secrétaires et moi étions ses seuls convives. Pendant toute la première partie du dîner, le ministre fut très-gai. Il jouait avec une de ses nièces qu'il faisait sauter sur ses genoux et qu'il trouvait très-plaisant de laisser courir sur la table pour y prendre tout ce qui convenait à sa gourmandise, lorsqu'un huissier vint l'avertir qu'on le demandait immédiatement dans son cabinet. Comme il ne se pressait pas de sortir, l'huissier rentra et lui dit que le message pour lequel on l'appelait ne comportait pas de remise. Il sortit. Deux minutes après, il fit appeler son premier secrétaire et puis le second. A cette précipitation, à l'air affairé des huissiers, madame Princeteau et moi, nous présumons qu'une circonstance extraordinaire se présente. Je me hasarde à pénétrer chez le ministre que je trouve dans un désordre extrême, la figure altérée, hors de lui, donnant des ordres, dictant à droite, à gauche, parlant bas aux uns, haut aux autres, pestant, jurant. Sans que je le questionnasse, j'appris que cette situation était causée par l'évasion de M. Lavalette. Je persiste à croire que rien n'était le résultat de la feinte dans cette gaieté, qui n'aurait eu lieu que pour ses convives de hasard, jusqu'à l'événement, dans cette inquiétude qui s'exprimait par les signes les moins équivoques après, dans tous les détails qui m'ont passé sous les yeux pendant cette soirée et que j'ai soigneusement recueillis et écrits la nuit même, dans la pensée qu'ils pourraient éclaircir un point historique. » (*Papiers politiques* du baron d'Haussez.)

Il ne faut pas croire, comme on s'est plu à le répéter, qu'il n'y eut dans ce sentiment passionné des esprits que de la colère; les appréhensions dont j'ai déjà parlé y avaient une grande part. Il importe de ne point perdre de vue la disposition des esprits et la situation de la France à cette époque. On croyait à un complot permanent ; l'évasion de Lavalette n'allait-elle pas devenir le signal d'une prise d'armes ? n'avait-il pas des intelligences avec l'armée de la Loire, qui venait à cette époque d'être licenciée et dont les débris étaient répandus dans tous les départements? C'est dans les Mémoires de l'évadé lui-même que j'irai chercher des détails peu suspects sur l'état des esprits. Dans la soirée de l'évasion, le généreux hôte de Lavalette voulut se faire une idée des impressions des salons, et à son retour il entra dans la chambre de l'ex-prisonnier : « Je viens, lui dit-il en riant, de parcourir les salons, surtout ceux de quelques hauts dignitaires. Vous ne pouvez vous faire une idée de la peur et de la consternation qui bouleversent tous les esprits; aux Tuileries, personne ne se couchera. Ils se persuadent que cette fuite est le résultat d'un grand complot qui va éclater. On vous voit à la tête de l'ancienne armée marchant sur les Tuileries. » Qu'on fasse la part de l'exagération de l'adversaire qui appuie sur le trait et force la couleur, on trouvera dans ce tableau l'explication des actes que je vais avoir à raconter. A la Chambre des pairs comme à la Chambre des députés, il y eut de vives attaques contre les ministres, et même des propositions formelles. On accusait le ministre de la justice, M. Barbé-Marbois, d'avoir différé jusqu'au mercredi soir l'envoi de l'arrêt de la Cour de cassation prononçant le rejet du pourvoi qu'il avait reçu le lundi soir. Ce temps perdu avait permis à madame Lavalette, disait-on, de combiner et d'exécuter le projet d'évasion. On accusait le ministre de la police de n'avoir pris aucune précaution ni à l'intérieur ni à l'extérieur de la prison. Il y eut de vives interpellations à la Chambre des députés, où M. Humbert de Sesmaisons demanda une enquête. Sa proposition fut renvoyée dans les bureaux. On insistait sur l'invraisemblance d'une évasion qui, disait M. de Bouville, ressemblait à une scène de comédie. Était-il possible de croire que le geôlier eût été ainsi trompé? Une terrible responsabilité pesait sur le gouvernement, ajoutait M. de Sesmaisons. Les plus violents parlaient de mettre le ministère en accusation, ou tout au moins de faire une adresse au Roi contre les ministres qui, se retranchant dans la question constitutionnelle, refusaient de donner des renseignements, au fond parce qu'ils n'en avaient pas eux-mêmes. Les plus sages dissuadèrent leurs amis d'user du droit d'accusation pour ne pas troubler le pays, et du droit d'adresse afin de ne pas mettre le Roi dans une fausse position, convaincus qu'ils étaient que, d'accord avec son ministère, le Roi avait favorisé l'évasion. « Il eût été plus convenable, écrivait le 31 décembre M. de Villèle à son père, que le Roi eût agi ostensiblement que par des voies si peu dignes d'un grand maître. » On ne voulait pas voir que l'évasion de Lavalette avait réussi précisément par ce qu'elle avait d'improbable et d'imprévu. On s'était mis en garde contre la corruption à prix d'argent des geôliers [1], et les complots de délivrance à main armée. Il n'était entré dans la tête de personne que Lavalette pût avoir l'idée de sortir de la Conciergerie sous les habits de sa femme; c'est précisément pour cela qu'il y parvint. L'explication du succès de pareilles entreprises est dans leur audace et leur invraisemblance même.

Les passions étaient si vivement surexcitées, que personne n'admit cette explication. Madame Lavalette, qui avait fait une chose contraire à la loi, il est vrai, mais si conforme à la na-

---

1. Madame Lavalette, après avoir essayé d'engager conversation avec le geôlier à qui son mari lui avait dit d'offrir 100,000 fr., revint et lui dit : « C'est inutile, le peu de mots que j'ai tirés du concierge ont suffi pour me convaincre de sa probité. » (*Mémoires de Lavalette*, tome II, page 289.)

ture que personne ne saurait lui refuser sa sympathie, fut rudement traitée. Après avoir été interrogée par M. Bellart, elle fut mise au secret, et demeura pendant vingt-cinq jours prisonnière dans la chambre naguère occupée par le maréchal Ney, sans qu'il lui fût permis d'écrire ou de recevoir des lettres, et même d'avoir auprès d'elle sa femme de chambre pour la servir. Ce fut dans cette solitude agitée par mille craintes, car elle croyait, à chaque bruit qui se faisait entendre, qu'on ramenait son mari, qu'elle contracta la noire mélancolie qui, pendant douze ans, empoisonna sa vie. Malheureusement ces rigueurs n'étaient point en désaccord avec le tour d'opinion dominant; la colère des salons, s'il faut en croire les *Mémoires* de M. Lavalette, s'étendit jusqu'à la jeune Joséphine, dans la pension où elle était, et, quand madame Lavalette sortit de prison, elle fut obligée de reprendre sa fille : les parents de plusieurs de ses compagnes avaient déclaré qu'ils retireraient leurs enfants si on la gardait. La piété filiale elle-même devenait coupable aux yeux des passions émues ; peut-être aussi l'esprit de calcul attisait-il les passions politiques qu'il simule, afin d'exploiter à son profit les entraînements qu'il augmente en ayant l'air de les partager. C'est une des plus grandes misères des situations troublées que cette spéculation cynique, prête à s'attacher à toutes les causes triomphantes pour en tirer un lucre et les souiller [1].

1. Je n'ai pas à suivre M. Lavalette dans sa seconde évasion, celle qui le met hors de France. Je dirai seulement que trois Anglais, le général Wilson, un jeune homme nommé M. Bruce et M. Hutchinson, capitaine des gardes anglaises, entreprirent, le 7 juillet 1816, de le tirer de Paris et de lui faire passer la frontière sous l'uniforme anglais ; ils y réussirent. Ils avaient choisi la route de Belgique par Valenciennes, parce qu'elle était affectée spécialement au service de l'armée anglaise. Je signalerai seulement une de ces coïncidences qu'on rencontre dans l'histoire et qu'on trouverait invraisemblable dans les romans : M. Lavalette, qui avait trouvé un asile après son évasion à l'hôtel des affaires étrangères, sous le même toit que le président du Conseil de Louis XVIII, passa sa dernière nuit à Paris dans une maison située rue du Helder, près des

Ce fut sous ces fâcheux auspices que s'ouvrit la discussion de la loi d'amnistie. Le 27 décembre, en effet, M. de Corbière lut son rapport à la Chambre. Ce rapport était grave, modéré dans la forme, solide au fond, d'une argumentation serrée, et c'est dans ce document qu'il faut chercher l'expression des idées générales de la droite. Le rapporteur acceptait les déclarations de Cateau-Cambrésis et de Cambrai comme marquant les limites naturelles entre lesquelles on devait se mouvoir pour résoudre la question d'amnistie. Elles précisaient les deux dates entre lesquelles les actes politiques, quelque coupables qu'ils fussent, restaient à l'abri de toute poursuite : depuis le 23 mars, jour où le Roi était sorti de France, jusqu'au 28 juin, jour où il y était rentré, tout appartenait au domaine de l'amnistie. Mais par ces deux déclarations le Roi avait excepté du pardon les auteurs et les instigateurs de la trame qui l'avait obligé à quitter son royaume, et il avait réservé aux Chambres le soin de les désigner à la vindicte des lois. Depuis, l'ordonnance du 24 juillet avait indiqué un petit nombre d'exceptions au pardon général ; cependant elle contenait des réserves. Elle présentait deux listes : l'une de dix-neuf individus envoyés devant les tribunaux ; l'autre de trente-huit. Ces derniers devaient se rendre dans les lieux qui leur seraient indiqués, et attendre la décision des Chambres appelées à statuer sur leur sort, en livrant les uns à la justice, en expulsant les autres du royaume. L'article 4 portait que ces listes demeureraient closes, et que les poursuites ne pourraient être étendues à d'autres que dans les formes et suivant les lois constitutionnelles.

M. de Corbière tirait du rapprochement de ces deux déclarations avec l'ordonnance du 24 juillet la conclusion suivante : on ne pouvait, en raison des mesures préparatoires émanées

---

boulevards, où logeait le capitaine Hutchinson, son hôte, et dont le deuxième étage était occupé par M. Dupuis, le juge d'instruction qui l'avait interrogé

de l'autorité du Roi antérieurement à la convocation des Chambres, atteindre, par un acte de gouvernement, que les trente-huit personnes désignées sur la seconde liste. Mais on pouvait poursuivre d'autres coupables selon les voies ordinaires, c'est-à-dire devant les tribunaux. Qu'une amnistie fût nécessaire, nul ne le niait; qu'il dût y avoir des exceptions à l'amnistie, tout le monde en convenait. Quelles devaient être ces exceptions? Ici commençaient les difficultés.

Le ministère proposait à la Chambre de prononcer l'éloignement des trente-huit personnes désignées sur la seconde liste; mais les bannir, c'était juger, et la Chambre n'était pas juge de ces hommes. On alléguerait en vain qu'il s'agissait d'une mesure extraordinaire motivée par la suprême loi du salut de l'État? Dans un pareil cas, cette mesure ne pouvait porter que sur de grands coupables, dont la participation à la dernière rébellion était notoire et considérable, et qui seraient très-dangereux pour l'avenir. Dans la liste des trente-huit noms, on trouvait des hommes de ce genre; mais elle contenait aussi les noms d'hommes profondément ignorés. Quelle part avaient-ils prise à la rébellion? Le gouvernement n'était entré dans aucun détail, et n'avait apporté devant la commission aucun éclaircissement à cet égard. Il fallait donc que les députés se décidassent d'après leurs lumières personnelles, et d'après ce qu'on appelle la clameur publique, qui, relativement à plusieurs, restait muette. Les trente-huit individus désignés n'avaient-ils pas le droit de dire, et plusieurs en effet l'avaient dit dans des mémoires imprimés adressés à la Chambre: « Vous qui allez statuer souverainement sur notre sort, savez-vous quels sont nos crimes, en avez-vous des preuves? » Chaque député, en approchant de la tribune pour voter, ne devait-il pas être en état de répondre d'une manière catégorique à cette question? « Cette réponse, s'écriait M. de Corbière, votre commission vous déclare qu'elle n'est pas en état de vous la fournir, et vous aurez à chercher ailleurs les lumières qui lui manquent. »

On avait dit, continuait le rapporteur dont je résume les idées, que la Chambre devait voter sous la garantie du gouvernement; mais le Roi, associant la Chambre à l'exercice d'un pouvoir extraordinaire, interrogeait sa volonté; dès lors cette volonté devait être éclairée et déterminée par des motifs qu'elle pût apprécier elle-même.

Ainsi se trouvait motivé l'amendement apporté à l'article 3 du projet. Pour la première liste, les tribunaux qui jugeraient ceux qu'elle contenait leur seraient une suffisante garantie; mais, pour la seconde, la commission pensait que « cet ouvrage, peu propre à inspirer une confiance entière, — c'était une allusion indirecte à Fouché, son auteur, — avait besoin d'être soigneusement revu. » Les termes mêmes de l'ordonnance du 24 juillet autorisaient cette révision, puisqu'elle disait textuellement que les trente-huit inscrits « resteraient sous la surveillance de la police générale, en attendant que les Chambres statuassent sur ceux d'entre eux qui devaient sortir du royaume ou être livrés à la justice des tribunaux, » ce qui supposait un examen ultérieur. Le nouveau projet de loi leur ôtait la chance de cette alternative, en les éloignant en bloc. La commission pensait qu'il pouvait convenir de ne pas les traiter d'une manière uniforme : quelques-uns pourraient être envoyés devant les tribunaux, d'autres pourraient ne pas même être éloignés. Le Roi en déciderait. Lui seul pouvait le faire en connaissance de cause. De cette manière la Chambre éviterait de prononcer sans examen, et par conséquent sans justice, le bannissement d'hommes dont elle ne connaissait pas, et dont elle n'était pas apte à rechercher la conduite; elle renvoyait au gouvernement ceux sur lesquels il aurait à prononcer, parce que seul il pouvait le faire avec discernement. Ici une seconde difficulté s'élevait. S'il était douteux que les trente-huit inscrits dussent être tous comptés parmi les principaux coupables à excepter de l'amnistie, il en était d'autres dont la participation à la dernière rébellion était notoire et que l'on s'étonnait de ne pas y trouver. Pour être efficace, la mesure devait avoir un triple caractère de justice, de force et de prévoyance. Mieux vaudrait encore amnistier tous les coupables que frapper au hasard. Pour que le gouvernement pût donner ce nouveau caractère à la mesure, un second amendement à l'article 3 du projet était nécessaire ; il permettait d'ajouter aux exceptions, non pas certains individus nominativement désignés, mais certains genres de crimes ; les personnes, en effet, sont l'objet des jugements ; les crimes seuls doivent être l'objet des lois pénales. Pour que la loi fût impartiale, d'une application facile et pure de rétroactivité, il fallait que les crimes exceptés de l'amnistie fussent les plus considérables, qu'ils fussent manifestes et prévus par des lois antérieures.

On avait objecté qu'en indiquant les actes les plus inexcusables, la commission désignait nécessairement les hommes qui les avaient commis, et qu'elle arrivait ainsi aux exceptions individuelles qu'elle avait voulu éviter. Cela tenait bien plus à la nature de la loi proposée qu'au plan adopté par la commission. A la différence des lois pénales, qui ne considèrent les crimes que pour l'avenir, les lois d'amnistie portent sur le passé, d'où il résulte que l'exception ne peut manquer de désigner indirectement les coupables. Par respect pour la volonté du Roi, consignée dans l'ordonnance du 24 juillet, la commission acceptait, comme la limite infranchissable où commençait l'amnistie, la date du 23 mars, et proposait exclusivement la mise en jugement, pour que l'engagement pris par le Roi dans l'ordonnance du 24 juillet fût sauvegardé. En outre, comme il pouvait se faire que, par des motifs qu'il serait indiscret d'essayer de pénétrer, le Roi ne crût pas devoir faire poursuivre un certain nombre de ceux appartenant aux classes d'exceptions indiquées, la commission proposait que les poursuites restassent toujours subordonnées à la volonté du Roi, qu'elle désirait ne pas mettre dans la nécessité de punir plus qu'il ne le voulait. Cette souveraine liberté laissée au Roi n'empêchait pas les amendements d'avoir leur portée : ils manifestaient l'indignation de la Chambre contre la rébellion du mois de mars, ils imprimaient à la loi le caractère qui lui appartenait, et que les listes du 24 juillet ne paraissaient pas propres à lui donner ; ils laissaient au Roi, seul apréciateur compétent de cette mesure de sûreté publique, la faculté de restreindre comme d'étendre les listes, suivant les informations que seul il pouvait avoir. Enfin, ils renfermaient l'usage de cette faculté dans des délais très-courts (trois mois), pour mettre un terme aux inquiétudes.

Venait ensuite un amendement destiné à faire peser sur ceux qui seraient reconnus comme les principaux coupables des événements origine des malheurs de la France, une partie du fardeau qui accablait le pays. La commission demandait que le Trésor se portât partie civile et requît l'indemnité du préjudice causé à l'État ; le produit de ces condamnations pécuniaires serait appliqué au payement des contributions extraordinaires de guerre.

Un grand nombre de députés avaient rapporté cette idée de leurs départements où elle était populaire. Pour la bien juger, il faut se reporter aux souffrances du temps et aux sacrifices que chacun était obligé de faire. Quand tous les fonctionnaires, suivant l'exemple donné par le Roi, sacrifiaient une partie de leur traitement pour diminuer les charges publiques, sous lesquelles succombaient les contribuables obérés, il ne paraissait pas aussi odieux qu'il peut le paraître à distance de l'événement, d'appeler ceux qu'on regardait comme les principaux auteurs des calamités publiques à supporter, dans leurs biens, les conséquences financières de ces calamités. Seulement la mesure avait trop d'inconvénients : elle était contraire à la Charte, qui avait aboli la confiscation ; elle portait l'empreinte d'une erreur du temps, en attribuant aux causes individuelles et accidentelles l'influence prépondérante que les causes générales avaient eue sur les événements; elle était ruineuse pour les familles atteintes, sans être sensiblement profitable au Trésor public; ces condamnations pécuniaires infligées à quelques individus auraient à peine apporté une goutte d'eau dans le gouffre qu'il fallait remplir.

En raison de ces additions, la commission demandait la suppression de l'article 5 du projet qui exceptait de l'amnistie ceux contre lesquels des poursuites seraient dirigées avant la promulgation de la loi. Cet article avait le grave inconvénient, comme l'a dit un contemporain [1], « de donner au ministère la perspective et la charge d'un nombre indéterminé de procès politiques inconnus, qui devaient se débattre pendant un temps indéfini, on ne savait sur quels points du royaume ni au milieu de quelles circonstances. » La commission acceptait l'article sur la famille Bonaparte en proposant une autre rédaction, et demandait que cet article fût étendu à ceux des régicides qui, en exerçant des fonctions publiques et en prêtant serment à l'acte additionnel, « avaient osé proscrire celui qui leur avait pardonné. » On ne rétractait pas ainsi le pardon de Louis XVIII, car ce n'est point par un simple éloignement qu'on aurait puni le régicide. C'est comme hostiles au gouvernement légitime, et comme dangereux, qu'on demandait leur éloignement.

On peut maintenant apprécier les véritables idées de la majorité de la Chambre de 1815 sur la question de l'amnistie. Elle refusait d'accepter la responsabilité des listes rédigées par

---

[1] C'est par erreur, on le voit, que M. Guizot a dit dans le premier volume des *Mémoires pour servir à l'histoire de mon temps*, page 125 : « Un membre du côté droit, qui en devait être bientôt le chef et qui n'avait pris jusque-là aucune part au débat, M. de Villèle, pressentit seul le danger de l'article 5 et n'hésita pas à le combattre. » On voit que la commission en demandait la suppression par la bouche de son rapporteur.

Fouché, sur lesquelles on déclarait ne pouvoir lui donner aucun renseignement. Elle ne se reconnaissait pas le droit de bannir, parce qu'elle ne se reconnaissait pas compétente pour juger. Elle ne cachait pas qu'elle pensait qu'il y avait à retrancher et à ajouter sur les listes d'exceptions du 24 juillet ; mais elle renvoyait ce soin au gouvernement, qui pouvait seul agir avec discernement, en lui indiquant seulement certains genres de délits commis par certaines classes de fonctionnaires, dans la période précise que le Roi avait laissée en dehors du domaine de l'amnistie, et elle lui disait que c'était là qu'il trouverait les crimes politiques à poursuivre. C'était un pouvoir facultatif qu'elle attribuait au gouvernement dans un temps étroitement limité, en le laissant libre de restreindre comme d'étendre les exceptions, quoique avec le désir qu'il les étendît. Ce qui lui appartenait en propre, c'était l'assimilation de la situation des régicides, qui avaient proscrit les Bourbons à nouveau, à la situation de la famille Bonaparte, et la proposition d'aggraver par une condamnation pécuniaire la peine des condamnés et des éloignés. C'est donc inexactement que l'on a dit que la majorité de 1815 proscrivait en masse des catégories tout entières de citoyens. Les seuls qu'elle exclût directement du territoire, c'étaient les régicides compromis dans les Cent-Jours. Le gouvernement pouvait, sous sa responsabilité, il est vrai, mais c'est toujours ainsi qu'agit le gouvernement, venir déclarer au bout de trois mois qu'il avait cru nécessaire de restreindre le nombre des exceptions à l'amnistie, attendu que les exemples donnés suffisaient à la sécurité publique.

La discussion s'ouvrit. Elle promettait d'être longue et vive ; le nombre des orateurs inscrits pour et contre ne s'élevait pas à moins de 57. M. de Corbière, dans son rapport et dans le résumé de la discussion, représente les idées de la droite ; M. de La Bourdonnaie et M. Clausel de Coussergues représentaient surtout ses passions. MM. Royer-Collard et Pasquier furent les interprètes de la pensée du ministère. De ce jour date la réputation de M. Royer-Collard comme orateur.

M. de La Bourdonnaie, prenant la parole dans la séance du 2 janvier 1816, signala la loi d'amnistie comme une occasion pour la France de se séparer de la Révolution et de se réhabiliter aux yeux de l'Europe et de la postérité. Son éloquence ardente, colorée, affectait des formes presque lyriques; c'était comme un dithyrambe politique, le *Te Deum* de la vengeance et de la colère chanté sur les ruines d'un ennemi vaincu. « La divine providence livre enfin dans nos mains, s'écriait-il en commençant, les artisans de nos premiers crimes et de nos derniers malheurs. A ces traits ne reconnaissez-vous pas les meurtriers de vos rois, les assassins de vos familles, les oppresseurs éternels de la liberté française? Vaincus et désarmés, ils invoquent une générosité qu'ils ne connurent jamais. » Après ce début, l'orateur continuait à accabler de ses invectives passionnées le parti révolutionnaire, en le personnifiant dans ses chefs les plus violents et les plus inexcusables, les régicides. Il demandait si, comme Caïn, le sang du juste dont ils étaient marqués au front les dérobait aux justices des hommes, en les réservant aux vengeances éternelles. Puis, par un mouvement oratoire, évoquant leur prospérité scandaleuse en regard de la fuite désespérée de Caïn, il les dénonçait comme les chefs d'un parti nombreux et implacable qui n'attendait qu'un signal pour se précipiter sur la royauté, et adjurait les législateurs, au nom de la prévoyance comme de la justice, à ne pas hésiter à les frapper. « Les avez-vous oubliés, s'écriait-il, ces cris épouvantables qui signalèrent le retour du tyran? Quels étaient alors les conseils, les ministres de sa puissance? des régicides! Quels étaient les plus fougueux de ses représentants pour qui tout souverain était désirable, pourvu qu'il fût illégitime? des régicides! »

Après ce cri de passion inexorable, qui, il faut le faire remarquer cependant, ne s'adressait qu'aux régicides, M. de La Bourdonnaie combattait ceux qui essayaient d'étayer le projet de loi sur les sentiments personnels du Roi, et il invoquait les véritables principes du gouvernement représentatif.

« La volonté du Roi, disait-il, n'est formée que lorsque la discussion des deux Chambres a eu lieu. Parler de cette volonté avant cette discussion, c'est faire violence à l'indépendance des Chambres, c'est compromettre la dignité royale, c'est méconnaître l'esprit du gouvernement représentatif. La volonté du Roi, c'est la loi, présentée par le Roi, votée par les Chambres, promulguée par lui. Hors de là, il n'y a pas de volonté royale. Sur cette combinaison admirable repose tout le gouvernement représentatif. »

Revenant aux régicides, l'orateur faisait remarquer qu'il ne s'agissait pas de faire porter l'exception sur tous les régicides, alors seulement la Charte serait violée; on proposait de la faire porter sur les hommes qui, parmi les régicides, s'étaient signalés comme conspirateurs et dangereux pendant les Cent-Jours. M. de La Bourdonnaie, à la fin de ce discours passionné dans la forme, mais presque exclusivement dirigé contre les régicides compromis pendant les Cent-Jours, conclut en votant pour le projet de la commission.

Ce fut M. Royer-Collard qui défendit contre M. de La Bourdonnaie le projet ministériel. Quoique M. Royer-Collard n'eût pas pris part aux actes politiques des Cent-Jours, il se trouvait engagé à envisager cette époque comme ayant eu quelque chose d'irrésistible et de fatal, par le serment qu'il avait prêté au gouvernement impérial pour conserver le titre et la position de doyen de la Faculté des lettres. En outre, sous le cabinet précédent, il avait été avec MM. Molé, Beugnot, Becquey, de Barante et Guizot, membre d'une sorte de commission non officielle que M. Pasquier, un des membres les plus actifs du ministère précédent, consultait souvent. Il avait donc certaines préventions préconçues contre la majorité de la Chambre de 1815, car son avénement avait renversé ce ministère dont il avait vu la chute avec inquiétude [1]. Ceux qui savent avec quelle facilité les esprits les plus honnêtes se laissent influencer par leur situation et par une position prise ne s'étonneront pas que nous attachions quelque importance à ce double sentiment.

Il y eut dans le discours de M. Royer-Collard des raisonnements justes et des aperçus d'une grande élévation ; mais on y trouvait aussi des assertions tranchantes et des propositions contestables, il abondait trop dans son sens comme les esprits absolus. Son thème était celui-ci : la proposition sur laquelle la Chambre avait à voter n'était pas une loi, c'était une mesure politique extraordinaire ; la preuve en était qu'on ne fait pas de loi pour le passé, mais pour l'avenir. Or cette mesure d'amnistie avait pour objet le passé. Le Roi avait, dans la déclaration de Cambrai, accordé une amnistie universelle en en exceptant seulement *les auteurs et les instigateurs du 20 mars* et en réservant aux deux Chambres le soin de les lui désigner. Après avoir repris les rênes du gouvernement, il reconnut qu'il n'appartenait qu'à lui-même de faire cette désignation, il publia à cet effet l'ordonnance du 24 juillet qui désigna cinquante-sept exceptés. Il aurait pu désigner des classes au lieu de désigner des individus, il ne le fit pas parce qu'il n'y a pas d'amnistie quand elle n'est pas illimitée, ou quand les exceptions qui la limitent ne sont pas si claires qu'elles désarment entièrement l'inquiétude. Or les exceptions nominatives ont seules ce caractère. Les auteurs et les instigateurs du 20 mars n'étaient donc plus à rechercher, ils étaient indiqués. Le Roi avait même décidé quels seraient ceux d'entre eux qui seraient livrés aux

1. *Vie politique de M. Royer-Collard*, par M. de Barante, tome Ier, page 162.

tribunaux, quels seraient ceux qui seraient bannis si, plus tard, on ne les envoyait pas devant les tribunaux. Cette ordonnance avait reçu son exécution. Plusieurs des coupables livrés aux tribunaux avaient été condamnés à la peine capitale. La plupart de ceux que l'article 2 condamnait à sortir du royaume s'étaient éloignés de la patrie qu'ils avaient déchirée. Ce que le Roi proposait à la Chambre, en l'associant à l'amnistie publiée six mois auparavant, c'était de légitimer dans les formes constitutionnelles les moyens extraordinaires auxquels il avait eu recours, pour la dignité de sa couronne et le salut de son peuple. Il s'agissait de voter, sous forme de proposition, l'ordonnance du 24 juillet dégagée de l'alternative établie en l'article 2.

Que ce fût là ce que le gouvernement demandait dans ce moment, on pouvait le soutenir; que ce fût là ce qu'il avait toujours demandé, rien de moins exact. La déclaration de Cambrai réservait aux Chambres le soin d'indiquer les auteurs et les instigateurs du 20 mars; dans l'ordonnance du 24 juillet, où le gouvernement avait fait lui-même cette indication attribuée antérieurement aux Chambres, l'article 2 disait encore que les exceptés de la seconde liste resteraient en surveillance dans les lieux indiqués par le ministre de la police générale, en attendant que les Chambres statuassent sur ceux d'entre eux qui devraient sortir du royaume ou être livrés à la poursuite des tribunaux, et elle admettait qu'on pouvait poursuivre juridiquement les prévenus dont le nom ne figurait sur aucune de ces deux listes. C'était sous le coup de ces deux déclarations, il ne faut pas l'oublier, que la Chambre avait été élue, et les députés étaient ainsi arrivés avec une sorte de mandat de leurs commettants sur ce point. Ce n'était que dans la proposition de loi du 7 décembre que le gouvernement, changeant une troisième fois d'avis, proposait purement et simplement aux Chambres l'approbation des deux listes d'exceptions, l'une composée de prévenus qu'on livrait aux tribunaux, l'autre de prévenus qui devaient être bannis sans jugement. C'étaient précisément ces variations dans les idées du gouvernement, et cette différence entre le rôle actif que la déclaration de Cambrai et même l'ordonnance du 24 juillet avaient attribué à la Chambre, et le rôle purement passif qu'on voulait lui assigner au nom de la proposition du 7 décembre, c'étaient ces variations successives et ces différences qui créaient les difficultés de la situation, et dont M. Royer-Collard ne tenait pas assez de compte.

On ne prouvait rien en rappelant, quant à l'amnistie, que c'était un droit inhérent à la souveraineté, et que la Chambre n'avait qu'à remercier le Roi qui lui faisait l'honneur de l'associer à celle qu'il avait donnée, puisqu'on était obligé de reconnaître que c'était bien moins l'amnistie que les exceptions à l'amnistie qu'il s'agissait de voter. M. Royer-Collard ajoutait avec plus de subtilité que de vérité que, quant à la seconde mesure, la seule en réalité à laquelle le gouvernement associât la Chambre, l'expulsion des trente-huit exceptés de l'amnistie, elle n'avait à se préoccuper que d'une chose, à savoir s'il était nécessaire d'éloigner un certain nombre de personnes, « sans être aucunement appelée à examiner si cette mesure était juste dans ses applications. Les Chambres ne pourraient le faire, continuait M. Royer-Collard, qu'avec les lumières du gouvernement et en se mettant à sa place. La désignation de personnes, inévitable parce qu'elle est un fait et la chose même, n'est donc qu'un accessoire étranger à la question soumise aux Chambres. A leurs yeux, la mesure est légitime, elle est justifiée si elle a été nécessaire; or la nécessité de semblables mesures ne se démontre pas par les personnes, mais par les circonstances. »

Ici le sophisme était choquant, et devait irriter la majorité au lieu de la convaincre. De ce qu'il pouvait être nécessaire d'éloigner les hommes dangereux, comment conclure que la Chambre devait voter les yeux fermés le bannissement des trente-huit personnes dangereuses ou non que la main de Fouché avait inscrites, à peu près au hasard, sur la liste, et contre plusieurs desquelles le ministère lui-même déclarait ne pouvait fournir aucun grief? Comment dire que la désignation de ces personnes était un accessoire étranger à la question soumise aux Chambres, quand par un vote affirmatif elles frappaient ces personnes nominativement indiquées de la peine de bannissement?

M. Royer-Collard fut mieux inspiré quand il s'éleva aux véritables raisons qui conseillaient de restreindre les exceptions et d'étendre l'amnistie. « La nécessité de punir, s'écria-t-il, cesse avec l'utilité de le faire. Il ne s'agit donc point en matière d'amnistie d'examiner s'il échappe même de grands coupables, mais de comparer l'avantage de les atteindre à celui de hâter le rétablissement de la paix intérieure. Ce n'est pas toujours le nombre des supplices qui sauve les empires. Nous aurons assez puni, si nous sommes sages et habiles; jamais assez, si nous ne le sommes pas. » Hautes vérités politiques exprimées dans un beau langage.

L'orateur signalait comme destructives de l'amnistie les exceptions de classes et de crimes, et prétendait que les choses n'étaient plus entières, que l'amnistie du Roi existait, que « le jour même où elle avait été proposée, elle avait été acquise aux coupables comme pardon, à la France comme signal du repos qui lui était rendu. Une seule exception ajoutée, continua-t-il, la viole manifestement et fait rétrograder la clémence du prince. Que d'autres plus hardis l'entreprennent; je n'intercepterai pas le pardon royal, je ne lui ferai point rebrousser chemin vers le trône dont il est descendu. »

Ces paroles, vivement applaudies par les partisans du ministère, manquaient de justesse, puisque dans l'article 4 de l'ordonnance du 24 juillet le Roi lui-même, en annonçant que les listes d'exceptions demeuraient définitivement closes ajoutait : « Elles ne pourront être étendues, à d'autres pour quelque cause et sous quelque prétexte que ce soit, autrement que dans les formes et suivant les lois constitutionnelles. » L'ordonnance du 24 juillet admettait donc elle-même l'extension des poursuites judiciaires à des hommes qui n'étaient pas désignés sur les listes. Or c'était ce que demandait la commission.

M. Royer-Collard, qui avait été vraiment supérieur sur le côté politique de l'amnistie et sur l'impuissance des mesures de rigueur à triompher des difficultés qu'on ne pouvait conjurer que par la sagesse d'un gouvernement habile et fort, le fut encore en s'élevant avec une probité éloquente contre l'article 5 du projet de la commission. Il allégua avec raison que le préjudice causé à l'État par la rébellion du 20 mars était tellement supérieur à toutes les fortunes particulières, que l'indemnité de ce préjudice ne différerait point de la confiscation des biens. C'était donc de la confiscation qu'il s'agissait. « Si l'on vous proposait de rétablir à l'avenir pour les crimes d'État la confiscation des biens abolie par la Charte, s'écria-t-il, la Chambre, je n'en doute point, entendrait cette proposition avec effroi. Les confiscations, nous ne l'avons pas oublié, sont l'âme et le nerf des révolutions, après avoir confisqué parce qu'on a condamné, on condamne pour confisquer..... Eh bien, messieurs, que doit-on penser, et que faut-il dire, quand la confiscation est proposée, non pour l'avenir, mais pour le passé, contre la Charte qui abolit cette peine et qui défend de la rétablir? Et quelle sera cette loi de confiscation rétroactive? Une loi d'amnistie ! Et dans quelles circonstances sera-t-elle publiée? Après que plusieurs des grands coupables ont subi la peine capitale ! Sont-ils à l'abri de la confiscation? la justice ne permet pas que d'autres en soient frappés. La confiscation doit-elle les atteindre? qu'on les fasse donc sortir du tombeau, et qu'on es ramène devant leurs juges. »

La France s'animait aux accents de cette grande éloquence qui élevait si haut le niveau de la discussion, et elle commençait à soupçonner que la gloire de la tribune parlementaire pouvait égaler la gloire des armes. Au moment de finir, l'élan de cette parole tout à l'heure si élevée tomba, et l'orateur abrita son vote sous des protestations de courtisan, qui étonnèrent dans une pareille bouche les esprits initiés aux conditions du gouvernement représentatif. « Je ne serai pas plus sage que le Roi, dit-il ; je dépose ma responsabilité personnelle au pied du trône. Je vote la loi sans amendement. »

La discussion en se développant mit à nu les vices réels de la proposition du gouvernement et les parties vraiment faibles de l'argumentation de M. Royer-Collard. M. Pardessus avait fait toucher du doigt[1] ce qu'il y avait de paradoxal à refuser le nom de loi à un projet présenté sous ce titre, qui, comme toutes les lois, devait être défendu par le ministère, avait été renvoyé à une commission, et était devenu l'objet d'un rapport, tandis que les mesures de gouvernement que le Roi communique aux Chambres, comme le traité du 20 novembre, sans les livrer à leur délibération, n'étaient l'objet d'aucune de ces dispositions. En vain disait-on que la Chambre n'avait qu'une ratification à donner. Le droit de ratifier entraînait celui de ne pas ratifier. Le même orateur fit remarquer qu'il n'était pas exact que le Roi eût limité d'une manière absolue par l'ordonnance du 24 juillet le nombre des exceptés, et il invoqua les termes de l'article 4. Un autre membre de la droite, M. de Bouville, insista sur ce caractère législatif que le Roi avait donné à l'amnistie, et de ce caractère il tira un argument pour repousser les exceptions nominatives qu'on voulait y introduire. « Les députés, qui n'avaient que des fonctions législatives, pouvaient-ils juger trente-huit individus et

---

1. Séance du 3 janvier 1816.

les condamner à l'exil? Et quel jugement! un jugement en masse, sans savoir s'ils sont coupables, et même de quoi ils sont accusés. Plusieurs ont envoyé des mémoires justificatifs. Il est permis de douter pour quelques-uns au moins, si ce n'est pas l'erreur ou même la vengeance qui les a fait inscrire sur cette liste de proscrits. On sait quel est le ministre qui a contre-signé la liste, et par conséquent y a eu la plus grande part. Y a-t-il dans tout cela des gages de certitude nécessaire? »

C'est ainsi que l'indignité de Fouché venait peser sur celui de tous les actes gouvernementaux au bas desquels il était le moins autorisé à apposer sa signature.

M. de Bouville en concluait qu'il était plus normal d'indiquer, comme l'avait fait la commission, des catégories non pas d'individus à poursuivre nécessairement, mais parmi lesquels le gouvernement choisirait ceux qu'il estimerait juste de poursuivre. Il finit en révélant une des causes les plus décisives de l'insistance que mettait la majorité dans cette question : « Nous, députés, s'écrie-t-il, sortis depuis trois mois de nos provinces, nous n'avons pas oublié quels sentiments de vive indignation animait nos compatriotes contre les auteurs du 20 mars. Nous savons toutes les recommandations qu'ils nous ont faites, les promesses qu'ils ont exigées de nous. Voulaient-ils donc couvrir la France d'échafauds? Non. Ils voulaient que les actes du gouvernement et les actes législatifs s'accordassent à flétrir le crime honteux de trahison. »

Dans la séance du 2 janvier, M. de Roncherolles avait fait remarquer que les amendements proposés par la commission laissaient le Roi complétement maître, soit de faire grâce aux coupables par un acte spécial, soit de les comprendre tacitement dans l'amnistie, en laissant courir à leur profit la prescription de trois mois. Il présenta en même temps l'amendement suivant destiné à donner au Roi la faculté de rayer de la liste des exceptés ceux qui y avaient été trop légèrement inscrits par Fouché : « Le Roi pourra dans l'espace de deux mois, à dater de la promulgation de la présente loi, éloigner de France ceux des individus compris dans l'article 2 de la présente ordonnance *qu'il y maintiendra*, et qui n'auront pas été traduits devant les tribunaux, et, dans ce cas, ils sortiront de France dans le délai qui leur sera fixé, et n'y rentreront pas sans l'autorisation expresse de Sa Majesté, le tout sous peine de déportation. » A l'appui de cet amendement, qu'il reproduisit à la séance du 6 janvier, M. de Roncherolles fit observer « que la liste des trente-huit avait été faite au moins avec beaucoup de légèreté, et que par la faculté d'y maintenir ou de n'y pas maintenir ceux qui y étaient inscrits, il faudrait qu'elle devînt la liste des ministres qui possédaient actuellement la confiance du Roi. » La commission adopta cet amendement présenté par un membre de la droite, et qui ouvrait une voie à une révision dans le sens de la clémence; plus tard le ministère l'accepta et reconnut ainsi que les reproches adressés aux listes qu'il avait voulu faire voter aux Chambres les yeux fermés n'étaient pas immérités.

La droite dans cette discussion avait eu l'avantage sur plusieurs points : elle avait mis hors de doute son droit de discuter le projet de loi d'amnistie, comme tous les projets de loi, et de le modifier s'il y avait lieu, en vertu de la part qu'elle avait à la puissance législative. Elle avait démontré de plus que la liste des trente-huit avait été légèrement faite, et le ministère le reconnut en acceptant la faculté de la reviser. Elle avait établi qu'on l'accusait à tort de vouloir forcer la main au Roi, puisqu'elle le laissait l'arbitre suprême de l'amnistie, même en indiquant les catégories où il pourrait choisir ceux qu'il en excepterait s'il le croyait juste[1]. Elle avait donné des raisons plausibles pour l'expulsion de ceux des régicides qui, en adhérant à l'acte additionnel, avaient prouvé que leur hostilité contre la monarchie était irréconciliable et invincible. Mais elle avait été moins politique que M. Royer-Collard objectant que la multiplicité des châtiments ne vaudrait pas l'habileté du gouvernement pour contenir les révolutions, et elle n'avait pu réussir à justifier l'amendement de la commission qui rendait les condamnés et les expulsés pécuniairement responsables des désastres financiers des Cent-Jours. M. Pardessus et M. Chifflet avaient vainement essayé d'établir une différence plutôt nominale qu'effective entre la confiscation et des dommages-intérêts qui, à cause de l'immensité du désastre dans lequel il n'était pas possible d'apprécier la part d'influence de chacun, devaient infailliblement absorber toute la fortune des exceptés. M. Clausel de Coussergues, après quelques subtilités du même genre, avait fini par accepter le principe de la confiscation « comme tenant au fondement même de la justice humaine, et comme ayant été pratiqué avec avantage à Athènes, à Rome, en Angleterre. » Ce n'était pas une raison pour l'appliquer à Paris malgré le texte formel de la Charte.

Le discours de M. Pasquier, quelque habile qu'il fût, ne changea pas l'état de la discussion. Il ajouta de fortes raisons à celles que M. Royer-Collard avait données pour faire ressortir le côté politique de l'amnistie, dont personne du reste ne

---

1. M. Feuillant disait dans la séance du 5 janvier : « On a voulu jeter l'alarme dans le public en disant que le nombre des personnes atteintes serait infini. On est obligé de reconnaître aujourd'hui, après discussion, que ces exceptions atteignent cinquante personnes au plus. Notez que ces cinquante personnes ne seront pas nécessairement poursuivies. La commission n'impose pas la loi, elle laisse seulement au ministère la faculté de les poursuivre, et cette faculté se trouvera épuisée par un délai de trois mois, de sorte que, si elles ne sont pas poursuivies dans ce délai, elles seront de fait amnistiées. » (Séance du 5 janvier 1816.)

contestait la nécessité. Il représenta que l'amnistie n'était pas seulement une mesure de bonté, mais une mesure de force. Les hommes sur qui elle descendait cessaient d'être impunis, ils étaient amnistiés. En outre, la clémence étendue au passé armait la justice pour l'avenir. Il chercha à diminuer les scrupules des députés qui ne se reconnaissaient pas le droit de prononcer un jugement, en alléguant qu'il ne s'agissait pas d'un jugement, mais d'un coup d'État. Le Roi le ferait-il seul ou de concert avec les Chambres? C'était toute la question. Argument défectueux, car en changeant le nom on ne changeait pas la chose. Il opposa au système des catégories quelques arguments qui n'étaient pas sans valeur : la correspondance avec l'île d'Elbe, c'était le plus grand crime, mais le plus difficile à établir; les ministres, les conseillers d'État, les préfets, qui avaient reconnu l'usurpateur avant le 23 mars, c'était une affaire de proximité ou d'éloignement. Punirait-on du crime de proximité ceux qui s'étaient trouvés sur le chemin de l'usurpateur? Ferait-on bénéficier les autres de l'innocence de l'éloignement? Il essaya d'étendre le même raisonnement aux maréchaux et aux généraux qui avaient reconnu l'usurpateur avant son entrée à Paris, et demanda pourquoi, innocente après l'entrée à Paris, cette reconnaissance devenait coupable avant? Question pour laquelle il y avait deux réponses : la première, c'est que, le 23 mars, le Roi, ayant quitté le territoire, reconnaissait lui-même que les circonstances avaient été plus fortes que les hommes; la seconde, c'est qu'il y a une différence entre se soumettre à un fait consommé et aider à l'accomplissement de ce fait. Il omit de se souvenir que le système des catégories n'imposait pas au Roi l'obligation de sévir, mais l'armait seulement d'une faculté. Comme M. Royer-Collard, il dénia aux députés le droit de produire ce système, en déclarant que l'amnistie était un fait acquis à la France; allégation paradoxale, car on ne l'aurait pas soumise sous la forme d'un projet de loi à la discussion des Chambres, s'il en avait été ainsi : on ne discute pas l'irrévocable. Il reproduisit la belle argumentation de M. Royer-Collard contre les condamnations pécuniaires, et, tout en reconnaissant « qu'il y avait dans le fond de cette idée une première pensée de justice distributive, » il la repoussa comme contraire à la Charte, inapplicable et fatale parce qu'elle divisait la France en deux populations animées des colères de la guerre civile, qu'une pareille disposition était propre à rallumer. Quant aux régicides, M. Pasquier convenait que sa première pensée avait été « de les expulser, pour donner au monde et à la postérité l'exemple d'un grand acte de justice et de morale. » Mais il s'inclinait devant Louis XVIII portant à la main le testament de Louis XVI. L'orateur terminait son discours, comme M. Royer-Collard, par les paroles exaltées d'un royalisme excessif et d'une orthodoxie parlementaire contestable; dans la bouche d'un politique qui avait servi plusieurs régimes, elles pouvaient en outre être regardées plutôt comme une fin de non-recevoir contre la proposition de la commission que comme l'expression d'un sentiment réel. « Vous n'aurez jamais une plus belle occasion de répéter, même dans le sens le plus constitutionnel : « Si veut le Roi, si veut la loi. » Messieurs, je vote pour le Roi ! »

Du reste, cet étalage de formules royalistes et ce parti pris de faire intervenir le Roi dans la discussion semblait être le mot d'ordre du camp ministériel. M. Decazes, dont la faveur grandissait, dépassa dans ce sens tous les orateurs : « Et les ministres aussi, s'écria-t-il, parlent au nom de l'honneur, car ils parlent au nom du Roi; ils parlent au nom de la nation, car ils parlent au nom du Roi; ils parlent au nom de la sagesse et de la raison, car ils parlent au nom du Roi. » M. Decazes prétendit que, les lois étant présentées au nom du Roi, les ministres n'y étaient pour rien et n'encouraient aucune responsabilité sur ce point. « Cependant les ministres, poursuivit-il, sont toujours prêts à offrir leurs têtes pour le service du Roi, leurs têtes qui ne peuvent être menacées que par ses ennemis. » C'était, après des hérésies parlementaires, une provocation et une insulte adressées à la majorité.

Maine de Biran, cet illustre métaphysicien qui avait fait partie de la célèbre commission du Corps législatif de 1813, conclut, comme M. Royer-Collard, pour l'adoption du projet ministériel sans amendement. On remarqua dans son discours ces belles paroles, qui mettaient les régicides sous la protection de l'anniversaire du 21 janvier : « Cette discussion et l'époque de l'année où elle a lieu nous rappelle le jour solennel où Louis XVI, au fond de sa prison, livré aux mains des méchants, ayant présente l'idée de la mort, l'échafaud sous les yeux, Dieu seul pour témoin et pour appui, signait, en présence de ce Dieu de miséricorde, le pardon de ses ennemis. L'amnistie même fut entendue et écrite dans le ciel où allait monter le fils de saint Louis. Cette terre de désolation sur laquelle planait le génie du mal n'était pas digne de la recevoir. »

La discussion générale fut fermée le 6 janvier; et M. de Corbière, en sa qualité de rapporteur, résuma le débat. Il y eut des points sur lesquels le rapporteur poussa la démonstration jusqu'à l'évidence : le droit et le devoir de la Chambre de discuter et de modifier, s'il y avait lieu, la loi d'amnistie, d'émettre et de faire prévaloir son opinion propre puisqu'elle était consultée, au lieu d'adhérer passivement à l'opinion que lui apportaient les ministres; c'est ce qu'on appellerait aujourd'hui la revendication des principes du gouvernement parlementaire; l'utilité qu'il y avait à reviser des listes faites sans discernement, par une main suspecte; la convenance de laisser exclusivement le soin de cette révision au seul pouvoir qui pût prononcer après une enquête consciencieuse, c'est-à-dire au gouvernement; la conformité de l'amendement proposé par la commission qui indiquait les catégories dans lesquelles le gouvernement devait chercher les coupables à déférer aux tribunaux, avec l'article de la déclaration de Cambrai, qui réservait aux Chambres le soin de désigner les coupables, et avec l'article 4 de l'ordonnance du 24 juillet, qui spécifiait que les listes ne pourraient être étendues que dans les formes et selon les lois constitutionnelles, article qui cesserait d'avoir un sens, s'il était vrai que les listes étaient irrévocablement arrêtées, et que ni la clémence ni la justice ne pussent les modifier.

Le rapporteur motiva les deux dates entre lesquelles la commission demandait qu'on choisît les exceptés, en rappelant que c'étaient celles que le Roi lui-même avait indiquées dans sa déclaration de Cambrai. Il remontra que les catégories, taxées d'être des mesures de sang, n'étaient qu'une pure faculté laissée au gouvernement; que cette faculté, comme il était facile de s'en convaincre en vérifiant les noms de ceux auxquels elle pouvait s'étendre, ne grossissait que d'un petit nombre d'individus les listes nominales qu'un amendement de M. Roncherolles, adopté par la commission, permettait de réduire. Enfin M. de Corbière invoqua à l'appui de ces observations les paroles de M. Decazes lui-même, accusant les catégories proposées par la commission « de laisser moins de latitude aux poursuites criminelles que l'article 5 du projet ministériel, » article combattu par la commission et qui consistait à excepter de l'amnistie ceux qui se trouveraient traduits en jugement à la promulgation de la loi. Il était à tous les points de vue peu exact de dire que les catégories fussent de nature à exciter une inquiétude générale. S'agissait-il de prévenir cette inquiétude morale que le blâme public exprimé dans la loi ferait éprouver à ceux qui, sans se trouver dans le cas précis des catégories, avaient tenu une conduite analogue à celle des exceptés? La Chambre ne devait pas s'arrêter devant cette considération. Il fallait, au contraire, que la loi fût une profession de foi nationale et non, comme paraissaient le désirer certaines gens, une formule vague qui, par l'excès de sa circonspection, révélerait aux ennemis de la monarchie le secret de leur force et l'usage qu'ils pouvaient en faire. « Nous voulons, continuait le rapporteur, non pas assurément rendre ces hommes victimes de réactions, chacun de nous exposerait sa vie pour les en préserver, heureux d'obtenir à ce prix une union qui ne sera bonne que lorsqu'elle sera sincère... Nous voulons prendre une précaution salutaire, en créant pour un temps limité un moyen prompt d'atteindre ceux qui donneraient de justes inquiétudes à l'État. »

Le rapporteur rétorquait avec autant de fermeté que de convenance cette objection de la volonté du Roi, que le ministère et tous les orateurs qui avaient parlé dans son sens avaient opposée à la commission d'une manière si peu parlementaire. « Si, comme les anciennes cours souveraines, disait le rapporteur, nous n'avions qu'à soumettre à S. M. le résultat de nos réflexions, nos obligations seraient plus faciles; mais notre ministère est bien plus pénible. Appelés à concourir à la formation de la loi, ce n'est pas un pouvoir plus étendu qui doit nous éblouir, ce sont des devoirs plus rigoureux dont nous devons nous pénétrer. Si le Roi n'était pas obligé de présenter ce projet aux Chambres, du moment qu'il se détermine à le présenter, il nous impose l'obligation de le délibérer de la même manière que les lois ordinaires, et de n'exprimer que notre opinion propre. » Le rapporteur arguait de ce que l'indemnité se poursuivait par une action civile et de ce que, son objet n'étant pas de punir, la réparation d'un dommage ne pouvait être confondue avec la confiscation. C'était là une subtilité de légiste; le dommage causé par les Cent-Jours était immense et irréparable; l'indemnité qui pouvait résulter pour l'État des condamnations pécuniaires était dérisoire, elle n'avait donc de raison d'être que comme peine. L'idée émise par M. de Corbière, de laisser le soin de régler l'indemnité due par chacun des exceptés selon les faits particuliers de chaque cause, n'était ni admissible ni praticable. Comment déterminer la part proportionnelle de chacun dans le retour de l'île d'Elbe, pour régler la part d'indemnité due à l'État par chaque excepté, en raison du préjudice public causé par ce retour? Restaient les régicides. Le rapporteur rappelait que tous les orateurs avaient exprimé leur indignation contre ces hommes. La persévérance de leur haine contre la royauté venait d'être démontrée par un acte récent. On ne pouvait douter qu'on ne les rencontrât à la tête de toutes les séditions. La commission proposait leur éloignement parce que leur présence en France était incompatible avec le repos public; elle le proposait au même titre que le gouvernement demandait l'éloignement des membres de la famille Bonaparte. Là encore on opposait à la commission la volonté du Roi. C'était bien assez d'avoir exposé une fois les motifs qui avaient fait à la commission un devoir douloureux de suivre sa conviction, puisque les hommes dont elle se composait n'avaient pas été assez heureux pour trouver dans la discussion rien qui pût l'affaiblir.

Tel fut le résumé de M. de Corbière. La tristesse qu'il exprimait n'avait rien de simulé. On en retrouve l'expression dans les lettres particulières écrites par les chefs de la droite, et notamment dans celles de M. de Villèle à sa famille. Ils ne pouvaient douter du mécontentement du Roi. Lorsque M. Laîné était allé complimenter Louis XVIII à l'occasion du nouvel an, et lui avait parlé des vœux de la Chambre « qui lui souhaitait et lui préparait une meilleure année que la précédente, » celui-ci avait répondu : « Cette année va s'ouvrir par une discussion bien importante; je vous ai fait connaître mes intentions par mes ministres, je compte sur la Chambre pour seconder le plus cher de mes vœux, celui d'assurer le repos de la France. » Peu à peu, et en voyant les difficultés de la situation, les chefs de la droite avaient réduit leur prétention à faire accepter par le ministère l'amendement de M. de Roncherolles qui soumettait à la révision royale, dans le sens de la clémence, la liste des trente-huit exceptés dressée par Fouché, ce à quoi le ministère avait consenti, et l'expulsion des régicides qui venaient de donner un nouveau témoignage de haine à la maison de Bourbon, amendement que le ministère avait opiniâtrément repoussé. S'il avait transigé sur ce point, la commission lui aurait abandonné le reste, convaincue que, par ces deux modifications apportées à la loi d'amnistie, elle lui avait, dans la mesure du possible, imprimé le caractère d'équité qui lui manquait, elle avait satisfait au cri de la conscience publique, maintenu les droits et rempli les devoirs de la Chambre [1].

Il ne servit à rien au ministère d'avoir refusé cette transaction. Lorsque dans cette même séance du 6 janvier, à la suite du résumé de M. de Corbière, on en vint à la discussion des articles, l'amendement de M. de Roncherolles, que le Roi avait accepté, fut adopté d'un commun accord, l'amendement de la commission sur les catégories fut rejeté à un petit nombre de voix seulement ; l'amendement sur les condamnations judiciaires rallia moins de votes, la discussion l'avait ruiné. Restait l'amendement pour l'expulsion d'une classe particulière de régicides. Un de ces hommes d'honneur et de dévouement chevaleresque qui, en laissant parler leur

---

1. M. de Villèle écrit à son père, à la date du 7 janvier 1816 : « Dès le commencement de cette malheureuse affaire, c'est pour obtenir ce seul point que nous avons combattu. Dix fois nous avons offert confidentiellement aux ministres de leur céder les classes (les catégories) et tout ce qui leur plairait, pourvu qu'ils nous abandonnassent les régicides. » (Documents inédits.)

cœur, rencontrent leur journée d'éloquence, M. de Béthisy, demanda la parole. Au moment où il montait à la tribune, on vint proposer à la commission, comme dernière transaction, la mise hors la Constitution des régicides et leur séjour en France toléré par le seul respect dû au Roi. La commission repoussa cette proposition inacceptable, qui n'était mise probablement en avant que comme une diversion propre à diviser la majorité, et elle répondit sagement qu'une heure après un pareil vote les régicides seraient égorgés[1]. Déjà les premières paroles de M. de Béthisy retentissaient :
« Peut-on être plus sévère que le Roi? a-t-on dit à cette tribune, s'écria-t-il. Oui, on le peut, et il est des circonstances où on le doit. Laissons au Roi le besoin de pardonner, qu'on ne peut comparer qu'au besoin qu'ont les factieux d'en abuser. Pouvons-nous, voudrions-nous l'empêcher d'être clément jusqu'à la magnanimité? Non, car il ne serait plus lui. Le doux sang des Bourbons coule dans ses veines, et, fils aîné de l'Église, il pardonne.

« Mais nous, qui devons à la France, comme ses représentants, de rejeter sur les vrais, sur les seuls coupables l'horreur du grand crime, chargeons-nous du poids de la sévérité et de la justice.

« Reportons-nous au jour de cet exécrable forfait : quel est celui de nous qui, il y a vingt-trois ans, devant des Français, en présence de toutes les nations, eût osé se lever pour les régicides, et prononcer que la France leur pardonne? Quel est celui qui l'osera encore aujourd'hui?

« Nous avons relevé l'antique boulevard de la monarchie, ils travaillent sans cesse à le renverser. C'est à nous, représentants de la France, à monter sur la brèche, car non-seulement nous devons parer, mais repousser les coups que l'on

---

1. Correspondance de M. de Villèle. (Documents inédits.)

veut porter au Roi. Songez que nous répondons de lui à la France, à l'Europe, au monde, car il est le gage de la paix générale.

« Je vous le demande, si un scélérat portait la main sur le meilleur des rois, si, à l'exemple de son aïeul, ce diable à quatre d'adorable mémoire, le Roi s'écriait : *Grâce à ceux que le gibet épargne!* craindriez-vous d'être plus sévères que le Roi, et feriez-vous grâce au parricide? Eux aussi, ils ont porté la main sur votre bon Roi, ils l'ont assassiné.

« Certes il doit nous en coûter beaucoup d'être en ce moment en contradiction avec le Roi, nous qui lui avons donné tant de preuves d'amour, de dévouement, de fidélité, nous qui avons tout sacrifié pour lui, nous dont le sang a coulé pour lui, nous qui, fidèles à nos serments, avons depuis vingt-cinq ans pour cri de ralliement : *Vivre pour le Roi, mourir pour le Roi!*

« Mais, Messieurs, n'oubliez jamais que la devise de nos pères est : le droit, l'honneur et le Roi; et, si l'inflexible honneur nous force un instant à dépasser sa volonté, si, mécontent de ses fidèles serviteurs, de les voir contrarier sa royale et pieuse clémence, il détourne un moment de nous ce regard de bonté, notre plus belle récompense, nous dirons comme les habitants de l'Ouest, comme les nobles soldats du trône et de l'autel, dont rien ne peut altérer l'amour pour les Bourbons : *Vive le Roi quand même!* »

Ces vives paroles emportèrent le vote. L'assemblée tout entière se leva comme un seul homme en criant *Vive le Roi!* et vota par acclamation l'amendement contre les régicides. A la contre-épreuve, trois députés seulement se levèrent, et il y en eut un, c'était, dit-on, M. Pasquier, qui expliqua son vote négatif en disant : « Par respect pour la volonté du Roi. » Je laisse ici la parole à l'un des témoins de ce vote, à l'un des acteurs de cette discussion, M. de Villèle, qui, dès le lendemain, 7 janvier, en racontait ainsi les résultats à son père demeuré à Toulouse, en lui exposant les gains et les pertes de la droite : « Le côté droit a été battu sur l'article 5 de la loi ministérielle, article dont il avait demandé le rejet; cet article excepte de l'amnistie tous ceux contre lesquels il aura été dirigé des poursuites avant la publication de la loi. C'était, dans notre opinion, un article épouvantable d'arbitraire et d'injustice, parce qu'après une pareille rébellion, excepter de l'amnistie, c'est envoyer à la mort, et que l'article laisse absolument aux ministres la faculté d'exercer ce droit contre qui il leur plaira. J'ai développé en peu de mots les considérations que je viens d'indiquer ; mais, comme la commission avait substitué à cet article les classes de coupables dont ne voulaient ni la gauche ni les ministres, les deux partis unis ont voté le maintien de l'article 5 dont la droite, accusée de vouloir les échafauds, demandait l'abrogation. Le côté droit a également perdu les classes d'exceptions introduites par la commission : la majorité a été de neuf voix contre nous sur cette question. On a hué le duc de Gaëte et quelques autres coupables qui s'étaient abstenus de paraître le jour de la discussion, venant voter en leur propre faveur. La question des indemnités (condamnations pécuniaires) a d'abord été gagnée, puis perdue sur cette observation assez juste, que l'article qui présentait l'intervention d'un agent du fisc pour réclamer ces indemnités ne pouvait être inséré dans une loi sans influencer la décision du tribunal, que le gouvernement seul devait prendre cette mesure pour laisser aux juges la latitude nécessaire de n'appliquer que des lois antérieures au délit, tandis que, si une loi nouvelle imposait cette condition, elle aurait nécessairement un effet rétroactif. Enfin, on est arrivé à l'article des régicides. Nous nous sommes portés en foule à la tribune pour le soutenir ; pas un des membres de la gauche n'a osé se faire inscrire pour le repousser. Un de nos officiers vendéens, M. de Béthisy, a parlé le dernier. Le cri de *vive le Roi quand même* a été répété dans toute la Chambre et même dans les tribunes. On a été aux voix, et trois députés seulement, parmi lesquels on assure que se trouve M. de Saint-Aulaire, ont eu l'impudeur de se lever. Un cri unanime de *vive le Roi* a succédé à cette décision importante, qui, je l'avouerai, m'a tellement ému que j'en ai pleuré comme un enfant, tant je trouve que le bannissement des régicides est un de ces actes publics qui peuvent faire faire un pas énorme dans le sens de la morale et de la légitimité.

« Dès le commencement de cette malheureuse affaire, c'est pour obtenir ce seul point que nous avons combattu... Ainsi, cette loi d'amnistie s'est terminée de la manière la plus heureuse pour le pays, la plus honorable pour la Chambre. Le rejet de plusieurs de nos articles a satisfait les ministres et rendu la situation du Roi moins pénible. Notre parti a obtenu la seule chose à laquelle il tenait, la seule réellement importante pour la France. La loi a un caractère plus noble et une portée morale qu'elle n'avait pas. »

Ce n'est plus ici seulement de l'histoire, c'est l'époque elle-même qui revit devant nous avec ses idées, ses sentiments, ses émotions. Dans ces épanchements intimes de M. de Villèle, comme dans le discours public de M. de Béthisy, vous retrouvez la Chambre de 1815, avec la vivacité de son indignation contre la Révolution, son dévouement au Roi, son désir de le servir plus vif encore que son désir de lui plaire, son horreur de la trahison, sa volonté d'être juste et sa disposition à se trouver satisfaite quand une satisfaction morale était donnée à ses idées.

A la suite du vote, M. de Corbière fut rayé du travail qui se faisait au ministère de la justice pour la cour de Rennes où il devait occuper le poste de procureur général. Cette marque de rancune ne contribua pas à rapprocher la droite du cabinet.

Tout ce qu'il y avait de royalistes à Paris alla se faire inscrire chez M. de Corbière, pour lui marquer son estime : ce fut un député ministériel, M. Bourdeau, qui eut sa dépouille. La nomination de M. de Serre qui s'était séparé de la droite et qui fut élevé au poste de conseiller d'État augmenta l'irritation. On remarqua que parmi tant de nominations il n'y avait eu qu'un seul membre de la majorité qui eût été désigné pour remplir un poste important : c'était M. Hyde de Neuville nommé ambassadeur aux États-Unis. Le 9 janvier, le duc de Richelieu porta à la Chambre des pairs la loi d'amnistie amendée, et prononça ces paroles qui s'accordaient mal avec la longue et véhémente opposition que le ministère et ses orateurs avaient faite à l'amendement concernant les régicides, et justifiaient la persévérance de la droite : « Une chose fait croire à S. M. que la justice divine se fait entendre par la voix de son peuple, c'est que l'expression de ce vœu a été dans la Chambre des députés le signal de la concorde... Témoins de l'élan de toutes les âmes dans la séance du 6 janvier, nous croyons pouvoir dire que, ce jour-là, la Chambre des députés a offert un spectacle digne des plus beaux temps de la monarchie. » La loi fut adoptée, sans discussion, par les pairs à une très-forte majorité. Quand le bureau de la Chambre la porta au Roi, celui-ci dit ces simples mots: « Messieurs, je la reçois, et vous ne direz plus : *Vive le Roi quand même !* »

La Chambre des députés, encore tout émue de la lutte qu'elle avait dû soutenir pour inscrire sur la liste des exceptés de l'amnistie une classe de régicides, saisit l'à-propos de l'anniversaire du 21 janvier, afin d'exprimer publiquement son horreur pour le grand crime de la Convention. Elle envoya son président porter au Roi une adresse dans laquelle elle écartait avec indignation de la tête de la France la responsabilité de cet attentat, en rappelant que Louis XVI en avait appelé à la France, et que la Convention avait décliné cet appel. L'adresse se terminait ainsi : « Sire, nous n'avons pas dégénéré de la loyauté de nos ancêtres. Tant que votre race illustre existera, nous lui serons fidèles. Jamais nous ne reconnaîtrons pour nos rois légitimes que les princes qui en seront issus, et à qui l'ordre de primogéniture en aura imprimé le caractère. Nous le jurons devant Dieu et devant les hommes, que le nom français se perde dans l'oubli plutôt que de trahir le serment de l'honneur. » En déposant dans les mains du Roi cette adresse revêtue des signatures de tous les députés, M. Laîné exprima en leur nom le vœu qu'elle fût gravée avec toutes les signatures sur une plaque d'airain, scellée dans le monument expiatoire, dont elle venait de voter l'érection sur la place du Vingt-et-un-Janvier. La Chambre des pairs, par l'intermédiaire de son président, le chancelier Dambray, adhéra à l'adresse et fit la même demande. En enchaînant ainsi les consciences, les majorités parlementaires dévouées aux Bourbons croyaient enchaîner l'avenir. Quant aux rares ennemis de la dynastie qui existaient dans les deux Chambres, ils apportaient, pour ne pas se dénoncer eux-mêmes, leur signature d'une main empressée, en comptant sur les événements pour la biffer. Quand les événements se produisirent, les monuments n'étaient pas encore construits et les révolutions n'eurent rien à détruire, rien à effacer.

L'émotion causée par ces adresses durait encore lorsqu'un incident imprévu vint la rendre plus vive. Dans une visite domiciliaire ordonnée par le ministre de la police à l'occasion de l'expulsion des régicides exceptés de l'amnistie, on découvrit chez le conventionnel Courtois, qui avait été chargé par la Convention de faire un rapport sur les papiers trouvés dans le cabinet de Robespierre après son exécution, l'original de la lettre testamentaire écrite par la reine, la veille de sa mort, à Madame Élisabeth, et qui n'était jamais parvenue à sa destination. Le Roi décida que ce document serait communiqué aux Chambres par le ministère. L'impression qu'il produisit fut universelle et profonde. Après tant d'années écoulées, le testament de Marie-Antoinette, sortant des ténèbres où la Révolution avait cru l'ensevelir, venait se placer en regard de celui de Louis XVI et réclamer sa part d'admiration et de larmes, par ces sentiments de résignation très-chrétienne et de pardon, caractère commun des dernières volontés des deux grandes victimes du Temple [1]. « L'authenticité de cette communication ne peut être mise en doute, dit M. Decazes avant de commencer la lecture du testament de la reine, elle est attestée par le caractère même de l'écriture; elle est garantie par une circonstance affreuse mais infaillible, le testament de la victime est signé par les bourreaux. » Il y eut des adresses votées par les deux Chambres au Roi et à la duchesse d'Angoulême. M. de Chateaubriand prononça à ce sujet d'éloquentes paroles à la Chambre des pairs, et M. de Choiseul, s'inclinant devant cette grande et douloureuse mémoire, rendit témoignage à Marie-Antoinette, « qui l'avait honoré de sa confiance, dit-il, et dans laquelle il avait admiré, en la suivant de Versailles jusqu'au seuil du Temple, l'accord de la grâce la plus noble et de la vertu la plus sublime. »

X

LOI D'ÉLECTIONS. — PREMIÈRE PHASE.

A peine sorti des difficultés de la loi d'amnistie, il fallut entrer dans les difficultés plus graves encore de la loi d'élections présentée dans la séance du 18 décembre 1815. Sous un gouvernement vraiment représentatif, la loi d'élections est la plus

---

[1]. J'ai donné le texte du testament de la reine dans la *Vie de Marie-Thérèse de France, fille de Louis XVI*.

importante des lois ; elle désigne en effet ceux qui directement ou indirectement auront part au gouvernement du pays. C'était M. de Vaublanc qui, en sa qualité de ministre de l'intérieur, avait été chargé de rédiger et de présenter cette loi, tâche au-dessus de ses forces. La loi qu'il avait conçue avait pour objet avoué de placer les élections dans les mains du gouvernement. Cet ancien membre des assemblées de la Révolution, revenu de ses illusions, et, par une réaction ordinaire à l'esprit humain, exagérant des idées contraires, émettait en principe que, dans un gouvernement monarchique, tous les pouvoirs doivent être subordonnés et dépendants, et il en concluait que le pouvoir électoral, étant celui qui peut devenir le plus dangereux pour la couronne par son influence sur la nation, doit être subordonné et dépendant plus que tout autre. C'était vouloir vicier le gouvernement représentatif dans son principe même ; car, si le corps électoral était dépendant, comment pourrait-on donner le nom de pouvoir à la Chambre qui en émanerait? Il repoussait les assemblées primaires, parce que, si le peuple entier s'y trouve, tout s'y fait tumultueusement et l'on ne peut y opérer sous l'influence salutaire du gouvernement, ou, si les choix s'y font isolément comme dans ces derniers temps, ils sont dictés par le bureau. Le système d'un seul degré s'était présenté ensuite, recommandable par le nom de son auteur[1] et par sa simplicité. D'après ce système, les colléges d'arrondissement composés de citoyens payant trois cents francs de contributions nommeraient directement les députés. En examinant les résultats de ces élections, le ministère avait pensé que trois cent soixante-quatre colléges d'arrondissements, tenant dans leurs mains le pouvoir électoral, ne seraient pas assez sous l'influence du pouvoir suprême. Il ajoutait des objections de détail : dans quelques départements le nombre des contribuables

---

1. M. Royer-Collard.

payant trois cents francs n'excéderait pas trente ou même vingt-cinq; dans d'autres, il s'élèverait à mille et plus. Puis tel département comptait deux arrondissements, tel autre en comptait cinq. Si l'on admettait ce mode, il se trouverait qu'un département riche et populeux, comme le département du Rhône ou celui des Bouches-du-Rhône, n'enverrait qu'un député à la Chambre, tandis qu'un département moins peuplé et moins riche, comme celui des Alpes ou celui des Pyrénées, nommerait jusqu'à cinq députés. Ces considérations avaient décidé le gouvernement à adopter le système de deux degrés, le premier placé dans les colléges de cantons qui choisiraient les électeurs, le second dans les colléges de départements qui nommeraient directement les députés.

M. de Vaublanc indiquait ensuite de quelle manière seraient composés ces colléges du premier et second degré, afin d'y faire dominer l'influence gouvernementale. On réunirait les soixante plus imposés, les membres des conseils d'arrondissements qui offrent deux garanties, celle d'être candidats présentés au Roi, celle d'être nommés par lui, les présidents de tribunaux de première instance, les procureurs du Roi, les présidents de tribunaux et de chambre de commerce, les présidents des commissions consultatives et des conseils de prud'hommes, les juges de paix, les maires des communes, les vicaires généraux, les curés et les desservants, les ministres des autres cultes chrétiens, les recteurs de l'Université, les doyens de la Faculté, les proviseurs des colléges.

« Si nous pouvions former un vœu, continuait naïvement le ministre, ce serait que les choix se portassent sur des hommes aussi recommandables : pourquoi donc ne pas former ces choix tout de suite? » M. de Vaublanc avait appliqué les mêmes principes à la formation des colléges du second degré. Il en avait pris les éléments dans les premiers ministres des cultes, les archevêques et les évêques, qui y entreraient sans conditions de cens, malgré la disposition de l'article 40 de la Charte, leur caractère suffisant comme garantie. Les soixante plus imposés au rôle des contributions directes, les dix plus imposés des manufacturiers et des négociants, les membres des conseils de canton, les membres des conseils généraux, les présidents des cours royales, les procureurs généraux et les premiers avocats généraux près les mêmes cours, enfin, les électeurs nommés par les colléges du premier degré ; le nombre de ceux-ci devait être réglé par le Roi, il ne pouvait descendre au-dessous de cent cinquante, ni s'élever au-dessus de deux cent cinquante. L'âge pour être éligible serait fixé à vingt-cinq ans accomplis; le renouvellement aurait lieu par cinquième, et le Roi jouirait du droit de dissolution, ces deux dernières dispositions se trouvaient d'avance nécessitées par le texte de la Charte.

Il y eut un sentiment général de surprise après la lecture de cette loi destinée à faire des élections un monopole administratif dans les mains du ministère qui ne cachait pas cette prétention. M. Fiévée, habitué à résumer dans des mots frappés au coin de son esprit vif et prime-sautier les impressions publiques, proposa ironiquement de réduire la loi à un seul article : « Les ministres nomment les électeurs qui nomment les députés. » Ce mot n'était que juste en présence d'une loi électorale qui noyait un petit nombre d'électeurs indépendants dans un flot de fonctionnaires.

La majorité, appelée à discuter la loi dans les bureaux, l'avait trouvée inadmissible. Elle nomma une commission plutôt chargée de la refaire que de la modifier; cette commission se composait de MM. de Villèle, Piet, Baert, de Bouville, de Folleville, Dussumier-Fombrune, Feuillant, de Maradet, Clausel de Coussergues. La commission, comme la majorité dont elle était issue, ne voulait à aucun prix d'une loi électorale purement administrative. Elle prenait au sérieux le gouvernement représentatif, et la loi électorale devait, selon elle, être fondée sur un véritable système primaire où tous ceux qui payeraient une contribution directe auraient le droit de voter pour choisir les électeurs, lesquels électeurs nommeraient les députés. Dès le 12 janvier la commission avait arrêté les principes suivants : il y aurait deux degrés électoraux ; pour voter dans l'assemblée primaire du canton, il faudrait avoir vingt-cinq ans et payer cinquante francs de contributions directes, le bureau serait composé de droit d'un président nommé par le Roi, des quatre plus fort imposés ; le secrétaire serait à la nomination du bureau. Les électeurs cantonaux nommeraient les membres du collége électoral du département parmi les contribuables âgés de trente ans et payant trois cents francs de contributions. Ceux-ci nommeraient les députés parmi les personnes âgées de plus de quarante ans et payant mille francs de contributions. La répartition des électeurs entre les cantons et des députés entre les départements devait se faire d'après la combinaison des deux données de la population et des contributions sans que, dans aucun cas, les députés pussent être par département au-dessus de dix ni au-dessous de deux. Il devait y avoir une indemnité de cinq francs par poste et de quinze francs par jour de session. La durée de chaque législation serait de cinq ans, sans renouvellement partiel. La Chambre actuelle, quelle que fût sa durée, n'aurait droit à aucune indemnité.

C'était entre ces deux systèmes qu'allait s'élever le débat, et l'on ne peut nier que tout l'avantage ne fût du côté de la commission qui proposait un système électoral sérieux, appuyé sur la propriété et la population, tandis que le ministère en présentait un d'après lequel la France n'aurait eu, comme le dit M. de Bonald, que la représentation du gouvernement représentatif. Il y eut d'inutiles pourparlers entre la commission et le ministère. MM. de Richelieu et de Vaublanc ne voulaient entendre ni au renouvellement de la Chambre en totalité ni aux assemblées cantonales. Ils objectaient qu'en Angleterre le ministère était toujours sûr des deux tiers des voix dans les communes, et ils ajoutaient qu'eux aussi voulaient pouvoir s'assurer ce nombre d'adhérents dans la Chambre des députés. Assimilation sans justesse aucune, car en Angleterre le gouvernement est dans les Chambres; ce sont les chefs des majorités qui exercent le pouvoir administratif, et les bourgs pourris qui apportaient alors la majorité au ministère ne la lui donnaient que lorsque les chefs des grandes familles parlementaires auxquelles appartenaient ces bourgs consentaient à l'appuyer.

On ne put donc s'entendre. Les dissentiments qui séparaient les ministres de la majorité s'aggravaient [1]; cependant, après bien des conférences, une transaction intervint. Il fut convenu que la commission proposerait la révision des deux articles de la Charte qui fixaient le nombre des députés et le renouvellement par cinquième. M. de Richelieu s'étant joint aux trois membres du cabinet qui votaient habituellement avec la droite, MM. de Vaublanc, de Feltre et Dubouchage, il y eut sur cette question majorité dans le conseil, en faveur de la commission. Mais, quant à la loi électorale elle-même, le conseil fut unanime à déclarer que, si la Chambre se montrait défavorable à ses principaux articles, il se réservait le droit de la retirer ultérieurement. Les ministres ajoutèrent qu'ils renonçaient à présenter un autre projet, et que ce serait à la Chambre de faire une nouvelle loi sous la forme d'une proposition soumise au Roi dans une humble supplique.

Dans la disposition où était le cabinet, les commissaires crurent avoir obtenu quelque chose, en décidant la majorité ministérielle à accepter la révision des deux articles de la Charte

---

1. « Ces messieurs, écrit M. de Villèle dans sa correspondance particulière, sont fort las des propriétaires, qu'ils trouvent raisonneurs. »

qui contrariaient deux dispositions qu'ils voulaient introduire dans la loi. Elle viendrait plus tard, par un chemin plus long, mais les commissaires n'étaient pas maîtres de choisir la route, parce que les ministres, ayant la faculté de retirer la loi, avaient celle de dessaisir entièrement la Chambre.

Sur presque tous les points, la majorité se trouvait en dissidence avec le cabinet, sur la question financière comme sur la question d'élection. Il paraissait intolérable aux membres de la commission du budget dont M. de Villèle faisait aussi partie, de vendre à vil prix, dans les conditions désastreuses où l'on se trouvait, quatre cent mille hectares des plus beaux bois de l'État. La commission du budget s'arrêta à l'idée de payer l'arriéré en cinq pour cent consolidés, mais le ministère refusa d'accepter ce système. Ce défaut d'entente s'aggravait encore parce que le ministère n'observait pas toujours les engagements qu'il prenait avec les commissions de la Chambre. Ainsi, à l'approche du 7 février, jour où M. de Villèle devait monter à la tribune pour lire la première partie de son rapport sur la loi d'élection qu'il avait scindé suivant la convention faite, en se bornant à parler dans cette première partie de la révision des articles de la Charte, M. de Vaublanc vint déclarer à la commission, de la part du cabinet, qu'il était chargé de retirer la loi d'élection immédiatement après la lecture du rapport, ce qui aurait pour résultat de dessaisir la commission et la Chambre. Les commissaires se récrièrent contre ce qu'ils appelèrent un manque de foi. Le lendemain de la première conférence qu'ils avaient eue avec la commission, les ministres auraient pu prendre ce parti, c'était leur droit; mais avoir fait perdre un mois de temps et de travail à la commission, pour venir maintenant retirer le projet que la Chambre lui avait renvoyé, c'était un procédé sans excuse, d'autant plus que la commission avait scindé son rapport pour obtempérer au désir du ministère, et que, depuis le début de cette discussion, elle avait tout fait pour lui complaire, tout, excepté de sacrifier son devoir. Les commissaires ajoutèrent que la Chambre ressentirait vivement cette injure, et, laissant percer à travers leurs reproches la pointe d'une menace, ils insinuèrent qu'après tout le budget était là, et que, si les ministres traitaient hostilement la Chambre au sujet d'une loi aussi importante pour la nation que celle des élections, la nation pourrait se montrer à son tour plus économe que ne le désirait le ministère.

Cette menace produisit son effet; M. de Vaublanc renonça pour le moment à retirer la loi, et il invita les membres de la commission à se rendre, au sortir de la séance, chez le duc de Richelieu pour assister au conseil des ministres où l'on discuterait la question en litige. Dans cette discussion, les membres de la commission, prenant la parole, insistèrent sur la nécessité d'une loi qui affermît ou amendât les articles de la Charte ébranlés et comme suspendus par l'ordonnance du 13 juillet. Ils représentèrent que la Chambre se rendrait gravement coupable envers la France si elle se retirait sans avoir fait une loi pour régler le mode des élections, abandonnant ainsi la réglementation d'une question de cette importance à l'arbitraire d'une simple ordonnance qui pouvait introduire tant d'abus dans la législation électorale. Les ministres pouvaient donc s'attendre à être poursuivis dans leurs retranchements par une proposition partie du sein de l'Assemblée. Ne valait-il pas mieux marcher d'accord avec la commission?

Dans cette discussion, deux ministres seulement parurent se rallier à son avis : MM. Corvetto et Dubouchage. M. Barbé-Marbois se prononça hautement contre elle; et les commissaires attribuèrent à son opposition l'hésitation du duc de Richelieu, qui paraissait avoir quelques velléités de se rapprocher d'eux. Le duc de Feltre garda la neutralité, et M. Decazes se tut : il sembla absorbé dans ses réflexions. Au moment où les députés se retiraient, le duc de Richelieu leur dit qu'il prendrait les ordres du Roi, et que le lundi suivant, jour fixé pour la discussion, il leur ferait part de la décision que Sa Majesté aurait prise [1]. A partir de ce jour, M. de Villèle, qui était le membre le plus avisé de la commission, augura mal du sort de la loi d'élection, et prévit que le ministère la retirerait ou la ferait rejeter par la Chambre des pairs.

Mieux encore que les luttes publiques de la tribune et de la presse, ces luttes intimes cachées au fond des commissions font toucher du doigt, je l'ai dit, le principe de la querelle qui divisait le ministère et la droite. Le ministère aurait voulu réduire la Chambre à n'être qu'un instrument administratif, la droite voulait que la Chambre fût un pouvoir sérieux réellement émané du pays. Sans doute le pouvoir que la droite défendait était pour le moment en ses mains, et à ce point de vue c'était son propre pouvoir qu'elle défendait, mais, en même temps, elle posait les principes du gouvernement représentatif.

Soit que les menaces de la commission eussent agi sur le ministère, soit que ses propres réflexions l'eussent fait changer d'avis, il renonça pour le moment à retirer la loi d'élection, et le 6 février 1816 M. de Villèle lut son rapport avec la certitude qu'on passerait à la discussion.

Il rappela l'ordonnance du 13 juillet, qui, en prononçant la dissolution de la Chambre précédente et en ordonnant la convocation des collèges électoraux, déférait plusieurs articles de la Charte à la révision de la Chambre future, également appelée à voter une loi d'élection. Telle était l'origine et la raison d'être de la loi qui venait d'être présentée. Par deux de ses articles, elle maintenait l'article 37 de la Charte, et proposait la révision des articles 38 et 39. Dans l'opinion de la commission, la discussion sur la révision des articles de la Charte devait précéder

---

1. Correspondance de M. de Villèle avec sa famille. (Documents inédits.)

la discussion générale de l'ensemble de la loi d'élections. La commission proposait de maintenir l'âge de l'éligibilité à quarante ans, comme l'avait fixé l'article 38 de la Charte. L'expérience avait prouvé la nécessité de donner la maturité de l'âge pour contre-poids à la vivacité nationale. Il avait paru utile, au contraire, de modifier l'article 36 de la Charte fixant le nombre des députés à 262. Ce nombre n'était pas proportionné à la population du royaume. En revanche, les bureaux avaient été unanimes à penser que le département de la Seine, déjà si favorisé par le siége du gouvernement, ne devait pas l'être encore dans la répartition du nombre des députés. L'article de la Charte portant que la Chambre serait renouvelée par cinquième, se trouvant en contradiction avec l'article portant que les députés siégeraient cinq ans, devait être revisé. En effet, les quatre cinquièmes de la Chambre éliminés par les renouvellements partiels ne jouiraient pas de l'intégralité de ces cinq années de législature qui leur étaient attribuées. Or, dans une Chambre qui, chaque année, se renouvelle partiellement, point d'esprit d'ensemble et de suite. Cette réélection annuelle entretient dans le pays, comme dans la Chambre toujours en état de décomposition et de recomposition, une agitation perpétuelle; elle est plus favorable à l'esprit de faction et d'intrigue, toujours sur le qui-vive, qu'aux intérêts d'ordre qui se mettent plus difficilement en mouvement vers l'urne électorale. Elle affaiblit, en outre, entre les mains du Roi le droit de dissolution qui, au lieu de revenir à des époques fixes et périodiques, n'est plus qu'une faculté extrême réservée pour les situations tout à fait critiques.

Ce fut encore M. Royer-Collard qui fut le principal adversaire de la droite, dans cette circonstance, et son discours, un des plus mémorables qu'il ait prononcés, quoiqu'en désaccord complet avec les doctrines qu'il devait professer plus tard, produisit une profonde impression. Il se plaça à peu près sur le même terrain oratoire où il s'était placé dans la question d'amnistie ; il refusa à la Chambre le droit de résoudre les questions que la commission voulait soumettre à son vote.

La Charte, selon lui, avait résolu toutes les questions que la commission proposait d'agiter : l'âge de l'éligibilité, le nombre des membres, le renouvellement par cinquième. On objectait à tort cet article : La Chambre est élue pour cinq ans. Cela voulait dire que les députés étaient aptes à siéger cinq ans ; un cinquième siégerait ; tous les députés auraient pu faire partie de ce cinquième ; la Charte serait dès lors littéralement exécutée. Il n'était point exact que le renouvellement par cinquième fût incompatible avec le droit de dissolution. Quand le Roi dissoudrait une Chambre, l'assemblée nouvellement élue se formerait sous la loi du renouvellement annuel. L'inégalité dans le temps que siégeraient les députés de chaque département ne blesserait pas l'égalité de leurs droits parce qu'elle résulterait du sort. Ni les départements ni l'État n'en souffriraient. On ne pouvait invoquer contre la nouvelle loi l'expérience, elle n'avait pas encore été éprouvée ; la discussion devrait finir là. Aller plus loin, c'était remettre en question les principes établis la veille, et vouer la France à une perpétuelle instabilité.

Qu'on n'invoquât point l'ordonnance du 13 juillet. Rendue au milieu de circonstances extraordinaires, elle était le fruit d'une erreur évidente sur le vœu présumé de la nation, erreur reconnue et proclamée dans le discours du trône. Elle n'avait pu saisir la Chambre qui n'existait pas ; celle-ci n'avait donc à délibérer que sur la proposition actuelle du Roi où le principe contraire au renouvellement total était posé. La commission réclamait une solution contraire à la fois à la Charte et à la proposition du Roi. Ce serait la Chambre qui prendrait l'initiative d'un changement à la Charte ; cette initiative paraîtrait-elle suffisamment désintéressée ?

Après ces préliminaires, M. Royer-Collard, abordant le projet de la commission, essayait de démontrer la supériorité du renouvellement partiel sur ce renouvellement intégral. Il insistait sur le danger de ces élections générales qui mettent en mouvement tous les intérêts et toutes les passions dans une nation bouleversée par tant de révolutions. Ici venait ce morceau d'une ironie élevée, dans lequel il peignait l'avénement d'une Chambre nouvelle, et qui semblait un miroir moqueur présenté à la Chambre de 1815 :

« La voilà donc cette Chambre nouvelle, qui jette partout ses regards avec le zèle ardent du bien public. Que d'abus elle découvre! car il y en aura toujours; que de fautes on aura faites! car on en fera. La Chambre n'est-elle pas appelée à réformer les abus, à réparer les fautes? C'est sa mission, son pouvoir. Le pouvoir, elle le revendique avec chaleur, elle l'exerce peut-être avec imprudence : le gouvernement s'arrête tout à coup; il est réduit à s'observer, à se défendre, à porter les mains où il se sent attaqué; le gouvernement oublie de gouverner; les rênes lui échappent, la Chambre les recueille. La considération de l'autorité s'affaiblit chaque jour, devant le pouvoir nouveau qui sème à pleines mains les espérances et les illusions...

« Remarquez que je ne mets en jeu que des passions nobles et désintéressées.

« ... Je ne parle pas d'une Chambre réunie dans des circonstances telles qu'une crise politique, une crise financière, une bataille perdue.

« Est-ce là ce que veut la nation? Est-ce le gouvernement que le Roi a voulu nous donner dans la Charte?... Si le Roi eût pu le vouloir, il aurait fait ce que ferait le pilote téméraire qui placerait son vaisseau sous la protection des tempêtes. »

Suivant l'orateur, on éviterait ces inconvénients par le renouvellement partiel qui laisserait pénétrer les vœux et les intérêts nouveaux dans la Chambre sans leur laisser faire irruption. Objectait-on que la dissolution mettrait en présence des mêmes périls? le Roi choisirait son moment pour dissoudre. Par la dissolution, le Roi obvierait à l'esprit de corps qui pourrait devenir dangereux dans une Chambre pour ainsi dire permanente. Alléguerait-on au contraire que le gouvernement aurait avantage à la durée quinquennale de la Chambre, parce qu'il garderait toujours une majorité une fois acquise, au lieu d'être obligé de la refaire tous les ans? l'orateur repoussait cette argumentation par les raisonnements suivants :

« On suppose trois choses : qu'il y aura une majorité fixe dans la Chambre, que le gouvernement aura des moyens de l'organiser, qu'il aura besoin de l'acquérir. Je nie ces trois choses.

« 1° Une majorité fixe, indissoluble, inévitablement composée de mêmes éléments, qui aurait un parti pris sur tout, avant d'avoir écouté, peut être dans les mœurs anglaises, elle n'est pas dans les nôtres. Nous avons de l'indépendance et les qualités comme les défauts de cette indépendance.

« 2° Je crains qu'il ne fût beaucoup plus facile à la majorité de la Chambre d'acquérir le ministère qu'au ministère d'acquérir la majorité. (Rires.) Le seul et le vrai moyen d'influer sur la Chambre, c'est d'influer sur les élections; or elles sont à l'abri de l'influence directe et immédiate du gouvernement. Quant à la corruption, elle ne sera jamais un moyen dans la main des ministres, le caractère français la repousse.

« 3° Il n'est pas nécessaire ici comme en Angleterre que les ministres aient une majorité invariable et constante. Remarquons la différence des éléments constitutifs de chacun des gouvernements. En Angleterre, l'initiative qui est le principe d'action, la haute administration et une grande partie du gouvernement résident dans la Chambre des communes ; chez vous le gouvernement tout entier est dans les mains du Roi, le Roi gouverne indépendamment des Chambres; leur concours, toujours utile, n'est cependant indispensable que si le Roi reconnaît la nécessité d'une loi nouvelle, et pour le budget. Dans un pays où il y a tant de lois, le cas d'une loi nouvelle, tellement nécessaire que le gouvernement s'arrêterait si elle n'était pas rendue, est presqu'un cas métaphysique. Quant au budget, ce n'est pas plus l'affaire du Roi que celle de la Chambre, c'est l'affaire de la nation tout entière, car il y va de son existence. Le budget présenté par les ministres peut souffrir des amendements, des modifications, mais enfin il faut bien qu'il en soit adopté un conforme aux besoins de l'État, et on ne peut supposer l'existence d'une Chambre qui, pour faire prévaloir ses vues particulières ou son opposition au gouvernement, mettrait la nation en péril par l'anéantissement des services publics. Si ce cas pouvait arriver, ce serait alors qu'à bon droit le Roi s'adresserait à son peuple qui l'aiderait à sauver l'État.

« J'irai plus loin : le jour où le gouvernement sera à la discrétion de la majorité de la Chambre, le jour où il sera établi en fait que la Chambre peut repousser les ministres du Roi et lui en imposer d'autres qui soient ses propres ministres et non les ministres du Roi, ce jour-là c'en est fait non-seulement de la Charte, mais de notre royauté, de cette royauté indépendante qui a protégé nos pères, et de laquelle seule la France a reçu tout ce qu'elle a jamais eu de liberté et de bonheur; ce jour-là nous sommes en république!... »

L'orateur n'admettait pas que le gouvernement représentatif entraînât nécessairement de telles conséquences. Il fallait chercher la définition de ce gouvernement dans la Charte et non en Angleterre. Voulait-on substituer le gouvernement anglais à la Charte, qu'on donnât alors à la France la constitution physique et morale de l'Angleterre, qu'elle eût l'aristocratie puissante et honorée, et même les abus qui sont la sauvegarde des institutions de sa voisine; qu'elle ne fût plus la France, qu'elle devînt l'Angleterre.

L'orateur combattait l'augmentation du nombre des députés, en alléguant que plus nombreuse la Chambre serait plus forte, et que l'équilibre serait rompu entre elle et la royauté, sans que celle-ci eût la ressource de s'appuyer sur la Chambre des pairs, dont le pouvoir aristocratique n'était qu'une fiction. M. Royer-Collard terminait en disant que la condamnation du projet de la commission était dans ces mots : il affaiblissait l'autorité royale que la France voulait assez puissante pour protéger son repos contre la turbulence et l'esprit d'innovation qui s'emparent si facilement des assemblées politiques.

Tel fut le discours de M. Royer-Collard, œuvre remarquable d'éloquence, beau chapitre de philosophie politique, dans lequel les aperçus abondaient, et les intuitions des périls de l'avenir se succédaient comme ces éclairs prestigieux qui illuminent tout à coup l'horizon à des profondeurs inconnues; seulement il n'avait pas vu deux choses : la première, c'est que les remèdes qu'il proposait contre de si grands périls étaient médiocres et insuffisants, et que ce ne serait ni le renouvellement par cinquième ni la réduction numérique de la Chambre des députés à 260 membres qui préserveraient la royauté de cette marée démocratique qu'il voyait déjà monter ; la seconde, c'est que cette théorie d'un ministère désagréable à la Chambre, gouvernant en se passant de la majorité, était difficile, pour ne pas dire impossible, à mettre en pratique en face d'une Chambre à laquelle la Charte attribuait le vote des lois et le vote annuel de l'impôt, et qu'elle était en désaccord flagrant avec la responsabilité ministérielle que la Charte avait instituée, le droit qu'elle avait donné à la Chambre élective de poursuivre les ministres devant la Chambre des pairs, enfin avec le parti auquel s'était arrêté Louis XVIII, à son retour de Gand, d'avoir un ministère homogène groupé autour d'un président du conseil effectif. On avait trop donné, dans la Charte, au pouvoir parlementaire pour maintenant lui laisser si peu. On ne restreignait pas la prérogative de la Chambre par ces limites métaphysiques qu'on traçait idéalement autour d'elle, en ne faisant que l'irriter, sans la désarmer. Il manquait à ce nouveau cercle de Popilius l'épée des légions romaines pour le faire respecter. Disons tout, la majorité soupçonnait[1] que ce grand étalage de l'autorité royale n'avait pour objet que d'obliger la Chambre elle-même à devenir l'instrument docile du pouvoir ministériel ; de même que le ministère l'accusait d'exagérer le pouvoir parlementaire, parce qu'il était dans ses mains, elle accusait le ministère de n'exagérer le pouvoir royal que parce qu'il en était armé et qu'il s'en servait pour faire prévaloir ses propres idées, et de s'abriter

---

[1]. Je trouve l'expression de ce sentiment dans une note écrite à cette époque par M. de Villèle : « Le secret de l'argumentation de M. Royer-Collard, dit-il, reposait sur l'empire qu'avait acquis sur l'esprit du Roi M. Decazes, dont les doctrinaires jugeaient la faible portée, et qu'ils espéraient gouverner ainsi que la France en exploitant l'autorité du Roi. » (Documents inédits.)

derrière le Roi qu'il aurait dû couvrir, accusations qui ne manquaient ni de vraisemblance ni même de vérité.

L'orateur qui répondit au discours de M. Royer-Collard fut M. Michaud, déjà connu comme publiciste, et qui dirigeait alors la *Quotidienne*, l'un des organes les plus vifs des royalistes. M. Michaud, écrivain distingué, esprit naturel, fin et un peu railleur, assez habilement choisi par la droite, qui l'opposa à la gravité solennelle de M. Royer-Collard, commença par insister sur les difficultés de toute nature contre lesquelles on se heurtait lorsqu'il s'agissait de faire une loi d'élections. On ne rencontrait plus en France que des individus; les institutions auxquelles aurait pu se rattacher une bonne loi d'élections manquaient. Habitudes populaires, usages des provinces, esprit des administrations locales qui était un sentiment de patriotisme, esprit de corps qui était presque toujours un sentiment d'honneur, tout ce qui servait à réunir les hommes et à les faire marcher vers un but commun, tout ce qui constituait la force morale de la patrie avait disparu, et il ne restait plus que le matériel de la société. C'était sur des ruines que le législateur était obligé de construire l'édifice social. Arrivant à l'article 37 de la Charte, qui fut l'objet presque exclusif de son discours, l'orateur faisait remarquer qu'il contenait deux choses contradictoires, puisqu'il disait que les députés étaient élus pour cinq ans et qu'ils seraient renouvelés chaque année par cinquième. Il y avait donc lieu de fixer par l'interprétation le sens de cet article équivoque. Quelle était l'interprétation la plus favorable à la prérogative royale? Au sens de l'orateur, c'était le renouvellement intégral qui empêcherait la permanence de l'Assemblée élective et attribuerait à la royauté, à des époques marquées, une action nécessaire, que l'autre système déférait au sort et au temps. Quant à la prétention d'interdire les points de comparaison pris en Angleterre, l'orateur demandait où la France, dans le sein de laquelle n'avait pas fleuri le gouvernement représentatif, étudierait ce gouvernement, sinon en Angleterre, son siége principal? Le gouvernement n'existait, dit-on, en Angleterre que par ses abus, et si ces abus venaient à être abolis, si les véritables principes étaient mis en action, tout serait compromis et bientôt perdu; mais comment ne comprenait-on pas que cette allégation était une satire sanglante du gouvernement représentatif? S'il en était ainsi, il ne faudrait s'occuper ni du renouvellement intégral ni du renouvellement partiel, il faudrait supplier le Roi de reprendre l'autorité de ses aïeux.

Après avoir fait sentir le vice de l'argument de M. Royer-Collard, qui, ne mesurant pas la portée du boulet qu'il lançait, avait dépassé le projet de la commission et atteint en plein le gouvernement représentatif, l'orateur tirait un parti habile de la composition de la Chambre de 1815 pour combattre les appréhensions que M. Royer-Collard avait essayé de faire naître en signalant le pouvoir électif comme un engin démocratique qui devait tout renverser. « Il faut convenir, disait-il, que c'est une étrange démocratie que celle qui est composée des plus fidèles amis du Roi et des plus grands propriétaires du royaume, et qui est sans cesse occupée à détruire ce qui nous reste de l'esprit et des formes démocratiques. » Venaient ensuite, contre le renouvellement partiel et en faveur du renouvellement intégral, ces arguments qui n'étaient pas sans valeur :

« Pourquoi reconnaît-on au Roi le droit de dissoudre la Chambre? parce qu'on suppose qu'elle pourra être mauvaise; pourquoi dès lors, par l'établissement du renouvellement annuel, lui refuser la faculté de la conserver quand il la croira bonne? Ce n'est pas tout. La maladie de notre temps est la mobilité inquiète des esprits. Depuis vingt-cinq ans tout change autour de nous, et souvent le lendemain s'est trouvé séparé de la veille par un siècle d'événements nouveaux. A l'indifférence pour ce qu'on a vu une fois se joint l'impatience des nouveautés. Soyez le vice, soyez la vertu, soyez la sottise, soyez le génie, vous serez également accueilli pourvu que vous arriviez aujourd'hui et que vous partiez demain. C'est le mal qui a fait la révolution, qui peut la prolonger si vous n'accoutumez le peuple à voir, pendant quelque temps du moins, les mêmes hommes dans les assemblées publiques, et si vous lui présentez sans cesse l'instabilité des choses humaines comme le mobile de notre gouvernement et le principe de notre constitution. »

Paroles sagaces qui entraient dans le vif de la situation d'un pays où tout commence et où rien ne dure, parce que les gouvernements n'y sont plus l'expression d'intérêts permanents mais de situations transitoires. L'orateur présentait des considérations pratiques sur l'avantage du renouvellement intégral qui laisserait les députés siéger pendant cinq années, tandis qu'avec le renouvellement annuel les députés pourraient à peine se connaître entre eux, et se former à leurs fonctions; les députés, assurés de siéger pendant cinq ans, prendraient un esprit commun, étudieraient les questions. Souvent la sagesse d'une assemblée dépend de sa durée. Plus on abrége l'existence politique de ses membres, plus ils sont pressés d'agir; ils font à la hâte ce qu'il faudrait faire lentement. En outre, on ne saurait conserver la constitution et les lois d'un État, quel qu'il soit, avec une assemblée dont les membres ne sont pas animés du même esprit. On en avait vu une preuve quand la Convention, ayant pris la résolution de ne se dissoudre que par tiers, admit successivement deux nouveaux tiers dans son sein; il fallut que le coup d'État du 18 fructidor prononçât entre l'esprit nouveau et l'esprit ancien de l'assemblée. Quant aux objections présentées contre la dissolution quinquennale arrivant par le fait de la loi, comment les adversaires du projet de la commission n'avaient-ils pas compris qu'en présentant cette dissolution comme une occasion d'agitations et de troubles ils se mettaient en contradiction avec eux-mêmes, puisqu'ils ne redoutaient pas la dissolution faite par la volonté du Roi, quand, en raison des circonstances, il la jugerait nécessaire? Comment ce qui ne les effrayait pas pour un moment de crise les effrayait-t-il pour un moment tranquille?

L'orateur de la droite, avec un sentiment remarquable des dispositions du pays, représenta ensuite que, dans les élections partielles, une minorité active peut triompher d'une majorité indifférente, tandis que, dans une élection générale, tout le monde est debout. Il donna pour exemple les élections d'où venait de sortir la Chambre de 1815, et en traça ce tableau animé et qui produisit une vive impression :

« Rappelez-vous les dernières élections; ce fut comme une fête solennelle en toute la France, demandant au Dieu de saint Louis qu'il l'éclairât pour les choix qu'elle allait faire. Il semblait que toutes les affaires fussent suspendues et qu'il n'y eût dans les villes et les campagnes qu'une seule affaire, celle des élections. Avec quel zèle presque religieux se rendaient dans les assemblées tous les amis du Roi et de la Patrie! Quelle importance ne mettait-on pas aux fonctions d'électeur! On se demandait avec inquiétude quels députés allaient être nommés dans les départements du Nord et dans ceux du Midi. Chaque nomination était comme un événement qui intéressait tout le royaume; chaque nom qui sortait de l'urne était jugé par toute la France. Quand les assemblées électorales eurent nommé tous leurs députés, la nation sembla dire comme Dieu : Ce que j'ai fait est bien! et dès lors elle espéra qu'une partie de ses maux allait finir. Croyez-vous que, si on lui eût dit que les élections qu'elle venait de faire seraient bientôt remplacées par des élections partielles, un sentiment d'amertume ne se serait pas mêlé au sentiment de sa joie. Si alors on l'eût consultée sur la question qui nous occupe, sans doute elle aurait répondu qu'au Roi seul il appartenait de changer ce qu'elle avait fait et de dissoudre une assemblée qu'elle avait nommée. »

Restaient les arguments personnels dirigés contre la Chambre accusée de vouloir se perpétuer si elle repoussait le renouvellement partiel. L'orateur de la droite fit remarquer que les fonctions d'une Assemblée réunie dans des jours aussi malheureux où il y avait tant de dangers à surmonter, tant de plaies douloureuses à sonder et à fermer, n'avaient rien qui pût séduire l'ambition et que le dévouement seul pouvait les accepter et les remplir jusqu'au bout. Il ajouta en terminant :

« Lorsque tous les sacrifices seront accomplis, quand tous les périls seront surmontés et que les peuples gouvernés par le meilleur des monarques commenceront à oublier les maux de la révolution et de la guerre, il nous sera permis de ne songer qu'à nous-mêmes ; alors nous mettrons au grand jour notre ambition, qui sera toute personnelle ; alors nous supplierons Sa Majesté de nous renvoyer dans nos foyers et la nation de nous donner des successeurs. »

Ce n'était là ni une faible argumentation, ni un langage au-dessous du sujet. La droite sortait victorieuse du débat, sinon pour la forme et l'éloquence, l'avantage restait de ce côté à M. Royer-Collard, au moins pour le fond de l'argumentation. Il était impossible de nier que l'article 37 de la Charte ne fût au nombre de ceux réservés à la révision de la Chambre, impossible de nier qu'il n'y eût une équivoque dans cet article qui attribuait cinq ans de durée au mandat législatif, et, par les renouvellements partiels, abrégeait la durée du mandat des quatre cinquièmes de la Chambre. M. Michaud avait donné les vrais arguments pour le renouvellement intégral, ceux qui l'ont fait préférer depuis au renouvellement partiel. Restaient les sinistres prévisions de M. Royer-Collard sur la difficulté d'acclimater chez nous le gouvernement représentatif ; mais il était trop tard pour s'en apercevoir après avoir donné la Charte, et, si les malheurs qu'annonçaient ces prévisions étaient inévitables, ce n'était pas le projet de la commission, c'était la Charte qu'il fallait supprimer. On ne pouvait avoir institué en principe une monarchie représentative et la transformer par la pratique en monarchie ministérielle.

M. Pasquier, qui parla dans la séance du 14 février, ne fit

guère que reproduire l'argumentation de M. Royer-Collard sur la nécessité de faire prédominer le pouvoir royal en France pour échapper à la démocratie, qui avait failli perdre le pays, et contre l'assimilation de l'état politique de la France à l'état politique de l'Angleterre. La droite s'étonna de l'entendre défendre comme député l'inamovibilité de l'article 37 de la Charte que, comme membre du dernier ministère, il avait soumis à la révision de la Chambre des députés avec treize autres articles. M. Pasquier chercha à expliquer par une subtilité le texte équivoque de l'article 37 en disant que la faculté donnée aux députés de siéger pendant cinq ans était virtuelle sans être impérative. Pour que ce raisonnement eût quelque valeur, il aurait fallu que l'article de la Charte fît du mandat quinquennal une éventualité; or il en faisait un droit. On mettait dans le commentaire une idée qui n'était pas dans le texte. Du reste, M. Pasquier, en constatant le grand effet produit par le discours de M. Royer-Collard, maintint, en l'atténuant légèrement, la doctrine de celui-ci sur la majorité. « Je ne dis pas, s'écria-t-il, et M. Royer-Collard n'a pas voulu dire que le ministère en France pouvait se passer absolument de la majorité, mais que dans toutes les lois qui ne seraient pas inhérentes à l'existence du gouvernement, il lui serait très-possible et très-facile de marcher sans cette majorité. Nous sommes beaucoup plus une monarchie que l'Angleterre, nous avons besoin de sentir un peu partout la main du Roi. »

A ces paroles M. Pasquier en ajouta d'autres, en finissant, qui étaient faites pour indisposer la droite. Il exalta outre mesure la Chambre de 1814 comme pour rabaisser la Chambre de 1815, et montra M. Laîné s'inspirant des murmures de ses collègues et allumant son indignation à la leur pour rédiger la célèbre adresse qui marqua les derniers jours de l'Empire. De l'éloge du Corps législatif impérial, il passa à l'éloge des fonctionnaires impériaux : « qui montrèrent au 31 mars, dit-il, que si, depuis dix ans, ils avaient accepté des fonctions publiques, ils ne s'étaient pas mis au service d'un homme, mais de la patrie, et qui saluèrent les premiers l'aurore de la liberté nationale et de la royauté légitime. » Éloges complaisants que ne confirmait pas la conscience publique honteuse et attristée des palinodies de 1815, qui, renouvelant celles de 1814, avaient montré les fonctionnaires passant de l'empire à la monarchie, puis revenant de la monarchie à l'empire, pour passer encore une fois de l'empire à la monarchie, selon le flux et le reflux de la fortune.

Le fossé qui séparait la droite du ministère s'élargissait par suite des prétentions qu'avaient exprimées MM. Royer-Collard et Pasquier de faire marcher le ministère sans la Chambre. Les chefs de la majorité savaient que le Roi, se conformant aux règles constitutionnelles, abandonnait les rênes du gouvernement aux ministres, dans la capacité desquels la droite avait une médiocre confiance, et ils se disaient que, si les ministres se mettaient vis-à-vis de la Chambre au-dessus des règles du gouvernement constitutionnel auxquelles le Roi se soumettait vis-à-vis du ministère, ce ne serait ni le gouvernement monarchique ni le gouvernement représentatif qui prévaudrait, mais le gouvernement ministériel et administratif.

Les choses en étaient là quand un nouvel incident vint compliquer cette situation déjà tendue. Le vote de la Chambre n'était pas douteux et devait donner gain de cause au système de la commission, sur la question du nombre des députés et celle du renouvellement intégral, lorsque M. de Vaublanc vint tout à coup annoncer que, si le projet de la commission était voté, le ministère le porterait à la Chambre des pairs comme un simple projet de députés et sans lui donner le sceau de l'approbation royale. M. de Villèle, en résumant le débat, réclama vivement contre cette détermination.

Les hommes les plus influents de la droite, comprenant la

difficulté de changer la résolution du ministère, s'arrêtèrent au parti de faire ordonner à la commission, par la Chambre, de présenter à la séance suivante la rapport complet sur le projet de loi d'élections. On tournait ainsi l'obstacle. En effet, pour voter la loi d'élections, il fallait discuter et résoudre les questions posées par le premier rapport relativement aux articles de la Charte soumis à la révision ; dès lors la délibération de la Chambre élective acquérait les caractères nécessaires pour parvenir à la Chambre des pairs par la voie et avec les conditions des projets de loi du gouvernement.

Dans la séance du 16 février 1816, M. de Villèle lut son second rapport, dont voici le résumé substantiel auquel nous laissons la forme directe :

« L'ordonnance du 13 juillet a décidé que quatorze articles de la Charte, presque tous relatifs aux élections et à la Chambre des députés, seront soumis à une révision législative, et la même ordonnance portant qu'il sera statué dans la session sur la loi d'élections, toutes les bases du système électoral se trouvent ébranlées ou détruites. Les Chambres ne sauraient donc être ajournées sans avoir rendu la fixité à cette partie de l'organisation politique. Jusque-là la faculté de dissolution se trouve comme paralysée entre les mains du Roi, et la prérogative royale enchaînée, puisque le mode de renouvellement de la Chambre n'est pas légalement fixé. Les bureaux ont été unanimes à repousser le système des électeurs de droit présenté par le ministère, unanimes à déclarer que la réalité du gouvernement représentatif dépend absolument de la libre élection des députés appelés à concourir, au nom des départements, au vote de l'impôt et à l'exercice du pouvoir législatif. De l'éloignement des Français pour de vaines théories de liberté, il ne faudrait pas conclure qu'ils renonceraient sans peine à l'exercice des droits politiques que la Charte leur a assurés. Ils les considèrent comme le dédommagement nécessaire des garanties que trouvaient leurs intérêts et leurs franchises dans les institutions renversées par la révolution.

« La commission propose de maintenir le mode d'élections par assemblées cantonales, en soumettant le droit de voter dans ces assemblées de premier degré à une cote de cinquante francs de contributions directes, et en abaissant la limite d'âge à vingt-cinq ans. Elle repousse le système des plus imposés du canton en objectant la différence qu'il y aurait entre le titre électoral d'un département et celui d'un autre : ici cent francs de contributions suffiraient pour faire un électeur, là cinq cents francs ne suffiraient pas. En outre, les riches propriétaires n'ayant pas toutes leurs propriétés dans le même canton, la liste des plus imposés varierait sans cesse, suivant leur option. Elle repousse également le système de l'élection directe attribuée exclusivement aux électeurs payant cent écus, système séduisant par sa simplicité, mais qui, au fond, est le moins juste des systèmes proposés. Ce serait, en effet, supposer à la France plus d'indifférence qu'elle n'en a pour le plus précieux de ses droits que de donner pour base à l'élection des députés une division territoriale arbitraire, sans aucun égard à la population et aux contributions, indications naturelles du nombre des députés à élire puisque ce sont les deux intérêts que les députés sont plus particulièrement appelés à défendre.

« Seraient-ils vraiment les députés de la France, ceux à la nomination desquels auraient concouru un si petit nombre de leurs concitoyens ? Un pareil privilége est contraire à l'esprit du gouvernement représentatif, il n'est pas dans nos mœurs. Plus il y aura de Français qui concourront à la nomination de la Chambre, plus elle sera apte à remplir le rôle qui lui est assigné par la Charte. Des élections directes favoriseraient chez nous plus que chez nos voisins une vénalité corruptrice sans avoir l'avantage du patronage conservé dans le projet de la commission. Les députés se trouveraient forcés de revendre ceux qu'ils auraient chèrement achetés. On affecte de craindre le nombre des votants appelés dans les assemblées cantonales; à l'époque où tous les contribuables y étaient admis, on les a souvent réunis sans inconvénient ; comment y aurait-il péril à les réunir en n'y admettant que les contribuables payant cinquante francs de contributions directes ? D'autres disent, au contraire, que les électeurs indifférents n'y viendront pas. Il ne faut point juger l'avenir par le passé. Que la Chambre des députés ait dans l'État le rôle que lui attribue la Charte : les hommes les plus considérables se porteront candidats, et tous les ayants droit s'empresseront dans les colléges cantonaux comme dans les colléges de département. Qu'on veuille au contraire perpétuer sous le gouvernement du Roi l'avilissement du Corps législatif de Bonaparte, le vide se fera, et les colléges électoraux dépouillés de la liberté de leur choix, la Chambre dépouillée de la liberté de la parole et du vote, seront désertés par tous les Français dans l'âme desquels existe un sentiment d'honneur.

« La commission pense, comme le gouvernement, que les Conseils d'arrondissements seraient un rouage inutile; deux degrés suffisent. La condition du cens des cent écus exigée pour les électeurs aux colléges de départements pourrait assez restreindre, dans certains départements, le nombre des personnes aptes à y entrer, pour rendre nécessaire une disposition analogue à celle que la Charte autorise là où le nombre des éligibles à la Chambre est trop petit. L'institution des suppléants des députés doit être écartée : les électeurs ne mettraient pas à cette élection le même intérêt qu'à celle des députés, et elle prêterait aux brigues des hommes puissants étrangers aux départements. A l'article 22, ainsi conçu : *Les députés ne recevront aucun traitement*, il convient de substituer celui-ci : *Les députés de la Chambre actuelle ne recevront aucun traitement.* Après avoir donné, comme ils le doivent, la preuve de leur désintéressement personnel, les députés de 1815 sont obligés de prendre en considération trois choses : ôter aux députés peu fortunés le droit de réclamer le remboursement des frais qu'ils feront pour remplir leurs fonctions, c'est exclure de la députation tous ceux qui ne payent que mille ou deux mille francs de contributions ; c'est obliger les départements éloignés à prendre leurs représentants parmi ceux qui habitent la capitale, au lieu de les prendre parmi leurs concitoyens ; c'est enfin ouvrir les voies à la corruption [1].

« Les fonctions des membres des assemblées de canton et des colléges des départements doivent être temporaires Outre la garantie que le Roi et le pays trouveront dans cette disposition, c'est un moyen de lier au système électoral le patronage dont la classe inférieure sera d'autant plus sûre de bénéficier que l'exercice de ses droits sera plus souvent renouvelé. »

Voilà, en substance, le rapport de M. de Villèle, œuvre de modération et de sagesse, où l'on sent le souffle de cet esprit d'honnêteté et d'indépendance qui animait les hommes de cette génération.

M. Becquey défend le projet de loi ministériel, en qualité de commissaire du Roi. Toute son argumentation se réduisit à soutenir que l'électorat n'était pas un droit, mais une fonction que le législateur pouvait déférer à ceux qu'il jugerait les plus aptes à l'exercer, et qu'il n'y avait par conséquent ni mandat, ni délégation, ni représentation, mais seulement désignation pour remplir des fonctions déférées par la Charte, désignation faite par ceux que la loi investirait de ce privilége. Qu'importait dès lors que les colléges cantonaux fussent com-

---

1. On connaît le mot de M. de Talleyrand quand il apprit que les fonctions des députés seraient gratuites : « Ce sera bien cher! »

posés de contribuables payant cinquante francs de contribution directe, ou de fonctionnaires qui donnaient des garanties de lumière et de dévouement? Les uns ou les autres n'auraient que le droit que la loi leur conférerait. Or M. Becquey attaquait d'abord les colléges formés de contribuables payant cinquante francs, par les arguments qu'on peut diriger contre tout système d'élection fondé sur une contribution fixe; comme la richesse, en effet, est inégalement répartie entre les départements, l'unité d'un critérium de contribution appliqué à la diversité des départements constitue une inégalité réelle. Il l'attaquait ensuite au point de vue des dangers démocratiques résultant, selon lui, de l'admission d'un si grand nombre de propriétaires au sein des colléges du premier degré.

Au fond, trois systèmes électoraux étaient en présence : celui du ministère, qui voulait que les élections fussent administratives, et qui, pour atteindre ce but, prétendait multiplier dans les colléges électoraux l'élément fonctionnaire; celui de M. Royer-Collard, appuyé par M. Beugnot et M. Laîné, qui demandait le vote direct et exclusif des électeurs payant cent écus de contributions, système également combattu par la droite réclamant contre l'exclusion de la petite propriété des colléges électoraux au profit de la moyenne et au détriment de la grande, et par le ministère appréhendant que l'influence administrative ne fût moindre dans les colléges des départements, où les électeurs à cent écus pourraient se constituer en oligarchie politique; enfin le système de la commission qui, si elle avait voulu suivre jusqu'au bout M. de Villèle, aurait évité les reproches d'inconséquence qu'on lui adressait, en admettant tous les Français payant une contribution directe dans les colléges électoraux du premier degré, au lieu d'admettre seulement les contribuables payant cinquante francs de contributions directes. Tel qu'il était, ce système agrandissait beaucoup le cercle électoral, et, quand on le compare aux deux autres, il est impossible de ne pas reconnaître qu'il était le plus conforme des trois à la nature du gouvernement représentatif; le plus large, car il admettait un plus grand nombre de Français à y prendre part; le plus solide et le plus propre à unir entre elles les classes de la société, car il mettait en honneur la propriété foncière, et, en faisant entrer les petits contribuables dans les colléges cantonaux, il obligeait les grands contribuables à s'occuper des intérêts généraux et à se créer une clientèle électorale par le patronage.

Ce fut entre ces trois systèmes que se concentra le débat. M. de Bonald, dont la parole était impatiemment attendue, railla avec beaucoup de sens et d'esprit MM. Becquey et Royer-Collard et leurs théories, qui mesuraient une place si étroite aux députés, en en faisant des espèces de fonctionnaires administratifs désignés par d'autres fonctionnaires indiqués par la loi. Voici ce passage de son discours :

« A propos du système financier on nous cite sans cesse l'Angleterre; mais, quand il s'agit de politique, on nous enseigne, depuis quelques jours, que notre constitution diffère essentiellement de celle de l'Angleterre, sans faire attention que pour avoir le même système financier il faut avoir le même système politique. Si nous pressions les conséquences des étranges principes que nous avons entendu professer à cette tribune, nous serions conduits à d'étranges résultats, et je crois que deux partisans du gouvernement représentatif ne pourraient pas plus que les augures de Rome se rencontrer sans rire.

« Nous ne sommes pas des représentants, encore moins des mandataires, puisque rien ne nous est plus sévèrement interdit que de donner ou recevoir des mandats. Nous sommes députés, il est vrai, mais envoyés plutôt pour conseiller le pouvoir que pour le partager. La Charte nous permet bien de faire des propositions; mais, si nous faisons des propositions, nous sommes des imprudents et peut-être des ambitieux. Nous sommes envoyés pour voter l'impôt; mais, si nous délibérons sur l'impôt, nous voulons entraver la marche du gouvernement. A la Chambre des pairs on nous reproche d'être plus royalistes que le Roi; dans la nôtre, nous sommes accusés de tomber dans la démocratie et d'affecter l'indépendance. Ainsi, représentants qui ne représentent rien, mandataires sans mandats, plus que conseillers du Roi, moins que législateurs, nous sommes des êtres politiques assez équivoques, et nos fonctions se borneraient à faire des discours qu'on n'écoute pas et à donner des apostilles qu'on ne lit pas. »

M. de Bonald ne se rallia, du reste, ni au système de la commission ni au système du ministère. Il proposa une combinaison difficile à comprendre et qui consistait à créer un collége unique qui se réunirait au département. Ce collége, composé de trois cents membres au moins et de cinq cents au plus, aurait une partie inamovible et perpétuelle composée des cent cinquante ou deux cents plus fort imposés; une partie amovible que tous les contribuables inscrits sur le tableau des contributions directes concourraient à former, en se renouvelant par tiers, moitié, ou en totalité avant le renouvellement intégral ou partiel de la Chambre. Ce système que l'illustre philosophe trouvait simple était au contraire assez compliqué. Il constituait partout les électeurs à cent écus en minorité. En outre, il réduisait le corps électoral à un chiffre numérique très-faible : quarante mille personnes au plus auraient pris part aux élections. Enfin, il était assez difficile de comprendre ces électeurs temporaires qui cessaient d'exercer leur droit aujourd'hui précisément parce qu'ils l'avaient exercé la veille.

Il fallait nécessairement en revenir à l'un des trois systèmes que nous avons exposés plus haut; mais il était très-difficile d'arriver à un résultat parce que dans les diverses fractions de la Chambre les idées étaient confuses. Chacun se présentait avec son plan, ses craintes, ses préventions, ses souvenirs, et au milieu de tant de propositions et d'avis contradictoires il devenait presque impossible d'ouvrir une voie unique et d'y faire marcher la majorité. Ajoutons que, comme il arrive toujours en pareille occasion, chaque député mesurait l'utilité de chacun des articles de la loi au résultat qui devait en sortir, selon son appréciation, dans la localité par laquelle il était élu. Si la droite entière était contraire au projet ministériel, une fraction de la droite craignait que le système électoral proposé par la commission, c'est-à-dire le premier degré placé parmi les contribuables payant cinquante francs, ne fît verser dans la démocratie. En vain M. de Villèle faisait observer aux alarmistes, dans les conférences particulières, qu'il fallait opter entre le règne d'une oligarchie sortie avec le cens de cent écus de la classe moyenne, et l'influence des classes supérieures appuyées sur la classe des petits propriétaires [1]. Les appréhensions persistaient, et les orateurs contraires à la commission exploitaient ces alarmes.

Au milieu de ces perplexités la discussion continuait ardente et confuse. Le projet ministériel était peu à peu abandonné. M. Beugnot, et après lui M. Royer-Collard, firent prévaloir sur ses ruines, dans le camp ministériel, le système des élections à cent écus séduisant par sa simplicité et sa conformité avec la Charte qui n'avait spécifié qu'une chose, c'est que les députés seraient nommés par des électeurs payant cent écus de contributions en laissant à des lois ultérieures le soin d'organiser le corps électoral. Dans la séance du 24 février 1816, M. Royer-Collard reprenait la parole, et recommençait son plaidoyer en faveur de la prédominance du principe monarchique. « En France, s'écriait-il, la tâche de la royauté est immense. Les institutions doivent donc être favorables à la royauté, et il ne doit en exister aucune qui soit capable de la mettre un jour en péril. Nul doute que dans la monarchie mixte, créée par la Charte, et dans laquelle plusieurs pouvoirs concourent avec le pouvoir royal, l'influence de direction ne doive appartenir à celui-ci. » L'orateur partait de ce principe pour appuyer

---

1. « Si j'avais seul décidé la question, écrit-il dans une lettre à la date du 18 février 1816, j'aurais fixé la durée des Chambres à sept ans, comme en Angleterre, et laissé voter dans des assemblées cantonales tous les habitants payant la contribution directe. » (Documents inédits.)

sur la nécessité d'ôter à la Chambre des députés le caractère d'une Chambre représentative, caractère qui, selon lui, la rendrait redoutable pour la royauté. « L'élection est un fait ou un droit, s'écriait-il. Si elle est un fait, la Charte venant du Roi, en nous y renfermant nous restons monarchie. Si elle est un droit, nous sommes en république. Pour que la représentation soit réelle, en effet, il faut que le représentant ait mandat du représenté et s'y conforme. Les colléges électoraux existent; la Charte a admis le renouvellement par cinquième; rien n'est en souffrance, il n'y a pas lieu à faire une loi d'élection. »

Par cette métaphysique politique M. Royer-Collard ajoutait aux alarmes et aux perplexités de la fraction de la droite qui avait conçu des inquiétudes pour la prérogative royale, sans rallier cette fraction à ses idées. S'il n'y avait pas lieu à une loi d'élection, se disait-on, pourquoi le gouvernement en présentait-il une ? En outre, la question n'était point de savoir si le vote électoral était un fait ou un droit; dans tous les cas c'était une arme, puisqu'il conférait à ceux qui en seraient investis par la Charte, ou en vertu d'un droit politique, la faculté de nommer ceux qui concouraient à la formation de la loi et votaient l'impôt. Représentative ou non, nommée par les électeurs à cent écus ou par les électeurs de deux degrés dont les premiers ne payaient que cinquante francs, l'assemblée jouissant de cette double prérogative pouvait se rendre redoutable à la royauté si elle différait de vues avec elle. Il importait peu que le Roi eût donné la Charte où elle puisait cette double faculté, puisque la Charte avait un caractère définitif et que le Roi lui-même en avait juré l'exécution. Les arguments de M. Royer-Collard attaquaient encore une fois le gouvernement représentatif tel que la Charte l'avait institué.

Le 29 février 1816, M. de Villèle résuma la discussion, et, comme le projet de loi ministériel avait été à peu près abandonné et que les volontés de l'assemblée après ce long débat paraissaient incertaines, il proposa de voter sur une série de questions dans lesquelles étaient posés les principes qui devaient dominer les plus importantes dispositions. D'après les solutions données par la Chambre, la commission construirait la loi qui serait soumise ensuite au vote.

Les questions posées furent celles-ci : le renouvellement intégral avec cinq ans de durée, cette disposition combattue par MM. Laîné et de Serre fut adoptée; l'âge d'éligibilité, il fut fixé, par transaction, à trente ans pour les hommes mariés, à trente-cinq ans pour les célibataires; le nombre des députés, la Chambre adopta le chiffre de quatre cent deux, comme nécessaire en raison de la population, sans être trop considérable pour le maintien de l'ordre dans les délibérations. Le vote à deux degrés fut ensuite décidé; mais, quand il s'agit d'organiser les assemblées électorales du premier et du second degré, la discussion devint embrouillée et confuse, et, après plusieurs questions préalables qui se succédèrent, la Chambre, fatiguée et sans se rendre bien compte de ce qu'elle faisait, décida que le premier degré serait placé dans l'arrondissement; c'était le renversement de tout le système de la commission fondé sur les assemblées cantonales où les contribuables à petites cotes contributives étaient appelés, ce qui donnait accès dans la combinaison électorale à la petite comme à la grande propriété. Une vive agitation succéda à ce vote, et plusieurs députés entendirent M. Royer-Collard s'écrier au milieu du tumulte : « Je l'avais bien dit qu'il n'y avait pas de majorité dans cette Chambre, qu'on ne s'arrête plus devant ce fantôme[1]. » Quoiqu'il y eût dans ce vote de la surprise et du malentendu, on ne pouvait se dissimuler que les souvenirs des assemblées primaires de la première révolution évoqués par les orateurs ministériels avaient agi sur l'esprit d'une fraction de la droite.

---

1. M. de Villèle rapporte avoir entendu ces paroles. (Documents inédits.)

Elle avait cru voir apparaître dans les assemblées du premier degré le spectre de la démagogie sous les sanglantes livrées de la Terreur, et elle avait reculé devant cette apparition.

Aussitôt après la séance, la commission se réunit pour rechercher ce qu'il restait à faire. Elle reconnut qu'avec la divergence des idées qui régnaient dans la Chambre il était impossible de faire, dans cette session, une bonne loi d'élections; on se bornerait donc à faire une loi provisoire en quatre articles qui contiendrait les principes admis par la majorité, le renouvellement intégral, la durée quinquennale de la Chambre, l'âge des députés fixé à trente-cinq ans pour les célibataires, trente ans pour les hommes mariés, le nombre des députés à quatre cent deux. Puisqu'on n'avait pu se mettre d'accord sur le reste, on ajournerait la fin de la loi à la prochaine session, en maintenant provisoirement les colléges électoraux tels que les avait institués l'ordonnance du 13 juillet. On décida que le lendemain même M. de Villèle ferait à la Chambre un rapport dans ce sens.

Peu d'instants avant de monter à la tribune, M. de Villèle reçut une députation des dissidents de la droite, qui, sensibles aux reproches que ne leur avaient pas ménagés leurs collègues, venaient lui exprimer leur regret d'avoir voté avec le ministère, et le prier de ménager une espèce de replâtrage qui leur permît de revenir sur le vote de la veille et de se rallier à la loi de la commission, avec laquelle ils s'engageaient à voter imperturbablement. Ils ne dissimulaient point cependant que leurs alarmes sur la composition des colléges électoraux n'étaient point dissipées, et la commission dut, pour calmer leurs inquiétudes, ajouter à sa loi l'article 10 qui donnait au Roi la faculté d'ajouter un certain nombre d'électeurs au collége de département. Le rapporteur n'eut qu'à changer quelques phrases à son rapport pour présenter, sous la forme d'amendement, le système cantonal en remplaçant seulement par la dénomination de section la dénomination de canton. Avec cette addition et cette modification, l'ensemble de la loi fut voté au scrutin par 180 voix contre 132. Ces deux chiffres donnent une idée assez exacte de la manière dont les forces se balançaient dans la Chambre, car la petite fraction des opinions de gauche qui, M. de Saint-Aulaire en tête, avait adopté le système de la commission, se sépara d'elle, quand celle-ci eut accepté la disposition qui donnait au Roi la faculté d'ajouter un certain nombre d'électeurs au collége de département.

Ainsi se terminait ce long débat. Il avait donné à la France et à l'Europe un spectacle plein d'imprévu et de surprises. La droite qui, à son arrivée, était accusée par le ministère et ses adhérents de vouloir renverser le gouvernement représentatif, en avait défendu les principes les plus importants ; M. Royer-Collard et les hommes venus de l'empire comme MM. Beugnot et Pasquier, qui accusaient la droite de vouloir le rétablissement du pouvoir absolu, avaient, au contraire, préconisé l'ascendant d'un pouvoir unique, de sorte que les rôles se trouvaient intervertis. Ceux qui, au début, avaient été d'avis d'exiger de tous les députés un serment de fidélité à la Charte, dans la crainte que les députés de la droite ne fussent venus avec le dessein arrêté de la renverser, les accusaient maintenant de pousser le développement des principes constitutionnels jusqu'à des conséquences anarchiques, et c'était la droite qui prenait en main la défense des libertés nationales contre l'absolutisme ministériel.

Le dernier mot n'était pas dit sur la loi d'élections, car elle avait à subir l'épreuve de la délibération de la Chambre des pairs. La manière dont elle lui fut présentée par le ministère n'annonçait pas que l'intention de celui-ci fût de la faire voter. En effet, le projet primitif du ministère fut porté à la Chambre des pairs ayant en regard sur la même page le projet que venait de voter la Chambre des députés. C'était donc plutôt à titre de document qu'à titre de projet de loi qu'il était présenté à la pairie.

XI

PROPOSITIONS DIVERSES. — PROPOSITION DE M. HYDE DE NEUVILLE SUR LES TRIBUNAUX. — QUESTION RELIGIEUSE. — LOI SUR LE DIVORCE. — M. DE BONALD. — PROPOSITIONS EN FAVEUR DU CLERGÉ.

Nous avons suivi jusqu'ici le grand courant des deux discussions les plus importantes qui passionnèrent la session de 1815, celle de l'amnistie et celle de la loi d'élections. Avant de constater le sort définitif de cette dernière loi portée à la Chambre des pairs, il est utile d'assister aux autres débats de la Chambre des députés, afin de faire bien connaître l'esprit dont elle était animée, et d'achever le récit de ses principaux actes. Nous arriverons ainsi au terme de la session où nous retrouverons la loi d'élections cheminant concurremment avec le budget. En attendant qu'il fût voté, on était obligé de recourir aux douzièmes provisoires, et, le jour même où le ministère portait à la Chambre des pairs la loi d'élections en évitant de se l'approprier, la Chambre des députés accordait les douzièmes provisoires, et prouvait ainsi qu'elle mettait les nécessités de l'État au-dessus de ses rancunes politiques.

On peut distinguer les questions qui occupèrent la Chambre en propositions de deux espèces; celles qui arrivèrent jusqu'à la délibération publique, celles qui ne furent discutées qu'en comité secret. La plupart de ces questions eurent l'un ou l'autre de ces deux caractères : ou elles eurent pour objet d'honorer et de récompenser les services rendus à la cause royale, de déplorer ou de flétrir les crimes révolutionnaires, et dans ce cas ce furent des lois de circonstance ou de transition; ou elles eurent pour objet la reconstruction de la société au point de vue religieux comme au point de vue monarchique. A ce dernier point de vue, on peut douter de la possibilité du succès de l'entreprise de la Chambre de 1815; mais néanmoins il est juste de reconnaître que la dernière tentative qui fut faite, avec quelques chances, pour asseoir la société sur une base monarchique et catholique fut faite par elle.

La proposition relative à un service solennel dans toutes les villes de France pour consacrer l'anniversaire du 21 janvier par un deuil général et par la vacation des tribunaux et des administrations, fut votée sans opposition après une discussion où les orateurs s'attachèrent surtout à éloigner de la France la responsabilité du régicide et à protester contre le crime de la Convention. La Chambre raya, en outre, de son budget quatre anciens régicides qui avaient des pensions comme ayant été employés par le précédent Corps législatif.

Il fut plus difficile de s'entendre sur une proposition dont l'objet était de faire voter par la Chambre des remercîments « aux habitants de la Vendée et des provinces de l'Ouest, aux volontaires royaux de tous les départements, à la maison militaire du Roi, et à tous ceux qui, en soutenant la cause royale à l'intérieur, avaient combattu pour le Roi et la patrie depuis le 1er mars jusqu'au 15 juillet. » Cette proposition, prise en considération au mois de décembre 1815 et renvoyée à une commission, fut écartée à la fin de janvier 1816; la Chambre eut la sagesse de passer à l'ordre du jour, qu'elle motiva en déclarant que, la majorité étant restée pure, on ne pouvait distinguer les traits de fidélité et de dévouement sans risquer d'être injuste. On repoussa également par un ordre du jour, appuyé à peu près sur les mêmes motifs, la proposition de voter des remercîments aux villes de France qui avaient donné l'exemple de la fidélité. On renvoya au Roi, par une adresse (21 février), la proposition d'accorder un nouveau secours aux veuves, aux orphelins, aux soldats blessés des anciennes armées royales de l'Ouest et du Midi, attendu que seul il pouvait apprécier les mérites et mesurer les besoins. Il y eut également une proposition d'épuration administrative, fondée sur ce que le changement des choses devait amener le changement des hommes. « Les gouvernements nouveaux, ajoutait-on, n'ont jamais manqué de faire des épurations. Elles sont utiles à un double point de vue : elles forment l'esprit public, en récompensant l'honneur et la fidélité ; elles fortifient l'administration, en faisant régner dans tout le corps administratif l'esprit qui règne dans les hautes sphères. » Malgré ces considérations, la majorité renvoya le vote sur cette question après la discussion du budget, ce qui était un ajournement indéfini.

Une seule proposition de ce genre rencontra de vives sympathies dans la majorité, ce fut la proposition faite par M. Hyde de Neuville, dans le comité secret du 23 novembre 1815, de réduire le nombre des tribunaux. L'auteur de la proposition l'avait appuyée sur les raisons suivantes : 1° en diminuant les cours royales d'un tiers et les tribunaux de première instance de moitié, on diminuerait les charges accablantes de la France ; 2° l'inamovibilité d'une charge doit être avant tout dans l'intérêt du justiciable et du gouvernement ; 3° en réduisant les tribunaux, on aurait la faculté de suspendre pendant un an l'institution royale des juges qui doivent composer définitivement les tribunaux.

C'était là, au fond, le but principal de la proposition de M. Hyde de Neuville [1]. En principe, on ne saurait contester les avantages de l'inamovibilité appliquée à l'ordre judiciaire, c'est une des conditions de son indépendance et de son impartialité. Aussi, pour la droite qui adopta cette proposition, la question n'était pas de savoir si le principe de l'inamovibilité

---

1. M. de Villèle le dit d'une manière formelle dans ses notes manuscrites.

serait appliqué à la magistrature, mais à quelle magistrature il serait appliqué. Serait-ce à la magistrature dont une partie venait de se décréditer en transférant si rapidement ses hommages de la royauté à l'empire? Serait-ce à une magistrature d'institution nouvelle, choisie dans les conditions voulues pour inspirer la confiance et éprouvée par une année d'exercice avant de recevoir un caractère définitif?

Ainsi posée, la question n'était pas indigne d'une discussion approfondie. Autant, en effet, on comprendrait peu la suspension du principe d'inamovibilité dans des circonstances normales, autant on peut comprendre que, lorsque cette maîtresse pièce de l'organisation sociale qu'on appelle un gouvernement vient à être changée, il puisse être nécessaire de renouveler la magistrature afin que l'harmonie règne entre l'ordre judiciaire et l'ordre politique. Les partisans de la mesure faisaient observer qu'elle n'avait rien d'inconstitutionnel; l'institution royale étant suspendue pour un an, il était naturel que l'inamovibilité ne commençât qu'après ce délai, qui permettait au temps et à l'expérience d'éclairer le gouvernement sur les choix qu'il avait faits ou qu'il ferait. Il était nécessaire d'établir une magistrature qui commandât l'estime et le respect. Les magistrats de l'ancien régime étaient soumis à des examens sévères. Élevés dans les principes les plus purs de l'honneur, de la morale et de la religion, ils ne pouvaient être séduits par la cupidité, puisque leurs fonctions étaient gratuites. Dans les temps nouveaux et en face d'une situation où les précautions étaient plus nécessaires que jamais, fallait-il laisser à l'arbitraire ministériel le soin d'improviser une magistrature avec les renseignements que lui donneraient des bureaux qui auraient eux-mêmes besoin d'être épurés? Que pouvait-on attendre si les corps judiciaires dont dépendaient l'avenir de la France et la sécurité du pouvoir royal étaient ainsi formés? Les juges qui exerçaient depuis dix-huit mois n'ayant pas reçu l'inamovibilité, il ne s'agissait pas de détruire le principe consacré par la Charte, mais de l'appliquer avec maturité dans un an. Il était impossible d'oublier que la dernière usurpation avait trouvé des adhérents dans la magistrature. Quelle confiance la royauté pouvait-elle mettre dans des juges qui avaient signé l'expulsion des Bourbons, il y avait quelques mois à peine, qui avaient salué l'homme du 20 mars « comme le seul et véritable souverain ? » telles avaient été leurs expressions. De quelle considération jouiraient-ils après de si éclatantes palinodies, si on les faisait asseoir sur les fleurs de lis, et de quel respect entoureraient-ils la justice, qui a besoin d'être respectée? On parlait de l'inconvénient d'être jugé pendant un an par un juge amovible; n'y avait-il pas un inconvénient plus considérable à être jugé d'une manière permanente par de mauvais juges? L'inamovibilité était illusoire sous l'empire, parce quelle dépendait de lettres que les ministres n'envoyaient jamais. Ici rien de pareil, puisque l'inamovibilité commencerait, de fait comme de droit, à la fin de l'année révolue, non en vertu de l'arbitraire ministériel, mais en vertu même de la loi.

Les partisans de l'application immédiate du principe d'inamovibilité objectaient que la suspension de l'institution royale donnée aux magistrats n'était pas dans les attributions de la Chambre. Il y avait là une confusion de pouvoirs, puisqu'on obligeait un ministère responsable à suivre une marche qu'il n'avait pas choisie. Le principe de l'inamovibilité n'admettait pas de modification. Le suspendre, c'était le détruire, c'était violer la Charte qui en proclamait l'existence. Les erreurs inévitables commises dans le choix des juges n'entraînaient pas à beaucoup près des inconvénients aussi graves que la violation de la Charte par la destruction du principe d'inamovibilité sans lequel les cours ne seraient que des espèces de commissions. Après avoir si vivement blâmé Napoléon, voulait-on imiter une de ses fautes? Renvoyer un juge, c'est le déshonorer. Était-il de la politique du gouvernement d'humilier les hommes dont il a le plus besoin? M. Barbé-Marbois, se réunissant aux opposants, déclarait que la suspension de l'institution royale pour un an serait une mesure funeste. Soumettrait-on à de nouvelles épreuves d'anciens magistrats qui avaient toujours exercé leurs fonctions avec honneur? Exposerait-on aux traits de la calomnie celui qui, en jugeant une cause, mécontente nécessairement une des parties?

Quand, après tant d'années écoulées, on pèse ces raisons contraires, on comprend qu'il y avait dans la proposition de M. Hyde de Neuville un sentiment vrai de la situation; seulement elle avait le tort de marcher par une route détournée à un but qu'elle n'osait pas ouvertement avouer. Le principe de l'inamovibilité n'était pas en cause, des deux côtés on proclamait ses avantages. Seulement la majorité de l'Assemblée, se défiant des lumières du ministère, voulait réserver au Roi une année de latitude pour éprouver et contrôler les hommes chargés de rendre la justice, avant de les proclamer inamovibles. Il faut se souvenir, pour comprendre le sentiment qui animait la Chambre, que la magistrature dont il s'agissait était presque toute d'origine impériale, et qu'elle avait été choisie comme un instrument de règne, autant et encore plus que comme un instrument d'équité. La question au fond agitée entre les partisans et les adversaires de la proposition de M. Hyde de Neuville était donc celle-ci: Pouvait-on avec sécurité, devait-on, par respect pour le principe de l'inamovibilité, après un changement non-seulement de dynastie, mais d'institutions, accepter la magistrature de l'empire comme un des rouages naturels de la société monarchique et représentative, et, quand le trône d'où descend toute justice venait d'éprouver un si grand changement, les juges devaient-ils être déclarés sans désemparer inamovibles avant qu'on sût s'il y avait harmonie entre eux et le nouveau gouvernement, et s'ils ne deviendraient pas pour lui une pierre d'achoppement? Dans la séance du 28 novembre, une majorité de 189 voix décida contre une minorité de 138 qu'il serait donné suite à la proposition de M. Hyde de Neuville dans la forme suivante : « Les juges qui seront nommés dans l'année, à dater de la promulgation de la présente loi, ne seront inamovibles qu'un an après leur installation. Le Roi sera supplié de présenter une loi dans ce sens. »

Parmi les propositions destinées, dans la pensée de la Chambre, à accomplir la restauration de la société replacée sur ses bases religieuses et morales, celle qui eut le plus d'éclat fut la proposition de M. de Bonald contre le divorce, proposition qui a eu la bonne fortune de conquérir sa place parmi les lois du pays et de la conserver depuis près d'un demi-siècle, à travers tant et de si grands changements. Ce fut le 14 décembre 1815 que M. de Bonald déposa dans le comité secret sa proposition tendant « à ce que Sa Majesté fût suppliée d'ordonner que les articles du Code civil relatifs au divorce fussent supprimés. » A l'appui de sa proposition, M. de Bonald fit observer que ce n'était pas assez que la Chambre eût pourvu à la tranquillité de l'État, qu'il lui appartenait d'en assurer la stabilité par des lois fortes qui réglassent les mœurs.

Ce fut le 2 mars 1816 que s'ouvrit la discussion sur la proposition relative à la suppression du divorce. Cette discussion fut vive et approfondie. Les partisans de l'abrogation représentèrent qu'il était de l'intérêt de la morale et de la politique de supprimer une loi révolutionnaire qui fait du lien conjugal une simple formalité qu'un caprice peut briser. Supprimer cette loi, c'était favoriser les bonnes mœurs et le maintien de la paix dans les familles. Quand la loi unit indissolublement les époux, ils s'efforcent de rendre légère une chaîne qui ne peut être rompue; avec le divorce, ils n'ont plus de motifs pour se ménager réciproquement. Au point de vue religieux, le mariage se rattache à la conscience et ne peut être dissous par les hommes : le législateur doit cesser de permettre ce que la religion et la morale interdisent. Les adversaires du divorce ajoutaient que, même sous le rapport civil, le mariage est indissoluble, puisque le divorce ne peut remettre les contractants dans l'état où ils étaient avant leur union. S'il y a des enfants, les conséquences du divorce deviennent encore plus funestes. On ne stipule pas pour des tiers sans leur consentement. Or l'intérêt qu'ont les enfants à l'indissolubilité du mariage est évidente. La considération des religions qui admettent le divorce ne doit pas empêcher de l'abolir, parce que la condition tacite de toute tolérance, c'est qu'elle ne soit point opposée au but de la société qui l'admet. Or le divorce qui brise le lien sur lequel repose une des plus fortes garanties de la tranquillité et du bonheur des États, le divorce qui prive les enfants des soins nécessaires à leur éducation, est contraire à l'existence de toute société bien ordonnée. Sans doute, il y a des unions mal assorties, mais on ne doit point sacrifier les mœurs à l'intérêt ou aux passions de quelques époux imprudents ou coupables.

Les apologistes ne manquèrent pas au divorce. Selon eux, les mœurs avaient été plus mauvaises, les liens plus relâchés dans les temps qui avaient précédé la loi du divorce que sous l'empire de cette loi : ils oubliaient que la boue des mœurs de la fin du dix-huitième siècle avait été lavée dans un déluge de sang, et qu'on ne saurait établir de comparaison entre les deux époques. Le divorce peut, ajoutaient-ils, subsister avec les bonnes mœurs, puisqu'il y a des religions et des pays où il fut toujours permis sans qu'il en soit résulté aucun des inconvénients dont on l'accuse. Il est nécessaire partout où la corruption introduit l'adultère. La séparation proposée aggrave dans ce cas le malheur d'un époux outragé, au lieu d'y porter remède.

La violation de la promesse de fidélité qui est la clause la plus importante du contrat doit emporter la rescision du contrat lorsque toutes les parties contractantes interviennent, ce qui a lieu lorsque les époux suivent une religion qui permet le divorce. Il ne devrait donc être interdit, en tout cas, qu'aux époux catholiques.

La Chambre ne goûta pas ces raisons. Elle se rangea à l'avis du rapporteur qui fit observer que « le but du mariage n'est pas seulement d'avoir des enfants, mais de les élever, but renversé par le divorce qui dissout la famille; que la religion est venue imprimer un caractère sacré au mariage, et que, la loi religieuse étant invariable, le mariage doit être indissoluble.» Elle ne voulut pas sacrifier la règle à l'exception, la famille à l'individu. Elle considéra la garantie que l'indissolubilité donnait à tous les mariages comme devant faire oublier la gêne exceptionnelle qu'elle cause à quelques ménages. Elle maintint pour ceux-ci la chaîne afin de ne pas ébranler partout le lien. La majorité en faveur de la proposition de M. de Bonald fut de cent quatre-vingt-quinze boules blanches contre vingt-deux noires. La loi rencontra un accueil favorable à la Chambre des pairs, qui l'adopta dans la séance du 19 mars 1816[1].

Il reste à parler d'un assez grand nombre de propositions qui eurent pour objet d'améliorer ou de modifier la situation temporelle ou sociale du clergé.

Il était naturel qu'une Chambre où le sentiment catholique était vif, se préoccupât du sort du clergé. La situation que lui avait faite l'Empire par le concordat de 1802, très-préférable à l'état précédent, puisque la Révolution, dans ces dernières années, avait aboli le catholicisme en France et proscrit le

---

1. La loi spécifiait les cas où la séparation de corps pouvait être prononcée, et elle décida que les instances en divorce pour causes déterminées, actuellement pendantes, ne sauraient être suivies que comme instances en séparation.

clergé orthodoxe, était cependant insuffisante, difficile et précaire. Le nombre des prêtres était loin de suffire aux besoins de la population ; les moyens de recrutement pour le clergé étaient presque nuls ; dans la plupart des diocèses, les maisons d'études ecclésiastiques manquaient. Enfin, la rémunération des desservants était si faible qu'à peine ils pouvaient vivre, sans avoir aucun moyen d'exercer la première des vertus évangéliques, la charité [1]. Il faut se rappeler que les derniers rapports du gouvernement impérial avec le saint-siège avaient été mauvais et difficiles ; ils n'avaient pas été par conséquent de nature à attirer au clergé la protection et le concours dont il aurait eu besoin. Plusieurs membres du côté droit conçurent la pensée, non pas de rétablir l'ordre du clergé en France, — après tant de renversements successifs la chose n'était plus possible, — mais du moins d'améliorer la position sociale du clergé, de l'entourer de respects et de le placer dans de meilleures conditions matérielles. Quelques-uns eurent l'intuition de la vérité politique que devait signaler plus tard un clairvoyant publiciste [2], c'est que dans une monarchie représentative il y aurait avantage pour la liberté politique à introduire dans le corps électoral une nouvelle classe de propriétaires qui, par leurs lumières et leur haute moralité, donneraient des gages à la société.

Les mesures proposées pour améliorer la situation du clergé furent nombreuses et diverses. Les uns se bornèrent à demander au gouvernement d'augmenter le subside trop insuffisant accordé aux desservants. D'autres proposèrent de rendre au clergé ceux de ses biens illégitimement et illégalement possédés par des détenteurs qui, au milieu des troubles révolutionnaires, s'en étaient emparés sans les payer à la nation ;

---

1. Cette rétribution était de 500 francs.
2. M. de Tocqueville.

quelques-uns voulaient qu'on étendît cette restitution à tous les biens du clergé non vendus. La plus importante de toutes ces propositions fut celle qui tendait à établir la liberté des donations envers les diocèses et les cures. Venait enfin la proposition dont l'objet était de rendre la tenue des registres de l'état civil au clergé, proposition qui, dans l'esprit de leurs auteurs, avait deux objets : celui de revenir à la doctrine catholique qui considère le mariage comme un contrat essentiellement religieux, et non comme un contrat purement civil, et celui de rehausser la considération du clergé en le désignant comme le gardien de l'état civil des Français. Une dernière proposition, toute de circonstance, avait pour objet de faire disparaître un scandale qui remontait aux désordres de la Révolution : il s'agissait des pensions faites sur les fonds ecclésiastiques aux prêtres mariés qui avaient foulé aux pieds leurs vœux et rompu tous leurs liens avec l'Église.

Ce fut le 19 décembre 1815 que M. de Castelbajac lut devant la Chambre assemblée en comité secret sa proposition tendant à autoriser le clergé à recevoir des donations. Après avoir présenté le tableau des malheurs de l'Église pendant la Révolution, il insista sur la nécessité de rendre à la religion des moyens assurés d'existence. Il peignit l'état de dénûment et d'humiliation où la dernière usurpation, je cite ses paroles, avait laissé le sacerdoce. Loin de pouvoir nourrir les pauvres, les prêtres avaient eux-mêmes besoin qu'on pourvût à leur nourriture. Pour obvier à cet état de choses sans grever l'État, le Roi serait supplié de présenter un projet de loi qui contiendrait les dispositions suivantes :

« Les évêques et curés sont autorisés à recevoir toutes donations de meubles ou immeubles et rentes faites par des particuliers pour l'entretien du culte, de ses ministres, des séminaires ou autres établissements ecclésiastiques, pour les posséder, eux et leurs successeurs, à perpétuité, en les appliquant à la destination voulue par le donateur;

« L'administration de cesdits biens appartient exclusivement à un conseil ecclésiastique présidé par l'évêque s'il s'agit d'œuvres diocésaines, au curé et sa fabrique s'il s'agit d'œuvres paroissiales ;

« Il sera perçu comme par le passé, au profit du gouvernement, sur les donations qui se feraient, les droits fixés au chapitre IV, section 1re du titre III du Code civil ;

« Toutes les donations faites en vertu de la présente loi auront leur plein effet sans être soumises à aucune approbation du gouvernement, quand elles auront été faites d'après les formes et dans les conditions voulues par le Code civil. »

Telle fut la première forme sous laquelle se présenta la proposition de rendre la propriété accessible au clergé. Cette proposition rétablissait en tout, pour lui, le droit commun. Elle fut renvoyée à une commission dont le rapporteur conclut d'une manière favorable à la mesure. Il faut rendre à la religion l'éclat de ses cérémonies, disait ce rapporteur, et à ses ministres leur considération. Le clergé, dans l'état actuel, dépend pour son existence des bienfaits du gouvernement et des rétributions journalières des particuliers. Il est à craindre que cet état de choses ne rende la religion toute politique et tout humaine. C'est pour le bonheur commun qu'il importe que le clergé devienne propriétaire. Il y avait des abus avant la Révolution, mais on a tout détruit. La misère nuit à la dignité morale du prêtre. Le nombre des ecclésiastiques diminue d'une manière effrayante, par une double cause : la perspective d'une situation misérable éloigne les jeunes gens; les ressources manquent d'une manière absolue pour fournir aux frais de l'éducation des ecclésiastiques. Les fidéicommis employés pour éluder les lois existantes sont un expédient illégal, incertain, et qui a quelque chose de peu moral.

Le projet de loi proposé par le rapporteur et qui s'éloignait peu de celui de l'auteur de la proposition fut renvoyé aux bureaux pour être discuté par eux après l'examen du budget.

Il ne sera pas inutile de résumer la discussion qui s'éleva à ce sujet. Les adversaires du projet alléguaient que l'ordonnance du Roi du 10 juin 1814 suffisait pour autoriser le clergé à devenir propriétaire. Si l'on voulait faire une nouvelle loi, il importait d'y écrire les principes suivants : le clergé ne peut accepter aucun don sans l'autorisation royale; les libéralités ne peuvent être faites qu'au profit des bénéficiers existants; toute disposition au profit du confesseur est interdite; on ne saurait disposer d'aucun capital pour une donation religieuse quand il y a des héritiers en ligne directe; il ne sera alors permis de donner que deux années de revenu. D'autres opposants allaient plus loin. Sans nier le dénûment des établissements ecclésiastiques, ils affirmaient que le meilleur moyen de remédier au mal était de mieux salarier les prêtres. A l'appui de la nécessité de l'autorisation préalable du gouvernement dans le cas où l'on permettrait au clergé de recevoir des donations, ils rappelaient que les usufruitiers étant considérés comme mineurs doivent être surveillés dans l'acquisition et l'usage des biens, et que les donations étant accompagnées de charges doivent être soumises à une autorité désintéressée. L'article IV de la loi proposée par la commission tendait à exciter la cupidité et à égarer le zèle du clergé. Quelques membres ajoutaient que la religion est un puissant moyen d'influence politique, et que, les prêtres étant les premiers des fonctionnaires, il fallait que le gouvernement gardât sur eux toute son action, d'autant plus qu'ils relevaient d'un chef particulier dont les prétentions ont quelquefois alarmé les souverains. Si le clergé français s'était montré plus citoyen, cela venait de ce que nos rois avaient gardé leur autorité sur le temporel; cette autorité ne sera pas moins utile à la religion qu'à l'État, car elle empêchera la corruption de s'introduire dans le clergé par suite de l'accumulation des richesses sur un petit nombre de têtes.

Les objections du passé renaissaient ainsi pour se mêler aux objections nouvelles, car il y avait des gens qui disaient : « Ayez des cérémonies, dotez des églises, mais gardez-vous de créer un clergé prépondérant, afin de ne pas faire reparaître les abus d'autrefois. Dans presque tous les villages, il y a une rétribution particulière pour les curés. Les moyens employés jusqu'à présent suffiraient s'ils étaient mis dans les mains des véritables pasteurs de l'Évangile. Les institutions du passé ne sont plus en harmonie avec l'état présent des choses. Il faut des prêtres, mais point de clergé. »

Les partisans de la proposition répondaient par de fortes raisons à ces objections. « Il n'est ni moral ni utile, disaient-ils, de restreindre la faculté de donner, quand il s'agit du clergé et de la religion, et il n'y a aucune raison valable pour interdire de disposer en leur faveur de la quotité disponible. Priver le clergé du droit d'acquérir et de posséder qu'on ne conteste pas au dernier des hommes, c'est blesser les notions de la justice et la simple décence. Tous les peuples ont cru nécessaire d'accorder un grand empire à la religion et à ses ministres. L'état du Trésor ne permettrait pas de donner aux prêtres un salaire suffisant; en outre, cette manière d'exister est contraire à la dignité de l'état ecclésiastique. Le passé prouve, en outre, qu'il est avantageux pour l'agriculture et la population agricole que le clergé soit popriétaire : c'est dans l'administration des biens ecclésiastiques que se sont exercés les plus grands et les plus utiles talents dont la France s'honore. Un gouvernement vraiment catholique n'a rien à craindre du clergé, et il ne faut pas assimiler le pouvoir royal au pouvoir qui vient de tomber. Le vote de la loi donnera de nouveaux motifs de sécurité aux acquéreurs des biens du clergé, puisque les ventes sont pleinement confirmées. Le peuple ne craindra plus le rétablissement des dîmes quand il verra la subsistance du clergé assurée. Les intérêts du fisc et ceux des contribuables seront à la fois garantis, puisque le fisc prélèvera les droits et les impôts sur les biens qu'acquerra le clergé, et que les finances se trouveront un jour exonérées du poids du budget des cultes. En même temps qu'un clergé propriétaire sera plus respecté qu'un clergé salarié, il deviendra plus intéressé au maintien de la chose publique, en un mot plus citoyen. On ajoutait que les concordats, la loi organique, l'ordonnance du 10 juin 1814, n'empêchaient pas la loi proposée d'être nécessaire. Les dispositions rappelées n'avaient que le caractère de simples actes de gouvernement, il fallait donner à cette faculté d'acquérir et de posséder, que l'on voulait reconnaître au clergé, l'autorité de la loi. Avant l'édit de 1649, le Roi n'intervenait pas dans les donations. Le clergé et les établissements religieux étaient alors dans un état prospère; aujourd'hui qu'il faut les relever, il importe encore plus de les dégager de toutes les entraves inutiles. L'article 4 du projet de la commission concilie ce qu'on doit à la prévoyance légale, à cause de la corruption possible, avec le respect que l'on doit au clergé. Les restrictions mises par l'article 8 aux libéralités sont de nature à rassurer les familles. Le rapporteur rappela, en outre, que trois fois nos ancêtres permirent au clergé de réparer ses pertes dans des circonstances analogues à celles en face desquelles il se trouvait. Il représenta l'édit de 1649 comme pleins d'inconvénients dans la situation où était placée la France. De quel droit refuserait-on au clergé, non un privilége, mais le simple bénéfice du droit commun? La restriction proposée était une exception injurieuse; quand les donations seraient contestables, les tiers auraient leur recours devant les tribunaux, et il était inexact de dire qu'en stipulant la nécessité de l'autorisation royale, on éviterait le scandale résultant de ce recours qui resterait toujours.

Peu à peu la discussion se concentra autour de l'article qui subordonnait à l'autorisation royale la faculté donnée au clergé d'accepter des donations ou des legs. Cet amendement était grave, parce qu'il mettait le clergé hors du droit commun. Un membre fit observer que sous le nom révéré du Roi se cacherait l'arbitraire ministériel, car certainement le Roi ne descendrait pas à ces détails. Malgré cette observation, l'autorité royale jouissait d'un tel respect dans l'assemblée, que le succès de cet amendement, conforme d'ailleurs à l'esprit de l'ancienne législation, ne fut pas douteux. La droite se contenta de substituer le mot de Roi à celui de gouvernement, et se rendit à cet argument, qu'il serait irrespectueux de proposer au Roi de se dessaisir d'une autorité dont ses prédécesseurs avaient toujours joui. On affranchit seulement de la nécessité de cette autorisation les donations et les legs au-dessous de mille francs; l'évêque entouré d'un conseil d'ecclésiastiques nommé par le Roi put les accepter.

Restait la proposition dont il a été parlé plus haut, et qui se rattachait à la loi par un lien facile à saisir : c'était celle de rendre au clergé ceux de ses biens qui, à la faveur de la situation d'anarchie créée par la Révolution, avaient été usurpés comme des terres vagues sans être achetés à la nation. La Chambre décida que ceux de ces biens qui seraient restitués volontairement par les détenteurs retourneraient au clergé, et que ceux qu'on découvrirait seraient appliqués aux besoins des diocèses. Ainsi amendée, la loi fut votée par 189 voix contre 113.

Le vote de cette loi, en supposant qu'elle fût acceptée par la Chambre des pairs, ne donnait au clergé que des ressources éventuelles, et qui ne devaient se réaliser que dans l'avenir. C'est ce qui motiva la discussion d'une nouvelle proposition pour qu'une humble adresse fût présentée au Roi, afin qu'il améliorât immédiatement la situation du clergé; cette proposition se terminait par un article spécial où l'on réclamait la suppression des pensions des prêtres mariés ou qui avaient abandonné volontairement le sacerdoce. Le dernier paragraphe ayant été retiré par son auteur, le rapporteur conclut à l'adoption de la proposition dans toutes ses parties, en suppliant le Roi de donner des secours à ceux des pensionnaires éliminés du budget ecclésiastique pour cause d'indignité, mais qui n'avaient aucun moyen d'existence.

Pour justifier la proposition, on rappelait que la Constituante, en prononçant l'expropriation des biens ecclésiastiques pour cause d'utilité publique, avait mis au rang des dettes de l'État la subsistance des ecclésiastiques et les frais du culte, et qu'elle avait assigné une somme annuelle de 82 millions pour cet usage. L'assemblée qui suivit maintint à peu près cette dépense, et la Convention, dans les premiers temps, n'y changea rien. Quand vint le concordat qui rétablit, après une longue suspension, le culte catholique en France, l'Empire, à qui l'on a tant prodigué le titre de restaurateur du culte, créa des fonctions sans rétribution pour des gens sans fortune. Douze mille vicaires n'eurent d'autre ressource que la générosité des fidèles; cinq mille succursalistes reçurent un traitement de 500 francs; quatre mille églises restèrent sans desservants; treize mille paroisses sans presbytères; quatre millions d'âmes sans secours religieux. C'est à peine si la moitié de la somme assignée par la Constituante, comme compensation de la confiscation des biens du clergé, fut accordée au culte. Cet état de choses n'était point changé, il manquait treize mille ministres aux besoins du culte.

En présence de ce triste tableau de la situation de l'Église en France, plusieurs membres insistèrent pour que la proposition fût adoptée dans son ensemble. Il fallait, disaient-ils, mettre, à partir de 1820, les desservants à mille francs, et leur allouer, à dater de 1817, un supplément de 250 francs, ce qui élèverait leur revenu annuel à la modeste somme de 750 francs. Ce n'était pas le superflu, c'était le nécessaire. On ajoutait qu'il n'y avait pas de doute à élever sur l'opportunité et la convenance de l'article qui rayait les prêtres mariés de la liste des pensionnaires ecclésiastiques. Il y avait un scandale doublé d'une injustice à les pensionner sur les fonds destinés au clergé. Les pensions ecclésiastiques représentent les fruits des bénéfices accordés comme récompenses des services rendus. Où sont les services rendus par les prêtres mariés?

Parmi toutes les opinions émises on remarqua celle de M. de Bonald. Faisant allusion au traité de la Sainte-Alliance qui venait d'être signé et qu'il regardait comme un symptôme du retour des esprits à la religion, M. de Bonald s'écria que la France répondrait à cet appel, et que la Révolution, qui avait commencé par la déclaration des droits de l'homme, finirait par la déclaration des droits de Dieu. Rendons d'abord aux prêtres, ajouta-t-il, les droits des autres citoyens, et surtout celui de propriété. La masse des biens possédés autrefois par le clergé était avantageuse pour l'État; c'était une partie de ce système foncier, principe et moyen de stabilité, que les temps modernes ont perdu, et auquel ils ont substitué ce système fiscal qui éveille l'activité inquiète de l'esprit humain, et qui est une source de corruption, parce que, tout se réduisant en salaire, tout s'évalue en argent. La restitution des biens non vendus est d'abord juste, ensuite elle est utile; elle hâtera l'effet de la faculté rendue au clergé de devenir propriétaire.

Comme on pouvait le prévoir, ces propositions soulevaient sur plusieurs bancs de vives objections. C'était folie que de vouloir rendre à la France ses anciennes mœurs, disaient les opposants. Les propositions les plus hétérogènes se succédaient en faveur du clergé, sans égard à la situation financière et à la prérogative royale. La Constituante avait affecté 82 millions à des pensions pour le clergé qui cessait d'être propriétaire; aujourd'hui on lui rendait le droit de le devenir; ce n'était pas le moment de voter en sa faveur une dépense qui, si l'on acceptait les chiffres de la commission, s'élèverait à 50 ou

60 millions. En outre, les faits n'étaient pas éclaircis. Rien de précis sur la dépense actuelle du culte et sur ses besoins; pas d'évaluations sur les sommes nécessaires pour y pourvoir. Il faudrait distinguer les dépenses urgentes des dépenses ajournables; dire le parti qu'on peut tirer des biens non vendus, les ressources probables des donations; enfin tenir compte des 28 millions assurés par les ministres des finances et de l'intérieur. Quelques-uns ajoutaient que le moment était mal choisi pour faire une liste civile au clergé, quand les contribuables succombaient sous le fardeau des charges militaires. On avait exagéré sa misère : les desservants seuls des campagnes souffraient réellement; il était urgent d'apporter remède à leur détresse, mais ce n'était pas à la Chambre d'en indiquer le moyen; elle devait se borner à supplier le Roi d'y pourvoir. Quant à l'article 6 relatif aux pensions des prêtres mariés, il devait être supprimé. Sans doute ils étaient coupables envers la discipline ecclésiastique, mais ils n'étaient pas justiciables de la Chambre. Il fallait se souvenir des circonstances et ne pas punir des crimes que les lois du temps avaient autorisés. D'ailleurs, ces pensions n'avaient point été faites aux prêtres, à condition qu'ils conserveraient leur premier état. Ce n'était servir ni la religion ni la France que de rappeler sans cesse les attentats de la Révolution : laissons le passé, disaient-ils, délibérons sur le présent, préparons l'avenir. On ajoutait qu'il était impossible de rendre au clergé les biens non vendus. Les anciens propriétaires de ces biens étaient des établissements qui avaient cessé d'exister. Sans doute il fallait relever le clergé, mais les richesses n'augmenteraient point sa considération, elles la diminueraient et fourniraient un argument à l'impiété. Il était faux que l'ancienne prospérité agricole de la France tînt à la propriété ecclésiastique; elle était due à une suite de bons rois semblables à celui qui occupait en ce moment le trône.

C'était avec ce mélange de flatteries adressées à la personne de Louis XVIII, d'attaques couvertes contre le clergé et d'excuses en faveur des scandales révolutionnaires, que les opposants combattaient la proposition.

Le rapporteur fit remarquer dans son résumé que pas un des principes qu'il avait posés n'avait été victorieusement combattu. Pour les prêtres mariés, la commission, en proposant, par respect pour les mœurs, la suppression de la pension ecclésiastique, avait émis l'avis de supplier le Roi, au nom de l'humanité, de la continuer sous forme de secours à ceux qui n'auraient pas d'autres moyens d'existence. En considérant comme dette de l'État la dotation du clergé, elle n'avait fait que se reporter au décret de la Constituante. On l'accusait à tort de trop faire pour le clergé : ce qu'il s'agissait de lui donner, ce n'était pas de l'opulence, mais du pain. Elle avait demandé que les dépenses du culte fussent d'abord portées aux deux tiers, puis aux trois quarts de la somme primitivement fixée par la Constituante. Elle avait pris en considération le mauvais état de nos finances, car elle n'avait pas demandé qu'on le fît à l'instant même, mais seulement quand l'état des finances le permettrait. La restitution des biens non vendus proposée par un amendement serait un moyen d'alléger les charges des contribuables. Le rapporteur, vu l'état de la discussion et la nécessité de coordonner les articles proposés avec divers titres du budget, demandait l'adoption de l'article 6 relatif aux pensions ecclésiastiques touchées par les prêtres mariés [1], et le renvoi des cinq premiers articles ainsi que de l'amendement ayant pour objet la restitution des biens non vendus, aux com-

---

1. Voici les termes de l'article 6, qui fut adopté : « Les pensions ecclésiastiques dont jouissent des prêtres ou mariés ou qui ont renoncé à leur état en embrassant une profession incompatible avec leur sacerdoce seront supprimées, et S. M. daignera ordonner à ses ministres de faire rechercher les individus de cette classe qui, ne jouissant d'aucune place ni d'aucun traitement du gouvernement, ont besoin pour subsister que leur pension leur soit continuée à titre de secours. »

missions chargées de l'examen du budget et du projet sur l'extinction des pensions. La Chambre rendit un vote conforme à ces conclusions, la majorité fut de 168 voix contre 64. Par ce vote, la Chambre ne précipitait rien, et mettait la question à l'étude dans les deux commissions les plus à portée de proposer une solution rationnelle, puisqu'elles étudiaient les ressources de la France et les besoins du clergé.

Un grand nombre de pétitions avaient demandé qu'on rendît la tenue des registres de l'état civil au clergé. Une proposition formelle fut déposée à cet effet par M. Lachaise-Muret, et suivie d'un rapport favorable appuyé sur les motifs suivants : dans plusieurs communes, un grand désordre régnait dans la tenue des actes de l'état civil. L'usage de les placer sous la protection de la religion était respectable par son antiquité comme par son utilité ; réduire la religion à ne plus paraître que comme un accessoire dans les principaux actes de la vie humaine, c'était les dépouiller de ce qu'ils avaient de plus moral. La paternité avait perdu ainsi son caractère sacré, la mort ses consolations. Ce n'étaient plus que des actes matériels attestés par des commis. Dans le mariage surtout, il était intolérable de voir la loi livrer une femme à un mari souvent irréligieux, qui pouvait, l'acte civil une fois intervenu, refuser de recevoir le sacrement. La tolérance des cultes ne serait nullement gênée par cette mesure, puisque chaque culte aurait son état civil.

La discussion s'ouvrit au mois d'avril, et de part et d'autre des considérations graves furent invoquées. Ceux qui combattaient la proposition faisaient observer qu'il y aurait péril à contrarier, par un changement inopportun, les habitudes de la génération présente, les mœurs et l'esprit du temps. L'état civil, disaient-ils, n'était pas du ressort de la religion ; les formes nouvelles en harmonie avec la loi sur la tolérance convenaient à tous les cultes. En quoi le catholicisme était-il intéressé au changement proposé? Aucun catholique ne manquerait de recourir à l'intervention de l'Église, et cet hommage volontaire était supérieur à un hommage forcé. Dans beaucoup de circonstances, la présence de l'officier de l'état civil était nécessaire, et il existait un grand nombre de communes où il n'y avait pas de ministres résidents, surtout des ministres du culte réformé. Quelques-uns ajoutèrent que, parmi les curés et les desservants, un grand nombre, affaiblis par l'âge et le malheur, étaient incapables de mettre de l'exactitude dans la tenue des registres de l'état civil, et demandèrent qu'on n'exposât pas la sainteté de leur caractère à des poursuites devant les tribunaux. En outre, il ne fallait pas oublier qu'il y avait des empêchements canoniques non reconnus par la loi civile, et *vice versâ;* il en était résulté, sous l'ancien régime, des désordres et des scandales pour les baptêmes et les sépultures. Voulait-on les voir se renouveler? Nos rois avaient fréquemment rendu des ordonnances pour remédier aux abus qui renaissaient sans cesse dans l'ancienne société. Le pouvoir spirituel, qui dans l'ordre des choses humaines doit être subordonné, cherchait toujours à s'étendre, et il était d'autant plus nécessaire de laisser subsister les limites posées, que les parlements, ces barrières permanentes contre les principes ultramontains, n'existaient plus. On insistait sur cette idée, en ajoutant que le clergé était une corporation qui avait des chefs, des devoirs et des intérêts étrangers à ceux de la société civile, et dont l'influence avait souvent causé des troubles dans l'État. Que l'on eût confié les registres de l'état civil aux prêtres quand eux seuls savaient lire et écrire, cela se comprenait sans peine, mais dans la société nouvelle cet usage avait perdu sa raison d'être.

Les partisans de la proposition répondaient que la loi établie depuis la Révolution attribuait à l'officier de l'état civil une puissance qu'il n'avait pas dans la conscience de la majorité des Français. Pour le mariage surtout, elle donnait lieu à des scandales et à des abus qui blessaient tous les sentiments conservateurs de la société. Les plus grands publicistes ont pensé que la sanction religieuse est nécessaire pour donner au mariage son caractère véritable ; on est peu disposé à respecter un contrat que la loi regarde comme purement humain, et dans cet abaissement de l'union conjugale il y a une cause permanente de mauvaises mœurs. La haine de la religion avait seule fait changer l'ancien état de choses ; il était de notoriété publique que, dans les campagnes, les maires ne sauraient tenir les registres de l'état civil avec autant de soin que les curés. Quelle était, au fond, la véritable objection ? La crainte de blesser, non les intérêts, mais les principes des auteurs de la Révolution. On avait renversé en un jour les institutions de plusieurs siècles : à quel titre prétendrait-on imposer un respect superstitieux pour des institutions qui dataient de quelques années ? Puis venaient des propositions de transaction dont l'objet était de donner satisfaction aux objections fondées ; la première consistait à n'appliquer qu'aux catholiques la mesure en question ; la seconde à admettre les registres tenus dans les églises à faire foi en justice, et à laisser à chacun la liberté de faire constater l'acte civil par le prêtre ou par l'officier civil, ou par les deux à son choix ; la troisième à rendre la double constatation obligatoire, en laissant les cultes non conformistes dans leur situation.

La session, qui marchait à grands pas, ne devait pas permettre de faire aboutir à une solution la proposition débattue ; mais on voit que la majorité cherchait à concilier les exigences de la société telle que l'avait faite la révolution avec les principes immuables de la religion.

XII

LOIS DE FINANCES.

Parmi toutes les questions que la Chambre de 1815 eut à résoudre, les questions de finances furent au nombre des plus difficiles. Le second Empire laissait, en tombant, la France épuisée et obérée, sans numéraire dans les caisses publiques, et sans crédit (la rente 5 pour 100 était à 56 francs), avec des services en souffrance, un arriéré considérable à combler, des indemnités de guerre à payer, et une armée étrangère à entretenir, pendant plusieurs années, sur son territoire envahi, dévasté et épuisé par les réquisitions de 1813, 1814 et 1815, qui, d'après l'estimation d'un grand financier, le comte Roy, avaient enlevé aux communes et aux particuliers, en denrées et en objets matériels, une valeur de deux milliards [1]. Dès le 11 décembre 1815, la Chambre avait voté sans débat, comme mesure d'urgence, une loi autorisant le gou-

---

[1]. Le comte Roy, dans un discours qu'il prononça à la Chambre des pairs (17 janvier 1833), alors que tous les comptes étaient apurés, a ainsi établi la situation financière de la Restauration en 1815, situation qu'on ne pouvait juger que d'une manière approximative à l'époque dont j'écris l'histoire. « Le total de l'arriéré payé depuis le 1er avril 1814 a été de 734,402,951 francs, sur lesquels 166,359,531 francs ont été payés en numéraire, le reste au moyen d'une émission de 34,375,463 francs de rentes 5 pour 100. Les dépenses extraordinaires résultant de l'invasion et de l'occupation étrangères se sont élevées à la somme de 1,405,190,213 francs, sans préjudice des rentes 5 pour 100 dont la charge a été imposée à la France envers les étrangers par les traités et les conventions des 20 novembre 1815 et 25 avril 1818. Les 14 cents millions représentent les frais d'occupation, les contributions de guerre. En ajoutant les répétitions exercées par les gouvernements étrangers, il faut évaluer à 2 milliards 416,886,300 francs le capital que la libération du territoire a coûté à la France. »

vernement à inscrire au grand-livre de la dette publique une somme de seize millions de rentes : c'était la garantie de divers payements à faire aux puissances coalisées. Celles-ci avaient un intérêt de créancier à débiteur à ce que le budget de la France fût établi sur des bases solides. Le 22 décembre, M. Corvetto présenta le projet de budget. Il révélait toute l'étendue des plaies de la France et exposait les moyens qui, selon le ministère, étaient les meilleurs pour liquider les charges du passé et pourvoir à celles du présent. D'après l'estimation ministérielle, l'arriéré, qui au moment de la chute de la première Restauration se trouvait réduit à quatre cent soixante-deux millions, s'élevait, par suite des Cent-Jours, à six cent quatre-vingt-quinze millions, c'est-à-dire à deux cent trente-trois millions en sus. Le budget ordinaire des dépenses, comme on disait dès lors, comprenant tous les services de l'État, montait, en le réduisant au plus strict nécessaire, à cinq cent vingt-cinq millions. Il fallait y ajouter presque un second budget pour suffire aux exigences de l'étranger : cent quarante millions pour le payement du premier cinquième de la contribution de guerre; cent trente millions pour l'armée d'occupation de 150,000 hommes, que les étrangers laissaient sur notre territoire en se retirant; cinq millions pour dépenses éventuelles du ministère de la guerre, total du budget, huit cents millions.

Le ministère proposait de pourvoir à l'arriéré, en étendant aux créanciers de l'État pendant les Cent-Jours la faculté donnée aux créanciers antérieurs à 1814 par la loi du 23 décembre de cette même année, celle de choisir entre la consolidation ou des obligations à 8 pour 100 remboursables en trois ans sur le produit de la vente des bois de l'État, dont on porterait la partie aliénable de trois cent mille hectares à quatre cent mille, à cause du nouvel arriéré. En outre, le ministre demandait que ces obligations fussent admises dans la proportion des quatre cinquièmes en payement des quatre cent mille hectares de bois et de biens communaux.

Pour fournir aux dépenses du budget ordinaire, au payement du premier cinquième de l'indemnité de guerre et aux frais d'occupation, le ministre demandait le maintien de tous les impôts existants, le remaniement et l'aggravation de quelques-uns, tels que les douanes et les contributions indirectes, particulièrement celles sur les fers, les huiles, les cuirs, les tissus, des retenues considérables sur tous les traitements, l'augmentation des cautionnements imposés aux comptables et aux officiers ministériels.

Il établissait ainsi le tableau des recettes qu'il serait possible de réaliser à l'aide de ces divers moyens :

Contributions directes.	320,000,000 fr.
Enregistrement et domaines (en y comprenant la coupe des bois).	156,000,000
Contributions indirectes et tabacs.	147,000,000
Douanes et sels.	75,000,000
Postes, loteries, salines de l'Est.	29,000,000
Retenue provenant de la liste civile.	10,000,000
Retenues sur les traitements.	13,000,000
Supplément de cautionnement à fournir.	50,000,000
Total.	800,000,000

Il fallait faire face, en outre, aux dépenses nécessaires pour l'exécution de l'article 6 de l'ordonnance du 16 août 1815, prescrivant la levée d'un emprunt forcé de 100 millions, article ainsi conçu : « Il sera statué par le pouvoir législatif, à la prochaine session des deux Chambres, 1° sur le mode d'une répartition définitive de cette contribution de guerre, et sur le remboursement des sommes qui auraient été payées au delà des contingents définitifs ; 2° pour le remboursement des contributions levées en argent et en nature, et qui ont été admises en déduction des sommes convenues avec les puissances étrangères; 3° pour venir au secours des départements qui auraient éprouvé le plus de dommages par le passage ou le séjour des troupes étrangères; 4° pour fournir un fonds de dégrèvement de 10 pour 100 à la disposition des préfets. »

Pour subvenir à ces diverses dépenses, le ministre proposait de percevoir pendant 1816, en centimes additionnels, la moitié du total des quatre contributions directes, ou 50 centimes additionnels devant produire une somme de cent soixante millions. Reconnaissant la situation misérable du clergé, il proposait d'employer à l'améliorer le produit des extinctions de rentes viagères. Comme compensation de l'augmentation des cautionnements, il demandait qu'on autorisât les avocats à la cour de cassation, notaires, huissiers, agents de change, etc., leurs enfants et leurs veuves, à présenter leurs successeurs. Comme garantie aux créanciers de l'État, il proposait la création d'une nouvelle caisse d'amortissement, indépendante du gouvernement, et surveillée par une commission du gouvernement où deux pairs et deux députés, désignés par leurs Chambres respectives, prendraient place. Le revenu des postes, jusqu'à la concurrence de quatorze millions, serait affecté à cette caisse.

Ce projet de budget obtint peu de faveur dans la majorité. D'abord la droite voyait avec un regret profond le gouvernement augmenter de cent mille hectares les trois cent mille hectares de bois appartenant à l'État, déjà marqués pour la vente par une infraction au principe de l'inaliénabilité du domaine de l'État. Elle regardait la vente des biens des communes, sans leur consentement, comme une violation du droit de propriété. Dans les cinquante centimes additionnels ajoutés au principal des quatre contributions directes, elle blâmait, outre une charge intolérable, l'impossibilité absolue créée aux communes et aux départements de pourvoir à leurs dépenses locales les plus urgentes. Enfin il ne lui paraissait ni équitable ni politique de traiter les créanciers du gouvernement pendant les Cent-Jours comme on avait traité les créanciers antérieurs à 1814, quand la situation était moins difficile et moins désespérée. Elle allait encore plus loin, elle prétendait que la situation nouvelle qu'on avait faite à la France ne permettait pas de maintenir aux créanciers antérieurs à 1814 les conditions qu'on leur avait offertes, et qu'une révolution et une invasion étaient des événements trop considérables pour ne pas donner le droit à la Chambre de 1815 de modifier les résolutions financières de la Chambre de 1814. La majorité mettait donc à la fois dans l'examen de la loi des finances sa sollicitude pour les intérêts des contribuables, son respect pour les vieilles lois de la monarchie et pour le principe du droit de propriété des communes, sa conscience de l'épuisement de leurs ressources comme de la nécessité de ne pas dépouiller les départements et les communes de tous leurs moyens de faire face aux dépenses locales, enfin sa passion politique contre les auteurs des Cent-Jours.

Les ministres objectaient-ils à la commission qu'il serait injuste de payer des fournisseurs de l'Empire en 5 pour 100 consolidés au pair, attendu que, si les porteurs de ces titres les vendaient immédiatement, ils n'en trouveraient pas 60 francs, la commission répondait que ces créanciers étaient traités bien plus favorablement encore que ne l'avaient été les rentiers auxquels l'État avait dérobé les deux tiers de leur capital, lors de l'établissement du tiers consolidé, que les communes, les hôpitaux et les départements spoliés de leurs biens. Cette équité exclusive que l'on voulait pratiquer envers les intérêts révolutionnaires seulement cessait, selon elle, d'être équitable parce qu'elle devenait partiale. Il fallait être juste envers tout le monde, et surtout l'être envers les contribuables qui, n'étant pas en état de payer comptant, au moyen de nouveaux impôts, les dettes qu'on leur avait imposées, devaient être admis à les payer en bon papier dont le crédit serait garanti par l'exactitude avec laquelle le Trésor acquitterait la rente du capital, et par la dotation de la caisse d'amortissement [1].

Tels étaient, au commencement du débat, les deux systèmes en présence dans le sein de la commission. Au point de vue de la régularité financière, le projet ministériel était supérieur à celui de la commission; mais il faut considérer que la position du ministère et celle de la commission étaient différentes. M. Corvetto s'occupait surtout de donner confiance aux créanciers de l'État et en particulier aux étrangers qui voulaient avant tout que le payement des deux termes de la contribution de guerre fût bien assuré. Il taillait en outre dans le vif avec l'intention et l'espoir de créer le crédit public, en faisant de bonnes conditions aux créanciers de l'État. La Chambre des députés stipulait au nom des contribuables, c'est-à-dire des débiteurs. Quoique M. Royer-Collard eût prétendu établir que la Chambre n'était pas une Chambre représentative, ces jeux d'esprit philosophiques ne pouvaient pas changer la nature des choses, et, nommés par des électeurs qui, contribuables eux-mêmes, avaient les mêmes intérêts que tous les contribuables de France, les députés représentaient spécialement les intérêts des débiteurs vis-à-vis des prétentions des créanciers. Or ils avaient vu de près l'épuisement du pays, l'étendue des besoins, la faiblesse des ressources. Ils faisaient donc strictement leur devoir quand ils cherchaient à obtenir les meilleures conditions possibles pour leurs commettants, et ne se croyaient pas autorisés à se montrer généreux aux dépens de la France épuisée.

La commission était nombreuse. Elle se composait de trente-six membres parmi lesquels on remarquait MM. de Villèle, de Corbière, Cornet-d'Incourt, de la Bourdonnaye, de

---

1. Notes manuscrites de M. de Villèle.

Bouville, de Castelbajac, de Bourrienne[1]. M. le comte Planelli de la Valette fut nommé président, M. Feuillant secrétaire, et M. de Corbière fut chargé du rapport. Après de longs pourparlers, la commission ne put se mettre d'accord avec le ministère, et le rapport de M. de Corbière opposa un nouveau système au système ministériel développé dans le premier exposé du budget et au second plan que le gouvernement y avait substitué, quand il avait compris qu'il lui serait impossible de se mettre d'accord avec la commission; le 26 février 1816, en effet, le gouvernement avait retiré le titre 1er du projet de loi de finances, et l'avait remplacé par quatre nouveaux articles. Dans ces articles, il n'était plus question de l'arrêté antérieur à la loi de finances de 1814, et par conséquent on s'en tenait à l'exécution pure et simple de cette loi. Quant à l'arriéré créé par les Cent-Jours, on proposait d'ajourner à la prochaine session la décision à prendre sur le mode de payement le plus commode, en se bornant à en ordonner la liquidation avec un intérêt de 5 pour 100, qui courrait à partir de la loi à intervenir. Ceci équivalait à dessaisir la Chambre, du moins pendant la session commencée, de la question de l'arriéré. Le ministère suivait, on le voit, la tactique déjà mise en usage pour la loi d'amnistie et pour la loi d'élection dont il avait voulu soustraire la solution à la Chambre quand elle avait refusé d'accepter ses vues. Il y avait quelque chose d'inhabile et d'offensant pour l'assemblée dans cette prétention systématique d'enlever à la Chambre la décision de toutes les

---

[1]. Les autres membres de la commission du budget étaient MM. d'Hélyot aîné, Brenet, Feuillant, secrétaire; le marquis de Saint-Géry, Bonne, Gouin-Moisant, Potteau-d'Hancarderie, le marquis d'Archambaud, Fornier de Saint-Lary, le prince de Broglie, Pontet, le marquis de Blosseville, Richard, le comte de Scey, le comte de Bruyère-Chalabre, Josse-Beauvoir, Garnier-Dufougeray, Pardessus, de Lastours, de Marandet, le comte Planelli de Lavalette, président; le baron Morgan de Belloy, Tixier de la Chapelle, Clauzel de Coussergues, Barbier, d'Hardevilliers, Delamare.

questions sur lesquelles elle n'acceptait pas la pensée du ministère.

La commission n'admettait pas que le ministère pût soustraire à son vote la détermination à prendre relativement aux arriérés soit antérieur, soit postérieur à la loi de finances du mois de septembre 1814. De quelque manière que le budget fût présenté à la Chambre, il fallait, selon elle, qu'il contînt nécessairement tout ce qui devait entrer soit en recettes, soit en dépenses. Or il était impossible qu'il n'y eût pas des recettes en raison des biens vendus ou de ceux qui pourraient l'être dans l'année, des dépenses en raison des créances qui seraient acquittées. En vain disait-on que tout cela était réglé par une loi existante. C'était le budget de 1816 qu'il s'agissait de fixer, et c'est dans cette année 1816 que devaient avoir lieu les recettes et les dépenses en question. Or le budget n'était pas établi par exercice, mais par année [1], ce qui n'avait pas été reçu et payé en était enlevé de plein droit et reporté sur l'année suivante. La Chambre actuelle était donc appelée à s'occuper des recettes qui devaient avoir lieu en raison des ventes ordonnées, et du payement non consommé de tous les arriérés.

La commission établissait aussi d'une manière solide son droit de s'occuper de l'arriéré de 1814 comme de l'arriéré de 1815. Elle achevait la démonstration en prouvant que les voies et moyens que la Chambre précédente avait indiqués pour arriver à la liquidation du premier arriéré avaient en grande partie disparu du budget, d'abord par suite des événements dont le 20 mars avait été l'occasion, en second lieu par suite de plusieurs votes émis par la Chambre de 1814 elle-même [2].

---

1. M. de Corbière s'appuyait, pour exprimer cette opinion, sur l'article 2 du projet de loi financier, article ainsi conçu : « Le budget de 1814 est fermé ; les recouvrements qui seraient encore faits seront réunis aux recettes de 1815 et viendront en accroître les ressources. »
2. En effet, la loi de 1814 affectait en première ligne au payement des créan-

Cette argumentation aurait été péremptoire si la commission avait voulu seulement démontrer qu'on ne pouvait soustraire au vote de la Chambre de 1815 le choix des voies et moyens à adopter pour liquider, conformément à l'esprit du premier vote, les créances antérieures au budget de 1814, puisque les votes de la Chambre de 1814 et la force des choses avaient détruit en partie les combinaisons financières créées dans le précédent budget, et si la commission s'était contentée d'ajouter que, dans les circonstances nouvelles, il était impossible d'assurer aux créanciers d'aussi bonnes conditions. Mais la commission allait plus loin. Elle prétendait que, cette combinaison financières ayant été renversée, la Chambre de 1815 avait le droit de traiter la question à nouveau comme si elle était entière, et de changer du tout au tout, et d'une manière définitive, la condition faite aux por-

ciers l'excédant des recettes sur les dépenses du budget de 1815; cet excédant, évalué à 76 millions, avait été dévoré par les Cent-Jours, et, au lieu d'avoir un excédant, on avait un nouvel arriéré à combler. Cet excédant, comme le faisait observer le rapporteur, était une des bases du système, car il devait soutenir à un cours élevé les obligations du Trésor à trois ans de date. Il devenait dès lors imprudent d'émettre des obligations qu'on ne pourrait soutenir avec cet excédant sur lequel on comptait au moment du vote de la dernière loi de finances et que les Cent-Jours avaient absorbé. En outre, au nombre des biens qui devaient être vendus pour faire face à l'arriéré se trouvaient ceux cédés à la caisse d'amortissement et provenant en partie des confiscations faites sur les émigrés. Or, peu après, la loi du 5 septembre 1814 avait ordonné la restitution conditionnelle de ces biens, et l'on n'avait pas prétendu alors, comme on le prétend aujourd'hui, que c'était toucher au gage donné aux créanciers. Maintenant on proposait, par l'article 77 de la loi des finances, de prononcer la restitution de ces mêmes biens, sans conditions, et rien n'était certainement d'une justice plus évidente; mais que devenait l'appropriation de ces biens à la liquidation des créances antérieures à 1814? Ce n'était pas tout. Les biens des communes étaient aussi une propriété particulière usurpée comme beaucoup d'autres par les lois de la Révolution, rendue par Bonaparte dans un moment de justice, et reprise dans un moment de besoin. On ne pouvait objecter ici, comme pour les ordres religieux, la disparution des propriétaires supprimés par la Révolution. Les communes existaient, elles étaient mineures, et l'État était leur tuteur. Ce serait une étrange chose qu'un tuteur vendant les biens de ses pupilles mineurs pour acquitter ses propres dettes.

teurs des créances antérieures à 1814, proposition beaucoup plus contestable [1].

Sans nier ce qu'il y avait de solide dans l'argumentation du rapporteur relativement aux voies et moyens anéantis par le désastre des Cent-Jours, et aux biens des communes, dont l'État n'avait pas le droit de disposer, sans contester l'impossibilité provisoire de faire aux créanciers antérieurs à 1814 des conditions aussi bonnes que celles qu'ils avaient obtenues dans le budget du 23 septembre de cette année, il est permis de croire que la majorité de la Chambre de 1815, dont les membres avaient la plupart vivement blâmé le système financier du baron Louis dans le budget précédent [2], s'était laissée

1. Voici l'argumentation du rapporteur :
« Si l'on s'occupe de l'année 1814, l'examen se bornera-t-il à vérifier quels résultats produira dans l'année 1816 l'exécution de cette loi, ou la Chambre a-t-elle la faculté d'en modifier les dispositions?
« On dit : « Les biens que la loi a affectés ne sont plus au gouvernement; de« puis que la valeur en est engagée aux créanciers, il n'en est plus que le gar« dien, les créanciers sont les véritables propriétaires. »
« D'abord l'affectation du produit d'un bien au payement d'une dette n'est pas un acte translatif de la propriété.
« La loi qui règle un mode de payement pour les créanciers antérieurs de l'État constitue-t-elle une obligation à leur profit?
« Non. L'État s'oblige comme les particuliers, mais c'est au moment où il emprunte un capital ou reçoit une fourniture.
« Quand le gouvernement, après avoir examiné le montant de ses dettes, pourvoit au moyen d'y faire face, il ne contracte pas par cette opération une obligation nouvelle envers ses créanciers; ceux-ci ne sont point appelés et ne doivent pas l'être, ils n'ont rien à accepter ; leur premier titre leur reste, et c'est le seul qu'ils puissent avoir.
« Tout ce qui a été consommé en vertu de la loi est sans doute irrévocable, mais pour ce qui n'est pas encore acquitté le mode peut être changé.
« La loi n'est, dans ce cas, qu'un ordre donné aux ministres, chacun en ce qui le concerne, de liquider l'arriéré, suivant le mode prescrit, d'employer à son acquittement les valeurs qui leur sont désignées ; ordre qui subsiste jusqu'à ce qu'il soit révoqué.
« Les trois branches du pouvoir législatif ont donc la même indépendance qu'en 1814. »
2. On trouve dans les notes manuscrites de M. de Villèle pendant l'année 1814 l'expression d'un blâme très-vif dirigé contre M. Louis, qui acceptait comme légitimes des créances la plupart contestées par l'Empire.

aller à la tentation de revenir sur une question jugée, en résolvant immédiatement et d'une manière irrévocable la question de l'arriéré constaté en 1814. Un État, en effet, n'a pas plus qu'un simple particulier le droit de retirer une parole donnée, et les États s'engagent par les lois comme les simples particuliers par des contrats. Pour que la France se dispensât d'accorder, même dans l'avenir, aux créanciers antérieurs à 1814 des conditions, sinon identiques, du moins, autant que possible, analogues à celles que le budget de 1814, devenu une des lois de l'État, leur avait assurées, il ne suffisait pas que la réalisation de ces conditions fût difficile, onéreuse même au pays, il aurait fallu qu'elle fût à tout jamais impossible. Il y avait donc quelque chose de peu justifiable à vouloir assigner d'une manière irrévocable un sort commun aux créances antérieures aux Cent-Jours et aux créances dont les Cent-Jours avaient légué le payement à la seconde Restauration. Pour celles-ci la question était entière, la liberté des Chambres et celle du gouvernement complètes. Aucun vote antérieur ne les liait. Ils pouvaient, ils devaient consulter, après la justice, les possibilités et les convenances du pays.

Sans faire cette distinction, la commission demandait que l'on consolidât en bloc l'arriéré, quelles que fussent sa date et son origine. On avait proposé dans le sein de la commission de donner aux créanciers une inscription telle, qu'en la vendant au cours actuel (60 francs) ils retrouvassent en espèces le montant intégral de leur liquidation. La majorité de la commission avait écarté cette proposition comme trop onéreuse; elle aurait élevé, en effet, à 8 1/3 pour 100 l'intérêt que l'État s'engageait à faire à ses créanciers, sans compter le bénéfice éventuel sur le capital même résultant de l'amélioration probable des cours. En outre, la dette de l'État se trouvait par cette opération augmentée des deux cinquièmes. Elle avait également rejeté la proposition de renvoyer à des temps plus heureux l'indemnité que certains membres voulaient qu'on accordât aux créanciers de l'arriéré, en en faisant commencer le payement cinq ans plus tard, à l'époque de la libération du territoire. Les obligations à l'aide desquelles on devait combler la différence existant entre le cours actuel et le pair, parurent constituer une trop grande charge pour l'État. Cette masse d'obligations devait nuire au crédit public; en outre, leur cours pourrait peser sur celui de la vente consolidée. Enfin, si au delà des cinq ans des contributions extraordinaires, la loi présentait une autre période de sacrifices pour acquitter des obligations montant aux deux cinquièmes de l'arriéré actuel, on cessait d'entrevoir le terme où il serait permis aux contribuables de respirer. Après avoir ainsi éliminé tous les moyens termes proposés pour la liquidation de l'arriéré, la majorité de la commission émit l'avis qu'un seul système était praticable, c'était la consolidation pure et simple des créances en rentes 5 pour 100. Le sort des créanciers, disait-elle, se trouvera, comme celui de tous les propriétaires, uni au sort de la fortune publique. Si les inscriptions qu'ils reçoivent ne peuvent être transférées aujourd'hui qu'avec une perte considérable, une administration sage, des ressources proportionnées à tous les besoins du trésor, une caisse d'amortissement solidement dotée et indépendante, amélioreront promptement le cours des effets publics, et d'ailleurs les créanciers jouiront de l'avantage d'avoir une rente exempte de contribution, quoique tout revenu soit de sa nature imposable. Cette confiance dans le crédit de la France replacée sous un gouvernement libre et modéré n'avait rien d'excessif, l'événement devait le prouver. Le système de la Chambre, plus ménagère que le ministère des ressources de l'État et des deniers des contribuables déjà épuisés par leurs sacrifices, aurait été préférable sans aucun doute au plan du gouvernement, si elle avait pris en plus sérieuse considération la force de chose jugée acquise aux créances antérieures à 1814.

Du reste, en faisant les mêmes conditions aux contribuables qui s'étaient trouvés lésés dans la levée extraordinaire des 100 millions prescrite par l'ordonnance du mois d'août 1815, elle prouva que, si elle avait commis une erreur par l'assimilation des deux ordres de créances, elle n'avait pas eu la pensée de traiter défavorablement les porteurs des créances arriérées. En effet, ceux qui avaient subi dans une plus forte proportion les conséquences de cet impôt étaient les grands propriétaires terriers, dont un grand nombre figuraient dans la Chambre. La commission reconnaissait que les circonstances avaient pleinement justifié cette mesure, malgré les vices de son exécution, vices qu'elle signalait [1]. Elle constatait que la somme demandée avait été perçue, du moins en grande partie, résultat à la gloire des Français qui avaient compris, disait-elle, que l'inégalité même la plus énorme cesse d'être une injustice quand elle vient de la force des choses. Mais, tout en admettant la nécessité de réparer le préjudice involontaire causé aux contribuables surtaxés, la commission n'acceptait pas le mode

---

[1] « L'attente du gouvernement, qui s'était proposé principalement d'atteindre le produit des capitaux circulants qu'emploie l'industrie, produit qui n'est soumis qu'à l'impôt sur la consommation, se trouvait trompée. En premier lieu, en faisant la répartition entre les départements, non en proportion de leurs contributions directes, mais d'après les capitaux mobiliers qu'on leur supposait, on était parti de bases fausses ou de calculs erronés. En second lieu, dans les répartitions faites entre les contribuables des départements, les jurys d'équité, tumultueusement assemblés et procédant à la hâte, avaient presque partout perdu de vue l'idée première du gouvernement. Dans beaucoup de départements, on s'était surtout fixé d'après les facultés de la propriété foncière, parce que ce sont les plus faciles à reconnaître et à saisir, seconde cause d'inégalité. Dans quelques départements le rôle avait été fait d'après le domicile, et chaque domicilié, réputé en état de contribuer, avait été taxé en raison de sa fortune entière; dans d'autres, on avait considéré la propriété elle-même plutôt que la personne, de sorte que la même fortune, déjà imposée en totalité, s'était encore trouvée imposée au détail, troisième cause de désordre et d'inégalité. » (Rapport de M. de Corbière.)

proposé par le ministère. Elle repoussait la surcharge énorme de cinquante centimes additionnels aux quatre contributions directes, signalait avec raison les graves inconvénients d'un plan qui livrait à l'arbitraire ministériel une somme de 160 millions, et qui forcément accablerait de ce fardeau intolérable les petits contribuables. En effet, les plus imposés, déjà atteints par la contribution extraordinaire de 100 millions, s'acquitteraient avec les quittances des sommes versées et auraient un excédant à recevoir. Ce seraient donc au fond les petits propriétaires qui rembourseraient les grands, combinaison inacceptable. En remboursant en rentes consolidées les sommes fournies en trop, les taxes se trouvaient par là régularisées de la seule manière dont elles pussent l'être, puisque tous les contribuables concourent à l'acquittement de la dette publique, et, le capital cessant d'être exigible, le fardeau ne serait plus intolérable pour le pays.

Quant aux indemnités à donner aux départements qui avaient le plus souffert des charges de la guerre, la commission refusait d'allouer les 41 millions 57,000 francs réclamés par le ministre, et elle s'appuyait sur les motifs suivants : les pertes avaient été générales, attendu que si la présence des armées étrangères et des troupes employées à les combattre avait amené beaucoup de dommages sur les points où elles s'étaient portées, ces forces, depuis le retour du Roi, s'étaient trouvées réparties sur plusieurs départements; en outre, les provinces de l'Ouest avaient eu à souffrir pendant les Cent-Jours par suite de la guerre intérieure; enfin, les pays ravagés en 1814, et en faveur desquels des centimes additionnels avaient été perçus, avaient vu, dans l'interrègne, ces centimes détournés de leur destination; ils se trouveraient en droit de réclamer leur indemnité, avant de contribuer à payer celle des dommages de 1815. Les choses étant en cet état, le parti le plus raisonnable était de renoncer à toute nouvelle levée d'impôt pour des malheurs communs qu'on aggraverait en exigeant de nouveaux sacrifices. La question devenait différente quand il s'agissait des 20 millions levés en divers lieux par les puissances étrangères. En effet, comme elles avaient fait raison de cette somme au trésor public en ne recevant que 180 millions au lieu de 200, il était juste qu'il tînt compte aux contribuables des bons de réquisition qui lui avaient été ainsi remboursés. La commission affectait donc 10 millions à cet usage dans les dépenses extraordinaires de 1816, et elle pensait que l'autre moitié devait être portée au budget de 1817.

L'ensemble des mesures proposées par le rapporteur du budget devait avoir pour résultat de porter la dette publique jusqu'au chiffre de 100 millions de rentes. La commission, adoptant l'idée que le fond d'amortissement devait être calculé dans la proportion d'un cinquième, proposait de porter à 20 millions de revenu la dotation de l'amortissement. En conséquence, on distrayait 6 millions des revenus ordinaires de l'État pour les ajouter aux 14 millions produits par les postes. Le rapporteur faisait observer que, moyennant le plan proposé par la commission, l'État conservait la ressource précieuse de ses bois. Par un amendement qu'avait inspiré une sagesse prévoyante, la commission renfermait la caisse d'amortissement dans les attributions qui lui sont propres, sans la charger de recevoir les consignations et les dépôts judiciaires, sans l'autoriser à accepter les dépôts volontaires et les centimes des administrations locales. Le motif sur lequel elle se fondait était celui-ci : en donnant à la caisse d'amortissement la manutention de deniers étrangers, on l'obligerait à les employer, puisqu'elle serait chargée de servir un intérêt. Or ces opérations pourraient présenter certains risques, et il fallait qu'il fût évident pour tous que la caisse d'amortissement n'en courrait aucun pour qu'elle répondît au but de son institution.

En outre, exposée à des retraits de fonds, elle ne pourrait satisfaire aux demandes qu'en disposant de ses propres valeurs; et elle se trouverait quelquefois exposée à faire baisser les fonds publics, contre le but de son établissement.

Après avoir ainsi posé les véritables principes du crédit, la commission entrait dans l'examen des moyens à employer pour suffire aux dépenses ordinaires et extraordinaires, car, déjà de ce temps, cette distinction, qu'on a cru inventer depuis, avait cours.

Pour le service de la dette publique perpétuelle et viagère dont les pensions faisaient partie, il fallait une somme de 115 millions, auxquels la commission ajoutait 10 millions 500,000 francs pour les nouvelles charges proposées par elle.

Quant à l'arriéré, on ne pouvait encore l'évaluer d'une manière exacte. Porté d'abord à 759 millions pour ce qui était antérieur au 1er avril 1814, il était descendu, d'après la nouvelle évaluation, à 593 millions, réduits à 462 par les payements faits en vertu de la loi du 23 septembre 1814. Le nouvel arriéré était porté à 103 millions pour les neuf derniers mois de 1814, à 130 millions pour 1815. Mais on pouvait espérer de nouvelles réductions. En outre, dans l'ancien arriéré se trouvait comprise une somme de 113 millions 871,000 francs sous le titre de caisse du trésor et de l'amortissement, qui ne devait pas donner lieu à des remboursements laissant un vide dans le trésor. On ne devait pas compter davantage les objets pour lesquels il avait été fait des fonds par la loi du 23 décembre, et qui pouvaient s'élever de 65 à 70 millions. Enfin, la commission citait une phrase de l'exposé des motifs, ainsi conçue : « Si l'on considère que ce déficit représente à peu près ce qui reste dû pour le service de cent jours de désastres, on trouve que la justice du Roi a été bien libérale en daignant l'adopter comme dette de l'État, » et elle exprimait l'espoir que « cette mesure ne s'étendrait pas à tout ce qui aurait le caractère d'un appui volontairement fourni à l'usurpateur. » D'après les calculs plus haut indiqués, elle évaluait à 500 millions la somme totale de l'arriéré, et, calculant que, malgré toute l'activité de la liquidation, on ne pourrait pas liquider pour plus de 200 millions de créances avant le semestre du 22 septembre, elle écrivait sur son budget 5 millions de rentes pour cet objet. Le remboursement de la contribution de 100 millions exigeait, pour le premier semestre, 2 millions 500,000 francs. A ces 7 millions 500,000 francs la commission ajoutait, par prévoyance, un crédit de 3 millions de rentes, ressource éventuelle destinée à faire face aux difficultés imprévues, en tout 10 millions 500,000 francs de rentes, somme égale à celle que la commission proposait d'inscrire au budget.

En passant à l'étude des crédits demandés par les divers ministères, la commission proposait de les accorder, attendu qu'ils n'allaient pas au delà des besoins. Le gouvernement, en effet, avait réduit autant que possible les dépenses. Il demandait :

Pour la justice.	17,000,000 fr.
Les affaires étrangères.	6,830,000
L'intérieur.	70,000,000
La guerre.	180,000,000
La marine.	48,000,000
Police générale.	1,000,000
Finances.	16,000,000

La commission présentait seulement quelques observations générales et demandait des modifications. Elle signalait comme un des fléaux des vingt-cinq dernières années la tendance à multiplier sans mesure les fonctionnaires salariés, devenus un fardeau pour la propriété obligée de les nourrir de sa substance. Il résultait de cette tendance un double mal : le père de famille, voyant sa propriété progressivement détruite par un impôt toujours grandissant, songeait à combler le déficit du revenu de son patrimoine par un salaire dépendant et précaire, de sorte que l'élévation croissante des impôts augmentait le nombre des fonctionnaires et le chiffre des traitements qui nécessitaient une élévation nouvelle dans les contributions. Ainsi s'effaçait, chaque jour, la plus sûre des garanties, et en même temps la moins dangereuse pour l'autorité, celle qui reposait sur une propriété protégée par les mœurs publiques, les institutions et les traditions héréditaires.

La commission présentait deux amendements importants à l'occasion du ministère de l'intérieur. Elle appliquait les observations qu'elle avait faites sur les traitements, en demandant que les communes fussent déchargées de la moitié du traitement des préfets qui leur avait été imposée par l'Empire. La manière tout à fait arbitraire dont le gouvernement impérial leur avait imposé cette charge militait en faveur de la suppression. Il les avait, en effet, autorisées à s'imposer cinq centimes par franc de contribution foncière, personnelle et mobilière pour leurs besoins locaux ; puis il s'était emparé de ce fonds pour diverses charges, dont la plus générale était le payement de la moitié du traitement des préfets. Il était possible et facile, sans gêner l'État, de rendre à leur destination ces centimes primitivement levés pour réparer les chemins vicinaux, les presbytères et les établissements communaux. Il suffisait pour cela de réduire les traitements des préfets au taux fixé par la loi de leur établissement du 26 ventôse an VIII. Il serait également opportun de supprimer les secrétaires généraux de préfectures, et de faire profiter de l'économie produite par cette suppression l'entretien des diverses classes de routes publiques. La commission laissait donc subsister le chiffre de 70 millions pour le ministère de l'intérieur, et elle proposait d'y ajouter 5 millions, qui viendraient grossir les 12 millions portés sur le budget pour les dépenses du clergé, en stipulant que cette augmentation serait employée à compléter le traitement des desservants. Le budget du ministère de l'intérieur se trouvait ainsi porté au chiffre de 75 millions.

En proposant la diminution du traitement des préfets, la commission ne songeait pas à une économie, on l'a vu, mais à un meilleur et plus fécond emploi de la somme dont il s'agissait; elle songeait en même temps à la résurrection d'une précieuse liberté, la liberté communale complétement annihilée par la centralisation absorbante et écrasante de l'Empire. L'historique du système qu'il s'agissait de remplacer était la préface naturelle de cette proposition, et le rapporteur avait tracé cet historique de la manière la plus saisissante, en racontant comment, sous l'Empire, on levait et l'on employait les centimes additionnels.

Il était de principe que les préfets ne pouvaient se conformer aux allocations des conseils généraux avant qu'elles eussent été approuvées par le gouvernement, qui devait arrêter définitivement le budget des départements. Or ces arrêtés n'étaient envoyés que vers la fin de chaque exercice. Dans l'intervalle, les dépenses se faisaient par des crédits provisoirement ouverts par le ministre sur les demandes particulières du préfet, et, grâce à ce subterfuge, les fonds se trouvaient entièrement à la disposition du gouvernement. Il en résultait que l'examen tardif du compte du préfet n'avait plus d'objet. On ne pouvait lui reprocher d'avoir ordonnancé les dépenses sans consulter le budget, que le ministère ne lui avait pas envoyé à temps. On réussissait ainsi à ne conserver des administrations départementales que leurs réunions périodiques, et de leurs budgets que les centimes qu'ils servaient à lever.

Arrivé à ce point, on avait fait un pas de plus. Les conseils généraux, dégoûtés de réclamations toujours sans réponses comme sans succès, avaient borné leur ambition à ne pas augmenter un fardeau dont leurs administrés supportaient le poids sans en retirer aucun avantage; ils s'étaient montrés avares de centimes additionnels. C'était alors qu'on avait imaginé de nouveaux centimes en leur donnant le nom de facultatifs, et qui devaient être laissés à la disposition exclusive des conseils généraux. On leur avait représenté les besoins de leurs départements, les cathédrales en ruine, les grandes routes impraticables et les communications interrompues. Les centimes facultatifs avaient été adoptés dans le plus grand nombre des départements : dans ceux où l'exemple du passé avait éveillé la défiance, les préfets avaient reçu l'ordre de les lever d'office. Ils devinrent ce qu'étaient devenus les centimes variables. Le taux des contributions fut élevé; ce fut tout le résultat de la nouvelle invention, c'était aussi le seul qu'on s'en fût promis.

Pour remédier à ces abus, il fallait rendre aux administrations locales une indépendance sagement tempérée. Le gouvernement, d'après les états soumis à la Chambre, devait dépenser cette année 30 millions 961,491 francs pour les dépenses variables des départements; mais les besoins extraordinaires du Trésor l'obligeaient à déduire pour 1816 6 millions 961,491 francs de cette somme. Restaient 24 millions représentant 12 centimes additionnels. La commission proposait de garder 2 centimes centralisés au ministère de l'intérieur, pour qu'il pût continuer à venir au secours des départements les plus pauvres, parce qu'on ne pouvait changer subitement sans danger cette ancienne habitude; les dix autres seraient laissés à la disposition des départements.

En allouant la somme demandée par le ministère de la guerre, la commission faisait une observation critique sur l'exagération de la somme réclamée pour les états-majors, somme qui se montait à 19 millions 705,553 francs; tandis qu'on ne dépensait pas plus de 30 millions 590,448 francs pour le total des troupes. Elle signalait trois abus auxquels il devait être remédié : la multiplicité des aides de camp, le grand nombre de rations de fourrages accordées sans revue, et enfin le nombre beaucoup trop grand de traitements d'activité ou de demi-soldes qu'il faudrait transformer en traitements de retraite.

Passant ensuite au budget des recettes sans faire aucune observation sur les ministères de la marine, de la police et des finances, la commission proposait trois amendements au projet de loi ministériel, relativement aux contributions foncières, personnelles, mobilières, des portes et fenêtres et des patentes :

1° La distraction de 10 centimes sur les 2 premiers pour être employés aux dépenses variables des départements.

2° Une augmentation de 10 centimes sur la contribution personnelle et mobilière, et de 50 centimes sur celle des portes et fenêtres. Par ce moyen, ces deux contributions antérieurement augmentées, la première de 50 centimes et la seconde de 10 centimes, se trouvèrent toutes deux portées à 60 centimes en sus du principal.

3° 1 franc 10 centimes sur le principal des patentes. Par ces deux mesures, et à l'aide des autres recettes fournies par le prix de la vente des bois de l'année précédente, on remplacerait le produit présumé des six nouveaux droits proposés sur les différentes branches d'industrie. Le rapporteur du projet de loi sur les contributions indirectes était chargé de soumettre à la Chambre les motifs qui avaient déterminé la commission à en proposer le rejet. Ces motifs étaient graves et nombreux. Il y en avait de généraux déduits de l'ensemble de la situation où se trouvait la France ; il y en avait de particuliers tirés de la nature des impôts qu'il s'agissait d'établir. M. Feuillant, chargé du rapport [1], avait cité les paroles mêmes du directeur général des contributions indirectes, disant dans l'exposé des motifs du projet de loi : « L'administration n'a eu à résoudre que ce triste problème : retirer le plus possible de tous les impôts, et atteindre de tout côté les limites des charges que peut supporter le contribuable. Nous avons été condamnés à une

---

1. Voir ce rapport dans le *Moniteur* du 15 mars.

cruelle fiscalité ; et ce sont des tributs et non des impôts que nous avons la douleur de vous proposer. » La commission n'avait pas voulu imposer aux contribuables cette cruelle fiscalité. Il lui avait paru que, dans les circonstances données, avec la gêne des manufactures et la pénurie des capitaux, imposer chez les fabricants mêmes les fers, les papiers, les tissus, les cuirs, les huiles, c'était empêcher la matière imposable de naître, établir un impôt direct en le déguisant en impôt indirect, et se priver par une anticipation déraisonnable des avantages qu'on pouvait tirer, dans des temps plus prospères, d'une loi qui, par des dispositions bien combinées, saisirait la marchandise au moment même où elle quittait l'atelier, le magasin, le comptoir, pour passer dans les mains du consommateur. Elle avait été frappée d'une autre considération vraiment décisive. C'est que, quand même les nouveaux droits proposés eussent été aussi bien combinés qu'ils pouvaient l'être, ce qui n'était pas, les frais d'établissement absorberaient et au delà le produit de l'année courante, de sorte qu'il ne fallait pas les compter pour l'année 1816, si difficile à traverser. Le directeur des contributions indirectes l'avait avoué lui-même en disant que « lorsque, dans des circonstances imprévues, on est obligé d'accroître tout à coup le revenu de l'État, une contribution indirecte ne peut point permettre un résultat prochain et assuré, » et en ajoutant que la contribution indirecte « peut diminuer la consommation, être déjouée par la fraude, ne pas trouver de soumission, que tout y est incertain et problématique, du moins quant à la quotité. » Il était donc peu sage, en 1816, après la crise épouvantable qui avait bouleversé la France, de tenter une expérience dont les conséquences pouvaient être funestes et dont le résultat était si incertain. La commission avait enfin dû se préoccuper des réclamations unanimes des villes de commerce, petites ou grandes, qui toutes, sans exception, avaient, soit par des mémoires renvoyés à la commission, ou par des députations extraordinaires admises à ses séances, proposé de payer l'équivalent de l'impôt qui les atteignait, pourvu qu'elles fussent affranchies de la gêne et des entraves dont sa perception eût été la cause. Convaincue qu'il fallait plus que jamais protéger le commerce, la commission proposait d'augmenter seulement de 17 millions l'impôt sur les patentes, en faisant remarquer que la part de l'augmentation des patentes dans le prélèvement de la moitié du total des contributions directes eût été de 8 millions, de sorte qu'il s'agissait seulement de leur demander 9 millions en sus. Pour cette somme, la commission affranchissait le commerce du poids de l'impôt de 47 millions, car en ajoutant à ces 17 millions des patentes les sommes résultant des augmentations proposées par la commission, comme il a été dit plus haut, enfin 9 millions qu'elle proposait d'économiser sur les frais de perception, économie raisonnable puisque l'on supprimait les six nouvelles contributions indirectes, qui auraient apporté leur part de perception, on atteignait le chiffre de 49 millions.

La commission reconnaissait avec le ministère la nécessité d'augmenter les droits d'enregistrement, mais elle repoussait l'augmentation qui porterait à 2 fr. 50 par 100 le droit de mutation par décès, en ligne directe, pour les biens immeubles, et à 1 fr. 25 le même droit pour les biens meubles. Elle faisait observer, à l'appui de cette résolution, que la perception se faisait sur une évaluation, sans distraction des dettes de la succession ni des contributions qui portent sur l'immeuble. Ainsi 100 fr. de revenu réduits au moins à 80 fr. par les contributions, et à beaucoup moins dans plusieurs départements, payeraient 50 fr. de droit de mutation, et même 55 fr. par l'addition du dixième. Il fallait ajouter que l'héritier pouvait trouver dans la succession de son père beaucoup de dettes qui n'en sont pas déduites pour la fixation du droit. Souvent il perdrait une année de revenu, ce qui était inadmissible.

Quant aux meubles, le droit existant ne devait pas être augmenté. Ce droit, qui produit peu de chose par la facilité qu'on a de s'y soustraire puisqu'il est perçu sur une déclaration de l'héritier, n'atteindrait que les créanciers ou les héritiers bénéficiaires. Or il ne convient pas d'augmenter la charge des enfants qui ne recueillent qu'une succession périlleuse, et de ceux qui ont le malheur de perdre en minorité les protecteurs que la nature leur avait donnés.

La commission proposait de remplacer le droit de mutation en ligne directe par des augmentations sur beaucoup d'autres droits d'enregistrement, de timbre et d'hypothèque. Le produit de ces impositions, que le gouvernement voulait porter à 136 millions, arriverait ainsi à 140.

Une phrase d'une sobriété pleine de dignité caractérisait, à la fin du rapport, l'abandon fait par le Roi d'une somme de 10 millions. L'exemple donné de si haut par le monarque adoucissait pour tous le fardeau qu'il avait voulu partager.

La commission terminait en faisant remarquer que, « le projet de loi ayant séparé avec raison les dépenses ordinaires et extraordinaires, il n'était pas sans importance de séparer les recettes de la même manière.

« Aucun doute, continuait M. de Corbière, ne s'élèvera sur l'exécution des engagements contractés, lorsqu'on verra sur un budget particulier l'état de nos charges extraordinaires, et celui des recettes certaines pour les acquitter. Les contribuables apprendront par là quels sont les impôts destinés aux besoins habituels de l'État, et ceux qui cesseront de plein droit avec les causes momentanées qui les ont rendus inévitables. La France a besoin d'espérance, on ne peut rendre trop palpables les motifs qui doivent la soutenir [1]. »

---

1. Il est remarquable que l'*innovation* proposée en 1861 par M. Fould se trouve tout entière dans le rapport de M. de Corbière daté de 1816. *Nil sub sole novum.*

Le rapport se terminait par le projet de loi suivant :

TITRE PREMIER
BUDGET DE 1814.

Le budget des neuf derniers mois de 1814 est définitivement réglé en recettes à la somme de. . . . . 533,713,940 fr.
En dépenses à la somme de. 637,432,562

Il sera pourvu à l'excédant des services par le mode déterminé au titre de l'arriéré.

Les recouvrements qui seraient faits sur cet exercice seront réunis aux recettes de 1815 et viendront augmenter ses ressources.

TITRE II
BUDGET DE 1815.

Le budget des recettes de l'année 1815 est fixé à   753,510,000 fr.
Le budget des dépenses à. 883,943,000
Il sera pourvu à l'excédant des dépenses par le titre de l'arriéré.

BUDGET ORDINAIRE DE 1816.

Dépenses ordinaires.

Dette publique. — Rente perpétuelle 5 0/0. .
    — viagère. . . . . .
    Pensions. . . . . .
	125,500.000 fr.

Liste civile.	25,000,000
Famille royale.	8,000,000
Chambre des pairs.	2,000,000
Chambre des députés.	610,000
Justice.	17,000,000
Affaires étrangères.	6,500,000
Intérieur (y compris les 5 millions du clergé).	51,000,000
Dépenses départementales.	24,000,000
Guerre.	180,000,000
Marine.	48,000,000
Police générale.	1,000,000
Finances.	16,000,000
Intérêts des cautionnements.	8,000,000
Frais de négociations.	12,000,000
Fonds d'amortissement.	20,000,000
Intérêts d'obligations royales à échoir. . . .	1,122,000
TOTAL. . . .	545,732,000

Recettes ordinaires.

Contributions directes.	Foncières principales.	172,132,000 fr.
	Personnelle et mobilière. . .	27,289,000
	Portes et fenêtres.	12,892,000
	Patentes.	15,416,000
	Total. . . .	227,729,000
A déduire, pertes et non-valeurs.		4,554,580
	Reste.	223,174,420
Douze centimes additionnels du principal des contributions foncières et personnelles sur les 50 cent. perçus en 1815, destinés aux dépenses départementales.		23,930,520
Enregistrement et domaines.		114,000,000
Bois.		20,000,000
Sels.		35,000,000
Produits divers : colonies, postes, salines de l'Est.		29,000,000
Contributions indirectes.		67,350,000
Tabacs.		38,000,000
Domaines.		20,000,000
	Total. . . .	570,454,940

BALANCE.

Recettes ordinaires.	570,454,940 fr.
Dépenses ordinaires.	545,732,000
Différence. . . .	24,722,940

BUDGET EXTRAORDINAIRE DE 1816.

Dépenses extraordinaires.

Contributions de guerre.	140,000,000 fr.
Dépenses d'entretien de 150,000 hommes. . .	130,000,000
Payement à la maison des comtes Bentheim et Steinfurth.	800,000
Remboursement de la moitié des 20 millions avancés par les départements aux troupes étrangères.	10,000,000
Total. . . .	280,800,000

Recettes extraordinaires.

Centimes additionnels perçus comme en 1815 : 38 cent. additionnels sur le principal de la contribution foncière personnelle et mobilière.		75,779,980 fr.
10 cent. sur les portes et fenêtres.		1,289,000
5 cent. sur les patentes.		771,000
		77,839,980
A déduire, pertes et non-valeurs.		1,556,799
Reste.		76,283,181
Contributions et ressources extraordinaires :		
1 fr. 10 cent. sur le principal des patentes.	17,805,700	
50 cent. sur le principal des portes et fenêtres.	6,446,000	
10 cent. sur le principal du personnel et mobilier.	2,728,900	
	26,980,600	
A déduire, pertes et non-valeurs.	2,698,060	
Reste.	24,282,540	24,282,540
Cautionnements.		50,633,000
Retenues sur les traitements.		13,000,000
Abandon fait par le Roi.		10,000,000
Augmentation sur les douanes.		20,000,000
Augmentation sur le timbre et l'enregistrement.		26,000,000
Recouvrements à faire sur les biens des communes vendus jusqu'à ce jour.		22,992,000
Recouvrements à faire sur les bois de l'État vendus jusqu'à ce jour.		12,950,000
Excédant des recettes ordinaires sur les dépenses ordinaires.		24,722,940
Total.		280,863,661

Deux motifs m'ont engagé à entrer dans ces détails financiers. J'ai voulu montrer quel avait été, à l'origine du gouvernement représentatif, le point de départ du budget de la France avec ses dépenses et ses ressources; j'ai voulu, en même temps, mettre en présence les idées financières de la majorité de la Chambre de 1815 et celles du ministère. La droite avait surtout eu en vue l'intérêt des contribuables, celui de l'État, des départements, des communes, et, sauf la question de l'arriéré, comme un des membres de la commission en convenait[1], son projet était, à ce quadruple point de vue, supérieur à celui du gouvernement.

La discussion sur les deux projets relativement à la question de l'arriéré s'ouvrit le 14 mars 1816 et se termina le 20, après avoir duré six jours. Il y eut des deux côtés un grand nombre d'orateurs engagés : en faveur du projet du gouvernement, MM. Pasquier, Beugnot, Becquey, Ganilh, de Barante, Portal, de Saint-Cricq, Duvergier de Hauranne, de Serre, Royer-Collard ; en faveur du projet de la commission, MM. de Villèle, de Bonald, de Rougé, de Bourrienne, Roux-Laborie, Brenet, de La Bourdonnaye, et naturellement le rapporteur, M. de Corbière.

Les raisons alléguées par les partisans du projet ministériel se trouvent résumées dans deux discours, ceux de MM. Pasquier et Royer-Collard.

M. Pasquier, traitant le côté positif et pécuniaire de la question, chercha à la réduire en chiffres. Suivant lui, le total de

---

1. M. de Villèle résumait ainsi les résultats du système adopté par la commission en écrivant à son père demeuré à Toulouse : « Il me semble que la France doit être satisfaite de ses députés. Quand les propriétaires verront que leurs impôts de l'année dernière ne sont pas augmentés; le commerce, que moyennant le doublement des patentes il se rachète de tous les droits nouveaux dont on voulait l'accabler; le clergé, qu'on ajoute 5 millions aux frais du culte pour que les desservants puissent cumuler leurs 500 francs et leurs pensions, et que les vicaires seront payés ; les communes, qu'elles vont rentrer dans la libre jouissance de leur fortune, et les départements dans la disposition de leurs centimes variables, ils seront contents de nous. Ce n'est certainement pas ce que promettait le projet des ministres. *Le seul point susceptible de discussion est celui de l'arriéré.* En le consolidant à sa valeur nominale, plusieurs veulent y ajouter une soulte et fixer le taux de 75 à 80 francs. » (Cette lettre est datée du 10 mars. Correspondance de M. de Villèle, *Documents inédits.*)

l'arriéré, jusqu'au 1ᵉʳ janvier 1816, était de 625 millions, mais il fallait en déduire 233 millions postérieurs au 1ᵉʳ janvier 1814, de sorte que l'arriéré ancien ne s'élevait qu'à 392 millions, dont il fallait retrancher encore 40 millions liquidés et 60 millions de créances étrangères. L'ancien arriéré n'était donc réellement que de 292 millions. On pouvait facilement y pourvoir par la vente de deux cent soixante mille hectares de bois restant sur les trois cent mille votés, et qui donneraient, s'ils étaient vendus comme les derniers sur le pied de 800 fr. l'hectare, une somme de 208 millions. En y ajoutant pour la vente des biens des communes 80 millions, on atteignait le chiffre de 288 millions, et le déficit de 8 millions serait facilement comblé par 8 millions à recouvrer sur les décomptes des domaines nationaux. L'intérêt des créanciers à ce qu'on adoptât ce mode de payement n'était pas douteux. Quant à l'État, il fallait que, pour s'acquitter, il aliénât des biens ou des rentes. S'il payait en rentes, il faudrait en aliéner pour 36 millions. Pourquoi ne pas aliéner plutôt des bois, c'est-à-dire le capital le moins productif entre les mains de l'État? On assurait qu'ils seraient vendus à vil prix; rien ne le prouvait. On avait objecté le droit des communes, dont l'État, en sa qualité de tuteur, ne pouvait pas vendre les propriétés pour payer ses propres dettes. Mais les communes étaient à la fois propriétaires et composées de contribuables participants aux charges de l'État. Si le contribuable se trouvait déchargé d'une partie de son fardeau par l'opération qu'il s'agissait de faire, il gagnerait d'un côté ce qu'il perdrait de l'autre. Du reste, pour faire cesser toute lésion, il suffisait de donner aux communes en inscriptions de rentes une valeur égale au produit de la vente.

L'argumentation de M. Pasquier laissait beaucoup à désirer. Il comprenait dans les deux cent soixante mille hectares de bois restant à vendre la partie de bois que des votes postérieurs de la Chambre de 1814 en avaient détachée. Il admettait la vente des biens appartenant aux communes, et, outre la violation du droit de propriété, son argument, tiré de l'intérêt qu'avaient les habitants de ces communes en qualité de contribuables à ce qu'on vendît les biens communaux, parce que le prix de la vente viendrait en déduction de leurs impôts, ne supportait pas l'examen. Pour qu'il fût juste, il aurait fallu, en effet, que ce qu'ils perdaient ne fût pas plus considérable que la somme d'impôt qu'on leur demandait en moins, ce qui n'était pas. En outre, les habitants pauvres des communes dépouillées ne gagnaient rien et perdaient tout. Quant à la compensation offerte, l'expérience a prouvé et prouve tous les jours que les rentes qui, par les réductions successives d'intérêt, diminuent sans cesse, ne sauraient être comparées aux biens-fonds dont la valeur, par une progression inverse, ne cesse d'augmenter. M. Pasquier enfin n'avait pu équilibrer l'actif des ressources disponibles avec le passif des créances à éteindre, qu'en supposant qu'on vendrait les bois à un aussi bon prix après les derniers désastres qui avaient ruiné la France qu'avant ces désastres, supposition peu acceptable.

M. Royer-Collard vint appuyer l'argumentation de ses amis avec cette éloquence transcendante qui procédait par aphorismes et par arrêts. « Si l'on adoptait le principe posé par la commission, disait-il, toutes les parties de la dette publique seraient remises en question chaque année. Pour soutenir que la commission n'avait pas outre-passé ses pouvoirs, il fallait dire, comme elle, que la loi du 23 septembre 1814 était abrogée en fait par la nature des choses, ce qui est la doctrine de la tyrannie, ou prétendre qu'une loi dont l'exécution donne lieu à une dépense quelconque peut, à propos de cette dépense, être changée par voie d'amendement, ce qui est investir la chambre de la toute-puissance. » Suivant les habitudes de son argumentation, l'orateur déniait à la Chambre jusqu'au droit de délibérer sur le projet de la commission. C'était dépasser les bornes, et ainsi s'explique le refus que fit la Chambre, à une faible majorité, de voter l'impression de son discours. M. Royer-Collard terminait en s'étonnant de ce que les partisans les plus déclarés de la monarchie légitime voulussent, dans la première session de la première Chambre formée en exécution de la Charte, porter une atteinte si profonde à la monarchie. Et pourquoi? Pour payer cent francs avec soixante. « Jamais, en effet, s'écriait-il, le Roi ne ferait une telle propotion. Les Rois ne dédaignent pas l'honneur d'une obéissance passive à leurs engagements ; ils ont de plus hautes et de plus nobles pensées que les nôtres ; et, quand on étale à leurs yeux les avantages et les profits des résolutions vulgaires, ils savent répondre comme Alexandre : « Et moi aussi, si j'étais Parmé« nion ; » comme le roi Jean : « Si la justice et la bonne « foi étaient bannies de la terre, on les retrouverait dans la « bouche et le cœur des Rois. »

Paroles solennelles, entre l'éloquence et l'emphase, qui dans leur dédain absolu pour les choses matérielles faisaient trop bon marché des souffrances et des intérêts des contribuables, que les Rois eux-mêmes sont astreints à respecter. La partie de cette argumentation qui avait quelque chose de vraiment solide était celle qui portait sur l'irrévocabilité d'une loi une fois votée, et sur les droits qu'elle conférait aux créanciers dont la situation se trouvait réglée par une mesure législative. Seulement les défenseurs du projet ministériel allaient trop loin, quand ils déniaient à la Chambre le droit de rechercher les moyens les moins ruineux de faire face à une dette à laquelle on ne pouvait plus subvenir par la combinaison arrêtée dans le budget du 23 septembre 1814, combinaison dont les Cent-Jours avaient détruit les éléments.

Du côté de la droite, on établit d'une manière catégorique

le droit qu'avait la Chambre de s'occuper du budget de 1814, puisqu'il devenait nécessaire de créer des ressources pour acquitter la premier arriéré.

Plusieurs insistèrent sur cette observation, qu'en adoptant le projet de la commission on se ménageait la possibilité de conserver les biens provenant des confiscations sur l'Église, qui pourraient servir à constituer une dotation territoriale au clergé, et à donner à ses membres une dignité et une indépendance incompatibles avec le salaire. Quelque chose de plus : M. de Bonald attaqua ouvertement la loi financière du 23 septembre 1814 comme ayant disposé indûment, en faveur des créanciers de l'État, d'une propriété qui ne lui appartenait pas, les bois des communes, et ses paroles doivent être rapportées :

« Je conçois qu'on ait vendu les biens des émigrés. La terrible maxime, *Væ victis*, première loi du droit public des païens, « qui enlevait aux « vaincus, dit Montesquieu, biens, femmes, enfants, temples et sépul- « tures mêmes, » cet odieux abus de la force, que la religion chrétienne avait banni du moderne droit des gens, y devait être replacé par la Révolution. Je conçois la vente des biens de la religion dans un temps où de détestables maximes la présentaient à des esprits fascinés comme une arme de mensonge et un instrument d'oppression. Je conçois la vente des biens de la royauté; soit qu'on la voulût dépendante, soit qu'on n'en voulût pas du tout, il était conséquent de la réduire à recevoir un salaire. Mais les communes, quel crime leur imputer? Elles n'avaient pas émigré, et, sans doute, on ne songeait pas à les détruire, ces petits États domestiques éléments de l'État public, celtiques avant d'être gaulois, gaulois avant d'être romains. Les communes avaient pu exister avant la monarchie, elles avaient existé sans l'État, et l'État n'avait pu exister sans elles. — Le pouvoir en France, dans aucun temps et sous aucune forme de gouvernement, n'a pas plus le droit de disposer des biens des communes que la commune de disposer des biens des particuliers, que la province de vendre une commune, l'État une province. Cette propriété commune est l'unique moyen de l'indépendance de la commune, elle constitue à proprement parler la communauté; sans elle il n'y a de commun entre les habitants du même lieu que ce qui est commun à tous les habitants du globe, l'air, la terre et le ciel. Dira-t-on qu'on inscrira au grand-livre les communes et le culte pour un revenu de rentes égal à celui de leurs biens vendus? Les communes et la religion possédaient leurs propriétés depuis six, huit et dix siècles ; n'y aurait-il pas plus que de la simplicité à croire que dans huit ou dix siècles elles auront encore des rentes au grand-livre? Rappelez-vous la consternation universelle que répandit dans la capitale et le royaume la proposition de loi du 20 mars 1813, qui dépouillait les communes de leurs propriétés. Le scandale parut nouveau, même après tant de scandales. Nous fûmes témoins de la profonde douleur, ou plutôt de la honte des députés au Corps législatif, dont la plupart avouaient qu'ils n'oseraient pas retourner dans leurs provinces, s'ils avaient la faiblesse de consentir à cette monstrueuse iniquité. Vous savez les ressorts qu'on fit jouer. Les suppôts de la tyrannie y employaient tout leur art ; les promesses et les menaces furent mises en usage. Pour la première et dernière fois, Bonaparte compta soixante-quinze opposants. Et c'est en présence du retour de cette race bienfaisante dont les ancêtres ont affranchi les communes, que les ministres vous proposent de les dépouiller ! »

Ces paroles firent une profonde impression sur l'assemblée. M. de Bonald traita aussi la question de métaphysique politique contre M. Royer-Collard et M. de Serre ; il fit une distinction entre les lois morales et politiques dans lesquelles, d'après lui, l'initiative de chaque article appartenait au Roi d'une manière absolue, et les lois de finances dans lesquelles le roi indiquait la quotité de la somme nécessaire, soit pour fournir aux dépenses productives, soit pour apurer des dettes, en laissant à la Chambre, qui représentait plus particulièrement les intérêts des contribuables, le choix des moyens à employer pour asseoir cette somme et la répartir. « L'assiette et la répartition de l'impôt, ajoutait-il, ont toujours été le droit le plus ancien et le moins contesté de la nation dans ses antiques assemblées, et de nos jours encore, lorsque le Roi demandait, sous la forme de don gratuit ou toute autre, une subvention extraordinaire aux pays d'états ou au clergé, il laissait à leurs assemblées le choix des moyens de l'asseoir ou de la répartir. » Puis venait un retour agressif contre cette peur exagérée, selon l'orateur, du système de la confiscation « pratiqué par les peuples les plus sages, peur qui avait fait rejeter, contre les vœux unanimes de la nation, les indemnités qu'une justice rigoureuse prescrivait d'exiger sur les biens de ceux qui ont, au mépris de leurs derniers serments, accumulé sur leur patrie des maux tels, que depuis les invasions des Huns et des Vandales aucune société n'en avait éprouvé de pareils. »

J'ai dit ailleurs combien cette idée d'indemnités à exiger des auteurs et fauteurs du 20 mars était entrée profondément dans l'esprit des hommes de la droite, qui voyaient le Roi se priver de plus du tiers de sa liste civile, et les fonctionnaires dépouillés d'une partie de leur traitement pour contribuer à combler le gouffre financier creusé par le 20 mars. Dans les mémoires que M. Lainé avait envoyés à Gand, cette idée était, on l'a vu, acceptée comme équitable [1]. Il faut ajouter que, dans la conviction des hommes de la droite, l'abolition de la confiscation, dont la première pensée avait paru dans le projet de constitution sénatoriale, avait eu pour objet de préserver les biens des conspirateurs en cas de révolution. C'est ce que M. de Bonald disait de la manière la plus formelle dans la phrase si souvent attaquée : « Nous ne nous sommes pas mépris sur le motif de tant d'humanité. Ceux qui ont inspiré l'abolition de la confiscation pratiquée chez les peuples les plus sages, gorgés de confiscations eux-mêmes, craignaient qu'on

---

1. Quelques historiens ont demandé comment il pouvait se faire que les hommes de la droite, qui condamnaient les confiscations de 1793 et de 1794, pussent réclamer des confiscations en 1816. Tout en restant convaincu que ceux qui combattaient l'idée de la confiscation appréciaient plus sainement les dangers du principe dont on a tiré tant de conséquences désastreuses, il est juste de faire observer qu'on ne saurait admettre cette comparaison. Demander que des hommes atteints de condamnations judiciaires pour avoir participé à des actes définis et constatés fussent frappés d'une peine pécuniaire proportionnelle à leur part de responsabilité dans ces actes qui avaient grevé l'État de charges immenses, c'était autre chose que de prononcer la confiscation en bloc des biens du clergé sous le prétexte que l'État en avait besoin, et la confiscation des biens de la noblesse par cela seul que les émigrés avaient quitté un sol où ils ne pouvaient demeurer sans péril pour leur vie.

ne tournât un jour contre eux la loi dont ils avaient si amplement profité. » L'impression du discours de M. de Bonald fût votée à six exemplaires, ce qui était le maximum autorisé par le règlement.

Un remarquable discours de M. de Villèle exerça une grande influence sur le vote. Il se terminait par des conclusions motivées qu'il importe de reproduire, parce qu'elles contiennent la substance de l'argumentation de l'orateur, et les principales raisons qui fixèrent les résolutions de la droite; les voici :

« Je vote contre le projet du ministre, parce que je trouve injuste de vendre les biens des communes sans leur consentement et contre leur droit et leur intérêt; parce que je crois dangereux de réduire le prix vénal des propriétés en France par la concurrence d'une aussi grande masse de ventes de bois dans un moment où l'on a tant de sacrifices à demander aux propriétaires; parce que les créanciers ne pouvant, pour la plupart, acheter ces mêmes bois, ils seront forcés de passer à vil prix leurs créances à des compagnies de capitalistes, qui, après avoir fait la loi aux créanciers, la feront encore à l'État pour l'achat de ces bois; parce que la loi de 1814, dont le ministère veut s'autoriser pour continuer les ventes, n'a pensé qu'aux intérêts de quelques-uns des créanciers de l'État, tandis que la justice exige que tous soient également traités; parce que cette loi a été si bien rapportée par la force des événements malheureux arrivés depuis, que le ministère lui-même qui réclame son exécution ne l'exécute pas, puisqu'il n'émet pas, comme cette loi le lui ordonne, cent millions de bons sur la place pour les cent millions de créances déjà liquidées, attendu que cette émission prouverait seule, par la perte des bons royaux, que les créanciers n'ont rien à gagner à l'exécution de cette loi.

« Je vote aussi contre le projet du ministre, parce qu'il demande aux propriétaires 1 fr. 30 c. en sus du principal de leur contribution, ce que je crois inexécutable après les malheurs qui les ont accablés en 1815.

« Je vote enfin contre le projet du ministre, parce qu'il tend à nous faire faire dans des circonstances aussi difficiles l'essai périlleux de six nouveaux droits assez peu mûris pour avoir excité les réclamations générales dans tout le royaume, et avoir été changés deux fois avec de nouvelles combinaisons par leur auteur lui-même, sans réunir plus de suffrages en leur faveur.

« Je vote pour le projet de la commission, parce qu'il me paraît résoudre de la manière la moins funeste à mon pays et la moins onéreuse aux contribuables le triste problème dont la solution était imposée au budget de la France en 1816. »

L'effet de ce discours fut considérable, la séance demeura suspendue. Félicité par ses amis, qui acclamèrent son discours, M. de Villèle vit venir à son banc le ministre des finances, M. Corvetto, qui crut devoir lui demander la copie de ses conclusions motivées. Chose étrange! ce discours qui fut l'événement de la discussion ne parut au *Moniteur* que tronqué par une analyse d'une brièveté qui touche à l'infidélité; les conclusions motivées sont seules reproduites *in extenso*. Le ministre craignit-il l'effet qu'il pouvait produire sur le Roi[1]?

La majorité semblait devoir échapper au ministère dans la question du budget. Cependant des dissidences s'étaient manifestées jusque dans la commission sur l'arriéré et la consolidation forcée imposée aux porteurs des créances dont il se composait. La délicatesse et la religion de plusieurs, le respect qu'inspiraient les droits de l'initiative royale à tous, le souvenir de ce qui s'était passé pour la loi d'élections, déterminèrent la commission à consentir à une transaction, dont un membre de la majorité, M. de Roncherolles, avait suggéré l'idée première, que la commission accueillit, et que le ministère accepta de son côté[2]. Il fut convenu que le

---

1. C'est l'explication que donne M. de Villèle lui-même dans ses notes manuscrites, où il va jusqu'à parler d'une omission dont il ne s'aperçut que vingt-quatre ans après.

2. Le *Moniteur* du 2 avril contient le texte de la proposition de M. de Roncherolles : « L'arriéré sera acquitté au choix des créanciers, soit en reconnaissances de liquidation non négociables portant intérêt à 5 pour 100, et dont le payement sera réglé dans le budget de 1820, soit en inscriptions sur le grand-livre avec jouissance du semestre dans lequel aura été prise l'inscription. »

M. de Roncherolles ajoute : « Un grand nombre de mes collègues m'engageaient à faire une proposition à la tribune où mon tour d'inscription m'appelait

rapporteur présenterait à la chambre de nouvelles conclusions, et qu'en maintenant la consolidation en principe, on laisserait aux créanciers liquidés la faculté de conserver le titre de leurs liquidations, portant intérêt à 5 pour 100 avec remboursement du capital, suivant le mode qui serait réglé en 1820, lorsque la France aurait achevé de payer la contribution de guerre. Les créanciers qui préféreraient faire consolider leur créance jouiraient de cette faculté pendant six mois. On eut quelques peines à ramener toutes les nuances de la droite à cette transaction. Les membres les plus ardents voulaient renverser le ministère; d'autres, absolus dans leurs idées, n'entendaient se prêter à aucune transaction. Il fallait faire entendre raison aux opposants, car avec une indépendance d'esprit qui se trouva rarement au même degré dans les assemblées politiques qui suivirent, la Chambre de 1815, pour céder à ses chefs, voulait être convaincue. Le 23 mars, M. de Corbière apporta à la tribune ses nouvelles conclusions. Après avoir analysé, avec une grande modération de termes, une discussion qui avait été si vive, il émit l'avis qu'on pourrait arriver à une entente en rendant la consolidation facultative, et en laissant aux sessions prochaines le droit de statuer sur le sort de ceux qui n'auraient pas voulu s'y soumettre.

A peine était-il descendu de la tribune, que le ministre des finances y monta et s'exprima ainsi :

« La loi du 23 septembre 1814 avait réglé le sort d'une grande partie des créanciers de l'État. Le gouvernement était chargé de l'exécuter. Il ne devait pas la mettre en problème; la fidélité aux engagements contractés a dirigé sa conduite. Un gage était assuré à ces créanciers; des

le 20 mars. J'ai préféré la soumettre à la commission des finances qui l'a adoptée à une grande majorité dans sa séance du 20 mars, et a chargé MM. de Bourrienne et Feuillant de s'entendre avec moi pour la rédiger en articles. Ce sont presque textuellement ceux que le ministère a proposés et qui ont été adoptés dans la séance du 23 mars. »

questions incidentes, mais de la plus haute gravité, se sont élevées sur ce gage. On a discuté les titres primitifs des communes; on a craint la diminution du domaine forestier. La suffisance matérielle du gage est restée; mais sa valeur morale, s'il est permis de s'exprimer ainsi, est altérée. Il serait maintenant difficile de répondre de l'exécution de la loi. Un vœu s'est formé dans le sein de la commission de la Chambre. Des communications franches ont mis les ministres à portée d'en rendre compte au Roi. On réunirait les deux arriérés; l'atermoiement fixé par la loi du 23 septembre à trois ans pourrait, en raison des circonstances, être prolongé à cinq; un intérêt serait payé aux créanciers, la faculté d'inscription leur serait accordée; les deux Chambres statueraient en 1820 sur le mode de l'acquittement définitif de la dette.

« Le prix des biens des communes et des bois domaniaux cesserait d'être applicable à cet acquittement, et les biens non vendus, au lieu de revenir à la caisse d'amortissement qui va recevoir une autre existence, seraient remis à la disposition des communes. Les ventes déjà faites demeureront inviolables sous la garantie des lois fondamentales du royaume. Le Roi a pensé que ce projet et les dispositions accessoires qui s'y rattachent concilieront, autant que les circonstances le permettent, les droits des tiers et les intérêts de l'État. Il n'a pas voulu attendre que le vœu de votre commission pût être porté au pied du trône dans les formes accoutumées. Sa royale initiative est assez sollicitée par l'urgence des circonstances. Le bien public avant tout, tel est le premier besoin de son cœur. »

Le ministre lut ensuite le dispositif[1]. Au moment où il

---

1. Voici les dispositions nouvelles qui remplaçaient les articles supprimés :
Art. 17. Les créances antérieures au 1er avril 1814, et les dépenses restant à acquitter sur le service des neuf derniers mois de 1814 et sur l'exercice de 1815, en excédant des recettes de ces deux derniers exercices, seront réunies sous le titre d'arriéré antérieur à 1814.
Art. 18. Les créances arriérées pour lesquelles il n'a pas encore été délivré d'obligations, en exécution de la loi du 23 septembre 1819, continueront à être liquidées conformément aux lois existantes et dans les formes déterminées par nos ordonnances.
Elles porteront intérêt à 5 p. 100 sans retenue, payable par semestre, à compter de la publication de la présente loi, quelle que soit l'époque de la liquidation.
Il sera délivré aux créanciers liquidés des reconnaissances du moment de leur liquidation. Ces reconnaissances ne seront pas négociables et ne pourront être transportées que dans les formes déterminées par la loi pour des cessions d'obligations entre particuliers.
Art. 19. Les propriétaires de ces reconnaissances auront la faculté de les

arriva à l'article 20 du projet de loi ainsi conçu : « La loi du 27 mars 1814 et du 23 septembre de la même année sont rapportées en ce qu'elles ont de contraire à la présente loi, » de longs applaudissements éclatèrent, et, dans toutes les parties de la salle, le *Moniteur* le constate, des cris de : *Vive le Roi!* retentirent. Quand le ministre ajouta, en élevant la voix : « La vente des biens de l'État cessera d'avoir lieu, et les biens des communes seront remis à leur disposition, comme ils l'étaient avant les présentes lois, » de nouvelles acclamations s'élevèrent. On demanda à aller aux voix, et le nouveau mode proposé pour la liquidation de l'arriéré fut adopté à l'unanimité, moins une voix.

Cette unanimité qui se produisait à la fin du débat témoigne en faveur du plan financier proposé par la commission et défendu par la droite ; pour que ceux qui l'avaient si vivement attaqué l'acceptassent, il fallait qu'il n'eût pas tous les défauts et tous les inconvénients dont on l'avait accusé. Au fond, il n'y avait qu'un point sur lequel l'argumentation de la majorité n'eût pas été péremptoire, la liquidation de l'arriéré, et surtout du premier arriéré antérieur à 1814, et l'amendement de M. de Roncherolles accepté par la commission donnait satisfaction aux objections légitimes. La solution nouvelle, motivée par l'incertitude où l'on était encore sur l'étendue de l'arriéré, en rendant la consolidation seulement facultative et en laissant les créanciers libres de conserver leurs titres jusqu'en 1820, avec un intérêt annuel de 5 pour 100, et en

---

échanger contre des inscriptions de leur montant au grand-livre de la dette publique. Celles des reconnaissances qui n'auront pas été inscrites seront acquittées suivant le mode qui sera fixé dans la session de 1820.

Art. 20. Les lois du 20 mars 1813 et 23 septembre 1814 sont rapportées en ce qu'elles ont de contraire à la présente.

En conséquence, la vente des bois de l'État cessera d'avoir lieu, et les biens des communes non encore vendus seront remis à leur disposition, comme elles l'étaient avant lesdites lois.

renvoyant à la France, affranchie des charges douloureuses sous lesquelles elle succombait, le soin de décider le mode du remboursement du capital, était à la fois la plus légale, la plus constitutionnelle, la plus politique.

Le président, qui, l'émotion une fois calmée, avait exposé la situation résultant des nouveaux articles substitués aux anciens, et constaté que la Chambre trouvait dans ce dénoûment, « qui consacrait l'initiative royale, l'avantage de ses discussions et le prix de ses efforts, » fit remarquer qu'après avoir fermé les questions de l'arriéré par un vote, il fallait passer à celle de l'emprunt des 100 millions pour le remboursement desquels le ministère et la commission offraient des moyens différents, le ministère un impôt de 50 centimes additionnels aux quatre contributions directes, la commission la consolidation. Ce fut encore la commission qui l'emporta, sur l'observation de M. de Corbière, qu'il ne fallait pas faire rembourser les grands contribuables par les petits. Il ajouta qu'il y aurait une foule de prêteurs qui se feraient un honneur et un bonheur de renoncer à leur remboursement. Cet appel à la générosité française, tombant dans une Chambre qui comptait tant de grands propriétaires, fut entendu. Une foule de voix s'écrièrent : « C'est vrai ! » Un plus grand nombre encore répétèrent à l'envi : « Nous... Nous. — Nous tous[1] ! »

Dans cette séance du 23 mars, au moment où la majorité de la chambre et le gouvernement s'entendaient ainsi sur le budget, on vit monter M. le duc de Richelieu à la tribune ; il venait annoncer à la Chambre le mariage prochain de M. le duc de Berry avec la princesse Marie-Caroline des Deux-Siciles, issue comme lui de Louis XIV et dans les veines de laquelle coulait le sang de la grande Marie-Thérèse. Le ministère proposait à la Chambre au nom du Roi de voter

1. *Moniteur* du 24 mars.

une somme annuelle d'un million pour servir d'apanage au duc de Berry; mais, sur la demande du duc de Berry et par l'expresse volonté du Roi, cette somme devait être réduite à 500 mille francs, pour ne pas augmenter les charges de la France. Cette communication fut accueillie par les acclamations de l'Assemblée, sauf l'article qui diminuait de moitié pendant cinq ans la somme allouée au prince. Des cris de : *Vive le Roi!* s'élevèrent. On nomma une députation pour féliciter le Roi, Monsieur, Monseigneur le duc de Berry, et la Chambre décida tout d'une voix, sur la proposition de M. de Kergorlay, que son président, M. Laîné, serait chargé de la rédaction de l'adresse. Il y eut naturellement des discours échangés. La Chambre des pairs, par la bouche du chancelier, la Chambre des députés, par la bouche de son président, félicitèrent chaleureusement le Roi, Monsieur et le duc de Berry. Le duc d'Angoulême ne semblait pas appelé à avoir un héritier, il était naturel et juste que la maison de Bourbon, en se donnant un avenir, songeât à en donner un à la France, dont la destinée semblait attachée à la sienne. Tous les corps de l'État suivirent l'exemple donné par les deux grands corps politiques. On remarqua, dans les réponses du duc de Berry à la Chambre des pairs et à la Chambre des députés ce sentiment qui revenait toujours : « Si j'ai des enfants, ce que j'espère, ils naîtront avec des sentiments d'amour pour les Français, qui sont innés dans ma famille. »

La Chambre, de son côté, vota par acclamation la rente d'un million demandée pour le duc de Berry, et supprima tout d'une voix l'article qui la réduisait à 500 mille francs pendant cinq ans; ce fut aux cris de : *Vive le Roi!* que la loi, ainsi amendée, fut votée. Cet enthousiasme n'avait rien d'affecté ni d'exagéré. Dans cette Chambre ardemment royaliste, le cri de : *Vive le Roi!* n'était pas une vaine formule, il partait du cœur. A la fois indépendante et dévouée, la Chambre de 1815 votait selon son honneur et sa conscience; mais la liberté de ses votes n'ôtait rien à la vivacité de ses sentiments. Le duc de Richelieu annonça à la Chambre que le Roi, touché de ses sentiments, ne pouvait repousser plus longtemps ses vœux et acceptait la loi telle qu'elle l'avait votée; mais il ajouta que les 500 mille francs seraient, d'après le vœu formel du duc de Berry, partagés pendant cinq ans entre les départements qui avaient le plus souffert de la guerre. Les acclamations redoublèrent. Cette lutte de générosité entre les Bourbons et la France avait quelque chose de touchant qui remuait le cœur de l'Assemblée.

Après le vote de la dotation du duc de Berry, la discussion du budget continua. La majorité avait désormais conquis l'ascendant sur le ministère; et, comme les esprits hésitants vont à la force, on remarqua que, le lendemain du vote sur l'arriéré, les bancs où siégeait la majorité suffisaient à peine à recevoir les nouvelles recrues qui s'y pressaient, tandis que les bancs ministériels presque vides étaient réduits aux fonctionnaires[1]. A cet aspect, un cri de triomphe qui révèle le motif et la portée du vote échappe à M. de Villèle dans sa correspondance intime : « Le ministère, s'écrie-t-il, a été battu par nos raisons de manière à ne pouvoir plus rien objecter. Le funeste système financier de l'abbé Louis est enfin renversé. Nous ne verrons plus les biens de l'État sacrifiés à la poursuite fantastique d'un crédit imaginaire fondé sur la régularisation impossible d'un passé si fécond en spoliations et en voleries de toute espèce. »

Tout n'était pas dit. Il s'agissait d'adopter ou de rejeter les six nouveaux impôts proposés par le ministère et fortement combattus par M. de Corbière. La discussion publique leur fut encore plus défavorable que celle des bureaux. M. Becquey,

---

1. M. de Villèle fait cette remarque dans sa correspondance. (Documents inédits.)

malgré ses liens avec le ministère, convint que de tous les points de la France des réclamations s'étaient élevées contre ces nouveaux impôts, et, tout en déclarant que le doublement des patentes laissait beaucoup à désirer, il l'accepta comme préférable au projet ministériel[1]. Les six nouveaux impôts furent rejetés à une immense majorité et le projet de la commission adopté.

Les choses en étaient là lorsque la discussion sur la loi des élections, qui avait été portée à la Chambre des pairs, aboutit au rejet du projet de la Chambre des députés comme du projet ministériel. Il est inutile d'insister sur les motifs qui furent donnés de part et d'autre ; la discussion avait été trop longue et trop complète à la Chambre des députés pour que de nouveaux arguments pussent jaillir de ce nouveau débat. Les motifs sur lesquels s'appuya surtout la Chambre des pairs pour rejeter la loi d'élections faite par la Chambre des députés furent l'atteinte portée à la Charte, dont il n'appartenait pas à l'Assemblée élue de reviser les articles sans être directement saisie de cette révision par l'initiative royale, et l'atteinte portée à l'initiative royale elle-même, qu'on avait méconnue en revisant ces articles malgré le retrait tacite de l'ordonnance du 14 juillet, retrait résultant de la présentation du projet de loi électorale. On arrivait à la fin de la discussion du budget, probablement à la fin de la session ; la France paraissait menacée de se trouver sans loi électorale entre la législation provisoire épuisée par la nomination de la Chambre de 1815 et les deux projets qui avaient été repoussés par la Chambre des pairs, à la majorité de 89 voix contre 57. Les chefs de la majorité dans la Chambre élue avaient à peu près ouvertement annoncé que, si on laissait les choses dans cette situation arbitraire, ils prendraient l'initiative d'une adresse au Roi, afin

---

1. Séance du 1er avril 1816.

d'obtenir de lui la présentation d'une nouvelle législation électorale avant la clôture de la présente session. L'un d'entre eux[1], aux paroles duquel la modération connue de son caractère donnait un nouveau poids, s'était formellement exprimé dans ce sens. Il tint parole, et dans le comité secret du 4 avril il déposa une proposition tendant à présenter une supplique au Roi, afin qu'il pourvût législativement à la lacune constitutionnelle existant par l'absence de toute loi d'élection. La Chambre avait autorisé le développement de cette proposition pour le 5 avril, lorsque M. Decazes avertit, le matin même, M. de Villèle que cette lacune serait remplie dans cette séance du 5 par une proposition royale; par suite, il l'engageait à renoncer au développement de sa proposition. En effet, au jour marqué, les ministres de l'intérieur et de la police appelèrent, en entrant à la Chambre, M. de Villèle pour lui communiquer le projet de loi. M. de Villèle fit des objections contre plusieurs lacunes[2]. Néanmoins des voix officieuses allèrent répétant dans l'assemblée que le projet avait été concerté avec M. de Villèle[3]. On a agité la question de savoir s'il y avait quelque vérité dans cette allégation reproduite de nos jours par des historiens sur les communications et les notes fournies par M. Decazes. Ce que celui-ci affirme, M. de Villèle le nie. Sans vouloir peser la valeur de ces deux témoignages en pré-

---

1. « J'ai vu M. Ferrand, écrivait M. de Villèle à Toulouse en racontant les pourparlers des députés avec les pairs, pendant que ces derniers discutaient la loi électorale, il m'a dit plus d'une fois : « Mon Dieu ! monsieur, qu'il est mal« heureux que nous ne sachions pas ce que veut le Roi ! » Je lui ai répondu qu'il s'agissait de savoir ce que devait vouloir la Chambre des pairs, et que c'était le cas de profiter d'une occasion où on ne lui donnait pas une volonté toute faite. J'ai ajouté que, si la Chambre des pairs ne votait pas une loi d'élection, la nôtre ou une autre, qui garantît la vérité et la sincérité des choix, je demanderais à la Chambre des députés de suspendre la discussion du budget pour faire une adresse directe au Roi, afin d'obtenir cet acte de justice. »

2. Récit de M. de Villèle dans sa correspondance.

3. M. de Villèle ajoute en racontant ces détails : « C'est avec ces menées que M. Decazes gouvernait. »

sence de deux tombeaux récemment fermés et de familles survivantes, je me contenterai de dire que la vraisemblance, qui dans des questions pareilles doit faire loi, est tout à fait en faveur de l'affirmation de M. de Villèle. Quelle apparence y a-t-il à ce que MM. de Villèle et de Corbière, qui dans la question de la loi d'élections avaient attaché comme toute la droite une importance capitale à ce que la Chambre ne pût être renouvelée par cinquième, et à ce que les articles de la Charte déclarés susceptibles de révision par l'ordonnance du 13 juillet conservassent ce caractère, aient tout à coup abandonné ces deux points, au moment même où le ministère venait de faire rejeter à la Chambre des pairs la loi électorale votée par la Chambre des députés[1]? Toutes les probabilités historiques sont contre cette version, et le mot qu'on prête au Roi disant à MM. Decazes et de Vaublanc : « Allez, et portez-leur le rameau d'olivier, » ne prouve qu'une chose, en cas qu'il ait été dit, réserve qu'il faut toujours faire pour les mots historiques si souvent inventés après coup pour les besoins de la cause, c'est que le gouvernement croyait proposer à la Chambre une transaction acceptable. Le seul fait incontestable, c'est qu'avant de lire le projet de loi transitoire à la Chambre, les deux ministres firent appeler MM. de Villèle et de Corbière et le leur communiquèrent. L'entendre, ce n'était pas l'approuver. Cette précaution prise, M. de Vaublanc monta à la tribune et donna lecture du projet. Il fit observer que la France se trouvait sans loi relative aux élections; qu'il n'existait que deux ordonnances royales en vertu desquelles la Chambre de 1815 avait été formée. Le Roi croyait à la nécessité d'une loi. Le minis-

---

[1]. Un historien contemporain fait observer que les chefs de la majorité royaliste ont contre eux sur ce point un témoignage fort grave, celui de M. de Vaublanc dans ses *Mémoires* imprimés. Mais M. de Vaublanc, malgré la nuance bien prononcée de ses opinions, était un adversaire de la droite dans cette question.

tère proposait donc, au nom du Roi, de donner aux ordonnances des 13 et 21 juillet force de loi, en tout ce qui était relatif à la composition des colléges électoraux, au mode et à la forme des élections, au nombre et à l'âge des députés. Les colléges électoraux, tels qu'ils avaient été convoqués par suite de ces ordonnances, seraient maintenus sans nouvelles adjonctions jusqu'à ce qu'il eût été autrement statué par une loi.

Le 6 avril, la Chambre réunie dans ses bureaux réélut l'ancienne commission; la commission réélue choisit, à son tour, de nouveau, pour rapporteur M. de Villèle, nouvel indice qui achève de prouver qu'il n'avait pas accepté le projet ministériel, car il aurait été dans une position trop fausse pour le combattre. Ses amis le pressèrent de hâter son rapport. On conçoit ces instances. La discussion du budget avait marché, il ne restait plus à voter que la loi des douanes, et, pour que la loi d'élections fût délibérée en temps utile, il fallait qu'elle arrivât avant le vote définitif du budget. Le prix qu'attachait la droite à faire intervenir la discussion de la loi d'élection le jour le plus rapproché possible, l'importance qu'attachait le ministère à ne pas dépendre de la Chambre pour le vote du budget quand on discuterait la loi d'élections, devaient amener une scène pénible et fâcheuse entre la majorité et le président de la Chambre.

Le 8 avril, M. Laîné, assis sur le fauteuil, venait de proclamer comme ordre du jour la continuation du budget et la discussion de la loi des douanes, lorsque M. de Villèle demanda à faire le rapport de la loi d'élections. En entrant dans la salle, le rapporteur était monté au fauteuil, il avait prévenu M. Laîné de son intention. Le président objecta que, d'après les termes du règlement, il aurait dû être averti vingt-quatre heures d'avance; or cet avertissement officiel, il est certain qu'il ne l'avait pas reçu dans le délai réglementaire. M. de Villèle ne le nia pas, et on peut ajouter qu'il était matériellement impossible qu'on eût donné et reçu cet avertissement en temps utile ; en effet, la Chambre n'avait nommé la commission que le 6 avril, celle-ci avait dû nommer son rapporteur, lui donner le temps de rédiger son rapport et en écouter la lecture, et c'était le 8 avril que M. de Villèle se présentait à la tribune, demandant à être entendu. Il se bornait donc à affirmer que dès le 6 avril il avait dit à M. Laîné qu'il serait probablement prêt pour la séance du 8 avril, avertissement hypothétique, car la commission n'avait pas encore approuvé le rapport. Tous ces détails s'effaçaient devant le droit incontestable et absolu qu'a toujours une assemblée de fixer son ordre du jour. Ce fut la thèse de M. de Bouville, qui parla avec beaucoup de sens, de convenance et de modération. M. de Villèle s'établit sur le même terrain et demanda formellement à être entendu ; seulement il ajouta que M. Laîné avait exprimé la ferme intention de faire tous ses efforts pour rejeter la discussion de la loi électorale après celle du budget, ce qui commença à indisposer le président. Un de ces hommes ardents et fougueux qui portent dans leur esprit un rayon du soleil brûlant de leur pays, M. Forbin des Issarts, se jeta malheureusement à la traverse, et, interrompant le président, il cria de son banc que M. Laîné avait été averti. Après l'affirmation contraire de M. Laîné, c'était une inconvenance ; cette inconvenance devint une offense quand, M. Laîné ayant réitéré son affirmation, M. Forbin des Issarts renouvela son interruption et s'écria que le président, quoi qu'il voulût bien dire, savait positivement que M. de Villèle demanderait à lire son rapport. A ces mots, un violent tumulte s'éleva dans l'assemblée, et M. Laîné rappela M. Forbin des Issarts à l'ordre. Le tumulte augmenta, et M. Forbin des Issarts dénia hautement à M. Laîné le droit dont il venait d'user à son égard, ce qui n'empêcha pas le président de maintenir le rappel à l'ordre comme il y était autorisé par le règlement. Il était évident que la forme allait emporter le fond.

Le fond, on vient de le voir, était peu de chose. J'ai dit le motif de l'importance qu'attachait la droite à faire prévaloir pour le dépôt du rapport et pour la discussion le jour le plus prochain. Elle éprouvait donc une vive impatience contre son président, qui l'arrêtait avec un article du règlement, et cette impatience se nuança de mécontentement, parce qu'on savait M. Laîné plus favorable aux idées du ministère qu'à celles de la majorité. Ce fut dans ces dispositions que M. Laîné trouva la droite quand, après le tumulte qu'avait excité le rappel à l'ordre de M. Forbin des Issarts, il fut obligé de consulter la Chambre sur la fixation de l'ordre du jour. Il ne cacha point qu'il faisait du résultat du vote une affaire personnelle. « Je vais mettre la question aux voix, dit-il, je crois que le règlement et surtout que les procédés ne permettent pas que le rapport soit fait aujourd'hui, et que l'urgence n'est pas telle, qu'il ne puisse être remis à demain. »

Sans doute, la majorité aurait fait acte de sagesse en obtempérant au désir de son président. A tous les points de vue, M. Laîné méritait cet acte de déférence; au point de vue politique, il aurait été habile de ne pas arriver à une rupture avec un pareil homme. Mais les assemblées sous le coup d'une vive émotion entrent difficilement dans ces tempéraments. La majorité, irritée de l'obstacle mis à son initiative souveraine, décida que le rapport sur la loi d'élections serait immédiatement entendu. Au moment où M. de Villèle montait à la tribune, M. Laîné descendit du fauteuil en disant d'une voix qui trahissait son émotion : « L'état de ma santé ne me permettant pas de continuer la présidence, je prie M. de Bouville, l'un des vice-présidents, de vouloir bien me remplacer au fauteuil. » Dans la pensée de M. Laîné, c'était sa démission qu'il donnait.

M. de Villèle lut son rapport, qui concluait à l'adoption de la loi présentée par le Gouvernement, mais avec de graves modifications. Après avoir insisté sur l'importance de la loi qui déciderait de la réalité ou de l'apparence du Gouvernement représentatif, il cita les termes de l'ordonnance du 13 juillet qui avait investi la Chambre du droit dont elle usait. Ces termes étaient positifs. Le Roi avait dit que, résolu à modifier, conformément à la leçon de l'expérience et au vœu bien connu de la nation, plusieurs articles de la Charte relatifs aux élections, et convaincu en même temps qu'aucune modification à la Charte ne devait avoir lieu que dans les formes constitutionnelles, il avait voulu que les dispositions de l'ordonnance du 13 juillet devinssent l'objet des premières délibérations de la Chambre[1]. C'était là le titre d'investiture de la Chambre, elle avait été nommée pour concourir à la loi électorale et à la révision des quatorze articles de la Charte relatifs à ce sujet. Elle n'avait pu accepter la loi présentée par le ministère le 18 décembre 1815, loi conforme en tout point aux principes posés par un des ministres chargés de la défendre, et qui n'avait pas craint de dire que « le pouvoir électoral devait être subordonné et dépendant. » La Chambre n'avait pas cru que des députés appelés par la Charte à voter librement les impôts, à vérifier les dépenses de

---

1. Voici le texte même de cette ordonnance.

« Nous avons annoncé que notre intention était de proposer aux Chambres une loi qui réglât les élections des députés des départements. Notre projet était de modifier, conformément à la leçon de l'expérience et au vœu bien connu de la nation, plusieurs articles de la Charte touchant les conditions d'éligibilité, le nombre des députés et quelques autres dispositions relatives à la formation de la Chambre, à l'initiative des lois et aux motifs de ses délibérations.

« Mais, voulant cependant que dans aucun cas aucune modification à la Charte ne puisse être définitive que d'après les formes constitutionnelles, les dispositions de la présente seront le premier objet des délibérations de la Chambre.

« Le pouvoir législatif dans son ensemble statuera sur la loi des élections, sur les changements à faire à la Charte dans cette partie, changements dont nous ne prenons pas l'initiative. »

L'article 14 de l'ordonnance était ainsi conçu : « Les articles 16-28 et dernier de la Charte seront soumis à la révision du pouvoir législatif dans la prochaine session du pouvoir législatif.

tous les ministères, à mettre, en certains cas, en accusation les ministres eux-mêmes, pussent être nommés par des colléges électoraux subordonnés aux ministres et dépendants de leur puissance. Adopter ce principe, c'eût été consentir à l'anéantissement de la Charte.

C'est ainsi que M. de Villèle justifiait la Chambre en accusant la singulière prétention émise par M. de Vaublanc dans l'exposé des motifs. Il faisait ensuite l'historique de la discussion de la loi d'élections dans la Chambre; les ministres n'avaient pas pris part à cette longue discussion, préparée par les modifications de la commission, et il avait été facile de voir que la subordination et la dépendance de ce qu'ils appelaient le pouvoir électoral était pour eux une condition sans laquelle jamais aucune loi d'élections n'obtiendrait leur assentiment. Le rapporteur constatait ensuite, non sans amertume, la manière dont la loi amendée par la Chambre des députés avait été présentée à la Chambre des pairs. Contre tous les usages reçus, les amendements votés par la Chambre des députés avaient été portés à l'autre Chambre sans avoir été consentis par le Roi. On n'avait vu rien de pareil ni pour la loi sur les cris séditieux ni pour la loi sur l'amnistie auxquelles la Chambre avait fait de si importants amendements. Enfin la loi d'élections votée par la Chambre élective avait été rejetée en bloc, et sans même avoir obtenu les honneurs de la discussion, par la Chambre héréditaire, sur une simple question préjudicielle, et le ministre, qui d'un mot pouvait lever cette difficulté, avait voté le rejet de la loi qu'une ordonnance royale l'avait chargé de défendre.

Tels étaient, en effet, les précédents, et il faut convenir qu'ils n'étaient pas de nature à prédisposer la Chambre d'une manière favorable envers le ministère. Passant après ce coup d'œil rétrospectif au mode d'élection provisoire présenté pour assurer au Roi le libre exercice de sa prérogative de dissolution, le rapporteur en proposait l'adoption, mais avec deux amendements. Le premier avait pour objet de constater que tous les articles de la Charte que les ordonnances du 13 et du 20 juillet avaient déclarés révisibles conserveraient ce caractère; il était ainsi conçu : « Les ordonnances des 13 et 20 juillet ont provisoirement force de loi dans toutes leurs dispositions. » Le second avait pour objet de suspendre le renouvellement par cinquièmes jusqu'à ce que l'article de la Charte qui prescrivait ce renouvellement eût subi l'épreuve de la révision. Le rapporteur s'autorisait d'un précédent, celui de la Chambre de 1814, dont le renouvellement par cinquièmes fut remis à l'année 1816, parce qu'il ne pouvait être fait légalement que par des colléges électoraux qui n'existaient pas plus alors qu'en 1816, colléges électoraux dont l'article 37 de la Charte stipulait en ces termes la création : « La Chambre des députés sera composée de députés élus par les conseils électoraux dont l'organisation sera déterminée par les lois. » Le rapporteur regardait comme indispensable de prononcer dans la loi que les colléges électoraux provisoires ne pourraient être appelés que dans le cas urgent où le Roi voudrait user de sa prérogative pour dissoudre la Chambre. De là le premier amendement : « Les colléges électoraux tels qu'ils ont été convoqués par suite des ordonnances seront maintenus, sans nouvelles adjonctions, jusqu'à ce qu'il ait été statué sur une loi définitive d'élections qui sera présentée dans la session de 1816. Ils ne pourront être appelés à aucune élection qu'à celles qui seraient nécessitées par une dissolution de la Chambre en vertu de l'article 30 de la Charte. »

Il est facile de comprendre le point de vue auquel s'était placée la commission. Dans la loi provisoire, elle s'était attachée à ne rien compromettre des principes qu'elle aurait voulu faire prévaloir dans une loi définitive ; c'est pour cela qu'elle maintenait la révisibilité par le pouvoir législatif des quatorze articles de la Charte énumérés par les ordonnances du 13 et du 20 juillet 1815. Conséquente avec elle-même, elle refusait de laisser appliquer le renouvellement par cinquièmes contre lequel la majorité s'était prononcée, jusqu'à ce que cette question eût été définitivement tranchée. En un mot, elle se contentait d'assurer au Roi le libre exercice de sa prérogative de dissolution entre les deux sessions, en exigeant que toutes les autres questions restassent entières jusqu'à la loi définitive.

Restait à fixer le jour de la discussion. Ici on retrouva encore l'antagonisme d'idées et de sentiments qui s'était dessiné de plus en plus à mesure que la session marchait. Renvoyer la loi après la discussion du budget, c'était l'exposer à un ajournement indéfini, car, le budget une fois voté, les Chambres sont rarement complètes, et il suffisait au parti ministériel de se retirer, comme il le fit peu de jours après dans une autre discussion[1], pour rendre la délibération impossible. Ce fut cependant ce que proposa, par la voix de M. de Serre et celle de M. Duvergier de Hauranne, la fraction de la Chambre qui marchait le plus habituellement avec le ministère. « Le budget avant tout! s'écria ce dernier; rien de plus pressant que le budget. » M. de Serre insista dans le même sens, ajoutant que « le vote du budget était urgent, nécessaire au salut de la France. » M. de Castelbajac répondit en faisant observer « qu'il y avait des articles du budget renvoyés à la commission et un dernier rapport à entendre. Avant que ce travail fût terminé, on pouvait voter la loi électorale et l'envoyer à la Chambre des pairs. Ce serait donc non une perte, mais une économie de temps. » La Chambre consultée décida que la discussion s'ouvrirait le mercredi 10 avril.

Le 9 avril, au commencement de la séance, M. Laîné, qui occupait le fauteuil, annonça à la Chambre qu'il allait lui lire

---

1. Celle de la proposition relative à la situation du clergé.

une lettre qu'il venait de recevoir de M. le duc de Richelieu. Cette lettre était ainsi conçue : « J'ai rendu compte au Roi de votre intention de quitter les fonctions de président de la Chambre des députés. S. M. m'a chargé de vous prier, et, s'il le fallait, de vous ordonner positivement de sa part de continuer de présider la Chambre au moins jusqu'à la fin de la discussion du budget. J'espère donc que vous ne vous refuserez pas aux désirs du Roi. » Après avoir donné lecture de cette lettre, M. Laîné se contenta d'ajouter : « Cette lettre explique la présence du président au fauteuil. »

Pour comprendre le laconisme de ces paroles, il faut savoir que depuis quelques jours les chefs de la minorité ministérielle se donnaient beaucoup de mouvement pour faire signer par la Chambre une adresse à son président, et que, mécontents de M. Laîné, les membres de la majorité avaient refusé leur concours à cette manifestation. La rupture entre la majorité et M. Laîné devenait irrévocable.

La discussion qui s'ouvrit le lendemain 10 avril ne fut ni longue ni très-fertile en nouveaux arguments. Le thème des orateurs ministériels fut à peu près le même que dans la discussion de la loi d'élections devant les deux Chambres : les amendements de la commission étaient contraires aux principes de la Charte et à l'indépendance de la couronne : contraires à la Charte, parce qu'on proposait à la Chambre de déclarer quatorze articles de la Charte sujets à la révision, et que, par conséquent, on ébranlait leur autorité ; contraires à l'indépendance de la couronne, parce qu'on lui contestait la faculté de se servir de l'article 37 de la Charte, relatif au renouvellement par cinquièmes, et qu'on lui déniait le droit de révoquer tout ou partie d'une ordonnance. Ce fut le fond de l'argumentation de M. Becquey, qui parla le premier. M. Decazes ajouta que, quand bien même le Roi aurait adopté et sanctionné les amendements de la commission, il ne serait pas lié plus qu'il n'était, attendu que les ordonnances de juillet ne prescrivaient pas la révision des quatorze articles de la Charte, elles en déclaraient seulement la révisibilité. « Si le Roi, ajouta-t-il, garde le silence à la prochaine session, que fera la Chambre ? Elle ne peut faire qu'une supplique. Mais le Roi n'est pas lié par une supplique des Chambres ; il n'est pas même lié par une loi sortie de son initiative, s'il ne la sanctionne pas. Le premier amendement de la commission doit donc être rejeté comme inutile. Le second doit être rejeté comme inconséquent. Comment, en effet, des collèges électoraux auxquels la commission reconnaît une existence suffisante pour procéder à des élections générales, ne seraient-ils pas admis comme suffisants pour renouveler, par une élection partielle, un cinquième des membres de la Chambre? En outre, de deux choses l'une : ou le Roi a le droit d'user de cet article, et vous ne pouvez prétendre à l'en dépouiller, ou il ne l'a pas, et vous ne devez pas supposer qu'il songe à l'exercer. » En vain, M. de Vaublanc chercha à ramener les esprits en rendant hommage au bien qu'avait fait la Chambre, et en l'assurant que le Roi et son ministère étaient loin de songer à une dissolution. « Ne croyez pas, dit-il, que ceux qui parlent au nom du monarque aient le désir de se séparer d'hommes qui ont rendu de si grands services à l'État. Vous avez fait taire cette opinion mensongère qui disait qu'en France nous n'avions ni le besoin ni l'amour de l'autorité légitime. L'Europe a appris de vous que la stabilité et la légitimité étaient le premier besoin et le vœu sacré de la France. »

La droite avait répondu par la voix de M. de Castelbajac, au commencement de la discussion, que le titre de l'existence de la Chambre, c'était l'ordonnance du 13 juillet. Elle devait donc maintenir les dispositions de cette ordonnance jusqu'à ce que le pouvoir législatif eût statué sur les questions dont elle l'avait saisie. Où serait la responsabilité ministérielle, s'il dépendait des ministres d'infirmer les paroles solennelles adressées à la France par le Roi, et sa volonté formellement exprimée de saisir les Chambres, à leur arrivée, de la question de révision de certains articles spécifiés? M. de Corbière, à qui M. de Villèle, empêché par une grave indisposition, avait remis ses notes, résuma la discussion. Il fit observer qu'on ne pouvait sérieusement reprocher à la Chambre de lier le Roi par les deux amendements, attendu qu'un amendement de la Chambre n'est pas une loi pour le Roi, mais seulement l'expression d'un vœu. Il retourna ici contre le ministère l'argument de M. Decazes. Puisque l'amendement ne change rien à la situation ; puisqu'en l'acceptant aujourd'hui le Roi n'est pas plus lié qu'il ne l'était hier, pourquoi ne pas le voter? Quant à l'argument relatif aux anciens colléges électoraux qu'on reconnaissait bons pour élire une Chambre entière, mais non pour élire un cinquième, c'est en vain qu'on avait dit : Qui peut le plus peut le moins. « Le principe est vrai, répondait M. de Corbière, mais l'application qu'on en fait est fausse. Il s'agit d'un pouvoir à conférer à d'anciens colléges ; l'étendue de ce pouvoir ne doit pas se mesurer d'après le plus ou moins grand nombre de députés à élire. Le moindre pouvoir est de faire ce qui est indispensable ; le plus grand serait de faire même ce qui n'est pas nécessaire. »

Un murmure d'assentiment accueillit ces dernières paroles de M. de Corbière. La réponse était péremptoire. Il est évident que la droite ne tranchait pas les questions, ce qu'on ne saurait faire par une loi provisoire, elle les réservait. Elle n'enchaînait pas le pouvoir du Roi, elle voulait simplement que les choses restassent entières jusqu'à la loi définitive, et qu'on n'enchaînât pas le pouvoir législatif. Il ne restait plus qu'à aller aux voix. Le nombre des votants était de 322, il y eut 205 boules blanches contre 116 noires : majorité en faveur de la loi, 89.

Quoique la loi provisoire fût votée, on n'était pas beaucoup plus avancé qu'auparavant. « Le Roi a fort sèchement reçu la députation qui lui a porté la loi transitoire, écrit tristement M. de Villèle dans sa correspondance, il paraît que la loi ne sortira pas de son cabinet, et que nous resterons sans loi. » Ce fut, en effet, ce qui arriva. Louis XVIII, blessé de ce qu'on lui contestait la faculté de renouveler un cinquième de la Chambre, préféra supprimer la loi par un coup d'autorité que de la faire rejeter par la Chambre des pairs.

La session marchait rapidement vers son terme. Restait à achever le vote du budget et particulièrement celui de la loi des douanes. Ici le gouvernement et la majorité se trouvèrent à peu près d'accord. Seulement la commission aggrava la sévérité de la répression édictée contre les contrebandiers dans les cas extrêmes : ainsi, la contrebande faite avec attroupement et à main armée devint justiciable des cours prévôtales; cet amendement de la commission prévalut, malgré les efforts de MM. de Serre et Pasquier. La Chambre entendit ensuite le rapport supplémentaire dont M. de Corbière avait été chargé sur les moyens de venir au secours des départements qui avaient le plus souffert de la guerre. On se rappelle que la première idée de la commission avait été de renoncer à toute idée d'indemnité, en se fondant sur ce que les désastres et les pertes s'étaient à peu près équilibrées entre tous les départements. Sur l'observation de plusieurs de ses membres, et notamment sur celles des députés de l'Aube, la Chambre reconnut qu'au milieu du désastre général il y avait eu dans certains départements des désastres tristement privilégiés. M. de Corbière, sans accorder les 50 centimes que le ministère voulait ajouter aux contributions directes, proposa donc à la Chambre d'affecter au soulagement de ces malheurs les 10 millions abandonnés par le Roi sur sa liste civile et les 26 millions de contributions à recouvrer. Cette proposition fut adoptée. Il ne restait plus qu'à voter sur l'ensemble du budget. Quelques esprits excessifs proposèrent de refuser, ou du moins de faire attendre ce vote jusqu'à ce que le ministère eût porté la loi électorale à la Chambre des pairs et l'eût fait adopter. Cet avis ne prévalut point. M. de Villèle explique les motifs du peu de succès qu'il obtint dans la droite. Les membres de la majorité étaient des gens de bien : tous éprouvaient une vive répugnance à exercer une pareille contrainte ; un bon nombre d'entre eux eût refusé d'y recourir. Royalistes et monarchistes, ils auraient cru faillir à leurs principes en commettant cet empiétement sur les droits du Roi et ceux de l'autre Chambre. Les partisans du ministère ne cachaient point à ceux qui n'avaient pas ces scrupules qu'un tel acte de la part de la majorité serait le signal de la dissolution. Enfin, le pays était envahi et dominé par l'étranger, qui attendait le vote du budget pour le payement des indemnités de guerre ; il pouvait se porter aux dernières extrémités s'il était trompé dans son attente.

C'est ici le cas de présenter une remarque générale qui s'applique à toute la session. On a souvent insisté sur les idées excessives de la Chambre de 1815 et sur l'opposition presque factieuse qu'elle aurait faite au gouvernement royal. Rien de cela n'est exact. La Chambre de 1815 a le droit de demander à être jugée, non sur les discours violents de quelques-uns de ses membres qu'elle ne suivait pas dans leurs excès de paroles, mais sur ses actes, c'est-à-dire sur ses votes[1]. Quand vint le vote de l'ensemble du budget, sur deux

---

1. Je trouve le passage suivant dans une lettre écrite par M. de Villèle, pendant que la loi d'élections était devant la commission de la Chambre des pairs : « Quelques têtes chaudes auraient voulu dire : « Point de loi d'élections, point de « budget. » Cette manifestation ne convient point à des gens honnêtes. On peut se servir de cette menace pour obtenir des pairs ce que l'on veut. Mais, au fait et au prendre, notre Chambre est trop royaliste pour se servir de ce moyen. »

cent soixante-trois votants, il n'y eut que six membres qui déposèrent des boules noires. C'est ainsi encore que, malgré le vif mécontentement qu'elle éprouvait contre le ministère, la droite refusa, dans la séance du 30 mars, de voter l'impression d'un discours de M. de la Bourdonnaye, qui, en attaquant le gouvernement, avait dépassé toutes les bornes. Dans la séance, même, où elle vota sur l'ensemble du budget, M. de la Bourdonnaye ayant demandé la parole pour attaquer le ministère au sujet de la loi d'élections provisoire qui restait dans les cartons ministériels, la Chambre se forma en comité secret pour ensevelir cette attaque dans son sein. Ce fut en sortant de cette séance secrète qu'elle vota presque à l'unanimité l'ensemble du budget.

Pour être exact en tout, il faut dire que, quelques jours avant que l'on procédât au vote du budget, le comte d'Artois avait mandé auprès de lui, par ordre du Roi, plusieurs des chefs de la droite, MM. de Villèle, de Corbière, de Bonald, de Bouville, et leur avait dit que le Roi n'était pas mécontent de la Chambre et qu'il la conserverait en entier jusqu'au mois d'octobre, époque marquée pour l'ouverture de la seconde session[1].

Il y eut encore une séance importante après celle du vote du budget, ce fut celle où M. de Kergorlay, rapporteur de la commission chargée du projet de loi sur l'extinction des pensions ecclésiastiques, vint lire son rapport à la Chambre. Les détails qu'il donna sur la situation du clergé étaient de nature à préoccuper gravement tous les esprits religieux. Le concordat avait porté à 50,000 le nombre des places ecclésiastiques qui devaient être remplies pour que les besoins religieux de la France ne restassent pas en souffrance; sur ce nombre, il devait y avoir 30,000 succursalistes, réduits par Bonaparte

---

1. Correspondance de M. de Villèle. (Documents inédits.)

à 26,000. Or il n'y avait que 33,000 places de remplies. Le déficit était donc à peu près d'un quart. Il devait devenir sous peu beaucoup plus considérable; car, d'après les chances de mortalité, dans douze ans il y aurait 27,000 places de plus vacantes. Or, en calculant les vocations ecclésiastiques d'après ce qui s'était passé depuis 1801, il ne se ferait dans ces douze ans que 6,000 nouveaux prêtres. Il n'y aurait donc plus que 12,000 places occupées. Puis venaient des détails sur la position faite aux prêtres. Les succursalistes recevaient 500 francs. Sur les 26,061 succursales établies par Bonaparte, 22,401 seulement étaient occupées, 3,654 étaient vacantes; déplorable économie de 1,827,000 francs, qui, jointe à celle de 5,532,000 francs produite par la retenue faite sur les ministres du culte, rétribués comme pensionnaires, réduisait à 11,630,000 francs les dépenses du culte catholique portées au budget du ministère de l'intérieur, quoiqu'elles dussent être de 18,989,000 francs. Les vicaires ne recevaient absolument rien de l'État; les évêques estimaient que pour les besoins du culte il en faudrait 12,000; il n'y en avait que 5,000. Déficit : 7,000. Aucun traitement n'était fait aux directeurs et professeurs des petits séminaires. Toute la dépense faite par l'État pour ces établissements indispensables à l'éducation ecclésiastique se bornait annuellement au payement de 704 bourses à 400 francs et 1,368 demi-bourses à 200 francs.

Le rapporteur concluait de cet exposé à la nécessité d'augmenter le traitement des succursalistes, de faire un traitement aux vicaires, d'augmenter les fonds pour les séminaires. Rappelant qu'au moment où l'on dépouilla le clergé, le rapporteur de la mesure avait conclu au vote d'un chiffre de 80 millions pour la dépense annuelle du culte catholique, M. de Kergorlay émettait, au nom de la commission, l'idée que les deux tiers de cette somme feraient au clergé une dotation décente et modeste. Il reconnaissait l'impossibilité de les allouer immédiatement, mais voici comment il établissait son calcul. La dépense du culte catholique portée pour 1816 au ministère de l'intérieur montait à 11,630,000 francs; on y ajouterait celle de 1,827,000 francs indûment économisée sur les vacances des succursales auxquelles il faudrait pourvoir. En les additionnant ensemble, ces deux sommes s'élevaient à 13,457,000 francs.

Les rentes viagères montaient à 13 millions 584,000 francs. Les pensions ecclésiastiques, en y comprenant les 5 millions 532,000 francs qui, comme on l'a vu, ne faisaient que remplacer pour les membres actifs du clergé la portion de leur traitement qu'on leur précomptait, s'élevait à 14 millions 580,000 francs. Total : 28 millions 164,000 francs. Le rapporteur proposait de convertir cette somme en rente perpétuelle, au profit des établissements ecclésiastiques. Cette rente, venant s'ajouter aux 13 millions inscrits nouvellement au budget du ministère de l'intérieur, formerait un revenu de 41 millions pour le culte catholique. Ce n'était là, M. de Kergorlay en convenait, qu'un plan d'avenir dont la réalisation se ferait attendre longtemps, puisqu'il ne se réaliserait que par l'extinction des pensions viagères. Que pouvait-on faire en attendant? Restituer les biens du clergé non vendus; c'était une bonne mesure qu'il fallait admettre en principe, mais en laissant au Roi le soin de marquer l'époque où cette restitution serait possible, en stipulant seulement que, jusqu'à cette époque, les établissements religieux recevraient du trésor une somme égale aux revenus de ces biens. Cependant il resterait convenu que, pour 1816, la somme reçue ne s'élèverait pas au-dessus de 5 millions, comme l'avait décidé la commission générale du budget.

Tel était l'ensemble des mesures proposées par la commission dans laquelle s'étaient centralisées toutes les propositions relatives au clergé. On voit que son intention était de donner au clergé une existence honorable, indépendante et assurée, représentée par une somme s'élevant annuellement aux deux tiers des 80 millions que la Constituante avait attribués au culte catholique, c'est-à-dire à environ 52 millions. Cette somme se serait composée de trois éléments : 28 millions de rentes perpétuelles ; 13 millions inscrits au budget du ministère de l'intérieur ; le reste aurait été représenté par la restitution des bois non vendus, et par les donations qui seraient faites au clergé. Mais il faut considérer que c'étaient là des projets d'avenir qui ne pesaient en rien sur un présent déjà si obéré.

Cette proposition, concertée avec la commission générale du budget, fut vivement combattue par M. de Serre. Nul pendant la session ne s'était plus ardemment engagé contre la majorité. Dans cette ardeur y avait-il, comme on l'a dit, de la rancune, et cette anecdote qui le montre mal accueilli sur les bancs de la droite, repoussé comme ayant tenu une conduite équivoque pendant les Cent-Jours et allant planter son drapeau sur les bancs opposés, a-t-elle quelque chose de vrai ? Ce qu'il y a de certain, c'est que dans la Chambre de 1815 elle n'était pas mise en doute. La vie de M. de Serre avait été mêlée aux luttes de l'épée, puis à celles de la parole. Pendant l'émigration, il avait servi dans l'armée de Condé ; rentré en France sous le Consulat, il s'était distingué au barreau, puis était entré dans la magistrature ; il était président de la Cour de Colmar à la fin de la première Restauration. Il avait adopté les idées de M. Royer-Collard sur la prérogative royale, et il traitait les membres de la majorité comme des factieux, sans comprendre qu'il y avait quelque chose de profondément contraire aux véritables principes du gouvernement représentatif à placer sans cesse le Roi devant le ministère qui devait le couvrir. Il refusa à la Chambre le droit de produire ses opinions qu'elle n'imposait pas, mais qu'elle proposait :

« D'une simple assignation de fonds, s'écria-t-il, le projet amendé tire une constitution nouvelle du clergé catholique; de ce clergé, il fait pour la première fois, en France, un corps moral, apte à devenir propriétaire, il lui restitue ses biens non vendus; et l'on appelle cela un amendement! Quant à nous qui avons défendu jusqu'ici la prérogative royale... » Ici les cris de la droite, demandant que M. de Serre fût rappelé à l'ordre pour avoir accusé la Chambre d'attenter à la prérogative de la couronne, interrompirent l'orateur, dont l'éloquence véhémente ne faisait que s'animer au choc des interruptions de l'Assemblée : « Vous devez m'écouter, continua-t-il, je réclame la liberté de discussion qui a été si souvent violée dans cette enceinte. » Les réclamations prirent un caractère si général et si impérieux, que le rappel à l'ordre dut être prononcé; après quoi M. de Serre continuant son discours sans mettre beaucoup plus de mesure dans ses paroles : « Il est plus que temps, dit-il, que la Chambre ramène ses commissaires, qu'elle revienne elle-même à la Charte, aux règlements, à l'ordre, aux principes conservateurs de la liberté, de l'essence même de ses délibérations, conservateurs surtout de la royauté. S'il en était autrement, si l'initiative continuait à être laissée sans défense par les premiers dépositaires du pouvoir, plutôt que de suivre servilement cette marche inconstitutionnelle, antimonarchique, il nous faudrait reconnaître l'impossibilité de prendre une part aux travaux ultérieurs de la Chambre. » L'événement devait bientôt prouver que ce n'était pas là une simple menace?

Après avoir refusé à la Chambre jusqu'au droit d'avoir un avis, M. de Serre discutait cependant cet avis, qu'il avait d'abord repoussé par une fin de non-recevoir. Suivant lui, on violait les canons de l'Église non moins que les lois de l'État quand on voulait faire de l'Église catholique en France un corps moral capable de posséder et d'exercer des droits civils. Il critiquait le mot de restitution appliqué aux biens non vendus du clergé, dont l'État avait légitimement hérité quand les établissements catholiques auxquels ils appartenaient avaient été supprimés, théorie commode et à l'usage des spoliateurs de tous les temps, d'après laquelle il suffisait de détruire des corps pour avoir le droit de s'emparer de leurs biens. « Lorsqu'à la suite de tant de guerres étrangères et civiles, s'écria M. de Serre en terminant, les peuples sont écrasés sous le faix des impôts; lorsque presque tous les services sont plus ou moins insuffisants; lorsque la dette exigible est sans gage, la dette perpétuelle croissante; lorsque le budget du ministère de la guerre, chargé de la dette sacrée des retraites et des traitements provisoires, ne suffit pas avec 180 millions à l'entretien de quarante mille hommes effectifs; lorsque, en rapport des autres puissances, nous sommes sans armée, sans marine, sans commerce; lorsque les clefs de la France, son honneur, sont engagés à l'étranger, qu'il faut payer sa rançon, et que pour sauver l'État les domaines de l'État sont évidemment notre unique ressource, non, non, ce n'est pas le clergé qui fait de pareilles demandes. »

Ce triste bilan de la situation à laquelle les Cent-Jours avaient réduit la France était exact; seulement M. de Serre oubliait que, pas plus que le clergé, la commission ne voulait aggraver la détresse publique dans l'année 1816, qu'elle se contentait de stipuler pour l'avenir, et que la seule question à résoudre était celle de savoir si, dans l'intérêt de la religion et même de la liberté politique, un clergé lié à la chose publique par la propriété, jouissant de l'indépendance que donne une existence assurée, ne valait pas mieux pour le pays comme pour la religion qu'un clergé dépendant et salarié. Du reste, il faut le dire, cette ardeur à signaler toujours la prérogative royale comme attaquée et ce zèle à se porter à sa défense étaient une tactique. C'était moins pour les oreilles du pays et pour celles de la Chambre que l'on parlait que pour les oreilles du Roi lui-même. Louis XVIII n'aimait point à se mêler du détail des affaires ; il laissait volontiers gouverner ses ministres, mais il était jaloux de sa prérogative. C'était donc un coup de partie pour le côté ministériel que de lui donner à penser qu'elle était attaquée. C'est ce qu'on avait fait pour l'amnistie et la loi d'élections, c'est ce qu'on fit encore dans cette circonstance. Lorsqu'il fallut aller au scrutin, la minorité se retira, et la majorité elle-même ébranlée ne resta point entière. On trouva dans l'urne cent cinquante-deux boules blanches seulement contre dix-sept noires ; il aurait fallu cent quatre-vingt-cinq boules pour que le vote fût valable, le scrutin était nul. La droite se contenta de voter le projet du gouvernement en y ajoutant un seul amendement pour la restitution des biens du clergé non vendus. Ce n'était pas en vain que les orateurs de la minorité avaient fait appel à la susceptibilité du roi Louis XVIII. Deux jours après le vote de la loi sur les extinctions ecclésiastiques, le Roi chargea le ministère d'avertir la Chambre qu'il n'acceptait point son amendement pour la restitution des biens du clergé non vendus, et que cet amendement pouvait seulement être envoyé à la Chambre des pairs sous la forme de résolution. Dans la même séance, M. Dubouchage, ministre de la marine, montait à la tribune pour déclarer, au nom du Roi, la session de 1815 close, et annoncer que la session de 1816 s'ouvrirait le 1er octobre. Un long cri de vive le Roi salua ces paroles, et la Chambre se retira à l'instant.

XII

COUP D'ŒIL SUR LES PROCÈS POLITIQUES.—RÉSUMÉ DE LA
SESSION.—JUGEMENT SUR LA CHAMBRE DE 1815.

Avant d'apprécier au moins sommairement la Chambre de 1815, ses travaux, ses tendances, ses actes, il faut enregistrer quelques faits qui, sans faire partie de la session, s'y rattachent étroitement. Les poursuites prescrites par la loi d'amnistie, qui exceptait un certain nombre de coupables du pardon général, avaient amené d'assez nombreux procès. Plusieurs de ces procès eurent une issue fatale. Sans doute presque tous les hommes qui furent condamnés avaient failli à leur devoir ou à leurs serments, et, s'il y en eut qui purent accuser les juges d'avoir appliqué la loi avec une rigueur excessive, leur nombre fut infiniment petit; on ne peut citer que trois procès qui eurent ce caractère, ceux de Lavalette, des frères Faucher et du général Travot. N'y en eût-il eu qu'un seul, ce serait encore trop. Ce qu'on doit dire, c'est que la justice ne sut pas toujours assez s'affranchir de la passion dans ses formes et dans son langage. Ajoutons qu'il eût été possible, puisqu'il s'agissait de faire des exemples, d'en restreindre encore le nombre [1], et de les choisir d'une manière plus politique. On vit dans cette occasion combien M. de Villèle et la commission nommée par la droite avaient eu raison de demander, pendant la discussion de la loi d'amnistie, qu'on

---

1. Je ne parle pas des procès contre les contumaces, comme le général Alix, le général Gilly, le général Grouchy, qui furent rétablis dans tous leurs droits et leurs honneurs par des ordonnances royales à la date du 12 décembre 1818, du 24 novembre 1819 et du 11 février 1820, et du général Poret de Morvan, qui, arrêté le 18 janvier 1816, s'évada et commanda plus tard avec honneur, en 1830, une division de l'armée royale, lors de la conquête d'Alger.

sortît du vague où l'on était resté par l'article qui exceptait de l'amnistie les personnes contre lesquelles des poursuites avaient été ou seraient dirigées avant la promulgation de la loi.

Dans l'Ouest, le général Travot, qui, avant le général Lamarque, commandait pendant les Cent-Jours dans ces provinces au nom de l'Empereur, avait été arrêté, la veille du jour de la promulgation de la loi d'amnistie, quoiqu'il ne fût pas sur la liste des exceptions. Envoyé devant un conseil de guerre présidé par le général Canuel, qui avait combattu dans les rangs des Vendéens à la même époque, non en qualité de général, comme on l'a dit, mais en qualité de volontaire, il fut condamné à mort. Il y avait quelque chose de choquant dans cette rencontre judiciaire entre deux hommes qui venaient de se rencontrer sur le champ de bataille, et il semblait que la main du général Canuel avait depuis trop peu de temps quitté l'épée pour tenir la balance de la justice où l'on pesait la conduite du général Travot. Les avocats du barreau de Rennes, qui avaient défendu le général avec une indépendance bretonne, furent dénoncés à Paris comme ayant dépassé les limites du droit de défense. Le roi Louis XVIII commua la peine du condamné en vingt ans de prison, que devait réduire à deux ans une seconde amnistie obtenue par l'intervention du duc d'Angoulême [1].

A Bordeaux, on instruisit le procès des frères Faucher. Un intérêt mélancolique s'attache à la mémoire des deux jumeaux de la Réole, qui, après avoir traversé la vie sans se séparer un seul moment, moururent sous la même décharge, la main dans la main. J'ai soigneusement compulsé les documents bien

---

1. Le général Rivaud avait voté pour l'acquittement; il l'écrivit au duc d'Angoulême. Le prince lui répondit : « Chacun doit parler suivant sa conscience; soyez persuadé que le Roi ne peut vous en vouloir pour avoir émis une autre opinion que celle de la majorité. » (Lettre du duc d'Angoulême au général Rivaud, citée dans la *Notice* de ce dernier.)

incomplets de leur procès, et j'ai voulu remonter en arrière dans leur vie, pour me faire sur cette cause une opinion motivée. César et Constantin Faucher me sont apparus comme des esprits chimériques, des caractères aventureux, inconséquents, téméraires, mais incapables de crime et capables de générosité. Officiers de dragons avant 1789, touchés par un souffle des idées nouvelles, tout en déplorant les crimes de la Révolution, ils osent, quoique magistrats municipaux, porter, à la Réole, le deuil de Louis XVI et parler de lui avec éloge et regret. Bientôt après, on les voit lever un corps de volontaires et se jeter à corps perdu dans la guerre civile en prenant parti contre les Vendéens. Républicains et couverts de blessures reçues au service de la République, qui les nomme généraux de brigade, ils sont cependant décrétés d'accusation, condamnés à mort ; déjà ils ont le pied sur l'échelle de la guillotine, quand le représentant Lequinio fait surseoir à l'exécution ; le jugement est revisé, et les deux jumeaux sont rendus à leurs foyers. Ils reparaissent après le 9 thermidor, et le Consulat les fait entrer dans les fonctions civiles. Ils se retirent devant l'Empire ; mais quand, en 1814, lord Beresford approche de Bordeaux, ils proposent de se charger de défendre la rive droite de la Garonne contre des Anglais, que le mouvement royaliste appelait. Ainsi engagés, ils se maintiennent dans une vive opposition contre la Restauration, et de là date l'animadversion soulevée contre eux dans Bordeaux, cette ville ardemment royaliste, et d'où César Faucher, à cause de ses propos hostiles, fut obligé de sortir dans les vingt-quatre heures. Le 20 mars les retrouve à Paris. César est envoyé comme représentant à la Chambre des Cent-Jours ; Constantin, élu maire, est investi du commandement de la Réole et de Bazas, par le général Clausel, quand le département est mis en état de siége.

C'est là que prennent place les faits incriminés et qui conduisirent les deux frères à leur perte. Dans la première quinzaine de juillet les deux frères réunis à la Réole comprimèrent l'opinion royaliste indignée de ne pouvoir acclamer le Roi rentré à Paris. Le 21 juillet 1815, une dépêche du général Gouvion Saint-Cyr, ministre de la guerre, arriva à Bordeaux où elle prescrivait la levée de l'état de siége, relevait de leurs fonctions les autorités militaires qui l'avaient établi et ordonnait d'arborer le drapeau blanc. Cet ordre fut transmis aux frères Faucher, et ils obéirent. Mais, le 22, le drapeau blanc fut insulté, renversé, et livré aux flammes à la Réole, par un détachement de troupes qui se rendait de Toulouse à Bordeaux. Dès le 23 les frères Faucher avaient fait rétablir le drapeau royal. Le 24 juillet, les volontaires royalistes de Bordeaux, où la nouvelle de l'insulte dirigée contre le drapeau blanc s'était répandue, en prenant les proportions d'un acte de guerre civile et d'une révolte fomentée par les jumeaux, arrivèrent à la Réole avec des sentiments de colère faciles à expliquer dans ces temps de passions, surtout de la part d'une population dont les sentiments royalistes venaient d'être fortement comprimés. Les jumeaux de la Réole, appréhendant une attaque de la part des volontaires royalistes, armèrent leurs domestiques, et, assistés de quelques hommes, se gardèrent militairement dans leur maison barricadée. Jusque-là, ils n'avaient rien fait qui excédât les droits d'une défense légitime. Mais ils se donnèrent le tort d'écrire au général Clausel une lettre où, lui rendant compte de leur position, ils parlaient avec dédain et insulte des volontaires royalistes, se disaient en mesure de les enlever s'ils n'appréhendaient pas de donner le signal de la guerre civile, et terminaient en prenant les ordres du général Clausel, « sur la marche qu'ils devaient tenir pour venir en aide à la patrie en souffrance. » Le général Clausel commit la faute de transmettre au nouveau préfet de la Gironde, M. de Tournon, la lettre que les jumeaux avaient eu le tort d'écrire. De là une visite domiciliaire, une accusation, et bientôt le renvoi devant le conseil de guerre permanent de la onzième division militaire. Dans les temps de passions politiques, M. de Villèle le fait remarquer, c'est presque envoyer à la mort des hommes compromis au milieu des discordes civiles que de les déférer aux juges; il est très-difficile, en effet, qu'il n'y ait pas eu dans leur conduite des actes qui tombent sous la répression juridique, et la passion, qui pénètre partout, s'arme de la lettre de la loi quand il faudrait écouter l'équité. Ce fut ce qui advint pour les jumeaux de la Réole. Conduits le 22 septembre 1815, devant le conseil de guerre, après une longue et douloureuse captivité, pendant laquelle ils ne furent entourés que d'ennemis, l'animation contre eux était si vive, que, chose triste à dire, ils ne trouvèrent pas dans le barreau de Bordeaux un seul avocat qui voulût se charger de leur défense. Ceux qu'ils avaient choisis refusèrent, et, quand le conseil de guerre désigna un avocat d'office, celui-ci n'accepta point ce mandat. La passion politique, vivement surexcitée, faisait oublier ce qu'il y a de sacré dans le droit de l'accusé à la défense et dans l'accomplissement d'un devoir professionnel. Les jumeaux de la Réole se défendirent eux-mêmes, avec talent, avec courage, mais sans succès. Ils furent déclarés coupables : 1° d'avoir retenu contre la volonté du gouvernement le commandement qui leur avait été retiré ; 2° d'avoir commis un attentat dont le but était d'exciter la guerre civile en recevant dans leur domicile des gens armés qui y faisaient un service militaire et criaient *qui vive* sur les patrouilles de la garde nationale; 3° d'avoir comprimé par la force des armes l'élan de fidélité des sujets du Roi. En raison de ces faits, le conseil de guerre, à l'unanimité, les condamna à mort.

Ils en appelèrent devant le conseil de révision, et cette fois le conseil de discipline de Bordeaux, mis en demeure par une lettre des deux condamnés, délégua quatre de ses membres pour les défendre. Ce ne fut pas sans s'être plaints de la violence morale qui leur était faite, et de ce qu'il y avait de pénible pour eux dans la mission qu'ils avaient dû subir, que les quatre avocats défendirent les accusés [1]. Le *Moniteur* ne donne aucun extrait de leur défense ; en revanche, il nous a conservé un passage du réquisitoire du commissaire du gouvernement : « Deux frères, se glorifiant d'une horrible solidarité, placés sous l'égide de la clémence royale, osaient élever audacieusement leur tête hideuse d'un demi-siècle de crimes ! » Dans cette furieuse invective, où l'on cherche en vain l'accent calme de l'équité, nous n'avons trouvé, en outre, que des allégations dénuées de preuves, et les mots retentissants de révolte, de dévastation, de pillage, de concussions, de guerre civile, paroles ardentes qui venaient attiser les colères déjà enflammées. Il est vraisemblable que pendant les Cent-Jours le parti vainqueur avait pesé sur le parti vaincu dans le département de la Gironde comme dans les autres départements du Midi ; mais ce n'était pas pour cet ordre de faits que les frères Faucher étaient mis en cause, et d'ailleurs l'accusation n'établissait pas qu'ils dussent en porter la responsabilité. Dans ce milieu ardent de passions politiques où ils étaient entourés comme d'un cercle de feu, le petit nombre de faits équivoques recueillis contre les jumeaux de la Réole, à partir du 21 juillet, suffisait juridiquement à faire confirmer leur condamnation par le conseil de révision ; elle fut confirmée. Adeptes des idées nouvelles, ils eurent le malheur de refuser les secours de la religion. Leur mort fut stoïque. Ils se rendirent à pied et en se tenant par la

---

[1]. « Nous ne pouvons croire, dit le bâtonnier du barreau de Bordeaux, que cette conduite, que ce pénible dévouement soit critiqué et blâmé par ceux dont nous sommes jaloux de conserver l'estime. » Puis, dans la réplique, il dit encore : « Le devoir que nous venons de remplir n'est pas un des moins pénibles de ceux que notre profession nous impose. »

main au lieu du supplice, sans donner une marque de faiblesse pendant ce funèbre trajet. Arrivés à la Chartreuse, cimetière de Bordeaux choisi pour l'exécution, ils refusèrent de se laisser bander les yeux. César commanda le feu; tous deux tombèrent. Ainsi moururent les jumeaux de la Réole, en laissant à l'histoire le pénible devoir de constater que ces deux échappés des échafauds de la Convention étaient destinés à périr en 1815.

Tandis que Bordeaux voyait juger les frères Faucher, Paris Ney, Lavalette et Labédoyère, Rennes le général Travot, Montbrison assistait au procès du général Mouton-Duvernet. Parmi tous ceux qui, oubliant leurs nouveaux devoirs et leurs nouveaux serments, tombèrent victimes de leur entraînement militaire, nul peut-être ne fut plus digne d'une commisération sympathique, quoiqu'il ait été celui peut-être dont on a le moins parlé. Les regrets sont allés, en effet, au maréchal Ney, au colonel de Labédoyère, noms plus retentissants, infortunés et brillants coupables dont la mort est devenue pour l'esprit de parti une légende de haine. Le général Mouton-Duvernet, plus simple, moins mêlé à la vie des salons parisiens, arrêté, jugé, exécuté loin de Paris, a naturellement moins attiré les regards. Un document authentique, enseveli depuis de longues années dans les archives domestiques d'une noble famille, et qu'une confiance qui m'honore a mis à ma disposition, me permet d'éclairer cet épisode peu connu de l'histoire de la Restauration. C'est sur le témoignage d'un membre de la majorité de 1815, mort trappiste au monastère d'Aiguebelle [1], que je vais écrire l'histoire de la triste fin du général

---

1. Sur la fin de sa vie, à l'âge de soixante-douze ans, M. de Meaux ayant perdu sa femme entra à la Trappe d'Aiguebelle pour y terminer ses jours. Ce fut alors que ses enfants obtinrent de l'abbé du monastère qu'il ordonnât au religieux d'écrire le récit de l'épisode de l'arrestation et de la mort du général Mouton-Duvernet, qu'il avait tout fait pour prévenir. Le trappiste obéit; mais le roya-

Mouton-Duvernet, histoire qui, outre son intérêt propre, aura l'avantage plus considérable d'introduire le lecteur dans cette mêlée de passions généreuses ou inflexibles, de rancunes, de fautes, de périls réels, de souvenirs amers, de prévoyances et de précautions légitimes, de craintes chimériques, de réalités et de fantômes, éléments disparates de l'atmosphère morale dont la seconde Restauration était entourée, et à travers laquelle chacun cheminait avec la fermeté ou la faiblesse de son jugement, la diversité de ses impressions, l'entraînement de ses craintes ou la magnanimité de son cœur. Cet épisode dont la ville de Montbrison fut le cadre est ici un chapitre particulier où l'histoire générale se révèle.

Au moment où l'Empire des Cent-Jours disparut, la ville de Montbrison se trouva dans une position difficile qui lui fut commune avec un grand nombre de villes de France, surtout avec celles où l'opinion royaliste était dominante, et qui furent en contact avec l'armée. Les troupes impériales qui formaient l'armée de Lyon, ayant reçu l'ordre de se retirer sur l'Auvergne, frémissaient à l'idée d'opérer un mouvement de retraite devant les armées étrangères sans avoir combattu. Là, comme ailleurs, le cri de trahison circulait de rang en rang, car on ne voulait pas s'avouer que tout fût perdu pour l'Empire avec une bataille perdue. Une colonne de 15,000 hommes prit sa direction par Montbrison. Ces troupes, abandonnées en grande partie par les officiers, marchaient et arrivaient par

---

liste, qui survivait dans le religieux, prescrivit à ses enfants de ne jamais communiquer son récit à qui serait disposé à en faire un usage hostile à la Restauration. « Jusqu'ici, m'écrit M. de Meaux, petit-fils de cet homme honorable, en m'envoyant le manuscrit de son aïeul, ce récit n'a été communiqué par nous à personne, mais je suis assuré, monsieur, de répondre à l'intention de mon grand-père en le mettant entre vos mains. »

Pour répondre à la confiance de celui qui m'écrit ces lignes, et remplir les intentions de son vénérable aïeul, il me suffira de rester ce que j'ai été, ce que je veux être dans tout le cours de cette histoire, équitable et sincère.

bandes plutôt en fuyards qu'en troupes réglées. La réputation de royalisme faite à Montbrison leur rendait les habitants de cette ville odieux. Il y eut donc de la part des soldats qui traversaient la ville et y séjournaient des manifestations violentes, des cris tumultueux, des menaces, des actes agressifs, et l'on put craindre le pillage des maisons signalées aux vindictes militaires. La position de la ville était d'autant plus périlleuse que son maire se trouvait à Paris. Il advint dans le sein de cette municipalité décapitée et désemparée ce qui arrive toujours en présence des crises de ce genre, l'esprit le plus élevé, la main la plus ferme et la plus habile se trouvèrent portés au gouvernail par la difficulté même de la situation. Il fallait être sur pied nuit et jour pour recevoir les soldats, donner des billets de logement à ceux qui voulaient séjourner, faire des distributions de vivres à ceux qui consentaient à partir après quelques heures de repos, répondre aux plaintes, prévenir ou réprimer les désordres. Ce fut la mission que se donna et que remplit M. le vicomte de Meaux. Par un mélange de fermeté et de sagesse, de condescendance aux réclamations justes et de résistance aux exigences arbitraires et aux avanies, ce royaliste énergique, tour à tour administrateur habile, orateur plein d'à-propos, sachant faire entendre la voix de la nécessité et faire vibrer la corde de l'honneur, dictateur civil élu par les circonstances et accepté par tous, obtint des habitants les sacrifices indispensables parce qu'il en donna le premier l'exemple, des soldats les égards, les déférences, les concessions qu'ils ne purent refuser à sa bienveillance sans faiblesse et à cette sollicitude pour leurs besoins qu'ils ne pouvaient attribuer à la peur. C'est ainsi qu'il calma deux ou trois émotions militaires qui faillirent dégénérer en révoltes, fit respecter de cette troupe exaspérée l'autorité civile désarmée, épargna à Montbrison les horreurs d'un pillage, et aux soldats la honte de traiter une ville française en ville ennemie. Mais comme, tous les jours, de nouvelles bandes de soldats se succédaient dans la ville, il fallait recommencer chaque jour la lutte, et le vicomte de Meaux était à bout de forces et d'efforts lorsqu'on annonça l'arrivée du général Mouton-Duvernet.

Après l'abdication de l'Empereur et dans les premiers jours de juillet 1815, Mouton-Duvernet avait été envoyé à Lyon par le gouvernement provisoire avec le titre de gouverneur militaire, et c'était de cette ville qu'il venait. Le vicomte de Meaux comprit le parti qu'il pourrait tirer de la présence de cet officier général dans l'intérêt du rétablissement de la discipline parmi les troupes et de la sécurité des habitants de Montbrison. Il l'entoura d'égards et de prévenances, lui offrit un logement chez lui, lui signala les désordres qui avaient eu lieu, les avanies faites aux habitants, celles qu'ils avaient encore à redouter. Le général promit de remédier à cet état de choses, et, se mettant loyalement à l'œuvre, il fit le jour même sentir à ces troupes à demi mutinées la main du commandement. Le passage des soldats par Montbrison fut régularisé et abrégé, la ville évacuée par les militaires qui, prolongeant leur étape, l'encombraient au lieu de continuer leur route; l'ordre régna pendant le jour, le silence pendant les nuits, auparavant troublées par des courses tumultueuses et des clameurs frénétiques. Montbrison commença à respirer. Le général Mouton-Duvernet ne borna point là son intervention. Jusqu'à ce moment le drapeau tricolore était resté arboré à la mairie; un habitant de la ville ayant voulu le remplacer par le drapeau blanc avait été maltraité par les soldats, et sa vie aurait couru des risques si M. le vicomte de Meaux n'était pas intervenu. Le général Mouton-Duvernet annonça aux soldats que Louis XVIII était remonté sur le trône, que le drapeau blanc était redevenu le drapeau de la France; il arbora la cocarde blanche avec ses officiers, et, dès le lendemain, cet exemple fut suivi par la troupe. Ainsi l'on peut dire que le général avait déterminé à la fois le rétablissement de la tranquillité à Montbrison et la soumission des troupes au gouvernement du Roi. Il avait donc conquis l'estime et la sympathie de tous les habitants, et en particulier celle de ses hôtes, M. le vicomte de Meaux et sa famille. On était dans les derniers jours du mois de juillet 1815 ; le *Moniteur* du 23 venait d'arriver. Une vive émotion se manifeste tout à coup dans la troupe et parmi les officiers ; il y a des allées et des venues continuelles sur l'escalier qui mène à l'appartement du général. Que se passe-t-il donc ? C'est l'ordonnance contre-signée Fouché et contenant la liste des exceptions à l'amnistie qui cause cette rumeur. Le nom du général Duvernet est porté sur cette liste. Les officiers viennent mettre leur épée à sa disposition ; ils ne souffriront pas, disent-ils, qu'il soit arrêté. Le général leur répond que « le soldat doit être essentiellement obéissant, et qu'il donnera l'exemple de la soumission. » « Le coup qui me frappe, ajouta-t-il, est violent, mais le Roi n'a fait qu'user de son droit, et, au milieu des torts que je ne puis dissimuler, je crois avoir quelques faits qui militeront en ma faveur et que je ferai valoir auprès de Sa Majesté. » Il termina en les engageant à se retirer et à demeurer tranquilles. Leurs instances réitérées ne changèrent rien à sa résolution. Le vicomte de Meaux, qui, informé de la nouvelle, parcourut la ville pour savoir quel effet elle avait produit, trouva sur tous les visages militaires une expression de morne tristesse et de sombre mécontentement. Il ne douta pas que, si la troupe se contentait de garder un silence désapprobateur, c'était aux exhortations du général Duvernet qu'on le devait. « Dès que je fus rentré, le général me pria de passer dans son appartement, continue-t-il. Je m'y rendis. « Vous savez le « coup qui me frappe ? — Oui, mon général, et j'en suis « désolé. » Je le disais avec sincérité. Son séjour chez moi,

depuis son arrivée dans notre ville, m'avait mis à même de remarquer en lui un caractère franc et loyal qui m'avait attaché à sa personne. Il ajouta : « Je ne veux assurément pas me
« soustraire à la justice du Roi ; je désire seulement éviter
« l'effervescence du premier moment. Je ne puis me dissi-
« muler que je suis dans la catégorie de ceux dont on peut le
« plus facilement faire un exemple. Sorti du rang, et parvenu
« au grade de général de division sans autre protection que
« mon épée, je n'ai ni famille qu'on puisse craindre, ni for-
« tune qui puisse me faire des protecteurs. Je désire trouver
« un asile où je puisse réunir tous les matériaux nécessaires
« à ma justification, ou du moins de nature à me faire paraître
« moins coupable. Alors je me présenterai moi-même à la
« commission qu'aura nommée le Roi. Vous, monsieur de
« Meaux, qui connaissez votre pays, vous pouvez m'indiquer
« à quelle porte je puis frapper pour demander ce service.
« — Mon général, répondis-je, la nature du service dont
« vous parlez est telle, qu'on peut l'offrir soi-même, mais
« qu'il est assez délicat de proposer à un autre de le rendre.
« J'ai une chambre haute près du grenier où vous serez en
« sûreté ; personne ne se doutera que vous pouvez l'habiter ;
« je la mets à votre disposition. »

Cette offre faite avec un cordial empressement fut acceptée avec reconnaissance. C'est ainsi que le général de l'Empire, poursuivi pour avoir quitté le drapeau des Bourbons, au nom desquels il commandait dans un département au moment où Bonaparte entrait à Lyon, trouva un asile chez le royaliste le plus ardent de Montbrison. On disposa tout pour faire croire que le général, après avoir passé la soirée chez M. de Meaux, était parti pendant la nuit. Le lendemain on trouva sa chambre vide, et sur son bureau deux lettres, l'une adressée au préfet auquel il annonçait que, dès qu'il aurait réuni ses moyens de défense, il viendrait se présenter à la commission nommée par le Roi, l'autre à son premier aide de camp, qu'il chargeait de faire partir ses domestiques pour le Puy et de vendre ses chevaux. Tout se passa comme on l'avait désiré. Le préfet, accompagné du maréchal de camp qui avait pris le commandement des troupes, et d'un juge de paix, vint faire une visite domiciliaire dans l'appartement qu'avait occupé le général; il y eut un procès-verbal dressé et signé, et toute la ville de Montbrison crut que le général Mouton-Duvernet s'était éloigné pour ne reparaître qu'après l'apaisement des colères politiques, ce que tout le monde comprit et approuva.

Pendant ce temps, le général se trouvait en sûreté sous le toit hospitalier où il avait accepté un asile. Peu à peu on s'était enhardi à lui faire quitter la chambre qu'il occupait dans l'étage le plus élevé de la maison, et à le placer dans le cabinet même de M. de Meaux. Deux domestiques, la femme de chambre de madame de Meaux et la cuisinière, avaient reçu la confidence du secret, dans la crainte que, n'en connaissant pas l'importance, elles ne commissent des indiscrétions involontaires; fidèles à l'honneur comme à leurs maîtres, elles le gardèrent inviolablement. Le général Mouton-Duvernet recevait, chaque jour, la visite affectueuse de ses hôtes, qui, comme il arrive aux âmes généreuses, s'attachaient à lui par le service même qu'ils lui rendaient. Peu de temps après le jour où il entra ainsi dans une réclusion volontaire, la municipalité de Montbrison demanda à M. de Meaux de vouloir bien loger le général qui venait prendre le commandement du département; M. de Meaux n'eut garde de refuser, car il pensait que son empressement à accueillir cette demande éloignerait encore les soupçons. Le général désigné aux poursuites vécut donc sous le même toit que la première autorité militaire du département. En outre, le préfet de la Loire, M. de Nonneville, venait passer une grande partie de ses soirées dans le salon de M. de Meaux. Souvent la conversation tombait sur le général Mouton-

Duvernet ; il arrivait au préfet et au général commandant du département de communiquer le soir à leur hôte les rapports qu'ils avaient reçus le matin. Le général Mouton-Duvernet avait été vu, tantôt sur un point, tantôt sur un autre; ici traversant un bois à la tête d'une trentaine de soldats, là, prenant le chemin d'une commune que l'on désignait. Pendant ces conversations, le chef militaire que l'on faisait ainsi voyager était à deux pas de là, abrité sous le toit hospitalier de la maison où l'on tenait ces discours et dont il n'avait point dépassé le seuil. C'est ainsi souvent que voit la police dont on paye les regards ; si elle n'aperçoit pas toujours ce qui existe, elle prend fréquemment sa revanche en voyant ce qui n'existe pas. Le vicomte de Meaux aurait pu sourire à ces discours s'ils n'avaient pas eu une importance bien grave pour son hôte. On s'habituait, en effet, à le regarder comme un homme dangereux, et l'on allait faire des efforts énergiques pour s'emparer de sa personne.

Dans les entretiens de chaque jour qu'il avait avec le vicomte et la vicomtesse de Meaux, Mouton-Duvernet leur avait expliqué comment il s'était laissé entraîner à suivre le parti de Bonaparte. « Je commandais, dit-il, le département de la Drôme, lorsqu'il rentra en France ; je n'avais certainement pas l'idée de passer à l'Empereur ; mais, ne recevant aucun ordre du gouvernement ni du comte de Damas, gouverneur de Lyon, mon chef naturel, je pensai que je devais aller le trouver pour concerter avec lui les mesures à prendre. Quand j'arrivai à Lyon, sur le pont de la Guillotière, je me trouvai en face de Bonaparte : « Général, me dit-il, vous êtes « des nôtres ; » et il me fit donner un des chevaux de sa suite, de sorte que j'entrai avec lui à Lyon. C'était un tort, mais combien y en a-t-il qui auraient refusé de se rendre à l'appel de l'Empereur? Je devais presque toute ma fortune militaire à Bonaparte. Aussi, dès que j'eus fait ce fatal premier pas, j'entrai résolûment dans son parti. Je ne dissimule pas que je voyais avec une colère mêlée d'indignation les armées étrangères rentrer en France, et que de tout mon pouvoir j'aurais voulu m'y opposer. On me reproche mes proclamations soit à Paris, soit à Lyon; il est vrai que j'ai cherché à monter l'opinion publique contre l'ennemi. Mais on ne m'accusera pas d'avoir attenté à la liberté et à la sûreté d'aucun individu. » Dans un autre entretien, il ajoutait : « Les malheurs que j'éprouve ont été le résultat de la malédiction de mon père, malgré la volonté duquel je m'engageai. Ma mère ne m'a peut-être pas maudit, elle était si bonne ; mais je l'ai profondément affligée par mon engagement. Elle comprenait que je devais oublier sous les drapeaux les principes chrétiens qu'elle m'avait inculqués, car ma mère était une fervente chrétienne. »

C'est ainsi que, dans cette halte que la Providence avait ménagée au général Duvernet, il revenait aux sentiments de la famille, et, par les sentiments de la famille, aux principes religieux de son enfance. Madame de Meaux lui proposa des livres de piété, il les accepta et les lut; bientôt il souhaita voir un prêtre; on introduisit auprès de lui le curé de Saint-Pierre, un des habitués de la maison, de sorte que ses visites fréquentes n'excitèrent pas les soupçons. Sous le souffle purifiant du malheur, en face d'une mort probable ou du moins possible, cette âme revenait d'elle-même au catholicisme qu'elle avait plutôt oublié que renié dans les préoccupations d'une vie active et le tumulte des camps.

Sur ces entrefaites, les élections d'où devait sortir la Chambre de 1815 s'ouvrirent. M. de Meaux, malgré l'estime universelle dont il était entouré, ne songeait pas à se mettre sur les rangs. Il fut cependant placé par le collége du premier degré au nombre des neuf candidats, parmi lesquels le collége du second degré devait choisir les trois députés. Des personnes répandirent le bruit que les membres de la Chambre de 1815 auraient à remplir à Paris une mission qui ne serait pas sans péril ; elles ajoutèrent avec une intention malveillante que M. de Meaux refuserait la députation si elle lui était offerte. Un de ses amis vint l'interroger à cet égard, et M. de Meaux, pour toute réponse, le pria de renouveler sa question dans la salle des électeurs, ce qu'il fit : « Il n'y a qu'un poltron qui, honoré des suffrages de ses concitoyens, puisse refuser cet honneur, s'écria M. de Meaux d'une voix vibrante, comme il n'y a qu'un présomptueux et un ambitieux qui puisse les solliciter. » Cette réponse fit sur la réunion électorale un effet prodigieux : M. de Meaux fut élu presque tout d'une voix.

Après les paroles qu'il avait prononcées, il ne pouvait hésiter à accepter ; mais son embarras était grand. Comment songer à procurer un autre asile au général Mouton-Duvernet, contre lequel l'acharnement était extrême partout ailleurs qu'à Montbrison, car à Montbrison on avait pu apprécier sa conduite depuis les Cent-Jours, et partout ailleurs on ne connaissait que son adhésion à Bonaparte, avant l'entrée de celui-ci à Lyon, et l'abandon du département de la Drôme dont le Roi lui avait donné le commandement ? D'un autre côté, pouvait-il laisser le général dans sa maison en la quittant ? Quand il ne serait plus là, toutes les précautions nécessaires seraient-elles prises et la sécurité de son hôte ne courrait-elle aucun risque ? Madame de Meaux, une de ces femmes de tête et de cœur qui, pour remplir un devoir, savent suppléer leur mari absent, se chargea de la surveillance, et M. de Meaux partit pour Paris avec l'intention de faire des démarches auprès de personnes auxquelles le général avait rendu des services. Il trouva chez ces personnes peu de dispositions à l'obliger ; elles reçurent ses ouvertures avec une froideur glaciale, et le général, qui s'était attendu à plus de mémoire, en fut très-affecté. Le gouvernement, que les rapports de police sur les mystérieuses apparitions du général en plusieurs lieux avaient mis sur le *qui vive*, jugea à propos de promettre une récompense pécuniaire à qui le livrerait. Un malheureux fut tenté par l'appât de cette prime, qui s'élevait à 4,000 francs; il résolut de la gagner, et commença à chercher partout les pistes du proscrit. Il alla jusqu'à interroger au Puy la famille du général, en affectant pour lui un ardent intérêt et en offrant de lui fournir un asile. Nul ne trahit le secret, parce que nul ne le connaissait. Les membres de la famille répondirent qu'ils n'avaient aucune nouvelle du général, et qu'au secret qui avait été gardé on dirait qu'il n'était pas sorti de la maison où il était logé avant l'ordonnance du 24 juillet. Ce fut un trait de lumière pour l'espion. Il vint à Paris, promit de livrer le général Mouton-Duvernet, si on voulait lui donner de pleins pouvoirs et carte blanche, et mettre à sa disposition les autorités civiles et militaires du département sans l'obliger à leur dire son secret. M. Decazes, alors ministre de la police, lui donna tout ce qu'il voulut. C'était moins, il faut le dire, une vengeance politique que l'on poursuivait contre le général Mouton-Duvernet qu'une appréhension actuelle et présente, surexcitée par les rapports de police, à laquelle on cédait. Muni des pleins pouvoirs qu'il avait réclamés, le misérable qui spéculait sur la livraison d'une vie humaine, comme on spécule sur la livraison d'une vile marchandise, organisa une campagne contre la maison de madame de Meaux, et avec une compagnie de grenadiers requis à Saint-Chaumont il vint, après une marche de nuit, accompagné du préfet, M. de Nonneville, et du général du département, M. de la Roche-Aymon, qu'il avait fait éveiller pour faire l'investissement du lieu suspect. Au point du jour, on heurta à la porte. Madame de Meaux avait été déjà avertie par un de ses domestiques, qui, en entr'ouvrant la porte pour aller à la première messe, avait vu la rue pleine de soldats; elle avait donné l'ordre d'ouvrir au premier coup, et d'introduire chez elle les autorités, si elles le requéraient, quoiqu'elle fût encore au lit. Le général et le préfet demandèrent, en effet, à entrer dans la chambre de madame de Meaux, qui leur dit avec une certaine ironie qu'elle serait bien étonnée s'ils trouvaient le général chez elle. En même temps elle prescrivit à sa femme de chambre de prendre le trousseau des clefs de la maison et de promener ces messieurs de la cave au grenier. Elle était tranquille sur le sort du général : elle avait eu le temps de le faire entrer dans une cache située au fond d'un placard et dissimulée par des planches couvertes de bouteilles de liqueurs. La perquisition avait été complète, elle avait été minutieuse, elle n'amena aucune découverte. Le conducteur de l'expédition, irrité de son échec, demanda instamment qu'on interrogeât avec sévérité la cuisinière, qui, selon lui, devait être au fait du secret. En vain l'interrogatoire fut pressant, elle n'avoua rien. Furieux alors, il demanda qu'on la mît en état d'arrestation, et qu'on la transférât dans les prisons de Lyon, où sa langue se délierait peut-être; elle ne s'y délia pas. La noble servante, élevée à l'école de ses maîtres, fut en vain malmenée et maltraitée dans les prisons de Lyon : elle ne trahit pas le secret auquel la vie d'un homme était attachée. Elle souffrit et se tut.

Le général Mouton-Duvernet ne put supporter l'idée que d'autres souffraient pour lui, et qu'il avait introduit le malheur et la persécution dans cette maison où il avait été si bien reçu. Malgré toutes les représentations de madame de Meaux, il écrivit au préfet pour l'avertir que tel jour, à dix heures du soir, s'il voulait se trouver sur la place de Saint-Pierre, celui qu'on cherchait depuis si longtemps se livrerait en ses mains. La lettre adressée par M. de Meaux au général pour le dissuader de suivre son dessein, en lui faisant savoir que l'animosité contre lui n'avait pas diminué, arriva trop tard; le général Mouton-Duvernet s'était déjà livré au préfet accompagné du général et du maire de la ville, M. de Mancel. On le transféra par ordre supérieur de Montbrison dans la prison de Roanne. La session n'était pas encore achevée, quand le télégraphe apporta à Paris la nouvelle de cette arrestation. Dans la soirée du jour où cette nouvelle arriva, M. de Meaux s'était rendu à la réception du ministre de l'intérieur. Un huissier l'annonça sous le titre de député de la Loire. Un importun et un indiscret, comme il s'en trouve dans tous les salons ministériels, interpellant M. de Meaux d'une voix retentissante : « C'est un député de la Loire! s'écria-t-il, il va nous dire s'il est exact que le général Mouton-Duvernet soit arrêté? Est-il vrai, ajouta-t-il en rendant la question encore plus directe, qu'il était chez un de vos collègues? — Monsieur, répliqua vivement M. de Meaux, blessé de cette interpellation, il n'est pas vrai que le général ait été arrêté ; il s'est présenté lui-même et s'est remis entre les mains de M. le préfet de la Loire. Il n'a pas jugé à propos de faire connaître pour le moment le lieu où il s'était retiré. Sans doute, si, dans la suite du débat de cette affaire, cette connaissance est nécessaire, elle sera donnée. Mais, jusque-là, respectons son secret et celui des autres. » Cette réponse si nette et si roide ferma la bouche au questionneur, et M. de Meaux, après être demeuré encore un quart d'heure dans le salon ministériel pour constater qu'il restait maître du champ de bataille, se retira tranquillement.

Quand la fin de la session arriva et qu'il retourna à Montbrison, il eut à subir de nombreuses questions auxquelles il opposa un silence systématique, qu'il laissa chacun interpréter à sa façon. Il se réservait pour le procès qu'on instruisait activement, et dans lequel il s'attendait à être cité comme témoin. Peu de jours avant l'ouverture des débats, M. de Damas, gouverneur de Lyon, vint à Montbrison. Il pria M. de Meaux de passer à l'hôtel de la préfecture où il était descendu : « On vous a calomnié, lui dit-il, vous avez toujours trop bien pensé, et vous êtes trop attaché à votre souverain pour avoir donné asile à une personne que le Roi avait ordonné de mettre en jugement. — J'ignore, monsieur le gouverneur, répliqua M. de Meaux, si vous savez comment monsieur le général Mouton-Duvernet est venu chez moi. Il y a été logé militairement lorsqu'il est arrivé à Montbrison, en qualité de commandant de la division militaire. Il y était logé lorsque l'ordonnance du Roi qui le mettait en jugement a paru, et il n'en est pas sorti, jusqu'au moment où il a voulu se mettre entre les mains de M. le préfet. — Vous voulez dire, reprit M. de Damas, qu'il se rendait habituellement chez vous, mais il n'y est pas resté continuellement. — Monsieur le gouverneur, j'ai l'honneur de vous dire que, depuis le moment où l'ordonnance du Roi a paru, le général n'a pas mis le pied hors du seuil de ma porte. — Est-ce que vous direz cela à la commission militaire? — Très-certainement, et j'atteste que c'est la vérité. — Et que deviendront tous les rapports que j'ai faits au gouvernement pour l'avertir qu'on avait vu le général Mouton-Duvernet, tantôt sur un point, tantôt sur un autre? — Ils prouveront que les personnes dont vous vous servez cherchaient à se faire auprès de vous un mérite de courses et de démarches qui n'avaient eu aucun résultat. » Comme M. de Damas insistait encore : « Je vous ai dit la vérité, toute la vérité, et je ne dirai jamais autre chose, ni ici, ni ailleurs, » répondit M. de Meaux en se retirant.

J'ai saisi avec empressement l'occasion de compléter l'histoire de la session de 1815 en mettant en scène un de ces députés de la droite si durement traités par la plupart de ceux qui ont écrit sur ce temps. C'était un mélange singulier de loyal désintéressement et de généreuse indépendance, d'amour pour le Roi et de fermeté un peu fière devant les ministres et les hauts fonctionnaires, et dans le cœur de ces nobles royalistes le sentiment de l'obéissance était tempéré par le sentiment de la dignité personnelle et de l'honneur, ce diamant de l'âme qui ne doit jamais être terni. Songez que ce document est inattaquable; la signature du trappiste vient garantir encore la scrupuleuse exactitude des paroles du gentilhomme et du député.

Quand, au mois de juillet 1816, le général Mouton-Duvernet comparut devant la commission militaire réunie pour le juger, M. de Meaux, cité comme témoin à décharge, proclama publiquement les services que le général Mouton-Duvernet avait rendus à Montbrison, et déclara hautement, malgré de nouvelles et nombreuses démarches qu'on avait faites auprès de lui, que les rapports qui avaient montré à l'autorité le général apparaissant sur des points divers après l'ordonnance du 24 juillet étaient entachés de faux. Deux femmes appartenant à la société royaliste, la comtesse de Laurencin et la comtesse d'Albon, vinrent également attester que c'était à un avis donné par le général que leurs maris avaient dû de pouvoir échapper à une ordonnance d'arrestation. Le général Mouton-Duvernet se défendit avec une dignité sans jactance; il ne justifia pas sa conduite, il l'excusa. On voyait à ses paroles que le malheur et la religion l'avaient tranfsormé. Néanmoins il fut condamné. Jugé par une commission militaire et selon les règles de la stricte justice, il devait l'être. Ayant un commandement du Roi, il avait passé à Bonaparte au moment où celui-ci entrait à Lyon, et, à partir de ce moment, il avait été un des adversaires les plus vifs de la Restauration. Membre de la Chambre des Cent-Jours, il avait proposé, après Waterloo, la proclamation de Napoléon II, en ajoutant : « L'armée de la nation se rappelle que sous Louis XVIII elle a été profondément humiliée; elle se rappelle qu'on a traité de brigandage les services rendus pendant vingt-cinq ans. Voulez-vous lui rendre son courage et l'opposer avec succès à l'ennemi ? proclamez Napoléon II. » Il est malheureux que le Roi Louis XVIII n'ait pas été averti du changement qui s'était fait en lui; il perdit une admirable occasion d'user de la plus belle des prérogatives royales, celle du pardon [1]. Le général Mouton-Duvernet mourut avec le courage d'un soldat et la résignation d'un chrétien : « Je meurs sujet soumis à mon Roi, dit-il à haute voix devant le peloton de grenadiers requis pour son exécution ; je désire que ma mort puisse contribuer à affermir son trône, et je ne conserve aucun ressentiment contre ceux qui m'ont condamné. » Après avoir prononcé ces paroles, il commanda lui-même le feu, et tomba en laissant à la Restauration, non un remords, car sa condamnation n'était pas injuste, mais un regret. En effet, s'il avait été coupable, son repentir le rendait digne d'un meilleur sort, et on aurait aimé à voir un tel homme donner ce qui lui restait de sang à la gloire, et non à la justice de son pays [2].

Parmi ces procès, il y en eut qui finirent d'une manière moins tragique : j'en citerai deux, parce qu'ils servent à faire comprendre les principes qui dirigèrent la conduite du gouvernement royal dans les poursuites ordonnées après les Cent-Jours. Le général Drouot et le général Cambronne avaient été portés sur la liste des exceptés de l'amnistie. Tous deux avaient eu la principale part, après l'Empereur, dans les actes qui avaient suivi son débarquement sur le littoral du golfe Juan jusqu'à son arrivée à Paris. Mais entre eux et les autres généraux qui avaient coopéré au renversement du gou-

---

[1]. Le duc de Montmorency, ayant demandé quelque temps après à M. de Meaux des détails sur le procès du général Mouton-Duvernet, s'écria : « Que n'ai-je su cela plus tôt !... Je serais allé me jeter aux genoux du Roi pour demander sa grâce. »

[2]. Quelques heures après sa condamnation, le général Mouton-Duvernet écrivit à madame de Meaux une lettre pleine de sentiments religieux et d'idées généreuses et élevées, à laquelle un des plus grands orateurs du barreau moderne, M. Saüzet, a fait allusion dans le procès du Carlo-Alberto plaidé à Montbrison dans les premières années du règne de Louis-Philippe. Il est dans la destinée et dans le caractère de cette ville d'être toujours sympathique aux malheureux et aux proscrits.

vernement royal il y avait cette grave différence que Drouot et Cambronne n'avaient aucun engagement avec la Restauration. Attachés à la fortune ou plutôt à l'infortune de l'Empereur, ils l'avaient suivi à l'île d'Elbe, en rompant ainsi leurs liens avec leur patrie qui venait de passer sous un gouvernement nouveau. Ils avaient préféré être sujets de l'Empereur, reconnu souverain du territoire étroit de l'île d'Elbe par tous les cabinets, que sujets de Louis XVIII redevenu roi de France. C'était la fidélité militaire poussée jusqu'au suprême degré du dévouement; là où était leur Empereur, là était leur pays.

Ce fut leur défense devant la commission militaire. L'un et l'autre se constituèrent prisonniers, Drouot dès le 26 juillet 1815, Cambronne, qui était en pays étranger, au mois d'avril 1816. Le général Drouot comparut le premier, le 6 avril, devant ses juges. Les témoins à décharge cités par lui constatèrent qu'il n'avait pas été favorable au départ de l'île d'Elbe. Il le déclara lui-même dans son interrogatoire: « J'avais cessé d'être Français, dit-il, en suivant Napoléon en vertu du traité de Fontainebleau. J'étais sujet de Napoléon, je devais obéir à mon souverain, mes serments m'y obligeaient. Lorsque l'Empereur me fit part de ses projets, je m'y opposai autant que ma position me permettait de le faire. Bonaparte n'a malheureusement pas suivi mes avis; mes serments me liaient à lui, je n'ai pas dû balancer à le suivre. » Le président de la commission ayant demandé au général pourquoi il s'était constitué prisonnier à la fin du mois de juillet 1815, celui-ci répondit : « Peu de jours auparavant, j'avais rallié la garde au Roi; dès que je m'étais soumis aux ordres du Roi, si je m'étais évadé, j'aurais désobéi, on m'aurait cru coupable; ma conscience ne me reprochait rien. Loyal sujet, j'ai dû venir me justifier devant les juges qu'on m'avait donnés. »

Comparez ces paroles, où respire la loyauté militaire, aux paroles embarrassées des généraux qui, après avoir accepté un commandement du Roi, avaient passé à l'Empereur, et vous mesurerez la distance qui sépare une position nette et franche d'une position équivoque et fausse. Le général Drouot n'avait fait qu'un serment, suivi qu'un drapeau; il s'était conduit en ennemi, et demandait à ne pas être traité en transfuge ou en rebelle. Comme si tout dans cette cause devait relever le niveau des âmes abaissées par tant de trahisons et consoler les cœurs affligés par tant de malheurs publics et privés, le maréchal Macdonald, qui, dans ces temps de palinodies et de défaillances, avait été, on l'a déjà vu, un des plus nobles représentants de l'honneur français, vint apporter son témoignage au prévenu. Un profond silence se fit dans la salle quand ce glorieux chef prit la parole devant le tribunal : « J'arrivai à Bourges pour prendre le commandement de l'armée de la Loire, dit le duc de Tarente, à l'époque où le général Drouot, frappé par l'ordonnance du 24 juillet, venait de quitter celui de la garde pour se constituer volontairement prisonnier. J'appris que cette garde, pleine de confiance dans son commandant, s'était abandonnée à la sagesse de ses conseils et à sa direction au moment très-critique de la capitulation de Paris, et que, cet exemple salutaire entraînant l'armée, Paris fut préservé des désastres dont il était menacé. La garde ayant été dirigée au delà de la Loire, le général Drouot, par ses soins assidus et sa fermeté, la maintint dans la plus stricte discipline, et par ses bons conseils il l'a ralliée et franchement soumise à l'obéissance du Roi. La vérité me fait un devoir de déclarer que c'est à cette bonne direction donnée aux esprits par les chefs de l'armée, que c'est à cet exemple donné par la garde sous l'influence du général Drouot qu'est due la résignation de l'armée à subir le licenciement que j'ai été chargé d'opérer. »

A ce témoignage, honorable à la fois pour celui qui le rendait et pour celui qui le recevait, le général Drouot, qui était demeuré jusque-là impassible et stoïque, ne put cacher sa vive émotion. Plus habitué à agir qu'à parler, les expressions ne venaient pas à ce vieux soldat, pour rendre les sentiments dont son cœur était rempli. Il demanda un moment pour se recueillir, et il lut d'une voix frémissante deux lignes dans lesquelles il disait que « tous ses vœux étaient remplis, puisqu'il avait obtenu l'intérêt et l'estime du plus loyal des guerriers de la France. »

Restait à connaître l'avis du rapporteur, le chef de bataillon d'état-major Delon, qui, dans cette affaire, remplissait les fonctions du ministère public. Le général Drouot se trouvait à peu près, vis-à-vis de la Restauration, dans la même position où s'étaient trouvés les émigrés lorsqu'ils étaient venus attaquer à main armée la République française à Quiberon ; seulement la cause que servait le général Drouot avait un instant prévalu. On sait quelle équité trouvèrent Sombreuil et ses compagnons d'infortune devant les commissions militaires d'Auray, de Vannes et de Carnac ; le champ des Martyrs, la plage de Carnac et la garenne de Vannes sont là pour le dire. Ils ne demandaient qu'à être traités en ennemis par un gouvernement qu'ils n'avaient jamais reconnu ; les commissions militaires répondirent par des arrêts de mort qui firent plusieurs milliers de victimes. Le gouvernement royal ne comprit pas ainsi la mission de la justice. Le rapporteur Delon déclara que, chargé des fonctions du ministère public, il croyait avoir un double devoir : réunir toutes les preuves qui pouvaient établir la culpabilité du prévenu, s'il en existait, mais présenter parallèlement toutes celles de nature à établir son innocence ou à diminuer sa culpabilité. Il se hâta de reconnaître que le général Drouot ne pouvait être accusé de trahison envers le Roi puisqu'il ne l'avait jamais servi, qu'il ne tenait de lui ni grade ni commandement, et puisqu'il avait quitté la France avec Bonaparte après le traité de Fontainebleau. Puis, parcourant tous les autres chefs d'accusation, il déclara que le général Drouot, ayant cessé de se regarder comme Français en suivant Bonaparte à l'île d'Elbe, ne pouvait être considéré comme ayant commis un délit punissable par nos lois. Il s'exprima avec une haute estime sur un homme qui, dit-il, avait toujours eu pour devise : *Honneur, bravoure, loyauté, franchise*, et termina par ces paroles adressées aux juges : « Vous plaindrez le général Drouot et vous ne le condamnerez pas. En agissant ainsi, vous remplirez les intentions paternelles et bienfaisantes de notre auguste souverain. Il a livré les prévenus aux tribunaux dans le désir, dans l'espoir que la conduite de quelques-uns d'entre eux, si elle ne prenait pas la couleur de l'innocence, pourrait perdre sa teinte criminelle. » Ces conclusions rendaient facile la tâche de M. Girod (de l'Ain), défenseur du général. Sur sept voix, quatre adoptèrent les conclusions du rapporteur, et le général Drouot fut acquitté.

Le pont était fait, et le général Cambronne, qui se présenta peu de jours après aux mêmes juges, pouvait s'attendre à obtenir un arrêt analogue puisqu'il se trouvait dans la même situation. Cambronne, qui, après avoir accompagné l'Empereur à l'île d'Elbe, était revenu avec lui lors de sa pointe rapide du golfe Juan à Paris, avait été un des plus vaillants soldats de Waterloo ; il avait mis en action, je l'ai dit, les paroles qu'on lui prête et qu'il n'a pas prononcées ; c'était la mort qui n'avait pas voulu de lui, selon l'expression désespérée du maréchal Ney. Il n'était lié au Roi ni par serment ni par promesse ; il avait tout quitté pour son Empereur. De même qu'il l'avait suivi de Fontainebleau à l'île d'Elbe, il avait cru devoir le suivre de l'île d'Elbe à Paris. Tel fut le système de défense que développa, avec un talent dont l'éclat naissant frappa tous les yeux, son avocat, jeune et ardent royaliste, qui commençait alors cette renommée d'éloquence que nous avons vue depuis s'épanouir, et qui a porté si haut le nom de Berryer. Une fois encore le chef de bataillon Delon, rapporteur dans cette affaire, conclut à l'acquittement en se fondant sur les mêmes motifs, et en ajoutant que le Roi lui-même semblait les avoir adoptés, puisqu'il avait prescrit de ne point appeler de l'arrêt d'acquittement prononcé dans l'affaire du général Drouot. Comme ce dernier, Cambronne fut déclaré non coupable, et ainsi conservé à la France et au gouvernement royal qu'il devait servir fidèlement, car sous une écorce un peu rude il cachait une loyauté à toute épreuve et un noble cœur[1]. Ainsi le gouvernement royal établissait une ligne de démarcation entre ceux qui l'avaient trahi et ceux qui l'avaient simplement attaqué, entre les parjures et les ennemis, et il trouvait juste qu'on acquittât les seconds puisqu'il n'appelait pas de la sentence d'acquittement.

Ces deux affaires judiciaires prirent place dans les derniers jours de la session de la Chambre de 1815, qui fut fermée le 23 avril. Le moment est venu de juger cette assemblée, si diversement appréciée par Louis XVIII lui-même, qui, lorsqu'elle

---

1. Je trouve dans les *Mémoires* de M. Alissan de Chazet une anecdote assez curieuse sur Cambronne, qui fut nommé quelques années après chevalier de Saint-Louis. A l'époque où Cambronne reçut la décoration de cet ordre, M. de Chazet demanda à un de ses amis, qui avait été le colonel de Cambronne en 1793, si l'on pouvait compter sur son serment. M. Idlinger, c'était le nom de cet ami, lui raconta alors qu'en 1793 Cambronne, qui servait sous ses ordres à Nantes, s'étant enivré, comme cela lui arrivait alors trop souvent, avait frappé un de ses supérieurs. Traduit devant un conseil de guerre, il fut condamné à mort. Le colonel Idlinger fit commuer sa peine sur la promesse de Cambronne de ne plus boire de vin. Ils se perdirent de vue pendant un grand nombre d'années, et en 1815 seulement, après le retour de Bonaparte à Paris, ils se retrouvèrent. Idlinger invita Cambronne à dîner, il voulut lui verser un verre de vin. « Vous ne vous rappelez donc plus ce que je vous ai promis en 1793, répliqua Cambronne en repoussant le verre. Depuis ce jour-là je n'ai pas bu une goutte de vin. » « Vous jugez, continua M. Idlinger, s'il tiendra son serment de chevalier de Saint-Louis. »

vint, la décora du titre d'*introuvable*, et qui, lorsqu'elle fut prorogée, ne supportait plus qu'avec peine sa présence.

La majorité de la Chambre de 1815 fut l'expression du réveil de l'opinion royaliste qui, après vingt ans d'exclusion, put faire entrer ses hommes dans les assemblées. Je n'ai rien à ajouter aux renseignements que j'ai donnés sur ses sentiments, ses idées, ses craintes, ses espérances, ses défiances, ses aspirations en arrivant à Paris, sinon qu'elle ne se composa point, comme on l'a dit, de vieillards, mais en grande partie d'hommes dans la force de l'âge, à peine entrés dans leur prime jeunesse au moment de la grande Révolution. M. de Villèle, né en 1773, était âgé de quarante-deux ans en 1816 ; c'était à peu près l'âge de M. de Corbière; MM. Hyde de Neuville, Cornet d'Incourt, Feuillant, de Bouville, de la Bourdonnaye, de Marcellus, de Kergorlay, Clausel de Coussergues, appartenaient à la même génération ; M. de Bonald seul datait de plus loin.

Jetons maintenant un regard rétrospectif sur la carrière parcourue par cette Chambre, arrivée avec une inexpérience naturelle, une bonne volonté incontestable, un désintéressement absolu, une probité et une honnêteté rares, une noble et fière indépendance, des passions ardentes contre tout ce qui se rattachait aux Cent-Jours, des colères à la fois patriotiques et royalistes surexcitées par le souvenir de la chute de la royauté et le spectacle des maux du pays, peu d'enthousiasme pour la Charte, dont l'origine si récente ne permettait à personne d'ignorer de quelle manière et avec quelle hâte elle avait été faite, et quelles lacunes et quelles défectuosités la déparaient, ce qui n'empêchait pas la majorité de l'accepter sincèrement comme le point de départ d'un régime nouveau qui suppléerait, pour les gouvernés et les contribuables, aux garanties perdues.

Les députés de la majorité se regardaient comme investis,

par l'ordonnance qui avait convoqué les colléges électoraux, du droit de réviser, de concert avec le Roi, les quatorze articles spécifiés dans cette ordonnance. C'était sous l'empire de cette idée, pour remplir cette tâche, qu'ils avaient été élus par les colléges et qu'ils arrivaient à Paris. Ils se regardaient également comme investis, par la proclamation du Roi à son entrée en France, du soin de désigner ceux qui seraient exceptés de l'amnistie et renvoyés devant les tribunaux ; c'était sous l'empire de cette seconde idée, pour remplir cette seconde tâche, qu'ils avaient été élus et qu'ils arrivaient à Paris. Enfin ils se croyaient appelés à rasseoir la société sur ses bases religieuses, morales et monarchiques, à renouer l'alliance de la société française avec le catholicisme, et à assurer, en même temps, l'autorité du Roi, les libertés publiques, les libertés locales, la sévère économie et le bon aménagement des finances.

Tel était l'idéal qu'apportait la majorité de 1815, idéal au-dessus de ses forces, au-dessus de celles de la société française, si profondément pénétrée par la Révolution.

Elle rencontra plusieurs résistances : celle des hommes qui étaient en possession de diriger les affaires de la France depuis 1789, et qui regardaient la Chambre de 1815 comme une intrue, et par suite celle de l'ancienne administration impériale devenue en grande partie l'administration royale ; celle de la majorité de la Chambre des Pairs, formée d'hommes de la Révolution et de l'Empire, sans en excepter les hommes de cour, peu favorables en général à la noblesse et à la bourgeoisie provinciales ; celle de la société de Paris, naturellement prévenue contre tout ce qui vient de la province ; enfin celle des étrangers, qui croyaient peu à la capacité des hommes de droite, depuis si longtemps éloignés des affaires et craignaient qu'ils ne compromissent le payement de la contribution de guerre, des étrangers dont les relations étaient presque toutes avec les hommes de l'Empire et de la Révolution, et notamment avec le prince de Talleyrand et avec Fouché, dont le duc de Wellington ne pardonna jamais la chute à la Chambre de 1815.

Les travaux de cette assemblée furent de trois espèces. Elle eut d'abord à voter les lois de précaution, de défensive et de répression politique que lui demanda le gouvernement; ce furent la loi de suspension de la liberté individuelle, la loi des cours prévôtales, la loi sur les cris séditieux, lois de circonstances ou, comme on dit, lois exceptionnelles. Sur ce point, ce fut le gouvernement qui eut l'initiative, la Chambre ne fit que voter ce qu'il demandait comme nécessaire. Elle partageait ses appréhensions; ses alarmes pour le présent et l'avenir s'enflammaient au souvenir du retour de l'île d'Elbe et des défections si promptes et si générales qui lui paraissaient le résultat d'une grande conspiration.

Elle y ajouta de son chef la loi sur la diminution du nombre des tribunaux. Cette loi était un moyen d'atteindre un but que l'on n'avouait pas, mais que tout le monde voyait. Au fond la majorité voulait arriver par un détour à la suspension, au moins pendant un an, du principe de l'inamovibilité de la magistrature. Le détour manquait de franchise, par cela même de dignité. Si l'idée avait été hardiment, ouvertement présentée, aurait-on pu dire qu'elle manquait de justesse? Sans doute l'inamovibilité est, dans un temps normal, la garantie précieuse, nécessaire, de l'indépendance du juge. Mais cette garantie n'est précieuse qu'à condition d'être appliquée à une magistrature capable de donner elle-même des garanties au pays. La magistrature qui avait passé si rapidement de l'Empire à la première Restauration, de la première Restauration aux Cent-Jours, des Cent-Jours à la seconde Restauration, était-elle dans ces conditions? Était-il politiquement bon, socialement sage et même équitable, de décerner l'inamovibilité aux magistrats avant d'avoir vérifié, avec une sollicitude attentive, la valeur morale de la magistrature, la position forte ou faible où elle allait se trouver devant les justiciables; en d'autres termes, sans se donner le temps de mûrir les choix et d'apprécier les individus? La majorité de la Chambre de 1815 ne le pensa pas; elle crut qu'après un naufrage politique comme celui des Cent-Jours tout recommençait à nouveau, et qu'il fallait éprouver toutes les pièces du navire. Je crois qu'elle avait raison de le penser; mais elle eut le tort de ne pas le dire.

Les trois questions principales sur lesquelles la majorité de 1815 peut être jugée sont : la loi d'amnistie, sur laquelle, après de longs débats, elle parvint à s'entendre avec le gouvernement; la loi d'élections, qui provoqua une discussion plus longue et plus animée encore, sans qu'on arrivât à une entente; enfin, la question du budget, qui souleva une lutte non moins ardente, mais terminée par une transaction.

Dans la discussion de la loi d'amnistie la majorité apporta, sans doute, la passion dont elle était animée contre les hommes des Cent-Jours et la double irritation de ses souvenirs et de ses craintes; mais elle y apporta, en même temps, un sentiment élevé de la dignité et des droits d'une assemblée délibérante, que les ministres et les orateurs du gouvernement, en particulier M. Royer-Collard, M. de Serre et M. Pasquier, voulaient réduire à l'état d'une Chambre d'enregistrement. Elle se montra animée d'un sentiment équitable et honorable, en refusant de voter de confiance une ordonnance d'exceptions à l'amnistie dressée par Fouché, dont la main suspecte, le caractère sceptique et le nom souillé étaient si loin d'être une garantie d'équité, ordonnance où se trouvaient d'ailleurs des noms inconnus ou obscurs, et sur laquelle le ministère nouveau déclarait ne pouvoir donner aucune explication, aucun renseignement soit pour motiver les noms inscrits, soit pour expliquer les noms omis. Le système que la commission proposait avait des inconvénients et des avantages. Il avait l'inconvénient de ne point préciser immédiatement les exceptions, et de laisser un plus grand nombre de personnes sous le coup de poursuites possibles et par conséquent sans sécurité ; mais il est complétement inexact de dire qu'il créait des catégories de victimes. Il ne jugeait et ne condamnait personne, il élargissait seulement le cercle dans lequel le gouvernement aurait pu, d'après les lumières qu'il avait et sous sa responsabilité morale et politique, indiquer les hommes qui seraient déférés à la justice. En même temps, il lui conférait le droit de rayer de la liste d'exception ceux que Fouché lui paraîtrait y avoir indûment inscrits. Il avait un autre inconvénient, celui de revenir, par une voie détournée, à la confiscation abolie par la Charte, en attribuant à l'État le droit d'exercer des reprises sur les biens de ceux qui seraient condamnés, en raison de la part qu'ils seraient reconnus avoir eue dans le préjudice matériel causé à l'État par les Cent-Jours ; inconvénient éloquemment signalé et condamné par M. Royer-Collard. La majorité agissait sous l'influence de deux pensées : la première, c'est qu'on ne faisait qu'appliquer la loi du talion au parti bonapartiste, puisque Bonaparte avait rétabli la confiscation contre les royalistes dans les articles additionnels aux constitutions de l'Empire, et qu'il y avait de la duperie à se désarmer contre des ennemis d'une pénalité dont ils venaient de s'armer eux-mêmes ; la seconde, c'est que lorsque tout le monde s'imposait des sacrifices, le Roi, les princes, et lorsqu'on imposait aux fonctionnaires de tous ordres des retenues, il n'était pas équitable que les auteurs du dommage ne fussent pas plus sensiblement atteints que le reste des contribuables. Peu à peu les esprits se rassérénèrent et s'éclairèrent ; les idées qu'on avait apportées toutes faites des départements se modifièrent ; les considérations décisives qui militaient contre ces idées prévalurent. La commission finit par concentrer son principal effort sur l'article destiné à éloigner de France ceux des régicides qui, en adhérant aux articles additionnels, avaient fait preuve d'une incurable haine contre les Bourbons, proscrits et bannis de nouveau par les juges de Louis XVI, qui s'étaient montrés oublieux de la clémence avec laquelle les avait traités Louis XVIII à son premier retour. Cet article, qui donnait un caractère moral à la loi en éloignant du sol français les plus grands coupables de la Révolution, placés sous le coup de la justice nationale par une récidive, et l'article qui autorisait le gouvernement à rayer de la liste des exceptions dressée par Fouché le nom de ceux qui ne paraissaient pas suffisamment coupables, tel fut l'apport définitif de la droite dans la loi d'amnistie, qui fut votée à l'unanimité moins trois voix. Si on laissa subsister l'article, trop vague et trop élastique, qui exceptait de l'amnistie ceux contre lesquels des poursuites auraient été commencées avant la promulgation de la loi, article qui, comme on l'a dit, compromit l'honneur de l'amnistie, ce fut la faute du ministère, et non celle des chefs de la majorité qui en proposèrent la suppression par l'organe de la commission.

Dans la question des élections, la majorité ne put accepter la loi du gouvernement qui rendait les choix purement administratifs. Le projet primitif de la commission qu'elle nomma était à la fois libéral et conservateur. Il était fondé sur le système à deux degrés, en admettant au premier degré tous les électeurs payant cinquante francs; M. de Villèle aurait voulu qu'on descendît à vingt-cinq francs, ou même qu'on laissât voter tout contribuable payant l'impôt direct. Il restait dans les termes de la Charte, car il réservait la nomination directe des députés aux électeurs du second degré choisis parmi les contribuables payant cent écus. Plus tard, il est vrai, la commission, craignant d'être abandonnée par une fraction de la majorité, si elle ne faisait pas une concession, accepta le système d'adjonction d'un certain nombre d'électeurs désignés par le Roi dans les colléges électoraux. Mais elle le fit à son corps défendant, parce que les voix ministérielles lui manquaient et qu'elle appréhenda d'être abandonnée par la minorité de la majorité ; minorité dont les voix étaient un appoint nécessaire à l'adoption de la loi. Elle voulait, en outre, remplacer le renouvellement partiel par le renouvellement intégral, qui a partout prévalu depuis, et augmenter le nombre des membres de la Chambre, en modifiant les articles de la Charte soumis à la révision par l'ordonnance royale du 23 juillet; augmentation qui a obtenu la sanction de l'expérience. Combattue sur tous ces points par le ministère et les centres, et se trouvant en présence de deux lois, le système ministériel qui faisait de l'élection un semblant politique et laissait les choix à la discrétion du cabinet dont la prétention était de nommer les deux tiers des députés; et le système de M. Royer-Collard qui opinait pour un seul degré d'élection concentré exclusivement dans les colléges électoraux formés de contribuables payant cent écus, elle persista dans ses idées. Si, en effet, elle trouvait le système ministériel subversif de toute liberté politique, elle trouvait le système de M. Royer-Collard complétement arbitraire, en ce qu'il renfermait le droit électoral dans une classe exclusive, indiquée par un cens trop faible pour constituer une aristocratie, trop élevé pour qu'on pût dire la nation réellement représentée, et laissant en dehors tout ce qui était au-dessus comme tout ce qui était au-dessous. Quand elle eut rejeté la loi ministérielle et vu sa propre loi rejetée par la Chambre des pairs, elle mit pour condition au vote de la loi transitoire, que l'on ne préjugerait rien sur les articles de la Charte devenus litigieux et remis en question par l'ordonnance du 23 juillet. Cette condition, exprimée par des amendements, empêcha la loi d'être portée à la Chambre des pairs, et, au moment où la session fut close, la Chambre se sépara sans laisser de loi électorale derrière elle.

Elle aurait pu tenter de forcer la main au ministère en suspendant le vote du budget, mais elle ne le fit pas, parce qu'elle trouva que cette contrainte aurait quelque chose de peu respectueux pour le Roi et de contraire aux principes monarchiques.

Cette discussion, succédant à celle de l'amnistie, acheva de la brouiller avec le ministère. Mais il faut considérer qu'il y avait dans les procédés de ce dernier avec la Chambre de 1815 une maladresse systématique qui était bien de nature à mécontenter une Assemblée soigneuse de sa dignité et jalouse de sa prérogative. On semblait ne lui présenter les lois que pour les lui retirer, et on ne lui reconnaissait guère que le droit de les adopter. C'était la doctrine que M. Royer-Collard avait invoquée lors de la discussion de la loi d'amnistie et que le duc de Richelieu avait soutenue dans la commission. Le Roi faisait l'amnistie, la Chambre était admise à voter la loi, mais sans la modifier; l'ordonnance royale qui avait déféré aux Chambres le soin de désigner les hommes à excepter de l'amnistie devenait comme non avenue, le Roi l'avait retirée par son discours d'ouverture. On appliqua le même raisonnement à la loi d'élections. La loi d'élections, selon M. Royer-Collard, était faite par l'article de la Charte relatif aux électeurs à cent écus. La Chambre au fond n'avait pas de loi d'élections à faire, elle n'avait qu'à mettre en pratique, dans quelques dispositions, le principe posé par la Charte. Il était bien vrai que le Roi, par une ordonnance solennelle, avait soumis à la révision des Chambres les quatorze articles de la Charte relatifs aux élections; mais le discours de la couronne avait révoqué cette ordonnance qui demeurait comme non avenue. Il s'ensuivait que l'on consultait la Chambre sur tout et qu'elle n'avait le droit de faire prévaloir son avis sur rien. Il y avait dans cette argumentation quelque chose d'excessif qu'une assemblée moins pénétrée de sa dignité que la Chambre de 1815 n'aurait pas supporté; c'était la négation, non-seulement du gouvernement parlementaire, mais de la monarchie représentative, et cette inconsistance continuelle dans les vues du gouvernement qui saisissait et dessaisissait la Chambre, lui déférait une tâche et lui retirait cette tâche, déclarait quatorze articles de la Charte révisibles et voulait les soustraire à la révision, cette inconsistance dans la conduite du ministère compromettait sa position morale aux yeux de l'Assemblée, et avait pour elle quelque chose d'offensant, car elle se demandait comment il se faisait qu'on voulût retirer à une Chambre profondément dévouée à la monarchie une mission qu'on aurait laissée à la Chambre sur laquelle comptaient Talleyrand et Fouché.

Ce système reparut encore quand il s'agit de voter le budget. Le ministère retira le titre relatif au payement de l'arriéré antérieur à 1814. La majorité objecta par l'organe de sa commission que, les voies et moyens de pourvoir à cet arriéré étant en partie détruits par le désastre des Cent-Jours, on ne pouvait se dispenser de recourir à la Chambre, et elle partit de là pour proposer un budget très-différent du budget présenté par le ministère. Sauf un point, celui de l'arriéré antérieur à 1814, que la commission liquidait d'une manière trop défavorable pour les créanciers en les privant du bénéfice du vote de la Chambre précédente, le budget dressé par la commission de la majorité était mieux entendu, moins écrasant pour les contribuables épuisés, plus équitable envers les communes auxquelles on rendait leurs biens, plus favorable à l'État dont on ne vendait pas les forêts dans des circonstances désastreuses, que le budget préparé par M. Corvetto. Pour des hommes si nouveaux dans les affaires, les membres de la majorité montrèrent dans cette discussion du budget une aptitude remarquable, des vues élevées et pratiques, une honorable sollicitude pour les souffrances des petits contribuables, un zèle éclairé pour les intérêts de l'État, un esprit d'économie digne de louanges. Ils eurent même l'intuition d'une haute vérité politique exprimée par M. de Corbière dans son rapport et méconnue depuis : c'est que l'avenir du gouvernement représentatif en France dépendait de l'existence d'une classe nombreuse vivant de ses revenus et réunissant ainsi les conditions matérielles aux conditions morales d'indépendance résultant du caractère, et que, pour atteindre ce but, il fallait que l'impôt fût modéré, afin de ne pas épuiser les ressources des propriétaires, et que les traitements attribués aux fonctionnaires fussent modestes, afin de ne pas faire des fonctions publiques un appât qui engageât les propriétaires à chercher dans le budget une indemnité devenue nécessaire à leur fortune par les charges mêmes que leur imposerait un budget grevé de gros traitements.

On a dit que la Chambre de 1815 faisait dépendre du rétablissement des jurandes et des corporations, qu'elle réclama, la prospérité de l'industrie et du commerce. C'est une assertion tout à la fois inexacte et excessive ; il n'y eut pas de proposition faite pour le rétablissement des corporations et des jurandes ; seulement, un homme de l'Empire, M. de Bourrienne, rapporteur d'une section du budget, amené à parler des fraudes et des tromperies qui déshonoraient quelques branches de notre commerce, dit qu'on ne parviendrait à y porter remède que par un retour au système des corporations, mais en ouvrant les portes aussi grandes que possible, au lieu de les laisser fermées.

Ce qu'il y a de certain, c'est que le gouvernement, après avoir déclaré le système budgétaire de la majorité inadmissible, finit par l'admettre avec une seule modification qui fit disparaître son principal inconvénient ; cette modification fut, on l'a vu, le renvoi du règlement définitif de l'arriéré à l'année 1820.

Dans les questions religieuses, la majorité montra un vif

désir d'améliorer et de fortifier la situation du clergé, et de rasseoir la société française sur les bases de la morale catholique. La loi votée sur la proposition de M. de Bonald pour abolir le divorce et proclamer l'indissolubilité de la première des sociétés, cette loi qui, depuis près d'un demi-siècle, a survécu au milieu de tant de révolutions, suffirait à l'honneur d'une assemblée. Elle chercha avec un zèle souvent heureux, quelquefois plus sincère qu'éclairé, tous les moyens de rapprocher la société française et l'Église catholique. Par un sentiment vrai de l'insuffisance du subside fait au clergé dépouillé de ses biens par la Révolution de 89, elle voulut augmenter la somme assignée aux frais du culte, et rendre aux diocèses et aux paroisses le droit de recevoir des legs. Elle eut l'intuition de l'avantage qu'il y aurait pour la dignité du sacerdoce, l'indépendance de l'Église et en même temps pour la société, à avoir un clergé propriétaire, opinion adoptée de nos jours par M. de Tocqueville [1], et elle aurait voulu faire sortir cette nouvelle propriété ecclésiastique de deux sources : la restitution des biens confisqués sur le clergé et restés dans les mains de l'État, et la liberté des legs. Elle échoua dans cet effort, auquel les principes adoptés par la Révolution étaient trop contraires, comme dans la tentative qu'elle fit pour rendre les registres de l'état civil au clergé, idée incompatible avec les doctrines

---

1. « J'ose penser, contrairement à une opinion bien générale et fort solidement établie, que les peuples qui ôtent au clergé catholique toute participation quelconque à la propriété foncière et transforment tous ses revenus en salaires, se privent d'un grand élément de liberté. Un homme qui, pour la meilleure partie de lui-même, est soumis à une autorité étrangère, et qui, dans le pays qu'il habite, ne peut avoir de famille, n'est retenu au sol que par un seul lien solide, la propriété foncière... Tranchez ce lien, il n'appartient plus en particulier à aucun lien... Sa condition la plus naturelle en politique, c'est l'indifférence. Excellent ministre de la société chrétienne, médiocre citoyen partout ailleurs. De pareils sentiments et de semblables idées dans un corps qui est le directeur de l'enfance et le guide des mœurs ne peuvent manquer d'énerver l'âme de la société tout entière en tout ce qui touche la vie publique. » (*L'Ancien Régime et la Révolution*, page 173.)

qui avaient cours depuis 1789, mais que la majorité avait puisée dans une honorable sollicitude pour la dignité humaine et pour la doctrine catholique, qui ne lui semblait pas permettre de rendre l'acte civil complétement indépendant de l'acte religieux, surtout dans le mariage de ceux qui appartiennent à l'Église catholique. Elle eut la perception de l'inconvénient signalé avec autant de raison que d'éloquence par un des premiers jurisconsultes de notre époque, M. Sauzet [1]; mais elle ne trouva pas la solution appropriée au temps. Dans ces questions le zèle ne lui manqua point, mais elle n'y ajouta pas toujours la mesure. J'en dirai autant de l'éducation et de l'enseignement; elle aperçut bien l'insuffisance morale et religieuse de l'Université impériale, même après qu'on l'eut remaniée par un décret; mais, dans les propositions sorties de l'initiative législative, on n'aperçoit que l'idée de substituer purement et simplement la surintendance épiscopale exercée au nom de l'État à l'influence universitaire, système inappli-

---

1. M. Sauzet, dans son écrit intitulé *Réflexions sur le mariage civil et le mariage religieux* (Lyon, 1853), s'exprime ainsi : « Il m'en coûte de le dire, c'est la loi française, la loi du peuple le plus justement fier de sa civilisation délicate, la loi du pays très-chrétien qui méconnaît les traditions du droit des gens, adoptées même par le paganisme, et rabaisse le mariage au niveau des plus vulgaires contrats que le caprice improvise et que l'inconstance dénoue. L'homme y tient la place de Dieu et la table du magistrat remplace l'autel du prêtre. Que dis-je? La loi qui réduit le mariage à un contrat civil efface Dieu et sacrifie les consciences. Après les paroles de l'officier de l'état civil, le mariage est tenu pour consacré, et, si la jeune et timide vierge attend une autre sanction pour cet irrévocable changement de sa destinée, si c'est au ciel qu'elle demande le signal de la transformation de ses devoirs et la consécration de son avenir, on pourra se rire impunément de ses scrupules et refuser à sa pudique piété le sceau de la bénédiction promise. La promesse même qu'on aura faite devant le prêtre restera sans valeur aux yeux des lois... »

M. Sauzet propose d'adopter pour les catholiques les deux principes de la législation du royaume des Deux-Siciles sur le mariage : Le mariage civil ne produit aucun effet civil s'il n'est suivi de la célébration à la face de l'Église. Le mariage célébré à la face de l'Église ne produit aucun effet civil s'il n'est précédé d'un contrat reçu par l'officier de l'état civil. Le magistrat règle les engagements des époux, le prêtre reçoit leurs serments.

cable dans la société telle que l'avait constituée la Révolution française ; elle n'eut pas l'intuition du moyen approprié au temps, la liberté d'enseignement.

La Chambre de 1815 eut donc, comme toutes les assemblées politiques, ses défauts à côté de ses qualités ; mais ses qualités surpassent ses défauts, qui tiennent surtout aux circonstances au milieu desquelles elle fut nommée. Elle eut des passions, des préjugés, des torts ; en présence des victimes politiques de ce coup de démence qu'on appelle les Cent-Jours, un beau et noble sentiment manqua à plusieurs de ses membres, celui de la pitié. Préoccupée de la faute, effrayée du péril, elle n'apprécia pas assez l'entraînement, elle ne vit pas le malheur ; mais il y a plusieurs qualités qu'on ne saurait refuser de lui reconnaître. Ce fut une Chambre essentiellement honnête, honorable, indépendante par sentiments comme par position, économe des deniers des contribuables, éclairée sur les grands intérêts publics, et résolue à les faire prévaloir ; une Chambre profondément dévouée à la monarchie, à la religion, et en même temps une Chambre déterminée à ne pas sacrifier aux ministres la liberté politique, c'est-à-dire l'intervention vraie des véritables élus du pays dans les affaires publiques. Là même où l'expérience lui manqua, ses intentions furent toujours droites et pures, et, si la mesure lui fit quelquefois défaut, elle eut un sentiment élevé des conditions du gouvernement représentatif qu'elle défendit contre le ministère, contre les représentants de l'ancienne administration impériale, contre l'esprit de cour, et même contre l'ancienne école de 1789, représentée par M. Royer-Collard. Ce ne fut pas un médiocre mérite que d'avoir devancé de plus de quarante ans le regard de M. de Tocqueville dans la perception des avantages que la société pourrait tirer d'un clergé propriétaire, le regard de M. Sauzet dans la perception des inconvénients de la loi civile qui permet d'ôter tout caractère religieux au mariage. Il fallait aussi ne pas avoir une intelligence commune pour ne pas séparer, en 1815, le respect le plus profond et le dévouement le plus vrai pour la royauté légitime de la volonté d'établir dans sa sincérité le gouvernement représentatif, en faisant des libertés locales la base des libertés publiques.

Le ministère qui conduisait alors les affaires eut le tort d'exploiter contre la majorité de la Chambre de 1815 ses défauts, au lieu d'employer ses qualités à fonder la monarchie représentative en France. Au moment où la session fut close, elle avait contre elle, outre l'esprit révolutionnaire, l'esprit parisien, l'esprit de cour, l'esprit administratif; l'école de 1789 qui espérait gouverner à l'aide de la prérogative royale, enfin la diplomatie étrangère, alarmée par les projets de reconstitution sociale de la majorité, et qui voulait avant tout que rien ne bougeât en France, jusqu'à ce que les indemnités de guerre fussent payées. Cependant la dissolution de la Chambre de 1815 n'était encore écrite que dans la pensée du jeune ministre qui faisait chaque jour des progrès dans la faveur de Louis XVIII, et qui, on a le droit de le croire, croyait ainsi assurer pour longtemps sa vie ministérielle menacée par une majorité dont il n'avait ni l'estime ni la confiance.

FIN DU TOME TROISIÈME.

PIÈCES JUSTIFICATIVES

FONDS CONFIÉS PAR LOUIS XVIII A M. DE BLACAS

Louis XVIII avait une somme considérable à Londres sous le nom de M. de Blacas. Il suffira, pour démontrer que cette somme n'a pas été donnée à M. de Blacas au moment de la rentrée du Roi en 1815, de citer trois pièces que nous copions sur les originaux. La première est un rapport au roi Louis XVIII daté du 20 décembre 1823. Voici ce rapport :

« Sire,

« Ainsi que Votre Majesté me l'a ordonné, j'ai l'honneur de mettre de nouveau sous vos yeux le résumé des comptes que je lui ai rendus sur les fonds qu'elle a en Angleterre.

« Le Roi avait à Londres, en juin 1815, la somme de 211,004 l. st., et une lettre de crédit sur Vienne de 300,000 fr.

« Le rappel des sommes données par les ordres du Roi depuis cette époque, et dont le détail est exposé dans le compte ci-joint, s'élève à 149,550 l. st.

Somme restante le 30 mars 1820. . . .	61,454 l. st.
Bénéfices sur les fonds achetés et vendus.	24,636
Valeurs achetées annuellement.	41,463
Total des fonds en billets de l'échiquier le 1er novembre 1823.	127,553 l. st.

« Je prie le Roi de vouloir bien vérifier le premier rapport sur les pièces que j'ai eu l'honneur de lui remettre et de l'approuver s'il le trouve exact, comme je le crois.

« Ce 20 décembre 1823.

« BLACAS D'AULPS.

« Approuvé : LOUIS. »

Nous avons eu sous les yeux le tableau des dépenses faites par ordre et pour le compte du Roi, avec les reçus de M. le comte de Pradel. Elles s'élèvent en effet ensemble à 149,550 liv. st.

RAPPORT AU ROI DATÉ DU 13 FÉVRIER 1824.

« Les fonds que le Roi a en Angleterre maintenant s'élèvent à la somme de 127,553 l. st, en billets de l'échiquier. Le Roi m'a ordonné de les retirer, mais je prie Votre Majesté de permettre que ce soit peu à peu dans le courant de cette année, pour que cette opération reste secrète.

« BLACAS D'AULPS.

« Approuvé : LOUIS. »

Voici la troisième pièce : c'est un rapport de M. de Blacas à Charles X, auquel le duc de Blacas avait révélé, peu de jours après son avénement, l'existence de la somme devenue la propriété du nouveau Roi par la mort de son frère :

« SIRE,

« Il résulte des comptes et des rapports que j'ai eu l'honneur de mettre sous les yeux du Roi, que Votre Majesté a maintenant en Angleterre la somme de 128,814 l. st., savoir :

113,700 l. st.	en nouveaux billets de l'échiquier, jouissance du 14 juin 1824.
10,000	en nouveaux billets de l'échiquier, jouissance du 20 septembre 1824.
5,114	en argent comptant.
128,814 l. st.,	plus les intérêts courants desdits billets.

« Je prie le Roi de vouloir bien m'autoriser à remettre ces divers fonds à M. de Belleville en daignant approuver le présent arrêté de compte qui me tiendra lieu de décharge et de quittance finale dès que M. de Belleville en aura touché le montant.
« Paris, ce 8 octobre 1824.

« BLACAS D'AULPS.

« Approuvé : CHARLES. »

« Par une lettre en date du 18 octobre, reçue hier, MM. Couts et compagnie m'ont donné avis que la somme de 128,814 l. st. ci-dessus mentionnée, a été, par ordre de M. le duc de Blacas, transférée de son compte au mien.

« Paris, ce 23 octobre 1824.

« DE BELLEVILLE. »

MÉMOIRE DE M. DE LARCY

SUR LA RÉACTION DE 1815 DANS LE DÉPARTEMENT DU GARD.

Les événements de 1815 dans le département du Gard ont été complétement défigurés par l'esprit de parti ; les prétendues histoires publiées de nos jours, et dont les auteurs se sont bornés pour la plupart à se copier les uns les autres, ne présentent sur ce triste sujet que des récits erronés et calomnieux. Plusieurs causes ont contribué à cette déplorable altération de la vérité, et l'une des principales, c'est qu'à l'époque où la discussion s'engagea pour la première fois à la tribune sur ces événements, le ministère, hostile à la droite, faisait cause commune avec ses adversaires et laissait le champ libre à cette députation du Gard, que M. Decazes avait fait élire en 1818 en opposition aux royalistes. Les assertions de M. de Saint-Aulaire en 1819 et en 1820 sont positivement contraires à la vérité, et nous allons le démontrer ; malheureusement personne dans la Chambre n'était alors en situation de les contredire avec une suffisante connaissance des faits, et ces accusations restèrent sans réponse.

Dans la séance du 25 avril 1820, à l'occasion de la fameuse pétition de M. Madier-Montjau, M. de Saint-Aulaire s'exprima en ces termes :

« On a voulu faire considérer les crimes de 1815 comme des représailles des forfaits commis pendant les Cent-Jours ; cette allégation est détruite par les faits. Pendant les Cent-Jours, pas une goutte de sang n'a été versée dans le Gard. Je me trompe : trois volontaires royaux ont été frappés les armes à la main et luttant contre des hommes qui étaient en force. »

Il y a ici autant d'erreurs que de mots : arrêtons-nous à la principale, qui domine toute cette malheureuse question. Oui, les crimes de 1815 ont été des représailles : le premier sang répandu dans le Gard en 1815 a été du sang catholique et royaliste, et rien dans le passé ne pouvait justifier cette odieuse agression.

L'histoire est là pour attester que, cinq ans après le meurtre des catholiques de Nîmes connu sous le nom de *la Michalade* (30 septembre 1567 [1]), le contre-coup de la Saint-Barthélemy fut complétement

---

1. Une centaine de cadavres furent jetés dans le puits de l'évêché. (V. *l'Histoire de Nîmes*, par Ménard.)

évité dans cette même ville : le premier consul, le vicaire de l'évêque et le juge mage, tous catholiques, réunirent les citoyens des deux religions et leur firent jurer de renoncer à tout sentiment de vengeance et de se promettre mutuellement l'union et la paix.

En 1789 on eût dit que le souvenir de ce serment vivait encore. Les catholiques étaient en majorité et les maîtres de l'élection aux états généraux. Ils donnèrent spontanément aux réformés trois nominations sur huit pour la députation du tiers état; le pasteur Rabaut-Saint-Étienne fut l'un des trois.

L'année suivante, l'esprit de faction avait tout changé, et dans ces fatales journées des 14 et 15 octobre 1790, connues sous le nom de *la Bagarre*, trois cents catholiques furent massacrés [1], tandis que les protestants n'avaient à déplorer que la perte de vingt et un des leurs.

1814 fut pur de tout excès.

Au moment où l'on apprit le débarquement de Bonaparte, le sentiment royaliste éclata avec force; de nombreux volontaires suivirent le duc d'Angoulême aux champs de la Drôme.

L'un d'entre eux, le nommé Lajutte, étudiant en médecine, fut assassiné en plein jour à Nîmes à la porte d'un café, après le départ du Prince, dans les derniers jours de mars. Ce fut la première victime.

Après la capitulation de La Palud (9 avril), les volontaires royaux qui rentraient dans leurs foyers furent, au mépris de cette convention, en butte à mille excès. Tous furent dépouillés, insultés, maltraités, plusieurs perdirent la vie [2]. Sans entrer dans les détails de toutes ces persécutions, nous nous bornerons à renvoyer au réquisitoire du procureur général Bernard devant la cour d'assises de Nîmes, dans la trop fameuse affaire d'Arpaillargues [3].

En présence de ces faits judiciairement constatés et qui entraînèrent plusieurs condamnations à mort devant la cour d'assises de Nîmes, que deviennent les assertions de M. de Saint-Aulaire, et son étrange : *Je me trompe*, ne doit-il pas être appliqué à son discours tout entier?

Mais ce qu'il y a de plus étonnant et ce qui prouve combien on oublie vite dans ce temps-ci, c'est qu'un document officiel, une proclamation du Roi en date du 1er septembre 1815, contre-signée par M. Pasquier, encore ministre en 1819, attribuait précisément ce caractère de *représailles* aux excès de la réaction de 1815, tout en les déplorant avec énergie. Quelle réponse à M. de Saint-Aulaire que les paroles de la proclamation :

« Nous avons appris avec douleur que dans les départements du Midi

---

1. Un couvent de Capucins fut forcé, et cinq religieux égorgés.
2. Une brochure du temps, intitulée *Causes des troubles*, écrite avec modération, fixe à deux cents environ le nombre des victimes : ce chiffre ne doit pas être exagéré, si l'on y comprend tous ceux qui furent maltraités et blessés grièvement. Les noms d'une trentaine d'entre eux se trouvent dans l'ouvrage de M. de Pontécoulant.
3. M. de Larcy cite ici le réquisitoire dont nous avons donné un extrait très-étendu, tome deuxième, page 235.

plusieurs de nos sujets s'étaient récemment portés aux plus coupables excès...

« Certes de grands crimes, d'infâmes trahisons, ont plongé la France dans un abîme de maux. *Des persécutions atroces ont été exercées contre ceux de nos fidèles sujets qui, suivant la bannière de notre bien-aimé neveu, ont tenté courageusement avec lui de sauver la France.* Mais la punition de ces crimes doit être nationale, solennelle, régulière; les coupables doivent tomber sous le glaive de la loi et non pas succomber sous le poids des vengeances particulières... »

Ainsi les preuves abondent; d'odieux excès avaient été commis pendant les Cent-Jours, et le sang des volontaires royaux n'est pas le seul qui ait été versé à cette époque. On eut encore à déplorer la mort de M. Nicolas, ancien officier, l'un des plus honorables habitants d'Uzès, lequel fut tué d'un coup de feu sur le pont d'Arpaillargues, le 3 juillet, lorsqu'il s'avançait en parlementaire pour calmer et dissiper un rassemblement séditieux qui s'opposait à la proclamation du gouvernement royal, accomplie la veille à Uzès.

Un garçon boulanger, catholique, nommé Vignolles, fut tué à Nîmes le 15 juillet, sur le seuil de la boutique de son maître, sans provocation aucune.

Il y eut encore dans les mêmes rangs du peuple de Nîmes de nombreuses victimes le 17 juillet, et les circonstances de ce déplorable événement méritent d'être notées parce qu'elles sont aussi une explication des tristes scènes d'anarchie qui suivirent.

Au moment de la chute du gouvernement impérial, et même plusieurs jours après la rentrée de Louis XVIII à Paris, le général Gilly, qui commandait à Nîmes, méconnaissant la force des choses et l'esprit des populations qui l'entouraient, s'obstina dans une résistance impossible qui ne pouvait rien produire que l'irritation et le désordre. Un camp royaliste s'était formé à Beaucaire, à quatre lieues de Nîmes; il avait pour chef le général de Barré, protestant. Des négociations furent entamées par le commissaire du Roi, M. de Bernis, dans le but d'amener la soumission des autorités nîmoises et de maintenir l'ordre dans le passage d'un gouvernement à l'autre. Ces tentatives si honorables furent rendues impuissantes par le mauvais vouloir du général Gilly, qui rêvait toujours le plan irréalisable d'une défense prolongée dans les montagnes des Cévennes et de la Lozère. Il fut enfin obligé de quitter Nîmes dans la nuit du 14 au 15 juillet. Il y laissa deux régiments cantonnés dans les casernes et qui tenaient encore pour l'Empire. Cette situation était grosse de malheurs. Le conseil municipal obtint du général Malmont, qui était resté à la tête de ces deux régiments, de livrer son artillerie et de rassurer le peuple. Mais, au moment où cette convention allait être exécutée, les soldats furieux, méconnaissant les ordres de leur général, tirèrent sur la foule désarmée; plusieurs citoyens périrent. Les noms de onze d'entre eux ont été conservés.

Ainsi donc, à cette date du 17 juillet, tout le sang qui avait coulé était celui des royalistes; ce ne fut que le lendemain 18, lorsque l'armée de Beaucaire entra dans Nîmes, suivie de ce triste cortège de gens sans aveu qui ne manque jamais dans les jours de discordes civiles, ce fut alors seulement que la réaction commença ; les troupes quittèrent enfin les casernes et le peuple à son tour renouvela les scènes de la veille ; des coups de fusil partis de ses rangs firent plusieurs victimes. Dix soldats périrent, une vingtaine furent blessés. Malgré les efforts des commissaires du Roi, au milieu du désordre, des excès furent commis : trois protestants périrent ce jour-là, et l'on eut à déplorer le pillage de quelques maisons. Des bandes indisciplinées parcouraient les campagnes ; c'est alors qu'eurent lieu ces meurtres, dont on a cherché à grossir le nombre, que nous nous sommes fait une loi de rechercher avec un soin scrupuleux, acceptant les assertions des écrivains favorables aux victimes, toutes les fois que ces assertions nous ont paru avoir le moindre caractère d'authenticité [1]. Ces malheurs ne furent encore que trop grands, ces excès ne furent que trop odieux, et nous voudrions les racheter avec notre propre sang ; mais du moins il est de ces détails horribles qui ne sont heureusement que de grossières inventions, et qu'il faut définitivement rayer des pages de l'histoire.

Ce tombereau qui, selon M. Madier-Montjau, aurait traversé en plein jour les rues de Nîmes, allant chercher trois fois sa cargaison de cadavres, n'a jamais existé que dans sa trop fameuse pétition. Ces élections de Nîmes du 22 août 1815, influencées, a-t-on dit, par le meurtre calculé *de seize* protestants (selon M. Madier-Montjau), *de treize* (selon M. de Saint-Aulaire [2]), *de treize électeurs protestants*, selon M. de Vaulabelle, trouvant ainsi moyen de renchérir sur ses devanciers, ces élections du 22 n'ont heureusement rien à démêler avec la mort de trois hommes et de deux femmes qui succombèrent en effet dans les faubourgs de Nîmes dans la nuit du 19 août, crimes déplorables sans doute, mais bien étrangers à l'opération politique à laquelle on a voulu les rattacher. — « Tout le monde vota en sûreté, a dit un honorable citoyen protestant [3] dans une lettre qui est un document historique irréfutable, — on vit sur les listes des votants les noms des protestants les plus marquants de la

---

1. On trouvera ci-jointe une liste des noms de ceux qui ont péri dans ces temps malheureux. Des documents de toutes sortes ont servi à ces recherches, et notamment la *Bibliothèque historique*, recueil d'extrême gauche qui paraissait de 1818 à 1820, et qui s'était adonnée à l'étude de ces questions avec un zèle tout particulier. C'est là que se trouvent le mémoire ridiculement exagéré du révérend Perrot, missionnaire anglais, la pétition de M. Madier-Montjau, et celle de M. Barbaroux, avocat à Nîmes ; dans cette dernière pièce les faits sont au moins présentés avec quelque précision, et nous n'en avons contesté aucun. Nous avons consulté aussi l'*Histoire des révolutions de Nîmes et d'Uzès*, par M. de Pontécoulant, la brochure de M. d'Arbaud-Jouques, préfet du Gard en 1815, et enfin l'*Histoire de Nîmes*, par M. Baragnon père (Nîmes, 1840), qui offre le tableau le plus impartial et le plus complet que nous connaissions des événements de cette époque. En dehors de notre travail il ne peut y avoir que des allégations vagues, et nous ne croyons pas que l'on puisse citer avec quelque certitude le *nom* d'une seule victime ne se trouvant pas sur notre liste.
2. *Comité secret* de la Chambre des députés, 20 mars 1819.
3. M. Boileau de Castelnau, *Conservateur* de mai 1819, tome III, page 500.

ville de Nîmes, y compris les membres du consistoire, et chacun de nous savait bien que les classes de la société, d'où sortaient les électeurs d'alors, étaient trop étrangères à celles d'où sortaient de vils assassins pour avoir à craindre leur fureur... »

Pour innocenter absolument ces élections de 1815, il n'y a qu'à comparer leur résultat avec celui des mêmes élections du Gard en 1816, après l'ordonnance du 5 septembre, alors que le gouvernement faisait tous ses efforts pour écarter les députés de la Chambre dissoute. La majorité aux deux époques resta proportionnellement la même. En 1815, M. de Vogüé, premier candidat de la droite, avait eu cent neuf voix sur cent quarante-neuf votants; en 1816, il en obtint cent trente-six sur cent quatre-vingt-onze. Les absents de 1815 étaient donc bien loin d'appartenir exclusivement au parti protestant.

C'est pourtant ce qu'affirmait en pleine Chambre M. de Saint-Aulaire; et ce qu'il y a de singulièrement douloureux, c'est que de ces électeurs de 1815, un seul a péri, et c'était un prêtre royaliste, l'abbé d'Esgrigny, assassiné chez lui à la campagne, au moment où il revenait de voter..

Les mêmes calomnies ont été répétées par M. Vaulabelle, hélas! et par M. de Lamartine, qui n'est coupable que d'avoir copié.

« Durant deux mois, ajoute M. Vaulabelle, qui voudrait étendre la complicité de ces excès, ainsi grossis et dénaturés, au gouvernement tout entier, durant deux mois aucune voix ne s'éleva dans la presse ou dans le sein des pouvoirs publics pour signaler ces attentats. » — Et il oublie, sciemment ou non, cette proclamation du 1er septembre 1815, insérée au *Moniteur* et dans tous les journaux!

Ce qu'il y a de certain, au contraire, c'est que le gouvernement de la Restauration fit tout ce qui dépendait de lui pour empêcher et réprimer ces désordres. Ses intentions, il est vrai, n'atteignirent pas toujours le but qu'il se proposait. Pour assurer davantage l'impartialité de l'administration, le ministre de l'intérieur remplaça le préfet nommé par le duc d'Angoulême et lui donna pour successeur M. d'Arbaud-Jouques, ancien préfet de la Rochelle sous l'Empire. Celui-ci arriva à Nîmes le 30 juillet; rappelé à Toulouse par le prince le lendemain, il ne revint à son poste que le 18 août, et ce fut précisément dans les nuits des 1er et 19 août qu'eurent lieu les malheurs les plus regrettables. Les malfaiteurs profitaient de ces moments de transition et les exploitaient dans l'intérêt de leurs passions criminelles; mais le gouvernement ne saurait en être rendu responsable.

Toutes les fois que le duc d'Angoulême parut à Nîmes, son langage fut aussi net qu'énergique, et il ne cessa de témoigner aux protestants une extrême bienveillance. C'est une justice que personne du moins n'a osé lui refuser.

La répression fut ce qu'elle pouvait être dans un temps de troubles et de désordre. Si l'on s'en rapportait aux discours prononcés par M. de Saint-Aulaire, dans la séance du 20 mars [1], et par le garde des sceaux

---

1. « Aucune justice n'a été faite de ces crimes; depuis 1815, la présence des

dans la séance du 23 mars 1819, on croirait que tous ces crimes sont restés impunis. Et cependant il faut constater la condamnation capitale et l'exécution du nommé Servant, et la condamnation aux travaux forcés à perpétuité du nommé Truphemy par les cours d'assises de Riom et de Valence, pour meurtres commis à Nîmes en août 1815. De nombreuses poursuites judiciaires furent intentées contre les autres coupables, et dans la lettre d'un magistrat de la cour de Nîmes [1] (M. Enjolric, avocat général), se trouve l'énumération de six arrêts de la Cour de cassation des 14 décembre 1815, 8 février 1816, 16 et 29 mai, et 5 juin 1817, qui renvoient, devant les cours d'assises de Riom et de Valence, treize individus pour meurtres commis à Nîmes en juillet et août 1815.

Resterait à expliquer un incident qui a eu dans les pamphlets et dans les histoires de cette époque un long et fâcheux retentissement; nous voulons parler du rappel à l'ordre prononcé contre M. d'Argenson par la Chambre de 1815, dans la séance du 23 octobre, lorsqu'il vint dénoncer à la tribune ce qu'il appelait le massacre des protestants du Midi. On ne peut croire que la Chambre voulût justifier ou excuser des crimes : témoin l'article voté par elle, après discussion, dans la séance du 6 janvier 1816, lequel laissait en dehors du bénéfice de la loi d'amnistie les attentats commis contre les particuliers. Quelle put donc être la cause du soulèvement de cette assemblée? Nous croyons qu'il faut l'attribuer surtout à la répulsion qu'excitait la personne de M. d'Argenson, qui revenait à peine de cette conférence d'Haguenau, où il avait été demander, avec MM. de Lafayette et Benjamin Constant, un souverain quelconque, pourvu que ce ne fût pas un Bourbon : « Vous vous croyez encore au champ de mai, » lui cria-t-on de toutes parts. Il faut ajouter que cette question des protestants, cette sorte d'accusation contre le gouvernement royal, devait paraître étrange à propos d'une loi qui avait pour objet des mesures de répressions contre les entreprises des ennemis de la royauté. L'interpellation n'était pas à sa place et devenait doublement irritante dans la bouche d'un membre antipathique à l'assemblée. Il aurait mieux valu néanmoins laisser parler M. d'Argenson et lui répondre; le président jugea plus prudent d'étouffer le débat pour apaiser les esprits. Ce n'est qu'ainsi que l'on peut se rendre compte de ce rappel à l'ordre dont la sévérité excessive et inutile a été depuis un texte incessant de récriminations, mais qui s'explique par les circonstances, et qui, au fond et dans les intentions de la Chambre, n'avait certainement pas la portée qu'on a voulu lui donner.

---

assassins dans la ville de Nîmes épouvante et la morale publique et les familles de leurs victimes. » (M. de Saint-Aulaire, *Comité secret* du 20 mars 1819.)

1. V. la brochure de M. d'Arbaud-Jouques, intitulée *Troubles et Agitations du département du Gard.*

PIÈCES JUSTIFICATIVES. 651

VICTIMES PENDANT ET APRÈS LES CENT-JOURS DANS LE DÉPARTEMENT DU GARD.

ROYALISTES.	BONAPARTISTES.	OBSERVATIONS.
LAJUTTE................		Étudiant en médecine de Montpellier, volontaire royaliste, assassiné à Nîmes dans les derniers jours de mars, après le départ du duc d'Angoulême, meurtre constaté par une procédure criminelle.
FOURNIER. CALVET. CHAMBON. CHARRAY. NOUGARET. NOUVEL. IMBERT.		Volontaires royaux tués à Arpaillargues le 11 avril, ou morts des suites de leurs blessures.
NICOLAS...........		Ancien officier, garde à cheval dans les eaux et forêts, fait prisonnier sur le pont d'Arpaillargues lorsqu'il s'avançait en parlementaire à la tête d'un détachement de gendarmerie, massacré le 3 juillet.
VIGNOLLE.........		Garçon boulanger de Nîmes, tué le 15 juillet, jour de la proclamation du gouvernement royal.
MAZOYER. DRESSANT. CASTOR. AIMÉ. MAURICE. NOUVEL. AIGON. SADOUL. DAUSSAC. Françoise ROUVIÈRE. Claude PHILIPPE.		Tués à Nîmes le 17 juillet par des soldats renfermés dans les casernes et tirant sans ordre, malgré la convention intervenue entre le général commandant des troupes et l'autorité municipale.
	CHIVAS (André). CHEF (Antoine). IMBERT, dit La Plume.	Cultivateurs tués le 18 juillet, les deux premiers à Nîmes, le troisième à Saint-Césaire, village voisin, au milieu des désordres de l'interrègne qui suivit la chute du gouvernement impérial.
	CHIVAS (David). REMBERT, taffetassier.	Tués le 21 juillet à Nîmes.
	COMBES, garçon boulanger...........	Tué le 24.
	DELBAS, appariteur...	Tué le 27.
	BOUVILLION, ex-officier............	Tué le 1er août, par Truphemy, condamné pour ce fait aux travaux forcés à perpétuité.
	SAUSSINE, ex-officier. COURBER, faiseur de bas. HÉRAUD, taffetassier. DOMESON, cultivateur. IMBERT (Jacques), id.	Périrent également le même jour 1er août, dans les faubourgs de Nîmes, victimes de vengeances individuelles. L'enterrement d'un catholique tué aux casernes avait surexcité les passions.
	LEBLANC, ex-officier..	Tué à Nîmes à la même époque sans qu'on puisse préciser le jour.
PASCALET................		Ouvrier traceur, tué à Uzès le 8 août. Le meurtre fut attribué à tort, dit-on, à un nommé Meynier, garçon boulanger, protestant.

ROYALISTES.	BONAPARTISTES.	OBSERVATIONS.
	MEYNIER, sa famille... COURT. Femme ROCHE.	La maison de celui-ci fut aussitôt envahie et sa famille livrée aux assaillants. Deux personnes périrent dans d'autres quartiers. Ce qu'il y a d'étrange, mais de certain, c'est que celui qui excitait au massacre était un protestant nommé David Daumont. Les autorités s'opposèrent au désordre, mais ne furent pas écoutées.
	BRÉMOND (Pierre), courrier du général Gilly. ARMANTIER (Jean). BÉCHARD (François). RIBAUD (Thomas). MARTIN, dit Sallette. DUPIAC (Jean).	Le lendemain, 3 août, le même rassemblement, conduit par Daumont, arracha des prisons six détenus dont les noms sont ci-contre (les quatre premiers protestants, les deux derniers catholiques). Ces malheureux furent traînés sur l'esplanade et fusillés, malgré les efforts de deux ecclésiastiques, l'abbé Robin, principal du collège, et l'abbé Payen, vicaire.
	RIGAUD Antoine, cultivateur. LÉRITIER, ex-sergent-major.	Tués dans la nuit du 19 août à Nîmes.
	DUMAS, dit Ponjade. Veuve BOSC, née Aurès. Femme BIGOT, sa sœur.	Périrent également dans la même nuit, par suite d'une agression de paysans de la banlieue qui leur reprochaient des dénonciations pendant les Cent-Jours.

Pour ne rien omettre, nous devons dire que M. Baragnon, dans son histoire, parle de cinq hommes qui auraient péri dans cette même nuit; mais cette énonciation elle-même reste vague et sans preuves. Les noms de ceux que nous avons cités se trouvent dans la pétition de M. Barbaroux, et, comme il n'y en a pas d'autres, et que, malgré les recherches les plus minutieuses il a été impossible de découvrir à la même date les noms de nouvelles victimes, l'histoire a bien le droit de conclure que là doit se borner la liste des meurtres de cette nuit fatale. On est bien loin, on le voit, des énumérations de M. Madier-Montjau et de M. de Saint-Aulaire; quant à la prétendue influence de ces crimes sur les élections, c'est un point que nous avons assez éclairci ailleurs pour ne pas y revenir. |
| L'abbé d'ESGRIGNY........................ | | Assassiné à Marvejols-lez-Gardons, le 25 août, dans un canton protestant, au moment où il revenait des élections de Nîmes. |
| | Six personnes dont les noms sont restés inconnus........... | Ces six personnes avaient été arrêtées dans le village de Saint-Maurice par une des compagnies irrégulières, dissoutes depuis, et que commandait un nommé Graffan. Une insurrection venait d'avoir lieu à Ners et il avait fallu, pour la réprimer, l'intervention d'un régiment autrichien. C'est sous le coup de cette émotion, le 26 août, que ces prisonniers arrivant à |

ROYALISTES.	BONAPARTISTES.	OBSERVATIONS.
		Uzès furent enlevés par un rassemblement populaire et massacrés, mais sans la participation de Graffan.
Le maire de Ners..........		Tué par les insurgés au milieu de la rébellion mentionnée à l'article précédent.
	LADET............	Garçon de ferme qui périt dans un incendie ; les auteurs de ce crime n'en voulaient pas à lui personnellement mais à son maître, et malheureusement c'étaient des catholiques des environs de Nîmes.
	LAFONT, faiseur de bas. LICHAIRE.	Tués dans la nuit du 16 au 17 octobre, au milieu d'une nouvelle scène de désordre à Nîmes. Servant fut condamné à mort et exécuté à Riom comme coupable du meurtre de Lichaire.
		Le duc d'Angoulême arriva à Nîmes le 5 novembre ; il se prononça avec énergie contre les excès qui venaient d'avoir lieu, reçut le consistoire et ordonna la réouverture des temples protestants ; il repartit le 7. Le dimanche 12, au moment où ses ordres allaient être exécutés, un attroupement populaire entoura le temple. Au milieu de ce tumulte, le général Lagarde s'étant élancé à travers la foule, le sabre à la main, fut atteint par un coup de feu tiré par le nommé Boissin. Le duc d'Angoulême revint le 17 pour protester. Le temple fut rouvert ; ce fut la fin de ces agitations.
MARCEL..................		Tué d'un coup de feu à Calvisson le 7 novembre 1815.
PERRIN...................		Professeur au collége d'Alais, assassiné le 1er janvier 1816 à cause de ses opinions royalistes.

En résumé, vingt-six victimes du côté des royalistes et trente-sept ou quarante (le nombre des membres de la famille Meynier, d'Uzès, étant incertain), du côté des bonapartistes. Il va sans dire que les premiers sont tous catholiques et les seconds presque tous protestants. Qu'il y ait eu encore quelques crimes ignorés, c'est possible ; mais du moins tout ce qui a pu être constaté avec quelque certitude se trouve dans ce tableau. M. Madier-Montjau parle de quatre-vingt-sept protestants tués ; le révérend Perrot, de trois cents. On voit la différence.

ASSASSINAT DU MARÉCHAL BRUNE

LETTRE DE M. CASIMIR VERGER.

Nous empruntons la lettre de M. Verger à l'*Ère nouvelle* d'Aix. Elle l'a publiée le 12 mai 1859 en la faisant précéder des lignes suivantes :

« Nous appelons l'attention de nos lecteurs sur la lettre suivante qui nous a été adressée par M. Verger (d'Avignon) en réponse à un article inséré dans le sixième numéro de l'*Ère nouvelle*, sur l'assassinat du maréchal Brune. Nous publions la lettre de M. Verger, non *parce que* nous nous y croyons obligé, mais *parce que* nous la considérons comme une pièce historique de quelque intérêt, et *parce qu'elle* nous a été présentée par deux de nos amis qui nous ont garanti l'exactitude des détails.

« Nous pourrions bien faire quelques observations sur certains paragraphes de cette justification ; mais nous espérons que l'auteur de l'article répondra. Quant à nous, qui sommes personnellement étrangers à ce débat, nous ne désirons en ceci, comme en tout, que l'expression sincère et entière de la vérité. »

Monsieur,

« Le hasard m'a donné connaissance d'un article sur l'assassinat du maréchal Brune, inséré dans le *Progrès d'Arras*, et j'ai su du journaliste lui-même qu'il le tenait de vous.

« Aussitôt j'ai fait rechercher les numéros de votre journal, et un exemplaire, celui du 20 janvier, contient le même récit signé sur votre feuille C. Loinde.

« Il est sans doute bien étonnant qu'une publication de ce genre, dans une ville si voisine de celle qui a été le théâtre de l'attentat, contienne des faits si inexacts, et plus encore que mon nom s'y soit mêlé sans que personne m'en ait donné connaissance. C'est toutefois ce qui est arrivé.

« Au reste, je vous écris dans l'intention de donner à cette lettre, insérée dans votre journal, la plus grande publicité, et d'entourer ainsi mes paroles du témoignage de tous mes concitoyens. Je suis sûr de n'être démenti par personne dans mes affirmations.

« Je n'ai pas vu le maréchal Brune au moment de son arrivée à Avignon. Je n'ai point arrêté sa marche. Je n'ai eu de rapport avec lui que pour me charger de porter ses papiers au visa du commandant militaire du département, et, à l'instant où je m'éloignais pour remplir cette mission, le maréchal partit sur l'invitation de M. de Saint-Chamans. Je ne le revis bientôt après que pour lui rendre ses papiers, et le délivrer alors, au péril de ma vie, des misérables qui l'avaient assailli au moment où il venait de sortir de la ville. Mon rôle a donc été uniquement de lever les obstacles à son départ.

« Il ne s'est pas dirigé sur Avignon avec une escorte ; il était seul avec ses aides de camp à son passage à Aix, où déjà avaient commencé contre lui des menaces.

« Si à son arrivée à Avignon et au moment où il changeait de chevaux sa marche a été arrêtée, ce n'a pas été ni pu être par mon fait; j'étais alors bien loin du Palais-Royal.

« Ce n'est pas M. Allard qui est allé chercher le visa du major Lambot : c'est moi. M. Puy, maire d'Avignon, n'avait pas à viser les papiers du maréchal, et le major, qui lui-même en avait exigé la vérification, n'a pu les envoyer au maire.

« Je n'étais pas présent lorsque M. de Saint-Chamans a fait partir le maréchal. Il n'a donc pu user à mon égard ni d'approbation ni de menaces.

« La voiture n'a pu se diriger sur la porte du Rhône par la Caneterie, à l'opposé de la ville. Elle est sortie immédiatement par la porte de l'Oulle, à deux pas du Palais-Royal.

« Aucune marque de respect et d'admiration ne s'est manifestée en faveur du maréchal parmi le peuple. Malheureusement les esprits étaient loin de ces dispositions.

« L'autorité a voulu désarmer les factions par la promesse d'incarcérer le maréchal et de le faire juger, mais jamais, et le caractère connu de M. Puy l'atteste assez, il n'a pu souiller sa bouche des injures qu'on lui prête, n'importe le motif qui les aurait dictées.

« Enfin aucune autorité n'a signé de bonne grâce le procès-verbal dressé par le juge d'instruction, constatant cette effroyable émeute, et renfermant, quant au suicide, la déclaration de quelques témoins qui l'attestèrent; tous les fonctionnaires qui assistaient aux opérations de ce magistrat ont signé son procès-verbal, et tous également consternés.

« Voilà les principales inexactitudes du récit contenu dans votre journal. Je les prouve par la relation exacte de ce qui s'est passé sous mes yeux. La voici avec toute la précision qu'il m'a été possible d'y mettre.

« L'état de terreur dans lequel la ville d'Avignon s'était trouvée pendant les Cent-Jours provoqua une réaction, et, à l'époque du passage du maréchal Brune, le gouvernement du Roi, à peine rétabli, y demeurait impuissant contre les mouvements populaires.

« La troupe de ligne manquait presque complétement. Toute la force publique dépendait d'un officier supérieur, le major Lambot; il commandait le département de Vaucluse, et, commissaire du roi, réunissait les pouvoirs les plus étendus.

« Des postes de la garde nationale avaient été placés sur divers points de la ville pour le maintien de la tranquillité publique. Il y en avait un notamment à la porte de l'Oulle pour exercer une surveillance spéciale sur les voyageurs.

« J'étais capitaine de la garde nationale, mais ma compagnie n'était pas de service, et, l'eût-elle été, je ne me serais pas trouvé chef d'un poste de douze à quinze hommes. Celui de la porte de l'Oulle n'en comptait pas davantage; il était commandé par un sous-lieutenant.

« J'étais chez moi, bien loin du Palais-Royal, lorsque le maréchal y arrivant pour changer de chevaux fut arrêté par les hommes de garde de ce poste.

« Seulement j'étais chargé ce jour-là du service des rondes, comme capitaine de police. Un garde national vint m'avertir qu'il arrivait un militaire d'une haute importance, et que le chef de poste de la porte de l'Oulle demandait ce qu'il devait faire. J'allai à l'hôtel de ville : j'y appris que c'était le maréchal Brune.

« A deux pas logeait le commandant du département : je dus me rendre chez lui pour prendre ses ordres : ils portèrent qu'il ne pouvait laisser partir le maréchal sans avoir lui-même examiné ses passe-ports et qu'il eût à les lui faire parvenir.

« J'arrive à la porte de l'Oulle chargé de ce message. J'y trouvai le maréchal au-devant du Palais-Royal dans sa voiture, entourée alors de quelques hommes seulement, presque tous du poste voisin.

« Rien n'annonçait encore le mouvement populaire qui survint.

« Je fis part de l'ordre du commandant au maréchal. Il insista sur l'impossibilité d'aller lui-même montrer ses papiers, mais il accepta volontiers ma proposition d'en être le porteur. Le major Lambot les lut et me dit : « Son passeport est signé par M. de Rivière : il est en règle ; « il peut suivre sa route. »

« Les chevaux étaient attelés lorsque j'avais quitté le maréchal, je fis nécessairement grande diligence : à mon retour pourtant, qui ne se fit pas attendre dix minutes, la voiture n'était déjà plus devant l'hôtel, et j'appris que, sur des injures qui commençaient à se faire entendre presqu'au moment où je m'éloignais, M. de Saint-Chamans, nouveau préfet de Vaucluse, arrivé cette même matinée au Palais-Royal, et des autorités venues pour le complimenter, avaient fait partir le maréchal, lui promettant qu'un gendarme courrait après sa voiture et lui rapporterait ses papiers.

« J'allais entrer à l'hôtel pour les remettre au préfet, lorsque des cris venant des portes de la ville m'apprirent que le maréchal ne poursuivait pas sa route. Je courus vers lui, je lui jetai ses papiers et sommai le groupe de furieux qui avait arrêté sa voiture de se retirer. Sur mes efforts pour les y contraindre, ils sortirent des couteaux de leurs poches et vinrent couper les traits des chevaux. L'un d'eux me coucha en joue, je lui arrachai son arme. Le danger du maréchal m'aveuglait sur le mien, me donnait des forces surnaturelles, et peut-être eussions-nous péri là tous deux si les mêmes autorités qui l'avaient fait partir ne fussent accourues en enjoignant au postillon de rentrer dans la ville.

« Le trajet de retour fut parcouru au milieu d'une grêle de pierres qui brisèrent les glaces de la voiture. J'en fus atteint... mais nos efforts, encouragés par les signes de reconnaissance du maréchal, furent couronnés de succès. La voiture rasa la porte de l'hôtel, il s'y jeta, et cette porte se referma sur lui.

« Enfin je respirai... il était enfermé sous la garde de l'autorité ; ses jours devaient être sauvés. Mais la foule augmentait sans cesse, et couvrit bientôt la place entière en poussant des vociférations de sang... Vainement l'autorité, à laquelle vint se joindre le major Lambot, voulut-elle la calmer, la dissiper... Et je dois le dire, dans l'intérêt de la ville d'Avignon, il paraît que des étrangers au pays étaient venus susciter cette scène de désolation. J'ai vu parmi ces forcenés des figures inconnues; l'instruction judiciaire, à la suite de laquelle des condamnations ont eu lieu, doit constater à cet égard des faits positifs.

« Cependant les autorités et tous les hommes de marque s'étaient réunis devant l'hôtel, formant de leurs corps une barrière de plus à la porte, et nous repoussions encore tous les assauts pour l'enfoncer, lorsque deux détonations successives se firent entendre de l'intérieur. On annonça que le maréchal échappait par un suicide à la fureur populaire.

« Je me retirai dans l'abattement de la fatigue et de la douleur. La voix publique m'apprit plus tard que l'infortuné Brune n'avait pas mis lui-même un terme à ses jours valeureux, et que de misérables assassins étaient arrivés jusqu'à lui par les toits de l'hôtel.

« J'ai fini... Tout ce qui était possible dans ma position, je l'ai fait pour prévenir cet attentat; et ce n'est pas la seule fois, dans ces temps calamiteux, que j'ai exposé mes jours en résistant au désordre. J'ai rempli mon devoir. Il est des circonstances où il prend une grande étendue; mais l'homme doit se mettre à leur niveau, et l'écrivain qui s'élève jusqu'à soumettre ses contemporains aux arrêts de la postérité doit faire abnégation de tout esprit de parti s'il veut remplir honorablement la mission qu'il se donne.

« J'ai l'honneur, etc.

« Casimir VERGER. »

MÉMOIRE DE FOUCHÉ

SUR LES AFFAIRES INTÉRIEURES.

Nous citerons seulement les parties les plus importantes du mémoire adressé au Roi par le duc d'Otrante sur les affaires de l'intérieur.

« Les malheurs publics ne font qu'augmenter nos désordres; les deux partis s'aigrissent par leurs reproches et leurs menaces de réactions, en se provoquant par leurs espérances... Les uns demandent, comme une condition de leur fidélité, que les droits du peuple soient maintenus, les autres, au contraire, veulent rétrograder et que tout soit remis en question. On dirait, sous le rapport de l'opinion publique, que la France renferme deux nations aux prises l'une avec l'autre. Il ne faudrait qu'un degré de plus de fureur pour dissoudre le lien social.

« Les esprits sont plus calmes dans le centre de la France, l'obéissance y sera plus prompte. Le Nord a montré de la modération et Votre Majesté en a reçu des preuves d'attachement. Un régime constitutionnel sous le gouvernement du Roi remplirait le vœu des départements du Nord. L'Ouest offre un contraste effrayant. Un grand nombre d'individus dans le Midi, dans le Limousin et dans le Poitou sont dévoués au Roi ; mais, depuis vingt ans, ils confondent la cause de l'ancien régime avec la cause royale. Un zèle imprudent regarderait peut-être comme un avantage de compter sur cette population armée. Cette erreur doit fixer l'attention de Votre Majesté. L'appui de cette armée perdrait sans retour la royauté, parce qu'on y verrait le projet évident de placer la contre-révolution sur le trône. Il ne faut pas croire néanmoins que l'opinion soit unanime dans ces départements. On y a formé des fédérations armées, une partie des villes y résisterait aux campagnes et les acquéreurs des biens nationaux y résisteraient à qui voudrait les déposséder. Le royalisme au Midi s'exhale en attentats ; les bandes armées pénètrent dans les villes et parcourent les campagnes ; les pillages se multiplient, la justice est partout muette, l'administration partout inactive... Il est urgent d'arrêter ces désordres, car bientôt la résistance provoquée par tant d'excès serait aussi exaltée que l'agression. Le bas peuple, la majorité des cultivateurs, une partie de la bourgeoisie des petites villes, la population entière des protestants et des religionnaires, les départements des Pyrénées, ne veulent ni troubles ni réaction. L'Auvergne, quoique soumise, n'a que des opinions constitutionnelles ; à Lyon, deux partis sont en présence. Du côté de l'Est, l'Alsace, la Lorraine, les Trois-Évêchés, les Ardennes, la Champagne, la Bourgogne, la Franche-Comté, le Dauphiné, offrent un autre genre de danger. Une opposition morale au gouvernement de la dynastie royale est générale. Envahis deux fois par les étrangers, ces départements ont plus souffert que les autres. La quantité de leurs domaines nationaux leur fait craindre davantage les prétentions des anciens possesseurs.

« Je n'ai fait entrer que des opinions dominantes dans ce tableau ; aucune de ces opinions cependant n'est sans mélange : la noblesse et le clergé, si l'on excepte la Vendée, n'ont de parti nulle part... On a partout en horreur le fanatisme, la guerre civile et toute opinion contre-révolutionnaire. On trouverait à peine un dixième des Français qui voulussent se rejeter dans l'ancien régime, et à peine un cinquième qui soient franchement dévoués à l'autorité royale...

« ..... Dans la supposition d'une guerre civile, les royalistes absolus domineraient dans dix départements ; dans quinze autres les partis se balanceraient, dans tout le reste de la France on trouverait quelques poignées de royalistes à opposer à la masse du peuple. Il y a aussi un assez grand nombre d'anciens nobles, ou assez de partisans de la Cour dans chaque chef-lieu de département pour former une apparence d'opinion publique, et même une majorité assurée dans les colléges électoraux. Il faut en conclure que le parti de la noblesse est encore quelque chose quand les fonctionnaires publics emploient tous les ressorts du gouvernement pour le soutenir...

« L'armée s'est soumise par divers motifs. Elle est maintenant blessée, humiliée de se voir disloquer et licencier... Le licenciement de l'armée va devenir un recrutement pour le brigandage, et il est impossible de ne pas trouver un sujet d'effroi dans le seul mal de rejeter dans une population lectrique et déjà si agitée deux cent mille hommes unis à tant de familles et qu'on aura mis en opposition avec le gouvernement. Aucune autorité ne peut résister à cette immense coalition de malveillance, de haine, d'intérêts froissés...

« L'année 1815 retrouve les royalistes tels qu'ils étaient en 1789. Si les républicains n'ont pas été détrompés de tous leurs principes, ils ont du moins reconnu l'impossibilité de les appliquer à un grand État. Ayant cessé par là d'être dangereux pour le pouvoir monarchique, ils ne le sont devenus pour Bonaparte qu'à cause de sa tyrannie, et, sauf un bien petit nombre d'exceptions, vouloir trouver aujourd'hui des bonapartistes dans les rangs des républicains, ce serait commettre une grande erreur. Ils n'en sont pas moins opposés au gouvernement du Roi, ayant de la peine à croire qu'une dynastie qui a tant souffert de la révolution puisse se résoudre soit à oublier et à pardonner, soit à démentir les anciennes doctrines en donnant des garanties suffisantes à la liberté publique. Ce seul motif les a décidés récemment à participer à toutes les mesures qui tendaient à écarter les Bourbons. Qu'une digue impossible à rompre sépare le passé du présent, que la liberté publique soit affermie sur des bases immuables, à ces conditions les républicains deviendraient les plus fermes auxiliaires du gouvernement.

« Les constitutionnels sont un parti dans cette acception seulement, qu'ils sont opposés aux royalistes et qu'ils défendent contre eux les droits du peuple, tels qu'ils ont été rétablis pendant la révolution. Les constitutionnels renient aussi le principe de la légitimité : ce parti cependant, on ne doit pas se le dissimuler, quoiqu'il n'hésite pas à se soumettre, n'a pas cessé depuis une année d'être en opposition avec le gouvernement du Roi... Dans le moment où Bonaparte venait de donner son abdication, la même opposition s'est manifestée dans le parti constitutionnel. Que ne puis-je épargner ces détails à Votre Majesté. Il n'y a point de prince étranger que, dans ce moment, ce même parti n'eût préféré d'obtenir ou de recevoir de la main des puissances. La prévention était portée à un tel point qu'il n'y avait qu'une seule exclusion : elle était pour la famille de nos anciens rois.

« La nouvelle Chambre qui va se former peut donner des inquiétudes ; il ne resterait aucun moyen de salut si elle n'était pas constitutionnelle et si les opinions ultra-royalistes y dominaient.

« ... En 1814, les hommes qui nous agitent aujourd'hui voulaient aussi frapper le passé en ne songeant ni au présent ni à l'avenir. Osons le dire, le passé n'a jamais été d'aucune considération pour les grands princes ni pour les hommes d'État que pour y trouver des leçons. Le présent et l'avenir sont les deux seules boussoles des gouvernements. Ce n'est pas de ce qu'on a fait, mais de ce qu'on fait ; ce n'est pas de ce qu'on a dit, mais de ce qu'on dit qu'il faut s'occuper principalement. »

PROCÈS DU MARÉCHAL NEY

CORRESPONDANCE DU BARON BIGNON AVEC M. BERRYER PÈRE.

Lettre de M. Bignon à M. Berryer père.

« Paris, le 25 avril 1825.

« Monsieur,

« Je sais combien il est difficile de se rappeler, après dix ans, les détails d'une conversation d'un moment; mais il est des détails d'une telle nature que tout ce qui s'y rapporte se grave profondément dans l'esprit. Tel a été sans doute pour vous, Monsieur, le procès du maréchal Ney. Vous savez que j'étais dans ce procès un des témoins à décharge. L'assignation qui me concernait ne me parvint à la campagne où j'étais alors, à vingt-deux lieues de Paris, que le jour même où j'aurais dû comparaître; je me trouvais en outre dans un état de santé qui ne me permettait pas de partir sur-le-champ. A tout événement, je priai le juge de paix de mon canton de se transporter chez moi, et je fis devant lui une déclaration que j'adressai à un de mes amis pour la remettre à madame la maréchale Ney. Toutefois, la nuit suivante, l'esprit toujours occupé de cette affaire, il me revint à l'esprit un fait qui me parut d'une grande importance, et que j'avais oublié de relater dans ma déclaration. Cette idée m'agita au point que, malgré mon état de souffrance, je me mis en route pour Paris où j'arrivai vers huit ou neuf heures du soir. J'envoyai aussitôt chez vous. Vous étiez à la Cour des pairs. Quelques heures après, je me rendis chez vous, et je vous trouvai au moment où vous veniez de vous mettre au lit, fatigué de la pénible séance dans laquelle le maréchal Ney avait fini par interrompre lui-même sa défense. Quoique à vos yeux tout fût déjà décidé, il me semblait que le fait grave que je venais révéler pourrait être encore d'un grand poids, et je me hâtai de vous en faire part. Je vous racontai que le jour, où les Prussiens voulaient faire sauter le pont d'Iéna, M. de Talleyrand était arrivé au ministère des affaires étrangères où je me trouvais encore, m'avait dit que le Roi étant au désespoir de la conduite des puissances, et avait demandé si la convention que nous avions conclue ne renfermait pas quelque clause que l'on pût invoquer pour empêcher cet acte de destruction; que sur ma réponse et la citation de l'article de la convention qui garantissait la conservation des monuments publics, M. de Talleyrand m'avait chargé de rédiger bien vite une note par laquelle il réclamerait auprès des ministres des puissances alliées l'exécution de cet article; que j'avais, à l'instant même, rédigé une note conçue dans cet esprit, et fondée sur ce motif, que je l'avais présentée à M. de Talleyrand, qui, après une légère correction, me l'avait fait remettre au net, et l'avait adressée aux puissances alliées.

« C'était là le fait que je voulais articuler devant la Chambre des pairs; vous me dites alors, Monsieur, qu'il était trop tard et que sans doute, dans le moment même où je vous parlais, on prononçait le jugement du maréchal.

« Si comme je me le persuade, monsieur, votre mémoire n'est pas infidèle, je désirerais que vous voulussiez bien me donner votre témoignage sur l'entretien que je viens de vous rappeler...

« *Signé :* Le baron BIGNON. »

Réponse de M. Berryer à M. Bignon.

« MONSIEUR,

« Je me fais un devoir de répondre à la lettre que vous m'avez fait l'honneur de m'adresser pour interroger mes souvenirs sur certains détails du procès du maréchal Ney, qui vous ont concerné comme chargé alors du portefeuille des affaires étrangères. Je me rappelle parfaitement, monsieur, qu'ayant fondé la principale défense du maréchal sur l'article 12 de la capitulation de Paris du 3 juillet 1815, j'obtins de la Cour des pairs la permission de faire appeler en témoignage tous les délégués de l'armée française et les autorités civiles qui avaient concouru à la rédaction de cet article, que vous fûtes du nombre des témoins assignés, que vous fîtes proposer à la cour votre excuse motivée sur l'état de maladie qui, au jour de l'audience, vous retenait à une assez grande distance de Paris. Je n'ai pas oublié non plus la démarche que vous fîtes chez moi vers les neuf heures de la même soirée où les débats avaient été clos, et où la Cour était entrée en délibération pour le jugement. Vous me parlâtes en cet instant d'une circonstance particulière que vous regrettiez de n'avoir pu faire connaître à la Cour, et que vous jugiez propre à éclairer sa religion au sujet précisément de l'exécution donnée à cet article 12. Il s'agissait du pont d'Iéna que les Prussiens avaient voulu faire sauter et dont la conservation, désirée par le Roi, avait donné lieu à une note à vous demandée par M. de Talleyrand. Vous avez rédigé à la hâte, d'après l'article 12, cette note à laquelle M. de Talleyrand avait fait une légère correction, et qu'il avait ensuite adressée aux ministres des puissances alliées. Vous attachiez, monsieur, une grande importance à la révélation de cette particularité; moi-même j'en fus frappé et je vous dis qu'en l'état de l'instruction il ne restait d'autre ressource que de la transmettre par écrit à la Cour des pairs qui délibérait encore.

Quel que soit aujourd'hui pour vous, monsieur, l'intérêt de constater ces faits, comme ils sont conformes à la plus exacte vérité, je n'ai pas dû hésiter à la certifier, persuadé d'ailleurs qu'un homme de votre caractère ne peut faire de ma déclaration qu'un usage légitime et nécessaire.

« *Signé :* BERRYER père. »

Les heures ont ici leur importance. M. Berryer vient de les donner. Le baron Bignon était chez lui à neuf heures. Le célèbre avocat lui conseille de transmettre sa déclaration écrite à la Cour des pairs qui délibère encore. Ce n'est qu'à une heure du matin, deux heures après le prononcé de l'arrêt, que M. Bignon s'y décide.

FIN DES PIÈCES JUSTIFICATIVES.

TABLE DES MATIÈRES

CONTENUES DANS CE VOLUME.

LIVRE PREMIER

RENTRÉE DU ROI A PARIS.

	Pages.
I. — Négociations secrètes pendant la marche des coalisés.	1
II. — Négociations publiques.	19
III. — Nécessité de livrer une bataille ou de capituler. — Moyens de défense de Paris. — Conseils de guerre tenus aux Tuileries et à la Villette.	37
IV. — Louis XVIII en France. — Négociation de Fouché avec le duc de Wellington.	86

LIVRE DEUXIÈME

LE MINISTÈRE TALLEYRAND ET FOUCHÉ.

I. — Difficultés intérieures et extérieures au moment de la rentrée du Roi.	126
II. — Premiers actes du gouvernement royal.	136
III. — Réactions du Midi.	187
IV. — Ouverture des négociations avec les coalisés.	221

LIVRE TROISIÈME

LE MINISTÈRE RICHELIEU. — LA CHAMBRE INTROUVABLE.

I. — Composition du nouveau ministère.	257
II. — Physionomie de la Chambre de 1815.	269

TABLE DES MATIÈRES.

		Pages.
III.	Négociations du duc de Richelieu. — Atténuations apportées aux conditions imposées. — Traité du 20 novembre. — Traité confirmatif des traités de Chaumont et de Vienne. — La Sainte-Alliance.	277
IV.	Statistique de la Chambre de 1815. — Éléments dont elle se compose. — Discours du Roi. — Adresses.	289
V.	Premiers travaux de la Chambre. — Lois sur les cris séditieux. — Loi de sûreté générale. — Lois sur l'institution des cours prévôtales. — Cour des comptes.	314
VI.	Loi d'amnistie. — Première phase de la discussion.	342
VII.	Procès du maréchal Ney.	353
VIII.	Seconde phase de la loi d'amnistie.	425
IX.	Loi d'élection. — Première phase.	481
X.	Propositions diverses. — Proposition de M. Hyde de Neuville sur les tribunaux. — Question religieuse. — Loi sur le divorce. — M. de Bonald. — Propositions en faveur du clergé.	514
XI.	Loi de finances.	537
XII.	Coup d'œil sur les procès politiques. — Résumé de la session. — Jugement sur la Chambre de 1815.	601

PIÈCES JUSTIFICATIVES

FONDS CONFIÉS PAR LOUIS XVIII A M. DE BLACAS.	643
MÉMOIRE DE M. DE LARCY sur la réaction de 1815 dans le département du Gard.	645
ASSASSINAT DU MARÉCHAL BRUNE. — Lettre de M. Casimir Verger.	654
MÉMOIRE DE FOUCHÉ sur les affaires intérieures.	657
PROCÈS DU MARÉCHAL NEY. — Correspondance du baron Bignon avec M. Berryer père.	660

FIN DE LA TABLE DU TROISIÈME VOLUME.

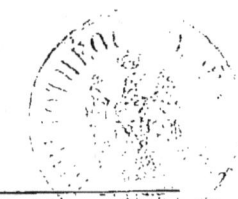

Paris. — Typ. de P.-A. BOURDIER et Cie, rue Mazarine, 30.